产品特色：精密、高效、成套、智能化

- □ 宁江牌商标为中国驰名商标　宁江牌精密数控机床、宁江牌小模数数控卧式滚齿机床为四川省名牌产品
- □ 国家一级计量单位　省级企业技术中心　国家博士后流动工作站
- □ 通过 ISO9001:2008质量管理体系、ISO 14001:2004环境管理体系和OHSAS 18001职业健康安全管理体系认证

专用组合机床系列

数控车床系列

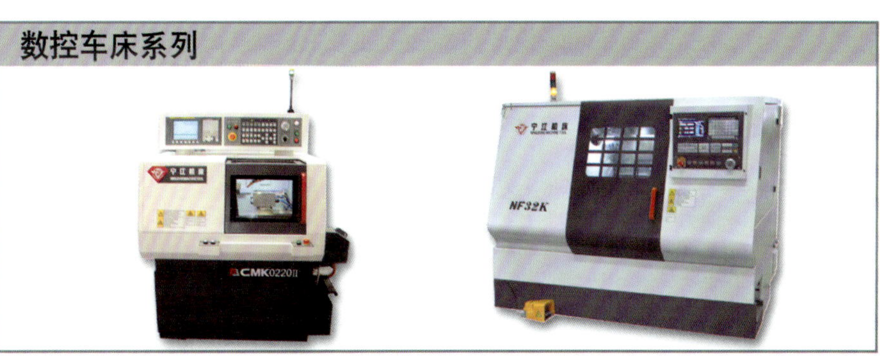

滚齿机系列

柔性制造系统

上海销售服务处：021—65381278　南京销售服务处：025—84404846

广州销售服务处：020—83827011　宁波销售服务处：0574—87166609

重庆销售服务处：023—68666497　天津销售服务处：022—23692975

西安销售服务处：029—85211457　外　贸　分　部：028—87229738

禹衡光学
YUHENGOPTICS

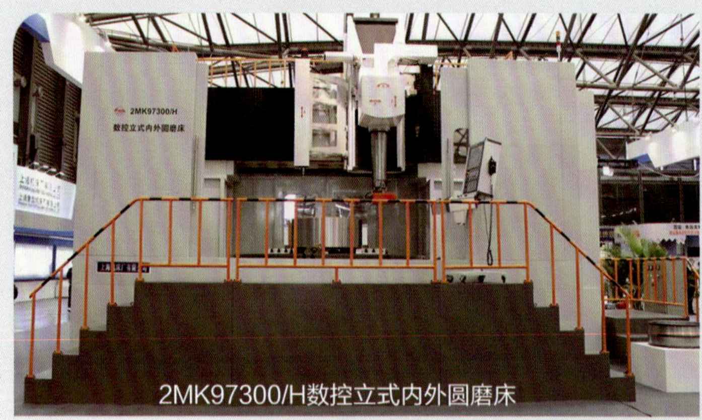

2MK97300/H数控立式内外圆磨床

SK7420×2000数控丝杠磨床

SK7620/F数控内螺纹磨床

上海机床厂有限公司是我国重要的精密磨床制造企业，在国内磨床行业处于主导地位。现为中国机床工具工业协会理事长单位和磨床分会理事长单位。产品品种齐全，应用领域广泛。

公司主营业务是各类磨床的生产制造。主要产品有：外圆磨床、平面磨床、轧辊磨床、曲轴磨床等十大类普通、精密、大型、专用、数控等磨床，其中，外圆系列磨床、数控端面外圆磨床、数控车轴磨床、数控曲轴磨床等产品处于国内领先地位。公司在做强磨床产品的同时，逐步扩充磨床类以外的产品，增加了成形机床的制造和销售，主要产品有剪板机、板料折弯机、压力机、转塔冲床、激光切割机等五大类普通及数控成形机床。

公司技术力量雄厚，建有产品研发中心——上海磨床研究所。该所是磨床行业的技术权威研究机构，全国金属切削机床标准化技术委员会磨床分会设立在该所，在技术进步、行业发展、标准制定等方面起到带头、引导作用。同时，拥有一批包括工程院院士、教授级高级工程师在内的专业技术人员，为产品研发提供技术支持。

从2009年起，公司紧紧抓住国家重大专项立项机遇，已先后获得国家“高档数控机床与基础制造装备”科技重大专项课题18项，这为企业进一步调结构、走高端，赶超国际先进水平，实现替代进口目标奠定了坚实的基础。

公司以“塑造人品，制造精品”的质量理念贯穿于生产、经营、管理等全过程，先后获得出口管理一类企业、全国机床工具行业精心创品牌十佳企业、上海市文明单位、上海市质量管理奖、上海市高新技术企业、现代化管理企业、中国名牌及上海名牌等殊荣。

公司通过不断自主创新，瞄准国际磨床的先进水平，以提升国内机床行业的技术品位为己任，推动产品升级换代。

上海机床厂有限公司

地址：上海市杨浦区军工路1146号 邮编：200093
电话：021-65338828　　传真：021-65508430
售后服务中心：021-65494608 65483006转3268
E-mail: smtw-sales@smtw.com

www.smtw.com

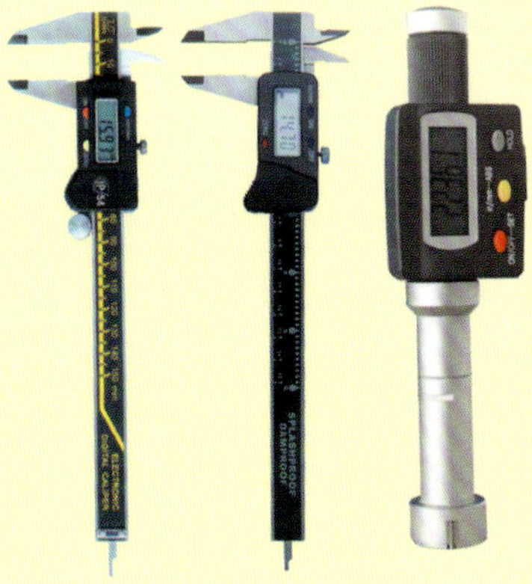

中国机械工业年鉴系列

中国机床工具工业年鉴

2013

中国机械工业年鉴编辑委员会
中国机床工具工业协会 编

《中国机床工具工业年鉴》2013年刊设置综述、专文、行业概况、市场概况、企业专题、统计资料、标准化、大事记和附录等栏目，集中反映机床工具行业的产品状况、技术水平、产销情况及发展趋势，全面系统地提供了机床工具行业的经济指标。

《中国机床工具工业年鉴》主要发行对象为政府决策机构、机械工业相关企业决策者和从事市场分析、企业规划的中高层管理人员以及国内外投资机构、贸易公司、银行、证券、咨询服务部门和科研单位的机电项目管理人员等。

图书在版编目（CIP）数据

中国机床工具工业年鉴. 2013/中国机械工业年鉴编辑委员会，中国机床工具工业协会编. —北京：机械工业出版社，2013.12
（中国机械工业年鉴系列）

ISBN 978-7-111-45003-0
Ⅰ. ①中… Ⅱ. ①中… ②中… Ⅲ. ①机床—金属加工工业—中国—2013—年鉴 Ⅳ. ①F426.41-54
中国版本图书馆CIP数据核字（2013）第289905号

机械工业出版社（北京市西城区百万庄大街22号　邮政编码 100037）
责任编辑：魏素芳　董　蕾
北京宝昌彩色印刷有限公司印制
2013年12月第1版第1次印刷
210mm×285mm・20.25印张・32插页・818千字
定价：320.00元

凡购买此书，如有缺页、倒页、脱页，由本社发行部调换
购书热线电话（010）88379823、88379829
封面无机械工业出版社专用防伪标均为盗版

中国机械工业年鉴系列

作为『工业发展报告』
记录企业成长的每一阶段

中国机械工业年鉴

编辑委员会

中国机床工具工业年鉴

『鉴』证行业发展

共建制造强国

中国机床工具工业年鉴
执行编辑委员会

中国机床工具工业年鉴

『鉴』证行业发展 共建制造强国

中国机床工具工业年鉴
执行编辑委员会

陈德忠　特种加工机床分会秘书长
武　平　数显装置分会秘书长
范小会　齿轮机床分会秘书长
周秀茹　中国机床工具工业协会市场部
胡红兵　工具分会秘书长
钟　洪　主轴功能部件专业委员会秘书长
夏　萍　磨床分会秘书长
徐　刚　锻压机械分会秘书长
徐宁安　重型机床分会秘书长
高克超　小型机床分会秘书长
屠景先　中国机床工具工业协会市场部主任
董华根　机床电器分会秘书长
魏而巍　铣床分会秘书长

执委会办公室

主　　任　王黎明
成　　员　屠景先　周秀茹

中国机床工具工业年鉴
编辑出版工作人员

总　编　辑　郭　锐
主　　　编　李卫玲
副　主　编　刘世博　肖新军
执行主编　朱彩绵
责任编辑　魏素芳　董　蕾
市场编辑　田泽荣　常　静　蒋　斌

地　　　址　北京市西城区百万庄大街22号（邮编100037）
编　辑　部　电话（010）88379829　传真（010）68997966
发　行　部　电话（010）68326643　传真（010）68326017
E-mail:cmiy@vip.163.com
http://www.cmiy.com　www.mepfair.com

中国机床工具工业年鉴

『鉴』证行业发展

共建制造强国

中国机床工具工业年鉴
特约顾问单位特约顾问

特约顾问单位	特约顾问
哈尔滨量具刃具集团有限责任公司	魏华亮
陕西秦川机床工具集团有限公司	龙兴元
保定向阳航空精密机械有限公司	李晓鹏
机械工业第六设计研究院有限公司	赵景孔
宁波海天精工股份有限公司	王焕卫
江苏金方圆数控机床有限公司	宓仲业
扬州欧普兄弟机械工具有限公司	陈　军
宇环数控机床股份有限公司	许世雄
成都成量工具集团有限公司	夏义宝
广东高新凯特精密机械股份有限公司	傅　洁
长春禹衡光学有限公司	林长友
泰安华鲁锻压机床有限公司	刘庆印
济南四机数控机床有限公司	王福盛
江苏恒力组合机床有限公司	仲　秋
广州数控设备有限公司	何敏佳
四川普什宁江机床有限公司	姜　华
北京精雕科技有限公司	蔚　飞
天水星火机床有限责任公司	李维谦
大连光洋科技工程有限公司	于德海
济南铸造锻压机械研究所有限公司	刘家旭
山东永华机械有限公司	陈　舟

中国机床工具工业年鉴

『鉴』证行业发展 共建制造强国

中国机床工具工业年鉴 特约顾问单位特约编辑

特约顾问单位	特约编辑
哈尔滨量具刃具集团有限责任公司	李雪冬
陕西秦川机床工具集团有限公司	郭　劼
保定向阳航空精密机械有限公司	黄宇龙
机械工业第六设计研究院有限公司	迟忠德
宁波海天精工股份有限公司	孙燕华
江苏金方圆数控机床有限公司	孟兆胜
扬州欧普兄弟机械工具有限公司	邵　怡
宇环数控机床股份有限公司	周晓红
成都成量工具集团有限公司	潘凡伟
广东高新凯特精密机械股份有限公司	唐兵仿
长春禹衡光学有限公司	董　岩
泰安华鲁锻压机床有限公司	韩　军
济南四机数控机床有限公司	姬　勇
江苏恒力组合机床有限公司	宋建武
广州数控设备有限公司	杨兴安
四川普什宁江机床有限公司	高克超
北京精雕科技有限公司	宋小飞
天水星火机床有限责任公司	王园园
大连光洋科技工程有限公司	邹熙麟
济南铸造锻压机械研究所有限公司	徐　刚
山东永华机械有限公司	李金龙

前　言

2012年，是我国机床工具行业走过的极不平凡的一年。在这一年中，受国内经济增速放缓的直接影响，机床工具市场需求延续了2011年下半年以来的总体走势，需求总量大幅减少，需求结构加速升级，由此对行业企业的经营发展造成较大影响。在此情况下，广大行业企业积极应对，主动调整产品结构，经受住了市场环境深度调整带来的冲击和考验。

2012年，机床工具行业完成工业总产值7210.5亿元，同比增长12.3%；完成产品销售产值7001.9亿元，同比增长11.8%；实现利润446.8亿元，同比增长3.6%。全年完成固定资产投资额2720.5亿元，同比增长22.8%；完成固定资产投资中设备工具购置额1149.3亿元，同比增长21.8%。

金属加工机床消费额达382.8亿美元，占世界机床总消费量的45%，其中，金属切削机床消费额273.8亿美元，金属成形机床消费额109.0亿美元。

2012年，金属切削机床产量79.7万台，同比下降13.6%；其中数控金属切削机床产量20.6万台，同比下降16.2%。金属成形机床产量22.5万台，同比下降4.8%。

机床工具产品累计进出口总额294.4亿美元。其中，进口额202.0亿美元、出口额92.4亿美元。金属加工机床进口额136.6亿美元、出口额27.4亿美元，进出口逆差109.2亿美元；其中数控金属加工机床进口额111.7亿美元、出口额10.7亿美元，进出口逆差101.0亿美元。

2012年，全行业申报“中国机械工业科学技术奖”项目共41项，获奖项目21项，其中，一等奖3项、二等奖7项、三等奖11项。

当前，按照党中央、国务院坚持稳中求进的工作总基调，以提高经济增长质量和效益为中心，着力深化改革，加快调整结构和转型升级，沉着应对各种风险挑战，扎实做好各方面工作的决策部署，我国宏观经济正平稳增长，机床工具行业也步入以转型升级为主要特征的中低速稳定增长时期。因此，在新的一年里，全行业要明确目标，充分利用各种资源，发挥主观能动性，依靠技术进步、管理升级和提高劳动者素质，寻求行业创新驱动、转型升级的新的可持续发展道路。以调整转型为发展契机，以市场为导向，加快推进产品结构调整和发展方式转变，共同迎接机床行业发展的美好未来。

多年来，《中国机床工具工业年鉴》已成为中国机床工具工业协会与社会各界和广大用户相互联系、交流、增进了解的桥梁，并得到了大家的关心、帮助和支持。今后，希望广大用户和业内人士继续联手，相互支持，为机床工具行业的可持续发展共同努力！

《中国机床工具工业年鉴》是记载行业发展的工具书，为读者提供了有关机床工具行业较全面的年度经济运行和发展情况，希望对大家了解行业近期的有关情况和行业发展历史有所帮助。《中国机床工具工业年鉴》在编辑过程中，得到了机床工具行业各企业和相关用户给予的大力支持，在此一并表示感谢。中国机床工具工业协会将一如既往地为各界朋友和广大用户提供真诚的服务。

中国机床工具工业协会常务副理事长 吴柏林

2013年11月

序号	单位名称	页码
1	北京北一机床股份有限公司	封面
2	济南二机床集团有限公司	封二联版
3	四川普什宁江机床有限公司	前特联版
4	长春禹衡光学有限公司	前特联版
5	上海机床厂有限公司	前特页
6	桂林量具刃具有限责任公司	前特页
7	第八届中国数控机床展览会	前特页
8	扬州欧普兄弟机械工具有限公司	后特页
9	济南铸造锻压机械研究所有限公司	后特联版
10	荣成锻压机床有限公司	封三联版
11	荣成锻压机床有限公司	封底
	先进会员企业专栏	
12	北京北一机床股份有限公司	A2 ～ A5
13	宁波海天精工股份有限公司	A6 ～ A7
14	沈阳机床（集团）有限责任公司	A8 ～ A9
15	重庆机床（集团）有限责任公司	A10 ～ A11
16	哈尔滨量具刃具集团有限责任公司	A12 ～ A13
17	沈机集团昆明机床股份有限公司	A14
18	成都成量工具集团有限公司	A15
19	广东高新凯特精密机械股份有限公司	A16
20	北京精雕科技有限公司	A17
21	天水星火机床有限责任公司	A18
	优秀企业风采	
22	南通科技投资集团股份有限公司	A20 ～ A21
23	山东永华机械有限公司	A22 ～ A23
24	宇环数控机床股份有限公司	A24 ～ A25
25	机械工业第六设计研究院有限公司	A26 ～ A27
26	保定向阳航空精密机械有限公司	A28 ～ A29
27	安徽晶菱机床制造有限公司	A30 ～ A31
28	泰州市江洲汉洋数控机床制造有限公司	A32 ～ A33
29	大连光洋科技工程有限公司	A34
30	福建省嘉泰数控机械有限公司	A35
31	烟台环球机床装备股份有限公司	A36
32	江苏金方圆数控机床有限公司	A37

『鉴』证行业发展
共建制造强国

中国机床工具行业

先进会员企业专栏

2012年度中国机床工具工业协会先进会员企业

产品质量十佳企业

企业名称	产品型号及名称
四川普什宁江机床有限公司	THM6363A精密卧式加工中心
陕西秦川机床工具集团有限公司	YK7236A数控磨齿机
沈阳机床（集团）有限责任公司	VMC850E立式加工中心
北京第二机床厂有限公司	MKS1620数控（端面）外圆磨床
大连机床集团有限责任公司	CL-15高速数控车床
保定维尔铸造机械股份有限公司	XZZ416A垂直分型无箱射压造型自动线
汉江工具有限责任公司	精密高效齿轮滚刀（干切）
长沙插拉刨机电设备制造有限公司	L5710程控上拉立式内拉床
广东高新凯特精密机械股份有限公司	LGR45精密滚柱直线导轨副
成都普瑞斯数控机床有限公司	PT500A立式钻铣加工中心

自主创新十佳企业

四川普什宁江机床有限公司
北京北一机床股份有限公司
济南二机床集团有限公司
株洲钻石切削刀具股份有限公司
沈阳机床（集团）有限责任公司
重庆机床（集团）有限责任公司
北京市电加工研究所
天津市天锻压力机有限公司
武汉华中数控股份有限公司
郑州磨料磨具磨削研究所

数控产品销售收入十佳企业

大连机床集团有限责任公司
济南二机床集团有限公司
北京精雕科技有限公司
宁波海天精工机械有限公司
武汉华工激光工程有限责任公司
沈阳机床（集团）有限责任公司
北京北一机床股份有限公司
陕西秦川机床工具集团有限公司
浙江瑞远机床集团有限公司
武汉重型机床集团有限公司

综合经济效益十佳企业

北京精雕科技有限公司
浙江瑞远机床集团有限公司
上海平信机电制造有限公司
宁波海天精工机械有限公司
芜湖恒升重型机床股份有限公司
株洲钻石切削刀具股份有限公司
大连机床集团有限责任公司
河南富耐克超硬材料股份有限公司
浙江日发数码精密机械股份有限公司
天水星火机床有限责任公司

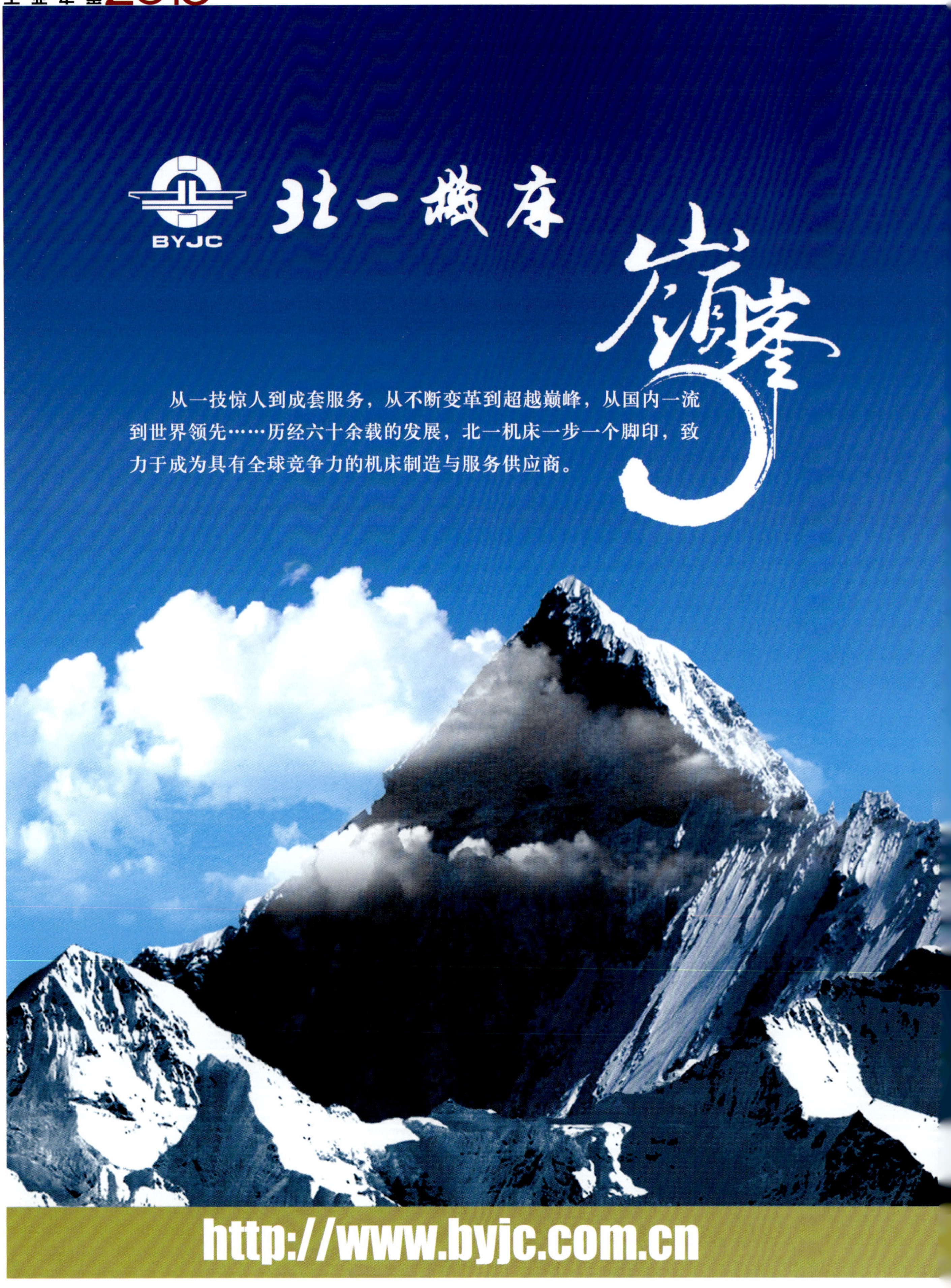
BYJC
北一機床
巅峰
从一技惊人到成套服务，从不断变革到超越巅峰，从国内一流到世界领先……历经六十余载的发展，北一机床一步一个脚印，致力于成为具有全球竞争力的机床制造与服务供应商。
http://www.byjc.com.cn

历经64年发展的北京北一机床股份有限公司是一家大型国有控股机床制造企业。公司在境内拥有5个主机生产及配套基地，其中包括3家全资子公司、13家参控股子公司。在境外拥有3家全资子公司——德国瓦德里希•科堡机床公司、意大利C.B.法拉利公司、意大利SAFOP机床公司。近年来，经过改制重组、并购整合，公司主体承继了具有60多年悠久历史的北京第一机床厂的优质资产及相关机床的制造、管理、销售及服务等业务，先后整合了北京第三机床厂、北京第二机床厂、北京机电院机床公司。2012年6月8日，北京第一机床厂完成股份制改造，正式注册变更为北京北一机床股份有限公司。

公司产品涵盖：重型机床产品的数控龙门镗铣床、数控落地镗床、数控立式/卧式车床、导轨磨床等；中型机床产品的数控车床、数控铣床、数控磨床，立式/卧式加工中心，钻削中心，五轴联动叶片/叶轮加工中心，激光雕刻机，数控珩磨机，高精度外圆磨床，数控磨床，普通外圆磨床，专用磨床，超精加工机床，铁路机床，自动生产线，普通铣床等成套设备和功能部件等。产品广泛应用于汽车、航天、船舶、发电、轨道交通、模具及机械等行业。

北一机床作为国家装备制造的高新技术企业，拥有国家认定企业技术中心，秉承“制造精良、追求卓越”的核心价值观，始终坚持把技术创新作为公司持续发展的动力，始终把对用户的服务放在首要位置。北一机床具备领先的技术创新能力和较强的品牌影响力，致力于成为具有全球竞争力的机床制造与服务供应商。在不断的进取与发展中，北一机床本着“做用户的工艺师，做装备工业脊梁”的使命，创新发展、贡献社会，竭诚为社会各界服务。

http://www.byjc.com.cn

龙门镗铣床

数控立式车床

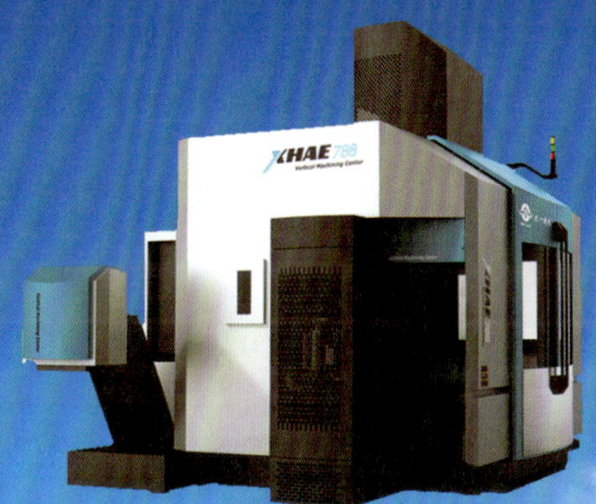

立式加工中心

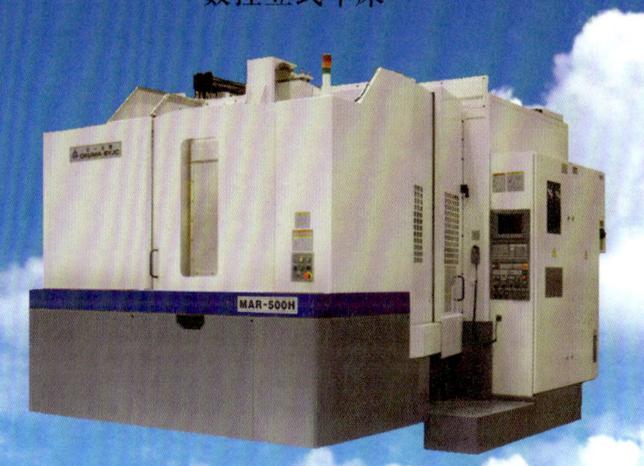

卧式加工中心

数控磨床

五轴叶片铣床

Yearbook
China Machine Tool & Tool Industry
A7

沈阳机床（集团）有限责任公司是在1995年通过对原沈阳第一机床厂、中捷友谊厂和沈阳第三机床厂资产重组后成立的大型企业集团。2004年以来，通过并购德国希斯公司、重组云南机床厂、控股昆明机床厂，目前已形成跨地区、跨国经营的全新结构布局。集团下辖三大业务群——沈阳业务群、昆明业务群、德国业务群，员工1.8万人。公司主导产品为金属切削机床，包括数控机床和普通机床两大类，共300多个品种、1 000多种规格。市场覆盖全国，并出口80多个国家和地区。机床产销量、数控机床产销量、国内市场占有率均居国内同行业前列。

则大气磅礴

则高风劲节

2011年11月，沈阳机床股份有限公司所属商标被评为全国驰名商标；12月，沈阳机床（集团）有限责任公司荣膺中国十大创新型企业。近年来，沈阳机床（集团）有限责任公司获得中国工业大奖表彰奖，中国企业500强、中国大企业集团竞争力500强、中国具有价值品牌500强、中国制造业500强、中国机械工业500强以及国家创新型企业、国家科技兴贸创新基地、全国国有企业十大典型等荣誉称号。并通过参加南京数控机床展、北京国际机床展、芝加哥机床展及德国EMO展等国际水平的展会，向世界同行及客户全力展示了集团全新的数控机床产品和经营服务理念，得到了世界机床行业的充分肯定和国内外媒体的广泛关注。

则强健有力

则精妙绝伦

重庆机床(集团)有限责任公司

品质，决定于每一次细微的碰撞，在万里挑一的选择中，我们受到世界56个国家及地区用户的青睐。为用户提供更精细高效的制齿设备，帮助他们成为更优秀的企业，是我们的目标和梦想。

作为全球性的机床生产企业，重庆机床（集团）有限责任公司始建于1940年，是中国机床行业“十八罗汉”企业之一、中国齿轮加工机床行业标准制定者，以专业生产齿轮加工机床为主，产品涵盖车床、加工中心、复杂刀具、汽车零配件、螺杆制造等于一体的大型国有企业；建有国家技术中心、院士专家工作站、博士后科研工作站和重庆机床&PTG欧洲机床研发中心；已连续13次被评为“重庆工业企业50强”，取得了国家科技进步奖一、二等奖，中国名牌产品，中国驰名商标，重庆市质量管理奖，国家一级安全质量标准化企业等众多荣誉。

作为世界上优秀的齿轮加工机床制造商，我们雕琢每一个细节，缔造一项项精品，为中国建立起了一座全球化的成套制齿加工装备研发制造基地，切实践行着“装备中国、服务世界”的企业使命。

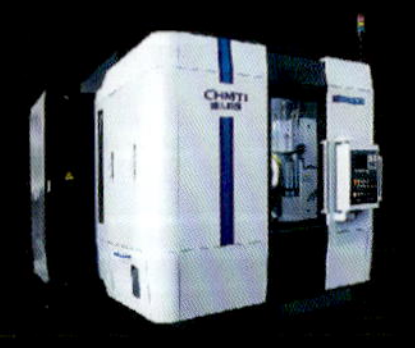
数控高速滚齿机系列

大型数控滚齿机系列

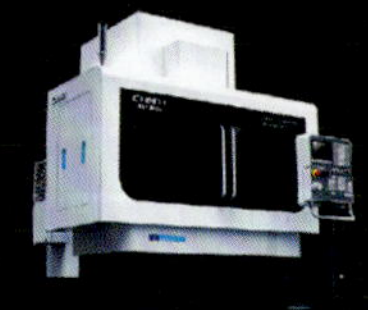
数控剃齿机系列

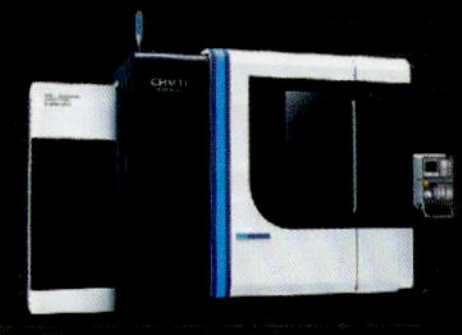
数控万能磨齿机系列

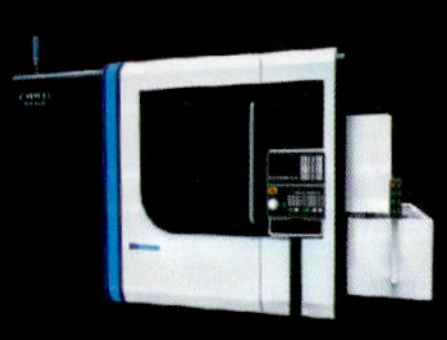
数控高速干切滚齿机系列

CHINA • CHONGQING
MACHINE TOOL
INTERNATIONAL

细节改变未来

The Future Driven by Detail

重庆机床(集团)有限责任公司
CHONGQING MACHINE TOOL(GROUP) CO., LTD.

地址:重庆市巴南区道角
邮编:400055
电话:023-62555279　62555320
传真:023-62551293
E-mail:chmti@chmti.com
http://www.chmti.com
销售热线:023-62555280　62555290

复杂刀具

开启卓越

满足客户的需要是我们永恒的追求

突破想象，辟见真哲

标准刃具

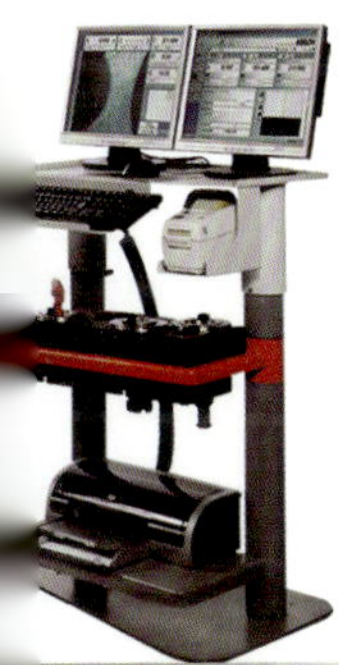

ALIMAT系列

刀具预调仪系列

H350G螺旋锥齿轮数控磨齿机

哈尔滨量具刃具集团有限责任公司（原哈尔滨量具刃具厂）始建于1952年，是我国“一五”时期前苏联援建的156个重点项目中，专业制造工量具产品的企业，在国家装备制造业布局中具有重要地位，被誉为“共和国工具制造业之骄子”。

至今，哈量集团走过了61年的光辉历程。经过几代哈量人坚持不懈的努力奋斗，依靠科技创新与发展，从最初全面依靠前苏联先进技术，只能生产标准刃具、量具两类产品，到目前已经建设成为拥有以通用量具、标准刃具为代表的基础产品，以精密量仪、数控刀具、数控机床及功能部件为主体的高端技术产品的五大类产品体系。哈量集团下设3家子公司，13家专业厂和量仪研究所、量刃研究所、数控刀具研究所、热化研究所及国家博士后工作站等多个科研机构，是国家大型科工贸一体化精密工量具制造龙头企业。2009年，哈量集团又与中国通用技术集团实施战略重组，跻身央企行列。

追求卓越、不断满足客户的需要是我们永恒的追求。“十二五”期间，哈量集团正致力于科学发展、转型升级，为振兴国家装备制造业再立新功。

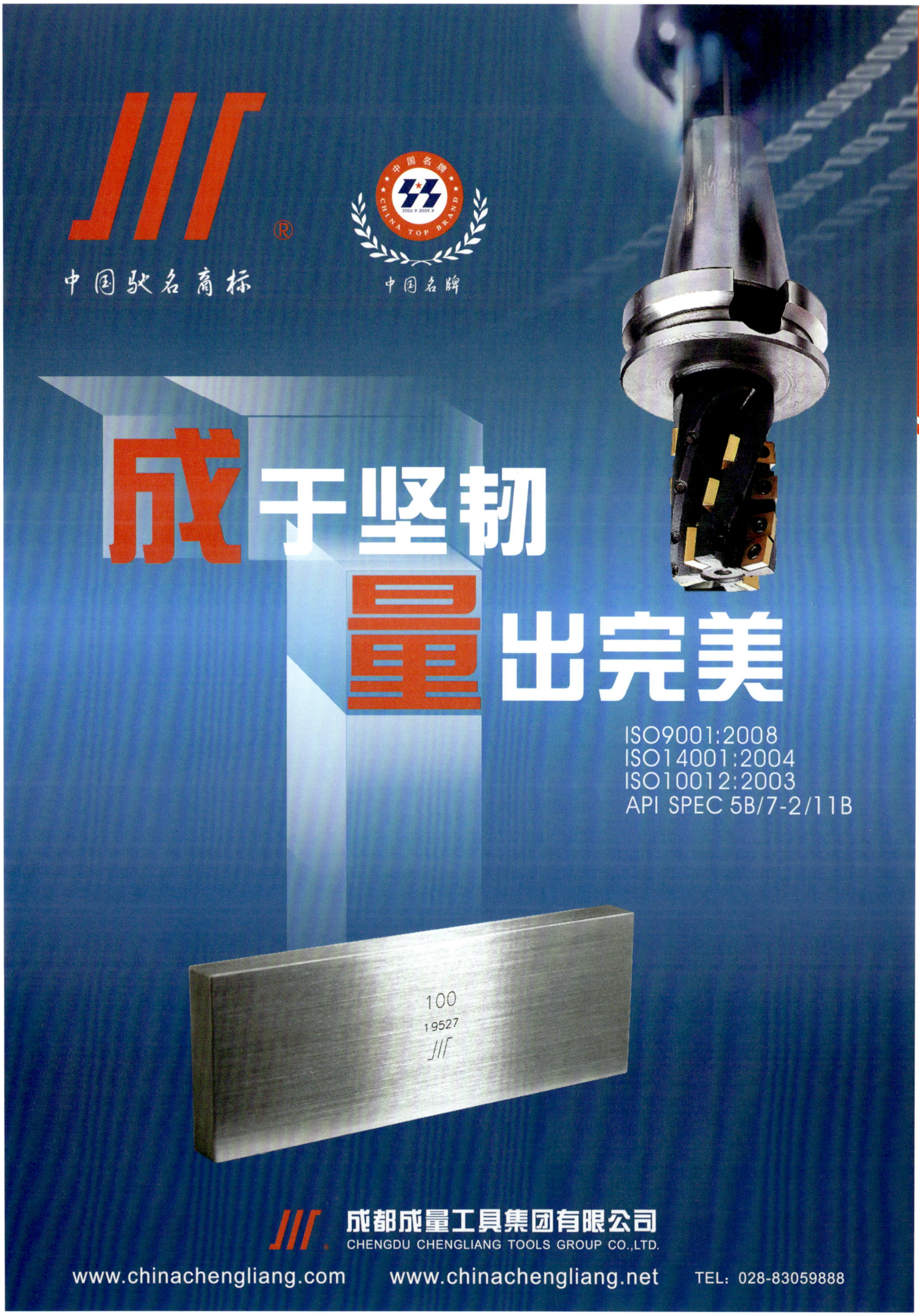

中国驰名商标
中国名牌
CHINA TOP BRAND
成于坚韧
量出完美
ISO9001:2008
ISO14001:2004
ISO10012:2003
API SPEC 5B/7-2/11B
100
19527
成都成量工具集团有限公司
CHENGDU CHENGLIANG TOOLS GROUP CO.,LTD.
www.chinachengliang.com
www.chinachengliang.net
TEL：028-83059888

先进会员企业专栏

精雕CNC雕刻机

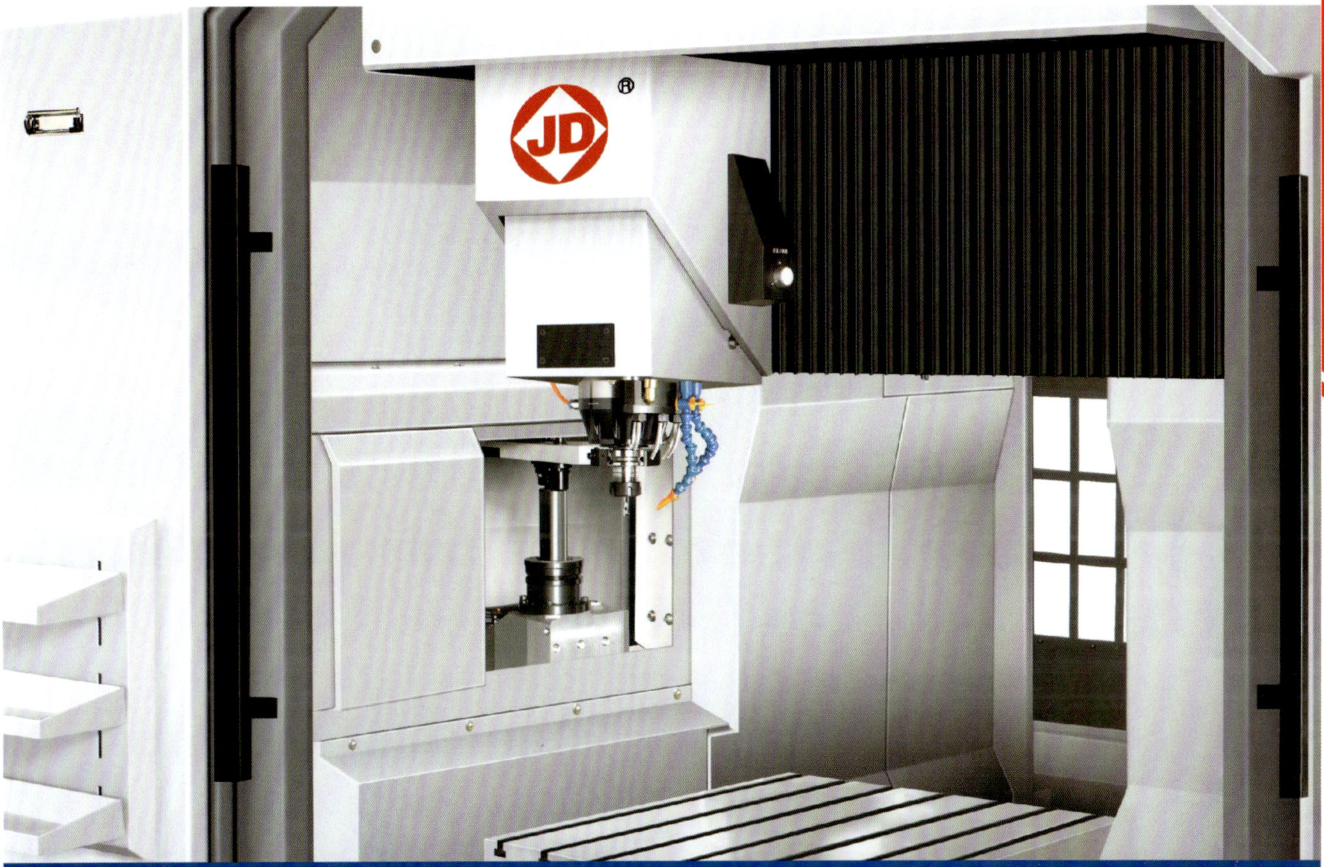

解决小刀具铣削、钻削、磨削工艺难题的理想方案

北京精雕科技有限公司是研制和生产小刀具高速雕刻机的专业厂家，具备自主研发CNC雕刻机、CAD/CAM软件、数控系统和电主轴的综合能力，可年产10 000套精雕机。

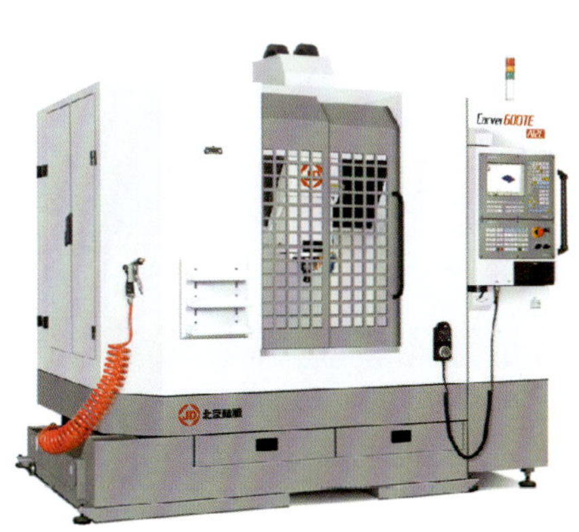

精雕机使用小刀具进行清根、清角加工，极大地减少了后续处理工作。

精雕机加工金属材料时，表面粗糙度可达0.4μm。

精雕机具有良好的直接加工淬火材料的能力。

精雕机可高效地进行玻璃面板的磨边、倒角、开孔和开槽等加工。

一次装卡，精雕机可同时完成工件的钻、铣和多种规格的螺纹加工。

精雕机使用小刀具，刻字边角清晰、效果好、效率高。

咨询热线：400-681-6080 www.jingdiao.com

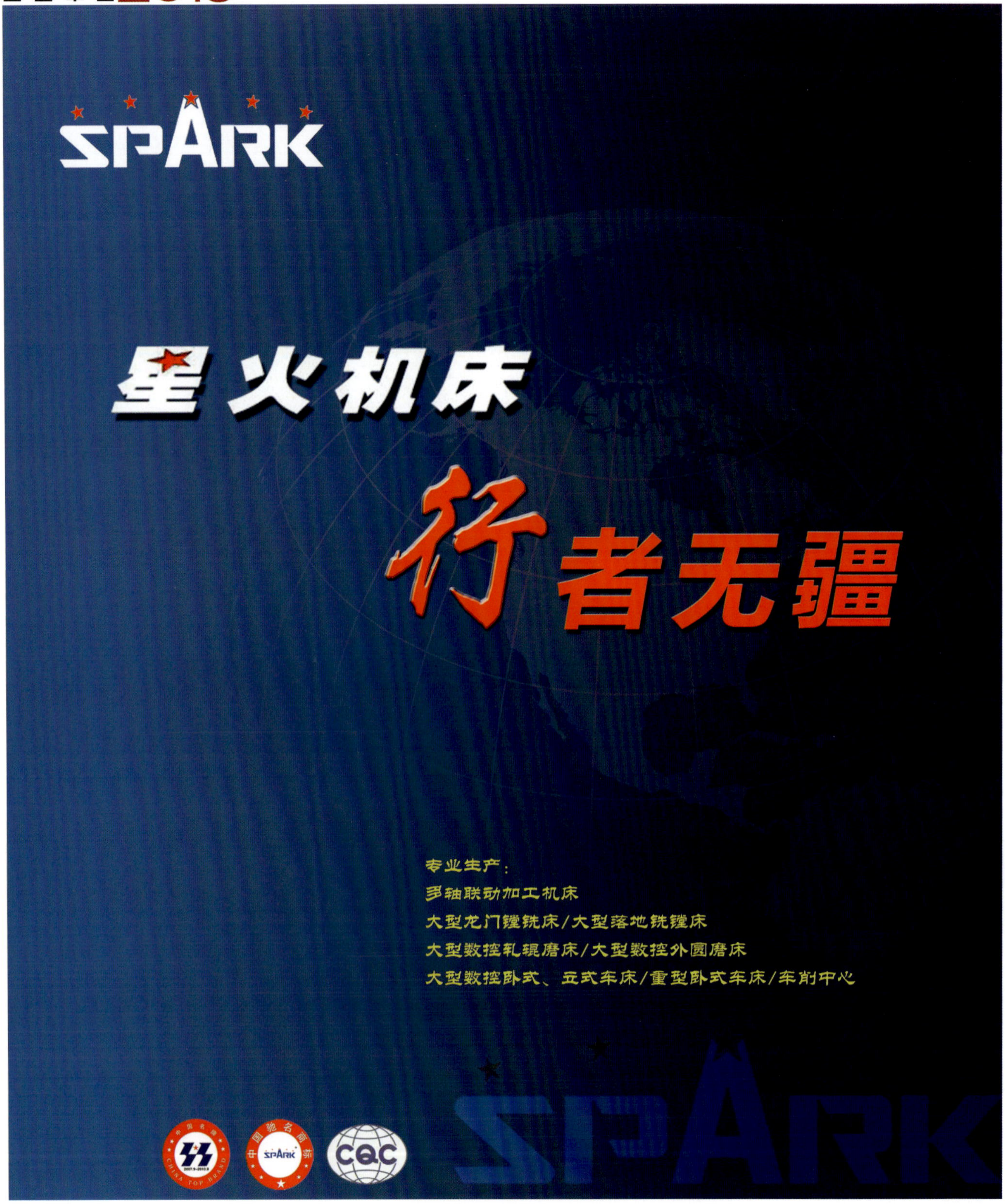
SPARK
星火机床
行者无疆
专业生产：
多轴联动加工机床
大型龙门镗铣床/大型落地铣镗床
大型数控轧辊磨床/大型数控外圆磨床
大型数控卧式、立式车床/重型卧式车床/车削中心
CQC
SPARK

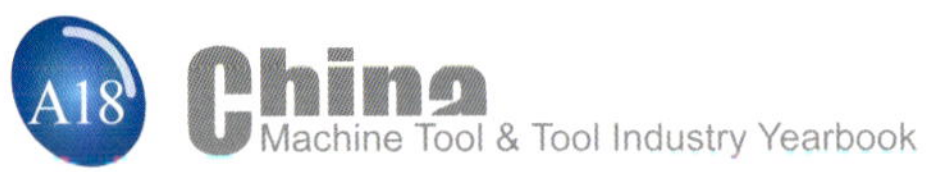

中国机床工具行业
优秀企业风采

股票代码：600862

以人为本 科技报国

People-oriented
Science and technology to serve the country

南通科技投资集团股份有限公司是我国机床行业上市公司之一。前身为南通机床厂，南通纵横国际股份有限公司，注册商标 南通®机床、TONMAC®、TONTEC®。

公司主要产品有立式加工中心、卧式加工中心、五轴联动加工中心、龙门加工中心、数控铣床、车削中心、数控车床、摇臂万能铣床、立卧升降台型铣床、数控轧辊铣床及平面磨床等，产品技术水平和制造技术处于国内领先地位。

公司在全国各大主要城市设有 34 个客户服务办事处、56 个经销网点和 3 个客户体验中心。10 多名技术支持工程师和 40 多名售后服务工程师为不同行业、不同需求的客户提供精细、高效、完善的解决方案和售后支持保障。

南通科技以机床、地产和风险投资"两业一平台"为基本构架，秉持"以人为本、科技报国"的治企思想，以"精细制造、差异竞争、持续创新"为战略实施手段，研发高端数控产品，以"替代进口"为市场和产品定位，打造先进装备制造业基地。

VH1100/VSH1100 高速立式加工中心
MCH63/630 精密卧式加工中心
MCH50/63/80 卧式加工中心
GMC/GDMC/GMMC/GDMMC龙门加工中心
XJ6325T/X6325T 摇臂万能铣床
TC50/SL50/63/SLL50 车削中心/数控机床
SGM5A/5B柔性生产线
VCL1100立式加工中心
VMCL1100立式加工中心
PMM35/40 PMF35/40龙门五面体加工中心
VMC1650A立式加工中心
VH1100 高速立式加工中心
MCH50/63/80 卧式加工中心
5DL1100 五轴联动立式加工中心
VMC1100B立式加工中心
5DMCH63 五轴联动卧式加工中心
LG24/VG24轮毂系专用机床
VMC1300A立式加工中心
VGC500 双交换台立式加工中心
VGC1500/2000 龙门型立式加工中心
5DGBC28/32/50/60 五轴联动立式加工中心
VGC500 双交换台立式加工中心
GMC/GDMC/GMMC/GDMMC龙门加工中心
5DGBC28/32/50/60 五轴联动立式加工中心
CFV550立式加工中心
5DL1100 五轴联动立式加工中心
MCH63/630 精密卧式加工中心
南通科技投资集团股份有限公司
地址：中国　江苏省南通市港闸区永和路1号
邮编：226011
电话：0513-85527964
传真：0513-85527823
邮箱：xszgs@tonmac.com.cn
南通科技投资集团股份有限公司
TONTEC TECHNOLOGY INVESTMENT GROUP CO.,LTD

山东永华机械有限公司成立于2007年，总部位于山东兖州，占地面积10万m²，总投资逾6亿元，是国家战略性新兴产业——高端装备制造业先进企业之一。自成立以来，公司即致力于中、高档数控机床的研发制造，主要产品有立式加工中心、高精密卧式加工中心、五轴加工中心、大型/重型龙门镗铣加工中心等，广泛应用于航空航天、兵器、汽车、船舶、电子和模具制造等多个领域。

凭借良好的发展势头，公司通过了ISO9001国际质量管理体系认证，荣获国家“高新技术企业”和“山东省数控加工中心工程技术研究中心”等30余项主要荣誉，企业产品也被评为“山东名牌”。产品品质和服务水平目前已处于国内领先地位。

恒温无尘精密装配车间

山东永华机械有限公司（总部）
地址：山东省兖州市经济开发区永安路　　邮编：272100
电话：0086-537-3775666　传真：0086-537-3775111　销售服务支持热线：400-113-6699

Shandong Yonghua Machinery Co.,Ltd.
ADD：Yongan Road,Economic Development Zone,Yanzhou,Shandong P.C.:272100
Tel：0086-537-3775666　Fax：0086-537-3775111　Sales service hotline：400-113-6699

宇环数控机床股份有限公司

YUHUAN CNC MACHINE TOOL CO.,LTD.

宇环数控机床股份有限公司（原湖南宇环同心数控机床有限公司）是一家专业研发、生产精密、高效数控磨床系列产品及工业机器人技术的国家重点高新技术企业。公司拥有省级数控精密磨床工程技术中心和省级企业技术中心，在自动化、信息化、集成化领域，形成了自己的核心技术优势。

公司产品广泛应用于汽车、IT 电子、军工、航空航天、船舶、轴承、密封件、家电等国民经济主要领域，主导产品有：数控双端面磨床、数控凸轮轴磨床、数控研磨抛光机、复合车铣组合机床、数控外圆磨床、数控气门磨床、活塞环专用设备和自动化系列产品，可替代进口，达到国际先进水平。产品畅销全国各省区并出口十多个国家和地区。

公司将秉承“责任为本、创新为谋、发展为恒、奉献为荣”的经营宗旨，致力于打造成为全球数控磨削技术方案的专业提供商。

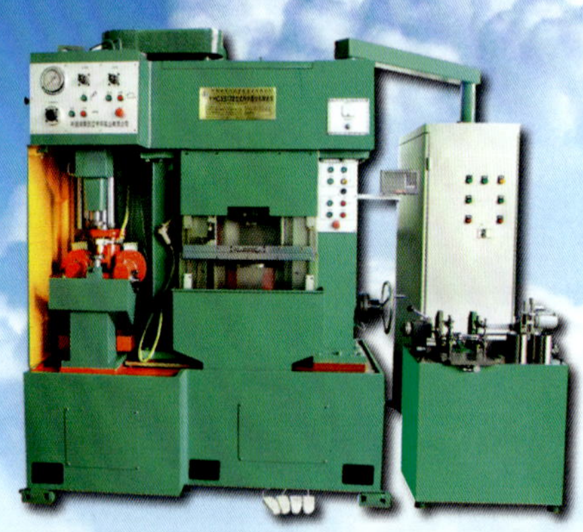

● YHCX5160 立式仿形车铣床

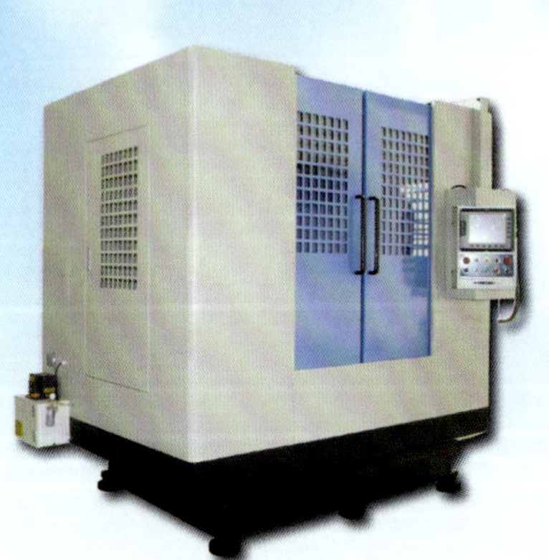

● YH2M8108 数控单面抛光机

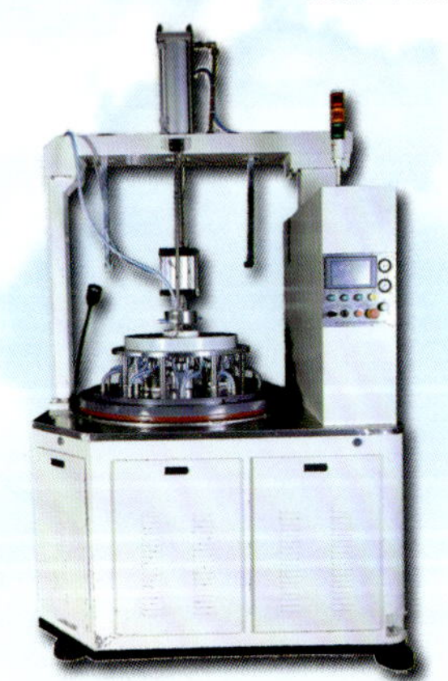

● YT2M－4826 立式双面研磨抛光机

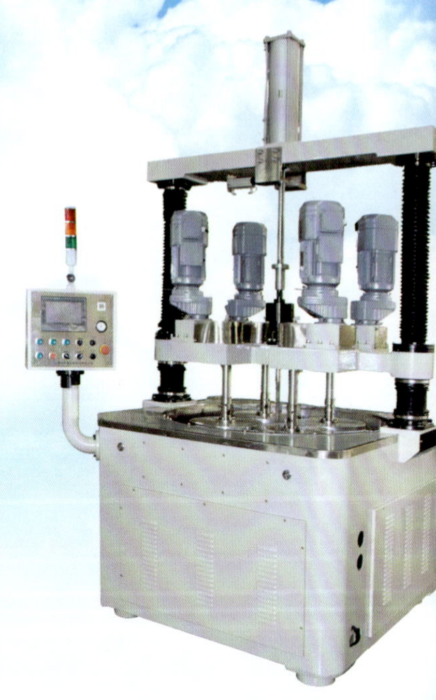

● YH2M8192C3 单面研磨抛光机

地址：湖南省浏阳制造产业基地纬二路　　邮编：410323　　电话：0086-731-83201588

致力于成为全球数控磨削技术方案的专业提供商

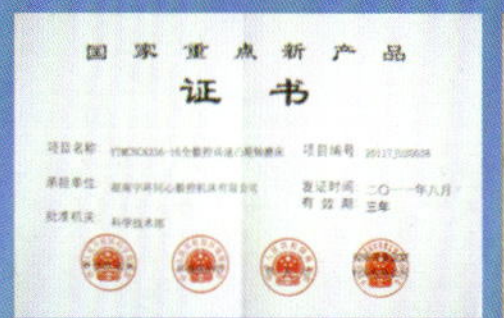

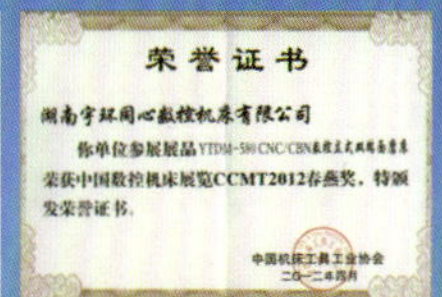

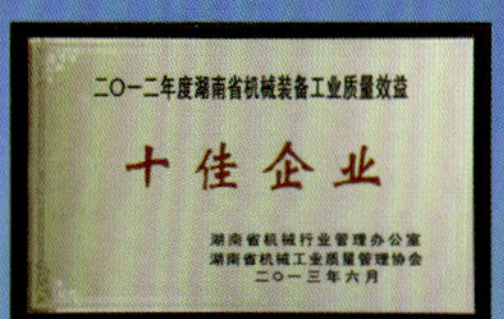

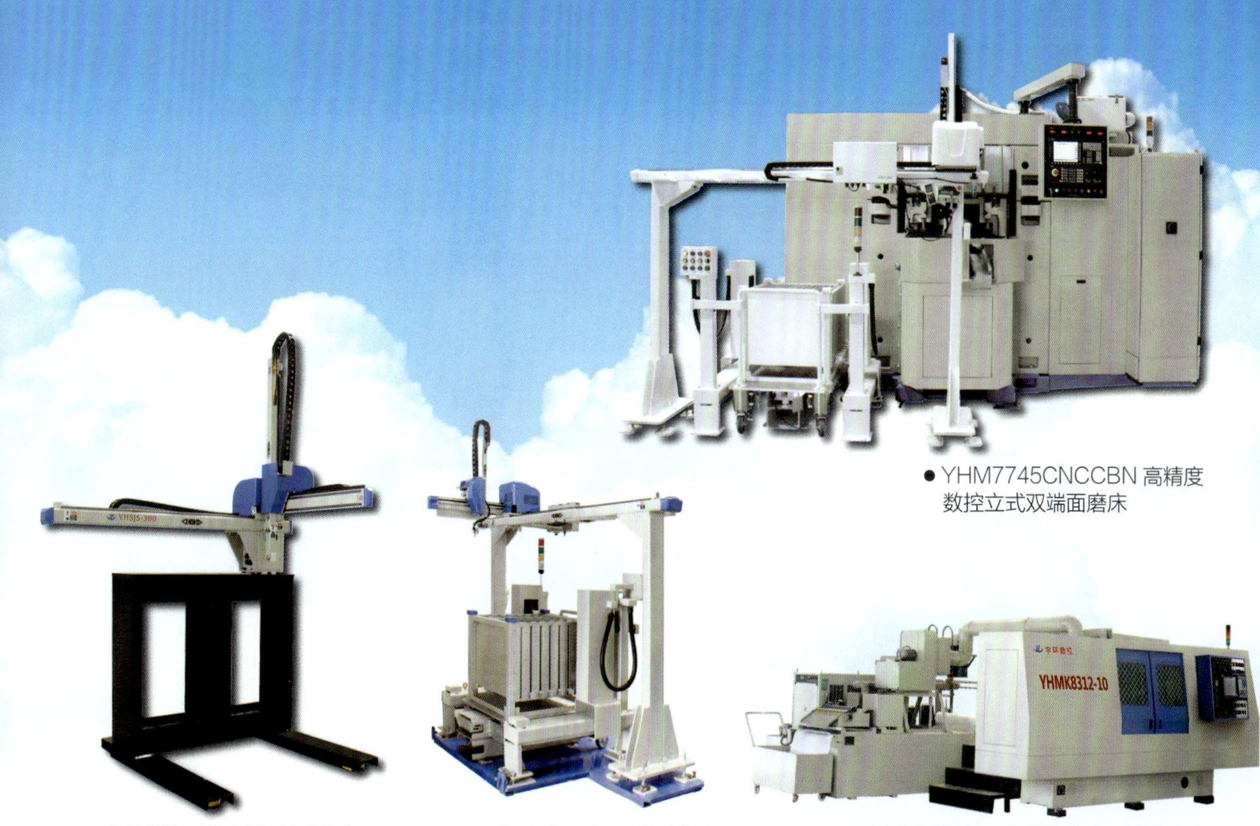

● YHM7745CNCCBN 高精度数控立式双端面磨床

● 全轴伺服电动机驱动机械手

● 门式自动上下料机械手

● YHMK8312-10 数控高速凸轮轴磨床

传真：0086-731-83201588　http:// www.yh-cn.com　E-mail: yxb@yh-cn.com

COMPANY INTRODUCTION

保定向阳航空精密机械有限公司

Baoding Xiangyang Aviation Precision Machinery Co.,Ltd.

保定向阳航空精密机械有限公司隶属于中国航空工业集团公司，始建于 1964 年，位于保定市区，国家大二型、高新技术企业，国内大型的精密组合工艺装备研制生产厂家，中航工业系统专业生产组合工艺装备的企业和精密数控机床修理改造技术归口单位。“中航工业柔性智能工艺装备研制中心”和“中航工业数控机床再制造及备件中心”就设在公司。

公司通过了 ISO9001:2008 国际质量体系认证、武器装备科研生产许可、国家安全标准化二级企业核准、国防计量三级技术机构认可和中国设备管理协会设备维修企业 I 级资质认证。

公司主要产品有柔性智能工艺装备、精密数控机床再制造及备件服务、金属带锯床、骨科医疗器械、功能部件和航空产品六大系列。产品覆盖航空、航天、机械、铁路及船舶等行业，并远销欧美等国家和地区。

产品展示

Products

齿轮箱体保压夹具

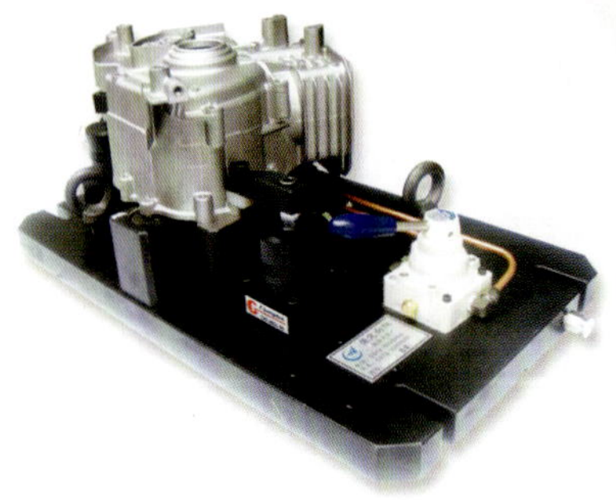

缸头气动夹具

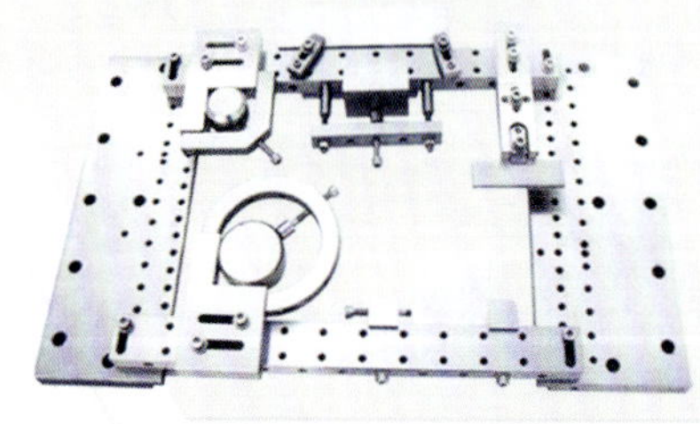

电加工夹具

孔系组合夹具

槽系组合夹具

精密机床修理改造

电永磁夹具

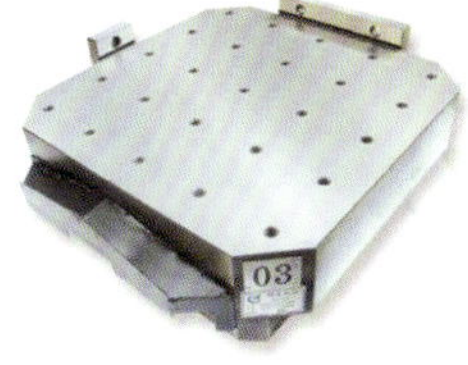
锥孔定位机床托板

光面夹具

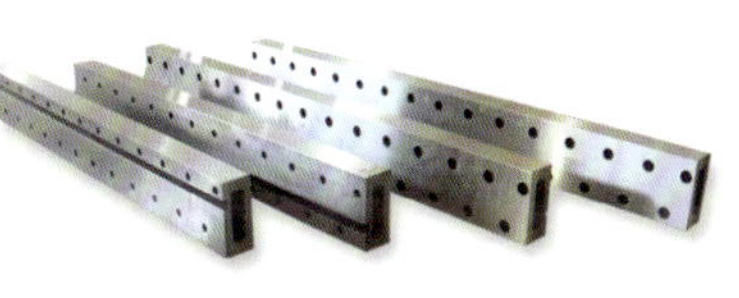
机床导轨

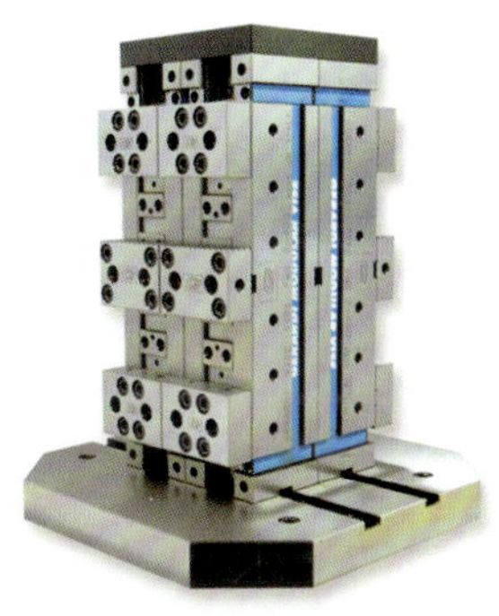
精密平口钳系列

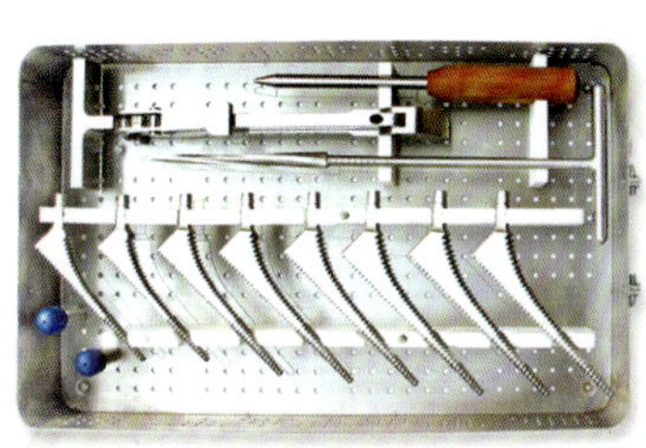
髋关节手术器械

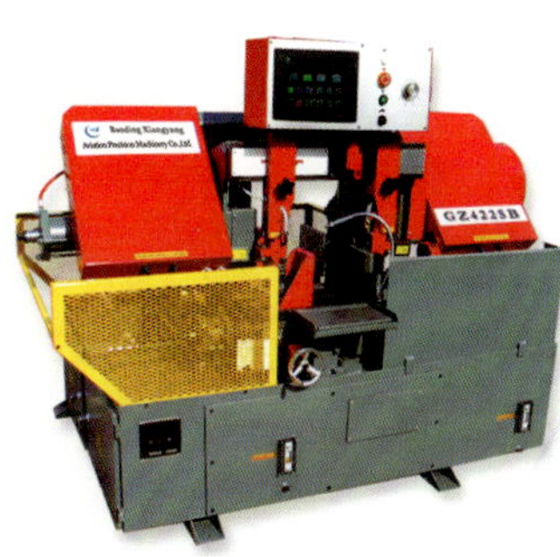
GZ4225B 金属带锯床

优秀企业风采
打造晶菱机床精品，
振兴中国装备工业
XH-4225
晶菱机床
XH-4225数控龙门镗铣加工中心
高新技术企业
安徽省著名商标
MV45
MV-70
MV45立式加工中心
MV-70立式加工中心
VL-MV60立式加工中心

数控机床制造有限公司

DK77120线切割机床

DK7780线切割机床

摇摆线切割机床

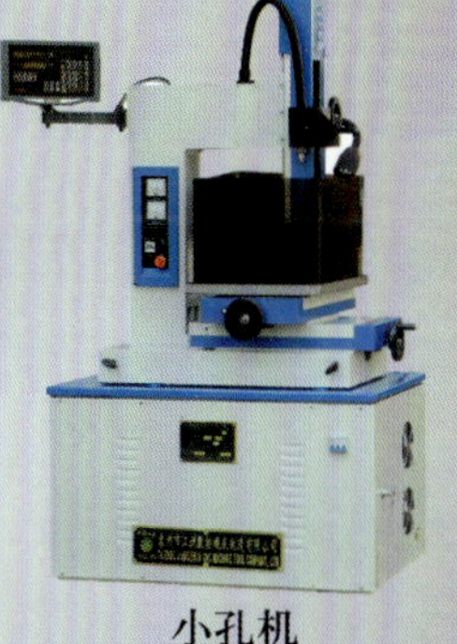
小孔机

泰州市江洲汉洋数控机床制造有限公司是国内专业生产数控电火花线切割机床、电火花成形机床、加工中心、数控铣床、雕铣机床、数控砂线切割机床的企业，具有产品开发设计、生产制造能力。

主要产品有DK77系列电火花数控线切割机床、D71系列电火花数控成形机床、数控砂线切割机床、数控砂棒磨削机、高速电火花小孔加工机、XK系列数控铣床、XH系列加工中心和雕铣机等，同时应客户要求生产各式样机。

高素质的员工队伍，科学的管理，与大中院校科研机构的联合，使公司生产的各种机床性能稳定、可靠，能满足各种模具及机械零件的加工制造。

公司通过了ISO9001:2008国际质量体系认证。产品销往国内20多个省市，并出口马来西亚、韩国、越南、泰国、埃及、俄罗斯、巴基斯坦、乌克兰、日本、印度和巴西等国家。产品实行“三包”，终身维修，免费为用户提供技术培训。公司售后服务及时、周到，已在全国各地设有几十家售后服务办事处，并在越南和泰国设有分公司。

地址：江苏省泰州市九龙镇台商工业园区龙翔路16号　　邮编：225300
电话：0523-82212316　　传真：0523-86558608
http://www.jzsk.com.cn　　E-mail: sales@jzsk.com.cn　wly468@163.com

GONA

大连光洋科技工程有限公司

DALIAN GUANGYANG SCIENCE&TECHNOLOGY ENGINEERING CO.,LTD.

大连光洋科技工程有限公司成立于 1993 年，专注于高档数控系统、关键功能部件的研发生产。全资子公司大连科德数控有限公司成立于 2008 年，全部采用国产数控系统和功能部件，生产多种类高档五轴数控机床。大连光洋科技作为国家创新型企业、国家知识产权试点试范企业、国家火炬计划重点高新技术企业、国家博士后科研工作站和国家数控系统现场总线技术标准联盟工作组组长，是国内既生产高档数控系统又生产关键功能部件的单位，率先提出数控大系统工程技术观，形成了涵盖光纤总线开放式高档数控系统、大功率宽调速比伺服驱动器、高精度位置角度传感及补偿系统、力矩电动机及驱动器、直驱式关键执行部件、伺服电动机和直线电动机、电主轴电动机和电主轴、铸石床身、五轴联动复合加工高档数控机床的完整数控技术链和产业链，缔造了一支以振兴民族数控产业为价值观的、涵盖数控完整技术链的、多层次多专业的 200 余人组成的技术创新团队，营造了宽松、严谨、奋进的人性化创新管理机制和先进的研发流程管理机制。公司创建了省级工程技术研究中心、企业技术中心、国家地方联合工程研究中心等创新平台，开创了一条“整机与系统相结合，加工工艺技术与控制技术相结合，数控机床技术与数控系统技术研发、产业化无缝对接”的中国机床工业工程技术研究与产业化发展的新模式，被行业誉为“光洋模式”。

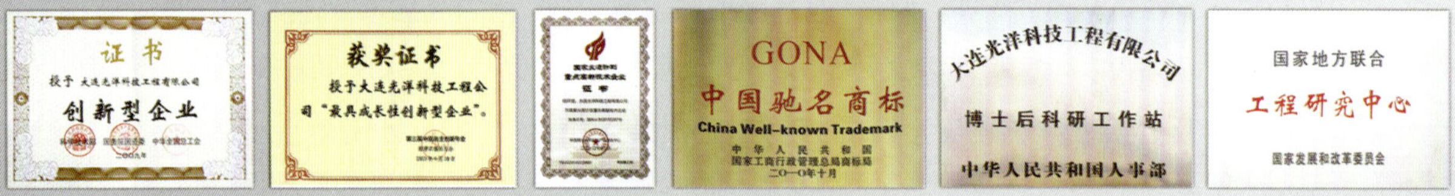

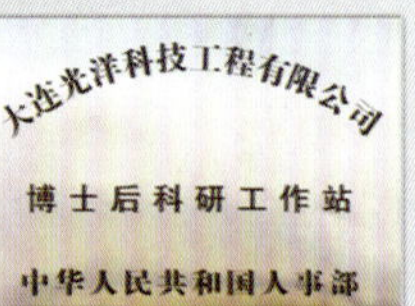

国家地方联合
工程研究中心
国家发展和改革委员会

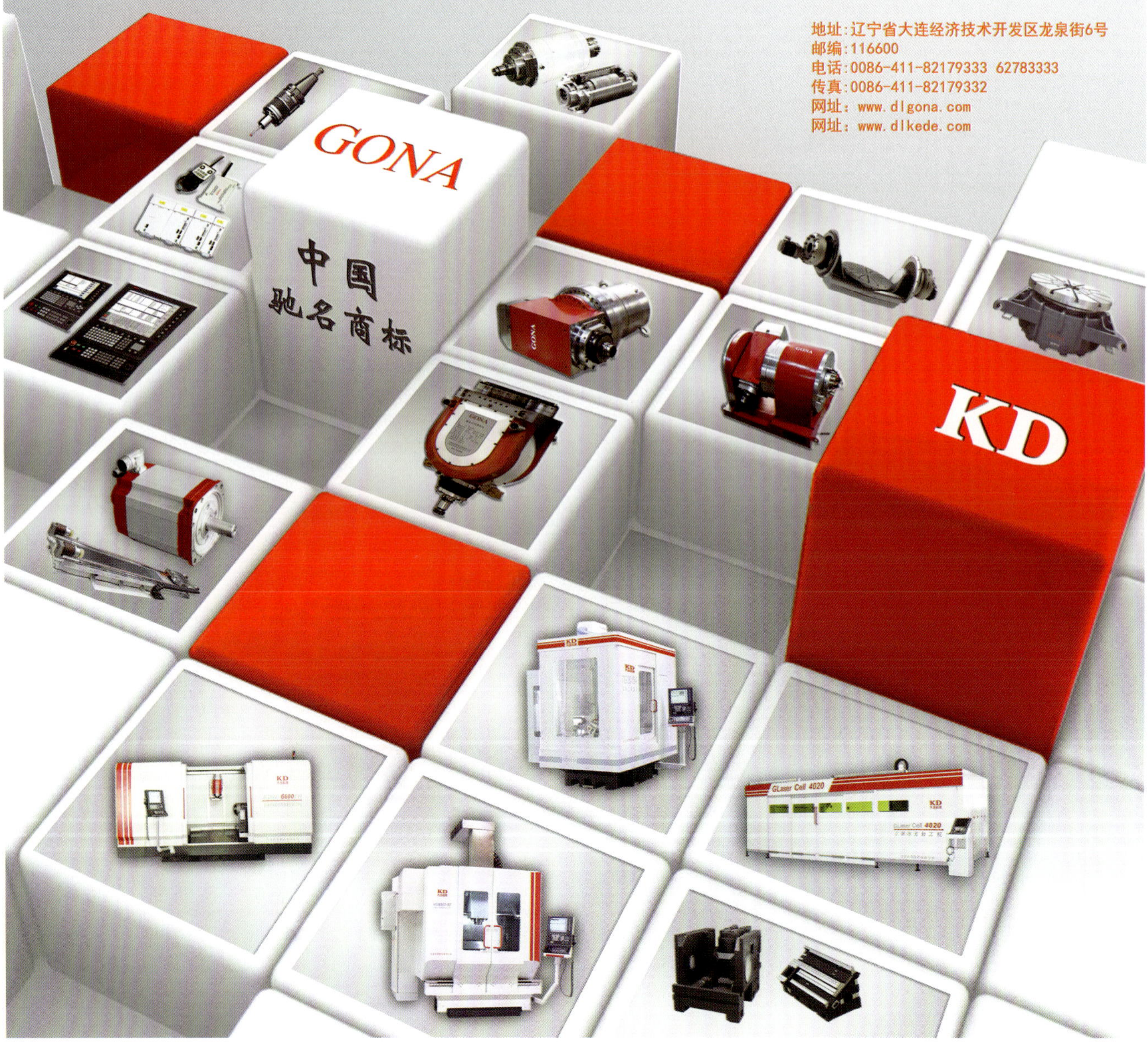

地址：辽宁省大连经济技术开发区龙泉街6号
邮编：116600
电话：0086-411-82179333 62783333
传真：0086-411-82179332
网址：www.dlgona.com
网址：www.dlkede.com

GONA 中国驰名商标

KD

数控转塔冲床

数控激光切割机　　数控折弯机　　数控冲激复合机　　数控剪板机

江苏金方圆数控机床有限公司系国家重点高新技术企业、国家火炬计划邗江数控金属板材加工设备产业基地龙头骨干企业，国内锻压行业较早通过ISO9001国际质量体系认证的企业，拥有出口产品质量许可证和CE证书。公司建有机械工业工程研究中心、省级企业技术中心、省级工程中心和国家博士后工作站。主要产品有数控转塔冲床、数控折弯机、数控剪板机、数控母线生产线、汽车纵梁生产线以及板料冲剪复合柔性生产线等。产品市场占有率在国内同行中名列前茅，并远销世界各地。

江苏金方圆数控机床有限公司

地址：江苏省扬州市邗江工业园银柏路19号

销售：0514 -87871337 87873787　　售后：0514 -87883565 87882730

传真：0514 -87871336 87777136（售后服务）

http://www.jinfangyuan.com　　E-mail:sale@jinfangyuan.com

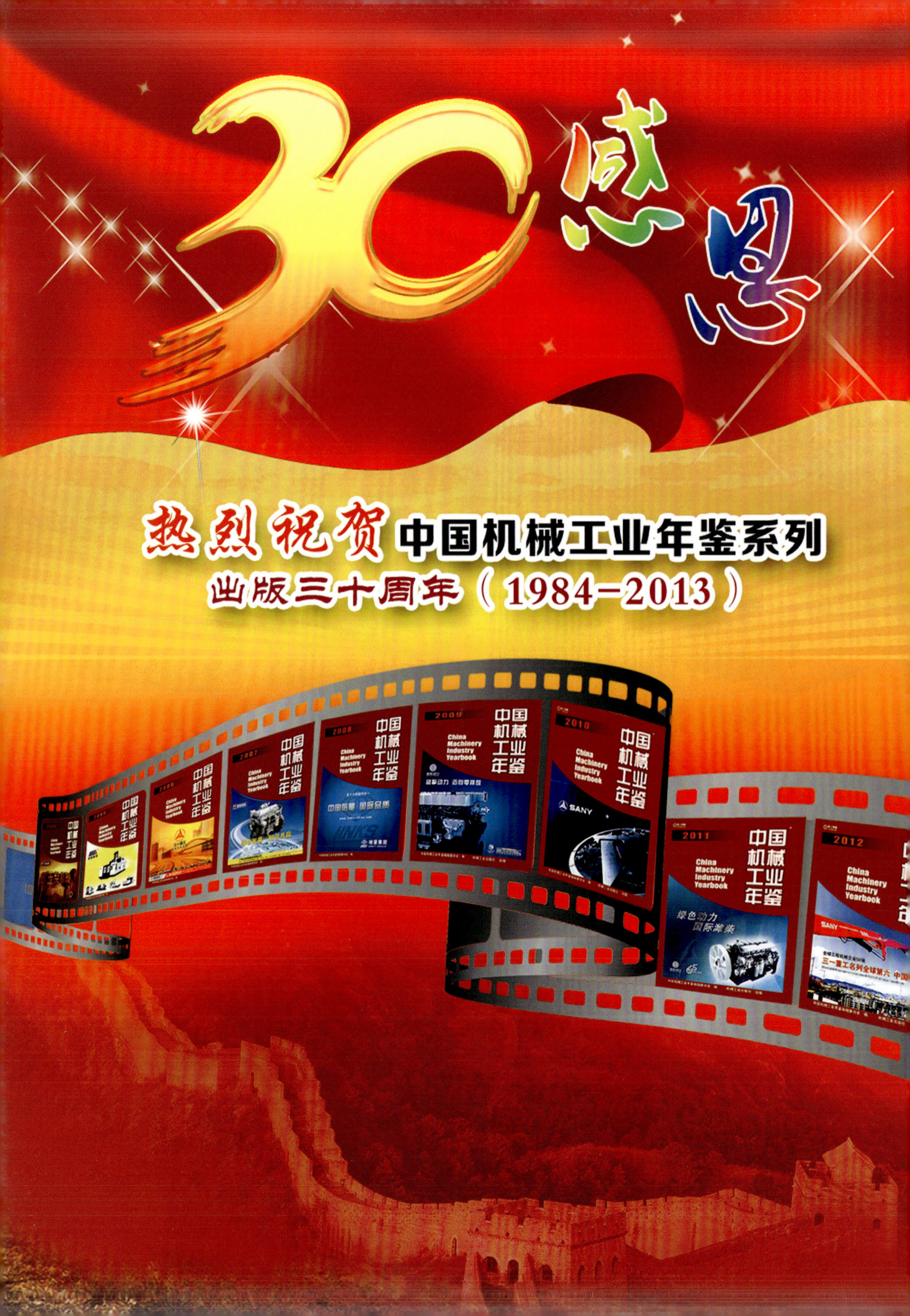

30
感恩
热烈祝贺中国机械工业年鉴系列
出版三十周年（1984–2013）
2009
2010
2011
2012
中国机械工业年鉴
China Machinery Industry Yearbook

综合索引
『鉴』证行业发展
共建制造强国
中国工业年鉴出版基地

中国机械工业年鉴系列

《中国机械工业年鉴》

《中国电器工业年鉴》

《中国工程机械工业年鉴》

《中国机床工具工业年鉴》

《中国通用机械工业年鉴》

《中国机械通用零部件工业年鉴》

《中国模具工业年鉴》

《中国液压气动密封工业年鉴》

《中国重型机械工业年鉴》

《中国农业机械工业年鉴》

《中国石油石化设备工业年鉴》

《中国塑料机械工业年鉴》

《中国齿轮工业年鉴》

《中国磨料磨具工业年鉴》

《中国机电产品市场年鉴》

《中国热处理行业年鉴》

编辑说明

一、《中国机械工业年鉴》是由中国机械工业联合会主管、机械工业信息研究院主办、机械工业出版社出版的大型资料性、工具性年刊，创刊于 1984 年。

二、根据行业需要，1998 年中国机械工业年鉴编辑委员会开始出版分行业年鉴，逐渐形成了中国机械工业年鉴系列。该系列现已出版了《中国电器工业年鉴》《中国工程机械工业年鉴》《中国机床工具工业年鉴》《中国通用机械工业年鉴》《中国机械通用零部件工业年鉴》《中国模具工业年鉴》《中国液压气动密封工业年鉴》《中国重型机械工业年鉴》《中国农业机械工业年鉴》《中国石油石化设备工业年鉴》《中国塑料机械工业年鉴》《中国齿轮工业年鉴》《中国磨料磨具工业年鉴》《中国机电产品市场年鉴》和《中国热处理行业年鉴》。

三、《中国机床工具工业年鉴》于 2002 年创刊，2013 年为第 12 期。该年鉴由综述、专文、行业概况、市场概况、企业专题、统计资料、标准化、大事记及附录内容构成，集中反映了机床工具行业的产品状况、技术水平、产销情况及发展趋势，全面系统地提供了机床工具行业的主要经济指标。

四、统计资料中的数据由中国机床工具工业协会提供，数据截止到 2012 年 12 月 31 日。

五、《中国机床工具工业年鉴》主要发行对象为政府决策机构、机械工业相关企业决策者和从事市场分析、企业规划的中高层管理人员以及国内外投资机构、贸易公司、银行、证券、咨询服务部门和科研单位的机电项目管理人员等。

六、在编纂过程中得到了中国机床工具工业协会及多年从事机床工具工业研究的专家、学者和企业的大力支持和帮助，在此表示衷心感谢。

八、由于水平有限，难免出现错误及疏漏，敬请批评指正。

中国机械工业年鉴编辑部

2013 年 11 月

目　　录

综　　述

专　　文

行 业 概 况

市场概况

企业专题

统计资料

标准化

大事记

附录

Contents

Summary

Feature

General

General Market Situation

Special Topic of Enterprises

Statistic Information

Standardization

Major Events

Appendix

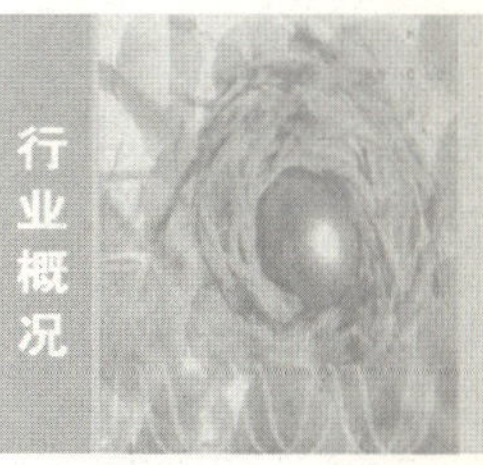

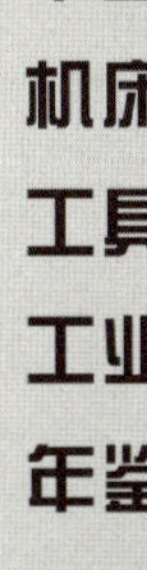

综述

回顾总结2012年机床工具行业发展情况，分析现状、展望未来

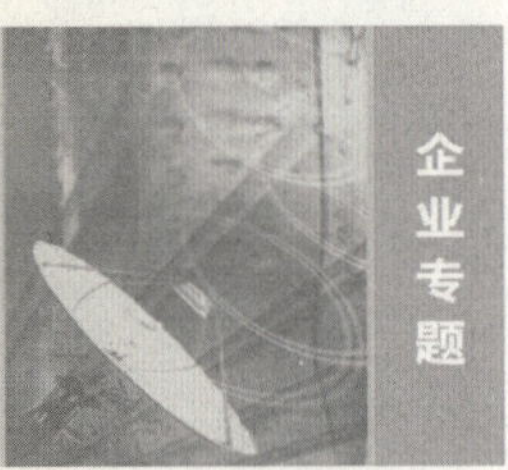

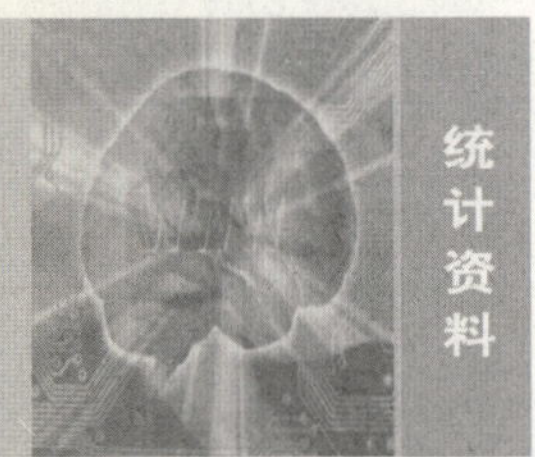

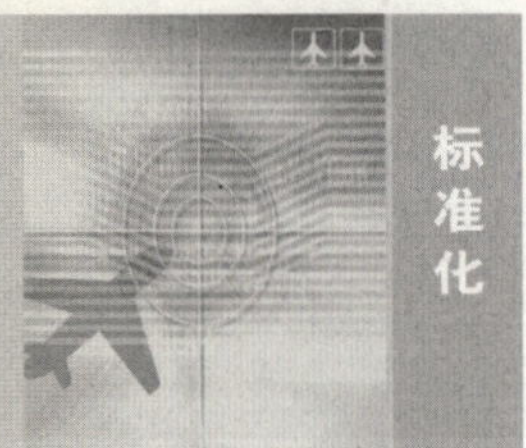

综述

2012 年机床工具行业发展综述

2012 年，国际机床市场继续呈现不同程度复苏，国内机床市场持续低迷，国产中低端产品需求明显减少，机床工具产品进口额高位运行。在激烈的市场竞争中，全行业产品结构与市场需求矛盾更加突出，行业新增订单显著减少，产销水平明显回落，资金占用大幅上升，行业经济运行进入中低速增长阶段。

一、2012 年机床工具行业基本情况

机床工具行业包含金属切削机床、金属成形机床、铸造机械、木工机械、机床附件、工量具及量仪、磨料磨具、其他金属加工机械 8 个小行业。据国家统计局数据显示，2012 年，机床工具行业共有规模以上企业 4 883 家，比上年增长 11.36%。全行业从业人员 87.58 万人，比上年增长 5.18%。其中，金属切削机床行业 20.1 万人，占全行业人数的 22.95%；金属成形机床行业 8.52 万人，占全行业人数的 9.73%。除了木工机械行业企业数比上年略有减少外，其余各分行业企业数都有不同程度的增加，增长幅度最人的是铸造机械行业，企业数比上年增长 17.98%。2012 年机床工具行业各分行业企业分布情况见表 1。

表 1　2012 年机床工具行业各分行业企业分布情况

行业名称	企业数（家）	占比（%）
合计	4 883	100.0
金属切削机床	678	13.9
金属成形机床	509	10.4
铸造机械	538	11.0
木工机械	148	3.0
机床附件	309	6.3
工量具及量仪	623	12.8
磨料磨具	1 461	29.9
其他金属加工机械	617	12.7

2012 年，机床工具行业完成工业总产值 7 210.5 亿元，同比增长 12.3%。磨料磨具行业工业总产值依旧位居全行业第一位，在全行业工业总产值中的占比较上年提高 2.2 个百分点；金属切削机床行业工业总产值仍位居第二，较上年的占比减少 3.1 个百分点。2012 年机床工具行业各分行业工业总产值完成情况见表 2。

表 2　2012 年机床工具行业各分行业工业总产值完成情况

行业名称	工业总产值（亿元）	同比增长（%）	占比（%）
合计	7 210.5	12.3	100.0
金属切削机床	1 464.0	−0.8	20.3
金属成形机床	619.9	6.4	8.6
铸造机械	762.8	24.9	10.6
木工机械	164.5	13.7	2.3
机床附件	384.5	16.5	5.4
工量具及量仪	772.8	12.3	10.7
磨料磨具	2 123.0	18.8	29.4
其他金属加工机械	919.0	14.6	12.7

2012 年，按企业所有制性质划分，国有控股企业共 217 家，占全行业企业总数的 4.4%，完成工业总产值占全行业工业总产值的 10.9%；集体控股企业 133 家，占全行业企业总数的 2.7%。私人控股企业完成工业总产值占全行业工业总产值的 70.7%，比上年增加 1.5 个百分点。外商控股企业出口交货值占其产品销售产值的 22.57%，港澳台商控股企业出口交货值占其产品销售产值的 16.55%，国有控股企业出口交货值占其产品销售产值的 4.74%，私人控股企业出口交货值占其产品销售产值的 3.43%。2012 年机床工具行业（按所有制结构）主要经济指标完成情况见表 3。

表 3　2012 年机床工具行业（按所有制结构）主要经济指标完成情况

行业类别	企业数（家）	工业总产值			产品销售产值			出口交货值	
		实际完成（亿元）	占比（%）	同比增长（%）	实际完成（亿元）	占比（%）	同比增长（%）	实际完成（亿元）	同比增长（%）
合计	4 883	7 210.5	100.0	12.3	7 001.9	100.0	11.8	375.6	6.1
国有控股	217	787.1	10.9	−5.3	752.8	10.8	−6.3	35.7	2.5
集体控股	133	192.3	2.7	23.1	186.7	2.7	21.1	4.0	−2.6
私人控股	3 757	5 093.8	70.7	19.0	4 937.4	70.5	18.4	169.4	10.7
港澳台商控股	225	246.7	3.4	−4.0	245.9	3.5	−2.1	40.7	6.7
外商控股	355	485.3	6.7	−3.2	491.3	7.0	−1.3	110.9	1.6
其他	196	405.4	5.6	3.0	387.8	5.5	0.6	15.0	1.6

注：表中数据因四舍五入，合计数与分项之和有微小出入。

二、2012 年机床工具行业经济运行情况

(一)机床工具行业经济运行情况

据国家统计局的数据显示,2011 年下半年机床工具行业工业总产值增速逐月下滑,2012 年延续了下行趋势,年初行业经济增速持续回落,下半年同比与环比逐月小幅回升,初步呈现触底态势。2012 年,机床工具行业主要经济指标全面下滑,新增订单和在手订单显著减少,产销规模明显回落,资金占用大幅上升,产能明显过剩,行业产品结构调整跟不上市场需求的快速升级,后续市场更加严酷。

截至 2012 年 12 月,机床工具行业新增订单出现连续逐月下降,且降幅较大;在手订单同比下降。国内市场需求结构快速向中高端产品转化,产品结构与市场需求矛盾凸显,国产中高档产品竞争力依然薄弱。进口高位运行,金属切削机床进口额占我国金属切削机床消费额的 41%,金属切削机床行业压力进一步加大。数控装置进口额 15.2 亿美元,同比下降 18.1%,出现大幅度下滑,说明机床制造企业对后市并不乐观。出口维持了一定的增长,特别是金属加工机床出口额增长 13.4%。

1. 全行业主要经济指标完成情况

根据国家统计局统计,2012 年的统计数据如下:机床工具行业完成工业总产值 7 210.5 亿元,同比增长 12.3%;完成产品销售产值 7 001.9 亿元,同比增长 11.8%;产品销售率 97.1%,比上年减少 0.4 个百分点;实现利润 446.8 亿元,同比增长 3.6%;产品销售收入利润率为 6.4%,比上年减少 0.4 个百分点;固定资产投资完成额同比增长 22.8%,比上年减少 31.9 个百分点。全年金属加工机床产量 102.17 万台,同比下降 1.1%,其中数控机床产量 21.88 万台,同比下降 19.6%。铸造机械产量 69.36 万台,同比增长 27.5%。机床数控装置产量 11.45 万套,同比下降 27.7%。国产金属加工机床国内市场占有率(按金额计)为 64.3%,较上年减少 1.8 个百分点;数控机床国内市场占有率为 55.6%,较上年减少 1 个百分点。

据海关数据显示,2012 年,机床工具产品累计进口额 202.0 亿美元,同比下降 0.4%。其中,金属加工机床进口额 136.6 亿美元,同比增长 3.3%。在金属加工机床中,金属切削机床进口额 111.7 亿美元,同比增长 6.0%;金属成形机床进口额 24.9 亿美元,同比下降 7.6%。机床工具产品出口额 92.4 亿美元,同比增长 3.8%。其中,金属加工机床出口额 27.4 亿美元,同比增长 13.4%。在金属加工机床中,金属切削机床出口额 18.6 亿美元,同比增长 11.8%;金属成形机床出口额 8.8 亿美元,同比增长 16.9%。全年机床工具产品进出口逆差为 109.6 亿美元,同比下降 3.8%。

2. 各分行业主要经济指标完成情况

按国家统计局的数据,2012 年,机床工具行业 8 个小行业中,金属切削机床行业工业总产值同比下降 0.8%,金属成形机床行业工业总产值实现个位数增长,其他小行业工业总产值均实现两位数增长。磨料磨具行业工业总产值依然位居第一,在全行业的占比达到 29.4%,比上年提高 2.2 个百分点;铸造机械行业工业总产值列第五位,在全行业的占比提高 2.4 个百分点;金属切削机床行业工业总产值仍然保持第二位,在全行业的占比减少 3.1 个百分点。其他小行业工业总产值的占比基本稳定。除了金属切削机床和磨料磨具两个行业工业产品销售率低于机床行业平均值以外,其余各行业工业产品销售率均接近或高于行业平均值。2012 年机床工具行业各分行业主要经济指标完成情况见表 4。

表 4　2012 年机床工具行业各分行业主要经济指标完成情况

行业类别	企业数(家)	工业总产值		产品销售产值		出口交货值	
		实际完成(亿元)	同比增长(%)	实际完成(亿元)	同比增长(%)	实际完成(亿元)	同比增长(%)
行业合计	4 883	7 210.5	12.3	7 001.9	11.8	375.6	6.1
金属切削机床	678	1 464.0	-0.8	1 408.2	-2.0	70.4	3.3
金属成形机床	509	619.9	6.4	605.3	6.9	38.1	11.7
铸造机械	538	762.8	24.9	749.0	24.8	24.0	47.9
木工机械	148	164.5	13.7	161.8	14.1	13.4	21.6
机床附件	309	384.5	16.5	378.5	16.6	10.0	-14.1
工量具及量仪	623	772.8	12.3	749.8	11.9	107.8	6.0
磨料磨具	1 461	2 123.0	18.8	2 053.9	18.0	72.3	1.3
其他金属加工机械	617	919.0	14.6	895.4	14.6	39.7	-0.2

2012 年,金属切削机床产量 79.71 万台,其中数控金属切削机床产量 20.57 万台,分别同比下降 13.6% 和 16.2%,多年来首次出现数控金属切削机床产量下滑幅度高于金属切削机床产量下滑幅度。从金属切削机床平均单价上调可以看出,数控机床中的经济型数控机床降幅最大。金属切削机床行业实现利润 57.3 亿元,同比下降 30.4%;产品销售收入利润率 4.1%,同比减少 1.5 个百分点,为近十几年历史最低点。金属切削机床平均单价连续多年增长后,均价达到 18.37 万元,同比增长 10.6%,显示行业产品结构调整优化取得一定成果。

2012 年，金属成形机床产量 22.46 万台，其中数控金属成形机床产量 1.31 万台，分别同比下降 4.8% 和 35.6%，数控金属成形机床产量出现大幅度下滑。金属成形机床行业实现利润 41.3 亿元，同比下降 2.3%；产品销售收入利润率 7.0%，同比减少 0.5 个百分点。金属成形机床平均单价 27.60 万元，同比增长 19.5%。金属成形机床量减价增，显示了产品结构调整的效果。

3. 我国机床工业在世界机床工业中的地位

2012 年，我国机床产品产值达到 273.6 亿美元，占世界机床总产值的近 30%。这是自 2009 年以来，我国机床产品产值连续第 4 年位于世界机床产值首位。

我国已持续十余年列世界机床进口第一位、消费第一位。2012 年，我国机床产品进口额在世界机床进口总额中的占比为 34.1%，消费额在世界机床消费总额中的占比为 45.1%。我国机床出口额也有明显的提高，但这些年出口额一直徘徊在机床生产总值的 10% 上下。而列世界机床出口前五位的国家（地区）出口额都在机床生产总值的 60% 以上，瑞士更是高达 87%。我国是当今世界机床制造大国，与世界机床强国相比，我国的机床产品在全球机床市场的竞争力差距依然很大。

（二）重点联系企业经济运行情况

2012 年，中国机床工具工业协会 7 个小行业（金属切削机床、锻压机械、机床电器、机床附件、量刃具、滚动功能部件、数控系统）重点联系企业 217 家，均属于行业骨干企业，重点联系企业的情况基本上能够反映行业经济运行发展趋势，该统计结果与国家统计局统计的 4 883 家企业数据所反映的行业走势有较大差异。2012 年机床工具行业重点联系企业产值及产量完成情况见表 5。

表 5　2012 年机床工具行业重点联系企业产值及产量完成情况

行业名称		合计	金属切削机床	锻压机械	机床电器	机床附件	量刃具	滚动功能部件	数控系统
工业总产值	实际完成（亿元）	1 025.6	723.4	138.7	14.6	14.9	118.2	4.9	10.9
	同比增长（%）	-15.6	-17.2	-13.3	-2.3	-22.8	-2.7	-34.2	-38.4
金属切削机床产值	实际完成（亿元）	599.9	596.7	3.0		0.08	0.06		
	同比增长（%）	-17.9	-17.9	-25.7		108.5	-58.2		
数控金属切削机床产值	实际完成（亿元）	433.6	430.7	2.8		0.06	0.05		
	同比增长（%）	-12.3	-1.2	-23.5		149.2	-59.8		
金属成形机床产值	实际完成（亿元）	142.5	13.2	129.3					
	同比增长（%）	-7.0	87.5	-11.6					
数控金属成形机床产值	实际完成（亿元）	71.8	2.5	69.3					
	同比增长（%）	-10.7	-41.3	-8.9					
金属切削机床产量	实际完成（台）	289 919	289 692	123		13	91		
	同比增长（%）	-29.1	-29.1	-28.5		30.0	-27.2		
数控金属切削机床产量	实际完成（台）	120 262	120 064	105		8	85		
	同比增长（%）	-15.4	-15.4	-29.1		100.0	-24.1		
金属成形机床产量	实际完成（台）	66 830	2 588	64 242					
	同比增长（%）	-18.8	-33.6	-18.1					
数控金属成形机床产量	实际完成（台）	6 552	224	6 328					
	同比增长（%）	-21.1	-64.2	-17.6					
主控单元产量（套）		101 665							101 665
主轴驱动单元产量（套）		72 624							72 624
主轴电动机产量（台）		175							175
进给驱动单元产量（套）		70 704							70 704

2012 年，机床工具行业重点联系企业共完成工业总产值 1 025.6 亿元，同比下降 15.6%；完成产品销售产值 992.2 亿元，同比下降 16.1%。各个小行业重点联系企业产品销售收入、利润总额、工业总产值、产品销售产值均为同比下降。

重点联系企业数控金属切削机床产量 12.03 万台，同比下降 15.4%，降幅大于数控金属切削机床产值同比降幅 3.1 个百分点。重点联系企业（部分）全年累计新增订单同比下降 30.7%，年末在手订单同比下降 28.5%。新增订单和在手订单都为历史低点，企业后续增长乏力。

2012 年，重点联系企业月度工业总产值增速除了 1 月、2 月出现波动外，其余月份基本为下降走势。虽然四季度月度产值节节攀升，11 月出现增长，但月度增速未见反转，12 月仍以下降告终。2011 年 12 月至 2012 年 12 月机床工具行业重点联系企业月度工业总产值及增长情况见表 6。

表6 2011年12月至2012年12月机床工具行业重点联系企业月度工业总产值及增长情况

月份	月度工业总产值（亿元）	同比增长（%）	环比增长（%）
2011年12月	146.9	-0.7	36.8
2012年1月	65.8	-21.2	-55.2
2012年2月	69.2	2.2	5.2
2012年3月	88.9	-9.1	28.5
2012年4月	91.6	-13.1	3.0
2012年5月	74.3	-24.5	-18.9
2012年6月	99.2	-11.1	33.5
2012年7月	74.5	-19.6	-24.9
2012年8月	70.6	-33.0	-5.2
2012年9月	78.2	-26.3	10.8
2012年10月	87.4	-19.1	11.8
2012年11月	102.4	5.8	17.2
2012年12月	123.5	-12.5	20.6

注：由于统计对象有所变动，表中所列月度同比增长不是与上年同期实际完成值的比较。

2012年，金属切削机床小行业月度工业总产值除11月同比增长10.5%以外，全年其余月份均是下降，1—8月的环比增长不稳定，9月之后环比逐步进入稳步增长。2011年12月至2012年12月金属切削机床小行业重点联系企业月度工业总产值及增长情况见表7。

表7 2011年12月至2012年12月金属切削机床小行业重点联系企业月度工业总产值及增长情况

月份	月度工业总产值（亿元）	同比增长（%）	环比增长（%）
2011年12月	112.2	6.0	43.5
2012年1月	45.0	-23.8	-59.9
2012年2月	47.2	-1.1	4.9
2012年3月	63.0	-8.0	33.5
2012年4月	61.1	-19.0	-3.0
2012年5月	52.8	-23.0	-13.6
2012年6月	72.1	-11.5	36.6
2012年7月	52.8	-19.7	-26.8
2012年8月	48.8	-35.8	-7.6
2012年9月	54.3	-27.4	11.3
2012年10月	67.2	-20.6	23.8
2012年11月	70.9	10.5	5.5
2012年12月	88.2	-18.0	24.4

注：由于统计对象有所变动，表中所列月度同比增长不是与上年同期实际完成值的比较。

锻压机械小行业全年工业总产值同比下降13.3%，机床附件小行业工业总产值同比下降22.8%。数控系统和滚动功能部件两个小行业工业总产值下滑幅度最大，分别同比下降38.4%和34.2%。量刃具和机床电器小行业工业总产值下滑幅度相对较小，分别同比下降2.7%和2.3%。

2012年，机床工具行业重点联系企业产品销售率为96.7%，同比减少0.6个百分点。4个小行业产品销售率下降，其中，金属切削机床、机床电器、机床附件3个小行业的产品销售率同比减少在1.0个百分点之内，数控系统行业产品销售率降幅最高，达到5.4个百分点。2012年机床工具行业各小行业重点联系企业产品销售率见表8。

表8 2012年机床工具行业各小行业重点联系企业产品销售率

行业名称	产品销售率（%）	同比增加（百分点）
合计	96.7	-0.6
金属切削机床	97.2	-0.9
锻压机械	95.3	0.2
机床电器	98.6	-0.9
机床附件	96.9	-0.8
量刃具	95.9	0.9
滚动功能部件	96.7	2.3
数控系统	94.3	-5.4

2012年，机床工具行业重点联系企业年末产成品库存额同比增长8.7%。其中，与数控机床紧密相关的数控系统小行业产成品库存额同比增长53.1%，滚动功能部件小行业产成品库存额同比增长37.6%，库存均达历史最高。2012年机床工具行业各小行业重点联系企业产成品库存情况见表9。

表9 2012年机床工具行业各小行业重点联系企业产成品库存情况

行业名称	产成品库存额（亿元）	同比增长（%）
合计	146.6	8.7
金属切削机床	94.3	7.0
锻压机械	17.9	12.9
机床电器	2.7	9.2
机床附件	4.2	14.4
量刃具	22.9	5.6
滚动功能部件	1.2	37.6
数控系统	3.4	53.1

2012年，机床工具行业重点联系企业完成产品销售收入1 026.5亿元，同比下降12.2%。其中，数控系统小行业销售收入同比下降31.9%，滚动功能部件小行业销售收入同比下降31.6%。2012年机床工具行业各小行业重点联系企业产品销售收入见表10。

表10 2012年机床工具行业各小行业重点联系企业产品销售收入

行业名称	产品销售收入（亿元）	同比增长（%）
合计	1 026.5	-12.2
金属切削机床	741.3	-13.5
锻压机械	131.4	-6.2
机床电器	14.5	-41.0
机床附件	13.6	-26.7
量刃具	108.3	-3.4
滚动功能部件	4.8	-31.6
数控系统	12.6	-31.9

2012 年，机床工具行业重点联系企业实现利润 47.8 亿元，同比下降 36.8%。重点联系企业销售收入利润率为 4.7%，同比减少 1.8 个百分点。2011 年、2012 年机床工具行业各小行业重点联系企业利润总额见表 11。

表 11　2011 年、2012 年机床工具行业各小行业重点联系企业利润总额

行业名称	2012 年利润总额（万元）	2011 年利润总额（万元）
合计	478 366	756 999
金属切削机床	247 190	445 843
锻压机械	117 901	151 091
机床电器	7 426	7 683
机床附件	5 690	11 603
量刃具	92 478	103 641
滚动功能部件	2 721	8 652
数控系统	4 960	28 486

2012 年，机床工具行业重点联系企业平均税赋为 3.9%，与上年同期持平。2012 年机床工具行业各小行业重点联系企业平均税赋见表 12。

表 12　2012 年机床工具行业各小行业重点联系企业平均税赋

行业名称	平均税赋（%）	同比增加（百分点）
合计	3.9	0.0
金属切削机床	3.9	0.1
锻压机械	4.3	-0.3
机床电器	6.5	0.4
机床附件	5.7	-1.1
量刃具	3.3	-0.6
滚动功能部件	7.4	-0.2
数控系统	1.7	-1.0

三、2012 年机床工具行业进出口贸易情况

（一）出口情况

2012 年，我国机床工具产品出口额 92.4 亿美元，同比增长 3.81%。在行业内属于技术密集型的金属切削机床、金属成形机床都有良好表现，出口额同比增长都高于 10%，均远高于全行业产品出口增速。

切削刀具出口额在机床工具产品出口总额中的占比为 24.25%，已连续多年位居首位；金属切削机床出口额占比为 20.13%，位居第二；磨料磨具出口额占比 17.85%，位居第三。自 2010 年起出口成倍增长的磨料磨具产品，2012 年出口额同比下降 10.84%，降幅达 31.79 个百分点。2012 年机床工具产品出口情况见表 13。

表 13　2012 年机床工具产品出口情况

（续）

产品类别	出口额（万美元）	同比增长（%）	占比（%）
机床工具	923 570	3.81	100.00
金属加工机床	274 156	13.39	29.69
金属切削机床	185 890	11.82	20.13
金属成形机床	88 266	16.85	9.56
铸造机	9 000	18.32	0.97
木工机床	74 394	-4.75	8.06
机床夹具、附件	26 799	14.74	2.90
机床零件、部件	73 785	8.02	7.99
数控装置	57 762	-0.20	6.25
切削刀具	223 996	6.45	24.25
量具、量仪	18 786	8.60	2.03
磨料磨具	164 893	-10.84	17.85

2012 年，我国金属加工机床出口额 27.4 亿美元，同比增长 13.4%，较上年回落 16.9 个百分点；在机床工具产品出口额中的占比较上年提高 2.51 个百分点。数控金属加工机床出口额首次突破 10 亿美元大关，达到 10.7 亿美元，同比增长近 20%；在金属加工机床出口额中的占比为 39.2%，比上年提高 2.1 个百分点。其中，数控金属切削机床出口额 8.9 亿美元，同比增长 23.5%；数控金属成形机床出口额 1.8 亿美元，同比增长 4.4%。

2012 年，美国仍然是我国金属加工机床出口第一大市场，出口额首次跨入 3 亿美元，同比增长近 60%；列第二位的是印度，出口额首超 2 亿美元；对以泰国为代表的东盟国家出口呈现不同程度的大幅提升。对巴西出口额下降 33.37%，出口排名由上年的第三位降至第八位。2012 年金属加工机床出口去向前 10 位国家（地区）见表 14。

表 14　2012 年金属加工机床出口去向前 10 位国家（地区）

序号	国家或地区	出口额（万美元）	同比增长（%）	占比（%）
1	美国	31 953	59.19	11.66
2	印度	20 059	13.54	7.32
3	日本	15 760	16.00	5.75
4	德国	13 979	7.15	5.10
5	俄罗斯	12 683	4.79	4.63
6	泰国	12 187	61.70	4.45
7	印度尼西亚	11 103	10.10	4.05
8	巴西	10 887	-33.37	3.97
9	中国香港	9 970	24.24	3.64
10	越南	7 850	25.80	2.86

（二）进口情况

2012 年，由于国内机床市场需求明显下滑，我国进口数控装置、机床零部件明显减少，造成全行业进口总额略低于上年，机床工具产品进口总额 202.0 亿美元，同比下降 0.4%。而占进口额近七成的金属加工机床，在国内整体经济普遍下滑时仍处于高位。2012 年机床工具产品进口情况见表 15。

表15　2012年机床工具产品进口情况

产品类别	进口额（万美元）	同比增长（%）	占比（%）
机床工具	2 019 810	-0.38	100.00
金属加工机床	1 366 124	3.26	67.64
金属切削机床	1 117 116	6.03	55.31
金属成形机床	249 008	-7.57	12.33
铸造机	41 328	31.86	2.05
木工机床	46 634	-26.19	2.31
机床夹具、附件	80 521	19.83	3.99
机床零件、部件	122 379	-12.14	6.06
数控装置	151 883	-18.07	7.52
切削刀具	125 951	-8.33	6.24
量具、量仪	21 615	9.80	1.07
磨料磨具	63 375	3.75	3.14

2012年，我国金属加工机床进口额增速由上年的超过40%急速回落至3.26%。由于基数大，金属加工机床进口额再创历史新高，达136.6亿美元。进口额同比增长6.03%的金属切削机床是拉动金属加工机床进口额上升的主要因素。

日本和德国仍是我国机床进口最主要的来源地，列第三位的是中国台湾地区，三者金额占机床进口总额的72.51%。来自欧洲的数控金属加工机床平均单价较高，如从德国进口的机床平均单价为40.4万美元，从西班牙进口的机床平均单价为60.5万美元。从日本进口的机床平均单价为11.9万美元，从中国台湾进口的机床平均单价为8.4万美元。2012年金属加工机床进口来源前10位国家（地区）见表16。

表16　2012年金属加工机床进口来源前10位国家（地区）

序号	国家或地区	进口额（万美元）	同比增长（%）	占比（%）
1	日本	559 380	4.13	40.95
2	德国	285 266	0.55	20.88
3	中国台湾	145 840	-5.76	10.68
4	韩国	82 126	6.23	6.01
5	美国	63 428	32.26	4.64
6	意大利	63 093	11.36	4.62
7	瑞士	46 998	-17.24	3.44
8	西班牙	17 121	71.12	1.25
9	新加坡	16 600	7.67	1.22
10	法国	15 364	167.04	1.12

四、2012年机床工具行业市场需求

（一）国内市场消费情况

2012年，我国金属加工机床消费总额385亿美元，占世界机床消费总额的45.1%，其中进口机床占我国金属加工机床消费额的35.7%。

我国金属加工机床和数控机床国内市场占有率增长势头被进口机床严重打压，已经连续三年出现下滑趋势。自21世纪以来，随着机床工具行业连续多年的高速增长，国产金属加工机床产值国内市场占有率也呈现高速增长，至2009年增长到最高点，然后逐年呈现下滑趋势。2012年，国产金属加工机床国内市场占有率（按金额计）为64.3%，较2011年减少1.8个百分点，较历史最高点2009年减少5.8个百分点；国产数控机床国内市场占有率为55.6%，较2011年减少1个百分点，较历史最高点2009年减少6.4个百分点。国产数控机床市场占有率下滑速度高于金属加工机床国内市场占有率0.6个百分点。2009—2012年国产金属加工机床产值国内市场占有率见表17。

表17　2009—2012年国产金属加工机床产值国内市场占有率

年份	国产金属加工机床产值市场占有率（%）	国产数控加工机床产值市场占有率（%）
2009	70.1	62.0
2010	66.9	56.7
2011	66.1	56.6
2012	64.3	55.6

近年来，国内市场需求结构快速升级，我国机床产业和产品结构与市场需求矛盾显得更加突出。我国中高档机床产品竞争力薄弱，产能结构与市场需求结构失衡明显，导致中高档数控机床大量进口。2012年，进口数控机床占我国数控机床消费量的44.4%，且连续三年不断攀升。今后一段时期，进口数控机床在我国的市场占有率还会有小幅度的攀升，国内企业应该着力提升中高档数控机床的市场竞争能力，才能全面提高我国金属加工机床的市场占有率。

（二）国际市场消费情况

2012年，世界主要28个国家（地区）机床生产总值达到932亿美元；机床消费总额854.5亿美元，占世界机床生产总值的91.7%；各国共出口机床479亿美元，占世界机床生产总值的51.4%。

2012年，世界机床生产和市场出现越来越集中的趋势。中国、日本、德国、韩国及意大利5个国家机床产值占世界机床生产总值的75.90%。中国、美国、日本、德国及韩国5个国家机床消费额占世界机床消费总额的76.90%。中国、美国、德国、印度及韩国5个国家机床进口额占世界机床进口总额的64.30%。日本、德国、意大利、中国台湾及瑞士5个国家（地区）机床出口额占世界机床出口总额的69.70%。

2012年，世界主要28个国家（地区）机床消费额较上年下降2%。中国机床消费额同比下降1%，仍然位居世界第一位，占世界机床消费额的45.1%，比上年提高0.5个百分点。美国机床消费额位居世界第二位，同比增长19%，占世界机床消费额的10.2%，比上年提高1.8个百分点。2012年美国机床进口额占其机床消费额的比重为67%，表明美

国市场的需求在高速增长，应该引起关注。日本机床消费额同比增长1%，消费额位居世界第三位，占世界机床消费额的8.7%，比上年提高0.2个百分点，2012年其机床进口额仅占机床消费额的10%。德国机床消费额同比下降7%，消费额位居世界第四位，占世界机床消费额的7.5%，比上年减少0.4个百分点。上述4个国家机床消费额占世界机床消费额的70%以上。2012年，机床消费额呈现升高的还有加拿大、英国、阿根廷和葡萄牙，但绝大多数国家和地区机床消费额呈现不同程度的下降。

五、调整结构、转变发展方式是行业长期战略任务

（一）机床工具行业面临的宏观形势

2012年，受国内宏观经济增速放缓、欧债危机等因素的影响，我国机床工具行业结束了10年高速增长，市场需求总量大幅减少，需求结构升级加速，供需矛盾日益突出。当前，我国机床产业规模居世界第一，但产品结构水平偏低，绝大多数产品处于全球产业链的低端，以规模扩张为主的发展模式面临着巨大的挑战。

机床工具行业现阶段的主要矛盾是国内需求结构的加速升级和行业供给不相适应的矛盾。一是产能结构失衡。近年中低端产品产能迅速扩张；产品供给能力与需求结构不对称；低端数控机床占比60%以上，高档机床比例不足5%；数控系统、功能部件与主机配套失衡。二是产品同质化明显。通用机床占比太高，“专、精、特、新”机床偏低；营销服务还处于初级阶段，缺乏提供全面解决方案的能力。三是缺乏创新能力，新成果转为产业化的能力缓慢，打造品牌的能力薄弱。

面对这种严峻的市场形势，应清醒地认识到：过去行业所习惯依赖的经济发展环境和增长因素正在发生快速而深刻的变化；随着社会的进步与发展，当前市场需求结构加速升级的这一趋势已不可逆转；过去那种依靠规模扩张型的发展模式已彻底结束，走质量效益型的发展道路成为企业的必然选择。

（二）加快调整结构、转变发展方式势在必行

当前，我国经济发展增速明显放缓，国民经济将进入新的历史发展阶段。新阶段的显著特征是理性增长速度和全面的转型升级，竞争焦点将从规模增长方式向质量效益发展方式转变，这是实现可持续发展的客观要求。在当前形势下，全行业需要新一轮的思想解放和观念的变革，切实改变以往的思维方式和行为方式；要彻底摆脱对规模扩张发展方式的依赖，真正依靠技术进步和管理升级、劳动者素质提高实现转型升级，走可持续发展的道路。要解决行业的主要矛盾，唯一出路就是转型升级，当前重要任务是快速提高中高档产品市场竞争力，适应国家经济发展和市场变化的趋势。

转型升级没有捷径可走，没有经验可循，需要企业付出艰苦的努力。对转型升级的艰巨性和长期性，企业要有充分的思想认识和心理准备。行业转型升级已经提了多年，但与行业规模扩张相比其效果明显不佳，主要原因：一是前期市场需求火爆，忙于应付市场，没有专注转型升级。二是转型升级是战略行为，不投入全部精力和主要资源是不可能取得效果的。转型升级是长期过程，必须摆脱浮躁，摒弃急功近利、好高骛远的心态。企业的转型升级必然伴随行业的分化和重组，出现优胜劣汰。今后企业竞争的焦点集中在转变发展方式上，谁转得快、转得彻底，谁将取得竞争的先机，这是事物发展所遵循的不可违背的客观规律。

转型升级是一个不断创新的过程，没有现成的模式可供遵循和套用，更不能整齐划一的按照某种模式转型升级。企业所处的发展阶段、基础条件、面临的主要矛盾和比较优势各不相同，转型升级之路必然不尽相同。各企业需确定市场定位，探索符合企业自身实际的转型升级路径，形成差异化发展格局。转型升级的核心目的是提高产品的市场竞争力，实现可持续发展。面对当前市场需求结构加速升级、产品结构和市场需求矛盾日益突出的现状，国内机床工具企业转型的当务之急，就是要迅速提升我国中高档数控机床工具产品的市场竞争力，在这方面最终实现从“能做”到“做好”的转变，也即实现中高档产品市场竞争力的升级和跨越。

虽然机床工具行业正在经历行业转型之痛，但中长期发展预期依然乐观。首先，我国经济长期向好的基本面没有改变，我国工业化、城镇化和农业现代化进程还远未完成，经济的持续发展还存在巨大空间，这必然为机床工具行业提供持续的市场需求。其次，国家对实业发展越来越重视，这必然将为机床工具行业提供良好的外部发展环境。再次，机床工具行业经过多年的发展，尤其是经过近十多年的连续高速发展，整体实力显著增强，综合素质明显提升，已经初步具备了实施全面转型升级的必要基础条件。

（三）企业急需解决的问题

1. 加快新产品产业化的进程

近些年，机床工具行业每年新开发机床工具类产品达到1 000余项，重大专项更是推动了新产品的研发，其中达到国际水平的就有数百项。但是，仅有部分新产品提升为商品，能够被市场认可并形成产业化的新产品为数不多。其主要原因是：许多新研发产品缺乏市场调研，依然走通用化机床的老路，缺乏个性，新产品刚推出就受到市场竞争的挤压；有的新产品研制缺少实验室验证，机床带着问题进入市场，在用户处对机床进行整改，难以取得用户的认可，影响了后续市场。另外，我国机床企业生产的新产品与国外成熟产品相比，多少都存在一定问题，需要一个不断使用、不断完善的过程，需要一个相对良好的市场环境。加快适合市场的新产品产业化进程是企业迫切需要解决的问题。

2. 中小型企业加快转型升级的步伐

我国机床工具企业近5 000家，其中绝大多数属于中小型企业，这些企业集中于生产通用化产品，实践证明这种发展道路变得越来越窄。中小型企业应该下定决心向“专、精、特、新”的产品方向转型，瞄准某几类产业的关键零部件，研究其工艺，重在向用户提供全面解决方案，制造具有

特性化的机床，不求做大，只求做强。比较成功的案例，如苏州信能精密机械有限公司专门从事深孔精密珩磨机的制造，数年已经占据国内同类产品50%的市场，并收购了国际著名珩磨机生产企业德国Degen公司50%的股份。北京精雕科技有限公司专门从事数控雕刻机的生产，2012年销售收入达15.9亿元，进入行业前十位。长沙一派数控机床有限公司专门从事活塞专用机床的制造，国内市场占有率达到60%以上，并行销德国马勒、德国KS、美国辉门等企业。

六、科技成果和知识产权

（一）新产品开发试制情况

2012年，机床工具行业呈报新产品试制情况的共有7个小行业的142家企业，占呈报新产品小行业企业数的64.8%，上报企业大都是行业的骨干企业，基本能够反映小行业新产品的开发水平。142家企业共计完成743项新产品试制，平均每家企业完成5.2项。开发的新产品达到国际水平的项目占11.5%，其中，达到国际领先水平的7项，达到国际先进水平的78项；处于国内水平的项目占72.9%，其中，达到国内领先水平的291项，达到国内先进水平的249项。

按行业细分，金属切削机床行业102家企业完成新产品试制项目583项，占呈报项目总数的78.5%，平均每家企业5.7项。其中，车床行业7家企业上报68项，钻镗床行业10家企业上报66项，磨床行业18家企业上报94项，齿轮机床行业9家企业上报62项，铣床行业23家企业上报124项，插拉刨床行业4家企业上报15项，特种加工机床行业8家企业上报37项，锯床行业10家企业上报22项，组合机床行业3家企业上报23项，重型机床行业6家企业上报35项，小型机床行业4家企业上报37项。

在金属切削机床行业中，完成新产品开发试制项目最多的是铣床行业；企业平均完成新产品开发试制项目最多的是车床行业，每个企业平均开发试制9.7项新产品。需要指出的是，磨床行业继2011年后，仍保持良好的产品研发势头，在新开发试制的产品中，既有提高加工精度、增加加工范围的通用产品，如高精度磨床和复合磨床等，也有满足市场特殊需要的专用磨床，进一步缩短了我国磨床产品与国外先进技术的差距。

此外，锻压机床行业有16家企业呈报新产品85项，平均每家企业完成5.3项；机床电器行业5家企业完成新产品13项；机床附件行业9家企业完成新产品27项；数控系统行业6家企业完成新产品18项；滚动功能部件行业3家企业完成新产品12项；工具行业1家企业完成新产品5项。

2012年，机床工具行业完成新产品试制较多的企业8家，其中，沈阳机床（集团）有限责任公司52项，济南二机床集团有限公司28项，上海机床厂有限公司26项，秦川机床集团23项，山东永华机械有限公司20项，四川普什宁江机床有限公司19项，重庆机床（集团）有限责任公司18项，烟台环球机床附件集团有限公司16项。

（二）科学技术奖评选

2012年，机床工具行业申报“中国机械工业科学技术奖”项目41项，获奖项目21项，授奖率为51%；其中，一等奖3项、二等奖7项、三等奖11项。获奖项目包括金属切削机床、金属成形机床、特种加工机床、数控系统、刃具、量仪与测量技术等领域的最新技术成果，具有一定广度的代表性。机床工具行业对应的获奖项目中占比分别为一等奖16%、二等奖4%、三等奖5%，一等奖的占比是历史最高的。

2012年，机床工具行业获奖项目呈现以下特点：一是成套和生产线项目在高等级获奖项目中具有较高的占比。在获得一等奖、二等奖的10个项目中，成套和生产线的项目有4项，占比达到40%，这是自中国机械工业科学技术奖设立以来从没有过的，反映了我国机床行业在集成技术和配套保障能力提高方面取得了长足的进步。二是精密测量技术首次获高奖。北京航空航天大学和成都飞机工业（集团）有限责任公司的“大型飞机整体结构件在线精密测量关键技术及应用”项目，是机床在线测量技术第一次获得的一等奖。另有两项精密测量技术分获二等奖、三等奖。三是自2007年后国产数控系统项目获得三等奖，这是自中国机械工业科学技术奖设立以来数控系统项目第二次获奖。

（三）知识产权情况

通过中国专利数据库（知网版）的检索，对1985年1月1日至2012年12月31日已经公开的机床工具类产品相关专利进行了统计。

金属切削加工及机床共拥有93 858项专利（含一般性问题专利数），其中，发明专利25 903项，占比27.60%；外观设计专利12 502项，占比13.32%；实用新型专利45 763项，占比48.76%。在金属切削加工及机床专利中，各小机种专利细分情况如下：车削加工及车床专利8 359项，比历史累计总量增长22.53%；钻削加工及钻床专利1 574项，增长48.07%；镗削加工及镗床专利4 229项，增长40.31%；铣削加工及铣床专利2 468项，增长33.19%；刨削加工刨床与插床专利371项，增长20.45%；锯削加工与锯床专利3 637项，增长27.79%；拉削加工及拉床专利246项，增长49.10%；磨削加工与磨床专利21 562项，增长37.29%；齿轮加工与齿轮机床专利1 982项，增长45.31%；螺纹加工与螺纹加工机床专利2 223项，增长37.99%；组合机床及其加工专利6 394项，增长49.49%；特种加工机床及其加工专利4 459项，增长32.71%。2012年，刨削加工刨床与插床专利数增长20.45%，车削加工及车床专利数增长22.53%，锯削加工与锯床专利数增长27.79%，其余小行业专利数增长30%～50%，组合机床及其加工专利数增长49.49%，连续两年保持最高增长。专利数列首位的是磨削加工与磨床专利，达21 562项，在金属切削加工及机床专利中占比22.97%；其次是车削加工及车床专利8 359项，占比8.9%；组合机床及其加工专利6 394项，占比6.8%。

数控机床专利共计1 367项，增长46.67%，其中，发明专利399项、外观设计专利206项、实用新型专利762项。数控金属切削机床专利1 317项，其中，发明专利378项、外观设计专利 206 项、实用新型专利 733 项。

数控系统专利共计 409 项，增长 19.24%，其中，发明专利 292 项、外观设计专利 6 项、实用新型专利 111 项。

金属压力加工拥有专利 56 056 项，增长 38.31%，其中包含挤压、锻造、轧制和拉制等小行业的专利。本文仅将冷冲床(钣金加工)、锻压和金属切割类机床和一般性问题计入机床工具类专利。一般性问题专利 25 884 项；冷冲床专利 6 455 项，其中，发明专利 2 098 项、实用新型专利 4 357 项；锻压类机床专利 249 项，其中，发明专利 99 项、实用新型专利 135 项；金属切割及设备拥有专利 12 660 项，其中，发明专利 2 889 项、实用新型专利 8 366 项。

刀具磨料磨具类专利 62 370 项，属于机床工具类的专利 21 365 项，其中，发明专利 4 408 项、外观设计专利 10 064 项、实用新型专利 6 893 项。

七、标准化和质量工作

(一)标准化工作

1. 标准制修订完成情况

2012 年，机床工具行业各标准化技术委员会完成标准制修订共计 193 项。其中，国家标准 36 项，按计划完成率达到 91%；行业标准 157 项，按计划完成率达到 90%。其中有 7 个小行业标准化技术委员会全部按计划完成标准制修订任务。

2012 年，机床工具行业拥有国家标准和行业标准共 2 034项。其中，国家标准 702 项，包括强制性标准 66 项、推荐性标准 636 项；行业标准 1 332 项，包括强制性标准 18 项、推荐性标准 1 314 项。

2. 参与国际标准化工作

2012 年，机床工具行业有 4 个标准化技术委员会具有国际标准投票资格，共计完成国际标准投票 28 票，我国投票率达到 100%。

2012 年，我国机床工具行业标准化提出两项提案并获通过。一个是工业机械电气系统标准化技术委员会提交给 IEC/TC44(国际电工委员会/机械电气安全技术委员会)的《机床电气设备及控制系统安全》国际标准提案，通过 IEC 新工作项目投票，正式获得了 IEC 立项。这一标准提案规定了机床的电气、电子、数控、可编程序电子设备及系统等的安全要求，是机床行业的核心安全标准之一，直接关系着机床产品的安全和进出口贸易。另一个是金属切削机床标准化技术委员会提出的加工中心工作精度检验“S 试件”提案。我国的提案最终获得通过，将该提案作为附录纳入 ISO/10791 -7《加工中心检验条件　第 7 部分：精加工试件》标准。“S 试件”可以解决五轴联动加工机床验收问题，发现和寻找影响机床加工精度的故障原因，可以解决机床精度丧失或降低后修复问题等。

3. 标准信息和咨询服务工作

为更好地开展标准化工作，中国机床工具工业协会网站标准化专题栏目不定期地传达上级主管部门的指示精神，刊登有关标准化工作的要求和信息。金属切削机床标准化技术委员会、刀具标准化技术委员会分别编辑出版了《机床标准与信息》季刊、《刀具量具量仪标准和质量信息》网刊 4 期及《工具展望》。特种加工机床标准化技术委员会与中国机床工具工业协会特种加工机床分会共同实施“达标认定产品”活动，对 2 家企业申请的 4 台机床进行了达标认定检测。对于达到或高于国家标准和行业标准的产品，发给达标证书，在证书有效期内进行质量跟踪。铸造机械标准化技术委员会、锻压机械标准化技术委员会、磨料磨具标准化技术委员会根据企业需求进行了大量的标准宣贯工作和咨询工作，有力地促进了企业技术进步和产品质量提高。

4. 开展标准化科研工作

2012 年，机床工具行业各标准化技术委员会在所承担的高档数控机床与基础制造装备国家科技重大专项、国家质检公益项目等工作中，根据本行业的特色和发展要求，在进行大量调研的基础上，将研究成果转化成自主创新的国家标准。如机床数控系统标准化技术委员会承担的“机床数控系统可靠性系列标准”“高档与普及型机床数控系统系列标准”等研究课题，提出了数控系统可靠性技术指标，对提高我国数控机床产品质量具有深远意义。金属切削机床标准化技术委员会组织行业骨干企业承担了国家质检公益项目“五轴联动加工中心检验方法的研究”课题。通过该项目的实施，确立五轴联动加工中心的检验项目，提出检验方法和检验手段，并规定先进的技术指标。

工业机械电气系统标准化技术委员会承担了科技重大专项子课题“数控系统关键技术标准与综合性能检测体系研究”的有关标准研究，着重开展数控基础通用标准、数控重要安全技术标准、开放式数控系统标准、数控编程语言等关键技术标准的研究。通过跟踪数控技术国际标准化发展动态，分析国内本专业技术发展需求，完成一批急需的关键技术标准研究工作，预计将制订 33 项标准。这些成果的完成，不仅完善了该专业标准体系，而且还有助于提升本专业标准的技术水平。

(二)质量工作

1. 行业质量评比活动

为进一步提高行业产品质量，促进企业更加注重产品质量，2012 年，中国机床工具工业协会提出了新的产品质量十佳评比方式，评出 2012 年“产品质量十佳”企业。这些企业分别是四川普什宁江机床有限公司、陕西秦川机床工具集团有限公司、沈阳机床(集团)有限责任公司、北京第二机床厂有限公司、大连机床集团有限责任公司、保定维尔铸造机械股份有限公司、汉江工具有限责任公司、长沙插拉刨机电设备制造有限公司、广东高新凯特精密机械股份有限公司和成都普瑞斯数控机床有限公司。

2. 机床工具产品抽查情况

2012 年，国家质量监督检验检疫总局委托国家机床质量监督检验中心、国家机械产品安全质量监督检验中心、国家木工机械质量监督检验中心和浙江省质量检测科学研究院对机床工具行业的铣床、钻床、数控车床及木工锯类机床的不同项目进行监督抽查，将铣床和钻床合并进行检验。共计抽检93家企业的93种产品，合格产品78种，抽查总量平均合格率为83.87%，较上年抽查总量平均合格率提高1.5个百分点；不合格产品15种，占抽查总量的16.13%。其中，木工锯类机床不合格产品有9种，占不合格产品总量的60%。15种不合格产品的问题主要集中在机床的紧急停止、动力源故障或控制电路故障、电击防护、过电流保护、电动机过热保护、保护联结电路的安全防护、机械安全、电气安全方面，安全因素问题达到14项，占不合格产品的93.33%。

（1）铣床、钻床产品，共抽查30家企业生产的30种铣床、钻床产品。抽查产品中有3种不合格，抽查合格率为90%，比2010年抽查合格率提高1.8个百分点。不合格项目主要涉及紧急停止、飞溅、电源开关、过电流保护、电动机过热保护项目，其次是机床精度。

（2）数控车床，共抽查30家企业生产的30种数控车床产品。抽查产品中有3种不合格，抽查合格率为90%，比2011年抽查合格率提高7.24个百分点。不合格项目主要涉及限位装置、电源开关、电击防护、夹持装置、保护联结电路和机床精度。

（3）木工锯类机床，共抽查33种木工锯类机床产品。抽查产品中有9种产品不符合标准的规定，合格率仅为72.73%，比2011年抽查合格率下滑10.6个百分点。涉及保护联结电路的连续性、电击防护、过电流保护、电动机过热保护、控制装置的安全性和可靠性、紧急停止、动力源故障或控制电路故障、安全工作装置项目，上述项目占不合格产品的100%，机床精度不合格项占不合格产品的30%。

3. 数控机床稳定性、可靠性和全面解决方案是市场关注的焦点

2012年，中国机床工具工业协会加强对重点用户领域的走访，并协调用户对产品质量问题的诉求。全年没有收到用户对产品质量的书面投诉和电话投诉。

在中国机床工具工业协会组织的重点领域调研及几次部分机床代理商座谈会上，数控机床的精度稳定性、功能的可靠性是市场最为关注的质量焦点。近年来，国产数控机床的稳定性和可靠性有一定程度的提高，但与国外产品有很大差距，甚至与我国台湾产品也存在差距。汽车、航空航天、发电、船舶及能源行业是我国机床行业的主要用户，特别是中高档数控机床的使用大户，机床的稳定性、可靠性已经成为影响上述产业用户继续购买国产机床的最大障碍。用户普遍反映国产数控机床在安全防护、机床漏油漏液、电器箱易污染以及配套件等方面故障频繁，导致机床的早期故障率较高，明显高于国外产品。

用户反映强烈的问题还有忽视用户的实际需求。在国际机床制造商已经将产品销售转向为用户提供全面解决方案的时代，我国机床企业依然是重机床的生产、不重用户的实际应用，不了解用户工件的制造工艺，不能为用户提供全面解决方案，这已经成为影响国产数控机床继续扩大市场份额的主要问题。

八、机床工具行业固定资产投资情况

（一）固定资产投资概况

2012年，机床工具行业固定资产计划总投资5 455.5亿元，同比增长25.1%，增速比上年回落23.3个百分点。完成固定资产投资额2 720.5亿元，同比增长22.8%，增速比上年回落31.9个百分点；新增固定资产2 062.5亿元，同比增长41.5%，增速比上年增加10.4个百分点。除了由于前几年投资的调整增长而导致新增固定资产保持高速增长外，其他各项指标增速均呈现不同程度的回落，标示机床工具行业固定资产投资热潮已经开始理性回落，行业内各小行业今后的固定资产投资更理性、更稳重、更注重质量和效益。

在各小行业中，磨料磨具行业固定资产投资势头有所下降，但仍然连续多年保持投资金额第一，2012年固定资产投资完成额为685.0亿元，占全行业的25.2%，比上年减少6.5个百分点；其他金属加工机械行业固定资产投资完成额507.0亿元，占全行业的18.6%，比上年提高1.9个百分点；铸造机械行业固定资产投资完成额444.7亿元，占全行业的16.3%，比上年提高2.5个百分点；金属切削机床行业固定资产投资完成额431.7亿元，占15.9%，比上年提高2.8个百分点。

2012年，机床工具行业固定资产投资资金来源依然主要是自筹资金、国内贷款，二者分别占固定资产投资资金的88.5%、8.3%。其中，自筹资金2 486.2亿元，同比增长21.9%；国内贷款233.2亿元，同比增长17.7%。

（二）机床工具行业固定资产投资方向

机床工具企业固定资产投资应该注意产品市场定位和技改投资跟进转型升级，杜绝同质化产能增长。我国机床工具行业面临着自身产能结构配套失衡、中高端产品的竞争力薄弱和产品结构严重同质化的问题，主要表现在：功能部件、数控系统与主机不配套；低端产品产能过剩，中高档产品满足不了市场需求；缺少“专、精、特”个性化产品，更缺少为用户提供全面解决方案的能力。我国机床工具行业产业结构满足不了国内市场需求结构快速升级的需求，导致中高档数控机床、特性化机床大量进口。企业应针对重点解决影响行业后续发展的重大问题，进行固定资产投资和技术改造，才能实现持续发展。

我国市场急切需求高端数控机床、具有差异化的产品、中高档数控系统、关键功能部件、数控机床辅助性的配套产品，这也必将是今后的行业投资方向。

行业内骨干企业已经基本完成技术改造，尚有部分企业的技术改造在执行中。骨干企业基本上重点解决了中高档数控机床的产业化制造问题，优先扩大中档数控机床产业化制造。当前国内市场需求最多的依然是中档数控机床。

差异化产品具有巨大的市场，往往不存在产品在市场上的恶性竞争，中小企业应该特别注意“专、精、特、新”产品领域的投资。济南二机床集团有限公司20多年来专心致力于汽车覆盖件数控压力机制造，打造出能够完全替代进口的品牌产品，压力机生产线已多次出口至美国通用汽车

公司，同类机床的国内市场占有率达到80%以上。

国内数控系统、功能部件和配套件起步晚，长期缺少投入，已经成为数控机床发展的瓶颈。中高档数控系统、功能部件和配套件占数控机床成本的60% ~70%，其利润率也高于数控机床主机，当前大部分依赖进口。上述领域有的尚未形成产业，甚至还存在许多空白。除了原有功能部件企业加大投入形成生产规模外，还应吸引各界的资金和企业转型参与上述产业的制造，关键是能够制造出适合市场发展的产品，以改变上述产品依赖进口的局面。

近些年，由于人力成本增长，市场对自动生产线需求逐步加大。与自动生产线配套的机器人和机械手，智能传感器、自动测量和检测等基础装置都是行业的薄弱环节。企业应该关注该领域投资，形成新的产业领域。

我国飞机、直升机、海洋工程、轨道交通等产业已进入高速发展阶段，即将成为国家支柱产业，需要大量的制造装备，特别是专用装备。企业应该深入这些用户，了解用户需求，了解工件加工的特点，特别是飞机、直升机各类构件铆接及机体的装配，让用户参与研发，向这些国家核心产业提供优良的特性化装备。

此外，企业在技术改造过程中，应重点解决数控机床制造过程中的各类问题，重点增加提高功能部件和数控机床稳定性、可靠性的工艺装备和实验测试装备。

九、省、市、地方机床工具行业生产情况

2012年，全国（仅统计27个省、直辖市、自治区）机床工具行业金属切削机床产量79.71万台，同比下降13.6%。全国仅有5个省份的金属切削机床产量实现增长，产量增长较快的前三名省份是：吉林（增长38.9%）、江西（增长25.7%）、安徽（增长18.2%）。在金属切削机床产量下降的22个省份中，下降较多的省份是：山西（下降64.2%）、四川（下降43.7%）、广西（下降42.6%）。与上年相比，全国金属切削机床产量排名发生了较大变化，山东由上年的第三位升至第一位，辽宁列第二位，浙江列第三位，接下来依次是江苏、云南、安徽。这6个省份金属切削机床产量之和占全国总产量的81.1%，产量列前三名的省份合计产量占全国总产量的54.4%。

2012年，全国数控金属切削机床产量20.57万台，同比下降16.2%。全国有6个省市数控金属切削机床产量实现增长，其中，贵州因上年数控机床产量基数较低，出现高幅增长，达到73.2%。产量实现增长的还有河南、北京、山东、江西、甘肃。全国有20个省份数控金属切削机床产量下降，其中，山西数控金属切削机床产量下降最多，下降74.1%；黑龙江、湖北、福建产量下降都超过60%。产量列前六位的省份是辽宁、浙江、山东、江苏、北京、云南，其中，辽宁由上年的第二位上升至第一位，山东由上年的第四位上升为第三位。列前六位的省份数控金属切削机床产量之和占全国总产量的82.6%，排名前三位的省份产量之和占全国总产量的58.3%。2012年全国各地区金属切削机床产量见表18。

表18　2012年全国各地区金属切削机床产量

地区名称	金属切削机床			其中：数控机床			产量数控化率（%）
	企业数（家）	产量（台）	产量占比（%）	企业数（家）	产量（台）	产量占比（%）	
合计	485	797 117	100.0	244	205 695	100.0	25.8
北京	15	18 887	2.4	13	13 332	6.5	70.6
天津	6	1 031	0.1	6	682	0.3	66.1
河北	7	1 751	0.2				
山西	2	693	0.1	1	117	0.1	16.9
辽宁	27	129 130	16.2	4	49 564	24.1	38.4
吉林	4	2 791	0.4	1	23		0.8
黑龙江	5	4 578	0.6	3	372	0.2	8.1
上海	20	29 012	3.6	16	4 066	2.0	14.0
江苏	78	85 651	10.7	30	24 369	11.8	28.5
浙江	72	119 409	15.0	48	44 272	21.5	37.1
安徽	20	60 012	7.5	5	865	0.4	1.4
福建	13	5 927	0.7	3	140	0.1	2.4
江西	11	4 812	0.6	5	1 270	0.6	26.4
山东	66	185 413	23.3	25	26 153	12.7	14.1
河南	11	6 311	0.8	6	2 574	1.3	40.8
湖北	17	2 569	0.3	9	898	0.4	35.0
湖南	8	3 198	0.4	3	197	0.1	6.2
广东	40	25 299	3.2	23	8 859	4.3	35.0
广西	4	4 001	0.5	4	129	0.1	3.2
重庆	9	4 471	0.6	6	2 480	1.2	55.5
四川	10	5 096	0.6	5	839	0.4	16.5

（续）

地区名称	金属切削机床			其中:数控机床			产量数控化率
	企业数(家)	产量(台)	产量占比(%)	企业数(家)	产量(台)	产量占比(%)	(%)
贵州	4	1 075	0.1	3	317	0.2	29.5
云南	18	67 004	8.4	11	12 139	5.9	18.1
陕西	10	19 781	2.5	7	8 670	4.2	43.8
甘肃	2	4 675	0.6	1	403	0.2	8.6
青海	2	801	0.1	2	408	0.2	50.9
宁夏	4	3 739	0.5	4	2 557	1.2	68.4

注:根据国家统计局资料整理。

2012年,全国(仅统计23个省、直辖市、自治区)机床工具行业金属成形机床产量22.46万台,同比下降4.8%。全国仅有4个省份的金属成形机床产量实现增长,其中安徽增速位居第一,同比增长36.9%,以后依次是湖北增长23.6%、山东增长16.7%、山西增长13.8%。在产量下降的省份中,上海下降50.5%,四川下降48.2%,湖南下降41.0%。金属成形机床产量列前三位的省份是江苏(7.90万台)、安徽(4.02万台)、山东(2.59万台)。列前六位的省份金属成形机床产量之和占全国总产量的85.0%,列前三位的省份产量之和占全国总产量的64.6%。

2012年,全国数控金属成形机床产量1.31万台,同比下降35.6%。产量列前三位的省份是江苏(5 378台)、山东(2 672台)、上海(1 474台)。产量列前六位的省份数控金属成形机床产量之和占全国总产量的89.6%,列前三位的省份产量之和占全国总产量的72.7%。重庆、河南、甘肃因上年数控金属成形机床产量较低,出现了明显增长,依次为46.9%、33.3%、32.8%。山东数控金属成形机床产量2 672台,在上年高基数的基础上实现了高速增长46.4%的业绩。金属成形机床产量数控化率最高的是云南,达到100%,黑龙江则达到50.3%,但上述两地产量较低。2012年全国各地区金属成形机床产量见表19。

表19 2012年全国各地区金属成形机床产量

地区名称	金属成形机床			其中:数控机床			产量数控化率
	企业数(家)	产量(台)	产量占比(%)	企业数(家)	产量(台)	产量占比(%)	(%)
合计	214	224 600	100.0	43	13 105	100.0	5.8
北京	1	468	0.2	1	5		1.1
天津	3	628	0.3	1	212	1.6	33.8
河北	6	12 697	5.7	1	35	0.3	0.3
山西	3	7 346	3.3	1	27	0.2	0.4
辽宁	6	812	0.4				
黑龙江	3	143	0.1	2	72	0.5	50.3
上海	10	2 464	1.1	4	1 474	11.2	59.8
江苏	39	78 999	35.2	7	5 378	41.0	6.8
浙江	22	25 881	11.5	6	1 435	11.0	5.5
安徽	35	40 153	17.9	1	173	1.3	0.4
福建	5	1 863	0.8	2	400	3.1	21.5
山东	30	25 886	11.5	6	2 672	20.4	10.3
河南	2	5 154	2.3	1	44	0.3	0.9
湖北	11	3 514	1.6	4	194	1.5	5.5
湖南	4	835	0.4				
广东	12	5 892	2.6	1	389	3.0	6.6
广西	1	570	0.3				
重庆	4	2 020	0.9	1	94	0.7	4.7
四川	3	4 186	1.9				
贵州	2	211	0.1				
云南	1	69		1	69	0.5	100.0
陕西	9	4 458	2.0	2	343	2.6	7.7
甘肃	2	351	0.2	1	89	0.7	25.4

注:根据国家统计局资料整理。

十、2013 年市场预测和展望

（一）国内市场发展预测

我国新一届政府采取稳健发展思路，立足国民经济的良性持续发展，促进国民经济转型升级。本届政府将会适度控制依靠加大固定资产投资对国民经济的拉动力作用，与机床工具行业密切相关的装备制造业和有关行业的需求及投资意向将会适度减弱，在一定时期内会影响机床工具行业的快速回升。但从长远来看，将促进全国各行各业转型升级，我国机床工具行业也将在转型升级中实现由制造大国向制造强国的蝶变。

当前，机床企业经营艰难，流动资金紧张，应收账款增加。机床工具行业产品结构不合理，多数企业产品处于低端，导致企业库存、社会库存增加，严重影响正常运营。从2012 年机床工具行业经济发展走势来看，2013 年市场需求形势不会发生根本性好转。

从市场调研判断，我国机床工具市场需求发展趋势是：随着国民经济的高速发展，市场需求结构发生明显变化，对高端数控机床、自动生产线、柔性制造生产线和特性化产品的需求提升幅度加快；国内数控机床消费已经由经济型数控机床转向中档数控机床；我国“专、精、特、新”产品市场有很大需求；国内用户要求机床行业提供产品生命周期的全面解决方案式服务的诉求越来越强烈。

我国市场需求结构朝中高档数控机床、自动生产线和智能化机床的趋势明显。国家重点发展的航空航天、发电、船舶、汽车、轨道交通、新能源等产业对高速高精多轴联动的高档数控机床、自动生产线、自动化辅助装配、自动化输送等高端装备需求日益增多。2013 年，国内机床消费市场中中高端数控机床需求比重会进一步加大。今后数年内，国内机床消费市场总体上延续这一需求趋势。

企业应该充分注意到这些年国内技术型劳动资源匮乏和人力成本的不断攀升，导致企业招工难、企业制造成本升高，企业在技术改造中更趋向于应用自动生产线或自动化程度较高的装备。近些年，柔性生产线的订单明显增长。柔性自动化生产装备将直接导致工业机器人、机械手及无人输送装置产业的高速发展，这可能会成为我国制造业今后规模化生产选取装备的主要模式。

我国机床工具消费市场已由“金字塔形”向“橄榄形”转变，中端产品成为市场主流，将占据市场份额的 70% 以上。境外相当多的企业及其在我国的投资企业制造的产品主要集中于中档数控机床。2012 年，我国进口的中档数控机床占很大比重。我国机床生产企业已经有 20 余年制造中档数控机床的历史，产品技术和工艺装备已经基本具备批量生产的能力，只要重点解决机床稳定性和可靠性问题，就能夺回中档数控机床市场。

近几年的市场实践显示，即使在国际金融危机和欧债危机时期，国内从事“专、精、特、新”产品制造的多数企业都保持了两位数的高速增长，说明此类产品市场有着很好的前景。而当前我国大多数企业主要产品仍是通用机床，不能满足市场对“专、精、特、新”产品的需求。因此，企业要认清形势，正确判断市场需求，进而确定产品发展方向，把握时机，加快产品结构调整，以满足市场所需。

全面解决方案是软技术、高效益的长期服务产品，已经成为境外企业持续发展的主要支撑。我国机床用户要求机床供应商提供全面解决方案式服务。汽车、飞机制造等行业在国外企业提供全面解决方案服务方面深受其益。为用户提供产品全生命周期的全面解决方案服务方式是持久延伸产品综合效益和企业转变发展模式、增强企业软实力的必然之路，是产品市场发展进入新的高级阶段的象征。

（二）国际市场发展预测

2012 年，全球经济复苏依然脆弱，没有出现明显好转。世界金属加工机床生产总值比上年下降 1%，金属加工机床消费下降 2%。在这种形势下，世界主要机床制造国家（地区）的机床工业协会对 2013 年的预测均持保守稳重态度。多数机床工业协会预测金属加工机床的产值和出口将与上年持平，本国（地区）机床消费和进口与上年持平或略有下降。持有积极乐观态度的是中国和印度，预测本国的金属加工机床继续保持产值、消费、进口、出口全面增长的态势。以出口为主的捷克机床协会也持积极乐观的预测，捷克的金属加工机床产值、出口和消费将会全面增长。机床出口大国德国则持稳健的态度，预测金属加工机床的产值较上年略有增长，而国内机床消费、出口和进口基本与上年持平。从各国（地区）机床工业协会对 2013 年的市场预测可以推断，2013 年国际机床市场并不乐观，基本与 2012 年持平，或者出现上下小幅波动。

2013 年的机床消费主要市场集中在中国、美国、德国和印度，上述 4 个国家占世界机床进口额的 60% 左右。世界机床出口大国和地区都将中国作为首要的市场，其次是美国、印度、巴西、墨西哥和俄罗斯等国家。

从我国当前机床出口情况来看，美国和东南亚地区金属加工机床出口额分别占我国金属加工机床出口总额的 10% 以上，印度占 7% 以上，日本和德国分别占 5% 以上，出口至俄罗斯和巴西也有良好的业绩。而由于种种原因，我国传统出口产品的国际竞争优势减弱，已经出现向周边国家转移的势头。面对新的复杂环境，我国机床工具生产企业需要调整出口产品结构，重点扩大上述市场，并努力开拓其他新兴潜在市场。

（三）2013 年我国机床工具行业发展展望

根据国家统计局公布的数据，2013 年上半年，全国固定资产投资额（不含农户）181 318 亿元，扣除价格因素，实际增长 20.1%。国家固定资产投资重点已向中部、西部倾斜，分别高于东部 4.9 个百分点、4.0 个百分点。用于制造业的固定资产投资额 63 257 亿元，同比增长 17.1%，低于全国固定资产投资额增速 3 个百分点。而 2012 年制造业固定资产投资额 124 971 亿元，比上年增长 22%。2013 年对制造业固定资产投资额明显偏低，表明国家指导下的装备制造业投资意向明显减弱，其结果是 2013 年装备制造业和相关行业经济运行仍面临强大的下行压力，固定资产投资对机床工具行业的拉动力显然不足，将对机床工具行业经济运行产生深度影响。

预计2013年机床工具行业工业总产值还将保持10%左右的增长，全行业经济运行可能呈现先低后高的走势，其中金属加工机床产值增速估计会出现低位小幅增长。我国机床工具产品进出口总额同比增速可能出现下降，其中金属切削机床出口额同比增速会出现个位数增长；机床工具产品进口额同比增速可能出现下降。

2013年，世界经济形势依旧复杂多变，影响行业未来发展的不确定因素依然存在。国内各行各业都面临调整结构、转变发展方式，在此阶段国民经济发展会出现波动，但宏观经济基本面依然向好，机床工具行业经济走势会逐步回升。2013年，国内市场需求依然处于升级阶段，企业应该充分利用各种资源，发挥主观能动性，紧跟用户需求，调整产品结构，全方位提升国产中高档机床工具产品的市场竞争力，关键要在数控产品的稳定性、可靠性方面下功夫，与进口产品争夺市场份额。

〔撰稿人：中国机床工具工业协会刘森〕

2012年机床工具行业经济运行分析

2012年，我国机床工具行业延续了2011年下半年开始的下行趋势，增速持续缓慢回落，国内市场低迷，至9月份触底，国际市场继续呈现不同程度复苏。国产低端产品需求明显减少，进口额高位运行。在激烈的市场竞争中，产品结构与市场需求矛盾更加突出，我国机床工具产品出口呈现出先高后低的状态。

一、行业主要经济指标完成情况及进出口统计

1. 行业主要经济指标完成情况

据国家统计局统计数据显示，2012年，机床工具行业4 883家企业完成工业总产值7 210.5亿元，同比增长12.3%；产品销售产值7 001.9亿元，同比增长11.8%；工业产品销售率为97.1%，比上年同期减少0.4个百分点；实现利润446.8亿元，同比增长3.6%；产品销售收入利润率为6.4%，比上年减少0.4个百分点。累计固定资产投资完成额同比增长22.8%，比上年同期减少31.9个百分点。

金属切削机床行业完成工业总产值1 464.0亿元，同比下降0.8%。金属切削机床产量797 118台，其中数控机床产量达到205 695台，分别同比下降13.6%和16.2%。金属切削机床行业实现利润57.3亿元，同比下降30.4%；产品销售收入利润率为4.1%，同比减少1.5个百分点。

金属成形机床行业完成工业总产值620.0亿元，同比增长6.4%。金属成形机床产量224 600台，其中数控机床产量达到13 105台，分别同比下降4.8%和35.6%。金属成形机床行业实现利润41.3亿元，同比下降2.3%；产品销售收入利润率为7.0%，同比减少0.5个百分点。

2. 重点联系企业主要经济指标完成情况

2012年，中国机床工具工业协会重点联系企业总计217家，涉及7个小行业，重点反映机床工具行业主业的情况，其统计结果与国家统计局统计的8个小行业、4 883家企业的行业数据反映的行业走势有较大差异。

2012年，中国机床工具工业协会重点联系企业完成工业总产值同比下降15.6%。金属切削机床产值同比下降17.9%，其中数控金属切削机床产值同比下降12.3%。金属切削机床产量同比下降29.1%，其中数控金属切削机床产量同比下降15.4%。金属成形机床产值同比下降7.0%，其中数控金属成形机床产值同比下降10.7%。金属成形机床产量同比下降18.8%，其中数控金属成形机床产量同比下降21.1%。数控系统和滚动功能部件两个小行业工业总产值下滑幅度最大，分别同比下降38.4%和34.2%；机床附件行业同比下降22.8%；量刃具和机床电器小行业下滑幅度相对较小，分别下降2.7%和2.3%。

3. 机床工具产品进出口情况

2012年，机床工具产品累计进口额202.0亿美元，同比下降0.4%。其中，金属加工机床进口额136.6亿美元，同比增长3.3%。金属加工机床中，金属切削机床进口额111.7亿美元，同比增长6.0%；金属成形机床进口额24.9亿美元，同比下降7.6%。

机床工具产品出口额92.4亿美元，同比增长3.8%。其中，金属加工机床出口额27.4亿美元，同比增长13.4%。金属加工机床中，金属切削机床出口额18.6亿美元，同比增长11.8%；金属成形机床出口额8.8亿美元，同比增长16.9%。

机床工具产品进出口逆差为109.6亿美元，同比下降3.8%。

4. 金属加工机床消费额及市场占有率

据中国机床工具工业协会测算，2012年，国产金属加工机床销售产值达273.6亿美元，其中，金属切削机床销售产值180.7亿美元，金属成形机床销售产值92.9亿美元。金属加工机床消费额达382.8亿美元，同比下降2.07%，其中，金属切削机床消费额273.8亿美元，金属成形机床消费额109.0亿美元。按照美国GARDNER公司的统计，2012

年，全球28个主要机床生产国家（地区）金属加工机床销售产值为932亿美元，中国约占30%，位居第一位。中国金属加工机床消费占全球市场的45%。

需要说明的是，由于人民币升值，国产金属加工机床销售产值在折算为美元时有所放大，2012年的销售产值如按2011年人民币兑换美元汇率折算，将减少6.2亿美元的消费总额。

国产金属加工机床国内市场占有率（按金额计）为64.3%，较2011年减少1.8个百分点；数控机床市场占有率为55.6%，较2011年减少1个百分点。

二、行业经济运行特点

1. 产销增速回落，下行压力加大

2012年，机床工具行业总体呈现出缓中趋稳的态势。从年初开始，行业经济增速持续回落，至9月份行业经济才呈现触底趋稳的态势。据国家统计局统计数据显示，各个小行业中工业总产值增速最高的是铸造机械行业，完成工业总产值762.8亿元，同比增长24.9%；磨料磨具和机床附件行业工业总产值增速次之，分别为18.8%和16.5%。金属切削机床产值出现负增长，同比下降0.8%，金属成形机床产值增速也仅为6.4%。2011年12月至2012年12月机床工具行业月度工业总产值及同比增长见图1。2011年12月至2012年12月金属切削机床行业月度工业总产值及同比增长见图2。

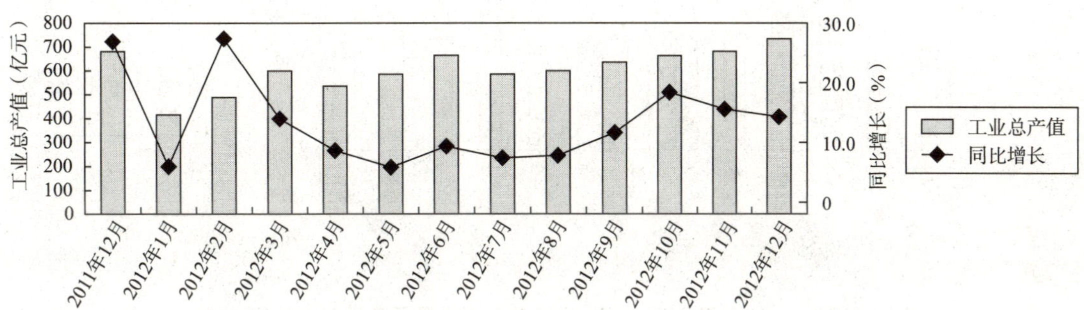

图1 2011年12月至2012年12月机床工具行业月度工业总产值及同比增长

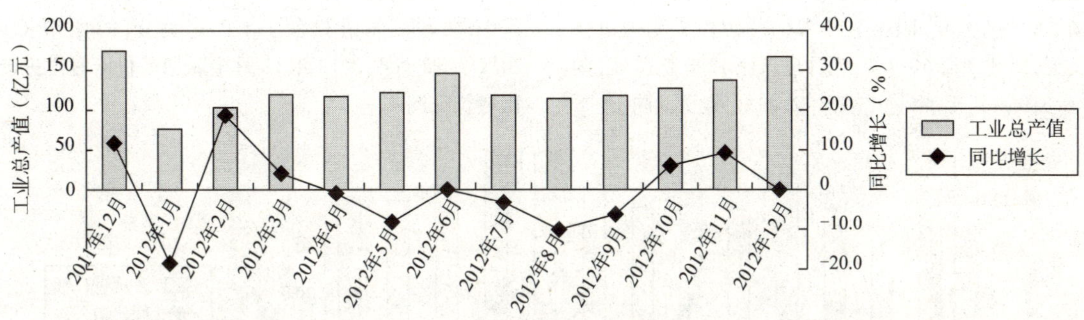

图2 2011年12月至2012年12月金属切削机床行业月度工业总产值及同比增长

从中国机床工具工业协会重点联系企业（部分）的新增订单统计数据看，运行走势的下行压力仍然很大。至2012年12月，新增订单已经连续19个月为负增长，且降幅较大。自2012年3月开始，每月累计新增订单同比下降均超过30%。全年在手订单同比也为负增长，4月份降幅超20%，自5月份始，降幅都在25%以上。

2. 需求变化较快，结构问题凸显

2012年，机床工具市场需求变化较快，对制造商提出了更高的要求。主要分为两个方面：一是产品技术水平方面。汽车、航天、航空、军工、IT等领域需要的，具备高刚度、高精、高效、复合等特点的高水平、个性化的机床产品仍然是市场热点；适应新兴产业需要的高端产品仍是市场的驱动力；为汽车提高排放标准的工艺装备、生产线也是供不应求。二是用户对制造商的综合要求方面。如用户要求机床制造企业具备提供整体解决方案的能力，对产品的质量，对工艺装备的自动化程度、生产效率、产品交货期、售前及售后服务等方面都提出了更高的要求。

面对变化迅速的市场，软、硬件水平俱佳的企业优势得到充分体现，仍然能够逆势而上，有的企业销售收入同比增长高达60%以上。反之，对整个行业而言，产业和产品结构与市场需求矛盾等问题显得更加突出。

一是中、高档产品竞争力薄弱。海关数据显示，在国内企业普遍感到市场缺乏动力的情况下，机床进口额仍处高位。在2011年金属切削机床进口额增长40.0%的基础上，2012年金属切削机床进口额同比增长仍然达到6.0%，且每台平均单价增长8%。从近期了解的国际招标情况看，国外高档机床中标额急剧攀升。我国中高档机床产品在性能、质量、可靠性、服务、品牌影响力等方面与工业发达国家相比仍存较大差距。核心竞争力薄弱仍是行业未来较长一段时间内面临的突出问题。

二是产能结构与市场需求结构失衡。当前通用型的低档次产品供应能力仍明显过剩，2012 年数控机床产量下降 16.2%，在产品市场价格行情只降不升的情况下，金属切削机床平均单台价格却增长 2.8%，这充分说明市场不仅减少了普通机床的需求，对经济型数控机床需求也大为减少。金字塔形的市场需求结构开始向水滴形转换，即低档机床需求缩小，中档机床需求量加大。低水平的产能结构与越来越高的需求结构之间的矛盾更加突出。

三是产业链不完整。重主机、轻部件一直是机床行业产业链的软肋。尽管得到一些产业政策的支持，但机床的关键功能部件、零件仍然处于弱势地位，缺乏核心竞争力。国内中、高档机床配套的关键功能部件、零件依然大量依靠进口，使得主机行业在技术水平提高、市场适应能力、产品成本控制等方面都受到限制，严重阻碍着机床行业由大变强的进程。

3. 进口高位运行，金属切削机床进口压力加大

2012 年，我国机床工具产品进口额居高不下，在 2011 年进口额增长 29.3% 的前提下，1 ~ 11 月份累计进口额同比还为正增长，直至 12 月份才略有下降，全年进口额 202.0 亿美元，同比下降 0.4%。其月度运行状态表现为前三季度上下波动，至四季度后开始掉头向下。2011 年 12 月至 2012 年 12 月机床工具产品月度进口额及同比增长见图 3。

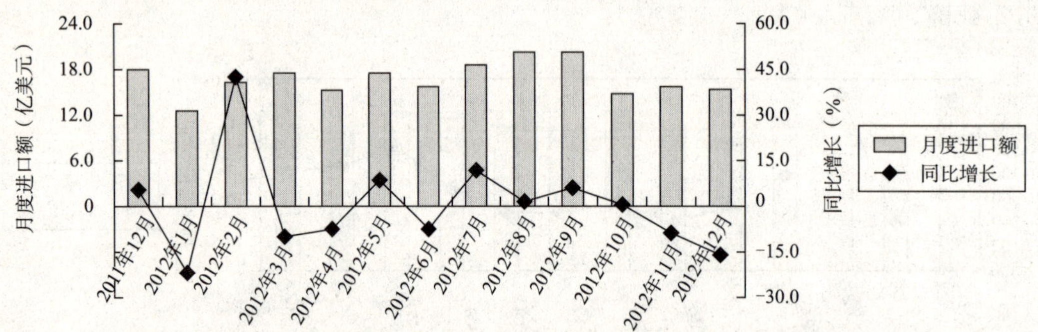

图 3　2011 年 12 月至 2012 年 12 月机床工具产品月度进口额及同比增长

金属切削机床是机床工具各类进口产品中的绝对主力，进口额达到 111.7 亿美元，同比增长 6.0%；金属成形机床进口额 24.9 亿美元，同比下降 7.6%；数控装置进口额 15.2 亿美元，同比下降 18.1%；刀具进口额 12.6 亿美元，同比下降 8.3%；零部件进口额 12.2 亿美元，同比下降 12.1%。

金属加工机床进口额 136.6 亿美元，同比增长 3.3%。其中，数控机床进口额 111.7 亿美元，同比增长 0.64%。2011 年 12 月至 2012 年 12 月金属加工机床月度进口额及同比增长见图 4。

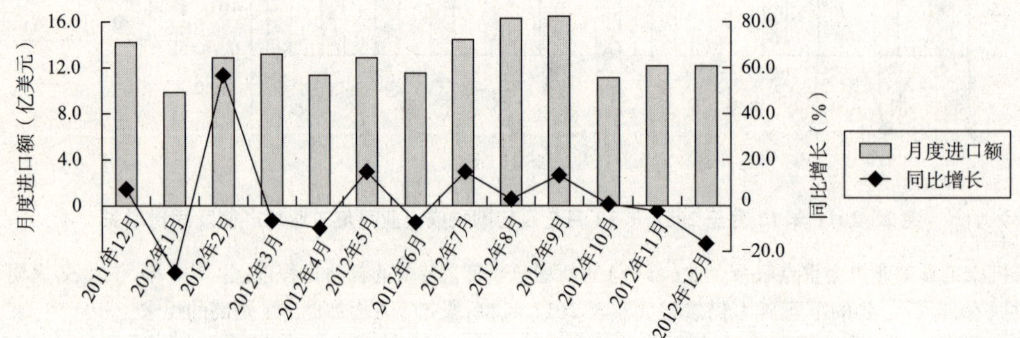

图 4　2011 年 12 月至 2012 年 12 月金属加工机床月度进口额及同比增长

金属加工机床进口列前四位的分别是加工中心、磨床、特种加工机床和车床。其中，加工中心进口 5 万台，进口额 56.5 亿美元，同比增长 16.1%，在金属加工机床中占 41.4%。此外，磨床占 11.9%、特种加工机床占 7.5%、车床占 6.4%。

2012 年，台湾地区在大陆进口数控车床来源地中，以数量计算列第一位，达到 2 197 台；以金额计算列第二位，总额达到 1.9 亿美元，占大陆进口数控车床总额的 22.4%。其平均单价为 8.7 万美元，为中国大陆进口数控车床平均单价（15.9 万美元）的 54.7%。

我国从日本进口金属加工机床仍然有所增长，增幅为 4.1%，位居我国金属加工机床进口来源第一位，占我国金属加工机床进口总额的 41.0%。

日本和德国为我国进口金属加工机床来源中金额占比最大的两个国家，合计进口金额占比高达 61.8%，列第三位、第四位的分别为中国台湾和韩国，这 4 个国家（地区）的金额占进口总额的 78.5%。美国由 2011 年的第七位上升至 2012 年的第五位，进口金额同比增长 32.3%。2012 年我国金属加工机床进口来源分布情况见图 5。

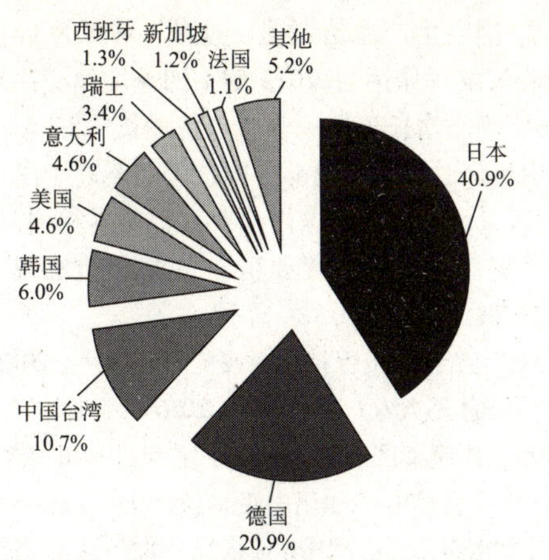

图5　2012年我国金属加工机床进口来源分布情况

4. 出口喜中有忧，南亚值得关注

国内市场需求不足，使更多企业将经营视角转向国际市场，欧美市场对装备需求的复苏，其回归装备制造业的产业政策和缓解就业压力等，成为拉动我国机床工具出口增长的因素。

2012年，我国机床工具产品出口额92.4亿美元，同比增长3.8%。金属加工机床出口额27.4亿美元，同比增长13.4%，其中数控机床出口额10.7亿美元，同比增长19.8%。

2011年12月至2012年12月机床工具产品月度出口额及同比增长见图6。2011年12月至2012年12月金属加工机床月度出口额及同比增长见图7。

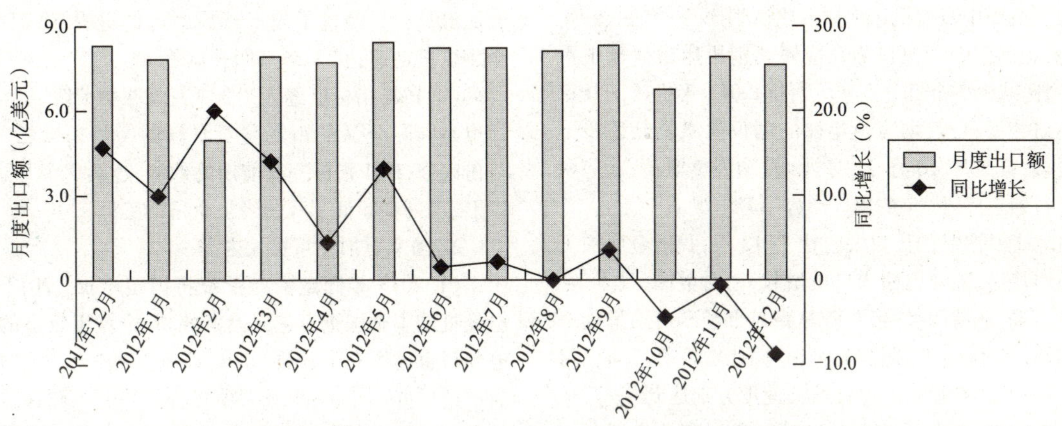

图6　2011年12月至2012年12月机床工具产品月度出口额及同比增长

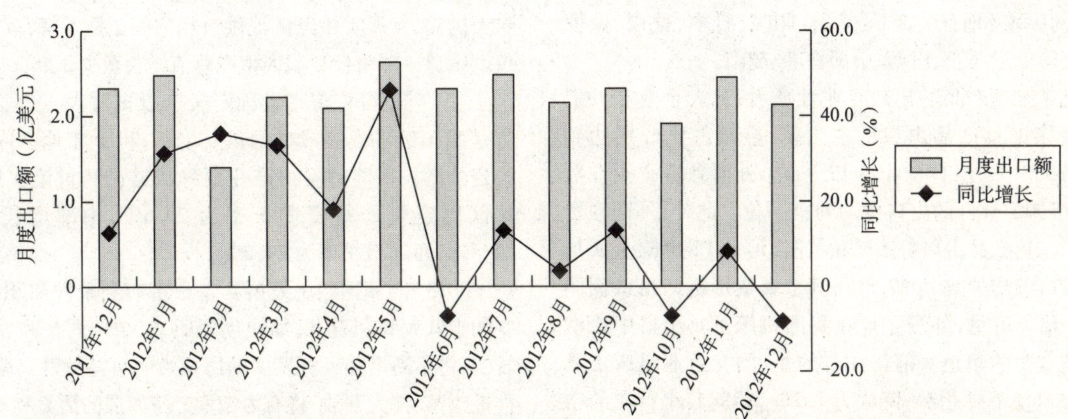

图7　2011年12月至2012年12月金属加工机床月度出口额及同比增长

各小行业出口金额列前三名的是切削刀具、金属切削机床和磨料磨具，这是自国际金融危机以来金属切削机床出口额一路下行、跌入第三位后首次超过磨具磨料行业，位列第二。在八类产品中，出口增速最快的前两名是铸造机械和金属成形机床，分别同比增长18.3%和16.9%；出现负增长的是数控装置、木工机床和磨具磨料，分别下降0.2%、4.8%和10.8%。2012年机床工具类产品出口额占比情况见表1。

表1　2012年机床工具类产品出口额占比情况

产品类别	出口额占比(%)
切削刀具	24.3
金属切削机床	20.1
磨料磨具	17.9
金属成形机床	9.6
木工机床	8.1
机床零件、部件	8.0

（续）

产品类别	出口额占比(%)
数控装置	6.3
机床夹具、附件	2.9
量具量仪	2.0
铸造机械	1.0

注：因数据四舍五入，表中分项和累计不等于100%。

从以上数据可以看出，机床工具行业的出口是喜中有忧。所谓喜，一是在如此多变的国际市场上，我国机床工具行业的出口仍然保持了一定的增长速度，特别是金属加工机床的出口增速达到13.4%；二是出口产品结构变化，有了向好的趋势，金属切削机床已在各类产品出口中列第二位，且金属加工机床中数控机床出口占比达到39%；台钻、砂轮机、抛光机和锯床合计出口额在金属切削机床出口额中占24.8%，同比减少3个百分点。所谓忧，2012年机床工具产品月度出口数据显示，增速由年初的两位数增长已逐步下滑至个位数，且8月、10月、11月、12月均为负增长，走势明显处于下行通道，2013年的出口形势不容乐观。

从机床工具产品的出口去向看，2012年，我国金属加工机床出口市场中，除对巴西出口负增长外，对美国、日本、德国等传统市场，还有印度、俄罗斯等新兴市场出口均呈现一定增长态势，其中美国市场格外突出，同比增长59.2%。对泰国、越南以及印度尼西亚出口增长速度分别达到61.7%、25.8%和10.1%，这与近期部分劳动密集型产业出现向周边国家转移势头加大的趋势是一致的，也与东盟自由贸易区建立有关，值得我国机床工具企业关注。全年出口去向前10名的国家(地区)如下：美国、印度、日本、德国、俄罗斯、泰国、印度尼西亚、巴西、中国香港、越南。

从机床工具产品的出口企业性质看，私人企业和外资企业是机床工具产品出口的主力军，金额占比分别达到45.0%和29.1%，国有企业占13.9%。外商独资企业在数控装置、机床零部件的出口中均列第一位。此外，外商独资企业机床工具产品出口势头较猛，同比增长12.5%，金属加工机床出口额增速高达37.8%，其金属成形机床出口额同比增长1倍。可见，外资企业在我国机床工具出口中扮演着越来越重要的角色。值得注意的是，国有企业机床工具产品的出口呈下降趋势，降幅为7.2%，但就其小行业的出口数据分析，国有企业出口结构已发生变化，其金属加工机床出口同比增长8.9%，数控装置同比增长10.0%，而降幅最大的是磨具磨料，同比下降36.5%。

三、2013年行业运行前景展望

(一)行业经济走势基本触底企稳，继续深度下滑可能性不大

2012年的经济运行形势虽然严峻复杂，但在国家宏观调控下，国民经济发展企稳回升，为2013年的经济发展打下了较好的基础。

1. 市场需求有所好转

(1)2012年全国经济运行形势缓中企稳，稳中有进。至第三季度，国内生产总值增速已连续7个季度回落。在宏观调控政策发挥作用后，2012年第四季度经济比较明显地企稳回升，当季增长7.9%，全年经济增长7.8%。

国内生产总值中工业部分同比增速略高于国内生产总值的增长，其发展趋势与国内生产总值基本相同，虽然变化要剧烈一些，且回升的速度要稍慢一些，但也实现了缓中企稳，稳中有进。

(2)固定资产投资保持相对高的增长速度。2012年，全国固定资产投资(不含农户)同比增长20.6%，且月增速均在20%以上，体现了固定资产投资的平稳性、连续性和可持续性。

(3)全社会发电量和用电量持续增加。2012年，全国发电量同比增长4.52%。用电量指标一向被认为是反映经济变化的晴雨表，2012年全社会用电量同比增长5.5%。全社会用电量也是经过了先下行后回升的过程，第四季度全社会用电量增速达7.45%，回升显著。

(4)PMI指标已经连续3个月站在枯荣线以上。PMI指标也是国际公认的市场是否景气的衡量指标之一。自10月份以来，PMI指标一改前期的颓势，连续3个月达到50%以上，进一步印证了我国经济企稳的趋势。

2. 国家更加注重扩大内需

(1)2013年固定资产投资将稳定增长。2012年，国家已经批准了全国近万亿元投资的25个城市轨道的项目，核电项目也已经有限开放。2013年是实施“十二五”规划承上启下的重要一年，一批重大项目将加快开工和跟进，特别是铁路、公路、水利等基础设施投资有望实现较快增长，投资对工业增长的拉动作用将逐步显现。

(2)工业化、信息化、城镇化、农业现代化深入推进，将为扩大内需、发展实体经济提供市场空间。据了解，依照规划，仅城镇化一项将拉动国内生产总值增长至少2个百分点。

(3)产业西移将带动固定资产投资增大。产业西移一直是我国经济发展战略的重点之一，2012年地区固定资产投资的增长率能够看出产业西移战略已经付诸实践，东部地区固定资产投资增长率为20.6%，中部增长率高达25.8%，西部增长率为24.2%。

2013年，我国经济发展具备很多有利条件和积极因素。党的十八大胜利召开，加快创新驱动、结构调整和发展方式转变，将不断增强经济发展的协调性和可持续性。坚持不懈推进改革、扩大开放，将有力激发经济发展的活力和动力。

就机床工具行业而言，由于2012年年初同期基数相对较高，增长速度有可能还会波动，但基本上总体向好，深度下滑的可能性已经不大。

(二)认清行业总体形势，市场前景不容乐观

虽然宏观经济发展形势有有利的一面，但2013年国际经济形势依然复杂，不确定性、不稳定性因素不断增加，我国经济将由高速增长向适度平稳增长过渡，总体处于阶段性调整之中，机床工具行业则显得更为突出，市场前景仍然不容乐观。

1. 固定资产投资对机床工具行业的拉动力度仍然不足

(1)中央已经三令五申，房地产调控政策不会改变。这

对机械行业乃至对机床工具行业拉动较大的房地产行业，缺乏回升动力。

(2)与机床工具行业密切相关的装备制造业和有关行业需求仍不够强劲。受固定资产投资增速放缓和出口持续下滑的影响，装备制造业整体运行仍未摆脱下行压力。据国家统计局统计，2012 年 1—11 月份，装备制造业工业增加值同比增长 8.2%，低于全国工业增加值增速近 2 个百分点。从机械工业重点企业订单情况看，2012 年累计订单呈负增长，其中工程机械、船舶、机床、载重汽车、发电设备订单下滑最为明显。出口增速大幅回落，1—11 月，装备制造业出口交货值同比仅增长 1.3%，比上年同期减少 20.2 个百分点。其他行业，如钢铁行业、纺织行业形势更为严峻。

(3)装备制造业投资意向减弱。投资意向减弱分两个方面，一是装备制造业企业盈利状况下滑。2012 年 1—10 月，装备制造业实现利润同比仅增长 2.1%(2011 年增长 20.8%)，扣除汽车工业利润，其他行业利润合计下降 1.4%。企业利润减少，投资能力下降。二是实体经济效益增速普遍放缓，社会资本投资意向转变。

2. 结构调整进展缓慢，企业经营困难

(1)企业资金占用显著增加。由于市场需求的减少，企业的产成品、半成品库存增加，占用了企业的流动资金；社会流动资金紧张，企业应收账款增加。国家统计局统计数据显示，企业应收账款较上年同期增长 17.7%，当前企业意见颇大的承兑汇票，更使企业资金流动陷于缓慢流动或半停顿状态，企业的正常运营受到严重影响。

(2)机床工具行业产业结构不合理，低端产品生产能力过剩。由于大多数机床工具产品有一定的生产周期，会保持一定的生产惯性，致使企业的半成品、产成品库存量剧增。由于种种原因，社会库存也有所增加，甚至有可能超过企业的产成品库存量。因此，即使 2013 年市场需求有所增加，企业也将首先处于去库存、去产能阶段，机床工具行业工业总产值等经济指标在一定时期内还将显示低速或负增长的状态。

(三)外需增长的不确定因素依然存在

1. 全球经济复苏依然脆弱

2012 年年底，世界经济形势有所好转，11 月份摩根大通全球制造业采购经理人指数从 10 月份的 48.8% 升至 49.7%，是 2012 年 6 月份以来的最高值。但总体看，欧盟、日本经济的持续低迷以及新兴经济体增速放缓，全球经济金融风险继续加大，贸易保护主义不断抬头。2013 年，欧债危机能否有效缓解还有待观察。美国经济虽有好转，但必须警惕由美国国债评级可能下调所引起的新一轮经济波动。另外，国际货币基金组织发出了 2013 年全球经济将面临再度陷入衰退的风险警告。

2. 传统工业品出口竞争优势削弱

近年来，我国用工成本快速上涨，2006—2011 年，我国制造业城镇单位就业人员平均名义工资年均增速达到 15%。与东南亚国家相比，我国劳动力成本已由 10 年前的偏低转变为偏高，近期部分劳动密集型产业出现向周边国家转移势头明显加大。2012 年 10 月份的广交会上，境外采购商与会人数和出口成交额较上届分别下降 10.3% 和 9.3%，预示着未来一段时间内我国出口形势依然严峻，不确定因素依然存在。

(四)2013 年机床工具行业走势预测

2013 年，机床工具行业有可能是先低后高的运行走势，分析如下：一是 2012 年年初行业指标基数相对较高；二是自 2012 年 9 月份以来已有了一个逐月攀升的阶段，会出现一个相对的休整期；三是市场对库存商品会有一段时间的消化期；四是在一般情况下，一季度是机床工具行业的淡季。这是“先低”的主要原因，甚至有可能出现新的探底。但是宏观经济的基本面是向好的，所以经过一个走低的阶段后，机床工具行业经济走势还会缓慢回升。预计 2013 年机床工具行业工业总产值还将保持 10% 左右的增长速度。

2013 年是充满挑战和机遇的一年。行业企业要清楚地认识到我国经济不会再出现前几年那样的高速发展，必须面对行业中速甚至低速的经济发展状况。同时，必须充分利用各种资源，发挥主观能动性，调整产品结构，转变发展方式，全方位提高企业核心竞争力，实现从“能做”到“做好”的根本性突破，与世界先进企业和品牌产品抗衡，赢得更多的中高端产品市场份额。

〔撰稿人：中国机床工具工业协会李雷〕

2013 年上半年机床工具行业经济运行分析

据中国机床工具工业协会重点联系企业和调查的部分企业结果显示：2013 年上半年，我国机床工具市场延续了 2012 年年底的增速低位徘徊状态。机床工具行业产业结构、产品结构与市场需求矛盾尚未有效缓解，低端产能过剩、高端能力不足。1—6 月，企业利润明显下降，库存呈两位数增长，在手订单持续负增长，需求总体萎缩，市场竞争日益激烈。产品出口也由一度高速增长走入下行通道，进口继金融危机后首次出现两位数负增长。可以说，当前市场形势下机床工具行业企业面临巨大的挑战。

一、1—6 月机床工具行业基本情况

1. 国家统计局统计的机床工具行业情况

据国家统计局统计数据,2013 年 1—6 月,机床工具行业累计实现产品销售收入 3 644.6 亿元,同比增长 13.3%。实现利润 198.8 亿元,同比增长 4.1%,较一季度有所好转。产品销售收入利润率 5.5%,同比减少 0.5 个百分点。累计固定资产投资完成额同比增长 17%,同比减少 5.5 个百分点。

金属切削机床产量 359 653 台,其中数控机床产量 105 902台,分别同比下降 12.5% 和 1.8%。金属切削机床行业实现产品销售收入 712.3 亿元,同比增长 4.3%。实现利润 22.4 亿元,同比下降 24.3%。产品销售收入利润率 3.1%,同比减少 1.1 个百分点。

金属成形机床产量 90 638 台,同比下降 2.3%。金属成形机床行业实现产品销售收入 280.9 亿元,同比增长 16.3%。实现利润 15.6 亿元,同比增长 15.6%。产品销售收入利润率 5.6%,与上年同期持平。

2. 中国机床工具工业协会统计的重点联系企业情况

2013 年 1—6 月,中国机床工具工业协会重点联系企业 216 家,涉及 8 个小行业,重点反映机床工具行业主业的情况,其统计结果与国家统计局统计的 8 个小行业的 5 169 家企业的数据有较大差异。

重点联系企业完成工业总产值同比下降 4.9%,产品销售收入同比下降 4.2%,其中 6 月实现销售收入同比下降 29.2%,环比下降 4.3%。2012 年 6 月至 2013 年 6 月重点联系企业月度工业总产值及同比增长见图 1。

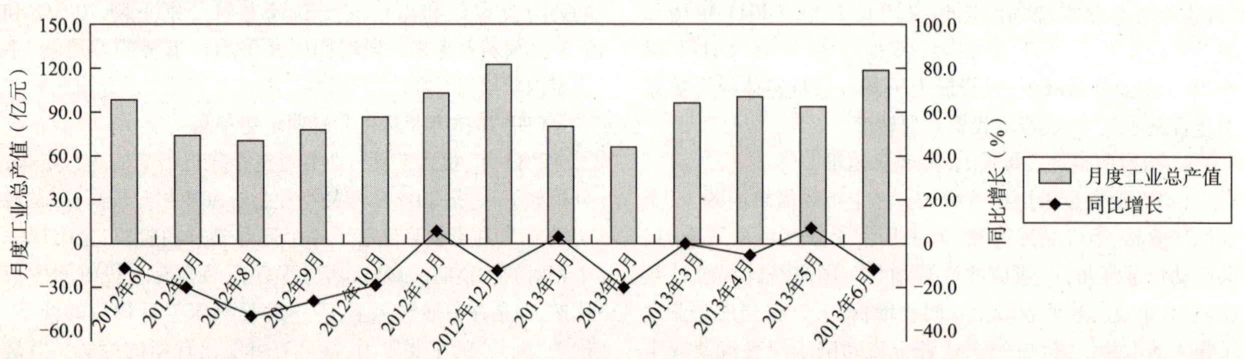

图 1 2012 年 6 月至 2013 年 6 月重点联系企业月度工业总产值及同比增长

金属切削机床产值同比下降 10.9%,其中数控金属切削机床产值同比下降 9.2%。金属切削机床产量同比下降 17.2%,其中数控金属切削机床产量与上年同期持平。金属切削机床行业产品销售收入同比下降 8.6%,利润总额同比下降 66.1%。2012 年 6 月至 2013 年 6 月重点联系企业金属切削机床月度产量及同比增长见图 2。

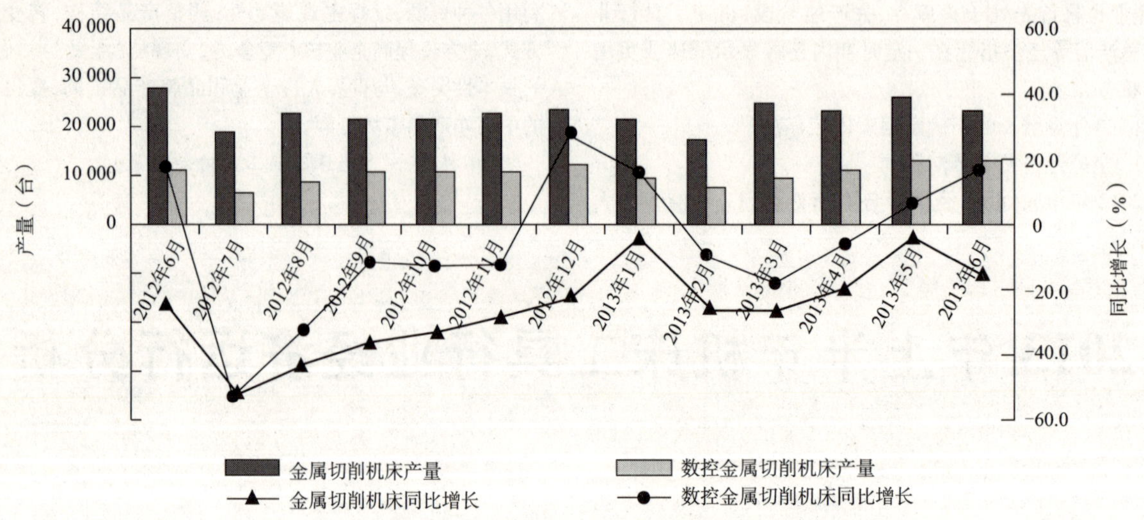

图 2 2012 年 6 月至 2013 年 6 月重点联系企业金属切削机床月度产量及同比增长

金属成形机床产值同比增长 3.1%,其中数控金属成形机床产值同比增长 11.2%。金属成形机床产量同比下降 20.0%,其中数控金属成形机床产量同比增长 3.4%。金属成形机床行业产品销售收入同比增长 1.3%,利润总额同比增长 0.3%。2012 年 6 月至 2013 年 6 月重点联系企业金属成形机床月度产量及同比增长见图 3。

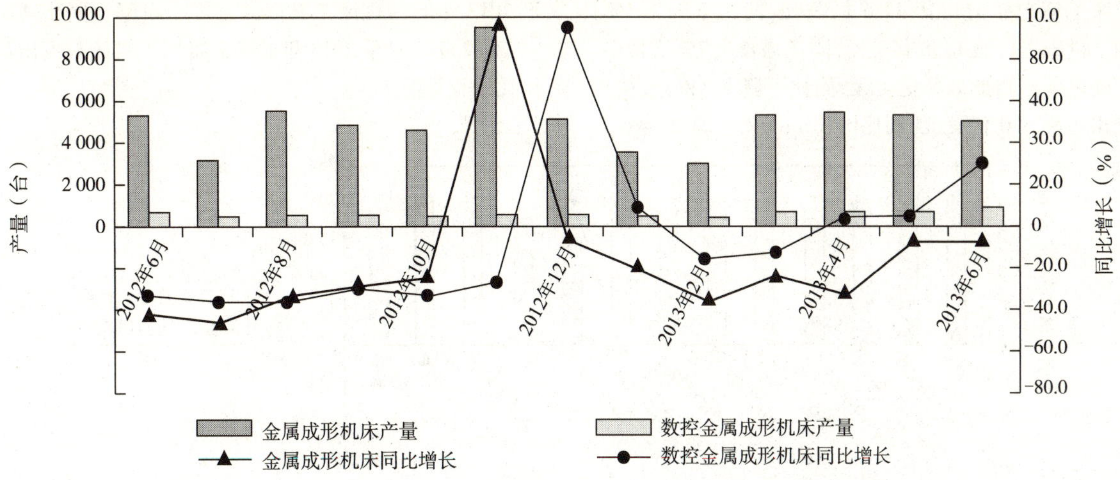

图 3　2012 年 6 月至 2013 年 6 月重点联系企业金属成形机床月度产量及同比增长

滚动功能部件行业和机床附件行业工业总产值下滑幅度最大，分别同比下降 15.4% 和 14.2%，产品销售收入分别同比下降 11.1% 和 11.8%。机床电器行业工业总产值同比下降 3.9%，量刃具行业工业总产值同比增长 0.6%，两个行业产品销售收入分别同比下降 3.8% 和 0.5%。超硬材料行业工业总产值增长 8.9%，产品销售收入同比增长 10.3%。数控系统行业工业总产值同比增长 7.7%，产品销售收入同比下降 5.5%。

3. 机床工具产品进出口情况

据海关统计数据，2013 年 1—6 月，机床工具产品累计进口额 81.8 亿美元，同比下降 14.5%。金属加工机床进口额 52.6 亿美元，同比下降 16.9%。其中，金属切削机床进口额 41.7 亿美元，同比下降 18.3%；金属成形机床进口额 11.0 亿美元，同比下降 11.6%。2012 年 6 月至 2013 年 6 月机床工具产品月度进口额及同比增长见图 4。2012 年 6 月至 2013 年 6 月金属加工机床月度进口额及同比增长见图 5。

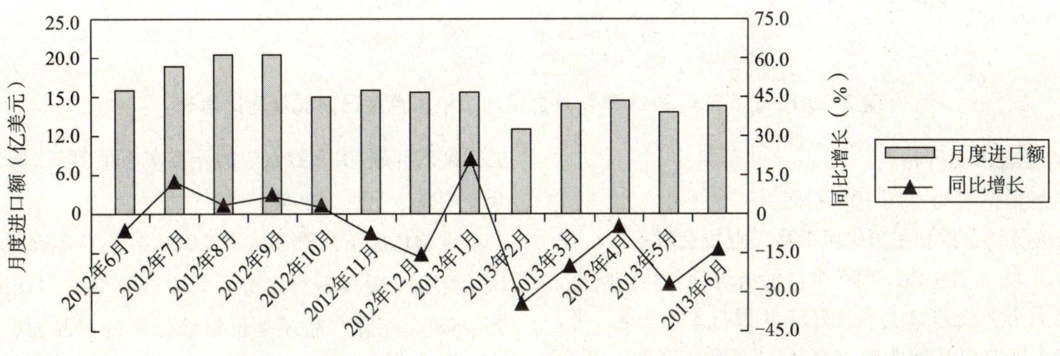

图 4　2012 年 6 月至 2013 年 6 月机床工具产品月度进口额及同比增长

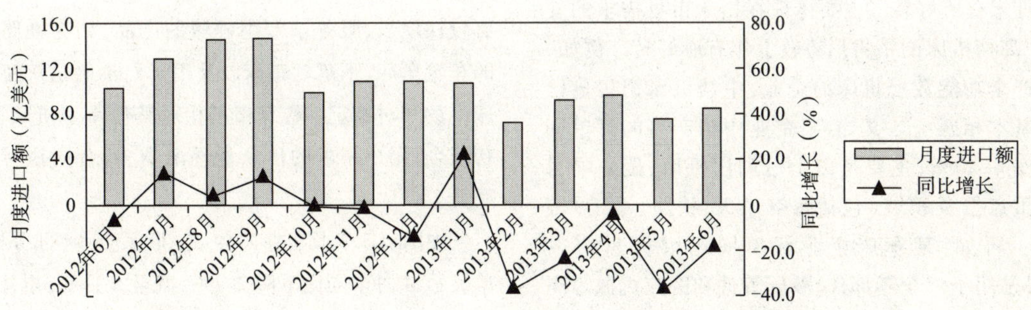

图 5　2012 年 6 月至 2013 年 6 月金属加工机床月度进口额及同比增长

机床工具产品出口额44.6亿美元,同比下降1.5%。金属加工机床出口额13.8亿美元,同比增长1.7%。其中,金属切削机床出口额8.8亿美元,同比下降4.3%;金属成形机床出口额5.0亿美元,同比增长14.0%。2012年6月至2013年6月机床工具产品月度出口额及同比增长见图6。2012年6月至2013年6月金属加工机床月度出口额及同比增长见图7。

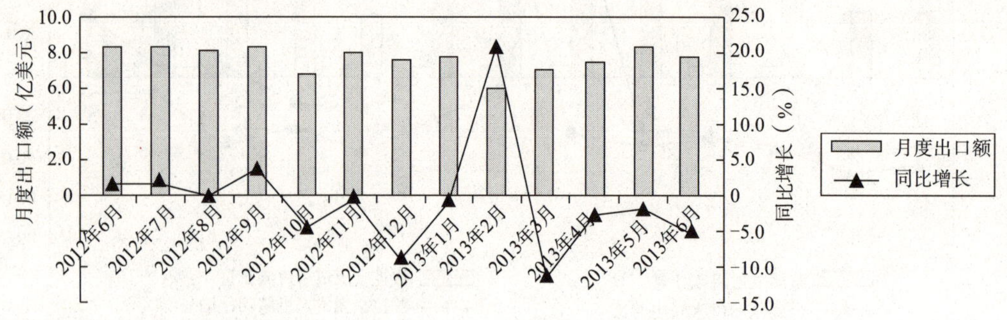

图6　2012年6月至2013年6月机床工具产品月度出口额及同比增长

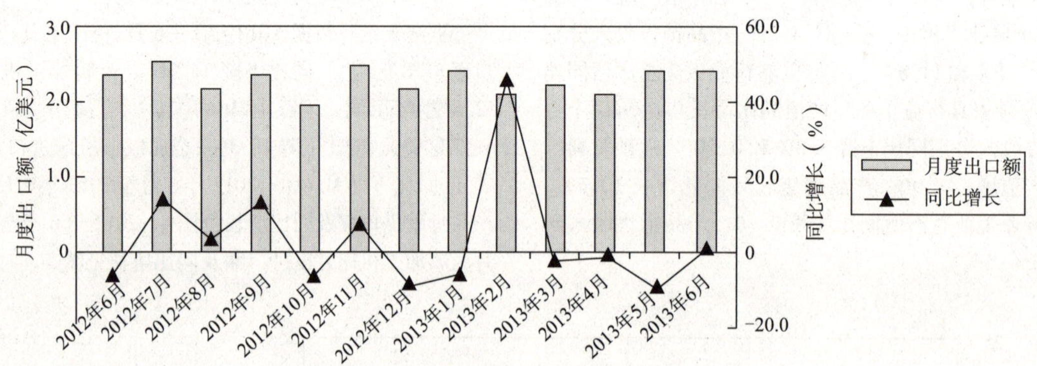

图7　2012年6月至2013年6月金属加工机床月度出口额及同比增长

二、行业经济运行特点

1. 持续低位波动,后市仍不明朗

据有关统计数据和中国机床工具工业协会对一些企业的调查显示,大多数主机厂前5个月经济运行有其共同点,即1月、2月形势较差,3月明显好转,4月与3月基本持平,但主机自4月中旬开始明显下滑,5月又有一定的上升趋势,6月再次下探。从产品来看,中档机床有所好转,低档产品开工严重不足,重型机床下滑严重。

中档机床有所好转。主要体现在由于市场需求的变化,企业中高档机床的销售形势较上年有所好转。例如,某批量生产全功能数控机床的企业,中档机床销售量已与其产能基本相匹配。又如,某企业中档产品的订单同比增长15%~20%,主要是由于培训用机床、援外项目以及国家重点投资领域(包括航空航天、铁路、军工)等项目启动。再如,某车床企业订单同比增长30%~50%,主要是用于汽车零部件、液压管件和医疗机械等高端车床增加较多。

低档产品开工严重不足。开工率不足是当前企业面临的普遍问题,只是程度有所不同。个别企业的流量型低档产品运行走势略好于上年同期,或基本持平,但依然存在产能冗余的问题,大多数企业的开工率不足70%,部分企业冗余产能高达60%~80%。

重型机床下滑严重。从2011年下半年开始,重型机床始终处于缓慢下行走势。其中以重型龙门铣床最为显著,不论是品牌产品还是价格较低廉的产品,其合同均大幅下滑,有的企业第一季度没有签约合同。车床领域中,重型立式车床、重型卧式车床市场需求大幅减少,轧辊车床的情况更为严重。但是,服务于军工等领域的高端产品有较快增长,服务于专用领域的产品,如为铁路装备配套的车轮车床、不落轮车床以及用于石油管道加工的重型机床市场相对稳定。镗床市场相对其他重型机床稍好,从年初至今,用户需求的信息量逐渐增多,合同执行率也有所回升。

中国机床工具工业协会重点联系企业(部分)的新增订单显示,4月末同比下降2.7%,截至5月底,累计新增订单增速结束了较长时期的负增长,同比增长14.7%,但6月再次负增长,同比下降6%;6月末在手订单累计同比下降13.6%。由此可以初步判断,市场稳步回升向上的基础仍不牢固,还存在着继续波动的可能性。

2. 应对市场需求变化，重在调整结构矛盾

近年来，制造业产业升级步伐明显加快，特别是航空航天、军工、汽车等领域对高、精设备和专用设备等提出了新的要求，各类通用机械的零部件加工则提出了自动化成套解决方案的要求。与此同时，大量的低端通用型机床需求却明显减少。

面对市场需求结构的变化，机床行业产业和产品结构性矛盾更加突出，多数企业跟不上用户升级带来的需求新变化，显得力不从心。究其原由，主要因素有三：一是中高档产品竞争力薄弱。据海关数据显示：虽然金属加工机床进口额呈两位数下降，但单台价格却增长5.9%；数控金属加工机床单台价格上升更为明显，增长14.4%。我国中高档机床产品在性能、质量、可靠性、服务、品牌影响力等方面与工业发达国家相比仍存较大差距。二是产能结构与市场需求结构失衡。从重点联系企业看：金属切削机床产量下降17.2%，数控金属切削机床产量与上年同期持平；金属成形机床产量下降20.0%，数控金属成形机床产量同比增长3.4%。与进口机床一样，国内机床也同样显示了量减价增的趋势。这表明金字塔形的市场需求结构已经向水滴形转换，即低档需求缩小、中档机床需求加大。低水平的产能与越来越高的需求结构之间的矛盾更加突出。三是产业链不完整。重主机、轻配套一直是机床行业产业链的软肋。尽管得到一些产业政策的支持，但机床的数控系统、关键功能部件、数控刀具、零部件等仍然处于弱势地位，缺乏核心竞争力。国内中高档机床的关键配套产品依然大量依靠进口，使得主机行业在技术水平提高、市场适应能力、产品成本控制等方面都受到限制，严重阻碍着中高档数控机床产品核心竞争力的提升。

3. 进口大幅下跌，反映市场变化

我国机床工具进口在金融危机后再度出现负增长，且下降幅度达到14.5%。进口增速的变化，也可以看出国内市场需求的变化。主要体现在：

(1)进口同比下降，需求总体萎缩。进口机床对市场低点有一定的滞后效应，进口机床一般存在半年以上的供货周期，所以，2013年1—6月机床进口额呈负增长，反映了当时市场需求萎缩至全年最低点的状态。长时间的市场需求萎缩，必将导致机床进口的下降。需要指出的是，虽然下降幅度较大，但由于进口基数较大，我国机床进口仍然保持高位运行。

(2)进口产品升级，需求结构变化。用户产业升级，带动需求向高端产品发展，使得进口产品中占比大的中档机床进口量减少。金属加工机床进口来源显示：1—6月，我国从德国和美国进口的机床金额分别同比增长17.5%和13.9%。从日本进口的机床金额大幅下滑，源于立式加工中心进口量大幅减少。而整体市场需求结构变化的另一个反映是生产中档机床的韩国、中国台湾地区进口额下降，分别下降31.3%和14.1%。这说明国内对中高档、精密数控机床的需求比重正在逐步增加。2013年1—6月金属加工机床进口来源国家（地区）占比情况见图8。

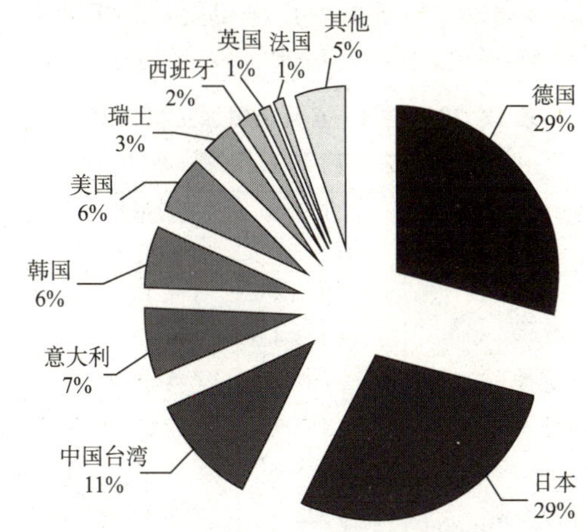

图8　2013年1—6月金属加工机床进口来源国家（地区）占比情况

(3)外商投资热情下降，贸易方式有所改变。受国家政策变化、大陆市场景气度有所下降、国内制造成本明显上升等因素的影响，若干年前高速增长的外商投资势头已过，境外企业在华投资的发展速度正在下降。据海关统计数据，2008年以前，国内外资企业以设备投资方式进口数控机床一直占有50%以上的份额。自2009年开始，该贸易方式所占比重逐年降低，2013年1—6月占比仅为19.5%。与此相对应的是，以一般贸易方式进口数控机床份额已达到70.6%。数据表明，进口机床的贸易方式已经发生根本变化。

(4)投资倾向内陆，区域格局变动。近几年，我国中西部经济呈现快速增长，连续5年国内生产总值增速超过东部地区。机床进口数据显示：2010—2012年，河南、四川、山西等省数控机床进口额成倍增长；2013年开始，天津、河北进口机床产品也出现大幅上升，这些进口产品绝大部分是小型加工中心。其特点是批量大、进口来源地集中、单台价格不高，进口企业主要是为IT产业服务的代加工企业。而原进口大省江苏、广东及上海等进口占比已由50%以上下降为46%。

4. 出口仍在下行，降速有所放缓

我国机床工具出口曾长期保持高速增长，但从2012年开始增速迅速下滑，明显处于下行通道，2013年上半年增速处于小幅逐步回落态势，2013年二季度机床工具累计出口额增速跌至负数。机床工具各类产品中除金属成形机床为正增长外，其他均为负增长。金属成形机床的增长很大程度是由于大型金属成形机床成套设备出口所致，不具有普遍意义。金属切削机床出口单价也有所降低，由于我国本土企业产品结构尚处于低端，国际市场低迷直接影响了出口产品的价格。

值得关注的是，附加值较高的数控金属加工机床出口的主体是外资企业，份额已接近五成（47.1%）。大多数本

土企业在国际市场上的产品仍以低附加值产品为主。

出口市场中美国同比增长18.8%,韩国市场也呈现积极态势,拉美地区的墨西哥、委内瑞拉继上年快速增长后,2013年势头不减。上述地区增长较快的主要产品是金属成形机床。2013年1—6月金属加工机床出口去向前10位国家见表1。

表1　2013年1—6月金属加工机床出口去向前10位国家

序号	出口国家	出口额（万美元）	同比增长（%）	占比（%）
	总计	137 832.8	1.70	100.00
1	美国	19 165.4	18.77	13.90
2	印度	7 637.2	-32.82	5.54
3	日本	7 159.7	-7.37	5.19
4	泰国	6 385.9	-3.47	4.63
5	俄罗斯	6 322.9	2.52	4.59
6	巴西	6 281.5	14.45	4.56
7	德国	6 179.2	-9.50	4.48
8	印度尼西亚	5 929.6	5.51	4.30
9	墨西哥	4 949.2	83.18	3.59
10	韩国	4 670.3	18.11	3.39

5. 海峡两岸经济合作框架协议（ECFA）的实施加剧了中档产品的竞争

ECFA“早收清单”实施两年以来,降税产品（如数控车床和数控平面磨床）对大陆企业造成极大冲击,市场份额快速萎缩。台湾机床工业凭借其较完善的产业链,中端产品具有一定的竞争力。此外,欧美企业利用ECFA免税渠道在中国台湾设厂或与当地企业合作共同抢占大陆中端产品市场的趋势也初见端倪。当前,台湾地区中端产品与大陆同类产品相比,价格优势日益明显。

6. 企业流动资金明显不足

统计数据和调研结果均显示出企业的盈利能力在降低,导致流动资金紧张,影响企业再投入的活力。国家统计局数据显示:1—6月应收账款同比增长13.7%,产成品存货同比增长6.6%。重点联系企业数据显示:1—6月亏损企业面接近1/3。据了解,如果去除企业多种经营因素,主营业务亏损的企业面更大。重点联系企业1—6月产品销售收入同比下降的企业占统计企业数的67.1%,大部分企业经济效益在2012年下滑的基础上进一步下滑,由此导致企业资金回流缓慢以及再投入能力的削弱。

2013年的CIMT2013展会上的调研结果也显示出企业资金困难的局面。虽然整体上中端产品市场略有好转,但大多数企业由于主营业务收入主要依赖低端产品,中档产品市场的稍有好转不足以使企业运营进入良性循环状况。

总之,由于企业产能的放空、利润减少,以及国内承兑汇票的泛滥,行业企业流动资金紧张状态愈演愈烈。

三、形势分析及发展预测

2013年上半年宏观经济数据显示我国经济仍处于下行通道,各项经济指标均未体现出经济回暖的积极因素,全年形势依然不容乐观。

从1—6月机床工具行业走势与市场需求情况可以看出,中高端市场需求,特别是航空航天、铁路、汽车等行业对高端产品市场有一定拉动。机床行业低端产品的产能过剩仍较为严重,结构调整仍是当前行业企业的首要任务。CIMT2013期间累计成交额比CIMT2011下降61.9%;累计合同意向额24.3亿元,比CIMT2011增长23.2%。成交额降低是预料中的现象,市场萎缩必然带来购置欲望的下降;合同意向额上升,说明潜在市场依然存在,同时说明用户采购更加慎重,需要反复比较。

在此宏观和微观经济环境下,预计全年经济运行走势可能维持在低位徘徊状态。由于2012年下半年已处于下滑通道,重点联系企业的降幅会进一步收窄。而后期市场竞争的日益激烈则提醒行业企业在现金流供应、人才储备、新产品研发、跟踪细分市场等方面要做好充分的准备。

〔撰稿人:中国机床工具工业协会李雷〕

2012年机床工具行业进出口分析

2012年,各主要经济体难以抵挡欧洲债务危机的负面影响,世界经济特别是欧美经济复苏未达到预期水平,致使全球制造业发展步伐放缓。我国机床工具产品进出口延续了上年中后期增速缓慢回落的趋势,出口呈现继续减缓态势,但出口总额再创新高;进口额各月累计值与上年基本持平。据海关统计资料,2012年,我国机床工具产品进出口总额294.4亿美元,同比增长0.9%。其中,出口额92.4亿美元,同比增长3.8%;进口额202.0亿美元,同比下降0.4%。进出口逆差109.6亿美元,比上年减少4.3亿美元。由于数控装置、机床零部件进口明显减少,全行业进口总额略低于上年,而出口总额继续增加,故进出口逆差有所缩小。纵观我国金属加工机床出口市场,对美国、东盟等地出口显著上升,而巴西市场明显下降。另外,据美国Gardner公司数据显示,我国金属加工机床在全球机床出口、进口、消费额中所占比重均略有提升。

一、机床工具产品出口情况

2010年，我国机床工具产品出口额以近50%的增长速度，迅速回升至金融危机前的水平。由于世界经济在复苏进程中艰难曲折，不确定性与脆弱性凸显，此后的两年间，每年增幅回落均在20个百分点以上。2012年，全行业出口表现为前5个月呈两位数快速增长，之后一直保持个位数增长，且逐月下降。但相比前几年，机床主机产品出口比重上升，显示了出口结构在好转。

2012年，我国机床工具产品出口额92.4亿美元，同比增长3.8%。其中，金属切削机床、金属成形机床都有良好表现，出口额分别同比增长11.8%和16.9%，均远高于全行业出口额增速。在2010年出口成倍增长的磨料磨具产品，2012年已呈现出较大幅度的下降。2012年我国机床工具产品出口情况见表1。2011—2012年我国机床工具产品累计出口额同比增长情况见图1。

表1　2012年我国机床工具产品出口情况

产品类别	出口额（万美元）	同比增长（%）	占比（%）
机床工具	923 570	3.81	100.00
金属加工机床	274 156	13.39	
金属切削机床	185 890	11.82	20.13
金属成形机床	88 266	16.85	9.56
铸造机	9 000	18.32	0.97
木工机床	74 394	-4.75	8.06
机床夹具、附件	26 799	14.74	2.90
机床零件、部件	73 785	8.02	7.99
数控装置	57 762	-0.20	6.25
切削刀具	223 996	6.45	24.25
量具、量仪	18 786	8.60	2.03
磨料磨具	164 893	-10.84	17.85

注：表中数据因四舍五入，合计数有微小出入。

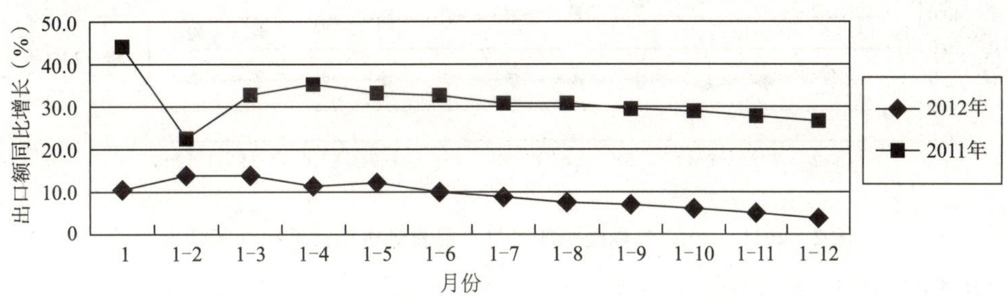

图1　2011—2012年我国机床工具产品累计出口额同比增长情况

1. 金属加工机床出口情况

2012年，我国金属加工机床出口额27.4亿美元，同比增长13.4%，较前两年均30%以上的增速有明显的回落。数控金属加工机床出口额以增长近20%的速度，首次突破10亿美元，达到10.7亿美元，占金属加工机床出口额的39.2%，比上年提高2.1个百分点。其中，数控金属切削机床出口额8.9亿美元，同比增长23.5%；数控金属成形机床出口额1.8亿美元，同比增长4.4%。

2. 金属加工机床主要出口去向和出口地域

美国仍然是我国金属加工机床出口第一大市场，2012年出口额超过3亿美元，增速近60%；列机床出口额第二位的印度首超2亿美元；对以泰国为代表的东盟地区，出口亦可圈可点。但对巴西出口明显下降，在出口排名中，由前两年的第三位降至2012年的第八位。2012年我国金属加工机床出口前10位国家（地区）见表2。

表2　2012年我国金属加工机床出口前10位国家（地区）

序号	国家或地区	出口额（万美元）	同比增长（%）
1	美国	31 953	59.19
2	印度	20 059	13.54
3	日本	15 760	16.00
4	德国	13 979	7.15
5	俄罗斯	12 683	4.79
6	泰国	12 187	61.70
7	印度尼西亚	11 103	10.10
8	巴西	10 887	-33.37
9	中国香港	9 970	24.24
10	越南	7 850	25.80

数控金属加工机床出口企业主要集中在江苏、辽宁、广东、上海、北京等省市，上述五地出口额合计占数控金属加工机床出口额的68.5%。其中，江苏、广东两地出口额增长均在35%以上。

3. 数控金属加工机床出口贸易方式和企业性质

2012年，我国数控金属加工机床主要贸易方式以一般贸易方式为主，占比74.3%，高于上年5.5个百分点，同比增长29.5%，与外商独资企业出口增长较快有密切关系；其次是进料加工贸易方式，占比19.2%，同比增长9.6%。

外商独资企业数控金属加工机床出口额同比增长33.4%，超过私人企业上升到第一位，占比38.0%。外商独资企业数控金属加工机床出口平均单价是我国数控金属加工机床出口均价的2.6倍。私人企业和国有企业出口额也以两位数的速度增长，私人企业的出口比重达到1/3强。

二、机床工具产品进口情况

2012年，我国机床工具产品进口额202.0亿美元，同比下降0.4%。各月累计进口额与上年相比基本持平。而占进口额近七成的金属加工机床，在国内整体经济普遍下滑时，仍处于高位。2012年我国机床工具产品进口情况见表3。2011—2012年我国机床工具产品累计进口额同比增长情况见图2。

表3　2012年我国机床工具产品进口情况

产品类别	进口额（万美元）	同比增长（%）	占比（%）
机床工具	2 019 810	-0.38	100.00
金属加工机床	1 366 124	3.26	
金属切削机床	1 117 116	6.03	55.31
金属成形机床	249 008	-7.57	12.33
铸造机	41 328	31.86	2.05
木工机床	46 634	-26.19	2.31
机床夹具、附件	80 521	19.83	3.99
机床零件、部件	122 379	-12.14	6.06
数控装置	151 883	-18.07	7.52
切削刀具	125 951	-8.33	6.24
量具、量仪	21 615	9.80	1.07
磨料磨具	63 375	3.75	3.14

注：表中数据因四舍五入，合计数有微小出入。

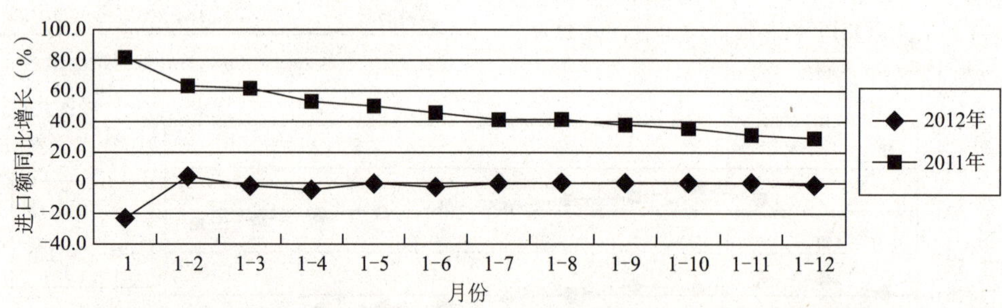

图2　2011—2012年我国机床工具产品累计进口额同比增长情况

1. 金属加工机床进口情况

近两年我国金属加工机床进口一直呈现高速增长态势，机床进口额已高于全球各国和地区进口排名中第三位到第十位之和。2012年，全球机床市场需求疲软，加之内需减少，我国金属加工机床进口额由上年增长超过40%下滑至3.3%。虽然增幅大大回落，但由于基数大，机床进口额再次达到历史高点136.6亿美元。金属切削机床进口额同比增长6.0%，是拉动金属加工机床进口额上升的主要因素。

2. 金属加工机床主要进口来源和进口地域

日本和德国仍是我国金属加工机床进口最重要的来源地，列第三位的是中国台湾地区。由美国、西班牙进口的机床增长较快，排名位次也在提升。来自欧洲的数控金属加工机床平均单价远高于数控金属加工机床进口整体价格。2012年我国金属加工机床进口来源前10位国家（地区）见表4。

表4　2012年我国金属加工机床进口来源前10位国家（地区）

序号	国家或地区	进口额（万美元）	同比增长（%）
1	日本	559 380	4.13
2	德国	285 266	0.55
3	中国台湾	145 840	-5.76
4	韩国	82 126	6.23
5	美国	63 428	32.26
6	意大利	63 093	11.36
7	瑞士	46 998	-17.24
8	西班牙	17 121	71.12
9	新加坡	16 600	7.67
10	法国	15 364	167.04

在我国进口数控金属加工机床的地区中，河南以成倍的增长速度由上年的第七位一跃跨入前三名，但其进口的机床产品以中小型数控机床为主，数量较大但平均单价并不高。同样以翻倍速度增长的重庆，已进入数控机床进口前十名，列第八位，机床进口平均价格较高，其中，加工中心、数控车床占其数控机床进口额的50%以上。机床进口重心由沿海向内地转移的迹象进一步显现。

3. 数控金属加工机床进口贸易方式和企业性质

2012年，以一般贸易方式进口数控金属加工机床67.0亿美元，占进口额比重较上年增加7.4个百分点，同比增长14.9%。外商投资企业以设备投资方式进口数控金属加工机床同比下降13.5%。

外商独资企业数控金属加工机床进口额同比下降21.5%，占比下降10.2个百分点，主要是占比最大的以设备投资方式进口机床大幅下降；合资企业进口额以80.9%的增速上升到进口第二位，其原因是我国中西部某些合资企业由日本进口大量加工中心，从而拉高了进口额；国有企业进口额20.7亿美元，虽然增幅下降，但进口机床平均单价是数控金属加工机床均价的2倍多。

三、机床工具产品进出口特点

1. 出口增长减速，产品结构趋好

近两年，我国机床工具产品出口增速急剧下降，2010年增长48.4%，2011年增长26.4%，2012年仅增长3.8%。从行业主要出口产品看，2012年金属切削机床出口额同比增长 11.8%，在全行业产品出口总额中的占比增加了 1.4 个百分点，平均单价比上年增长 14.8%。其中，数控金属切削机床出口额增长 23.5%，低值机床（台钻、砂轮机、抛光机、锯床）出口额占金属切削机床出口额的比重较上年减少近 3 个百分点。切削刀具出口额增幅仅为 6.5%，比上年减少近 25 个百分点。磨料磨具出口额同比下降 10% 以上，其中个别资源性产品出口额下降达 40%。出口到日本、美国两大市场的磨料磨具产品分别同比下降 34.2% 和 20.7%。以上数据表明，受国际大环境影响，2012 年我国机床工具产品出口增速虽然明显下滑，但高附加值产品在增加，数控机床占比在提升，低值产品在减少，整体出口产品结构继续向好的方向发展。

2. 机床出口地区，市场有增有减

由于美国制造业回归政策的实施，美国机床市场在 2012 年非常活跃。全年机床进口增长 29%，消费增长近 20%。美国是我国金属加工机床最主要的出口市场，全年从中国采购机床 3.2 亿美元，继上年同比增长 40% 后，2012 年同比增长 59.2%，在我国机床出口额中的占比为 11.7%，比上年增加 3.4 个百分点。同时，在美国进口机床份额中提升了 0.2 个百分点。

新兴经济体对发达经济体有一定的依赖性，当欧美经济下滑时，其经济增长普遍受到抑制。2012 年，我国对印度机床出口已达到 2 亿美元，仍列出口第二位，但增长势头与前几年相比明显回落，与第一位的差距进一步拉大。对俄罗斯出口由上年接近 100% 的增速，一下子跌落到个位数增长。巴西国内经济陷入困境，通胀严重，为此出台了提高进口关税等政策，我国对其出口机床下降 30% 以上。

东盟是新兴市场中的亮点，2012 年我国对东盟出口机床 4.8 亿美元，同比增长 22.5%，在出口总额中的占比增加 1.3 个百分点。其中，泰国、印度尼西亚和越南均列入机床出口前 10 名之列，出口额分别增长 61.7%、10.1% 和 25.8%。在东盟市场的带动下，我国对亚洲地区出口机床在出口总额中的占比达到 47.0%。亚洲机床市场近年发展较快，一方面，发达国家制造业正在向该地区转移；另一方面，我国与东盟地区自贸区的实施促进了贸易往来。

3. 机床工具产品进口呈负增长，金属切削机床进口仍处高位

国内市场需求不旺，机床产销增速下滑，各类产品库存增加，对数控装置和机床零部件等直接为金属加工机床配套的产品需求明显减少，进口额分别下降 18.1% 和 12.1%。金属成形机床和切削刀具进口也有不同程度的减少。多种产品进口下降，拉低了全行业进口增速，2012 年我国机床工具产品进口额同比下降 0.4%，这是继金融危机影响最严重的 2009 年之后，再度出现下降。

在进口的机床工具类产品中，列进口额前五位的唯有金属切削机床仍以 6% 的速度正增长，主要是占进口额 50% 以上的加工中心进口增长较快，拉动了金属切削机床进口额高位增长。特别是由德国进口的卧式加工中心和龙门式加工中心，进口额分别同比增长 46.9% 和 17.6%，且量价齐增。

4. 进口单价提高，需求结构升级

金属加工机床进口不仅处于高位运行，且平均单价增长 7.2%。其中，数控机床中的电加工机床、车床、镗床、铣床、磨床、齿轮加工机床和剪切机床的价格均为两位数增长。从收集到的国际招标信息显示，汽车、能源、航空等机床主要用户行业，中标产品多以高精、高速、高效、高稳定性、高可靠性的高档机床为主，其中不乏复合机床和大型加工生产线。

日本机床占据我国机床进口四成的份额，德国机床占进口份额的二成，且平均单价是整体价格的 2 倍多。从工业发达国家进口机床持续上升，反映出国内市场需求结构在不断升级。

四、世界机床进出口情况

据美国 Gardner 公司公布的 2012 年世界 28 个主要机床生产和消费国家（地区）统计数据，中国继续保持世界机床生产第一、进口第一、消费第一和出口第六的位置。虽然出口排名与上年相同，但与第五位的数值已极为接近。

2012 年，全球共计出口机床 479.0 亿美元，同比增长 4.6%。日本是世界机床最大的出口国，出口额 115.7 亿美元，占全球机床出口总额的近 1/4。其后排名依次为：德国、意大利、中国台湾和瑞士，其中德国出口额 104.1 亿美元，占比 1/5 强。中国机床出口额以较快的速度在增长，与第五位仅差 0.3 亿美元。

28 个国家（地区）共计进口机床 400.9 亿美元，同比增长 2.7%。中国机床进口额 136.6 亿美元，仍为世界第一大机床进口国。其进口额在世界机床进口额中的占比从上年的 33.9% 上升到 34.1%；进口额占其消费额的比重增加 1.8 个百分点，表明中国机床市场对海外产品的依赖程度仍在增加。排在第二位到第五位的依次是：美国、德国、印度和韩国，前五名进口额之和占世界机床进口额的 64.3%。

德国机床在出口的拉动下，整体运行逐步上升。机床生产增长 10%，好于预期；进口、出口分别增长 16% 和 19%；新增订单保持并稳定在较高水平，在手订单平均 8 个月。

日本以采购本国机床为主，其机床进口额仅占消费额的 10%。2012 年，日本机床生产和出口与上年持平，由于进口增长 19%，使得消费增长 1%。

2012 年是美国机床的增长年，机床产值在上年增长 25% 的基础上再增长 7%，出口提高 11%，进口、消费均列世

界第二位，分别增长29%和19%。

中国作为全球最大的机床消费国，近年来随着国内需求的不断增长，不仅本土企业得到了快速发展，同时也吸引了世界一些主要机床生产企业纷纷在华投资建厂，使中国逐步成为世界最大的机床生产国。2012年，中国机床产值达到273.6亿美元，占世界机床总产值的近30%，是自2009年以来连续第4年位于世界机床产值首位。

中国已持续十余年列世界机床进口第一位、消费第一位。2012年，其进口额在全球机床进口总额中的占比为34.1%，其消费额在世界机床消费总额中的占比为45.1%，且份额在逐年增加。中国机床出口额也有明显的提高，但其出口仅是生产的1/10，而列世界出口前五位的国家和地区，这一指标均在60%以上，瑞士更是高达87%。与世界机床强国相比，中国的机床产品在全球机床市场的竞争力依然较弱。

五、2013年进出口趋势

综观全球经济大环境，欧债危机仍是当前世界经济最主要的不稳定之源，重债国的债务压力和核心国的衰退压力尚未缓解，深度蔓延的可能性依然存在。美国经济在缓慢复苏，可否进入更快的增长轨道，房地产市场改善、失业率下降和居民消费需求增长能否持续仍难以确定。日本经济在地震灾后重建的刺激下，曾一度呈现较好的增长，但终未改变长期以来的低迷状态。发达国家的低增长和不确定性对发展中国家产生显著影响，受欧债危机和通货膨胀的"双重夹击"，主要新兴经济体的经济增速大大低于往年水平。从我国外贸形势看，外需不振，一些国家和地区提高进口关税、实施技术贸易壁垒、对本国产业补贴等贸易保护主义有所抬头。国内劳动力成本、环境保护成本提高和人民币升值引起的生产成本上升，导致我国出口产品竞争力在减弱。

为促进经济增长，无论是发达国家还是新兴经济体，纷纷把增加需求作为经济政策的着力点，调整货币政策，以提振市场信心。身处欧债危机重灾区的德国，受美国和亚洲新兴经济体贸易往来的支撑，制造业继续保持优势，主要汽车品牌业绩良好，机床生产增长显著。美国实施的"再工业化"战略、"制造业回归"推动了经济复苏，取得了一定成效，机床需求明显增加。印度、东盟国家基础设施建设需求量大、项目多，对全球资金极具吸引力，同时也是机床最具潜力的消费市场。我国更是把扩大内需作为经济工作重点之一，固定资产投资保持相对高的增长速度，在一定程度上将拉动机床工具行业增长。

经过十多年高速发展，我国已成为世界机床工具生产大国，但还不是强国。迅速崛起的中国机床工具工业，与其规模相比，结构调整明显滞后，仍处于国际分工的产业链的中低端。面对装备制造业向高端转型，市场需求结构发生显著变化，行业企业充分认识到，机床工具工业要实现由量的增长向质的提高转化，创新驱动、转型升级和可持续发展是根本性出路。近年来，行业企业通过不断开拓创新、提高技术实力、加强管理水平，在一些重要领域取得了不俗的成绩。济南二机床集团已为中外汽车制造企业提供了多条高端冲压生产线，首个海外"交钥匙"工程，通用汽车印度公司52 500kN全自动机器人送料冲压生产线于2012年投入生产。同时，长安福特汽车杭州新建工厂两条全自动双臂高速冲压线项目正式启动，是继福特汽车美国两大生产基地之后，第三个选购济南二机床集团产品的整车制造基地。沈阳机床集团根据用户工艺研发的特种车辆前轴生产线，包括立式加工中心、龙门式加工中心、万向电动攻丝机及数控双面镗铣专机，以技术先进、生产效率高得到了用户的认可。武汉重型机床集团为石油机械行业提供的极限制造重大装备，包括世界最大加工规格的立式铣车床、国内首创的超重型数控落地铣镗床、全球为数不多的超重型数控双龙门镗铣床，以及超重型数控卧式铣车床等，均已交付用户使用。但总的来看，我国机床工具行业中高端产品生产能力及技术水平与日益增长的高端市场需求仍存在较大的差距，强国之路还很漫长。

种种迹象表明，2013年全球经济发展环境将有所改善，但低增长的态势难以改变。我国机床工具生产企业要保住已有的、并开拓更广阔的市场，不能只在中低端产品做文章，既要努力提高产品的质量、稳定性和可靠性，提升提供全面解决方案的能力，提高企业综合竞争力，采用先进制造手段，进入和扩大中高端市场，还要密切关注外贸动态，如中日韩自贸区谈判已重启，中瑞自贸区谈判进入尾声，ECFA后期谈判正在进行中。此外，还应关注有关部门为促进我国外贸增长而出台的进出口相关政策。要关注市场动态，并做好应对。工业发达国家的产品链在向下延伸，抢占中低端市场份额；俄罗斯经济继续呈现增长，其进口机床占消费额的比重达85%，市场潜力很大；东南亚地区制造业迅速发展，低劳动力成本正吸引着发达国家投资，机床需求市场在扩大；全球最大的代工企业富士康公司加紧在我国中西部布局，进口大量中小型数控机床，为降低不断上涨的人工成本，开始启动机器人项目，机床消费市场正在发生变化。

综上所述，在宏观经济向好的基础上，2013年我国机床工具产品进出口将均呈现先低后高的增长态势，其中出口增幅有可能达到10%。因基数较大，进口增长可能会保持在个位数。

〔撰稿人：中国机床工具工业协会李卫青〕

2012 年机床工具行业固定资产投资分析

2012 年,我国机床工具行业延续了 2011 年下半年开始的下行趋势,增速缓慢回落,至 9 月触底后小幅上扬。在激烈的市场竞争中,行业产业结构、产品结构缺陷凸显,进口额高位运行,国产低端产品需求明显减少。国际市场继续呈现不同程度复苏,我国机床工具产品出口呈现出先高后低的状态。

2012 年,机床工具行业固定资产投资增幅也出现大幅下滑态势。固定资产投资的大幅下滑既有不利于机床工具行业发展的一面,也有促进行业健康发展的作用,对此必须认真进行分析。

一、2012 年机床工具行业固定资产投资情况

固定资产投资主要包括固定资产计划总投资、自开始建设至本年年底累计完成投资、累计完成固定资产投资、完成固定资产投资中设备工具购置投资和累计新增固定资产等 5 项指标。2012 年,机床工具行业的固定资产投资 5 项指标与 2011 年相比大都出现了大幅下滑,这是对市场需求变化的正常反应,也说明了机床工具行业前几年,特别是 2011 年固定资产投资存在着一定的盲目性和重复性,生产能力过剩的现象在市场需求低迷的情况下充分暴露出来。

在全行业投资的各项指标中,固定资产计划总投资较上年增长 25.1%,自开始建设至本年底累计完成投资较上年增长 31.6%,累计完成固定资产投资较上年增长 22.8%,完成固定资产投资中设备工具购置投资较上年增长 21.8%,累计新增固定资产较上年增长 41.5%。机床工具行业固定资产投资增长速度稍高于国家全社会固定资产投资的增长速度。

1. 固定资产计划总投资

固定资产计划总投资是指报告期内,基本建设项目按照总体设计规定的全部建成计划需要的总投资。2012 年 1—5 月,行业计划总投资增长速度基本保持在 20% 以上,6—11 月,行业计划总投资增长速度都在百分之十几徘徊,最低降至 12.7%,但在 12 月份,企业为完成当年任务,年末计划总投资额比上年增长 25.1%,较上年减少 23.3 个百分点。

在机床工具行业固定资产计划总投资中,磨料磨具行业连续高居榜首,计划总投资额达到 1 676.0 亿元,略高于上年,比上年增长 3.2%;其次为其他金属加工机械行业,计划总投资额为 855.2 亿元,比上年增长 36.0%。计划总投资增长速度较快的行业依次为木工机械、金属切削机床、切削工具,分别比上年增长 107.8%、63.1% 和 43.3%。

2. 自开始建设至本年年底累计完成投资

自开始建设至本年年底累计完成投资是指报告期内,建设项目从开始建设到报告期内止累计完成的全部投资。其包括报告期以前已建成投产或停、缓建工程完成的投资以及拆除、报废工程的投资。由于 2011 年下半年市场需求下降,2012 年仍然呈现市场疲软之势,该项指标增幅也一直呈递减状态,由年初的百分之三十几到 11 月份的 20.6%,到 12 月份,该指标增幅收于 31.6%,较上年减少 24.2 个百分点。

机床工具行业自开始建设至本年年底累计完成投资中,仍是磨料磨具行业名列第一,累计完成投资额达到 1 007.9 亿元,但其增长速度却名列 9 个小行业之末,仅比上年增长 1.3%;其次为金属切削机床行业,累计完成投资额达到687.2 亿元;增长速度较快的行业依次为木工机械、金属切削机床和铸造机械,分别比上年增长 133.6%、68.5% 和 52.0%。

3. 累计完成固定资产投资

累计完成固定资产投资是指建设项目从开始建设到报告期止累计完成的全部投资。累计完成固定资产投资是投资中的最重要的指标,属于国家社会固定资产投资的一部分,代表行业固定资产投资的总体水平。2012 年,机床工具行业累计完成固定资产投资 2 720.5 亿元,比上年增长 22.8%,高出全社会固定资产投资增长速度 2.2 个百分点。在全行业完成固定资产投资中,磨料磨具行业还是雄居高位,完成投资额达到 685.0 亿元;增长速度较快的行业依次为木工机械、金属切削机床和铸造机械,分别比上年增长 89.7%、48.9% 和 45.3%。

4. 完成固定资产投资中设备工具购置投资

完成固定资产投资中设备工具购置投资是指在已完成、验收的固定资产中企业购置或自制达到固定资产标准的设备、工具、器具的价值。该指标主要是分析行业固定资产投资的构成,是判定侧重于土建工程还是侧重于工艺装备增加的重要指标。2012 年,机床工具行业用于设备工具购置金额为 1 149.3 亿元,比上年增长 21.8%,占全年完成固定资产投资金额的 42.2%。在当前经济形势下,中低档产品的产能过剩已经充分彰显。因此,当前固定资产的投资应更侧重于工艺手段的提高,也就是设备的购置和改造,在土建方面也应侧重于工艺环境的改善,而不是产能的扩张。设备工具购置投资增长最快的是木工机械行业,比上年增长 122.6%。机床附件行业比上年增长 51.4%,而且其在完成固定资产投资中的占比达到 46.7%,这为提高机床功能部件水平创造了一定条件。

5. 累计新增固定资产

累计新增固定资产是指已经完成建造和购置过程,并

已交付使用的固定资产的价值。新增固定资产是表示固定资产投资成果的价值指标，也是反映建设进度、计算固定资产投资效果的重要依据。2012 年，机床工具行业新增固定资产 2 062.5 亿元，比上年增长 41.5%，保持高速增长。本年度增长速度较上年高出 10.4 个百分点，这也反映出前期固定资产的投入已逐步通过验收投入使用。在全行业累计新增固定资产投资中，新增量最大的仍是磨具磨料行业，达到407.6 亿元。增长最快的是木工机械行业，比上年增长 172.9%。

二、各分行业固定资产投资情况分析

2012 年，机床工具行业各分行业固定资产投资的 5 项指标的投资强度和增长速度均有很大差别，显示出行业间发展的不平衡，或者说市场需求在发生变化。2012 年机床工具行业各分行业固定资产投资情况见表 1。

表 1　2012 年机床工具行业各分行业固定资产投资情况

行业名称	固定资产计划总投资		自开始建设至本年底累计完成投资		累计完成固定资产投资		完成固定资产投资中设备工具购置投资		累计新增固定资产	
	金额（亿元）	比上年增长（%）	金额（亿元）	比上年增长（%）	金额（亿元）	比上年增长（%）	金额（亿元）	比上年增长（%）	金额（亿元）	比上年增长（%）
行业合计	5 455.5	25.1	3 874.6	31.6	2 720.5	22.8	1 149.3	21.8	2 062.5	41.5
金属切削机床	929.6	63.1	687.2	68.5	431.7	48.9	172.1	21.7	330.6	86.5
金属成形机床	455.4	21.6	330.9	18.9	227.2	4.1	92.1	-1.6	163.4	8.9
铸造机械	767.6	39.3	579.8	52.0	444.7	45.3	171.1	41.4	354.8	64.2
木工机械	141.3	107.8	118.4	133.6	79.4	89.7	37.0	122.6	89.9	172.9
机床附件	258.9	-4.3	196.5	22.7	157.7	24.0	73.7	51.4	129.7	53.5
切削工具	316.7	43.3	233.8	43.7	154.4	21.0	70.1	12.1	161.8	60.0
量具量仪	54.8	4.7	46.3	17.9	33.3	7.7	12.0	33.2	29.7	1.3
磨料磨具	1 676.0	3.2	1 007.9	1.3	685.0	-2.4	296.5	-6.1	407.6	-2.3
其他金属加工机械	855.2	36.0	673.9	43.4	507.0	36.9	224.6	66.3	395.0	58.4

注：根据国家统计局数据资料整理。表中数据由于四舍五入，合计数有微小出入。

1. 磨料磨具行业投资规模最大，增长速度较慢

2012 年，磨料磨具行业固定资产投资规模仍然保持最大，5 项投资指标金额都居机床工具行业第一名。其中，计划总投资 1 676.0 亿元，比上年增长 3.2%，金额占全行业计划总投资的 30.7%；自开始建设至本年年底累计完成投资 1 007.9亿元，比上年增长 1.3%，金额占全行业的 26.0%；累计完成固定资产投资 685.0 亿元，比上年下降 2.4%，金额占全行业完成固定资产投资的 25.2%；设备工具购置投资 296.5 亿元，比上年下降 6.1%，列全行业最后，金额占全行业设备工具购置投资的 25.8%；新增固定资产 407.6 亿元，比上年下降 2.3%，金额占全行业新增固定资产的 19.8%。

磨料磨具行业投资规模大但增长速度较慢的主要原因如下：磨具磨料行业分为涂附磨具和超硬材料两大部分。磨料磨具行业近几年发展很快。2005 年，该行业共有年销售收入 500 万元以上的企业 487 家，占全行业企业总数的 24.3%，至 2012 年末，年销售收入 2 000 万元以上的企业已经发展到 1 461 家，占全行业企业总数的 29.9%。2012 年，磨具磨料行业工业总产值占全行业工业总产值的 29.4%，而在 2005 年仅占 16.9%。该行业的出口量快速增长，刚玉产量约占全球的 75% 左右，其中 50% 出口，碳化硅约有 1/4 出口，磨具也约有 1/3 出口，超硬材料产量已占世界总产量的 90% 以上，约 40% 的超硬材料和 20% 的超硬材料制品出口国外。

由于市场需求较大，磨料磨具行业的生产规模已经得到迅速扩大，其投资规模连续 5 年均居全行业之首，如此大的投资规模是不可能持久的。更主要的是，这些固定资产投资并不是全部用来提高产品技术水平和制造工艺水平，更多的是用于扩大生产规模，甚至有一部分用于扩大低档产品的生产规模。生产规模迅速扩大，而市场需求却不可能以同样的速度发展，而且生产规模的基数已经很大，其增长速度也不可能保持一成不变。因此，磨料磨具行业固定资产投资发展速度在近几年日渐放缓。应该说，这是一种正常现象，今后新的固定资产投入应更加注重产品技术水平和质量的提高。

2. 木工机械行业投资增长速度最快

2012 年，机床工具行业固定资产投资中，木工机械行业投资规模相对较小，其 5 项指标的投资额均列全行业第八位。但其发展速度却均位居全行业之首，其中 4 项指标比上年增长超过 100%。

木工机械行业固定资产投资的突然发力是有一定基础的。一是木工机械行业近几年发展势头不错，保持了相对稳定的增长速度。二是木工机械的出口也略有成效，2012 年其产值仅占全行业的 2.3%，但出口额占到全行业的 8.1%。三是前几年木工机械行业固定资产投资的投资量及增长速度在小行业排名均处于中下水平。四是其固定资产投资基数较小。“十一五”期间，木工机械行业累计完成固定资产投资仅为 81 亿元，累计新增固定资产 60.7 亿元。

所以，2012 年木工机械行业有固定资产投资的需求，也有创造调整发展的条件。

3. 其他金属加工机械行业投资规模位居第二

2012 年，其他金属加工机械行业 5 项固定资产投入指标中，累计完成固定资产投资、完成固定资产投资中设备工具购置投资、累计新增固定资产 3 项指标均全行业第二，其他两项均居行业第三。其指标增长速度有 1 项位居第二，1 项位居第四，其他 3 项均居第五。

其他金属加工机械中产品较为复杂，其中也包括各类生产线，而这些产品正是当前市场需求较大、价值量也较大的产品。因此，其他金属加工机械行业固定资产投资规模的扩大是市场需求的必然结果。此外，该行业设备工具购置额及其增长速度在小行业排名中均居第二，说明该行业更加注重制造水平和能力的加强。

4. 金属切削机床行业累计新增固定资产增长速度较快

金属切削机床行业固定资产投资的 5 项指标增长速度有高有低，总体上发展平衡。其中较为突出的是累计完成固定资产投资和累计新增固定资产，这两项指标金额排名均列第四，增长速度均列第二。固定资产的增加，就是工艺手段的加强，对产品结构的调整和产品质量的提高都将起到至关重要的作用。但也应看到，国内金属切削机床行业同质化现象本来就比较严重，在市场容量一定的情况下，固定资产的增加意味着市场的竞争将进一步白热化。如何发挥新增固定资产的作用，保证和提前实现投资回收期，是企业必须认真考虑的。同时，两项指标的增加也表明，金属切削机床行业的投资，必须侧重设备工具的投资，特别是高档装备和产业化装备的投资，要防止盲目扩大生产规模和基本建设的固定资产投资。

5. 金属成形机床行业投资增长速度放缓

金属成形机床行业固定资产投资增长速度普遍放缓，2012 年是该行业近几年来投资增长速度最慢的一年。其中，累计完成固定资产投资、设备工具购置额的增长速度均列全行业第八，设备工具购置额是负增长，累计新增固定资产增长速度列全行业第七。

分析其增长速度相对较慢的原因，主要是该行业近几年固定资产投入较大，增长速度较快。“十一五”期间，其增长速度均在 40% 左右，2011 年，上述 3 项指标分别比上年增长 64%、70% 和 79%。高增长速度使行业固定资产基数变大，很难再保持高速增长。其次，市场需求持续呈低迷状态，企业投资欲望降低。所以，金属成形机床行业固定资产投资增长速度回落，适当放缓，是发展的必然结果，也是防止盲目投资的明智之举。

6. 机床附件行业设备工具投资增长速度较快

机床附件行业包括机床附件（含功能部件）、滚动部件等制造企业。我国机床附件（含功能部件）、滚动部件等发展滞后于主机发展，一直是机床行业产业链的软肋。尽管得到一些产业政策的支持，但仍然处于弱势地位，缺乏核心竞争力。国内中高档机床配套的关键功能部件、零件依然大量依靠进口，使得主机行业在技术水平提高、市场适应能力、产品成本控制等到方面都受到限制，严重阻碍着机床行业由大变强的进程。增加对高档功能部件产业化的投入，购置、增添关键制造设备，提高生产关键功能部件的能力，是机床附件（含功能部件）、滚动部件等迅速赶上主机发展速度的主要手段之一。因此，全行业要更多地聚焦机床附件行业，加大固定资产投资力度，使其固定资产结构在较短时期内有根本的变化。2012 年的统计数据显示，机床附件行业的发展速度与其他行业相比，总体上仍处于中下水平，但是其设备工具购置额达到 73.7 亿元，增长速度列全行业第三，这表明机床附件行业的工艺手段得到一定的加强，为今后的发展打下了一定的基础。但也须清醒地看到，由于其基础相对较低，机床附件行业要为中高档机床配套，其固定资产投入的增长速度还有待进一步提高。

7. 铸造机械、切削工具行业投资均衡发展

一直以来，铸造机械行业固定资产投资无论是规模还是增长速度均处于中等偏下，但是 2012 年其各项指标排名均居全行业中等偏上，且均衡发展。在投资额度的 5 项指标中有 3 项位居第四，有 2 项位居第三；从增长速度来看，有 2 项位居第四，有 3 项位居第三。投资速度的均衡发展说明该行业企业有着明确的投资目标，重视设备的购置，投资更加理性和富有成效。

切削工具行业的投资规模与增长速度也较为均衡，在投资额的指标中有 3 项名列全行业第六，有 2 项名列第七；其投资增长速度基本处于第三与第七之间。

8. 量具量仪行业投资规模最小

2012 年，量具量仪行业 5 项指标的投资额均列全行业第九位，投资规模相对最小。投资规模的大小与该行业本身的规模有关，并不反映行业发展是否健康。但是，固定资产投资增长速度却能够反映出该行业的发展水平。2012 年，除设备工具购置额增长速度列全行业第五外，其余均列第七、第八，增长速度相对较慢。这与 2011 年该行业累计完成固定资产投资、设备工具购置额和累计新增固定资产 3 项指标的增长速度列全行业第一、第四、第二有关，也和市场的不景气有关。值得关注的是，在越来越激烈的市场竞争中，质量的竞争更为突显，对高水平的量具、量仪将提出更高的要求，该行业如果不加大创新研发和技术改造的力度与速度，与国外先进企业水平差距将越来越大，高端市场甚至中端市场都将失守。

三、机床工具行业固定资产投资资金来源分析

2012 年，机床工具行业固定资产投资资金来源 2 873.1 亿元，共分为两部分，一是上年末结余资金，共 64.8 亿元；二是本年资金来源，为 2 808.3 亿元。本文仅就 2012 年度资金来源进行分析。

机床工具行业固定资产投资资金来源由以下部分组成：国家预算内资金、国内贷款、债券、利用外资、自筹资金和其他资金来源。其中，“债券”全年仅有 1 200 万元，占比很小，没有必要进行分析，故舍去。2012 年机床工具行业固定资产投资资金来源情况见表 2。

表2　2012年机床工具行业固定资产投资资金来源情况

行业名称	资金来源总计		国家预算内资金		国内贷款		利用外资		自筹资金		其他资金来源	
	累计(亿元)	比上年增长(%)	累计(亿元)	比上年增长(%)	累计(亿元)	比上年增长(%)	累计(亿元)	比上年增长(%)	累计(亿元)	比上年增长(%)	累计(亿元)	比上年增长(%)
行业合计	2 808.3	20.0	11.3	61.4	233.2	17.7	41.5	2.5	2 486.2	21.9	36.1	-33.9
金属切削机床	438.9	36.4	0.4	312.8	41.8	117.9	10.0	45.0	380.9	35.0	5.8	-57.3
金属成形机床	242.2	4.4	0.2	-96.2	24.1	2.8	3.8	-21.5	210.1	7.1	4.0	88.4
铸造机械	481.9	49.0	4.8	590.2	35.0	87.4	4.3	14.7	432.8	47.0	5.0	-13.9
木工机械	80.8	83.8			9.5	247.8			70.2	76.0	1.2	132.0
机床附件	160.3	11.1			8.2	-46.1	0.8	-65.1	148.3	20.1	3.0	-6.7
切削工具	157.0	22.6			13.2	180.0	3.5	26.2	138.2	17.6	2.1	-28.6
量具量仪	35.1	6.9	4.5	73 059.7	6.0	113.8	0.3	-39.4	24.1	-17.0	0.1	-78.3
磨具磨料	696.0	-5.2	0.3	67.1	65.4	-27.0	12.0	-1.7	608.7	-0.4	9.6	-48.5
其他金属加工机械	516.1	36.3	1.2	181.0	30.0	38.1	6.8	63.8	472.9	37.0	5.3	-27.7

注：年度固定资产资金来源包括上年末结余资金和本年资金来源两部分，本表仅为本年资金来源部分。表中数据由于四舍五入，合计数有微小出入。

从表2中可以看出，各项资金来源均呈增长态势，但与2011年相比已经发生很大变化。首先，2012年全行业资金来源比上年增长20.0%，但增长率降低了31.4个百分点；其次，资金来源的各组成部分的增长率变化也非常大。2011—2012年固定资产投资各项资金来源增长及占比情况见表3。

表3　2011—2012年固定资产投资各项资金来源增长及占比情况

年份	预算内资金		国内贷款		利用外资		自筹资金		其他资金来源	
	比上年增长(%)	占比(%)	比上年增长(%)	占比(%)	比上年增长(%)	占比(%)	比上年增长(%)	占比(%)	比上年增长(%)	占比(%)
2011	14.6	0.3	52.4	8.5	41.2	1.7	52.0	87.2	40.1	2.3
2012	61.4	0.4	17.7	8.3	2.5	1.5	21.9	88.5	-33.9	1.3

从表3可以看出，虽然机床工具行业固定资产投资资金来源还在增长，但增幅已经降低。2012年，除了国家预算内资金增长幅度远高于2011年46.8个百分点外，其他各项资金来源的增幅都远低于上一年度。以上数据说明，除了政府为了产业安全加大对机床工具行业的投资力度，其他各方面，包括企业自身，都采取了较为谨慎的态度。

从企业固定资产投资资金来源看，自筹资金已成为资金来源的主体，且占比高达88.5%，说明企业自我完善、自我扩大再生产的能力大大提高，企业不断进行技术改造，坚持技术进步的愿望进一步增强，也说明经过30多年的改革开放，我国机床工具生产企业已经真正成为市场经济的主体。但同时也向企业提出警示，作为投资主体，企业必须建立科学的投资决策程序，要设立规范的投资监督机制，减少投资风险。

四、机床工具行业固定资产投资增长原因综合分析

2012年，机床工具行业固定资产投资力度随着市场需求的不断转弱，也在不断降温。5项指标中，固定资产计划总投资、自开始建设至本年底累计完成投资、累计完成固定资产投资、完成固定资产投资中设备工具购置额分别比上年增长25.1%、31.6%、22.8%、21.8%，分别比上年减少23.3个、24.4个、31.9个、32.2个百分点，只有累计新增固定资产的增长幅度比上年增加10.4个百分点。分析其原因主要有以下几个方面：

(1)市场不景气度不断加强，投资方投资相对谨慎，银行贷款同比减少34.7个百分点，其他社会资金来源同比减少74个百分点。

(2)由于2011年固定资产投资力度强劲，2012年仍维持了一定惯性，所以还是保持了一定的增长幅度。

(3)国家对装备制造业的重视，特别是“高档数控机床与基础制造装备”科技重大专项的实施，促进了对机床工具行业投资的积极性。

(4)产业西移、农村城市化建设以及一些机床工具企业进行土地置换，取得了搬迁资金，从而加大了固定资产投资。

2012年，机床工具行业固定资产投资继续保持了一定的增长速度，为机床工具行业的产品结构调整和发展提供了可靠基础，但同时也存在着生产能力过剩和同质化生产严重的现象。当前，我国正处于调整产品结构、转变经济发展方式的关键时期，机床工具行业固定资产投资必须掌控好以下几个方面：

(1)把握投资原则。作为装备制造业重要的基础装备产业，机床工具行业的投资应该先于国民经济的增长，并高于国民经济的增长速度。当前机床工具行业低端产品的产能严重过剩，据业内人士估计，2012 年至少有 1/3 的产能跑空。但在高端产品方面，我国机床工具行业制造能力与发达国家相比还有很大差距，又迫切需要固定资产的投资。所以，投资的原则是要牢牢把握住有利于中高端产品研发的提高，有利于中高端产品制造装备和产业化的加强，有利于中高端产品制造环境的改善。要坚决防止落后产能的更加过剩，也要防止同质化产品的无序竞争。

(2)注重投资效益。固定资产投资要追求最佳投资回收期。对于机床工具行业的固定资产投资，关键是要加速产品结构调整，提高产品质量。要使中高端产品尽早实现商品化和产业化。

(3)严格控制新上项目。企业固定资产投资必须应用高新技术和先进适用技术，改造和提升传统产业，不断突破关键技术，推进中高档产品产业化，切实针对企业自主创新、工艺环节、产品质量、两化融合、节能降耗、环境保护以及安全生产等企业发展的薄弱环节。固定资产投资既要坚决抑制低水平产能扩张，也要防止"高水平"产能的一哄而上，更要杜绝"两高一资"的固定资产投资。

上述分析主要是以国家统计局年度统计数据为依据，并没有对机床工具行业的固定资产投资情况进行具体调研，很难得出完全切合实际的结论，这种分析也更难做到能符合所有企业的实际投资情况。

〔撰稿人：中国机床工具工业协会屠景先〕

2012 年机床工具行业"中国机械工业科学技术奖"获奖情况分析

一、机床工具行业"中国机械工业科学技术奖"获奖情况

2012 年，机床工具行业申报"中国机械工业科学技术奖"项目 41 项，获奖项目 21 项。其中，一等奖 3 项、二等奖 7 项、三等奖 11 项。获奖项目包括金属切削机床、金属成形机床、特种加工机床、数控系统、刃具、量仪与测量技术等领域的最新技术成果，具有一定的代表性。

2012 年，"中国机械工业科学技术奖"共评出一等奖 19 项、二等奖 169 项、三等奖 211 项。机床工具行业对应的获奖项目占比分别为 15.8%、4.1% 和 5.2%，一等奖的占比是历史最高的。2012 年机床工具行业"中国机械工业科学技术奖"获奖情况见表 1。

表 1 2012 年机床工具行业"中国机械工业科学技术奖"获奖情况

序号	获奖项目	完成单位	获奖等级
1	高精度螺旋锥齿轮数控加工关键技术与成套装备	天津大学、天津第一机床总厂、重庆理工大学	一等奖
2	大型快速高效数控全自动冲压生产线	济南二机床集团有限公司	一等奖
3	大型飞机整体结构件在线精密测量关键技术及应用	北京航空航天大学、成都飞机工业(集团)有限责任公司	一等奖
4	FBC200r 落地式铣镗加工中心	沈阳机床(集团)有限责任公司	二等奖
5	12m 激光滚珠丝杠(副)行程测量仪	北京机床所精密机电有限公司	二等奖
6	25.4×2200 大型中厚板精整成套设备	山东宏康机械制造有限公司	二等奖
7	超精密平面半固着 CMP 抛光关键技术与装备的产业化应用	湖南宇环同心数控机床有限公司、浙江工业大学、江苏智邦精工科技有限公司、湖南大学、浙江智邦精工科技有限公司	二等奖
8	板材柔性制造生产线	济南铸造锻压机械研究所有限公司、济南大学	二等奖
9	Y31200CNC6 系列模块化、高效、精密大型数控滚齿机研制	重庆机床(集团)有限责任公司	二等奖
10	JIG630 卧式坐标镗加工中心	北京工研精机股份有限公司	二等奖
11	绝对型圆容栅编码传感器	桂林市晶瑞传感技术有限公司	三等奖
12	H2000C/G 数控螺旋锥齿轮铣/磨齿机	哈尔滨量具刃具集团有限责任公司	三等奖
13	高精度多线切割机床的关键技术研究与产品开发	台州职业技术学院、台州市双辉机械设备有限公司	三等奖
14	五轴数控精密子午线轮胎模具电火花加工技术及设备	苏州电加工机床研究所有限公司	三等奖
15	ZBK70 三主轴数控管板深孔钻床	山东普利森集团有限公司、德州德隆(集团)机床有限责任公司	三等奖
16	UGL15 数控不落轮车床	武汉重型机床集团有限公司	三等奖
17	大型极坐标成形铣齿机床关键技术研究及系列化产品的开发与应用	南京工业大学、南京工大数控科技有限公司	三等奖

（续）

序号	获奖项目	完成单位	获奖等级
18	薄膜太阳能电池激光刻膜工艺装备研发与应用	北京机床研究所	三等奖
19	基于实时操作系统的嵌入式车床数控系统	广州数控信息科技有限公司、北京航空航天大学、广州数控设备有限公司	三等奖
20	分齿型高低齿硬质合金带锯条	湖南泰嘉新材料科技股份有限公司	三等奖
21	TH63系列卧式五轴联动加工中心	四川普什宁江机床有限公司	三等奖

二、机床工具行业"中国机械工业科学技术奖"获奖情况分析

2012年，机床工具行业获"中国机械工业科学技术奖"项目呈现以下三个特点。

1. 成套和生产线项目在高等级获奖项目中具有较高的占比

在获得一等奖、二等奖的10个项目中，成套和生产线项目有4项，占比40%，这是机床工具行业自中国机械工业科学技术奖设立以来所没有过的。这4个项目分别是济南二机床集团有限公司的大型快速高效数控全自动冲压生产线，天津大学、天津第一机床总厂和重庆理工大学联合研制的高精度螺旋锥齿轮数控加工关键技术与成套装备，山东宏康机械制造有限公司的25.4×2200大型中厚板精整成套设备和济南铸造锻压机械研究所有限公司、济南大学联合研制的板材柔性制造生产线。从一个侧面反映了我国机床行业在集成技术和配套保障能力的提高方面取得了长足的进步。

2. 精密测量技术首次获高奖

北京航空航天大学和成都飞机工业（集团）有限责任公司的"大型飞机整体结构件在线精密测量关键技术及应用"项目荣获一等奖，这是机床在线测量技术第一次获得一等奖。该成果将机床控制技术与无接触、激光在线测量技术完美结合在一起，成功解决了飞机大型结构件的原位精密测量难题。这一成果的重要意义不仅在于具有自主知识产权的激光测量技术自身的提升，同时还在于两类技术的有机融合对进一步推动机床自动化所带来的积极作用。此外，北京机床所精密机电有限公司的"12m激光滚珠丝杠（副）行程测量仪"获得了二等奖。作为测量装置的基础元器件，桂林市晶瑞传感技术有限公司的"绝对型圆容栅编码传感器"获得了三等奖。

3. 数控系统第二次获奖

由广州数控信息科技有限公司、北京航空航天大学和广州数控设备有限公司联合研制的"基于实时操作系统的嵌入式车床数控系统"，获得三等奖。这是中国机械工业科学技术奖设立12年以来数控系统第二次获奖，距2007年南京四开电子企业有限公司的"SKY2003开放式数控系统"首次获奖间隔了5年。尽管我国数控系统创新技术成果为数不多，但仍然能够从中看出我国数控系统行业发展国产系统、追赶并缩短与世界强国差距所作的不懈努力和收获的喜人成果。

三、部分获奖项目介绍

1. 大型快速高效数控全自动冲压生产线

荣获一等奖，由济南二机床集团有限公司完成。生产线由1台LS4－1800B闭式四点多连杆压力机、3台闭式四点压力机、同步控制系统和双臂快速送料系统等部分组成。生产线的几项主要技术性能指标达到了以德国、日本为代表的世界最先进同类产品的先进水平，并且某些指标达到了国际先进水平。整线采用连续行程生产模式，生产节拍达到15次/min，全线联动全自动换模时间小于3min，是当前世界上自动化程度和生产效率最高的冲压生产线。

此生产线可广泛用于汽车、航空、航天、家电等行业钣金类零件的冲压成形，其高速柔性的特点特别适合汽车覆盖件类零件的大批量、多品种的生产需求，具有良好的经济效益和社会效益。

成果的主要创新点体现在大型快速高效数控全自动冲压生产线集成技术、快速双臂送料技术、长行程特殊传动技术、送料横杆自动更换技术、装模高度自动补偿、模具参数自动存取、同步冲压线大惯量多变量瞬间跟踪能量管理、全线连续运行同步控制技术等方面。

2. 高精度螺旋锥齿轮数控加工关键技术与成套设备

荣获一等奖，由天津大学、天津第一机床总厂、重庆理工大学共同完成。该项目包括数控螺旋锥齿轮铣齿机、磨齿机、研齿机、倒棱机、滚动检查仪在内的系列化成套加工设备，还包括自动编程的加工软件系统等。

该项目已成功应用到国内几十家骨干企业，国内市场占有率达70%以上，并通过欧盟CE认证，出口到20多个国家和地区，具有良好的社会效益和经济效益。

该项目的主要创新点体现在齿面数字化建模、"弧线"与"摆线"两种齿形全数控运动模型的建立、螺旋锥齿轮虚拟加工平台、螺旋锥齿轮加工机床主动精度设计方法、机床精度规格的定制、螺旋锥齿轮机床结构设计参数的优化、误差补偿通用模型的建立以及全齿面啮合质量综合检验及精确修正技术等方面。

3. 大型飞机整体结构件在线精密测量关键技术及应用

荣获一等奖，由北京航空航天大学和成都飞机工业（集团）有限责任公司共同完成。项目属国家"863"计划重点课题，是针对国家重点飞机型号研制和生产重大需求，围绕可测性和大尺寸高精度自动测量两大技术难题，研制成功的一种新的将三维视觉传感器通过刀套安装在数控机床主轴上，由数控机床带动传感器实现大型结构件原位精密三维扫描的测量系统，为实现飞机大型整体结构件原位快速密集点云的获取与变形分析提供了关键装备。

该项目的主要创新点是攻克了强反光表面原位测量技术、高精度原位测量的适应性技术以及基于数控机床的大尺寸原位自动扫描及测量基准溯源技术三大技术关键，解

决了基于多亮度等级条纹自适应解相的强反光抑制技术、具有高亮度动态范围的高速条纹投射技术、传感器硬件的环境适应性技术、传感器测量软件的自动性技术、大尺寸原位自动拼接测量技术和大尺寸原位测量现场标定与量值溯源技术六大技术难点。

该项目填补了国内在该领域的空白，总体技术达到国际先进水平，并在生产实际中得到了成功应用。与离线式点接触测量方式相比，提高效率60%以上，并首次实现了测量和加工范围的一致。

〔撰稿人：中国机床工具工业协会周敏森〕

2012年中国机床工具行业十大新闻

1. 市场环境显著变化，行业运行陷入低谷

在中国经济增速放缓的大背景下，2012年我国机床工具市场发生显著变化，即需求总量大幅减少，需求结构加速升级。受此影响，我国机床工具行业主要经济运行指标全面下降，新增订单显著减少，产销水平明显回落，资金占用大幅上升，制造资源大量闲置，供需矛盾愈加突出，行业经济运行陷入低谷。

2. 中国国际机床展览会被评为商务部引导支持展会

2012年5月15日，商务部评定出108项带动效应好、规模影响大、行业特点鲜明的展览会，作为商务部引导支持展会。由中国机床工具工业协会主办的中国国际机床展览会是其中唯一的机床工具行业展览会。

3. 机床工具行业重点领域用户工艺技术系列培训活动正式启动

2012年，由工业和信息化部装备工业司及国家国防科技工业局发展计划司主办，中国机床工具工业协会承办的重点领域用户工艺技术系列培训活动正式启动，并分别于2012年4月和11月在北京和沈阳两地承办了“汽车发动机关键零部件制造工艺技术”“飞机结构件制造工艺技术”两期培训班，受到了机床工具行业企业的积极响应和广泛参与。其目的是满足机床工具行业深入了解重点领域用户典型零件制造工艺技术的特点，不断提升为重点领域提供装备和服务的综合能力。

4. 机床行业智能制造项目开始启动

为加快智能制造装备的创新发展和产业化，推动制造业转型升级，国家发展和改革委员会、财政部、工业和信息化部联合启动了智能制造装备发展专项。一批有实力的机床工具行业企业积极参与专项申报工作。

5. 广州数控实现工业机器人量产100台

近几年，随着自动化生产方式的逐步推广应用，催生了对工业机器人的大量需求。部分国内机床行业企业借助自身优势，也开始涉足工业机器人的研发与制造领域，并取得了初步成效。2012年，广州数控设备有限公司已实现了100台工业机器人的量产，发展势头良好。

6. 机床工具行业先进会员（十佳）表彰活动规则进行大幅修订和调整

为适应机床工具产业“由大变强”的战略转变，贯彻落实《机床工具行业“十二五”期间工作要点》，2012年，中国机床工具工业协会遵循“加快战略调整和工作重心转移”的原则，对先进会员表彰活动的项目和内容进行了较大幅度的修订和调整。

7. 一批“高档数控机床与基础制造装备”科技重大专项（04专项）项目通过验收

“高档数控机床与基础制造装备”科技重大专项（04专项）项目自2009年开始实施，2011年进入首批项目验收阶段。截至2012年年底，共有90个项目和任务通过验收，取得了阶段性成果。

8. 济南二机床继续扩大汽车装备国际主流市场

2012年12月20日，长安福特汽车杭州新建工厂两条全自动双臂高速冲压线项目的启动仪式在济南二机床集团有限公司举行。这是继美国KCAP（堪萨斯）和DSP（底特律）两大生产基地之后，福特汽车第三次选购济南二机床集团有限公司的冲压装备（包括9台大型多连杆压力机）。

9. 中央领导视察部分重点机床企业

作为国民经济发展中的重要基础性产业，机床工具行业历来受到党和国家领导人的高度重视。2012年，中共中央政治局常委、国务院副总理李克强，中共中央政治局委员、国务院副总理张德江，全国政协主席贾庆林等，分别视察了武汉重型机床集团有限公司、重庆机床（集团）有限责任公司、北京北一机床股份有限公司等企业，强调要发展实体经济，打牢经济发展基础，充分体现了国家领导人对于机床工具行业的关注和支持。

10. 沈阳机床关锡友当选2012 CCTV中国经济年度人物

2012年12月12日，2012 CCTV中国经济年度人物颁奖典礼在北京举行。沈阳机床集团董事长、总经理关锡友从20位候选人中脱颖而出，成为机床行业第一位拿到此奖项的企业家代表。

〔供稿单位：中国机床工具工业协会〕

专文

从不同角度分析机床行业在转型升级过程中面临的问题及解决的方法，为推动行业持续发展提出指导意见

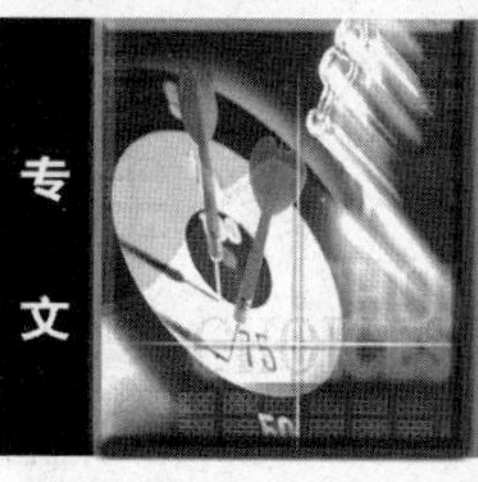

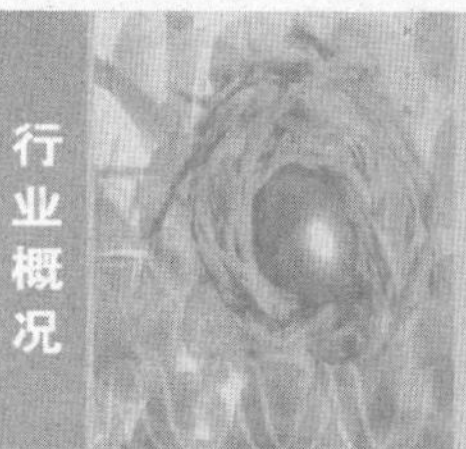

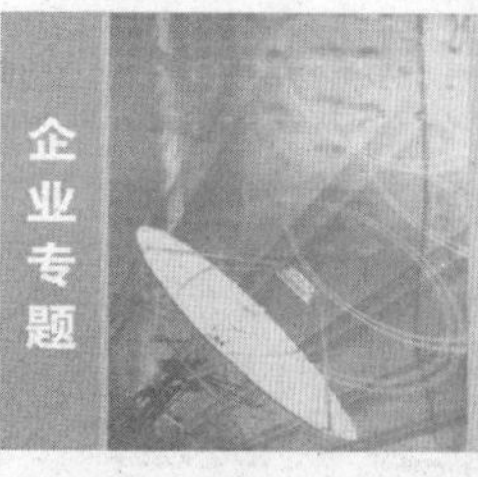

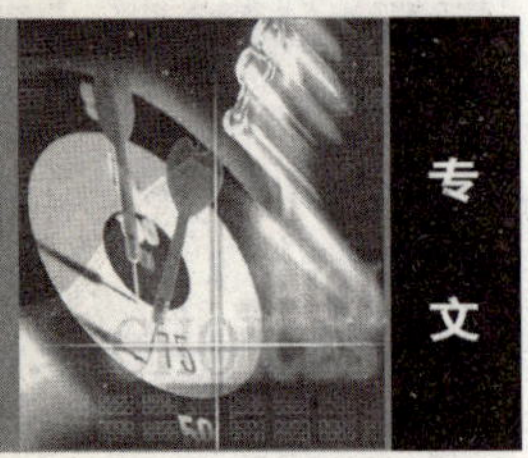

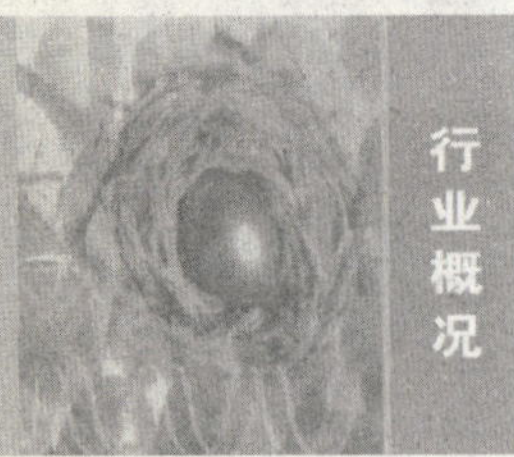

专文

2012 年机床工具行业调研报告

受工业和信息化部装备工业司委托，中国机床工具工业协会于 2012 年 6 月中旬至 7 月上旬，分东北、西部、中南、华东、京津鲁五个区域开展了行业调研和重点用户走访。调研共走访行业企业 54 家（其中主机企业 35 家、数控系统企业 5 家、功能部件企业 8 家、工具企业 6 家），同时走访重点用户企业 12 家（其中航空企业 2 家、航天企业 2 家、兵器企业 2 家、船舶企业 2 家、能源企业 4 家）。

此次行业调研和用户走访活动是在近一年来国内机床工具市场需求下降，行业运行相对困难，企业经营压力普遍增大的背景下进行的。调研的主要目的：一是了解市场环境变化对行业企业经营的实际影响；二是了解行业企业结构调整、转型升级取得的新进展，尤其是创新成果的应用情况。调研基本达到了预期目标。

一、当前行业经济运行情况

自 2011 年三季度以来，受国内外宏观经济不景气的影响，国内机床工具市场全面下滑，机床工具行业产销增速明显回落。在严峻的市场形势下，行业企业积极采取应对措施，部分企业已经取得一定成效。但总体上看，行业面临的形势依然非常严峻。当前全行业经济运行有以下几个特点。

1. 产销持续回落

在这次调研的企业中，约有 65% 的企业工业总产值同比出现负增长，且平均降幅达到两位数，其中最大降幅近 60%；约有 60% 的企业销售收入同比下降，降幅最大达 40%。

200 余家重点联系企业的 2012 年上半年统计数据显示，金属切削机床产量为 16.2 万台，同比下降 21.5%；金属成形机床产量 3.4 万台，同比下降 25.1%；金属切削机床行业销售收入同比下降 16.6%，锻压机床行业销售收入同比下降 8.6%，量刃具行业销售收入同比下降 2.0%，数控系统行业销售收入同比下降 27.9%，滚动部件行业销售收入同比下降 29.1%，各主要子行业销售收入同比均为负增长。

2. 产成品库存大幅上升

在调研企业中，产成品库存同比增长的约占 80%。其中，约 20% 的企业库存同比增长 50% ~100%，甚至有约 10% 的企业库存同比上升超过 100%，库存上升是当前企业经营困难的明显征兆。

3. 订单显著减少

在调研企业中，约有 80% 的企业新增订单同比负增长。约有 85% 的企业在手订单同比负增长，其中最大降幅达到 85%。从重点联系企业的统计数据看，上半年新增订单同比下降 36%，在手订单同比下降 23%。订单的减少预示下半年及 2013 年的经营状况也不容乐观。

4. 企业资金压力增大

从各调研企业的现状看，产品积压严重，占用大量资金。同时，应收账款激增，多数企业应收账款同比增长已达 70% 以上。另一方面，承兑汇票泛滥。调研结果显示，行业企业的销售回款有 70% 以上都是承兑汇票，有的企业竟高达 90%。这种状况除增加财务成本外，也进一步加剧了企业资金紧张程度。因此，企业流动资金普遍紧张。

5. 需求结构升级

2012 年年初以来普通机床和经济型数控机床销量明显减少，但中高档数控机床未出现明显下滑，有些品种还略有增长。从市场需求来看，航天、航空、军工、IT 等行业的个性化需求未减，部分为用户提供个性化产品的企业订单还有所增加。用于高速、高精、复合加工的高档数控机床需求相对稳定。

6. 中高端市场仍为进口产品主导

2012 年上半年在全行业产销大幅下滑的情况下，进口机床工具依然保持 3.3% 的增长，这说明国产机床虽努力进入中高端市场，但效果尚不明显。在下一阶段如不能尽快占领中高端市场，国产机床更将举步维艰。

中国机床工具工业协会在 2011 年 10 月召开的六届五次常务理事扩大会议上，已经预测市场形势将发生重大改变，指出行业正处于战略转变的关键时期。近一年来形势变化的速度和强度均甚于原来预想，行业战略转变的任务更加紧迫。

二、行业存在的突出问题

我国机床工具行业经过近 10 年的快速发展，发生了全面而深刻的变化，取得了令世人瞩目的巨大成就。经济规模迅猛增长，2011 年全行业产值 6 600 亿元，产出规模已连续三年居世界第一；金属切削机床产值 2 199 亿元，约占全世界的 1/3。产品结构水平持续提升，2011 年全行业完成数控机床产量超过 27.2 万台，产值数控化率超过 54.4%，数控机床的国内市场占有率达到 56.6%。企业自主技术创新能力显著增强，新产品开发的水平和速度明显提高。

但行业总体仍然没有摆脱以规模扩张为主要特征的发展模式，产业规模虽然很大，但产品结构水平偏低，仍然处于全球产业链的低端。现阶段行业的基本特征是“大而不强”，行业的主要矛盾是国内市场需求结构的加速升级与行业供给能力不相适应。

调研情况表明，在现阶段，产能结构失衡、同质化特征明显和中高档产品竞争力薄弱是阻碍行业发展的三个突出问题。

（一）产能结构失衡

1. 中低端产品产能迅速扩张

受前些年市场需求旺盛的吸引，国内外投资大量涌入机床工具行业，新企业大量涌现，老企业纷纷扩能，全行业的生产能力快速扩张，重型、大型机床制造能力的扩张尤为突出。仅"十一五"期间全行业就完成固定资产投资4 116亿元，固定资产年均增长37%。当前在前期投资继续形成新的产能的同时，有些地方和企业仍在投入新的项目。

但是，增长起来的巨大产能结构是失衡的。2011年我国生产金属加工机床110万台，而机床产值排世界第二的日本仅生产10万台，但日本机床单台销售价格是我国的5倍。这清楚地表明，我国的产能主要用来生产中低端产品。在市场下滑的形势下，中低端产品产能严重过剩的问题显得格外突出。

此次调研取得的数据和协会200余家重点联系企业1—6月统计数据都表明，当前行业库存量和同比增幅均处在历史最高水平。许多企业开工不足，产能闲置现象非常普遍。

2. 供给能力与需求结构不对称

国家经济结构的迅速升级，使得对机床工具的需求档次迅速提升。国家重点支持发展的航空、航天、船舶、能源、汽车等重要领域和战略性新兴产业，需要大量高档乃至尖端的机床工具产品。但机床工具行业的产能结构严重滞后于需求结构的变化，在通用型低档产品供给能力明显过剩的同时，中高档产品尤其是面向高端细分市场的专业化产品供给能力严重不足。

调研结果显示，企业在新产品开发上确实开展了许多工作，不少企业已经能够生产五轴、高精、高速、复合等高档数控机床产品及生产线。但从调研表格中"典型用户"和"销售情况"栏目的填报情况看，真正在重点领域关键工序应用的还不多，形成商品化、产业化的更少，多数仍然处在展品和样机阶段。

3. 数控系统、功能部件与主机配套需求结构失衡

机床工具行业内部的主机与数控系统、功能部件的产能结构也严重失衡。2011年国内金属加工机床产值为2 129亿元，按经验比例，数控系统和功能部件应在800亿~1 000亿元，但国内功能部件专业生产厂的产值仅不足50亿元。而台湾上银1家（仅生产滚珠丝杠和直线导轨）2011年产值就达20亿元。

当前整机配套的中档功能部件50%左右来自中国台湾，高档产品90%以上依靠自欧洲和日本进口。中档以上刀架、刀库机械手、数控转台和双摆角铣头等国内仍未形成专业化、规模化生产。国产功能部件在品种、数量、档次上都不能满足主机配套要求。

国产数控系统近年来进步不小，但中高档产品中配套使用的很少。总之，国内数控系统和功能部件产业处于"既不大，也不强"的状态。

（二）产品同质化特征明显

近年来市场旺盛的需求助长了我国机床行业产品同质化的蔓延，已经成为影响产业升级的突出问题。根据调研了解的情况，同质化主要表现在：

1. 应用领域广泛，缺少针对性

从机床的功能看，行业企业生产的绝大部分为通用机床，专用机床、特种用途机床比例低，往往是同一种机型广泛应用于装备制造业各个领域。

此次调研收集的145项主机类科技创新成果中，只有43项对成果的应用领域有明确的定位，占成果总数的30%；其余102项则是应用领域广泛，这类成果占成果总数的70%。这表明行业企业在开发新产品时缺少针对性，还是按照以往通用产品的方式，以自己的标准产品满足不同领域用户的需求，要求用户适应自己产品的性能。

2. 性能、质量、技术水平还不高

2011年全行业生产数控机床约27万台，高档机床比例不足5%。从总体看，大部分国产机床质量一般，用户普遍反映国产机床有漏油、防护、排屑等质量问题。机床可靠性与国外先进水平差距依然明显。

3. 缺乏提供成套综合服务的能力

从营销服务方式上看，多数企业还处于单纯卖设备的阶段，对用户工艺研究不深入，缺乏为用户提供全面解决方案的能力。

从本次调研的情况看，收集的145项主机类科技创新成果中，对加工对象的主要工艺特点有比较明确描述的只有43项，仅占30%。这表明行业企业着眼于客户的个性化需求，提供成套综合服务的能力还很薄弱。

同质化的后果是使企业的竞争主要反映在价格的恶性竞争上，形成低端产品混战的局面，给行业发展带来严重损害。

（三）中高档产品竞争力薄弱

此次调研走访的12家重点用户中，国产高档数控机床的应用数量很少，且尚未进入关键制造工序。在用的部分国产中高档产品故障较多，小毛病不断，精度保持性差，已经影响用户使用国产数控机床的信心。例如，某航空企业是应用高档机床较多的企业，其数控车间里有几台国产的五轴加工中心，但均处在工艺路线的最前端，进行粗加工或非关键工序加工，绝大多数关键工序的加工设备还是进口产品；某航天企业已使用3台国产五轴龙门铣床，性能和精度一直不能满足零件加工的基本要求，该厂在下一步的采购计划中将基本选择进口产品；某汽轮机生产企业是应用高档重型机床较多的企业，近几年也采购了一些国内重点骨干企业的产品，但认为"用了20年的进口产品，精度比投产仅两年的国产机床还高、还稳定"。

国外产品以高性能、高质量、高可靠性已经赢得了国内中高端用户的信任，而当前国内产品与国外产品的差距还很大，很难与之抗衡。因此，中高档产品竞争力薄弱将是行

业未来一段时间面临的突出问题。原因主要有以下几个方面：

1. 高端产品深层次技术掌握不透

这些年来行业企业开发出不少新产品，在功能和性能上达到了中高档产品的指标，但许多却不能在用户实际生产中长期稳定运行，其中的重要原因之一是对深层次技术掌握得不透彻。例如，高速主轴的动平衡技术、热变形控制及补偿技术、轻量化技术、智能化技术等关键技术还没能真正完全掌握和突破。数控系统二次开发能力普遍比较薄弱，人的观念、技能，企业的管理和业务流程与高档产品的研制也不适应。因此做出的产品“形似神不似”。

2. 创新成果产业化是突出的薄弱环节

近年国家和企业投入大量资源，推出了大量的创新成果，但实际批量投产的中高档产品的比重仍然非常小，多数成果没有实现产业化。根据2012年上半年的统计数据，行业企业生产的数控车床中，经济型数控车床占81%，而车铣复合加工中心不足1%；在加工中心产品中，小规格立式加工中心占73%。由此可见，在数控车床和加工中心这两大类数控机床中，国产产品基本处于中低档次。另一方面，中高档机床工具产品进口规模和增长速度始终保持高位，2011年和2010年进口的增长速度基本保持在行业自身增长速度的两倍左右，2012年上半年进口仍增长3.3%。

这清楚地表明，大量创新成果中真正实现商品化和产业化的还很少。创新成果的产业化已经成为现阶段行业的突出薄弱环节，因而也是当前行业推进由大变强的重要突破口之一。

三、加快战略转变，迎接行业发展新阶段

（一）当前形势的变化标志着行业发展新阶段的开始

这次市场的深度调整，持续时间之长、给企业经营带来的影响之大是十多年来所没有的。正确判断形势变化的性质和发展趋势，对把握今后的工作方向至关重要。调研中，行业企业对当前形势的判断和采取的对策有相当大的差别。

企业对此次形势变化思想上或多或少都有所准备，普遍认为适当的减速对行业健康发展有利，因而在严峻的形势面前大多没有惊惶失措。但对形势变化性质的认识上差别较大。有的企业认为这次形势变化标志着企业经营环境的本质变化，因而采取了战略性的调整措施；有的企业把形势变化当成一般的经济波动，采取了常规性的补救措施，以减少对企业经营的影响；也有相当一部分企业在观望，潜意识中还在等待国家救市政策的出台，或者寄希望于一段时间后，市场的火爆局面重演。

应该看到，此轮形势变化不同于以往经济周期性波动，是行业发展历史进程中的一次重大转折，是一个发展新阶段的开始，必须要有深刻而清醒的认识。

机床工具行业是一个与宏观经济密切相关的行业，国家经济发展方式的转变必然带来行业发展阶段的变化。经历30多年高速发展之后，国民经济增速适当放缓是主动和理性的选择。2012年国家将GDP增长目标调整到7.5%，各项稳增长政策措施围绕促进经济发展方式的转变和产业结构的调整展开，并坚决不放松房地产调控，指向性相当明确，这充分表明了国家在稳中求进的总基调下，转变发展方式的决心和力度。因此，国家经济发展方式的转变是不可逆转的，机床工具市场需求重回前几年的超高速增长的可能性不大。

机床工具行业新的发展阶段将具有以下几个显著特点：

（1）产业规模进入平稳增长期。前一阶段由于各地大上新项目而导致机床工具产品需求井喷式增长的情况，在新的阶段应不会重现。

（2）结构调整日益突出成为产业发展的主题。在前一阶段市场需求高涨条件下无序膨胀而形成的产业结构和产品结构，与新阶段的市场需求差距很大，结构调整成为产业发展必须解决的主要问题。

（3）行业内部结构的分化重组和优化升级。由于市场需求结构的根本变化，市场机制会在行业资源配置和重组方面发挥基础性作用，能否在变化中胜出将取决于企业能否及时、正确应变。

（4）产业综合素质的全面升级。经过市场洗礼与锤炼，行业内部结构将趋向合理，企业素质将全面得到提升，产品结构和档次将更符合市场需要，从而在由大变强的道路上迈出坚实步伐。

在形势发生本质变化的关键节点上，行业企业要正确判断形势，丢掉幻想，痛下决心，彻底转变过时的经营观念，调整企业发展战略，避免惯性延续过去的做法，造成不必要的损失，错失发展良机。

（二）新阶段的主要任务是实现从“能做”到“做好”的跨越

经过十年的发展，我国基本解决了中高档数控机床主机制造的问题，大吨位、大规格、多轴联动、多工序复合、高速、高精等产品大多已经能制造。数控机床重大专项的实施，将使我国能制造出更多的高档产品，规格品种将更加丰富。但我国研制的中高档产品多数市场应用效果差，市场竞争力不强。相当多的国产中高档产品还不能进入重点行业主要企业主流产品关键零部件的主要工序。

尽管我国仍然面临“不能做”的问题，但是“做不好”已经日益成为行业现阶段的突出矛盾和主要问题。解决中高档产品“做得好”的问题，即提高中高档数控机床的市场竞争力，是行业在新的发展阶段的重点任务。不实现这个跨越，行业就没有出路。

然而，行业中对从“能做”到“做好”这一过程的认识还存在严重的误区，往往认为两者之间只是一步之遥。于是，在新产品开发过程中，只要功能和性能指标达到要求，就认为大功告成。其实，“做好”的难度比“能做”更大。

产品的好坏从其自身而言至少有四个层次：一是设计功能的实现，二是性能指标的符合，三是长期运行的可靠性和精度保持性，四是操作和维护的宜人性，以及清洁环保和外观悦目等。除此之外，还得在性价比上有竞争力。“能做”仅指的是前两步，成果鉴定基本也是针对这一层面。再进一步的内容则属于“做好”，也即成果的产业化过程。企业需要为此付出的努力和投入的资源绝不亚于前一个阶段。

（三）全面提升企业素质才能在新阶段赢得发展优势

由于新的发展阶段具有前述几个特点，行业企业要适应新阶段的市场环境，就要全面提升自身的能力和素质。

第一，在新的发展阶段，企业仅仅“能做”是不够的，还必须解决“做好”的问题。随着需求结构的升级，企业也要不断调整产品结构，推出更高档次的新产品。但仅研制出样机远远不够，只有满足长期稳定运行要求，使用户满意，才能被市场普遍接受，才算具有市场竞争力，也就是把产品真正“做好”。

第二，企业不仅要能“做产品”，还要为用户提供解决方案。中高端细分市场的一个主要特征就是需求的个性化，以自己定型产品去满足所有用户的做法在这个市场是行不通的。企业要实现从商品提供者到用户工艺师的转变，要能够为用户提供成套设备和一揽子解决方案。

第三，企业要把产品做好，并能为用户提供成套解决方案，仅靠技术和硬件的提升是远远不够的，还需要全面提升整体素质。制约国产中高档机床工具产品市场竞争力的主要因素绝非技术手段落后、技术水平低这么简单。行业实践反复证明，就技术而技术、就质量而质量是远远不够的，是不能从根本上解决问题的。这需要企业全面提升整体素质，即企业整体的“版本升级”。

第四，企业仅仅进行产品结构调整是不够的，还需要进行内部组织结构的调整。一是根据新阶段市场需求的变化，进行产品和市场结构的调整，对原有产品和市场进行取舍；二是与产品和市场结构的调整相适应，企业内部资源与组织结构也需要重新配置和调整；三是企业内部专业化结构的调整，要根据为高端细分市场服务的需要，培育新的专业能力，包括知识与人才的培育和积累。

在新阶段，从产品专业化向市场专业化转变将是企业内部组织结构设置的一种新方向。这种组织结构模式适合高端细分市场的深耕细作，便于集中资源专注研究，通过长期积累形成企业技术专长。例如，沈阳机床面向汽车发动机、柴油发动机市场组建了成套公司，山东法因数控等一些企业内部组织机构也已经按市场专业化原则设置。

第五，仅仅考虑技术和经济因素是不够的，还必须在制度和文化层面创新和升级，塑造企业的竞争软实力。技术和经济的因素是有形的，相对容易提升，但却是远远不够的。世界一流企业在制度上的科学严密和员工工作作风上的严谨精细，是其制造一流产品的重要保障。机床制造企业的文化基因中如果没有严谨、细致、一丝不苟这样的元素，无论如何也制造不出有竞争力的产品。

转型升级、由大变强日益成为产业发展的主旋律。企业要取得在新阶段的市场竞争优势，必须实现企业素质的全面提升。任重而道远，需要全行业付出长期艰苦的努力。

四、政策建议

西方发达国家在产业变革时期大多对机床工具行业实行了特殊的保护政策。机床工具行业属于国家基础装备制造业，是关系到国家安全的战略性产业，我国机床工具行业正处于转型升级的关键阶段，还需一段时间的艰苦努力才能满足国家重点领域对中高档数控机床的需求。根据调研了解的行业企业普遍遇到经营困难的情况，建议政府有关部门研究采取以下扶持政策：

1. 对国产高档数控机床实施税收优惠

调研中企业普遍反映“国产数控机床增值税先征后返”政策是历年来国家扶持、培育国产数控机床产业最成功、最有效的政策，操作简便，成效显著，对我国数控机床跨过产业化的门槛发挥了关键性作用，功不可没。这一政策具有这样一些突出优点：一是着眼市场环节和应用环节，鼓励先进产品的市场化、产业化；二是扶优扶强，政策只针对达到一定规模的企业；三是采用市场机制运行，以企业上交增值税的额度作为返还的依据，不需其他审批环节。

在国家经济和机床工具行业发展的新阶段，高档数控机床是国家安全和经济建设所急需的产品，并且需投入极大努力和资源的产品领域，建议政府有关部门参照“国产数控机床增值税先征后返”政策，针对高档数控机床设计实施新的税收优惠政策，以推进企业科技创新成果产业化，提高国产中高档数控机床的市场竞争力和市场占有率。

2. 改善企业经营环境，减轻企业税费负担

调研中企业反映，当前企业的税费负担沉重，尤其是各项地方税增加较快。在当前市场严重下滑的情况下，更难以承受。

银行发行的承兑汇票给企业造成的损失很大。很多企业反映，近期收到的货款中，承兑汇票占70%以上，若提前变现，企业就得付出3%～8%的代价。希望政府有关部门对承兑汇票的使用加以规范和治理。

3. 取消高档数控机床进口免税政策

当前，我国高档数控机床市场基本被国外企业垄断，进口量不断上升，对国产高档数控机床的发展造成严重威胁。在高档数控设备制造领域，由于大部分关键功能部件需要进口，采购成本远高于国外企业。国内许多制造企业还享受不到进口零部件免税政策，而用户进口整机却可免税，这使得国产高档数控设备在价格上处于劣势，导致一些企业有意提高技术指标，以符合进口免税清单要求，从而更助长了高档数控设备的进口势头。从调研结果看，用户普遍认为进口高档数控机床反而比自制或采购国产设备更合算，原因之一就是国产高档设备制造成本高，没有价格优势，技术和质量也有差距。

近年来，通过重大专项攻关，国产高档数控机床的技术水平已有较大提高，但在市场竞争中仍处于弱势地位，政府的支持和政策调控必不可少。建议政府取消机床进口免税

政策，凡机床进口一律征收关税和进口环节增值税，从而为国产高档数控机床发展提供空间。

4. 建立进口审查机制，鼓励采用国产高档数控机床

建议国家发展改革委、工信部针对国家重点建设项目、国有企业的技改项目和有国家资金支持的项目，制定鼓励采购国产高档数控机床的相关政策。可委托相关行业协会负责进口设备把关审核，凡国内已能制造的设备原则上限制进口，审核结果报政府有关部门备案，并对采用国产高档数控机床的企业给予相应的政策倾斜或资金支持。

5. 进一步落实首台（套）政策

2008年1月22日国家发展改革委、科学技术部、财政部、国防科工委联合颁发的《首台（套）重大技术装备试验、示范项目管理办法》（发改工业〔2008〕224号文）曾在局部范围施行，但由于没有具体实施细则和明确的执行部门，贯彻力度不大，且受益主体不够明确，产生的影响有限。建议进一步制定相关实施细则，责令有关专业协会制定相应的首台（套）重大技术装备管理办法，并负责日常管理，使文件的贯彻执行规范化、常态化，使国产首台（套）重大技术装备真正获得政策优惠，从而促进高端装备创新成果的应用与产业化。

6. 鼓励企业以自制高档数控设备进行技术改造

企业以自制高档数控设备用于自身技术改造，是验证科技创新成果、改进产品质量、加速产业化和形成示范效应的有效途径。建议由中央财政或各级地方政府支持的技改项目，对采用自制高档数控设备的企业，在技改资金和税收上给予优惠，如提高技改资金贴息额度或比例、减免自制高档数控设备有关税收等。

7. 进一步发挥科技重大专项的作用

数控机床重大专项的启动，加快了我国机床工具行业产品研发和关键、共性技术研究的速度，促进了我国高档数控机床产业的健康发展。建议进一步加大专项资金投入力度，按专项实施方案的预期目标，加大滚动开发和创新成果产业化的推进力度。同时，应进一步改进专项申报、审核、立项、验收等管理办法，提高专项资金利用效率。

此外，建议与其他科技重大专项协调，在其他专项中明确规定采用数控机床重大专项开发国产高档数控设备的优惠条件。

〔供稿单位：中国机床工具工业协会〕

逆境中企业如何保持平稳发展

——从2012年行业调研看企业如何应对危机

2012年上半年，中国机床工具行业延续2011年下半年以来的增速减缓态势，主要经济指标总体上都处于增幅回落状态。这一现状，既源于国内外复杂多变经济环境和市场需求变化的影响，又是中国机床工具行业结构调整和转型升级所必须经历的发展阶段。同时，这样的形势也形成一种倒逼机制，为机床行业自身的结构调整和转型升级提供了外部驱动力量。

中国机床工具工业协会在2012年行业调研中了解到，上半年企业不同程度地出现了新订单急剧下降、用户延迟提货增多、库存和应收账款增加等情况，大多数企业主要经济指标同比下滑。就在这种大形势下，部分企业却能实现较2011年同期增速持平，甚至略有增长的业绩；还有些企业，即使上半年主要经济指标是下滑的，但从其所做的努力和运行状况可以预见其前景将是好的。那么，这些企业在行业转型升级中，采取了哪些积极的措施？企业今后发展的着力方向又是什么呢？

通过分析可以看出，面对大环境不利的形势，大多数企业都能理性对待，认真分析自身存在的问题，并采取了积极的应对措施，如改进和强化营销和服务；积极拓展国际、国内市场；加快新产品开发步伐，加大技改投入，扩大产品范围；加强内部管理，提高效率，节能降耗；狠抓产品质量和质量体系建设；继续推进新项目建设，增强企业发展后劲；加强品牌建设，提升品牌含金量，等等。

除此之外，还有相当一部分企业采取了具有变革意义的有效措施。一些产品结构调整较好、创新成果产业化较快的企业，避免同质化竞争、注重细分市场的企业，注重新产品开发、满足重点用户需求的企业，特别是能够提供成套成线技术和设备、为用户提供全面解决方案的企业，2012年上半年的经营业绩都相对较好。这不仅缓解了经济下行的压力，还为企业今后的持续发展奠定了坚实基础。

一、转型升级、产品结构调整初见成效

“十二五”期间，调整产品结构、转变发展方式成为行业转型升级的主旋律，很多企业能够看到这一艰巨任务的紧迫性和长远意义，积极主动进行产品结构调整，大胆打破多年建立起来的经营模式，放弃一些“当家吃饭”的传统产品，努力开发用户急需的新产品，开拓新的市场领域，平稳度过了暂时的发展困难时期。

沈阳机床股份有限公司打破“大而全”的模式，将原有的普通机床向数控方向转变，并使立式加工中心、卧式加工中心的份额由2008年的3.4亿元提升至2011年的8.7亿元。预计到“十二五”末，数控机床将占销售额的80%，其中高档数控机床占10%。济南二机床集团有限公司努力调整

产品结构，产品结构由原来通用产品占比90%调整到高端产品占比60%。四川普什宁江机床有限公司放弃了盲目扩张、生产大重型机床的路子，重新将资源和精力聚焦于具有传统优势的中小型精密机床。天津市天锻压力机有限公司优化产品结构，加速相关产品的升级和换代，重点发展大（重）型、智能、柔性、精密、复合型液压机，保持了在液压机市场的传统优势。北京第二机床厂有限公司中高档产品的产值从前些年的20%～30%提高到了现在的60%。苏州三光科技股份有限公司以中走丝机床基本淘汰了快走丝机床，提升了公司产品的技术和市场份额。齐齐哈尔二机床股份有限公司从重数量向重品质转变，发展高端产品，重视中端产品，降减普通产品。

哈尔滨第一工具有限公司致力于“三高一专”（高精度、高效率、高寿命、专业化），重点发展有核心竞争力、高附加值、高技术含量的刀具产品，这些产品占比已近60%。株洲钻石切削刀具股份有限公司产品结构已获整体优化，2012年上半年中高档产品产值占比达77%，今后将把优化结构、做强产品和整合资源三个方面作为转型升级的着力方向。汉江工具有限责任公司将通用刀具与特殊刀具的比例从7:3调整为1:9，即90%以上为滚拉插剃等高附加值的特殊刀具。

二、多元化经营，进军细分市场，避免同质竞争

中国机床工具工业协会的行业调研反映出一个比较突出的问题，即产品同质化比较严重，造成了同类产品竞争激烈，不利于行业整体发展和进步。很多企业意识到这一问题，努力进行多点支撑式经营，进军细分市场，取得了可喜业绩。

陕西秦川机床工具集团有限公司采取横向与纵向扩张并举的措施，扩展产业链，实现多点支撑。在齿轮机床主业之外，承接大批量齿轮加工业务；研制的中空塑料机械市场需求很旺盛；另外还有木塑机械等产品。陕西汉江机床有限公司不断深入挖掘自己的技术专长，拓展业务领域。除传统产品螺纹磨床外，开发生产了丝杠和螺杆空压机等延伸产品。天水锻压机床股份有限公司主打大型非标锻压设备制造业务，历经10年开发出的石油输送管道成套生产线，不仅占领很大的国内市场份额，出口形势也不错。2012年上半年，湖北三环锻压设备有限公司在成形机床产值、产量均同比下降的情况下，新增和在手订单却同比分别增长102.08%和109.66%，其主要原因是成形产品类别多，提高了抗风险能力。苏州电加工机床研究所坚持“差异经营、高端发展”战略，专用电加工设备占95%以上，产品应用于航天、航空、汽车制造和钢材生产等细分市场。

沈阳高精数控技术有限公司为避免产品同质化，认真研究细分市场的需求特征，努力使产品向特性化、定制化、差异化方向发展，其专机产品主要用户是汽车零部件加工企业。南京工艺装备有限公司看到机床市场下滑，开拓了滚动部件在制药、海洋工程、光缆光纤等行业的应用，弥补了机床订货下滑的损失。

三、开发新产品，提升技术水平，满足重点领域用户需求

创新是企业生命的源泉。产品的不断推陈出新，创新成果的产业化，不断满足重点用户领域的最新需求，使企业保持旺盛的生命力和持续的发展势头。以下这些企业在新产品开发和产品技术水平提升方面的做法值得借鉴。

济南二机床集团有限公司长期以来坚持较高的技术投入，从而保持了快速冲压生产线，自动化开卷、落料线，高速五轴联动加工中心等产品的技术领先优势。天津市天锻压力机有限公司借助“04专项”研发的核心技术，提高了压机数控化和柔性化水平。上海机床厂有限公司促进产品升级换代，积极进入航天航空、军工行业，实现高端刀具国产化。大连机床以“外抓布局，内抓升级”为纲，在汽车、军工、铁路等行业承接项目合同。苏州电加工机床研究所利用重大专项的研发成果，整合提升高端通用电加工机床的技术水平，进一步加强产品在细分市场的竞争优势。苏州三光科技股份有限公司加快产品转型升级，在“专、精、特”上下功夫，新研发出新一代慢走丝机床的脉冲放电LSQ1电源和控制系统，提高加工表面粗糙度达$R_a0.4\mu m$。中传重型机床有限公司产品开发立足于用户典型零件，并基于现代化设计软件规划加工工艺、优化加工参数，进行模拟仿真加工，提升新产品设计合理性及性能可靠性。齐重数控装备股份有限公司加快研发具有市场竞争力的高端产品，已经形成加工直径6～16m数控双柱立式车铣中心系列，衍生了加工直径5～12m的数控滚齿机床，卧式数控车床系列衍生出轧辊车床、轧辊磨床和深孔钻镗机床。

大族激光科技股份有限公司通过引进美国IPG公司的光纤激光器技术和德国的专用数控系统，积极参与同德国通快、瑞士百超等国际知名企业的竞争，市场份额不断扩大。汉江工具有限责任公司研发的高效重载双切滚刀、大型渐开线花键拉刀以及高速环保干切齿轮滚刀，成为企业新的经济增长点。株洲钻石切削刀具股份有限公司先后完成了VSM铣刀、银狐系列浅孔钻、QC系列浅槽刀、CVD超细晶涂层、PVD纳米复合涂层等重点产品和工艺的研发，并取得了显著的经济效益。沈阳高精数控技术有限公司在高档数控系统方面开发了总线式全数字高档数控系统GJ400，与国产高档数控机床配套，并在飞机结构件加工中配套应用。哈尔滨第一工具有限公司近年在产品开发方面致力于为航空航天、能源动力、汽车、数控机床、重大工程装备产业等重点领域提供高端产品和服务，转型升级不断深入。

四、摆脱单一产品经营模式，提供全套解决方案

随着用户领域需求不断升级，通用产品单一销售的方式已经远远不能满足国民经济各行业的发展需求，也制约了机床工具行业进一步发展和进步。调研显示，已经有越来越多的企业关注并着手实施全面解决方案的提供，多家企业取得了成效。

济南二机床集团有限公司早已从单台设备制造向大型多工位伺服压力机、全自动冲压、落料生产线等成套设备延伸，实现了从单机“量体裁衣”到成线“交钥匙”，再到项目“总承包”全面解决方案的服务模式。沈阳机床股份有限公司正步入为用户提供产品生命期全面解决方案的机床市场发展高级阶段，产品设计开发实施项目经理负责制，负责从产品开发、产品试制、产品优化、进入市场、产品再优化、提供全面解决方案，直至提升市场占有率的全过程。天津市天锻压力机有限公司以市场为导向，发展数控专机和成套、成线工程，为用户提供成型工艺和成套装备，为抵御市场下滑提供了有力支撑。济南铸造锻压机械研究所有限公司开发了高强板全功能数控开卷校平生产线、汽车纵梁柔性制造成套生产线、板材柔性制造生产线等产品，应用于汽车制造、电力能源、仪器仪表、家电等行业。北京第二机床厂有限公司针对汽车制造行业，为用户提供交钥匙工程，保持了上半年平稳发展的经营业绩。大连亿达日平机床有限公司的经营理念是：向用户提供全面解决方案，擅长的自己做，不专的买好的。2011 年完成生产线制造 4.3 亿元，当前在手合同 7 亿元。

哈尔滨第一工具有限公司从“卖刀具”转变为提供“解决方案和服务”，致力于成为引领工具制造行业、有影响力的品牌企业。沈阳高精数控技术有限公司研究和掌握用户工艺特点，形成为用户提供全面解决方案的能力，致力成为用户工艺专家。

以上这些企业根据自身情况和所面对的用户行业形势，采取了一些相对行之有效或具有长远意义的措施。但各企业情况和特点不同，做法不可完全复制，仅供参考和借鉴。相信，在政府有利的政策引导下，在全行业的共同努力下，我国机床工具行业能够进一步加快产品和产业结构调整的步伐，不断满足国民经济各行业发展不断升级变化的需求，实现行业平稳和持续发展。

〔撰稿人：中国机床工具工业协会张芳丽〕

对机床工具行业转型升级的几点认识

2011 年 10 月召开的中国机床工具工业协会六届五次常务理事扩大会议，在全面回顾和总结过去 10 年行业发展实践，深刻分析行业发展现状的基础上，对行业现阶段的基本特征和主要矛盾做出了科学的概括。会议还结合国内市场需求特征的显著变化和未来较长时期内行业发展环境的明显趋势，进一步做出了“行业已经开始进入新的历史发展阶段”的重大判断，并明确提出了“行业由大变强”的新阶段目标和“推动战略转变、实施工作重心转移”的战略任务。一年来的行业发展实践证明，上述判断和目标任务是符合行业发展实际的。

在我国经济增速放缓的大背景下，2012 年以来我国机床工具市场需求延续了 2011 年下半年以来的总体走势，即，需求总量大幅减少，需求结构加速升级。受此影响，我国机床工具行业主要经济运行指标全面下降，新增订单显著减少、产销水平明显回落、资金占用大幅上升、制造资源大量闲置和供需矛盾愈加突出，成为行业当前经济运行的主要特征。与此同时，行业固有产能结构失衡的矛盾更加明显，本已严重的同质化市场竞争进一步加剧。

总体上看，继连续 10 年以上的高速增长之后，我国机床工具行业正处于相对困难的调整转折期。协会重点联系企业统计数据显示，尽管下半年以来行业整体运行状态逐步趋稳，但仍未表现出明显回升迹象。

这种行业形势，一方面驱动行业企业积极采取应对措施，不断调整目标和策略，同时也引发业内人士对行业过去发展模式的理性审视和对未来发展道路的深刻思考。

不可否认，市场环境的显著变化是导致当前行业面临困难局面的直接原因。但是也必须清醒地认识到，在行业过去十余年的高速发展进程中，由于受到经济发展大环境的驱动和裹挟以及行业发展阶段性的限制，发展方式转变没有得到应有的重视，相对于规模增长的巨大成就而言，结构调整则明显滞后。这是不容回避的又一重要原因，也是根本性的原因。前者具有外部的、客观的属性，是不以意志为转移的；而后者则具有内部的、主观的属性，是能够通过全行业的努力而改变的。这正是行业在新的历史发展阶段所面临的主要任务。

机床工具行业刚刚经历了连续十余年的高速增长，取得了令世人瞩目的巨大发展成就，但是总体看来，仍然处于国际分工和产业链的中低端。过去的高速增长，更多地依赖于国内市场需求的强力拉动，企业体制机制变革释放的发展能量，劳动力成本的相对优势和国家产业政策的有力支持。相对而言，技术进步和管理创新所发挥的作用是第二位的。从某种意义上讲，国内市场对中低端产品持续旺盛的需求，客观上延缓了行业技术进步、管理升级和劳动者素质提升的进程。行业的整套发展模式和商业策略是建立在以上主要增长因素基础之上的，其主要特征是不断进行规模扩张，严重依赖于高速增长的经济环境。然而时至今日，过去习惯依赖的经济发展环境和增长因素已经发生并还将继续发生深刻变化，长期沿用的发展模式和商业策略也快速地丧失了立足的基础。全行业不但亟须摆脱当前的经营困境，更需要在新的发展环境中寻求行业新的可持续发展道路，这条道路就是转型升级、由大变强的发展道路。

在当前阶段，行业的转型升级需要首先解决以下认识和实践问题：

一、转型升级是实现可持续发展的必然选择

我国经济当前阶段的增速放缓，绝非简单的周期性下行，而是有着深刻复杂背景的。这其中既有全球经济正在经历的深刻"再平衡"对我国经济产生的直接影响，也是我国经济进入不同发展阶段的必然表现，很大程度上还是我国政府以较低增长速度为代价换取经济实现转型升级的主动选择。由于外部环境和自身比较优势都发生了变化，我国经济将从高速发展阶段转入中速发展阶段，这种变化应该被视为正常的、必然的、必要的，甚至是健康的。相应地，我国机床工具行业也将随之进入新的发展阶段。新阶段的主要特征将主要表现为理性的增长速度和全面的转型升级，竞争的焦点也将从规模扩张转变为发展方式的转变。

在当前形势下，尤其要彻底放弃对政府进一步推出强力经济刺激计划的期待，放弃对中低端市场需求强力反弹的渴求，因为上述期待和渴求都是不切实际的。

在当前形势下，全行业需要开展新一轮的思想解放和观念变革，要自觉摆脱对规模扩张发展模式的路径依赖，要彻底摒弃对快速增长的盲目追逐，要把自己从片面追求规模增长的浮躁和焦虑中解脱出来，下决心转变发展方式，真正走上依靠技术进步、管理升级和劳动者素质提高的道路，走上创新驱动、转型升级的道路，走上可持续发展的道路。

二、转型升级是一个长期艰苦的过程

在行业过去十多年的高速发展过程中，与行业经济规模的迅猛增长相比，行业的转型升级效果则相对逊色。其原因是多方面的，但最主要的原因至少有三点：一是受经济发展大环境的影响和行业发展阶段的限制；二是由于国内市场需求的持续火爆，企业缺乏对转型升级的迫切要求，即缺乏转型升级的内在动力；三是转型升级需要付出更大的努力，投入更多的资源，花费更长的时间。

首先，转型升级是一个艰苦的过程，要下大力气，花"笨"功夫，投大资源，要真正沉下心来研究问题，扎扎实实地攻克难关。

转型升级也是一个长期寂寞的过程。必须摆脱浮躁，不能急功近利、好高骛远，任何一蹴而就的想法都是不切实际的，任何通过走捷径达到转型升级目标的期望都是自欺欺人的，耐不住寂寞是不可能真正实现转型升级目标的。行业实践已经反复证明，完全靠速成的道路是行不通的。要真正实现转型升级，必要的课程是不能精简的，必要的环节是不能省略的，关键的难点是绕不过去的。转型升级需要全行业重新补上必要的课程。

转型升级是一个充满竞争的过程，不可能期待全行业的企业平行地同步实现转型升级。转型升级必然是一个始终伴随着行业分化、重组和优胜劣汰的过程，是一个竞争更为激烈的过程，竞争的焦点将集中在转变发展方式上。在这一过程中，谁转得更快，谁转得更彻底，谁就将取得竞争先机，成为竞争的胜者。

三、转型升级是一个不断创新的过程

行业的转型升级没有现成的通用模式可供遵循和套用，更不能指望行业企业整齐划一地按照某种模式实现转型升级。行业的转型升级是一个不断创新的过程，而创新的主体无疑是广大的行业企业，企业同时也是转型升级的主体。行业企业所处的发展阶段各不相同，从事的产品领域和服务的市场领域也不相同，企业的基础条件更是千差万别，企业的主要矛盾和比较优势各具不同特征，因此，理应走出不同特色的转型升级道路。各种类型的企业，都有条件实事求是地把握自身的比较优势，科学合理地确定自身的发展定位，逐步探索出符合自身实际的转型升级道路，坚持不懈地做出自身的竞争特色，从而形成全行业百花齐放的创新局面和各具特色的差异化发展格局。

需要指出的是，我国机床制造业早已成为充分市场化的产业。在这种产业发展环境中，行业企业在国家法律法规框架下，在国家产业政策允许的范围内根据自身实际选择的转型升级道路，应该得到充分尊重，而不应该受到过多的指责或干预。行业过去十多年的发展过程中存在一些倾向性问题，其中之一就是相当部分的企业都去追求做大做强的目标，其中不乏脱离企业实际的情况，其直接负面效果是导致行业低水平同质化竞争不断加剧。这其中，企业受到的外部干预和影响也发挥了相当程度的作用。

四、转型升级的核心目标是竞争力

行业过去十余年取得的主要成就可以概括为三个方面：一是经济规模迅猛增长，直至2009年跃居世界第一位，这是"由小到大"的变化；二是在中高档产品层次上基本实现了从"不能做"到"能做"的升级和跨越，这是"从无到有"的进步；三是行业企业的综合素质普遍提升，涌现出一批初具市场竞争力的优秀企业，这是"由弱到强"的进步。

这里需要着重指出的是第二个方面的成就，即中高档机床工具产品的发展成就，因为这是行业竞争力水平的集中体现。当前，随着2009年重大专项实施以来集中布局的一大批项目的陆续完成，主要品种规格的中高档产品我国基本都"能做"，相对于十多年前的基本"不能做"而言，这是一个十分了不起的成就。但是也必须清楚，行业总体还仅仅处于"能做"的阶段水平，距离"做好"，做出竞争力还存在相当大的差距。这是因为，在行业"能做"的中高档产品中，已经形成较强市场竞争力的还不多，尤其是在高端产品领域，真正取得良好市场应用效果的也不多，甚至还有相当部分的技术创新成果长期停留在样品、展品和试验品的阶段，没有得到充分的市场验证，更谈不上形成市场竞争力。

上述情况的长期存在，固然与行业所处的发展阶段直接相关，也和行业采取的主要技术路线密不可分。必须承认，由于我国是后来者，有可供学习借鉴的目标，因此有条件走一条相对较快的技术进步路径，所以行业至今仍然采用以跟踪模仿为主的实用主义技术路线。这种技术路线具有起点高、周期短、速度快的相对优势，但是如果把握不好，也很容易误入囫囵吞枣、消化不良的歧途，停留在知其表，不知其里；知其然，不知其所以然的阶段和水平上，所形成的成果则往往表现为“形似神不似”。

导致上述现象长期存在的还有更为重要的原因，那就是在行业内外长期广泛存在着认识和实践误区，即认为对于产品开发过程而言，基本实现了主要的功能、规格和性能指标就标志着该产品的开发工作基本完成，剩下的后续工作微不足道，是没有技术含量、没有指标显示度的；甚至认为，前者与后者的重要性和工作量是90∶10的关系。这种误区不仅存在于企业内部，也存在于企业外部；不仅存在于工程研发领域，也在相当程度上存在于企业的各级管理层意识中，甚至还存在于各级政府的政策导向领域。正是这种认识误区的存在，导致后续工作长期得不到足够的资源投入，导致相当部分的技术创新成果长期停留在“能做”的阶段和水平上。事实上，“能做”和“做好”是同一件事情的两个不同阶段，而后者的实现难度和工作量丝毫不亚于前者，甚至需要付出比前者更大的努力。这是因为，影响后一阶段工作效果的因素往往比前一阶段的更为复杂，因此，控制和实现的难度更大。实践证明，不成功的产品研发更多地失败于后一工作阶段上。

技术进步永无止境，因此全行业将永远面临两种挑战，一是“不能做”，二是“做不好”。在未来一段较长的时期内，“做不好”将日益突出地成为行业面临的主要矛盾。因此，在新的历史发展阶段中，行业必须投入足够的注意力和资源，努力实现更高水平的跨跃，即从“能做”到“做好”的跨越，也即实现中高档产品市场竞争力的升级和跨越。为此，必须首先解决上述认识和实践误区。

五、转型升级是企业综合素质的全面提升

行业实现转型升级，还需要解决另外一个认识误区，即转型升级主要是产品换代、技术升级以及技术基础建设，技术人才培养和技术创新体系建设，还可以包括产品质量和可靠性提升等。总之，转型升级主要是指技术范畴的事情。以上虽然都是转型升级的核心内容和主要标志，但还远远不是全部。

实践反复证明，就技术而技术、就产品而产品是不能够解决根本问题的，因而也是不能有效实现转型升级的。

我国机床工具行业与发达国家竞争强手间的差距绝非简单的技术和产品差距，差距的外在表现虽是产品的市场竞争力，但是其内在本质却是企业的综合素质。因此，要实现企业的全面转型升级，必须着眼于企业综合素质的全面提升。不但要着眼于硬件投入，还要着眼于软件建设；不但要着眼于技术进步，还要着眼于管理升级；不但要着眼于物，更要着眼于人；不但要完善内部运行机制，也需要顶层体制保障；要着眼于制度建设，更要着眼于文化培育，如果没有德国企业近乎刻板的严谨缜密和诚实守信，怎么会有德国制造的卓越品质。

尽管市场需求环境的显著变化造成行业经营困难，但从长远发展的角度看，这是行业必须承受的转型之痛。从这个意义上讲，市场环境的变化并不完全是坏事，它为行业提供了转型升级的契机和切入点，它所形成的倒逼机制将为行业的转型升级提供强大动力。10年之后如果回过头来审视，也许会发现，我国机床工具行业的转型升级正是从现在开始加速的。

行业正在经历转型之痛，但绝不能丧失发展信心。事实上，完全有理由对行业的中长期发展持积极乐观的预期。

首先，我国经济长期向好的基本面没有改变，工业化、城镇化和农业现代化进程还远未完成，城乡差距、地区差距很大，人均消费水平还相当低，所有这些都将为我国经济的持续发展提供巨大空间，也必然为机床工具行业提供持续的市场需求，我国将长期保持全球第一机床工具市场的地位。

其次，党的“十八大”报告和新一届中央领导集体频频释放改革信号，明确表达改革决心和共识。可以预期，新一届中央领导集体将进一步推动各领域改革，从而释放新的发展能量，为我国经济发展提供新的强大推动力，也必然为机床工具行业提供良好的外部发展环境。

最后，行业经过多年的发展，尤其是经过十多年的连续高速发展，整体实力显著增强，综合素质明显提升，已经初步具备了实施全面转型升级的必要基础，只要不懈努力，就一定能够走上可持续的发展道路。

〔撰稿人：中国机床工具工业协会陈惠仁〕

提升中高档数控机床的市场竞争力

——如何解决深层次技术问题及“形似神不似”问题

《机床工具行业“十二五”期间工作要点》中把“着力提升中高档数控机床的市场竞争力”作为“十二五”期间行业的重点工作之一，希望全行业在“十二五”期间，针对国产中高档数控机床市场竞争力不强的现状，采取综合性措施，尤其要在产品的市场适应性和质量可靠性上下功夫，在产业化环节上下功夫，在制约中高档数控机床市场竞争力的深层次技术上下功夫，切实解决“形似神不似”的问题，不断提高中高档数控机床的产业化水平和可靠性水平，显著提升国产中高档数控机床的综合市场竞争力。

一、与国外先进产品的差距

近年来，我国机床工具行业已取得了长足的发展，特别是“十一五”期间成绩显著，重大装备自主化水平明显提高，部分产品技术水平和市场占有率跃居世界前列，已经成为世界机床第一生产大国。

但是，我国机床企业在发展扩大产业化的进程中没有遵循机床产业化的客观规律，按部就班地做到、做好工艺流程，存在“重技改、轻工艺，重设计、轻基础，重眼前、轻长远”等问题，缺乏做精品的理念，缺乏制造的文化，以致中高档数控机床市场竞争力不强，与先进国家产品相比，依然存在着技术相对落后、产品质量可靠性不高、不能满足用户安全可靠需要的问题。高端制造设备和技术大都依靠进口，特别是高新技术装备、精细加工设备几乎全部依靠进口，装备中技术含量高的相关配套件也大量依靠国外供给，制约了我国中高档数控机床的发展。

1. 原始创新的差距

进入数控机床时代后，我国大部分机床产品参照国外设计，甚至直接装上国外部件。但对机床结构为何采用这样的布局，机床参数为何采用这样的设定，机床功能为何采用这样的配置，很少深究。“知其然而不知其所以然”影响了企业对产品起因的深刻了解。缺乏对用户工艺需求的理解，影响了对机床设计依据的探究。在产品的研发过程中缺乏对产品关键点的深刻认识，从设计到制作及销售的各个环节没有严格做到位，自然产生差距。具体归纳如下：

(1)技术创新能力不够。原始技术创新能力不够，基础理论研究支撑不足，是中高档数控机床技术水平没有实现根本突破的主要原因。

(2)关键技术的攻关没有取得根本性进展，数控机床的稳定性和可靠性仍然存在巨大的差距，丧失了中高档数控机床进入重要领域关键工序的机会。

(3)对机床结构合理性、技术参数的设定、功能的配置等研究不够。

(4)对影响数控机床精度的原因考虑不全面(如温度变化、结合面、地基基础等导致精度不稳定)。

(5)预研、储备的新产品少，缺乏严谨细致的作风。

(6)知识陈旧，开发手段落后，不少合同新产品没有经过严格的计算和验证就匆忙投放市场。

(7)大多数功能部件企业规模较小，利润率低，不管是成长还是预期，经济收入都难以吸引高素质人才加盟，先生存、再发展成为一种常态。

2. 制作精良的差距

几年前更多地将其归结为制造手段的落后，如加工设备不好、制造环境不行等。随着近几年机床企业技改力度的加大，国内企业在加工设备及制造环境方面有了较大的改善，有些关键制造设备与国外企业基本相同，新建的厂房也具备了温控条件。但是，数控机床的外观、精度、精度稳定性、可靠性、平均无故障时间(MTBF)、寿命等都与发达国家产品有一定的差距；国内几个大型主机生产企业与国际知名企业相比，也存在以下差距。

(1)工艺技术落后。仍然未突破原来生产工艺的框框，设计中的许多技术要点不能实现。如工艺技术研究跟不上重型数控机床发展的需要，用传统生产普通机床的理念、手段、要求组织生产、加工及装配，达不到重型机床设计及技术要求。同时，对用户工艺需求了解不够，研究过少，导致针对用户的整体解决方案能力差。

产品质量是工艺水平与设计水平的综合反映，工艺水平决定了企业的制造能力，先进的工艺装备是生产高质量、高水平产品的必要条件，但是，如果忽略了工艺纪律和工艺管理基础，也生产不出合格品或精品。

(2)缺乏精细制造。中高档数控机床的制造过程是精细制造过程，但由于工艺突破的力度不大，中高档数控机床的生产过程仍存在粗制滥造的现象，直接影响数控机床的质量，难以保证高端制造所需的效率和质量。

(3)对数控机床的先期技术试验及整机试验没有引起高度重视。大多数企业都忽略了数控机床的先期技术试验，整机的试验也可有可无，使整机出厂就带有许多隐患。

(4)技术工人队伍建设及培训不够，技工生产和装配技能水平不高、不细，导致生产出来的产品不能完全达到设计要求。

当前高速加工中心进给速度最高可达80m/min，空运行速度可达100m/min左右，主轴转速已达60 000r/min。由于精密化加工，微米的误差已不是问题。近十年来，普通级数控机床的加工精度已由10μm提高到5μm，精密级加工中心则从3~5μm提高到1~1.5μm，并且超高精度已开始进入纳米级。外观曲线的复杂化促使模具加工技术不断升级，机床五轴加工、六轴加工日益普及，机床加工的复合化已是发展趋势，同一台机床上实现车、铣、磨、钻、镗的复合加工工艺已不少见。以上这些方面，国内各大主机厂均在努力缩小与国际水平之间的差距。

3. 供应网络的差距

我国很难阻挡国外机床产品的进口，因为国产机床价格要大大低于进口产品才有竞争力，但关键部件还得进口。国外的同行拥有在功能与品质上完全可信赖的供应商。

要在国内的采购环境下确保产品性能，企业必须具备品质鉴别能力，还要与供应商一起成长，培养在功能与品质上完全可信赖的供应商。但前提条件是，企业自身对产品的关键点有十分透彻的把握，对品质的底线不轻易让步。

4. 交钥匙能力的差距

用户采购的不仅仅是机床本身，还有附着在其上的工艺技术。国外机床厂商在不断满足用户提出的新需求下发展成长，产品在不断出现的新需求下逐步成熟，而我国机床行业则缺乏一个与用户一起成长的历史过程。付出努力并持之以恒，就会形成品牌，才会使用户一有需求就会想到你的产品。如果不能保证提供解决用户工艺需求的最好方案，就不会获得用户的信任。

我国机床行业已经获得相当大的发展：数控机床已经批量生产，填补了许多空白。但是，高水准的机床最基础的指标是一定要可靠，三年五年后仍可以与国外同类产品比，让国内的用户基本认可。要尽快形成原始创新、精良制造和交钥匙能力，培养供应网络，使机床行业尽快成熟起来，尽早满足国民经济发展对机床的需求。

二、提高产品市场竞争力需要解决的问题

提升我国数控机床的核心竞争力，使之由大变强，是我国机床行业的当务之急。“十二五”期间，要从根本上改变我国数控机床的形象，尚需所有从事中高档数控机床的生产企业做出艰苦的努力。

急需解决的技术难题如下：

(1)提升产品的可靠性。可靠性是提高产品质量和生产效率的保证。当前国内数控机床的研发，主要面向高档次，追求高速、精密和多轴联动复合加工等。虽然很多产品在功能、规格方面已经达到甚至超越国际同行业一流企业产品，但产品的稳定性和可靠性还比较差。随着复合功能的增多和新技术的密集的引入，不可靠因素和故障隐患增多，使得市场占有率偏低，竞争力较弱。数控机床的可靠性涉及到生产厂的设计、试验、制造、装配、供应和售后服务等厂内各部门，涉及到配套件、外协件的供应厂商，还涉及到机床用户，是需要多个部门共同努力的系统工程。企业甚至全行业都需要提升产品的可靠性，以解决产品“形似神不似”的问题，提升产品的综合市场竞争力。

(2)建立研发体系，重点解决行业关键共性技术。建立以企业为主体、以市场为导向、产学研用相结合的研发体系，提高行业的自主创新能力。要扎实推进产业化基地项目；与高校合作，以先进技术推进生产，以生产实践巩固学术理论，以学术理论促进技术创新，培养强有力的人才技术团队；以市场发展趋势为指向，提高市场的适应力和占有力。

要重点解决整机优化设计技术，典型运动副可靠性设计，可靠性增长与增长试验技术，高速主轴动刚度与轴承热平衡系统和动平衡的研究，高速进给动态特性测试、前瞻控制、加速度平稳控制技术，自动在线测量、误差补偿技术，长行程无间隙传动技术等技术问题。

提高核心传动部件的运行速度、精度以及整个机床的制造工艺水平与质量。通过加大研发力度，优化工艺方法，加强科研试验，提升信息化手段，加快改进升级等方式提高数控机床整机制造水平与质量。

三、解决措施

“十二五”期间，针对国产中高档机床市场竞争力不强的现状，应采取综合性措施：既要在产业化环节上下功夫，更要在我国制造文化上下功夫，树立弘扬中华民族性格、文化的价值观；在提升企业精细化管理水平上下功夫。只有按规范和要求全面“做到”“做好”，才能达到精品品质，生产出令用户满意的高可靠性的机床产品。

1. 加大技术创新力度

(1)建立完备的研发创新及试制检测体系。研发创新体系建设上，需要注重团队、平台、手段、机制四大要素建设。在研发团队建设中，需要设立一支专业知识精湛、实践经验丰富、跨学科领域、不被经常性生产和售后服务困扰的高素质队伍，集中精力专业从事前沿技术研究、关键技术及基础共性技术攻关，时刻追踪世界最新技术动态，突破技术创新瓶颈；研发平台建设应真正做到产、学、研、用紧密结合，紧跟国家行业政策方向，以项目为纽带，形成长效合作机制；研发手段上，应构建 CAD/CAE/CAPP 完善的辅助研制系统，特别关注 CAE 能力的提升，真正实现数字化设计、分析及虚拟制造；机制建设上，通过激励措施不断提升研发效率，在缩短产品开发周期的同时，应加强研发质量和水平审核，尽可能在源头杜绝降低产品可靠性的因素，真正做到研发一代、试制一代、生产一代。完善的试制检测体系需具备高效精确的检测设备、独立的试验场地、严谨细致的设备操作及试验控制程序、便捷的试验方法和优化的试验数据统计分析方法四个关键要素。完备的研发创新及试制验证体系，是中高档机床实现核心技术突破，最终实现“神似”的必备基础。

建立以企业为主体、产学研用相结合的创新体系，仍需上级部门统筹安排、协调组织，要解决好由谁牵头、机构建立、如何管理等问题。

(2)加强基础理论研究。从细化结构，解决影响数控机床精度稳定性、可靠性的因素入手，力求结构更合理、性能更优越，对整体机床由内到外的考虑，进一步突破关键技术瓶颈，在满足用户需求的前提下，实现整体解决方案、技术性能及功能的超越引领。

国内机床厂家需加强基础技术研究和研发创新，不断提升机床主机性能指标。应加深机、电、液、气等方面的基础研究，包括机械结构优化、信号传递与控制、液压传动等领域，以及加工工艺、切削机理、检测技术、热变形与热补偿技术、降噪减振技术等诸多方面。

需要加强可靠性、切削机理、热变形控制及补偿技术、机床刚性及振动、轻量化技术、可重构技术、智能化技术等关键技术及基础共性技术的研究。例如，在可靠性研究上，需要攻克可靠性设计技术、可靠性增长技术、可靠性试验规范和试验技术、故障模式和分布模型以及可靠性评价体系等技术难题；在热变形控制及补偿技术上，因不同材料、不同加工参数、不同冷却液、不同外部环境都会产生不同的温升变化，要根据温度做出反应，以抵消热变形对加工质量的影响，需要通过长期的实验总结出最优化的近似数学模型；在机床刚性及振动研究上，要获得机床的高刚性与优良的动态响应特性，需要解决新型结构和材料、机床动态性能综合优化等关键技术。以上关键技术及基础共性技术研究均具有多学科交叉、实践及试验积累周期长、研发费用投入大等特点，需要制订长期的发展规划，系统统筹安排，逐步实施完善。

同时，还应加速核心关键功能部件的自主研制，特别是数控系统的深层次开发，从而最大程度发挥机床本身加工性能，优化加工工艺，提高加工精度与加工效率。数控技术发展到一定程度，会受到基础技术研究的制约，比如算法方面需要高等数学方面的支撑，高速高精又离不开机械和切削理论的支撑。这些基础技术首先需要在国内高校和研究机构有所突破，企业再将其应用到产品开发上，从而真正形成产、学、研、用紧密结合的产业链。但当前很多高校更热衷于能快速见效的应用研究，而忽略基础研究，由此也制约了应用研究的发展。

另外，刀具行业涵括了基体材质设计、涂层组织结构设计、刀具外观结构设计、专用数字化技术开发等知识领域，任一学科理论、技术的更新换代都会带动整个刀具行业技术系统性变化调整。同样在生产线上，与以上技术关联的任一环节程序的细微缺失或浮动势必影响刀具产品性能指标的稳定性。亟待对刀具研发进行系统性夯实积累，探索各环节相关性，层层相符、环环相扣，从而指导实际生产，确保产品的稳定性，找到"神形兼备"的关键。

(3)提升设计理念。设计理念是一种工业文化，决定了产品的档次。

1)站在用户使用的角度进行产品设计，关注用户使用需求(质量、效率、成本)。要立足于用户，从专注于做小事开始，关注细节。批量生产必须在做足做好型式试验，完成设计、工艺验证的基础上，严格过程控制环节，总结经验教训，不断修正完善生产和用户使用过程出现的问题，持续改进，确保用户满意。

制定机床制造的创新改进目标，除了高精度外，还有性能、效率的提高等，这些指标对用户十分重要。例如磨床上的B轴分度头，在高进度条件下回转180°有10′与1′的差异，工作台速度5m/min与15m/min的差异，这些看起来差异不大，但批量化生产对用户的成本就相当可观了。因此，创新改进目标要做深做细，贴近用户需求。

2)主机和辅机同等对待。当前重主机轻辅机的现象十分普遍。机床防护、排屑、走管走线、隔热防尘、环保、宜人、可维修等常常没有得到应有的重视。

3)正确使用、准确配置外配件、功能部件，提高外配件的消化应用能力。

4)标准化、通用化、模块化设计是产品可靠性的重要保证，也是快速维修的必然发展趋势。

5)强化设计的理论依据，尽快改变凭经验或简单地模仿设计方式，提高设计分析手段。

2. 提高从业队伍水平

人才队伍是指整个制造过程的人才，包括研发人员、设计人员、工艺人员、零件加工人员、装配工人、调试人员等。

机床制造业经历了几次低迷，人才流失比较严重，加上近些年来国外企业大量涌入，对技术人才进行了新一轮的争夺，形成了不同程度的技术断层。经验的积累是实现精密制造的关键，人才队伍必须相对稳定。要根据工作特点选取不同学历和特长人员，在制造过程中不断地了解、熟悉、掌握机床特性，持续改进，企业要通过多种渠道对员工进行技术、技能培训，加强数控机床制造文化培养。这是一个长期的、持续的过程。

在人才培养模式上应有新的思路，应着力培养高素质、复合型、动手能力强的工人技师。采用校企联合的方式办学是保持人才连续的方式，既提高了学生就业成功率，又增加了面向企业的针对性。但更重要的是，应从国家战略层面提升行业地位，形成良性的职业崇尚，吸引更多的人从事制造业。

3. 加强工艺技术深入研究

造成当前"形似神不似"的重要原因是各种细节未做到位。工艺流程设计不细致，工艺的指导性和操作性不强(工艺方法不明确、工艺手段不完备)，如装配该量化的未量化等，缺乏精细制造的认识。

要改变传统观念。随着刀具及机床性能的突破，加工方法、加工理念、加工流程都已经发生了很大的变化，完全可以用新方法、新手段达到加工要求。恒温制造、等温制造是数控机床制造的新要求，数控机床功能的增强、自动化程度的提高克服了人的主观视觉上的误差，提高了加工零件精度，误差下降。装配工艺的细化、实验测试手段的完善将使装配流程更顺利。

要打破现有的研发思路，从用户的角度出发，与用户一起成长，从实际需求中开发出自己的刀具产品，而不是仅仅替代国外产品。

4. 正视差距，集中资源，扎实工作，要有精品意识

任何技术产品都有一个逐步完善的过程，不经历长期的技术积累，则无法实现质的转变。

(1)行业正视差距、科学导向。一个行业要想在短时间内实现质的飞越，不现实也不符合科学发展规律，机床行业作为基础产业更是如此。要科学地导向，正视与世界机床先进企业之间的差距。彻底消灭这种差距，需要长期摸索、不断学习的过程。

(2)企业集中资源，做精目标产品。企业的资源是根据自身的优势配置的，也是有局限的，有限的资源只能用于有限的目标，尤其是在社会配套不完备的情况下，过分依赖别人无法做出精品。由于服务领域的发展阶段不同，对产品的需求时段也不相同，坚持有所为有所不为的产品发展原则，集中资源，做精目标产品。

(3)技术人员扎实做好基础工作。技术人员需要克服急躁的情绪，冷静下来开展大量扎实的基础技术工作。要从技术源头对产品进行全方位的梳理和改进，要树立品牌意识。当前在许多技术方面我国仍处于落后状态，如变形控制及补偿技术、机床刚性及抑振技术、机电联调技术、动态参数优化技术、虚拟制造技术、智能化技术等，都需要进行长期不懈的努力和扎实的技术研究、消化应用工作。

(4)制造人员的精品意识。要提升全体从业人员的精品意识，不要只对任务(甚至只对工时)负责，更重要的是对

产品负责、对用户负责。要制定严格的考核和激励机制，激发员工的热情和精益求精的工作作风。

5. 完善管理体制

（1）生产过程质量控制。好的产品设计需要严格的生产过程质量控制做保障。零件加工质量不稳定、检测能力不足、装配调试不到位，外购元器件、关键功能部件和配套件未经严格测试检验和筛选而存在质量隐患，一线工人质量意识淡薄、综合素质不高、造成人为附加隐患等原因，大大增加了我国中高档机床的质量不稳定和可靠性差的出现几率。严格精细，甚至苛刻的生产过程质量控制才能将技术转化成真正的精品。

国内机床厂家需从管理方法和人员素质两方面提升产品精细化水平。当前，国内很多机床厂家厂房设施等硬件条件并不比国外差，自动化、信息化水平相差无几，质量管理方法基本一样，产品外观也越来越“形似”，但产品品质与国外品牌仍有明显差距，这恐怕与我国机床生产精细化水平低下有直接关系。

因此，需要完善生产、检测设备保障能力；切实推行6S、4M1E、PDCA等现代质量管理方法，加大执行力度，确保质量管理体系全面执行到位，特别注重质量隐患预防体系和质量问题可追溯体系的建设，杜绝不合格零件流入下道工序。建立完善的质量考核与效率考核并重的员工薪酬体系，注重员工质量意识和综合素质的强化培训，全面提升生产人员的基本素质和扎实技能，包括预见问题、分析问题、解决问题和总结经验的能力，强化精益求精、不断追求完美的责任心和执着精神，用偏执的态度追求产品高可靠性、高稳定性。

机床制造是个系统工程，包括机械、电气、液压和软件等系统，一台机床有几千个零部件，每个零件有数十道工序，机床产品的质量由这成千上万道工序构成。制造规范是企业管理核心，是产品整个生产过程中每个人必须遵守的规定。企业在受益低成本的同时，也要帮助供应商提高技术水平、管理水平和质量控制。

（2）考核机制。考核机制的导向应是鼓励提高技术水平，提高制造质量，而不是按提前完成产品来进行激励。当前大部分企业按工时进行考核结算，加工、装配高档机床的人员应具有较高技术水平，具有较高的工时定额收入。高档机床的制造，其工时定额应该科学、合理，应符合制造工艺、质量的要求，不能通过缩短工时来提高效率，影响制造质量。注重效率是在保证质量前提下的效率，没有质量保证下的效率只会增加成本。

（中国机床工具工业协会信息传媒部针对国产中高档数控机床“形似神不似”、影响市场竞争力的现状，组织行业技术专家进行了讨论。本文归纳、整理了各位专家的认识和体会）

建立产学研用联盟体系 提速国产功能部件和数控系统发展

中国机床工具工业协会第六届五次常务理事（扩大）会议通过的《机床工具行业“十二五”期间工作要点》，把“着力提升中高档数控系统和功能部件的配套能力”作为行业“十二五”期间的重点任务，为此，提出了“两条腿走路”的方针。在积极支持专业化企业加快发展的同时，也鼓励和支持有条件的机床主机企业根据自身需求延伸产业链，积极介入数控系统和功能部件产业的发展，从而加速中高档数控系统和功能部件产业的发展进程。专业化企业应与主机厂密切结合，形成开发与应用的产业联盟和利益共同体。

一、数控系统

1. 产业发展模式

长期以来，我国数控系统与数控机床呈现“两张皮”发展的现象比较突出。两者没有形成互相支持、互相促进和共同进步的局面，也没有形成开发与应用产业联盟和利益共同体的战略合作关系，这不仅制约了我国数控机床产业的发展，影响了产品和企业的市场竞争力，更制约了我国数控系统行业的发展。

当前，国际数控系统产业有三种发展模式：

（1）西门子模式：系统厂专业生产各种规格的数控系统，提供各种标准型的功能模块，为全世界的主机厂提供批量配套，如发那科、西门子、三菱等。这种模式的优点是：主机厂和系统厂发挥各自的优势，有利于形成专业化、规模化生产。缺点是：系统厂和主机厂主要是买卖关系，双方结合不够紧密；如果系统厂在技术上不向主机厂开放，主机厂所需要的特殊控制要求、加工工艺和特色使用要求难以实现；主机厂为了保护自己的知识产权，也不太愿意将这些特色技术提供给系统厂。

（2）哈斯模式：主机厂独立开发数控系统，并与其自产的数控机床配套销售，如美国哈斯公司、意大利菲迪亚等。这种模式的优点是：主机销售带动系统推广；主机厂全面掌握数控系统技术，可以将主机厂积累的经验集成到数控系统中，方便地实现特殊控制和加工工艺要求。缺点是：主机厂独有品牌的数控系统很难被其他主机厂选用；数控系统研发所需的技术基础积淀和人力、物力投入，不是一般主机厂能承受的。

（3）马扎克模式：主机厂在系统厂提供的开发平台上，研发自主品牌数控系统，并与自产的数控机床配套销售。如，日本马扎克、森精机等公司在三菱、发那科公司提供的数控系统平台上，进行二次开发，形成马扎克、森精机的数控系统品牌。这一模式使得主机厂需要的特殊控制要求、加工工艺和使用特色要求方便地融入数控系统中；主机厂用较少的投入，形成了自己的特色技术、知识产权和数控系统产品；主机厂自主品牌数控系统的推广，进一步强化了主机厂的机床品牌，增加用户对主机厂的忠诚度；降低主机厂采购数控系统的成本；同时带动数控系统产业的发展。实施这一模式的关键是：系统厂源源不断地为主机厂提供数控系统平台技术，形成主机厂和系统厂共同开发与应用的产业联盟和利益共同体。

在我国，也存在类似模式的合作。“十一五”期间，华中数控积极与大连机床、北一机床、武重集团、南通机床等重点机床企业建立战略合作关系，大大促进了中高档国产数控机床和数控系统发展。例如，华中数控与大连机床以资产为纽带，建立战略合作伙伴关系，在华中数控系统开放式平台的基础上，大连机床集成了用户工艺，开发出特色功能和界面，研制了“大连数控”品牌数控系统，已累计生产销售6 000余套，提高了大连机床的整机性价比，改变了大连机床以往中高档机床全部配置国外系统的状况。此外，大连机床在关键机床部件生产线上，建立了国产数控机床、数控系统和功能部件“自产自用”应用示范基地，已使用各类配置大连数控系统和华中数控系统的机床近500台。

结合我国国情和现有的经验，马扎克模式是最适合主机厂发展数控系统产业的模式。因此，建议国家支持数控系统厂和机床厂以资产为纽带，建立战略合作关系，实现主机厂、系统厂、用户多方共赢。

2. 做好系统规划

发展数控系统必须进行系统规划，做到专精特；数控企业要与主机企业密切合作，更好地为主机服务。

数控系统不是孤立的产品，它是为机床服务的，而机床又是为工艺服务的。在开发和生产数控系统时，主机厂的优势是充分了解需求，把需求转化为数控系统功能和性能的需求，以此为目标开发出来的数控系统才能支持数控机床高效率、高精度地加工。

了解用户的工艺和机床的特性，制定合理的控制方案、控制策略，还要建立大量数学模型，这是数控系统的关键所在。数控系统本身是自动化控制产品，除了控制方法、数学模型、软件，还需要许多硬件支撑，硬件领域又分为很多小的学科，都需要相应的硬件技术和软件技术做支撑。控制系统则更复杂，需要许多相关软件和算法。

进行系统规划的人，要对每一个小专业提出一定的量化指标，做具体专业的人要根据系统规划者的要求，从专业的角度做好、做精、达到要求，满足用户的工艺要求，然后再把能达到的水平反馈给规划者。系统规划者可以根据他们能达到的最高水平，使系统规划上一个新的台阶。在这里体现出“专、精、特”。

没有完善的加工设计和系统规划，没有“专、精、特”的支撑，是做不好数控系统产业的，这不是单纯财力就能解决的问题。

3. 主机厂介入系统开发

鼓励主机厂开发数控系统，关键要看主机厂有没有能力。支持主机厂建立数控系统的研究部门，开发中高档数控软件功能，开发专用加工工艺软件模块。系统的硬件、伺服驱动装置与伺服电动机应由系统专业厂生产配套，不宜重复建设生产车间。

当前的高档数控系统需要专业化的研发团队、制造生产团队和应用技术团队，需要各式各样的实验、测试条件乃至相关技术创新所需的企业文化氛围。从过去的行业发展历程看，主机厂研制数控系统的成功经验不多，而且随着数控技术的发展，难度会越来越大。

二、功能部件

“十一五”期间我国数控机床快速发展，年产量已从初期的近6万台，发展到2010年的近22.4万台，增长了近三倍。2009年起我国已连续两年成为世界机床制造第一大国，但也应注意到，我国仍然是世界第一大机床进口国，高档数控机床还不能满足国内需求，制约因素之一是高档功能部件还大量从国外进口。

1. 发展滞后、水平低、规模小、可靠性差、服务能力不足

“附件”“部件”名称的“非主要性”特征，使功能部件产业很难享受“主体”般的重视，功能部件生产企业一直在“重主机轻配套”和“重洋轻土”的环境下艰难前行。尽管近几年扶持力度不断加大，但由于相关生产企业基础薄弱、规模偏小、自主创新能力不强、技术投入不足等原因，效果差强人意，尚未走出低价竞争的阶段，部分产品停留在“能做”的层面，远没有形成产业化配套能力。功能部件发展滞后已经成为制约整个行业发展的矛盾焦点。要实现数控机床由大变强的战略目标，必须解决产业空心化的问题，切实提高中高档数控机床功能部件的自主配套能力。

2. 应用情况

当前，主机企业或者最终用户对国产功能部件不信任、不愿采用也是制约功能部件发展的一个重要因素。新产品得不到应用平台的检验，无法发现问题、跟进改进，由此陷入了恶性循环，企业投入大量的资源和成本研发的新产品被束之高阁，在造成极大浪费的同时也挫伤了企业积极性。功能部件行业要发展，必须在产学研用联盟体系建设上有所作为，而其最终的落脚点是应用。

应给予功能部件生产企业与主机同等的重视程度，充分调动生产企业的积极性，在产业政策上给予一定的倾斜，在发展所必需的资金、技术和市场支撑方面予以重点关照。建议政府出台一些鼓励行业用户采用国产数控机床及功能部件的政策，对于国内能够生产的中高档功能部件在项目建设过程中强制性要求使用，多给国产功能部件创造机会。

为此，应该采取“两条腿”走路的方式，这有利于专业化部件企业加快发展。

3. 加强与主机厂合作，保证质量的稳定和可靠

功能部件企业自身也要在同主机厂的密切合作上多下功夫，由点及面，争取在应用上产生示范效应，逐步提高配套能力。企业一要经常性地走访用户，虚心听取主机厂的意见反馈，及时了解对方的技术要求与发展意图，共同研究解决存在的问题，不断满足对方产品生产发展需要。二要加快同主机厂结成利益共同体的步伐。一方面加大机床销售业务板块的投入，在为重点用户做好销售延伸的同时，密切双方关系，促进自身产品的配套应用；另一方面与主机厂互为用户，在技术改造时重点采用配套主机厂的机床，用机床来推动新产品的开发。三要提高产品技术服务能力。既要做好为配套的主机厂服务，参与到主机的设计与功能部件选型，确保主机厂的合理选用；也要为产品的最终用户提供好服务，保证产品在现场使用中出现问题获得及时解决，特别是在“三包”期外及时提供备品备件，将用户的停机损失降到最少，从而消除用户的后顾之忧，放心购买采用。四要完善质量保证体系，保证产品质量的稳定性和可靠性，提高用户对产品质量的信任度。五要加强服务的快速反应能力建设，完善售后服务承诺机制，努力打造一支优秀的服务队伍，更好地满足市场的快节奏和个性化需求。

4. 主机厂介入部件产业生产

近几年机床的高速发展让一些主机厂认为一切都可以买到，可以支持自己的所有功能，但是近几年的发展结果证明：只是给别人做了嫁衣，应得的利润流失。而最重要的是，机床水平没有得到真正提升，“机床不用国产的，部件不用国产的”怪圈使机床行业丧失了自主能力。

主机厂家可以在有能力的情况下，加入功能部件的发展中来。我国功能部件发展滞后于主机，除了重视程度不够外，主要与基础环境落后有关，如原材料达不到要求、需要的装备能力不能满足要求、工艺条件落后、基础原理的研究滞后等。有能力主机厂家的介入将会加快这一进程，特别是在资金投入和使用方面将会有很大的帮助。但是，主机厂家在介入方式和介入角度方面都要经过充分的考虑，避免走大而全、小而全的路子，盲目介入使企业背上沉重的包袱，或者造成重复投资。主机厂优势在于功能部件的应用和个性要求，而功能部件的优劣取决于产品的设计、加工工艺和技术、各种配套件的研究开发等，应用技术只是其中之一。主机厂和功能部件企业都有太多的技术、工艺问题需要攻克，应该在各自的行业中发挥“专业化”生产的作用，互相支持、互相促进，实现共同进步，合力促进整个行业的发展。

（本文根据中国机床工具报记者对数控系统和功能部件行业内主要企业领导的采访内容归纳、整理）

发掘“机床后市场”推动机床再制造产业化发展

陕西秦川机床工具集团有限公司（以下简称秦川集团）坚持企业科技创新的主体地位，专注于精密复杂数控机床主机技术、关键功能部件核心技术的持续投入和自主研发，致力于培养“为用户提供从图纸到零件”的成套工艺装备能力，打造数控机床产业链，在推进国家装备制造业诸多细分行业向高端化、精密化、高效化发展进程中发挥着重要作用。

近年来，依托半个世纪以来在复杂型面加工技术领域的人才、技术积淀和以此形成的研发、制造综合实力，秦川集团立足转型升级、发展现代制造服务业的战略高度，着力推进机床再制造产业化上水平。三年来，秦川集团修复、改造升级国内外机床装备及专用设备500多台，其中包括齿轮磨床、导轨磨床、坐标镗床、花键磨床、外圆磨床、加工中心等精密机床和重型机床，累计实现销售收入3.5亿元。虽然这样的规模在集团整个业务中的占比不大，但其年均30%以上的持续增长能力引人注目。

一、再制造业务是机床企业发掘“机床后市场”与用户机床消费“延年益寿”双赢的必然结果

作为资本品的机床，其消费次数伴随着全生命周期可划分为新产品（设备）购置投入，即初次消费；因维护、项修及转产调整等而进行改造，为二次消费；进行大修和翻新、数控化改造和智能化升级，为三次消费。

机床行业具有显著的强周期特征。一方面，本轮持续10多年的景气周期，意味着随着下游需求不断得到满足，机床的市场保有量不断增加。日益增大的市场保有量就是一座“机床后市场”的“金矿”。另一方面，机床本身是一门复杂的应用技术，既包括诸如刚度、热变形、振动、摩擦、精度、补偿等各种基础理论知识，又有大量的应用技术，如结构布局、驱动与传动、控制等。随着数字控制、电子信息技术及新材料、新工艺的普及应用，近年来我国机床装备的高精度、自动化、智能化水平不断提高。同时，在下游行业转型升级的“倒逼”下，我国机床市场保有量中相当一部分的机床，特别是20世纪90年代前出厂的机床，整机精度、功能、自动化水平远远不能满足下游用户对机床的新要求（高效率、高精度、高可靠性）。这些机床大修改造的需求刚性，在一定程度上超过了购买新机床。

当机床的市场保有量达到一定程度时，当年主机的销

售和“机床后市场”的业务，是构成机床企业效益的两个重要因素，也是企业持续发展的根本所在。

以大修和翻新、数控化改造、智能化升级为主要特征的机床再制造业务正成为秦川集团新的经济增长点。自2010年来，翻新、改造升级机床及专用设备的用户涵盖国内主要汽车制造、船舶制造、工程机械等行业。企业按照“预检—制定再制造方案—再制造实施—测试评价—准予出厂—售后服务”的流程规范操作，即对用户不同工况的机床（彻底报废、精度丧失或提高自动化程度等），预先检测机床整机的初始精度、传动部件（部位）的磨损情况，在听取用户要求的基础上，对旧机床的机械结构、传动系统、导轨形式、液压系统及电气系统进行改造前的再设计，制定适宜的再制造方案。经过用户的技术与商务确认，进入再制造业务的实施阶段。该阶段中的再加工、再装配是基于旧机床原有结构与性能约束下（充分利用老旧机床的床身、立柱、导轨、底座等耐久性主体结构部件）的加工和装配，要求远远高于新机床的制造。同时，为满足用户提高机床自动化程度的需求，企业从主机和控制系统两个层面进行再设计和再制造。通过整机创新性再制造的机床产品，与新造机床有同等质量甚至性能更好。

以集团为国内某航空制造企业再制造的瑞士莱斯豪尔AZA蜗杆砂轮磨齿机为例，全面改造升级后的这台进口机床，实现了六轴伺服控制，取消了原机床的机械传动部分，从而缩短传动链减少了传动误差，加工效率提高50%，加工精度可稳定5级，部分精度可达3级。经过再设计，机床具有了多头砂轮磨削功能、任意模数齿形与外圆的砂轮自动修整功能、实现连续位移磨削与数控齿向修形等功能；拓展了加工范围，模数0.2～6mm（原为0.5～6mm），齿数7～300（原为12～256）。为便于维护，采用标准液压元件外置液站，砂轮及工作主轴由滑动轴承改为滚动轴承等，同时配备了全防护罩、高效静电吸雾装置，绿色环保宜人。

除对精密机床的再制造外，秦川集团也涉足大型、重型机床的再制造，对进口落地镗床、导轨磨床、卧式滚齿机、加工中心等大重型机床的再制造先后取得成功，再制造的成形磨齿机最大加工规格可达3m。在恢复机床原始加工精度、延长使用寿命的基础上，对部分机床按用户要求进行了数控化再制造。同时，为进一步拓展业务，集团公司依托五大销售分公司加强与用户的密切联系，积极承接再制造业务，并在华东、华北等地区成立服务中心，提出并承诺再制造机床与新机床同样的质保期和售后服务标准。

实践证明，对废旧机床的再制造，节约了大量的原材料及能源，机床的主要机械部件基本能够实现再利用，再利用率达90%。由于废旧机床的机械通用部件再制造后修复利用，不须重新铸造、加工，在节约原材料、能源的同时，又减少了对大气的污染，还降低了制造成本。

二、再制造业务是机床企业基于产品全生命周期管理创造用户新价值的主要内容

机床再制造是装备工业转型升级、培育循环经济新增长点的突破口之一。站在机床厂家角度，再制造是基于产品全生命周期管理的创造用户新价值的重要阶段，既是企业立足需求终端，进一步提升机床产品对用户工艺适应性的有效手段，又是装备制造企业“轻资产运营”的主要形式之一。站在用户的角度，再制造使其能以低成本、短周期获得不低于新出厂产品综合性能与技术指标的机床。

1. 加强全生命周期管理，打造机床装备高端品牌形象

加快产业结构优化和转型升级，大力提升产品研发创新能力，从规模生产向产品创新和质量提升转型，从价格优势和产业链低端向产品优势和产业链中高端升级，是我国由制造业大国走向制造业强国的必由之路。而在这个过程中，以产品创新为核心的全生命周期管理解决方案，在机床产品的最初研发制造阶段，即对用户使用过程不同阶段的需求都进行了预设计，使秦川集团在机床再制造领域的优势不仅在于单机的升级维护水平，更在于其伴随用户需求升级全过程的系统服务能力。

以齿轮机床为例，秦川集团为用户集成了热（处理）前从齿坯的车削、制齿（滚/拉/插/剃）与相应切削刀具，热（处理）后从端面与内孔磨削、磨齿、精整（包括工装卡具）及检测的系统服务能力，产品成套成线进入二汽、上汽、比亚迪等企业。同时基于高效率、高精度、高可靠性的市场需求，秦川集团的齿轮磨床也经历了从纯机械式到计算机控制、从全数字控制到智能化的发展，磨削轿车齿轮（模数2.25mm、齿数43、齿厚16mm）加工节拍只有56s，磨削用时仅23s，加工精度DIN3级、批量稳定DIN4级精度，加工效率比肩国际先进水平。

2. 开发“机床后市场”，创造用户新价值

随着人工成本的上升，下游市场向高度专业化、高效化发展，用户企业专业性设备管理职能部门“外包”趋势初露端倪，广阔纵深的“机床后市场”逐渐显现，成为机床行业新的增长点。在机床再制造业务以外，当前秦川集团正在与汽车制造、透平机械、风能发电等多领域用户洽谈磋商其设备管理职能的“分包”业务，包括数控复杂刀具配送与刃磨等。因此，无论从市场消费需求、产业形态创新还是资源要素的永续利用等趋势观察，再制造必将成为机床行业新的强劲增长极。

三、再制造业务离不开企业强大的、以“正向研发”为特征的系统创新能力

作为当前国内为数极少的能够与国际巨头一比高低的“复杂型面制造领域”的领军者，秦川集团率先实践了“以掌握原理和实现突破性创新为目的的导向的正向创新战略”，取得了一系列开行业先河的创新成果。

大批量齿轮磨削的数控蜗杆砂轮磨齿机技术及产品获得国家科学技术进步奖二等奖。大型数控锥齿轮磨齿机，广泛应用于海洋工程设备推进器、陆地和海上钻机转台、通用航空等领域的大规格精密锥齿轮加工，解决了锥齿轮加工中“大型”和“精密”的世界性难题，获得了2010中国国际工业博览会金奖。

包括航空发动机叶片磨床、机匣复合加工机床、拉刀磨床等重大专项产品在内的"航空发动机关键部件加工装备生产线"获2011中国国际工业博览会银奖。

瞄准轨道交通行业市场，先后开发出GZ116A数控高速车轴（车桥）磨床、GZ139数控双砂轮架车轴专用磨床，占我国两大机车企业同类设备采购量的90%，成为进口替代产品。

大型数控塑料中空成型装备SCJ230、SCJC1000/1500、SCJC500×6攻克了多层复合、拉伸混炼、轴向和径向壁厚控制、挤吹成形工艺等多项关键技术，代表国内塑机行业的高端水平，国内市场占有率分别为80%、30%、30%，并出口东南亚多个国家和地区。SCJC500×6六层中空成型机，是为我国汽车行业配套多层塑料燃油箱研制的大型设备，制品阻渗性能达到欧Ⅲ标准，填补了国内该领域空白。SCJC1000/1500是国内规格最大的中空成型机。

在战略新兴产业，特别在新能源装备与核心零部件领域，秦川集团围绕关键装备的自主化配套展开布局，依此作为转型升级、调整结构的抓手之一。

（1）风电领域。从2005年起，秦川集团先后完成了风电用基础铸件材料、箱体及齿轮加工装备、高效风电增速箱部件的全线研发与制造。其中，高牌号风电轮毂、底座、轴承座等优质铸件达到了国际先进水平，填补了国内空白，还出口美国、西班牙、日本等风力发电设备企业。为风电增速机箱体、行星架、内外齿轮等主要零件加工研制的核心装备，从VTM180/260/320系列动梁式重型车铣镗复合加工中心、2～2.5m系列大规格高速滚齿机，到0.8～2.5m大规格高效数控磨齿机与测量仪、3.5m大立车等，形成了系列化销售。

2010年秦川集团自主设计、以自有设备和工艺制造的1.5～6MW风电增速箱下线，顺利通过变扭矩测试、GL（德国劳氏船级社）设计和现场认证。

（2）核电领域。为上海电气研制成功用于核电设备中管路、蒸发器等零件深孔加工的专用机床，最大钻孔深度2.5m，孔径ϕ8～40mm；用于核电蒸发器支撑板的拉削、孔的磨削及抛光加工，满足CPR、AP1000和EPR蒸发器管束支撑板的专用拉床，双双填补国内空白。

（3）光伏发电领域。开发了具有自主知识产权、达到国际先进水平的GK4620数控多线硅片切割机床，最大切割面积可达220mm×220mm，一次可切割2 000多片，切割片厚为0.18～0.20mm，突破性地解决了高精度回转轴系的设计制造、多辊同步驱动技术、切割线恒张力控制技术、精密切割伺服控制技术等多项重大关键技术，打破了国外技术垄断，促进我国光伏装备的自主化发展。

正是基于企业强大的、以"正向研发"为特征的创新体系，秦川集团的再制造业务承前于机床产品的自主研发设计与制造，开启了用户需求不断升级的"机床后市场"，拓展延伸了装备制造业后端价值链，也引领企业完成了从简单的"商品供应者"向"用户工艺师和装备师"角色的转变：前端为用户工艺规划和设计，中端立足自主研发系统集成，后端提供全方位的工业服务。

〔撰稿人：陕西秦川机床工具集团有限公司霍然〕

竞争交流共谋发展
做大做强主轴功能部件行业

主轴功能部件专业委员会（简称专委会）成立18年来，从最初的4家从事静压主轴的会员单位发展到40多家会员单位，其中纳入的统计会员33家，包含从事静压（动静压）主轴、滚动机械主轴、电主轴及其配套件的绝大部分骨干企业。

一、主轴行业的现状

"十一五"期间，主轴功能部件行业实现产值10亿元，是"十五"期间产值的10倍。国内生产的作为商品供应市场的电主轴，涵盖磨床、铣床、车床、钻床、加工中心、木工机床、离心机、试验机、旋压机、雕铣机10大类，最大输出功率可达150kW，最大输出转矩可达1 000N·m，最高转速可达150 000r/min。

专委会成立以来，会员单位开展了大量的技术开发和创新工作，国产数控雕铣机配套的电主轴已经全部国产化，多种高精度磨床也已经批量配套国产静压动静压主轴。数十个系列数百个规格滚动轴承、高速电主轴和高精度静压动静压主轴产品应用于机床行业及其他领域。

主轴功能部件行业的许多单位独立承担或联合承担高档数控机床与基础制造装备科技重大专项，研究出具有自主知识产权的先进产品。如洛轴科技研制滚动轴承电主轴；江苏星辰高速电机有限公司、湖南大学、西安英威腾合升动力科技有限公司联合研制滚动轴承永磁电动机电主轴。在静压轴承技术方面，东方精益机械设备有限公司研制的高精度立式转台精度达1μm；上海原创精密机床主轴有限公司与多家企业合作研制高档数控车床、磨床用静压动静压主轴及静压导轨技术与产品。例如，与宝鸡忠诚机床股份有限公司合作研制的大规格数控车床内置式动静压电主轴加工精度达0.2μm、转速5 000 r/min（主轴直径

160mm)、功率60kW,在进口设备国产化方面取得了很大的成就;磨床的内置式动静压电主轴砂轮线速度220m/s,主轴转速11 000 r/min,提前实现2011年重大专项提出的磨床动静压电主轴指标。

在CIMT2011年国际机床展上,上海原创精密机床主轴有限公司、北京东方精益机械设备有限公司、北京航空精研机电技术有限公司等展出的液体静压转台的直径450～3 000mm。湖南大学海捷主轴科技公司展出的电机内置式水静压高速高精度电主轴,额定转速达到30 000r/min,功率12kW,主轴轴端径向跳动0.001mm,已批量供应凸轮轴磨床和曲轴磨床应用。

我国对静压动静压技术的研究及应用已有50多年的历史,对基础理论有相当深入的研究,在技术上已打下坚实的基础。在静压主轴、动静压主轴、静压导轨等方面都有成熟产品,品种齐全,应用也十分广泛。虽然整体上看我国的机床工业水平落后于发达国家,但在精密机床静压动静压主轴领域已达到世界先进水平。当前已成功实现汽车厂、钢铁厂用静压主轴国产化替代,性能不低于原主轴;有关多油楔浅腔动静压轴承、动静压轴承、静压导轨的文章在国外刊物上发表;在应用方面,品种精度等各项性能都不低于进口设备,被国外认为是新技术产品。

二、存在的问题

按照主轴价值为机床价值的1/20～1/10计算,2011年1～8月需要配套主轴功能部件的金属切削机床的产值为970.1亿元,则主轴功能部件行业的产值应该在60亿元左右。但行业产值仅不到15亿元,约为金属切削机床的1/60。与整个机床行业相比,主轴功能部件行业显得太小、太弱,至今缺乏真正能够为中高端数控机床配套的滚动轴承电主轴,特别是伺服主轴。静压动静压主轴的性能虽然能够满足高精度机床的要求(2009年、2010年及2011年重大专项配套的国产静压动静压主轴大多数是由本行业提供的具有自主知识产权、达到先进水平的高档产品),但也只是少数企业的产品,大多数企业存在品种少、产量低、质量不稳定等问题,在推广配套使用上存在许多困难。

造成这种局面的根本原因是资金短缺、投入不足。主轴功能部件是高技术含量的产品,它综合应用数、理、化、机、电、液、气、声、热、材料各方面的基础理论研究成果,本身零件制造、装配中又涉及到精密工艺、测试技术、动平衡技术、温控技术、材料等一系列应用技术,技术含量比较高,需要的投入较大,收回投入的周期也较长。整个主轴功能部件行业,除洛阳轴研科技有限公司外都是私营企业,绝大多数企业都是从很小规模逐步发展起来的。许多企业的加工设备陈旧落后,很难拿出经费进行基础理论研究,特别是工艺装备、测试技术的研究,技术进步也只能从低端缓慢摸索。当然行业内存在少数投入较大的企业,其设计技术、工艺技术、管理技术比较先进,产品的质量比较可靠。如,广州昊志机电股份有限公司几年来投入逾1亿元用于研发,其产品质量高,大多用于出口。

设计一个主轴部件,应该能够预判其基本技术性能指标。当前只有个别企业能够对自己设计的主轴部件初步定量预判基本技术性能指标,大多数还只能依赖经验定性分析来预判。

静压动静压主轴由于对基础理论有较深入的研究,对各项参数都有近似的定量数据。但随着机床提出越来越高的精度、转速及功率要求,还需要开展许多研究工作。例如,油膜均化程度、零件加工精度与回转精度的关系、最大刚度、最小系统功耗的优化设计、产品的可靠性等都需要下功夫研究。

这些问题不但极大地影响了产品的产量及质量,而且影响了对新产品的开发,尤其是伺服主轴的开发。

“十一五”期间,国家(包括地方政府)在电主轴领域的科研经费投入近8 000万元,主轴功能部件行业企业获得约2 000万元,研究已经完成。“十二五”第一年的重大专项中,关于静压动静压主轴技术的研究项目未能在本行业中实施。从招标的情况看,国家花费几千万元的重大专项未必能对推动本行业技术的发展起多大的作用。资金投入不足造成技术进步相对滞后,尤其是基础理论和工艺技术(包括相应的工艺装备)的研究跟不上,希望国家(包括地方政府)能够加大对主轴功能部件制造企业的扶持。

专委会内的高校和少数企业开展了很多结合实际的工作,把研究和产品结合起来。例如,湖南大学与江苏星晨高速电机有限公司合作开发了滚动电主轴,颇有成效。

三、寻求做大的方法

中国机床工具工业协会提出“十二五”期间机床行业战略转变的主题思想是由大变强。而对主轴行业来说,行业转变的主题思想是由弱变强、由小变大。

第六届五次常务理事(扩大)会议指出,随着宏观经济的减速和需求结构的快速升级,市场已经不能支撑过去那种简单扩大产能的发展模式。主轴行业必须首先变强,才能在逐渐变强的机床行业站稳脚跟,而后谋求扩大。

1. 增加投入

要实现这一目标,首先要增加投入。投入的资金首先要用于技术改造,尽可能采用专用机床设备及高精度的设备,有条件的进行新产品的试制及工艺试验,添置先进的检测设备。

所需资金主要依靠自筹,同时也要争取外部投资和政府的扶持。行业的绝大多数企业都是从很小的规模慢慢成长起来的,每年的投入大多用于扩大产能。“十二五”期间应转变观念,在加强基础理论研究、改进设计方法及管理技术方面投入资金。

2012年来,行业内已有企业将主要投资方向放在技术改造上,如无锡阳光精机有限公司、无锡博华机电有限公司、江苏星晨高速电机有限公司、上海原创精密机床主轴有限公司等。其中,无锡阳光精机有限公司2012年投入1 000多万元,购置多台高精度磨床、数控车床、加工中心等高档机床,同时进口多台检测试验设备,如圆度仪、三坐标测量仪、电机性能测试试验台等高档检测设备，为提高产品质量打下坚实的基础。

2. 与相关行业多沟通

2010年，专委会曾经组织了一次解决伺服驱动器与国产数控系统的数字通信座谈会，最终与数控系统制造商达成协议，伺服驱动器制造商可以与之协商，安装能够与伺服驱动器实现数字通信的接口，既保证数控系统通信接口封闭，又能够与国产伺服驱动器实现数字通信，得到了总会的肯定。

大多数主轴制造企业与配套的主机厂保持很好的供求关系。但是在中高端数控机床问题上，还希望在总会的指导与帮助下，组织主轴功能部件专业委员会与相关主机分会进行多种形式的沟通，能够与主机厂共同承担“十二五”重大专项，这将对主轴行业由弱变强、由小变大起到极大的促进作用。

3. 人才队伍建设

第六届五次常务理事（扩大）会议指出：加强以企业为主体的技术创新体系建设和人才队伍建设，才能为实现行业“由弱变强、由小变大”提供支撑和保障。主轴在设计技术上的进步，如采用虚拟仿真设计技术、主轴技术性能各项指标的检测、主轴回转精度的检测、主轴动态特性的检测及精密零件制造和装配等，都需要专门人才完成。

为此，专委会希望掌握上述技术的企业能够开办学习班带动还未掌握的企业，体现行业竞争、交流、共谋发展的精神。行业内的三所大学在这些领域都有比较深入的研究。发挥优势企业、研究院校的能动性，既能提高学术水平又能结合实际，推动行业技术发展和产品开发。

总之，找到了原因，制定了措施，相信行业企业能够在最短的时间内实现由弱变强、由小变大，用中国的主轴功能部件武装中国机床。

〔撰稿人：中国机床工具工业协会主轴功能部件专业委员会钟洪〕

工具行业2013年中期发展形势分析

我国工具行业在经历了连续十年的高速发展之后，从2012年开始销售形势急转直下，进入了多年未见的市场低迷状态。

一、2012年以来我国工具行业的运行情况

2012年以来，我国政府将经济增长指标下调2~3个百分点，引导各方面把工作着力点放到加快转变经济发展方式、切实提高经济发展质量和效益上来，以利于实现更长时期、更高水平、更好质量的发展。

我国工具企业面对的市场，没有呈现出国家宏观调控预期的放慢速度、平稳发展的目标，而是全面逆转，降幅高达两位数。我国刀具市场的规模从2011年的400亿元缩减到340亿元，降幅15%。与此同时，刀具进口额从135亿元下降到115亿元，降幅也接近15%；出口额从85亿元下降到76亿元，降幅10%。

2012年，在市场总体严峻的大背景下，国内工具企业的表现呈现出较大的分散性。具体来说，少部分工具企业，对市场变化的适应能力较强，销售业绩基本与2011年持平，甚至略好于上年；多数企业销售业绩有不同程度的下降，降幅10%~30%。

2012年，跨国工具企业在我国的销售业绩平均降幅15%左右。但有两点值得注意：一是日系企业的销售业绩优于欧美企业。如日本OSG、三菱材料等企业销售降幅6%左右，而欧美企业达到10%~30%。初步分析，原因是日本刀具的性价比较优导致。二是跨国集团在全球或本国的销售业绩都超过了中国市场。这是多年来中国刀具市场迅速扩张、增长速度连续居全球首位后的第一次逆转。Sandvik的刀具部分2012年在中国的销售呈两位数下降，但全球的销售却增长1%；日本OSG公司2012年全球销售增长3.86%，但在亚洲市场的销售下降1.89%，主要原因是中国市场下降6.5%。这种变化和逆转，值得引起关注。

2005—2012年我国刀具市场规模变化见图1。2005—2012年我国刀具进口变化见图2。2005—2012年我国刀具出口变化见图3。

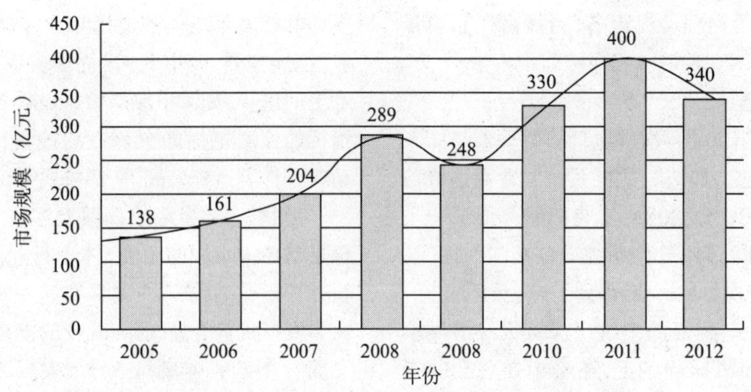

图1　2005—2012 年我国刀具市场规模变化

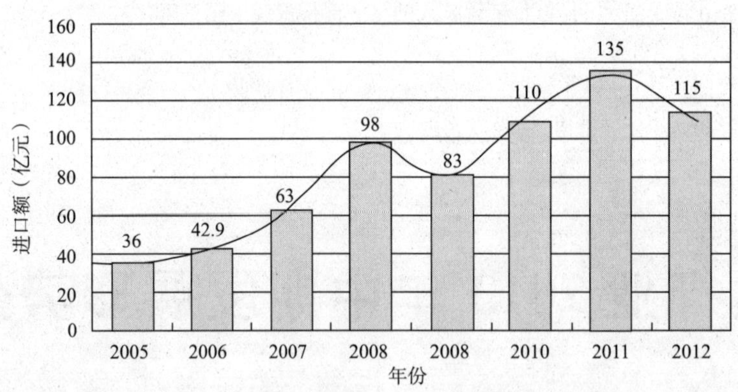

图2　2005—2012 年我国刀具进口变化

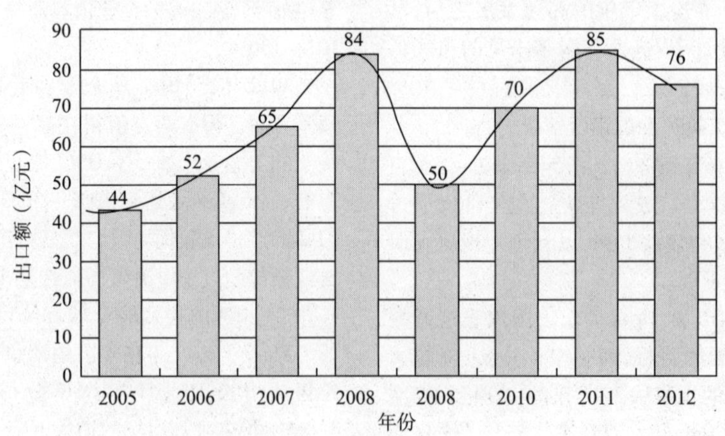

图3　2005—2012 年我国刀具出口变化

2012 年我国刀具出口额同比下降 10% 左右，似乎比国内市场的表现好，但有两点要加以说明：第一，2012 年出口新增订单下降，实际出口交货较好，有 2011 年接单而在 2012 年交货的因素；第二，不同企业的出口表现不同。总的来说，大批量低档刀具出口降幅普遍在两位数以上，质量稳定的传统刀具出口和上年基本持平或略有下降，工业用刀具、特别是硬质合金刀具的出口有上升趋势。

进入 2013 年，国内工具市场的总体形势未见明显好转。据工具分会统计，一季度会员企业销售收入同比下降 15.6%；四月份统计快报显示，同比降幅收窄至 11.14%，五月份同比降幅继续收窄至 8%，有止跌回稳迹象。但总体形势仍然十分严峻。

二、关注国家宏观政策导向的重大变化

2013 年 5 月 13 日召开的国务院机构职能转变动员电视电话会议上，李克强总理表示，当前经济发展形势错综复杂，要实现发展的预期目标，靠刺激政策、政府直接投资，空间已不大。如果过多地依靠政府主导和政策拉动来刺激增长，不仅难以为继，甚至还会产生新的矛盾和风险。这些表态，一方面凸显当前经济形势错综复杂，不能依靠简单的政策措施来解决；另一方面也可看出，我国政府的经济政策取向已从注重短期效果,向更加偏重于中长期发展转变,更加注重为持续发展打好基础。因此,各行业在分析当前形势、研究发展对策时的关键切入点是:不图急功近利,更重长远发展。广大工具企业必须认真研究国家宏观政策导向的重大变化,及时调整发展战略,才能适应新的发展形势,走出当前困境,进入持续发展的良性轨道。对国家宏观政策导向的新变化,主要应关注以下几个基本方面:

1. 坚持深化改革,扩大开放

当前面临的困难,并不是工具企业的局部问题,而是国家发展全局面临的共性问题。世界银行在2006年的《东亚经济发展报告》中提出了"中等收入陷阱"的概念,即当一个国家的人均收入达到世界中等水平后(人均收入约4 000 ~ 12 000美元),由于不能顺利实现经济发展方式的转变,导致新的增长动力不足,最终出现经济停滞徘徊的一种状态。我国从2010年开始进入中等收入国家行列,但也积累了很多新矛盾和新问题,需要认真研究和解决。改革开放30多年来,我国积累了大量建设中国特色社会主义市场经济的成功经验,也吸取了失败和教训,加上国际上可资借鉴的事例,相信能够找到一条适合国情的跨越中等收入陷阱的成功之路。

2. 我国经济发展不可能再回到粗放式高速增长的老路

中央早在十四届五中全会上,就提出了转变经济增长方式的指导方针,广大企业一定要认清形势,坚决摒弃那种回到粗放式经营模式的幻想。我国经济的高速增长,是在大量透支资源、能源、环境和社会代价的情况下实现的。这种发展方式,难以为继,不可持续。

除此之外,金融危机以后,国际经济环境的巨大变化也使我国以出口导向为主的发展战略难以为继。首先,世界经济复苏脆弱缓慢,全球经济和产业结构进行深度调整。第二,国际贸易投资保护主义增强,区域自由贸易体正在形成。欧美各国对我国出口商品的反倾销调查日益频繁和严重。第三,美国实施再工业化和出口倍增计划,中美经贸互补性下降。美国制造业的强劲增长使进口中国产品的需求下降。中美两国产业重合度上升,贸易竞争性增强。综观当前国内、国际经济环境的深刻变化,我国"转变发展方式,调整经济结构"已势在必行。

3. 深化完善市场体制改革,实现经济持续发展

我国30多年取得的发展成就,证明了改革是经济社会发展的强大动力。党的十八大作出"关于加快完善社会主义市场经济体制"的决定,意义重大。中央的决定,使有关我国经济可持续发展方针路线的争论,有了权威的结论:刺激不是办法,改革才是出路。

三、加快产品结构调整和产业升级步伐,向制造业高端市场进军

我国经济社会发展的战略取向对经济社会的中长期发展,有着决定性的影响,广大企业一定要认真研究,结合自身实际,把企业的发展和国家的大政方针紧密结合起来,才能走上持续发展的道路。

工具企业至少要对以下几个方面的政策取向给予高度关注,并在实际工作中采取适当的应对措施。

第一,转变经济发展方式的重要着力点是坚持建设资源节约型、环境友好型社会,粗放的数量扩张型发展模式将退出历史舞台。工具行业大量的低档刀具产能依靠国家出口退税维持运转,这种浪费资源的过剩产能必将在淘汰之列。

根据美国环球通视(HIS Global Insight)发表的资料,我国制造业的规模在2011年占全球的19.9%,但为制造业服务的工具工业,其主要原材料高速钢的消耗在全球的占比却在50%以上,硬质合金占比40%以上。资源的巨大浪费不能再继续下去了。

所以,工具行业转变经济发展方式,就意味着要淘汰高耗低效刀具的过剩产能,大力发展制造业急需的现代高效刀具,以最少的资源消耗,为社会提供最大的生产力。这个过程将使工具行业按优胜劣汰的原则重新洗牌。

第二,今后十年,我国制造业加快由大到强的转变步伐。我国制造业的总体产能过剩,规模不会再扩大,但水平要大幅度提高。因此,工具行业要满足制造业的新需求,提高服务水平。

今后十年,在制造技术和装备的发展中,绿色环保是必备条件。在功能上有五大发展趋势:高生产率、高性能、高柔性、自适应控制和模块化,对刀具的要求是:高性能和稳定性兼备、寿命和效率兼备、切削能耗降低。为了满足这些新要求,工具企业要在刀具系统设计、材料技术和涂层技术方面有新的突破,技术上若固步自封、不思进取,必将被淘汰出局。

第三,我国正处于经济发展的战略转型期,服务业加速发展,上下游关联企业间服务需求的扩大和提升,将是未来的发展趋势。

我国当前经济发展遇到的困难,除了国际经济形势变化导致出口增长受阻,总需求不足,大量制造业产能过剩外,服务业发展严重滞后是一个特别突出问题。

据国家统计局数据,2011年我国服务业容纳就业人数仅占劳动力总数的35.7%,大大低于马来西亚的60%和美国的81%。以中国当前的经济发展水平,服务业占劳动力总数的比例应在50%左右。今后,我国经济增长的主要动力将从出口和投资转向内需,服务业将是主要的。另外,从广义的角度来看,发展服务业,不仅局限于第三产业,第一和第二产业中,各企业间由于专业化分工的深化,相互服务的需求也在日益增长。工具行业企业要看清发展趋势,不要只计算产品生产的增长,一定要考虑提升软技术和服务水平可能为企业带来的更大的增长和效益,抓住通过提高服务能力推动发展这一新的增长机遇。

我国工具企业近年来通过引进国外先进技术装备,高效刀具的制造能力有很大提高,在很多领域实现了进口替

代。但是,很多企业在供应了刀具以后,缺乏为用户提供延伸服务的综合能力,所以在高端领域,常常是一对一的进口替代多,整体市场规模扩展很慢。这是我国工具企业和国外先进水平存在的主要差距,必须下决心解决好。因此,工具企业进入现代高效刀具的发展领域,要完成角色的重大转变:从简单的刀具供应商,转换成为制造业加工技术整体解决方案的提供者。

以上三点,归结起来就是,面对当前低迷的市场,广大企业一定要认清形势,不要等待国家出台政策救市,而是下定决心,加快产品结构调整和产业升级步伐,向制造业高端市场进军。

〔撰稿人:中国机床工具工业协会工具分会沈壮行〕

中国
机床
工具
工业
年鉴
2013

行业概况

从生产发展、市场及销售、产品进出口、科技成果及新产品等方面阐述机床工具各分行业及企业2012年发展情况

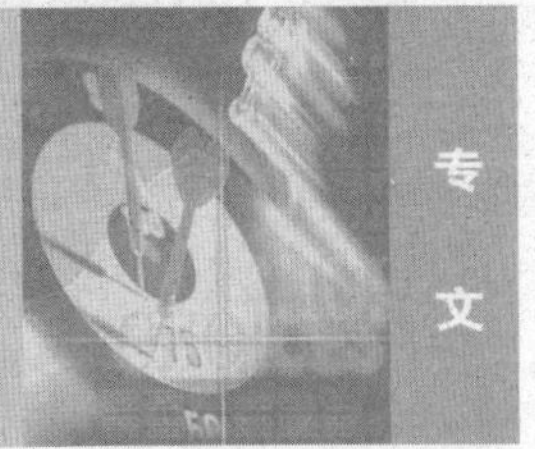

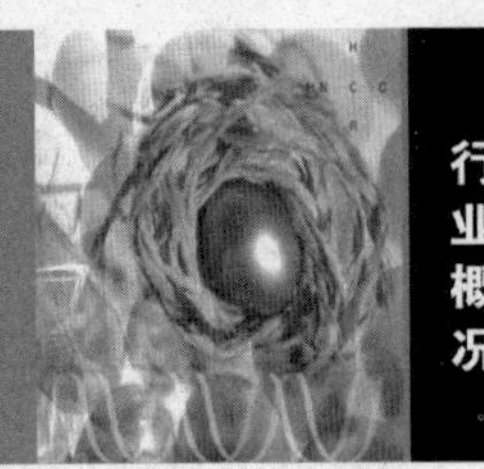

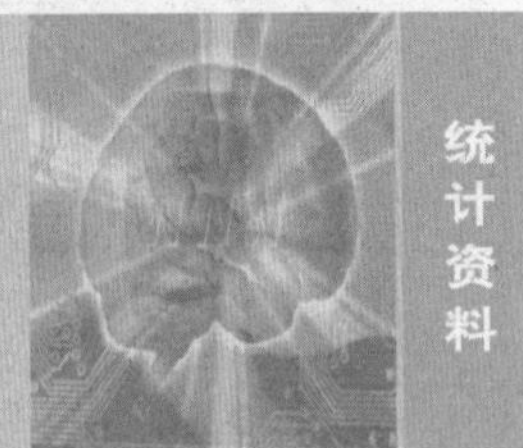

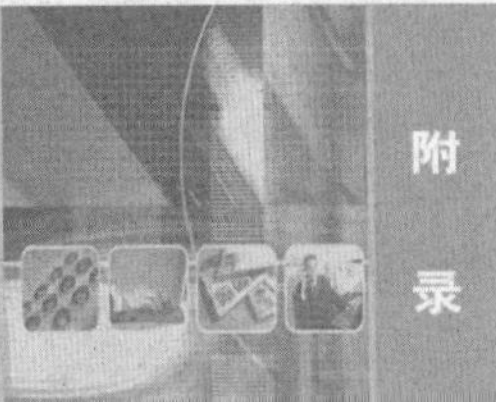

行业概况

金属切削机床

车床

铣床

钻镗床

磨床

齿轮加工机床

特种加工机床

插拉刨床

锯床

组合机床

重型机床

小型机床

锻压机械

刀具量具量仪

数显装置

机床电器及数控系统

机床电器

数控系统

机床附件、夹具、主轴功能部件及滚动功能部件

机床附件

夹具

主轴功能部件

滚动功能部件

磨料磨具

金属切削机床

金属切削机床制造业(以下简称金属切削机床行业)包括车床行业、铣床行业、钻镗床行业、磨床行业、齿轮加工机床行业、特种加工机床行业、插拉刨床行业、锯床行业、组合机床行业、重型机床行业及小型机床行业。

一、行业基本情况

1. 国家统计局发布的金属切削机床行业基本情况

2012 年,金属切削机床行业共有规模以上企业 678 家,比上年增加 69 家;产品销售产值 1 408.2 亿元,比上年下降 2.0%,增幅比上年下降 23.6 个百分点;工业总产值1 464.0 亿元,比上年下降 0.8%,增幅比上年下降 23.9 个百分点。

2. 本年鉴统计的金属切削机床行业基本情况

2012 年,参加本年鉴统计的金属切削机床行业 227 家,比上年减少 7 家,占全行业企业总数的 33.5%。产品销售产值 917.9 亿元,占全行业产品销售产值的 65.2%,比上年下降 9.8 个百分点;工业总产值 941.4 亿元,占全行业工业总产值的 64.3%,比上年下降 9.9 个百分点。

金属切削机床行业基本情况统计口径分为 11 个小行业。由于各小行业的产品结构呈多元化,各小行业的机床产品产值占工业总产值的比例各异,全行业机床类产品产值占工业总产值的比重平均值为 86.1%。2012 年金属切削机床行业 11 个小行业(227 家企业)基本情况见表 1。

表 1 2012 年金属切削机床行业 11 个小行业(227 家企业)基本情况

行业名称	企业数(家)	工业总产值(万元)	机床工具类产品产值(万元)	工业销售产值(万元)	机床工具类产品销售产值(万元)	工业增加值(万元)	实现利税(万元)	从业人员平均人数(人)	资产总计(万元)	流动资产平均余额(万元)	固定资产净值余额(万元)
合计	227	9 414 414	8 102 055	9 178 805	8 247 002	2 912 105	654 076	165 906	13 755 741	9 122 229	2 651 703
车床	27	2 448 096	2 318 424	2 418 975	2 418 975	687 809	60 610	40 891	3 474 853	2 364 884	547 056
钻镗床	24	1 584 387	1 456 580	1 560 806	1 439 605	697 470	130 437	19 421	1 817 660	1 217 283	280 645
磨床	35	515 427	401 263	497 962	413 534	157 217	47 882	14 819	960 427	560 132	279 186
齿轮加工机床	13	785 014	434 988	781 441	416 068	217 637	47 530	21 697	1 208 456	708 039	267 323
铣床	28	1 079 183	1 015 929	1 059 293	1 040 853	445 183	164 815	21 352	2 235 518	1 494 357	370 379
插拉刨床	12	63 487	34 507	61 273	53 760	39 522	-309	3 503	113 603	43 434	31 120
特种加工机床	29	365 725	357 225	373 121	364 683	55 862	26 343	11 697	352 010	229 429	91 177
锯床	33	224 881	200 944	208 096	186 180	64 313	35 929	5 286	244 021	139 461	74 171
组合机床	12	1 906 887	1 506 144	1 765 033	1 491 838	409 139	130 374	10 692	2 031 955	1 580 917	267 500
重型机床	7	361 610	315 369	369 318	338 418	104 348	4 432	13 463	1 154 449	697 522	373 951
小型机床	7	79 717	60 682	83 487	83 088	33 605	6 033	3 085	162 789	86 771	69 195

注:资料来源于本年鉴统计资料。表中的机床产品产值含金属切削机床行业生产的非金属切削机床产值。

二、行业生产情况

1. 国家统计局发布的金属切削机床生产情况

2012 年,国家统计局发布的统计信息显示,生产金属切削机床的企业共485 家,比上年增长 13.6%,共生产金属切削机床 797 118 台,比上年下降 13.6%。其中,生产数控金属切削机床的企业有 244 家,比上年上增长 8.0%;共生产数控金属切削机床 205 695 台,比上年下降 16.2%。

2. 本年鉴统计的金属切削机床生产情况

2012 年,生产金属切削机床的企业 213 家,比上年减少 6 家。共生产金属切削机床 405 599 台,比上年下降 37.0%,占全国总产量的 50.9%;生产数控机床 174 988 台,比上年下降 23.8%,占全国总产量的 85.1%。金属切削机床产值 770.4 亿元,比上年下降 15.6%。数控机床产值 544.8 亿元,比上年下降 12.8%。金属切削机床的产值数控化率为 70.7%。

各种机床产值占比前五名的是:车床,占 26.97%;加工中心,占 22.85%;镗床,占 12.12%;铣床,占 7.54%;其他金属切削机床,占 7.20%。各种数控机床产值占比前五名的是:加工中心,占 32.33%;数控车床,占 24.73%;其他金属切削机床,占 9.75%;数控铣床,占 8.08%;特种加工机床,占 6.24%。2012 年金属切削机床行业(213 家企业)生产情况见表 2。

表2　2012年金属切削机床行业(213家企业)生产情况

产品名称	实际完成			其中:数控		
	产量(台)	产值(万元)	产值占比(%)	产量(台)	产值(万元)	产值占比(%)
金属切削机床	405 599	7 703 648	100.00	174 988	5 448 042	100.00
加工中心	27 059	1 762 169	22.85	27 059	1 762 169	32.33
立式加工中心	22 226	596 589		22 226	596 589	
卧式加工中心	2 493	527 592		2 493	527 592	
龙门式加工中心	2 328	637 845		2 328	637 845	
其他加工中心	12	142		12	142	
车床	140 890	2 080 357	26.97	70 371	1 347 953	24.73
钻床	51 440	343 322	4.45	1 374	19 820	0.36
镗床	7 692	934 798	12.12	1 550	291 428	5.35
磨床	21 415	386 742	5.01	4 797	196 108	3.60
齿轮加工机床	4 936	242 727	3.15	2 378	186 221	3.42
螺纹加工机床	426	34 813	0.45	112	18 090	0.33
铣床	52 810	581 712	7.54	28 492	440 584	8.08
插床	255	1 916	0.02	21	330	0.01
拉床	299	13 194	0.17	92	5 075	0.09
特种加工机床	26 525	345 193	4.48	25 134	339 935	6.24
锯床	55 203	119 571	1.55	10 276	34 280	0.63
组合机床	1 668	296 745	3.85	1 463	274 064	5.03
仪表车床	9 774	4 691	0.06	204	745	0.01
其他金属切削机床	5 207	555 700	7.20	1 665	531 242	9.75
台钻	212 583	40 378				
砂轮机	768	246				

注:资料来源于本年鉴统计资料。

三、出口情况

1. 海关总署统计的金属切削机床出口情况

2012年,全国金属加工机床出口额27.4亿美元,比上年增长13.4%。数控金属加工机床出口额10.7亿美元,比上年增长19.8%,占金属加工机床出口额的39.1%。其中,金属切削机床出口额18.6亿美元,比上年增长11.8%。数控金属切削机床出口额8.9亿美元,比上年增长23.5%,占金属切削机床出口额的47.8%。

2. 本年鉴统计的金属切削机床出口情况

2012年,77家企业共出口金属切削机床40 085台,占海关总署统计的1 134 617台(减去了台钻、砂轮机、抛光机5 957 863台)的3.5%;出口额4.8亿美元,占海关总署统计14.0亿美元(减去了台钻、砂轮机、抛光机46 010.8万美元)的34.3%。出口各种数控金属切削机床8 332台,占海关总署统计的55 323台的15.1%;出口额2.9亿美元,占海关总署统计的8.9亿美元的32.6%。2012年金属切削机床行业(77家企业)产品出口情况见表3。

表3　2012年金属切削机床行业(77家企业)产品出口情况

产品名称	实际完成		其中:数控	
	出口量(台)	出口额(万美元)	出口量(台)	出口额(万美元)
金属切削机床	40 085	48 155.0	8 332	28 604.7
加工中心	553	16 257.9	553	16 257.9
立式加工中心	394	1 966.0	394	1 966.0
卧式加工中心	29	919.1	29	919.1
龙门式加工中心	130	13 372.8	130	13 372.8
车床	12 306	15 148.7	1 346	5 204.7
钻床	2 264	878.3	1	2.7
镗床	95	860.4	26	523.3
磨床	1 812	2 966.5	251	1 402.9
齿轮加工机床	83	744.2	43	572.8
螺纹加工机床	4	18.3	4	18.3
铣床	8 228	7 901.4	1 258	2 321.5
插床	15	15.7		
特种加工机床	4 425	2 200.4	4 425	2 200.4
锯床	9 169	229.2	360	75.6
其他金属切削机床	1 131	934.0	65	24.6
台钻	29 622	692.7		
金属成形机床	78	27.6		
液压机	78	27.6		

注:资料来源于本年鉴统计资料。2012年人民币与美元平均汇率折算率为1:6.312 71。

四、新产品

年鉴资料显示，2012 年金属切削机床行业 101 家企业共开发新产品 582 种，比上年增加 20 种。在新产品中，属全新设计的 409 种、改型设计的 156 种；属行业新产品 140 种、企业新产品 386 种；经过鉴定的产品 480 种，占全部新产品的 82.5%。金属切削机床 557 种，比上年增加 24 种，占全部新产品的 95.7%；数控金属切削机床 398 种，比上年减少 34 种，占金属切削机床的 71.5%。在 557 种新产品中，加工中心数量最多(118 种)，磨床次之(90 种)，车床第三(74 种)，在金属切削机床新产品中的占比分别是 21.18%、16.16% 和 13.29%。在数控金属切削机床中，加工中心数量名列第一(118 种)，数控磨床第二(67 种)，数控车床第三(64 种)，在数控金属切削机床新产品的占比分别是 29.65%、16.83% 和 16.08%。2012 年金属切削机床行业(101 家企业)新产品完成情况见表 4。

表 4　2012 年金属切削机床行业(101 家企业)新产品开发情况

产品名称	新产品(种)	所占比例(%)	其中:数控	
			新产品(种)	所占比例(%)
金属切削机床	557	100.00	398	100.00
加工中心	118	21.18	118	29.65
立式加工中心	35		35	
卧式加工中心	22		22	
龙门式加工中心	43		43	
其他加工中心	18		18	
车床	74	13.29	64	16.08
铣床	62	11.13	41	10.30
钻床	26	4.67	12	3.02
镗床	17	3.05	11	2.76
磨床	90	16.16	67	16.83
齿轮加工机床	42	7.54	36	9.05
特种加工机床	36	6.46	13	3.27
拉床	7	1.26	2	0.50
锯床	18	3.23	11	2.76
生产线	6	1.08	4	1.01
专机	21	3.77	7	1.76
其他金属切削机床	40	7.18	12	3.02

注:资料来源于本年鉴统计资料。

五、专利发明情况

本年鉴汇总了 2012 年金属切削机床行业 11 个小行业的授权专利，共 627 项，比上年增加 166 项。其中实用新型专利 500 项，占专利总数的 79.7%。2012 年金属切削机床行业授权专利情况见表 5。

表 5　2012 年金属切削机床行业授权专利情况

行业名称	专利数量(项)	按专利类型统计(项)		
		发明	实用新型	外观设计
金属切削机床	627	111	500	16
车床	44	8	34	2
钻镗床	37	6	31	
磨床	154	38	114	2
齿轮机床	88	6	82	
铣床	92	4	79	9
插拉刨床	19	1	18	
特种加工	54	6	45	3
锯床	38	4	34	
组合机床	37	22	15	
重型机床	59	13	46	
小型机床	5	3	2	

注:资料来源于本年鉴统计资料。

六、科研项目

2012 年，金属切削机床行业有 75 家企业报送科研项目 430 项，据不完全统计，共计投资金额 23.1 亿元。其中，国家级科研项目 47 项，属于国家重大专项的 25 项；省市级项目 82 项。430 项科研项目中，处于研制阶段的有 234 项，自行应用的有 115 项。报送获奖科研项目 101 项，其中，国家级 4 项、省市级 70 项、行业级 19 项。

车床行业、铣床行业、钻镗床行业、磨床行业、齿轮加工机床行业、特种加工机床行业、插拉刨床行业、锯床行业、组合机床行业、重型机床行业及小型机床行业详细情况见各分行业篇。

〔撰稿人:中国机床工具工业协会周秀茹〕

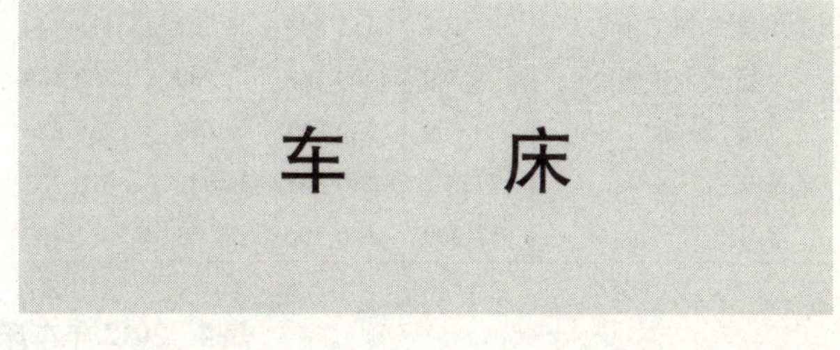

一、基本情况

车床分会生产企业在册会员单位 50 家，其中，国有企业 15 家、国有公司制企业 16 家、民营企业 19 家，职工人数 4 万人以上。

参加 2012 年年鉴汇总的车床行业企业有 27 家，共完成工业总产值 2 448 096 万元，比上年下降 6.8%，其中机床工具类产品产值 2 318 424 万元，比上年下降 5.4%；工业销售产值 2 418 975 万元，比上年下降 5.7%；实现利税 60 610 万元，比上年下降 67.9%；工业增加值 687 809 万元，比上年下降 25.8%。2012 年车床行业主要经济指标完成情况见表 1。

表1　2012年车床行业主要经济指标完成情况

指标名称	单位	年度累计
工业总产值	万元	2 448 096
其中:机床工具类产品产值	万元	2 318 424
工业销售产值	万元	2 418 975
其中:机床工具类产品销售产值	万元	2 418 975
工业增加值	万元	687 809
实现利税	万元	60 610
从业人员平均人数	人	40 891
资产总计	万元	3 474 853
流动资产平均余额	万元	2 364 884
固定资产净值平均余额	万元	547 056

二、生产及出口情况

2012年,车床分会27家主要会员企业生产金属切削机床105 514台,比上年下降41.2%。生产车床77 702台,比上年下降45.5%,其中数控车床34 943台,比上年下降42.4%。车床产量数控化率45.0%,比上年增加2.4个百分点。车床产值1 140 841万元,比上年下降25.6%;数控车床产值676 203万元,比上年下降25.0%。车床产值数控化率59.3%,比上年增加0.5个百分点。可以看出,数控车床在车床中的占比越来越大,而且从产值和产量变化关系看,数控车床逐渐偏于小型或者经济型,低档产品需求提升,中高端产品市场竞争能力弱。2012年车床行业分类产品生产情况见表2。

表2　2012年车床行业分类产品生产情况

产品名称	实际完成		其中:数控	
	产量(台)	产值(万元)	产量(台)	产值(万元)
金属切削机床	105 514	2 312 928	40 640	1 391 470
加工中心	4 555	555 776	4 555	555 776
立式加工中心	3 107	115 844	3 107	115 844
卧式加工中心	789	200 108	789	200 108
龙门式加工中心	659	239 824	659	239 824
车床	77 702	1 140 841	34 943	676 203
钻床	17 399	130 396	53	2 762
镗床	3 403	433 792	503	119 271
磨床	18	2 857	3	552
铣床	147	1 505	143	1 221
刨床	17	1 163		
其他金属切削机床	2 273	46 598	440	35 685

注:表中车床不含仪表车床,磨床不含砂轮机、抛光机。

2012年,车床行业出口金属切削机床8 348台,出口额15 580.7万美元。其中,车床出口7 222台,比上年下降37.8%;出口额7 046.1万美元,比上年下降19.1%。数控车床出口626台,比上年下降51.5%;出口额1 644.9万美元,比上年下降38.2%。2012年车床行业分类产品出口情况见表3。

表3　2012年车床行业分类产品出口情况

产品名称	实际完成		其中:数控	
	出口量(台)	出口额(万美元)	出口量(台)	出口额(万美元)
金属切削机床	8 348	15 580.7	889	9 298.2
加工中心	202	7 608.9	202	7 608.9
立式加工中心	130	560.1	130	560.1
卧式加工中心	7	362.4	7	362.4
龙门式加工中心	65	6 686.4	65	6 686.4
车床	7 222	7 046.1	626	1 644.9
镗床	5	85.6	2	25.3
磨床	9	142.0	1	9.6
刨床	1	8.4		
其他金属切削机床	909	689.7	58	9.5

注:表中车床不含仪表车床,磨床不含砂轮机、抛光机。

三、新产品开发情况

2012年,参加本年鉴汇总的车床分会会员企业开发新产品46种,包括数控车床、加工中心、生产线以及其他数控机床。2012年车床行业新产品开发情况见表4。

表4　2012年车床行业新产品开发情况

产品名称	型号	主要技术参数	产品性质	产品属性	产品水平
沈阳机床(集团)有限责任公司					
汽车轮毂轴承加工自动生产线	TURNKEY32ntn	轮毂圈加工节拍为4min以内,外圈加工节拍为3min以内;主轴法兰端面跳动在0.003mm以下,主轴内侧部跳动在0.003mm以下,主轴以2 500r/min的转速运行30min后,主轴的延伸量在0.016mm以下;主轴中心线与X轴滑行运动的直角度在0.004mm/150mm以下,主轴中心线与Z轴滑行运动的平行度在0.005mm/250mm以下	全新设计	企业新产品	国内领先

（续）

产品名称	型号	主要技术参数	产品性质	产品属性	产品水平
数控车床	HTC32i 系列	车削直径：400mm，车削长度：500～1 000mm，定位精度：0.012mm，重复定位精度：0.007mm	全新设计	企业新产品	国内领先
数控车床	HTC1650t	加工件直径：<160mm，加工件长度：<500mm	全新设计	企业新产品	国际领先
数控车床	HTC40100ny	最大车削直径：400mm，最大车削长度：1 000mm，主轴最大转矩：470N·m，*Y* 轴行程：70mm	全新设计	企业新产品	国内领先
数控车床	HTC63100t	床身上最大回转直径：900mm，最大加工直径：630mm，最大切削长度：1 000mm，主轴转速：20～1 200r/min，快速移动速度（X/Z）：（10m/min）/（12m/min）	全新设计	企业新产品	国内领先
车铣复合中心	HTM125500	最大加工长度：5 000mm，最大回转直径：1 400mm，*Z* 轴行程：7 000mm，定位精度（$X_1/X_2/Z/Y$）：0.02mm/0.03mm/0.1mm/0.025mm	全新设计	企业新产品	国内领先
数控倒置立式车床	VTC2015i	最大车削直径：200mm，最大车削高度：150mm，主轴最高转速：4 000r/min，主轴额定转矩：350N·m，*X* 轴行程：605mm，*Z* 轴行程：415mm	全新设计	企业新产品	国内领先
数控车床	HTC63ny 系列	最大车削直径：630mm，车削长度：2 000～4 000mm，*X* 轴行程：410mm，*Y* 轴行程：50mm，*Z* 轴行程：2 050～4 050mm	全新设计	企业新产品	国内领先
数控车床	HTC63600n	最大车削直径：630mm，车削长度：6 000mm，*X* 轴行程：410mm，*Z* 轴行程：6 100mm	改型设计	企业新产品	国内领先
数控车床	HTC2050i	最大加工长度：500mm，最大车削直径：250mm，主轴最高转速：4 000r/min，*X* 轴行程：175mm，*Z* 轴行程：530mm	改型设计	企业新产品	国内领先
数控车床	VTC6070i	最大车削直径：800mm，主轴最高转速：2 000r/min，*X* 轴行程：440mm，*Z* 轴行程：720mm，两轴快速移动速度：20m/min	全新设计	企业新产品	国内领先
数控立式车床	VTC8080m	最大车削直径：800mm，最大车削高度：800mm，主轴最高转速：800r/min，*X* 轴行程：520mm，*Z* 轴行程：850mm，*X* 轴快速进给速度：10m/min，*Z* 轴快速进给速度：12m/min	改型设计	企业新产品	国内领先
数控立式车床	VTC12580dm	主轴转速：7～300r/min，X_1 轴行程：800mm，X_2 轴行程：500mm，*Z* 轴行程：850mm，两轴快速移动速度：10m/min	改型设计	企业新产品	国内领先
数控车床	HTC1612i	最大加工长度：120mm，最大车削直径：160mm，主轴最高转速：5 000r/min，*X* 轴行程：350mm，*Z* 轴行程：200mm	改型设计	企业新产品	国内领先
数控管螺纹机床	STC22200n、STC22300n	床身上最大回转直径：810mm，最大车削直径：241mm，最大车削长度：2 000mm、3 000mm，*X* 轴行程：460mm，快速移动速度（X/Z）：（8m/min）/（10m/min），石油行业油管加工规格：2 3/8～9 1/2in，加工零件长度：8～13m	全新设计	企业新产品	国内领先
数控车床	CAK3665	最大加工直径：360mm，最大加工长度：650mm，快速移动速度（X/Z）：（8m/min）/（12m/min），定位精度（X/Z）：0.03mm/0.04mm	全新设计	行业新产品	国际先进
桁架自动化加工单元	GLS25	抓取能力：25kg，两轴快速移动速度：100m/min、80m/min，定位精度：±0.1mm	全新设计	企业新产品	国际先进

（续）

产品名称	型号	主要技术参数	产品性质	产品属性	产品水平
柔性自动化加工单元	RLS50	抓取能力:50kg,定位精度:±0.08mm	全新设计	企业新产品	国内领先
沈阳第一机床厂					
卧式数控车床	HTC63100dn	机床上下刀架同步加工,最大回转直径:800mm,最大车削直径:630mm,最大车削长度:1 000mm	全新设计	企业新产品	国内领先
卧式数控车床	HTC32100iy	最大车削长度:1 000mm,最大车削直径:320mm,主轴最高转速:4 000r/min,快速移动速度(*X/Z*):30m/min,行程(*X/Z*):170mm	改型设计	企业新产品	国内领先
并列式双主轴车床	HTC2515dsp	最大车削高度:150mm,最大车削直径:250mm,主轴最高转速:4 000r/min,快速移动速度(*X/Z/Y*):16m/min,行程(*X/Z/Y*):170mm/1 050mm/50mm	全新设计	企业新产品	国内领先
卧式车铣(铣车)复合加工中心	HTM 系列	车削高度:1 000～1 500mm,回转直径:400～630mm,车削主轴转速:4 000～5 000r/min,铣削主轴最高转速:12 000r/min,三轴快速移动速度:50m/min	改型设计	企业新产品	国际领先
轴承座生产线	GLS20y	单个手爪抓取工件重量:5kg,机械手头部抓取能力:20kg,快速移动速度(*X/Y*):100m/min,重复定位精度(*X/Y*):±0.2mm	全新设计	行业新产品	国内领先
浙江凯达机床股份有限公司					
数控卧式镗铣床	KDTK1400	工作台面尺寸:1 400mm×1 600mm	全新设计	企业新产品	国内领先
数控管螺纹车床	CKG200	ϕ800mm×2 700mm	全新设计	企业新产品	国内领先
数控车床	CK6150I	ϕ500mm×800mm	全新设计	企业新产品	国内领先
数控车床	KDCK－250	ϕ480mm×250mm	全新设计	企业新产品	国内领先
山东鲁南机床有限公司					
车削中心	TMC21A	床身上最大回转直径:540mm,横托板上最大旋转直径:290mm,最大加工长度:550mm,*X* 轴行程:200mm,*Z* 轴行程:600mm,快速进给速度:18m/min,定位精度:0.02mm,重复定位精度:0.01mm,主轴转速:4 000r/min,主轴电动机功率:22kW,刀塔刀位数量:12 把	改型设计	企业新产品	国际先进
立式加工中心	XHC715A	主轴转速:80～3 500r/min,主轴端面至工作台面距离:130～710mm,主轴中心至立柱表面距离:545mm,工作台面尺寸:1 600mm×500mm,行程(*X/Y/Z*):1 000mm/500mm/580mm,快速进给速度(*X/Y/Z*):18m/min,主轴电动机功率:15kW,刀库刀位数量:16 把	改型设计	企业新产品	国际先进
数控旋压机床	PX350－CNC－T4	可成形最大毛坯(圆板)直径:700mm,可成形最大毛坯厚度:普钢(Q235)3.0mm、不锈钢1.5mm、纯铝4.5mm,最大旋压力:横向20kN、纵向20kN,旋轮行程:横向300mm、纵向400mm,定位精度:0.02mm,重复定位精度:0.01mm,主轴转速:26～2 000r/min,主轴电动机功率:7.5kW,油泵电动机功率:2.2kW	合作产品	企业新产品	国际先进
天水星火机床有限责任公司					
重型车铣复合加工中心	CHX61315	ϕ3 150mm	改型设计	企业新产品	国内领先

（续）

产品名称	型号	主要技术参数	产品性质	产品属性	产品水平
数控深孔钻镗床	TK2140	机床中心高:425mm,床身宽度:800mm	改型设计	企业新产品	国内领先
精密轧辊磨床	M84160	ϕ1 600mm	全新设计	行业新产品	国内领先
大型数控车铣复合机床	CKX61125	ϕ1 250mm	改型设计	企业新产品	国内领先
油田工具磨床	TX－035	最大磨削直径:1 118mm	改型设计	企业新产品	国内领先
数控端面车床	CK64160	ϕ1 600mm	全新设计	企业新产品	国际先进
山东普利森集团有限公司					
轧辊车床	C8480	床身上最大回转直径:1 000mm,过刀架最大车削直径:800mm,最大工件长度:4 000mm,顶尖间最大工件重量:15t,主轴转速:1.6～80r/min(18级)	全新设计	行业新产品	国内领先
全机能重载数控车床	CK6156D	最大工件旋径:600mm,最大车削直径:440mm,轴类零件加工直径:420mm,机床最大车削长度:1 000mm,主轴最高转速:1 600r/min	全新设计	企业新产品	国内领先
数控重型卧式车床	CK61350F	床身上最大回转直径:3 500mm,过刀架最大车削直径:3 000mm,最大工件长度:12 000mm,顶尖间工件最大重量:80t	全新设计	企业新产品	国内领先
滚筒筛	GTS2450	筛孔直径:25～100mm,网板长度:8 000mm,筒体倾角:4°～7°,破袋率:≥75%,筛分率:≥90%	全新设计	行业新产品	国内领先
油缸加工双刀架数控车床	CK6171YG－2X2	最大工件旋径:1 050mm,最大车削直径:850mm,轴类零件加工直径:780mm,最大车削油缸长度:2 500mm,主轴最高转速:800r/min	全新设计	企业新产品	国内领先
全自动数控深孔镗削－刮滚机床	TZK25－Z	镗孔直径:60～250mm,镗孔深度:500～3 000mm,机床导轨宽度:600mm,中心高度:400mm,进给速度:10～2 400mm/min(无级)	全新设计	行业新产品	国际先进
七轴数控深孔钻床	ZKE2103	钻孔直径:4～30mm,最大钻孔深度:1 000mm,钻杆箱转速:800～6 000r/min(无级),钻杆箱电动机功率:5.5kW	全新设计	行业新产品	国际先进
数控导轨磨床	MK5330	磨削长度:12 000mm,磨削高度:1 200mm,过门宽度:3 200mm,工作台宽度:3 000mm,工作台进给速度:5～22m/min	全新设计	企业新产品	国内领先
数控深孔钻床	ZK2102E	最大工件直径:300m,最大工件长度:6 000mm,最大加工深度:3 000mm,钻孔直径:3～250mm	全新设计	企业新产品	国际先进
数控深孔钻床	ZK2103YG	钻孔直径:4～35mm,最大钻孔深度:2 500mm,工件直径:50～270mm,最大工件长度:2 500mm,钻孔偏心量:150mm	全新设计	行业新产品	国内领先

四、科研项目及专利发明情况

2012 年车床行业部分企业科研项目见表 5。2012 年车床行业获奖科研项目见表 6。2012 年车床行业部分企业授权专利情况见表 7。

表 5　2012 年车床行业部分企业科研项目

科研项目名称	主要内容	应用状况	项目来源
天水星火机床有限责任公司			
K2250 数控深孔镗床	该镗床采用三种旋转方式镗孔:主轴箱与钻杆箱同时相对旋转;主轴固定,钻杆箱旋转;主轴旋转,钻杆箱固定。外排屑形式,内孔加工表面可达 1.6μm,采用专用油压头、高压授油器及大功率变流量液压站供油。进给系统采用伺服电动机驱动双齿轮齿条传动,传动精度较高且进给转矩大,能适用轴类的通孔、盲孔及阶梯孔的加工	其他	自行研发

（续）

科研项目名称	主要内容	应用状况	项目来源
南京第一机床厂			
N-099 型高效数控车床	该产品是实现七轴控制、四轴联动的全功能、大负荷、高效率数控车床。机床上下布局的6个刀架同时对工件进行加工，上面4个刀架，其中，3个刀架同时车弹体外形、1个用于铣端面和打中心孔，两个下刀架完成两端面的切削和切断。生产效率较传统的加工工艺提高3倍以上	其他	江苏省“六大人才高峰”项目
沈阳机床股份有限公司沈一车床厂			
ETC3635p 数控车床	项目研究内容：大转矩主轴及排刀设计技术，机床防水可靠性的提高与保证，加工和装配工艺优化技术，试验检测技术，三维设计技术，有限元分析优化技术，模块化设计技术，零件通用化设计技术。各项技术指标均达到国内领先水平，产品能够实现批量生产	自行应用	自行研发
ETC1015 数控车床开发	高刚性的大排屑孔床身，高转速、高刚性、高精度的床头箱，X 轴和 Z 轴采用滚珠丝杠，线性导轨和导槽，摩擦系数小，承载能力强，降低了温升效应，延长机器寿命，动态性能高，重复性优异。所选数控系统能适应高效率、高速、高精度的机械加工，且具有操作方便、功能齐全、可靠性高等优点	自行应用	自行研发
GLS 桁架机器人生产自动化系统研发	研发两轴快速移动结构形式、机器人控制器、抓手结构与存储料库，进行主体结构的动力学性能分析，机器人可靠性及稳定性的研究	自行应用	自行研发
SH20 系列精密纵切机床研发	机床小型化设计技术，实现5轴、7轴控制；可靠性设计和快速维修设计技术；双通道控制技术；模块化附件设计技术，实现零部件通用化；加工和装配工艺优化技术；机床防水可靠性的提高与保证；试验检测技术；三维设计技术，有限元分析优化技术；电气柜采用全封闭内置形式，采取防尘降温措施，并在电气柜内预留一定空间以便于扩展功能。各项技术参数指标均可达到国内领先水平	自行应用	自行研发
山东鲁南机床有限公司			
TMC 系列车铣复合加工中心产业化示范项目	产品一次装夹可实现车、铣、钻、镗、绞、攻丝等多种工序的粗、精加工，并可完成复杂零件的曲面加工，加工效率高、精度高，一台设备可替代多台普通设备，具有显著的性价比和加工成本优势	自行应用	国家火炬计划项目
TMC25E 车削中心	通过自主研发高速大转矩电主轴和高速高精度多工位动力刀塔等核心关键技术，按模块化理念进行整体设计，通过充分的中间试验，动态补偿技术研究，进行复合加工工艺规律研究及专家数据库建立，研制具有国际先进水平的 TMC25E 车削中心	自行应用	山东省科技发展计划项目
山东普利森集团有限公司			
C8480 轧辊车床	采用 PLC 控制伺服电动机，操纵方便，故障率低。该机可广泛用于轧钢机械 ϕ200～800mm 钢辊表面的粗、精加工，还可以采用样板刀加工辊身的孔形或修理孔形	其他	山东省自主创新计划
CK6156D 全机能重载数控车床	该数控车床是针对煤矿机械、液压机械、工程机械等行业所使用的油缸、活塞杆、导向套等零件加工而设计的。采用液压两挡无级变速，能实现低速大转矩加工，X 轴、Z 轴及副主轴导轨均为大跨距矩形淬火导轨，刚性足，适合外圆槽、内孔槽、重切削等车削力大、振动大的加工	其他	山东省自主创新计划
CK61350F 数控重型卧式车床	该机床床身采用刀架床身、工件床身分离形式，地脚螺栓每 500mm 一个，能够长期保持机床的几何精度，主轴箱采用穿轴形式，两支承，最高转速达 100r/mim，大刀架与进给箱为整体结构，进给箱立轴分布，刀架采用双牙棒消隙结构，大走台和悬挂式按钮站，操作十分方便。适用于硬质合金、陶瓷等刀具对黑色金属、有色金属及部分非金属零件的圆柱面、圆锥面、端面回转曲面、槽、螺纹、孔等进行粗精加工	其他	山东省自主创新计划
GTS2450 滚筒筛	该滚筒筛是专门为垃圾处理厂的原生垃圾预处理生产线中所需的筛分设备而研制，可对垃圾按粒度进行选择、分离。该产品采用变频控制，是一种环保高效的自动筛分设备	其他	山东省自主创新计划

（续）

科研项目名称	主要内容	应用状况	项目来源
CK6171YG－2×2 油缸加工双刀架数控车床	该数控车床是采用双刀架车削油缸端面、倒角、内止口、沟槽、螺纹的专用油缸加工设备，主要用于煤矿机械行业油缸、活塞杆的加工。采用双液压卡盘、双液压刀架和液压中心架，可高效快速地夹持工件与切削	其他	山东省自主创新计划
TZK25－Z 全自动数控深孔镗削－刮滚机床	该机床主轴箱采用主轴电动机控制，授油器和进给拖板往复运动均采用伺服电动机控制。采用高精度滚珠丝杠传动，保证运动中进给传动的精度和刚性要求。配高精度自动涨缩刀，大大提高了机床的加工效率。床体两侧安装防护，是一种环保高效的数控深孔加工机床	其他	山东省自主创新计划
ZKE2103 七轴数控深孔钻床	该钻床是一种高效率、高精度的深孔加工机床，适用于规则轴类件上各种油孔的加工，还可对工件上的圆周孔精确分度。一次性加工孔径精度可达 IT7～IT10 级，表面粗糙度可达 0.8～3.2μm，其加工效率是传统深孔机床的 3～5 倍。主要用于核电、石油、化工、氯碱、冶金、焦化、制冷、锅炉、轻工、制盐、电力及海水淡化等行业零件的深孔加工	其他	山东省自主创新计划
MK5330 数控导轨磨床	该磨床是一种高精度、高效率的磨削加工设备，主轴箱采用变频主轴电动机，恒功率范围广，主轴转速为 500～1 000r/min，无级调速。主轴轴承采用 FAG 高精度轴承，主轴刚性好，回转精度高。进给箱采用交流伺服电动机，无级调速，配备德国的滚珠丝杠和滚动直线导轨，运动精度高，耐磨性好。工作台导轨采用静压式导轨，恒流多头泵供油。进口液压元件，具有自动温控功能，性能稳定可靠。适用于装备制造业、航空、航天、军工等领域大型基础工件的精密加工，可替代进口	其他	山东省自主创新计划
ZK2102E 数控深孔钻床	该钻床是针对核电、石油、化工、氯碱、冶金、焦化、制冷、锅炉、轻工、制盐、电力、海水淡化等行业对超长孔的钻削加工而设计的，是一种高效、高精度的深孔加工设备。该机床采用枪钻深孔钻加工方法，采用高压冷却系统、大转矩进给系统、多点钻杆支撑结构，手动液压顶起工件调头装置不但可以提高超长孔的加工效率，而且也可以提高加工精度	其他	山东省自主创新计划
ZK2103YG 数控深孔钻床	该钻床是一种多功能、高效率、高精度深孔加工机床，其加工孔径精度可达 IT8～IT10 级，表面粗糙度滚压后可达 0.4～1.6μm。主要用于煤矿机械、工程机械、液压等行业所使用的油缸和活塞杆的油孔的加工，可用于加工轴类零件上的同心孔、偏心孔、分度孔以及通孔和盲孔，是一款多功能、高效、高精度的液压油缸深孔钻床	其他	山东省自主创新计划
福州机床厂有限公司			
再制造机床性能提升技术研究及产业化应用	关键技术与关键工艺（可再制造评价技术、绿色拆解与检测技术、整机数控化及信息化综合改造技术、关键零件修复工艺）研究，产业化应用实施	自行应用	产学研

表 6　2012 年车床行业获奖科研项目

项目名称	主要内容及应用范围	获奖名称	获奖等级	主要完成单位
CCK61630 6.3m 超大数控重型卧式车床	该卧式车床主轴箱体采用箱中箱结构，主轴选择短主轴悬伸结构，提高了主轴的静动态刚度。研制的模块化超大组合卡盘，增加了辅助支承装置，既可实现高转速的零件切削，也可实现专用零件的车削加工，扩展了工艺范围。采用自主研发的尾座失电夹紧保护技术及止退结构，保证了机床超大型工件加工的安全顶持。静压导轨采用多油腔结构，均化了切削作用力，提高了机床传动精度及可靠性，延长了导轨寿命。优化尾座主轴支撑结构，提高了轴承的使用寿命及机床的加工精度。床身上最大工件回转直径 6 300mm，最大工件加工长度 20m，突破了卧式回转类超大型零件加工的国际性难题，技术水平达到国际领先	甘肃省科技进步奖	二等奖	天水星火机床有限责任公司

（续）

项目名称	主要内容及应用范围	获奖名称	获奖等级	主要完成单位
《数控车床和车削中心检验条件　第1部分:卧式机床几何精度检验标准》(GB/T 16462.1—2007)	参与GB/T 16462.1—2007标准的制定,完善数控车床和车削中心的检验规范	中国机械工业科学技术奖	三等奖	南京数控机床有限公司
HTC63150n数控车床	该数控车床是在通用数控车床上增加了刀库及自动换刀装置等功能部件,开发设计的一种高效、高性能的数控机床。该机床可根据用户需求配置不同容量的刀库,并对普通立式刀架改装,增加了拉刀机构,通过机械手的换刀,实现对复杂多工序零件一次性加工。该机床床身采用独特的导轨布局,主导轨采用高刚性滑动贴塑导轨,副导轨采用高刚性滚柱直线导轨,具有高刚性和高精度的特点;机床采用高刚性主轴系统,具有良好的刚性和抗振性。该机床综合技术填补国内空白,达到国际同类产品先进水平。该机床主要用于精度要求高、工序多、形状复杂的盘类等回转体类零件的机械加工,可用于中小批量、多品种零件的生产加工	辽宁省优秀新产品	三等奖	沈阳第一机床厂
HTC100t系列数控车床	该机床采用为方便大型工件装卸的75°整体床身和中心架布局的设计,主传动系统开发两种模块,分别满足不同用户的需求。该机床采用模块化设计方法,根据不同用户需求,设计有尾座和副主轴模块。这两个模块采用分体式设计,可以方便组合和更换,减少了专用件,增加了通用件的比例。该机床在中心架支撑座体的设计时,采用箱式结构,并采用大锁紧力、多点、大范围缩紧结构,使中心架的支撑刚性和与床身的结合刚性足够大,保证在加工外缸筒的T形螺纹时不产生振动。综合技术填补国内空白,达到国际同类产品先进水平。该机床能够加工各种轴类、盘类零件,可以车削螺纹、圆弧、圆锥及回转体的内外曲面。主要用于各种重型、大型零件的粗、精加工,可用于煤矿机械行业的液压缸外缸筒,石油行业的牙轮、牙爪等特定零件的粗、精加工,也可以用于轧钢、风电、食品机械以及交通运输行业的一些零件的加工	辽宁省优秀新产品	一等奖	沈阳第一机床厂
HTM40100h卧式车铣复合加工中心	该车铣复合加工中心融合了车削中心与卧式加工中心的优点,是针对国内汽车、航天、军工等行业对高档数控机床的需求而研制开发的。主要创新点:高速动力刀具主轴技术解决了三个关键技术问题,即高转速、高精度、高刚性铣削加工,高刚性车削加工,高可靠性;高刚性、高定位精度 B 轴解决了三个关键技术问题,即 B 轴高定位精度、B 轴高刚性、小空间内 B 轴附属功能;高速、高刚度车削主轴技术;机床车削主轴采用高速、高可靠性的内装电动机实现直接驱动,反馈光栅直联结构,保证车削主轴的高动态特性;机床高速 Z 轴进给系统的内防护采用卷帘式防护结构,设计有防护轴承导向槽与同步带机构,保证80m/min快速移动速度的实现。该机床定位准确,一次装夹可加工完零件的全部或大部分工序,可满足军工、航天、航空、船舶及铁路运输业等对高精度、高刚度、形状复杂的回转体零件加工的要求,主要技术参数和指标同国外同规格机床相当	沈阳市科技进步奖 沈阳市科学技术研究成果奖 CCMT2012春燕奖	二等奖	沈阳第一机床厂

（续）

项目名称	主要内容及应用范围	获奖名称	获奖等级	主要完成单位
HTM125 系列卧式车铣复合加工中心	HTM125 系列车铣复合加工中心较之一般的五轴卧式车床，具有重型机床的承载能力，双刀架的配备，尤其在曲轴加工方面优势明显。机床采用双主轴、单立柱、双进给机构（双刀架）结构。采用全防护，单立柱、双刀架的布局形式，使得防护上横梁两支撑间距长达 17m。与德国雄克公司联合开发的专用中心架，配置多个液压自定心中心架，效率高，精度保持性优良。该机床具有很好的性价比，在机车制造、船舶制造、曲轴加工及相关产业中应用前景广阔	沈阳市十大名优新产品设计奖		沈阳第一机床厂
HTC3250μn 精密数控车床和车削中心	HTC3250μn 精密车削中心融合了精密数控车床与车削中心的优点，床身采用水平结构，并选用人造大理石（树脂混凝土）新型材料；铣削主轴采用电主轴直接驱动，提高了加工精度和加工效率；车削主轴支撑采用液体动静压轴承结构，并配有任意位置锁紧机构，X 轴、Z 轴进给导轨采用高精度反包容闭式液体静压导轨结构。经用户使用表明，产品性能稳定可靠，可同时满足国防、航空航天、军工以及光学等不同行业的相同迫切需要，产品主要技术指标达到了国际同类产品先进水平	沈阳市职工技术创新成果奖	二等奖	沈阳第一机床厂
HTC2550hs 高速数控车床及车削中心	HTC2550hs 高速车削中心主轴系统采用内置电主轴结构，后端布置任意位置锁紧机构。其前主轴轴承定位、后主轴轴承镶套灌胶结构，提高了轴承外环与轴承座的接触刚性，保证了前后主轴轴承的同轴精度、高转速时的低发热量和重切削时的高刚性；前后轴承均安装了传感装置，可随时监控轴承的温度、位移、振动幅频等参数，并据此进行加工补偿；液压控制的任意位置锁紧机构，保证了工件任意角度定位加工时的锁紧刚性，并为 C 轴插补加工提供了减振阻尼；进给系统采用双边直线电动机驱动，满足了高转速、高精度、高刚性和快速移动的要求；床身底座采用人造大理石（树脂混凝土）新型材料，并设计了油水分离结构，满足了环保要求。经用户使用表明，产品性能稳定可靠，可为汽车、军工、航空、能源行业提供设备支持，产品主要技术指标达到了国际同类产品先进水平	沈阳市职工技术创新成果奖	二等奖	沈阳第一机床厂
KDVL650L 数控立式车床	该项目针对汽车零部件、航空航天等行业加工各种轮毂及大平面盘环类零件的需求，开发全新的数控立式车床。产品在整体造型结构、主轴系统的高刚性结构和 X 向进给导轨布局等方面有重要创新。经鉴定，该产品在同类产品中处于国内领先水平	绍兴市科学技术奖	二等奖	浙江凯达机床股份有限公司
TZK25 数控深孔刮滚机床	该机床主轴箱采用主轴电动机控制，授油器和进给拖板往复运动均采用伺服电动机控制。采用高精度滚珠丝杠传动，保证了运动中进给传动的精度和刚性要求。配高精度自动涨缩刀，大大提高了机床的加工效率。广泛应用于水利、管模、海上钻井平台等多个行业的深孔加工领域	CCMT2012 春燕奖 山东省科技进步奖	 三等奖	山东普利森集团有限公司
ZBK70 三主轴数控管板钻床	ZBK70 三主轴数控管板钻床是针对核电、石油、化工、氯碱、冶金、焦化、制冷、锅炉、轻工、制盐、电力、海水淡化等行业所使用的热交换器管板上冷却孔的钻削加工而设计的，是一种高效、高精度的管板加工设备。该机床采用三主轴结构，并采用 BTA 深孔钻加工方法，不但可以提高管板孔的加工效率，而且也大大提高了加工精度，可完成分布复杂、不同孔距的深孔的自动加工	山东省机械工业科技进步奖	二等奖	山东普利森集团有限公司

（续）

项目名称	主要内容及应用范围	获奖名称	获奖等级	主要完成单位
CMK6180F 数控车磨床	该机床床身采用刀架床身、工件床身分离形式，地脚螺栓每500mm一个，能够长期保持机床的几何精度；主轴箱采用穿轴形式，两支承；大刀架与进给箱为整体结构，进给箱立轴分布，大走台和悬挂式按钮站，操作十分方便。适用于硬质合金、陶瓷等刀具对黑色金属、有色金属及部分非金属零件的圆柱面、圆锥面、端面回转曲面、槽、螺纹、孔等进行车削加工，对轴类零件的外圆进行磨削加工	山东省机械工业科技进步奖	三等奖	山东普利森集团有限公司

表7　2012年车床行业部分企业授权专利情况

企业名称	专利名称	专利类型	授权日期
南京第一机床厂	一种链式往复运动工作台	实用新型	2012.12.05
南京第一机床厂	一种用橡胶圈夹紧的弹簧夹头	实用新型	2012.12.05
南京第一机床厂	一种细长工件夹具夹紧装置	实用新型	2012.12.05
南京第一机床厂	一种莫氏刀座	实用新型	2012.03.12
南京第一机床厂	一种机用丝锥改制的内孔多刃切槽刀	实用新型	2012.12.05
南京第一机床厂	一种倒钩镗削过渡接杆装置	实用新型	2012.12.05
南京第一机床厂	一种车床用快换卡盘油缸连接装置	实用新型	2012.12.05
南京第一机床厂	一种圆弧面夹持刀具的深孔镗削过渡接杆装置	实用新型	2012.12.05
南京第一机床厂	一种导轨防护装置	实用新型	2012.12.05
南京第一机床厂	一种用于随动副主轴的软爪自车装置	实用新型	2012.12.05
南京第一机床厂	一种工件夹紧装置	实用新型	2012.12.05
南京第一机床厂	一种以孔定位工件的装夹装置	实用新型	2012.12.05
南京第一机床厂	一种滚动直线运动装置	实用新型	2012.12.05
南京第一机床厂	一种手动调整升降装置	实用新型	2012.12.05
南京第一机床厂	一种悬挂式定位夹紧装置	实用新型	2012.12.05
南京第一机床厂	一种斜床身滑动导轨车床用丝杆防护装置	实用新型	2012.12.05
南京第一机床厂	一种硬限位装置	实用新型	2012.12.05
南京第一机床厂	一种数控机床的自动跟随加工方法	发明	2012.06.27
沈阳机床（集团）有限责任公司	加工轴承保持架的数控机床中工作台结构	发明	2012.07.04
沈阳机床（集团）有限责任公司	自动上下料装置	实用新型	2012.04.25
沈阳机床（集团）有限责任公司	经济型数控车床	外观设计	2012.10.10
沈阳机床（集团）有限责任公司	普通车床	外观设计	2012.10.10
沈阳机床（集团）有限责任公司	机床的多点楔块定位锁紧的中心架安装支架结构	实用新型	2012.07.04
沈阳机床（集团）有限责任公司	包容压板式的机床主轴箱体与床身的连接固定结构	实用新型	2012.06.20
沈阳机床（集团）有限责任公司	数控立式车床的X轴走线防护装置	实用新型	2012.07.04
沈阳机床（集团）有限责任公司	数控立式车床的一种防护装置	实用新型	2012.07.04
沈阳机床（集团）有限责任公司	一种机床车磨中心	实用新型	2012.11.14
沈阳机床（集团）有限责任公司	车磨中心机床上的带伺服拉杆U轴的主轴箱	实用新型	2012.09.12
浙江凯达机床股份有限公司	一种数控车床Z向进给螺母旋转式滚珠丝杆机构	实用新型	2012.12.19
山东普利森集团有限公司	深孔组合镗滚头	发明	2012.05.23
山东普利森集团有限公司	重型车床主轴轴承螺母预紧结构	发明	2012.07.04
山东普利森集团有限公司	深孔加工装置	发明	2012.04.04
山东普利森集团有限公司	曲轴精加工工艺	发明	2012.07.04

五、企业简介

沈阳机床（集团）有限责任公司　于1995年通过对原沈阳第一机床厂、中捷友谊厂和沈阳第三机床厂资产重组后成立，是我国规模较大的机床制造商、数控机床开发制造基地。

2004年以来，通过并购德国希斯公司、重组云南机床厂、控股昆明机床厂,公司已形成跨地区、跨国经营的全新结构布局。公司主导产品为金属切削机床,共300多个品种、1 000多种规格。产品覆盖全国,并出口到80多个国家和地区。2011年,公司经营规模首次跃居世界机床行业第一位。2012年,在国际、国内经营环境普遍困难的情况下,实现销售收入165亿元,继续保持世界第一。

近年来,公司开发中高档数控机床300余种,高档数控机床已达到当代国际先进水平;设有国家高档数控机床重点实验室。国家六部委联合发起的数控机床创新联盟由公司牵头组建,被工信部确定为“十二五”期间复合加工中心及关键技术创新平台。公司于2011年10月成功开发了当代先进的智能化运动控制系统,2012年年底,通过对运动控制技术、信息技术、网络技术、通信技术、机械加工技术的高度集成,研发出基于网络的智能化数控机床,从此开启了数控机床“中国芯”时代。

公司在国内打造独具沈阳机床集团特色的4S店营销与服务新模式,提供集产品展示、销售、配件服务、技术服务为一体的服务,现已成立21家,计划到2015年建成70家。在国外构建营销与服务平台,已在德国、土耳其、美国、韩国等国家组建了销售服务中心。公司设立工业服务事业部,将4S店营销渠道、区域工业服务基地、区域营销中心、工业服务体系及金融租赁公司打造为一个整体的服务体系。

滕州机床厂　是一家拥有自营进出口权的高新技术企业,下辖5个生产基地和2个海外公司,拥有1所省级企业技术中心、1所省级工业设计中心、1所省级行业技术中心、1所市级工程技术研究中心及2所市级企业技术中心。

滕州机床厂先后通过了ISO9001质量管理体系认证、测量管理体系认证、SA8000社会责任管理体系认证、ISO14001环境体系认证及OHSAS18000职业健康安全体系认证。2008年以来,被评为“山东省机械行业文明单位”“纪念改革开放30年山东省百强私营企业”“山东省善待农民工和谐企业”“2008年度文明单位”“山东省中小企业科技进步奖企业”“2009年度山东省首台(套)技术装备企业”“山东省个体私营经济践行科学发展观示范企业”“中国专利山东明星企业”及“山东省最具潜力发展民营企业”等荣誉。2011年,滕州机床厂生产的普通卧式车床和数控卧式车床被评为“山东省名牌产品”。“齐鲁大地”商标被评为“山东省著名商标”。

近年来,滕州机床厂始终坚持转方式、调结构,实施品牌战略,积极拓展国内外市场,持续加大技术创新力度,提升企业装备制造水平。现已形成以数控车床、数控铣床、斜床身车削中心、立式加工中心、龙门式加工中心、数控双柱立式车床、数控管螺纹车床、普通卧式车床、普通立式车床、钻铣床系列、铣床系列及摇臂铣床系列等为主的12大类、230多个品种的生产规模。

〔撰稿人:中国机床工具工业协会车床分会陈洪军〕

铣　床

2012年,在全球经济普遍下滑、经济复苏仍然面临严峻挑战的大背景下,我国机床工具行业延续了2011年下半年开始的下行趋势,增速缓慢回落,市场持续低迷。受融资环境、用工成本、利率汇率、原材料价格等多重因素影响,企业生产经营难度加大。受此影响,铣床行业多数企业主要经济运行指标普遍下降,新增订单明显减少,产销水平明显回落,资金占用大幅上升,行业固有的产能结构失衡的矛盾更加明显,本已严重的同质化市场竞争进一步加剧。因此,企业产品结构调整与行业产业转型升级成为行业工作的重中之重。

一、基本情况

2012年,铣床分会在册统计会员单位52家,其中,国有企业10家、集体控股企业8家、私人控股企业31家、台商控股企业1家、港商控股企业2家,职工人数2万多人。参加本年鉴汇总的铣床分会会员单位有29家。其中,上海第三机床厂的数据已上报其他分会,为避免重复统计,该企业的数据未计入本年鉴铣床行业统计数据中。

根据铣床分会28家会员单位的统计数据,2012年,铣床行业经济运行状况总体呈现出下滑的态势。2012年,完成工业总产值107.9亿元,比上年下降20.2%;工业销售产值105.9亿元,比上年下降12.4%;实现利税16.5亿元,比上年下降26.2%;从业人员平均人数21 352人,比上年增长5.1%。2012年铣床行业主要经济指标完成情况见表1。

表1　2012年铣床行业主要经济指标完成情况

指标名称	单位	年度累计
工业总产值	万元	1 079 183
其中:机床工具类产品产值	万元	1 015 929
工业销售产值	万元	1 059 293
其中:机床工具类产品销售产值	万元	1 040 853
工业增加值	万元	445 183
实现利税	万元	164 815
从业人员平均人数	人	21 352
资产总计	万元	2 235 518
流动资产平均余额	万元	1 494 357
固定资产净值平均余额	万元	370 379

二、生产情况

2012年,参加年鉴统计的铣床企业共生产各种金属切削机床43 253台,比上年下降10%,其中普通机床22 315台,比上年下降12.5%。生产数控机床20 938台,比上年下降7.2%，金属切削机床产量数控化率达48.4%。金属切削机床总产值89.0亿元，比上年下降19.5%，其中数控机床产值75.6亿元，比上年下降19.4%，金属切削机床产值数控化率达85.0%。在数控机床中，加工中心产量6 696台，比上年下降14.3%。其中，立式加工中心产量5 692台，比上年下降8.8%；卧式加工中心产量328台，比上年下降53.9%；龙门式加工中心产量670台，比上年下降22.4%。加工中心产值33.7亿元，比上年下降21%，其中，立式加工中心产值比上年下降16.5%，卧式加工中心产值比上年下降47.4%，龙门式加工中心产值比上年下降14.5%。在三类加工中心产品中，卧式加工中心产量、产值下降幅度最大。2012年铣床行业分类产品生产情况见表2。

表2 2012年铣床行业分类产品生产情况

产品名称	实际完成		其中:数控	
	产量（台）	产值（万元）	产量（台）	产值（万元）
金属切削机床	43 253	890 215	20 938	756 305
加工中心	6 696	337 348	6 696	337 348
立式加工中心	5 692	185 338	5 692	185 338
卧式加工中心	328	37 315	328	37 315
龙门式加工中心	670	114 647	670	114 647
其他加工中心	6	48	6	48
车床	1 237	41 878	1 038	40 592
钻床	81	863	26	651
镗床	42	501	42	501
磨床	496	3 570	30	1 492
齿轮加工机床	1	460	1	460
铣床	34 117	498 784	13 004	370 411
特种加工机床	204	530	4	198
锯床	6	13		
组合机床	16	3 116	16	3 116
其他金属切削机床	357	3 152	81	1 536

三、出口情况

2012年，铣床行业产品整体出口情况与上年相比下滑明显。从出口量看，2012年，出口金属切削机床6 477台，比上年增长9.6%。出口数控机床508台，比上年下降10.6%，其中立式加工中心30台，比上年下降81.8%。各类金属切削机床出口额7 302.0万美元，比上年下降69.2%，其中数控机床出口额2 586.4万美元，比上年下降88.5%。在出口的数控机床中，立式加工中心出口额452.2万美元，比上年下降17.3%；数控铣床出口额1 949.5万美元，比上年下降90.5%。

从以上数据可以看出，2012年铣床行业数控机床产品出口下滑较为严重，立式加工中心出口量的下降幅度远大于出口额的下降幅度，说明立式加工中心的出口平均单价上涨。2012年铣床行业分类产品出口情况见表3。

表3 2012年铣床行业分类产品出口情况

产品名称	实际完成		其中:数控	
	出口量（台）	出口额（万美元）	出口量（台）	出口额（万美元）
金属切削机床	6 477	7 302.0	508	2 586.4
加工中心	32	486.9	32	486.9
立式加工中心	30	452.2	30	452.2
卧式加工中心	2	34.7	2	34.7
车床	18	119.1	16	117.1
镗床	5	21.7	3	19.9
磨床	40	23.5		
铣床	6 358	6 609.7	451	1 949.5
其他金属切削机床	24	41.1	6	13.0

四、新产品开发情况

2012年，在市场需求持续低迷、企业经营状况普遍下滑的情况下，行业内许多企业把工作重心转移到调整产品结构、加速产业转型升级上来。在产品的升级换代、新产品研发及产、学、研结合开展技术创新方面取得不俗的成绩。

南通科技投资集团股份有限公司在立足本部通科研究院研发力量的基础上，通过市场化运作，整合全国的信息及行业人才资源，先后成立了常州通泰科研究院、北京通迈科数控技术研究院，并与清华大学联合设立了产品实验室，形成了数控机床前沿尖端技术及应用研究、大型高档数控机床研发、现有产品改型升级试制，资源共享、分工合作的全新开发模式。公司成功开发了5D系列五轴精密立卧式加工中心、SGM系列精密卧式加工中心以及动梁式龙门五面体镗铣加工中心等。公司新产品已批量生产并赢得良好的市场口碑。

青海一机数控机床有限责任公司建立了一套完善的研发体系，组建了由国家级专家、教授、高级工程技术人员等30多人组成的高素质科研团队，形成了“产、学、研”相结合的技术攻关模式。针对国家重大专项产品——高速立卧式加工中心，开展精密卧式加工中心的关键技术研究，使专项攻关的成果得到进一步延伸，形成大中型精密卧式加工中心系列产品。公司产品数控化率达到98%以上。

成都普瑞斯数控机床有限公司不断开拓创新，充分利用自身优势进行产业结构调整和升级转型，自主研发了PG系列定梁式龙门加工中心、PQ系列高速高精度加工中心和PH系列精密卧式加工中心等不同规格型号的高新技术产品，加工中心整机及成套生产线已出口到意大利、英国及中东等国家和地区。

2012年，铣床行业部分企业共开发新产品117种，比上年增长14.7%。其中，加工中心类产品65种，占比55.6%；大、重型类产品19种，占比16.2%；超重型产品4种，占比3.4%。2012年铣床行业新产品开发情况见表4。

表4 2012年铣床行业新产品开发情况

序号	产品名称	型号	主要技术参数	产品性质	产品属性	产品水平
北京北一机床股份有限公司						
1	数控立式车床	BVT2500	最大车削直径:2 500mm,工作台承重:20t,工作台最大转矩:134 000N·m	全新设计	行业新产品	国际先进
2	数控定梁双龙门移动钢轨铣床	B1-296	龙门框架数量:2个,滑枕铣头数量:4个,机床最大加工长度:52m,主轴最高转速:800r/min,主轴电动机功率:60kW,主轴转矩:7 100N·m,滑枕 Z 向行程:600mm	全新设计	企业新产品	国内领先
3	数控定梁龙门镗铣床	XKA2425×60	工作台面尺寸:2 500mm×6 000mm,龙门框架最大通过宽度:3 100mm,主轴转速:6~2 000r/min,主电动机功率(连续/30min):60kW/84kW,滑枕截面尺寸:500mm×500mm,行程($X/Y/Z$):6 720mm/3 710mm/1 500mm	全新设计	企业新产品	国内领先
4	数控桥式龙门镗铣床	XKA2830×80	工作台面尺寸:3 000mm×8 000mm,龙门框架最大通过宽度:3 800mm,滑枕镗铣头主轴转速:6~2 000r/min,滑枕镗铣头主轴功率(连续/30min):60kW/84kW,主轴最大转矩(连续/30min):(7 160N·m)/(10 020N·m),滑枕截面尺寸:500mm×500mm,行程($X/Y/Z/W$):9 500mm/5 000mm/1 500mm/2 500mm	全新设计	企业新产品	国内领先
5	数控桥式龙门镗铣床	XKA2850×200	工作台面尺寸:5 000mm×20 000mm,龙门框架最大通过宽度:5 800mm,滑枕镗铣头主轴转速:0~1 200r/min,滑枕镗铣头主轴功率(连续/30min):100kW/140kW,主轴最大转矩(连续/30min):(7 900N·m)/(10 740N·m),滑枕截面尺寸:600mm×600mm,行程($X/Y/Z/W$):21 500mm/7 000mm/2 000mm/3 500mm	全新设计	企业新产品	国内领先
6	数控定梁龙门加工中心	XHA2420×80	工作台面尺寸:2 000mm×8 000mm,主轴转速:5~2 000r/min,滑枕镗铣头主轴功率(连续/30min):100kW/140kW,滑枕镗铣头主轴转矩:6 000N·m,滑枕截面尺寸:500mm×500mm,行程($X/Y/Z$):8 720mm/3 200mm/1 000mm(限定),刀库容量:60把	全新设计	企业新产品	国内领先
7	卧式加工中心	XHAE7610	工作台面尺寸:1 000mm×1 000mm,工作台最大承重:3 000kg,机床最大回转直径:1 800mm	全新设计	行业新产品	国内先进
8	五轴立式加工中心	XKR25	行程($X/Y/Z$):520mm/260mm/320mm,行程(A/C):(-10°~100°)/360°,工作台直径:250mm	全新设计	企业新产品	国内先进
9	五轴立式加工中心	XKH400A	行程($X/Y/Z$):1 250mm/800mm/600mm,行程(A/B):360°/±40°,工件最大装夹长度:400mm,工件最大回转直径:300mm	全新设计	企业新产品	国内先进
南通科技投资集团股份有限公司						
10	磁流抛光机	TH-MRF600	抛光头转速:公转100r/min、自转200r/min,三向行程:1 100mm/600mm/470mm,工作台直径:400mm,B 轴摆动:±60°,C 轴转动角度:360°	合作生产	行业新产品	国内先进
11	立式加工中心	VCL550	主轴转速:24 000r/min,三向行程:850mm/550mm/540mm,工作台面尺寸:700mm×520mm,刀库容量:24把	全新设计	企业新产品	国内先进

（续）

序号	产品名称	型号	主要技术参数	产品性质	产品属性	产品水平
12	立式加工中心	CFV550	主轴转速:12 500r/min,三向行程:540mm/540mm/720mm,工作台面尺寸:700mm×520mm,刀库容量:24 把	技术引进	行业新产品	国内先进
13	五轴卧式加工中心	5DGBC50	主轴转速:18 000r/min,工作台直径:500mm,三向行程:650mm/700mm/460mm,刀库容量:20 把	全新设计	行业新产品	国内先进
14	轮毂车床	LG24	主轴转速:2 200r/min,Z 轴、X 轴行程:750mm,375mm,刀塔 12 工位	全新设计	行业新产品	国内先进
15	动梁动柱龙门加工中心	GMMC30120	工作台面尺寸:3 000mm×12 000mm,三向行程:12 800mm/4 500mm/1 500mm,主轴转速:2 000r/min,刀库容量:40 把	全新设计	企业新产品	国内先进
四川长征机床集团有限公司						
16	立式加工中心	KVC600N	工作台面尺寸:400mm×1 000mm,三向行程:600mm/400mm/500mm,主电动机功率(连续/30min):5.5kW/7.5kW,主轴转速:20～8 000r/min,刀库容量:10 把	改型设计	企业新产品	国内同类产品领先水平
17	立式加工中心	KVC850M	工作台面尺寸:500mm×1 050mm,三向行程:850mm/550mm/600mm,主电动机功率(连续/30min):7.5kW/11kW,主轴转速:20～8 000r/min,刀库容量:10 把	改型设计	企业新产品	国内同类产品领先水平
桂林机床股份有限公司						
18	数控强力铣床	GLK800C	工作台面尺寸:800mm×1 800mm	改型设计	企业新产品	国内先进
19	数控龙门铣床	XK2312/4	工作台面尺寸:1 200mm×4 000mm	改型设计	企业新产品	国内先进
20	数控万能滑枕升降台铣床	XK5763A	工作台面尺寸:630mm×1 430mm	改型设计	企业新产品	国内领先
21	五轴联动龙门铣床	XK2310－5X	工作台面尺寸:1 000mm×2 000mm	全新设计	行业新产品	国内领先
22	龙门加工中心	XH2316/3	工作台面尺寸:1 600mm×3 000mm	改型设计	企业新产品	国内先进
23	五面体龙门加工中心	XHZ2320/4	工作台面尺寸:2 000mm×4 000mm	改型设计	企业新产品	国内先进
24	强力龙门铣床	GL2025SD/6	工作台面尺寸:2 500mm×6 000mm	改型设计	企业新产品	国内先进
25	数控精铣钻镗床	GLK630C/1	工作台面尺寸:630mm×1 800mm	改型设计	企业新产品	国内先进
26	龙门加工中心	XH2310	工作台面尺寸:1 000mm×2 000mm	改型设计	企业新产品	国内先进
27	强力龙门铣床	GLS2016C/4	工作台面尺寸:1 600mm×4 000mm	改型设计	企业新产品	国内先进
南昌凯马机床有限公司						
28	铣槽机	JD262	工作台面尺寸:400mm×3 690mm,X 轴行程:4 000mm,Z 轴行程:600mm	全新设计	企业新产品	国内一般
29	后机架焊接变位机	FF112012	额定荷载:5 000kg/m,允许焊接电流:500A,翻转偏心距:300mm,回转偏心距:150mm	全新设计	企业新产品	国内一般
青海一机数控机床有限责任公司						
30	铣车复合加工中心	XCH1200	工作台面尺寸:ϕ1 000mm,行程($X/Y/Z$):1 400mm/1 150mm/1 300mm,主轴转速:20～8 000r/min,快速移动速度:30m/min,B 轴转速:0～150r/min,定位精度:0.008mm,重复定位精度:0.005mm	全新设计	行业新产品	国内领先

（续）

序号	产品名称	型号	主要技术参数	产品性质	产品属性	产品水平
31	动梁无滑枕立式铣车复合加工中心	XCM1600	工作台面尺寸：ϕ1 600mm，行程（*X/Y/Z*）：1 400mm/1 150mm/1 300mm，主轴转速：35～12 000r/min，快速移动速度：40m/min，*B* 轴转速：0～50r/min，定位精度：0.006mm，重复定位精度：0.003mm	全新设计	行业新产品	国内领先
32	卧式加工中心	XH768G	工作台面尺寸：800mm×800mm、800mm×1 000mm，行程（*X/Y/Z*）：1 300mm/900mm/900mm，主轴转速：35～6 000r/min，快速移动速度：30m/min，定位精度：0.012mm，重复定位精度：0.008mm	全新设计	企业新产品	国内领先
33	卧式铣床	HC640	工作台面尺寸：400mm×1 000mm，行程（*X/Y/Z*）：600mm/450mm/420mm，主轴转速：30～6 000r/min，快速移动速度：8m/min，定位精度：0.02mm，重复定位精度：0.012mm	全新设计	企业新产品	国内领先
长春数控机床有限公司						
34	数控钻攻固定环孔专机	CSK－ZH01	工作台面尺寸：1 900mm×800mm，行程（*X/Y/Z*）：600mm/500mm/600mm，主轴电动机输出功率：7.5kW、11kW，快速移动速度（*X/Y/Z*）：15m/min，主轴转速：0～6 000r/min（无级调速）	全新设计	企业新产品	国内先进
黄山皖南机床有限公司						
35	龙门加工中心	SP1825	工作台面尺寸：2 500mm×1 400mm	全新设计	企业新产品	国内先进
36	龙门加工中心	CL－1503	工作台面尺寸：1 200mm×3 000mm	全新设计	企业新产品	国内一般
37	卧式加工中心	HMC800	工作台面尺寸：800mm×800mm	全新设计	企业新产品	国内先进
宁波海天精工股份有限公司						
38	动柱动梁龙门五面加工中心	HTM－60GMHE×210	工作台面尺寸：5 000mm×20 000mm，工作台承重：25t/m²，两立柱间距（带防护罩）：6 500mm，主轴功率（连续/30min）：100kW/140kW，滑枕截面尺寸：600mm×600mm	全新设计	企业新产品	国内领先
39	全功能数控车床	HTM－TC16A	床面旋径：420mm，滑鞍上最大回转直径：200mm，最大车削直径：250mm，最大车削长度：380mm，*X* 轴行程：135mm，*Z* 轴行程：430mm，*X* 轴快速移动速度：24m/min，*Z* 轴快速移动速度：30m/min	全新设计	企业新产品	国内领先
40	高速龙门加工中心	HTM－2150Ⅱ	龙门跨距：1 600mm，行程（*X/Y/Z*）：2 000mm/1 500mm/700mm，快速移动速度（*X/Y/Z*）：（26m/min）/（30m/min）/（30m/min），最大切削速度（*X/Y/Z*）：30m/min，工作台面尺寸：1 500mm×2 000mm，工作台最大承重：6t	全新设计	企业新产品	国内领先
41	数控重型卧式车床	HTM－HTC10	最大工件直径：800mm，最大工件长度：5 000mm，最大工件重量：10t，主轴转速：1.5～250r/min，卡盘直径：1 000mm，纵向快速移动速度：8m/min	全新设计	企业新产品	国内领先
42	数控落地式铣镗床	HTM－F1－130	镗轴直径：130mm，镗轴转速：3～2 500r/min，镗轴最大转矩：3 000N·m，镗轴快速移动速度：10m/min，镗轴轴向行程：800mm，滑枕截面尺寸：420mm×480mm，立柱行程：6 000mm，主轴箱快速移动速度：12m/min，刀库容量：40～120 把	全新设计	企业新产品	国内领先

（续）

序号	产品名称	型号	主要技术参数	产品性质	产品属性	产品水平
浙江日发精密机械股份有限公司						
43	高速卧式加工中心	RFSH63/7P	主轴最高转速:18 000r/min,快速移动速度:60m/min	技术引进	企业新产品	国内领先
44	柔性高精度平行双主轴数控车床	RFCF20	主轴转速:5 000r/min,快速移动速度($X/Z/Y$):30m/min,定位精度($X/Z/Y$):0.012mm/0.015mm/0.012mm,重复定位精度($X/Z/Y$):0.008mm/0.01mm/0.008mm	全新设计	企业新产品	国内领先
杭州友佳精密机械有限公司						
45	卧式数控车床	FT－200	床面回转直径:575mm,车削长度:530mm,行程(X/Z):175mm/580mm,快速移动速度(X/Z):24m/min,卡盘尺寸:ϕ210mm,主轴转速:45～4 500r/min,主电动机功率:15kW、18.5kW,定位精度:0.01mm,重复定位精度:0.006mm	全新设计	企业新产品	国内先进
46	卧式数控车床	FT－250	床面回转直径:635mm,车削直径:420mm,车削长度:1 080mm,行程(X/Z):230mm/1 130mm,快速移动速度(X/Z):24m/min,卡盘尺寸:ϕ254mm,主轴转速:45～4 500r/min,主电动机功率:18.5kW、22kW,定位精度:0.01mm,重复定位精度:0.006mm	全新设计	企业新产品	国内先进
北京精雕科技有限公司						
47	精雕数控雕刻机	Carver600V_T	工作台面尺寸:650mm×650mm,主轴转速:1 000～20 000r/min	改型设计	企业新产品	国内领先
48	精雕数控雕刻机	JDLVG400_ATC_P	工作台面尺寸:480mm×450mm,主轴转速:3 000～36 000r/min	全新设计	企业新产品	国内领先
49	精雕数控雕刻机	JDLVG600_DZ	工作台面尺寸:640mm×640mm,主轴转速:3 000～42 000r/min	全新设计	企业新产品	国内领先
50	精雕数控雕刻机	JDLVG800_ATC	工作台面尺寸:880mm×640mm,主轴转速:2 000～28 000r/min	全新设计	企业新产品	国内领先
51	精雕数控雕刻机	JDPVM400_A8	工作台面尺寸:480mm×450mm,主轴转速:3 000～36 000r/min	全新设计	企业新产品	国内领先
52	精雕数控雕刻机	JDPVM600_ATC	工作台面尺寸:640mm×490mm,主轴转速:3 000～36 000r/min	全新设计	企业新产品	国内领先
53	精雕数控雕刻机	JDPVM800	工作台面尺寸:880mm×640mm,主轴转速:2 000～28 000r/min	全新设计	企业新产品	国内领先
54	精雕数控雕刻机	JDWGM800_ATC	工作台面尺寸:900mm×1 280mm,主轴转速:2 000～28 000r/min	全新设计	企业新产品	国内领先
55	精雕数控雕刻机	SmartCNC500_DRTD	工作台面尺寸:ϕ250mm,主轴转速:2 000～28 000r/min	改型设计	企业新产品	国内领先
56	精雕数控雕刻机	Carver1200T_A12	工作台面尺寸:1 250mm×850mm,主轴转速:1 500～20 000r/min	改型设计	企业新产品	国内领先
山东威达重工股份有限公司						
57	卧式加工中心	XH6380	主轴最高转速:20 000r/min,快速移动速度:42m/min,定位精度:±0.003mm,重复定位精度:±0.001mm	全新设计	行业新产品	国际先进
58	重型数控立式车床	CK5265	主轴最高转速:2 000r/min,定位精度0.03mm/m,重复定位精度:0.015mm/m	全新设计	行业新产品	国内先进

（续）

序号	产品名称	型号	主要技术参数	产品性质	产品属性	产品水平
59	龙门式加工中心	XH2420	主轴最高转速：3 000r/min，快速移动速度（X/Y/Z）：（15m/min）/（15m/min）/（12m/min）	全新设计	行业新产品	国内领先
60	龙门钻镗加工中心	ZH7440	主轴最高转速：4 000r/min，快速移动速度（X/Y/Z）：（12m/min）/（12m/min）/（8m/min）	全新设计	行业新产品	国内先进
61	立式加工中心	XH717	主轴最高转速：8 000r/min，快速移动速度（X/Y/Z）：（18m/min）/（18m/min）/（15m/min）	全新设计	行业新产品	国内先进
62	重型数控立式车床	CK5240	主轴最高转速：3 000r/min，定位精度 0.025mm/m，重复定位精度：0.01mm/m	全新设计	行业新产品	国内先进
成都普瑞斯数控机床有限公司						
63	立式加工中心	PL600A	行程（X/Y/Z）：600mm/410mm/545mm，工作台面尺寸：420mm×650mm，主轴转速：8 000r/min，快速移动速度（X/Y/Z）：（48m/min）/（48m/min）/（36m/min）	全新设计	企业新产品	国内先进、行业领先
64	立式加工中心	PL1200A	行程（X/Y/Z）：1 220mm/650mm/650mm，工作台面尺寸：650mm × 1 400mm，主轴转速 8 000r/min，快速移动速度（X/Y/Z）：（32m/min）/（32m/min）/（24m/min）	全新设计	企业新产品	国内先进、行业领先
南通国盛机电集团有限公司						
65	龙门加工中心	GMF2013A	工作台面尺寸：1 100mm×2 200mm，行程（X/Y/Z）：2 000mm/1 300mm/800mm，主轴转速：10～6 000r/min，主电动机功率：15～18.5kW，进给速度：10～7 000mm/min，快速移动速度（X/Y/Z）：10m/min，刀库容量：24 把、32 把，换刀时间（T－T）：6s，承重：6 000kg	全新设计	企业新产品	行业中等水平
66	龙门加工中心	GMF2013B	工作台面尺寸：1 100mm×2 200mm，行程（X/Y/Z）：2 000mm/1 300mm/900mm，主轴转速：10～6 000r/min，主电动机功率：15～18.5kW，进给速度：10～7 000mm/min，快速移动速度（X/Y/Z）：10m/min，刀库容量：24 把、32 把，换刀时间（T－T）：6s，承重：6 000kg	改型设计	企业新产品	行业中等水平
67	龙门加工中心	GMF2513A	工作台面尺寸：1 100mm×2 700mm，行程（X/Y/Z）：2 500mm/1 300mm/800mm，主轴转速：10～6 000r/min，主电动机功率：15～18.5kW，进给速度：10～7 000mm/min，快速移动速度（X/Y/Z）：10m/min，刀库容量：24 把、32 把，换刀时间（T－T）：6s，承重：6 000kg	改型设计	企业新产品	行业中等水平
68	龙门加工中心	GMF2513B	工作台面尺寸：1 100mm×2 700mm，行程（X/Y/Z）：2 500mm/1 300mm/900mm，主轴转速：10～6 000r/min，主电动机功率：15～18.5kW，进给速度：10～7 000mm/min，快速移动速度（X/Y/Z）：10m/min，刀库容量：24 把、32 把，换刀时间（T－T）：6s，承重：6 000kg	改型设计	企业新产品	行业中等水平
69	龙门加工中心	GMF5027	工作台面尺寸：2 300mm×5 000mm，行程（X/Y/Z）：5 200mm/2 700mm/1 000mm，主轴转速：10～4 000r/min，主电动机功率：22～26kW，进给速度：10～7 000mm/min，快速移动速度（X/Y/Z）：10m/min，刀库容量：24 把、32 把，换刀时间（T－T）：6s，承重：18 000kg	全新设计	企业新产品	行业中等水平

（续）

序号	产品名称	型号	主要技术参数	产品性质	产品属性	产品水平
70	龙门加工中心	GMF3029	工作台面尺寸：2 300mm×3 000mm，行程（$X/Y/Z$）：3 200mm/2 900mm/1 000mm，主轴转速：10～4 000r/min，主电动机功率：22～26kW，进给速度：10～7 000mm/min，快速移动速度（$X/Y/Z$）：10m/min，刀库容量：24 把、32 把，换刀时间（T－T）：6s，承重：12 000kg	全新设计	企业新产品	行业中等水平
71	龙门加工中心（齿轮主传动）	GMF2013BG	工作台面尺寸：1 100mm×2 200mm，行程（$X/Y/Z$）：2 000mm/1 300mm/900mm，主轴转速：10～6 000r/min，主电动机功率：15～18.5kW，进给速度：10～7 000mm/min，快速移动速度（$X/Y/Z$）：10m/min，刀库容量：24 把、32 把，换刀时间（T－T）：6s，承重：6 000kg	改型设计	企业新产品	行业中等水平
72	立式加工中心（齿轮主传动）	MV1580G	工作台面尺寸：800mm×1 700mm，行程（$X/Y/Z$）：1 500mm/800mm/700mm，主轴转速：10～6 000r/min，主电动机功率：15～18.5kW，进给速度：10～7 000mm/min，快速移动速度（$X/Y/Z$）：10m/min，刀库容量：24 把、32 把，换刀时间（T－T）：6s，承重：1 500kg	改型设计	企业新产品	行业中等水平
山东永华机械有限公司						
73	立式加工中心	YHMC－V13 YHMC－V13L YHMC－V13Z	行程（$X/Y/Z$）：1 300mm/700mm/650mm	全新设计	企业新产品	国内一流
74	立式加工中心	YHMC－V16 YHMC－V16Z	行程（$X/Y/Z$）：1 600mm/900mm/750mm	全新设计	企业新产品	国内一流
75	立式加工中心	YHMC－B10L	行程（$X/Y/Z$）：1 020mm/610mm/610mm	改型设计	企业新产品	国内一流
76	立式加工中心	YHMC－V16H	行程（$X/Y/Z$）：1 600mm/900mm/750mm，齿轮式主轴	全新设计	企业新产品	国内一流
77	龙门加工中心	YHMC－G2518Z	行程（$X/Y/Z$）：2 500mm/1 800mm/850mm	全新设计	企业新产品	国内一流
78	龙门加工中心	YHMC－G3018Z	行程（$X/Y/Z$）：3 000mm/1 800mm/850mm	全新设计	企业新产品	国内一流
79	龙门加工中心	YHMC－G3518Z	行程（$X/Y/Z$）：3 500mm/1 800mm/850mm	全新设计	企业新产品	国内一流
80	龙门加工中心	YHMC－G4018Z	行程（$X/Y/Z$）：4 000mm/1 800mm/850mm	全新设计	企业新产品	国内一流
81	龙门加工中心	YHMC－G4518Z	行程（$X/Y/Z$）：4 500mm/1 800mm/850mm	全新设计	企业新产品	国内一流
82	龙门加工中心	YHMC－G3228X	行程（$X/Y/Z$）：3 200mm/2 800mm/1 000mm	全新设计	企业新产品	国内一流
83	龙门加工中心	YHMC－G4228X	行程（$X/Y/Z$）：4 200mm/2 800mm/1 000mm	全新设计	企业新产品	国内一流
84	龙门加工中心	YHMC－G5228X	行程（$X/Y/Z$）：5 200mm/2 800mm/1 000mm	全新设计	企业新产品	国内一流
85	龙门加工中心	YHMC－G6228X	行程（$X/Y/Z$）：6 200mm/2 800mm/1 000mm	全新设计	企业新产品	国内一流
86	龙门加工中心	YHMC－G4232Z	行程（$X/Y/Z$）：4 200mm/3 200mm/1 250mm	全新设计	企业新产品	国内一流
87	龙门加工中心	YHMC－G5232Z	行程（$X/Y/Z$）：5 200mm/3 200mm/1 250mm	全新设计	企业新产品	国内一流
88	龙门加工中心	YHMC－G6232Z	行程（$X/Y/Z$）：6 200mm/3 200mm/1 250mm	全新设计	企业新产品	国内一流
89	龙门加工中心	YHMC－G8232Z	行程（$X/Y/Z$）：8 200mm/3 200mm/1 250mm	全新设计	企业新产品	国内一流
90	数控定梁龙门移动式镗铣床	YHMC－G13246MC	行程（$X/Y/Z$）：13 200mm/5 000mm/1 500mm	全新设计	企业新产品	国内一流
91	数控动梁工作台移动式镗铣床	YHMC－G10540MB	行程（$X/Y/Z/W$）：10 500mm/4 900mm/1 250mm/2 400mm	全新设计	企业新产品	国内一流
92	数控动梁龙门移动式镗铣床	YHMC－G16650MA	行程（$X/Y/Z/W$）：16 600mm/6 000mm/1 500mm/3 200mm	全新设计	企业新产品	国内一流

（续）

序号	产品名称	型号	主要技术参数	产品性质	产品属性	产品水平
93	数控定动梁双龙门移动式龙门镗铣床	YHMC－G32046MD	行程（$X/Y/Z_1/Z_2$）：32 000mm/5 000mm/1 500mm/2 000mm	全新设计	企业新产品	国内一流
深圳市鼎泰数控机床股份有限公司						
94	数控钻铣中心	TDZX540C	三轴快速移动速度：48m/min，定位精度：±0.003mm/300mm，重复定位精度：±0.0025mm	改型设计	企业新产品	国内领先
95	数控钻铣中心	TDZX540B	三轴快速移动速度：48m/min，定位精度：±0.003mm/300mm，重复定位精度：±0.0025mm	改型设计	企业新产品	国内领先
96	立式加工中心	TDLV850	三轴快速移动速度：48m/min，定位精度：±0.003mm/300mm，重复定位精度：±0.0025mm	改型设计	企业新产品	国内领先
97	立式数控铣床	DTX/C1370A	三轴快速移动速度：15m/min、15m/min、12m/min，定位精度：±0.004mm/300mm，重复定位精度：±0.0025mm	改型设计	企业新产品	国内领先
98	立式数控铣床	DTX/C1370B	三轴快速移动速度：15m/min、15m/min、12m/min，定位精度：±0.004mm/300mm，重复定位精度：±0.0025mm	改型设计	企业新产品	国内领先
99	数控龙门铣床	DTPX/C2013	三轴快速移动速度：8m/min，定位精度：±0.005mm，重复定位精度：±0.005mm	改型设计	企业新产品	国内领先
深圳市捷甬达实业有限公司						
100	龙门式双主轴高速雕铣机	CMD500－Ⅱ	行程（$X/Y/Z$）：480mm/500mm/100mm，工作台面尺寸：700mm×500mm，工作台承重：100kg，最大夹持刀具直径：6mm，快速进给速度：10m/min，切削速度：8m/min，主轴电动机功率：1.25kW，主轴最高转速：60 000r/min，定位精度（$X/Y/Z$）：0.006mm/0.006mm/0.003mm，重复定位精度（$X/Y/Z$）：0.004mm/0.004mm/0.002mm	全新设计	行业新产品	行业领先
101	简易卧式数控铣床	HCM1075	行程（$X/Y/Z$）：1 000mm/750mm/600mm，工作台面尺寸：1 300mm×600mm，工作台承重：800kg，快速进给速度：12 m/min，切削速度：8m/min，主轴电动机功率：11kW，主轴转速：600r/min，定位精度（$X/Y/Z$）：0.008mm，重复定位精度（$X/Y/Z$）：0.006mm	全新设计	企业新产品	行业领先
102	齿轮头龙门加工中心	BTMC2204G	行程（$X/Y/Z$）：4 000mm/2 200mm/1 000mm，工作台面尺寸：4 000mm×1 800mm，工作台承重：6 000kg，快速进给速度：12 m/min，切削速度：6m/min，主轴电动机功率：22kW，主轴低挡转速：1 000r/min，主轴高挡转速：60 000r/min，定位精度（$X/Y/Z$）：0.035mm/0.025mm/0.015mm，重复定位精度（$X/Y/Z$）：0.03mm/0.02mm/0.012mm	改型设计	企业新产品	行业领先
上海三一精机有限公司						
103	定梁龙门镗铣床	GMFA2040－0001	行程（$X/Y/Z$）：4 200mm/3 400mm/1 000mm，龙门跨距：2 800mm，工作台面尺寸：2 000mm×4 000mm，最大承重：22 000kg，主轴最高转速：6 000r/min，主轴最大转矩：1 469 N·m，快速移动速度（$X/Y/Z$）：（20m/min）/（20m/min）/（15m/min）	全新设计	企业新产品	国内先进

（续）

序号	产品名称	型号	主要技术参数	产品性质	产品属性	产品水平
104	定梁龙门镗铣床	GMFB2040－0003	行程（$X/Y/Z$）：4 200mm/3 400mm/1 250mm，龙门跨距：2 800mm，工作台面尺寸：2 000mm×4 000mm，最大承重：22 000kg，主轴最高转速：3 500r/min，主轴最大转矩：2 481N·m，快速移动速度（$X/Y/Z$）：（20m/min）/（20m/min）/（15m/min）	全新设计	企业新产品	国内先进
105	动梁龙门镗铣床	GMM2560HT	行程（$X/Y/Z$）：7 000mm/4 200mm/1 500mm，龙门跨距：3 000mm，主轴端面距工作台面距离：0～2 550mm，工作台面尺寸：2 500mm×6 000mm，最大承重：60 000kg，主轴最高转速：2 000r/min，主轴最大转矩：5 000N·m，快速移动速度（$X/Y/Z/W$）：（10m/min）/（10m/min）/（5m/min）/（2m/min）	全新设计	企业新产品	国内先进
106	卧式加工中心	HM63	工作台面尺寸：630mm×630mm，承重：1.5t，主轴转速：6 000r/min，主轴功率：22kW、30kW，行程（$X/Y/Z$）：1 200mm/950mm/1 200mm，定位精度（$X/Y/Z$）：0.007mm，重复定位精度（$X/Y/Z$）：0.004mm	全新设计	企业新产品	国内先进
107	立式加工中心	VMG15010	工作台面尺寸：1 500mm×1 000mm，承重：3t，行程（$X/Y/Z$）：1 780mm（含换刀行程）/1 000mm/750mm，快速移动速度（$X/Y/Z$）：（32m/min）/（32m/min）/（24m/min），主轴转速：6 000r/min，主轴功率：15kW、18.5kW，定位精度（$X/Y/Z$）：0.008mm/0.006mm/0.006mm，重复定位精度（$X/Y/Z$）：0.006mm/0.004mm/0.004mm	全新设计	企业新产品	国内先进
108	立式加工中心	VMG15030	工作台面尺寸：1 500mm×3 000mm，承重：10t，行程（$X/Y/Z$）：3 200mm/1 780mm（含换刀行程）/750mm，快速移动速度（$X/Y/Z$）：（20m/min）/（32m/min）/（24m/min），主轴转速：6 000r/min，主轴功率：22kW、26kW，定位精度（$X/Y/Z$）：0.016mm/0.008mm/0.006mm，重复定位精度（$X/Y/Z$）：0.01mm/0.006mm/0.004mm	全新设计	企业新产品	国内先进
青岛元通机械有限公司						
109	活络模具多功能铣床	TXK16/4	花盘直径：1 600mm，最大加工件直径：1 600mm，最小加工件直径：900mm，主轴功率：11kW，转速：200～4 000r/min，定位精度：0.025mm，重复定位精度：0.02mm	全新设计	行业新产品	国内先进
110	圆锥面活络模具车铣复合加工中心	DC200000	最大工件回转直径：2 000mm，最大工件长度：450mm，最大承重：3t	改型设计	行业新产品	国内领先
111	四轴刻字机	XK628－4	工作台直径：800mm，最大加工件直径：1 200mm，电主轴最高转速：3 000r/min，回转精度：15″	全新设计	行业新产品	国内先进
福建省威诺数控有限公司						
112	高速高精加工中心	WN850－2	工作台面尺寸：500mm×1 050mm	全新设计	企业新产品	国内先进

（续）

序号	产品名称	型号	主要技术参数	产品性质	产品属性	产品水平
113	五轴联动加工中心	W5V320	工作台直径:320mm,行程(*X/Y/Z*):600mm/560mm/450mm,*A* 轴摆角:-15°~115°,*C* 轴回转角度:±360°,主轴转速:10 000r/min,快速移动速度(*X/Y/Z*):(36m/min)/(36m/min)/(30m/min)	全新设计	企业新产品	国内先进
114	七轴龙门式复合加工中心	WN-LF6016	工作台面尺寸:1 200mm×7 000mm	全新设计	行业新产品	国内领先
福建省金浦机械工业有限公司						
115	数控车床	CNCL20H	最大切削直径:340mm,最大切削长度:460mm,*X* 轴行程:200mm,最高转速:5 000r/min,定位精度:0.008mm,重复定位精度:0.004mm	全新设计	企业新产品	国内先进
116	高速精密型加工中心	VMC1060	工作台面尺寸:600mm×1 400mm,工作台承重:500kg,行程(*X/Y/Z*):1 000mm/600mm/600mm,快速移动速度:50m/min,主轴转速:12 000~40 000r/min,刀库容量:20 把,定位精度:0.008mm,重复定位精度:0.004mm	全新设计	行业新产品	国内领先
117	精密型立式加工中心	VMC850	工作台面尺寸:510mm×1 080mm,行程(*X/Y/Z*):850mm/550mm/550mm	改型设计	企业新产品	国内先进

五、科研项目及获奖情况

2012 年,铣床行业部分企业共开展科研项目 54 项,其中国家重大专项 11 项,科研项目投资约 2.65 亿元。在这些科研项目中,有 23 个项目为企业自行应用,有 22 个项目还在研制阶段。2012 年铣床行业部分企业科研项目见表 5。2012 年铣床行业获奖科研项目见表 6。

表 5　2012 年铣床行业部分企业科研项目

序号	科研项目名称	主要内容	应用状况	项目来源
北京精雕科技有限公司				
1	无芯式螺旋排屑器的研发	无芯式螺旋排屑器及其与精雕数控雕刻机的配合	自行应用	企业自立项目
2	应用于玻璃加工行业的自动上下料设备	自动输料装置及其与机床的集成	自行应用	企业自立项目
3	大玻璃加工用数控雕刻机	大尺寸玻璃加工设备及加工工艺研究	自行应用	企业自立项目
4	单轴直驱转台的研发	力矩电动机及直驱转台结构设计与研究	自行应用	企业自立项目
5	纺织配件加工用高精度雕刻中心的研发	纺织配件专用加工设备设计	自行应用	企业自立项目
山东威达重工股份有限公司				
6	XHM2420 龙门式加工中心	重点研究机床结构稳定性、五轴联动等技术	自行应用	山东省技术创新计划
7	XH2416 龙门式加工中心	机床高刚性、轻量化框架设计、热稳定性研究、横梁反重力变形设计技术等	自行应用	山东省技术创新计划
8	XH718 立式加工中心	机床人字形结构研究、滚珠丝杠轴承支撑可调结构及预紧	自行应用	山东省技术创新计划
9	XK6040 数控卧式升降台铣床	机床基础铸件采用米汉纳铸铁后整机刚性和稳定性研究	自行应用	山东省技术创新计划
青海一机数控机床有限责任公司				
10	高档数控机床动态综合补偿技术	数控机床的热误差动态建模及预测补偿技术;高档数控机床动力学建模及加工稳定性控制技术;切削负荷波动的实时监测与补偿;综合动态误差实时补偿技术的实验和应用研究	自行应用	地方科技项目

（续）

序号	科研项目名称	主要内容	应用状况	项目来源
浙江日发精密机械股份有限公司				
11	RFCF20柔性高精度平行双主轴数控车床	通过模块化设计，实现单机自动化、双机自动化以及单机加双机自动化的组合。该机床适合加工形状复杂的回转类零件，能进行柱面、曲面、锥面、阶梯面、螺旋等的车、铣加工。广泛用于汽车、精密模具、精密工具和仪表、军工、航天航空等行业的零件加工	其他	浙江省重大科技专项入库项目
深圳市捷甬达实业有限公司				
12	油脂润滑系统应用于高速机床的研究	研究采用黏度大、黏附力强的油脂润滑机床，保证高速运转寿命	自行应用	企业自主研发
山东永华机械有限公司				
13	YHMC－V13L立式加工中心	新产品研发	其他	企业自选项目
14	YHMC－V13Z立式加工中心	新产品研发	其他	企业自选项目
15	YHMC－V10Z立式加工中心	新产品研发	其他	企业自选项目
16	YHMC－V16L立式加工中心	新产品研发	其他	企业自选项目
17	YHMC－V16Z立式加工中心	新产品研发	其他	企业自选项目
18	YHMC－V16立式加工中心	新产品研发	其他	企业自选项目
19	YHMC－G6230Z龙门加工中心	新产品研发	其他	企业自选项目
20	2.8m系列龙门加工中心	新产品研发	其他	企业自选项目
21	YHMC－H63卧式加工中心	新产品研发	其他	企业自选项目
22	高速龙门镗铣加工中心关键技术研发及产业化项目	新产品关键技术研发和产业化实施	自行应用	济宁市产学研合作项目
青岛元通机械有限公司				
23	子午线轮胎高效硫化关键装备	新一代具有径向开合功能的子午线轮胎活络模具、新型的液压锁模机构及模具加热技术，实现机模一体化	自行应用	国家支撑计划
福建省金浦机械工业有限公司				
24	高速精密型加工中心的研制	新产品研制	自行应用	福建省经贸委科技创新资金
25	数控车床的研制	新产品研制	自行应用	福建省经贸委科技创新资金
福建省威诺数控有限公司				
26	具有对称主轴的七轴四联动高速数控龙门镗铣床	研究内容：对称主轴精密同步控制技术、高速高精度加工的整机动态设计以及产品系列化、模块化设计等。该机床可适用于大型或重型零件的多轴、多面、多工序加工，尤其适用于工程机械等领域叉架类、箱体类、壳体类等零件的加工	自行应用	福建省区域重大专项
27	精密数控的X－Y平移台与智能化人机交互界面	开发一种用于激光划片机专用设备的精密数控的X－Y平移台的控制系统与智能化人机交互界面的软件和移动平台	自行应用	与中科院福建物构所合作的省重大专题专项子课题
28	WLCH－50－2高速精密型卧式加工中心	研究一种适用于中小型零件精密加工的高速精密型卧式加工中心，从而实现多面多工序的加工，提高加工效率	自行应用	福建省重点项目

（续）

序号	科研项目名称	主要内容	应用状况	项目来源
29	W5V320 五轴联动加工中心	研制一种适用于高效加工钛合金结构件的五轴联动加工中心，具有大转矩、大功率、高精度、高加工效率的特性，可进行强力切削，生产出高精度的复杂零件	自行应用	福建省创新资金项目
30	用于太阳能电池生产的紫外激光器	主要研究针对太阳能产业应用的紫外固体激光器	自行应用	福建省院科技合作专项（工业）重点项目
31	W850－2 高速高精立式加工中心	对高速切削特性进行研究，主轴最高转速提高到 12 000～30 000r/min	自行应用	福建省创新资金项目
上海三一精机有限公司				
32	VLC 正倒立式数控车床	该车床融合先进的倒置加工理念，结合传统正立式加工，通过一台机床完成工件上下表面的全面加工，中间无需翻身，通过倒主轴对正主轴的方式传送工件，保证工件的角定位和两平面的平行度	自行应用	上海市重大技术装备研制专项

表 6　2012 年铣床行业获奖科研项目

项目名称	主要内容及应用范围	获奖名称	获奖等级	主要完成单位
B1－ZX001 汽车零件加工自动生产线	B1－ZX001 汽车零件加工自动生产线是主要用于汽车制动盘、制动毂加工行业的生产线。该生产线具有高精度、高效率、高可靠性和高柔性自动化加工的特点，能够实现制动盘自动装夹，完成粗车、精车、铣削、钻孔、攻丝、镗孔、双面车、双面磨功能，并采取了多项物流机构上工件位置的可靠性检测手段，实现了工件从毛坯到成品的全自动化加工过程	CCMT2012 春燕奖		北京北一机床股份有限公司
GMC4000H/2 五坐标横梁移动龙门加工中心	围绕解决重型机床高速运动的热变形、提高重型机床五坐标联动的高速动态性能和精度稳定性等核心技术难点，从机床原理、布局结构、制造调试、补偿优化等方面，进行多学科结合的创新研究及技术攻关。机床适应当前航空航天、船舶、能源及汽车行业中新技术、新材料加工所需的关键设备	四川省科技进步奖 自贡市科技进步奖	一等奖 一等奖	四川长征机床集团有限公司、四川大学
XH2426F 龙门五面加工中心	采用发那科数控系统，具有自动换刀、自动交换横头、横头自动分度等功能，适用于汽车、航空航天、冶金矿山、机床制造等行业	山东省机械工业科技进步奖	二等奖	山东威达重工股份有限公司
TPK611 数控卧式铣镗床	该数控卧式铣镗床一次装夹可完成钻孔、扩孔、镗孔、切槽、平面铣削、车削及螺纹加工，适用于大/中型板件、盘件、箱体、曲面等多种复杂零件的粗、精加工	山东省机械工业科技进步奖	三等奖	山东威达重工股份有限公司
XH2415 龙门式加工中心	本机床为五轴四联动定梁龙门式加工中心，主要适用于大、中型零件、模具等的精密加工	枣庄市科技进步奖	一等奖	山东威达重工股份有限公司
5DGBC50 五轴联动立式加工中心	该机床可实现五轴联动，各坐标轴可自动定位，工件在一次装夹后，可自动完成铣、钻、镗、铰和攻丝等多种工序的加工	CCMT2012 春燕奖		南通科技投资集团股份有限公司
RFCF20 柔性高精度平行双主轴数控车床	通过模块化设计，实现单机自动化、双机自动化以及单机加双机自动化的组合。该机床适合加工形状复杂的回转类零件，能进行柱面、曲面、锥面、阶梯面、螺旋等的车、铣加工。广泛用于汽车、精密模具、精密工具和仪表、军工、航天航空等行业的零件加工	CCMT2012 春燕奖 浙江省装备制造业重点领域首台(套)产品		浙江日发精密机械股份有限公司

（续）

项目名称	主要内容及应用范围	获奖名称	获奖等级	主要完成单位
XH4225数控龙门镗铣加工中心	该加工中心采用铸造式龙门框架结构，工作台面采用变速箱齿轮齿条传动，可实现复杂曲面的重载高精密切削加工。产品自主研发冷却液自动补偿系统，解决了龙门类机床切削液容积过小、冷却效果差的技术难题；自行设计双齿轮碟簧消间隙机构，自动调节补偿齿轮间隙及双斜齿轮错位消间隙机构，有效地减少齿轮传动间隙；自主研发数控龙门镗铣床横梁间隙调整装置，减少导轨磨损，提高了加工精度。机床工作台最高承载37.5t，主轴转矩1 000N·m，技术处于国内先进水平	蚌埠市科学技术进步奖	二等奖	安徽晶菱机床制造有限公司

六、专利发明情况

据不完全统计，2012年，铣床行业部分企业的92项专利技术已获国家专利授权，数量比上年增加了近一倍。其中，发明专利4项、外观设计专利10项、实用新型专利79项。需要说明的是，有一项专利技术获得实用新型、外观设计两项专利授权。2012年铣床行业部分企业授权专利情况见表7。

表7　2012年铣床行业部分企业授权专利情况

序号	企业名称	专利名称	专利类型	授权日期
1	四川长征机床集团有限公司	机床定位夹紧结构	实用新型	2012.12.26
2	四川长征机床集团有限公司	重型数控机床垂向复合导轨副	实用新型	2012.12.26
3	四川长征机床集团有限公司	一种双摆头的主轴精度调整结构	实用新型	2012.12.26
4	四川长征机床集团有限公司	调整大跨距横梁Y向精度的装置	实用新型	2012.12.26
5	北京精雕科技有限公司	一种防止排水反涌的真空过滤排水装置	实用新型	2012.07.11
6	北京精雕科技有限公司	一种机床防护罩的多扇导轨防护门	实用新型	2012.08.15
7	北京精雕科技有限公司	一种机床导轨丝杠的防护装置	实用新型	2012.08.15
8	北京精雕科技有限公司	一种机床控制柜的散热装置	实用新型	2012.08.15
9	北京精雕科技有限公司	一种无背隙的浮动制动装置	实用新型	2012.08.15
10	北京精雕科技有限公司	一种用于高光的新型刀盘	实用新型	2012.10.03
11	山东威达重工股份有限公司	多功能框式水平仪	实用新型	2012.09.05
12	山东威达重工股份有限公司	龙门加工中心主轴箱滑枕结构	实用新型	2012.09.05
13	山东威达重工股份有限公司	顺序变速机构	实用新型	2012.11.28
14	青海一机数控机床有限责任公司	一种铣车主轴定位锁紧装置	实用新型	2012.05.02
15	青海一机数控机床有限责任公司	一种托盘自动交换液压油路快换接头装置	实用新型	2012.08.08
16	青海一机数控机床有限责任公司	一种五轴摆头主轴头的锁紧装置	实用新型	2012.08.08
17	青海一机数控机床有限责任公司	一种铣车复合加工中心的直驱转台装置	实用新型	2012.09.05
18	青海一机数控机床有限责任公司	一种大型铣车加工中心的静压直驱转台装置	实用新型	2012.08.08
19	浙江日发精密机械股份有限公司	机床夹具气动保压阀装置	发明	2012.03.07
20	浙江日发精密机械股份有限公司	一种可使夹具分离的主轴夹紧夹具的机构	发明	2012.04.11
21	浙江日发精密机械股份有限公司	一种机床旋转工作台	实用新型	2012.02.01
22	浙江日发精密机械股份有限公司	重型数控落地铣镗床伸长扁铣头	实用新型	2012.02.01
23	浙江日发精密机械股份有限公司	机床工作转台电主轴减速装置	实用新型	2012.02.08
24	浙江日发精密机械股份有限公司	机床卡盘工件装夹气动检测装置	实用新型	2012.04.18
25	浙江日发精密机械股份有限公司	旋转尾架主轴刹车装置	实用新型	2012.05.23
26	浙江日发精密机械股份有限公司	重型静压回转工作台角度锁紧定位装置	实用新型	2012.07.04
27	浙江日发精密机械股份有限公司	龙门机床附件头支架	实用新型	2012.10.24
28	浙江日发精密机械股份有限公司	龙门加工中心横梁限位装置	实用新型	2012.11.14
29	浙江日发精密机械股份有限公司	五面加工机床立卧主轴头	实用新型	2012.11.14
30	浙江日发精密机械股份有限公司	立车操作面板（大型）	外观设计	2012.05.30

（续）

序号	企业名称	专利名称	专利类型	授权日期
31	浙江日发精密机械股份有限公司	大型立车操作面板	外观设计	2012. 10. 17
32	浙江日发精密机械股份有限公司	加工中心操作面板	外观设计	2012. 10. 17
33	浙江日发精密机械股份有限公司	无心磨床操作面板	外观设计	2012. 11. 07
34	浙江日发精密机械股份有限公司	平行双主轴车铣复合中心操作面板	外观设计	2012. 11. 28
35	成都普瑞斯数控机床有限公司	一种凸轮连杆式同步松刀机构	发明	2012. 09. 26
36	安徽晶菱机床制造有限公司	数控龙门镗铣床	外观设计	2012. 06. 29
37	深圳市捷甬达实业有限公司	数控机床动态刚性的测定方法	发明	2012. 08. 10
38	深圳市鼎泰数控机床股份有限公司	钻铣中心排屑装置	实用新型	2012. 12. 25
39	深圳市鼎泰数控机床股份有限公司	一种数控钻孔机的主控制机箱	实用新型	2012. 12. 27
40	深圳市鼎泰数控机床股份有限公司	数控机床用油污冷却回收装置	实用新型	2012. 12. 27
41	深圳市鼎泰数控机床股份有限公司	一种油污过滤装置	实用新型	2012. 12. 06
42	深圳市鼎泰数控机床股份有限公司	数控机床导轨丝杆测试手摇柄	实用新型	2012. 12. 25
43	山东永华机械有限公司	卧式数控机床	外观设计	2012. 11. 01
44	上海三一精机有限公司	一种丝杠辅助支撑装置及加工中心	实用新型	2012. 09. 26
45	上海三一精机有限公司	长距离重载工作台拖换装置	实用新型	2012. 09. 26
46	上海三一精机有限公司	刮滚机排屑冷却装置及刮滚机	实用新型	2012. 09. 26
47	上海三一精机有限公司	一种立柱移动式转塔车床	实用新型	2012. 10. 31
48	上海三一精机有限公司	一种液压平衡回路和一种液压平衡装置	实用新型	2012. 10. 31
49	上海三一精机有限公司	一种转台加工用夹具及具有其的工程机械	实用新型	2012. 10. 31
50	上海三一精机有限公司	变速箱及数控机床	实用新型	2012. 10. 31
51	上海三一精机有限公司	机床复合导轨机构	实用新型	2012. 10. 31
52	上海三一精机有限公司	行星传动机构及铣镗床	实用新型	2012. 10. 31
53	上海三一精机有限公司	刮滚机镗杆螺旋密封机构及刮滚机	实用新型	2012. 10. 31
54	上海三一精机有限公司	落地镗铣床主轴箱驱动系统及落地镗铣床	实用新型	2012. 12. 05
55	上海三一精机有限公司	一种臂架类零件自适应夹具	实用新型	2012. 10. 10
56	上海三一精机有限公司	一种数控平旋盘	实用新型	2012. 10. 10
57	上海三一精机有限公司	一种并列双子主轴车床	实用新型	2012. 10. 10
58	上海三一精机有限公司	一种提升式机床防护门及其液压控制装置	实用新型	2012. 10. 10
59	上海三一精机有限公司	一种薄壁工件加工支撑夹具	实用新型	2012. 10. 10
60	上海三一精机有限公司	一种移动式机床内防护结构	实用新型	2012. 10. 10
61	上海三一精机有限公司	一种横梁滚滑复合导轨结构	实用新型	2012. 10. 10
62	上海三一精机有限公司	车铣复合加工中心	外观设计	2012. 10. 10
63	上海三一精机有限公司	卧式加工中心（HMSD250P）	实用新型、外观设计	2012. 10. 10
64	上海三一精机有限公司	用于自动化生产线的刀库集中管理系统	实用新型	2012. 11. 21
65	上海三一精机有限公司	一种随动丝杠辅助支撑结构	实用新型	2012. 11. 21
66	上海三一精机有限公司	一种轴承油气润滑结构	实用新型	2012. 11. 21
67	上海三一精机有限公司	一种数控机床三视防护角门	实用新型	2012. 11. 28
68	上海三一精机有限公司	数控机床控制箱(2)	外观设计	2012. 11. 28
69	上海三一精机有限公司	一种动立柱立式加工中心用移动圆盘式刀库	实用新型	2012. 12. 05
70	上海三一精机有限公司	一种机床用四移动工作台三工位加工结构	实用新型	2012. 12. 05
71	南通国盛机电集团有限公司	立式加工中心 *Z* 轴丝杆尾端的轴承保护结构	实用新型	2012. 10. 22
72	南通国盛机电集团有限公司	数控龙门加工中心分离式齿轮箱	实用新型	2012. 09. 25
73	南通国盛机电集团有限公司	卧式加工中心可移动式操作箱	实用新型	2012. 10. 22
74	南通国盛机电集团有限公司	卧式加工中心排屑系统	实用新型	2012. 10. 22
75	南通国盛机电集团有限公司	龙门加工中心	实用新型	2012. 11. 15

（续）

序号	企业名称	专利名称	专利类型	授权日期
76	武汉国威重型机床股份有限公司	单蜗轮双蜗杆双电机驱动蜗轮蜗杆副	实用新型	2012.06.20
77	武汉国威重型机床股份有限公司	蜗轮蜗杆副中蜗杆轴支承	实用新型	2012.07.04
78	武汉国威重型机床股份有限公司	数控重型滚齿机滑座	实用新型	2012.07.04
79	武汉国威重型机床股份有限公司	浇灌定位组合镗轴	实用新型	2012.07.11
80	武汉国威重型机床股份有限公司	镗床主轴箱平衡锤导向机构	实用新型	2012.07.11
81	武汉国威重型机床股份有限公司	带刀具拉紧装置主轴的内冷机构	实用新型	2012.08.15
82	福建省威诺数控有限公司	复式龙门机床	实用新型	2012.05.30
83	福建省威诺数控有限公司	框架式立柱四导轨运动结构的铣床的侧加工装置	实用新型	2012.05.30
84	福建省威诺数控有限公司	机床中的箱体式马达座	实用新型	2012.09.26
85	福建省威诺数控有限公司	机床中的线轨错位安装结构	实用新型	2012.09.26
86	福建省威诺数控有限公司	机床拼接时联接面的密封结构	实用新型	2012.10.17
87	福建省威诺数控有限公司	机床中的人性化影像系统装置	实用新型	2012.09.12
88	福建省威诺数控有限公司	高洁净多层刮屑装置	实用新型	2012.09.12
89	福建省威诺数控有限公司	箱式结构四轨驱动滑鞍	实用新型	2012.09.12
90	福建省威诺数控有限公司	方箱式八面接触滑鞍结构	实用新型	2012.09.12
91	福建省威诺数控有限公司	人字形框架式四导轨龙门立柱结构	实用新型	2012.09.12
92	福建省威诺数控有限公司	人字形框架式龙门机床	实用新型	2012.09.12

七、企业简介

本版年鉴仅介绍铣床分会会员中1家改制重组的企业和4家新会员企业。

北京北一机床股份有限公司　是北京京城机电控股有限责任公司控股的大型机床制造企业。近年来，经过改制重组、并购整合，公司主体承继了具有60多年悠久历史的北京第一机床厂的优质资产及相关机床的制造、管理、销售及服务等业务，先后并购整合了北京第二机床厂有限公司、北京机电院机床有限公司，于2012年6月8日正式更名为北京北一机床股份有限公司。公司在境内拥有5大主机生产及配套基地，其中包括3个全资子公司、3个生产制造部、13家参控股子公司；在境外拥有3家全资子公司。产品涵盖：重型产品的数控龙门镗铣床、数控落地镗床、数控立式车床、导轨磨床；中型产品的数控铣床、数控磨床、数控车床、加工中心、车铣复合机床、激光雕刻机、钻削中心、五轴联动叶片/叶轮加工中心、数控珩磨机、自动生产线及普通铣床等。其中，磨床产品细分为高精度外圆磨床、数控磨床、普通外圆磨床、专用磨床、超精加工机床、成套设备及功能部件等，产品广泛应用于汽车、军工、航天、船舶、发电、轨道交通、模具及机械等行业。

在海外并购方面，公司实施“走出去”战略，2005年全资收购德国瓦德里希·科堡机床公司，其重型、超重型龙门镗铣床和导轨磨床等是世界著名的品牌。2011年，公司收购的世界知名的意大利五轴加工叶片铣床生产商C.B.法拉利公司，其重点服务于模具和叶片加工生产领域。2012年，公司又收购了意大利的SAFOP机床公司。

在追求合资合作的领域中，2003年，公司与日本大隈株式会社合资成立了北一大隈（北京）机床有限公司，全套引进大隈株式会社技术，批量生产立式/卧式加工中心机床和数控车床。2006年，公司又与法国Fabricom合资成立北京北一法康生产线有限公司。

秉承着“制造精良、追求卓越”的企业精神，公司始终把对用户的服务摆在突出位置，成立了多家专业的销售服务中心，获得了“国家级技术中心”称号。公司本着做用户的工艺师、做装备工业脊梁的使命，创新发展、贡献社会，竭诚为社会及广大用户提供高品质的服务。

上海三一精机有限公司　由三一集团投资创建于2009年，总部坐落于上海川沙产业园，拥有昆山、无锡两大生产制造基地。按世界一流标准在建的临港产业园，总投资26亿元，占地面积超过66.7万m^2。公司主要从事精密机床的研发、制造、销售，产品规划包括金属切削机床、金属成形机床、集成技术、功能部件四大类，涵盖龙门加工中心、卧式加工中心、立式加工中心、车削系列、钣金系列、镗铣系列、齿轮系列、磨床系列、重型压力机、行业专机、物流自动化、数控系统及功能部件系列。秉承“品质改变世界”的企业使命，公司将年销售收入的7%～10%投入研发。公司现有机床研究院、德国研究院，共计200余名研发人员（其中硕士及以上学历占80%以上）。

2012年，公司自主研发的MSD250P卧式镗铣加工中心、VLC正倒立式数控车床、HMSA200P卧式镗铣加工中心分别列入上海市高新技术成果转化项目、上海市重大技术装备研制专项、上海市引进技术吸收与创新计划项目。2012年4月中旬、7月上旬两次高端行业展会向行业和用户展示了公司的高端品牌形象，坚定了客户的合作信心。2012年11月、12月，分别在沈阳三一重型装备有限公司、湖州三一装备有限公司以公司十多台各类中高端产品为依托，举办了产品展示会暨技术交流会。两次区域性产品推介会的成功举办，极大地推动了公司外销工作的开展，展现了公司研发、制造实力与产品业绩，坚定了在东北大区、长三角区域客户的合作信心。

山东永华机械有限公司 成立于2007年，总部位于山东兖州，占地面积10万 m^2，注册资金5 575万元，是山东省战略性新兴产业——高端装备制造业重点民营企业之一。公司自成立以来，一直致力于中、高档数控机床的研发制造。2012年，公司从业人员达368人，主要生产高速立式加工中心、大型龙门加工中心、高精密卧式加工中心等系列产品，共638台，实现工业总产值30 512万元、销售收入28 681万元。公司被兖州市委市政府评为"2012年度经济发展贡献二等奖"。

公司始终坚持品质突破和技术创新，秉承"专、精、特"的技术指导方针，进一步优化产品结构，促进产品转型升级，开展了15项高档数控机床和关键功能部件项目的研制。其中，10m数控动梁工作台移动式龙门镗铣床和13m数控定梁龙门移动式镗铣床填补了多项国内技术空白。并获得了发明专利2项、外观设计专利5项，通过市级立项项目2项。为进一步打造高端的技术研发和创新体系，公司又于2012年组建了山东省数控加工中心工程技术研究中心，与山东大学和西安理工大学开展广泛的产学研合作，为公司的发展和持续进步奠定了坚实的技术基础。

为进一步优化产业结构，促进经济增长，2012年9月，公司斥资2.1亿元着手建设三期重型数控龙门镗铣床项目。该项目产品是国家重大专项重点支持的战略性高端制造装备，能实现超大型、特殊材料零件的高效、精密、复合加工，可广泛应用于航空航天、船舶制造、轨道交通、核电工业、风电工业、大型模具等多个领域。该项目完成后，将进一步打破西方发达国家相关的技术垄断，替代同类进口产品，促进我国民族工业和国防工业的快速发展。

深圳市鼎泰数控机床股份有限公司 成立于2003年，注册资本6 000万元，是一家专业生产、销售数控机床的民营股份制企业，专门从事数控加工中心及关键功能部件的研究、开发、生产和销售。公司总部位于广东省深圳市，在深圳宝安、江苏昆山、云南玉溪及四川成都建立了研发、生产和4S基地。

公司产品包括各种规格的数控铣床及加工中心、数控龙门铣床、数控雕铣机、数控钻铣中心、车铣复合中心、高速数控铣床、五面体加工中心及五轴系列产品。公司产品已广泛应用于能源、通信、交通、航空、先进制造等行业领域。公司的销售服务网络现已遍布全国。公司中高档数控机床销售收入年增长率达到60%以上，2011年销售收入达到5亿元。

公司已通过ISO 9001: 2000国际质量体系认证和国家技术监督局机械产品质量检验。公司在立卧式加工中心和数控龙门铣床方面拥有多项专利，与日本三菱、日本发那科等世界一流企业建立了紧密的合作关系。2009年，公司与云南正成工（台正、台成、台工）公司结成战略联盟，开始大规模生产台湾品质高性价比的加工中心产品，于2011年在云南玉溪研和建成玉溪研和数控装备产业园。

公司拥有一支实力雄厚的专业技术队伍，拥有领先的专业技术。公司采用进口的世界一流检测设备，严格按质量标准对原材料、产成品实行入厂、出厂检测。公司配置有专业的售后服务队伍，售后服务专线24h保持开通，能为客户提供优质、及时、贴身的服务，以免除客户的后顾之忧。

武汉国威重型机床股份有限公司 是武汉国威投资控股集团有限公司于2005年6月投资成立的重型机床制造的专业化公司。公司主营重型数控金属切削机床的设计、制造、销售。2012年，公司进行股份制改造，变更为武汉国威重型机床股份有限公司。2012年，公司完成工业总产值4 216万元、工业增加值2 365万元，实现销售收入3 600万元，利润总额310万元。在职员工人数130人，全员劳动生产率18万元/人。

自2010年公司投入生产以来，已先后完成了TH6920数控落地铣镗加工中心、XK2535数控定梁龙门移动镗铣床自制设备的安装。2012年8月，完成了YK31 400数控滚齿机的安装，并投入使用，实现大型齿圈、蜗轮的自给加工。2012年，公司数控产品产量7台，其中，数控落地铣镗床3台、数控滚齿机1台、数控回转台2台、核电加工专机1台。另外，还完成重型再制造设备3台。

在产品开发方面，完成XK2650和TK6926两台新产品的设计工作，其中TK6926主轴箱核心部件进行试制，预计在2013年完成。此外，还取得6项发明专利。2012年，公司与湖北工业大学及兰州理工大学签订合作协议，成为两校教学科研基地。

〔撰稿人：中国机床工具工业协会铣床分会胡瑞琳〕

钻 镗 床

2012年，我国机床工具行业延续了2011年下半年开始的下行趋势，增速持续缓慢回落，国内市场低迷，新增订单显著减少，产销水平明显回落，供需矛盾愈加突出。钻镗床行业许多企业认识到转型升级的紧迫性和长远意义，积极进行产品结构调整，打破多年来的经营模式，放弃一些传统产品，努力开发用户急需的新产品，开拓新的市场领域。2012年，钻镗床行业经济运行下滑并不明显，有些项目指标略有增长。

一、基本情况

2012年，钻镗床分会在册会员单位65家（新增会员单位2家），其中，国有控股企业19家、集体控股企业11家、私人控股企业32家、与外商合资企业2家、台资企业1家。职工人数3万余人。参加本次年鉴统计的钻镗床企业共

24家。

根据钻镗床分会24家骨干会员企业的统计数据，2012年，钻镗床行业完成工业总产值158.4亿元，比上年下降2.1%；工业销售产值156.1亿元，比上年增长0.4%；实现利税13.0亿元，比上年增长26.5%；从业人员平均人数19 421人，比上年下降1.8%。2012年钻镗床行业主要经济指标完成情况见表1。

表1　2012年钻镗床行业主要经济指标完成情况

指标名称	单位	年度累计
工业总产值	万元	1 584 387
其中：机床工具类产品产值	万元	1 456 580
工业销售产值	万元	1 560 806
其中：机床工具类产品销售产值	万元	1 439 605
工业增加值	万元	697 470
实现利税	万元	130 437
从业人员平均人数	人	19 421
资产总计	万元	1 817 660
流动资产平均余额	万元	1 217 283
固定资产净值平均余额	万元	280 645

二、生产情况

2012年，钻镗床分会24家骨干会员企业生产金属切削机床64 663台，比上年下降50.2%，生产数控机床28 546台，比上年下降26.3%。金属切削机床产量数控化率44.1%，比上年增加14.3个百分点。金属切削机床产值141.6亿元，比上年下降2.6%，其中数控机床产值88.1亿元，比上年增长1.0%。金属切削机床产值数控化率62.2%，比上年增加2.2个百分点。在数控机床产品中，加工中心产量11 475台，比上年下降34.2%，加工中心产值65.4亿元，比上年增长8.1%；数控钻床产量1 293台，比上年下降10.8%，数控钻床产值1.56亿元，比上年增长68.8%；数控镗床产量958台，比上年下降60.7%，数控镗床产值14.1亿元，比上年下降32.5%。

从以上数据可以看出，钻镗床行业在经济下滑、市场疲软的情况下，除数控镗床产值降幅比较大外，其他产品产值与上年同期基本持平。由此可见，钻镗床行业产品结构调整取得了一定的效果。2012年钻镗床行业分类产品生产情况见表2。

表2　2012年钻镗床行业分类产品生产情况

产品名称	实际完成		其中：数控	
	产量（台）	产值（万元）	产量（台）	产值（万元）
金属切削机床	64 663	1 416 182	28 546	881 141
加工中心	11 475	653 646	11 475	653 646
立式加工中心	9 626	170 306	9 626	170 306
卧式加工中心	913	214 343	913	214 343
龙门式加工中心	936	268 997	936	268 997
车床	576	13 183	438	4 166
钻床	33 949	210 735	1 293	15 584
镗床	4 181	466 213	958	140 616
磨床	169	9 189	80	6 384
螺纹加工机床	6	210	4	168
铣床	14 166	39 326	14 162	37 786
拉床	1	32		
特种加工机床	14	218	14	218
组合机床	47	8 471	43	7 614
其他金属切削机床	79	14 959	79	14 959
台钻	211 767	40 152		
部件	768	246		

三、出口情况

2012年，钻镗床行业出口金属切削机床2 510台，比上年下降76.1%，金属切削机床出口额8 837.3万美元，比上年下降2.4%。出口数控机床183台，比上年下降78.4%，数控机床出口额7 686.4万美元，比上年增长18.5%。在数控机床出口中，加工中心出口164台，比上年下降9.4%，加工中心出口额7 569.9万美元，比上年增长19.5%；数控镗床出口16台，比上年增长23.1%，数控镗床出口额103.9万美元，比上年下降0.9%。

从统计数据看出，金属切削机床出口量虽然大幅下降，但出口额是小幅下降的。尤其是数控机床，出口量下降较多，但出口额是增长的。其中，加工中心出口量比上年减少，出口额增长明显。因此说，加工中心出口档次在上升，高端产品出口能力在增强。2012年钻镗床行业分类产品出口情况见表3。

表3　2012年钻镗床行业分类产品出口情况

产品名称	实际完成		其中：数控	
	出口量（台）	出口额（万美元）	出口量（台）	出口额（万美元）
金属切削机床	2 510	8 837.3	183	7 686.4
加工中心	164	7 569.9	164	7 569.9
立式加工中心	92	521.1	92	521.1
卧式加工中心	7	362.4	7	362.4
龙门式加工中心	65	6 686.4	65	6 686.4
车床	1	6.8	1	6.8
钻床	2 263	877.8	1	2.7
镗床	80	378.9	16	103.9
磨床	1	0.8		
铣床	1	3.1	1	3.1
台钻	29 622	692.7		

四、新产品开发情况

2012 年,钻镗床行业参与本年鉴统计的企业开发新产品65 种,比上年增长22.6%。2012 年钻镗床行业经过鉴定的新产品见表4。

表4 2012 年钻镗床行业经过鉴定的新产品

产品名称	型号	主要技术参数	产品性质	产品属性	产品水平
沈机集团昆明机床股份有限公司					
精密数控卧式坐标镗床	TGK46100	主轴转速:10~6 000r/min,工作台最大承重:2.5t,进给速度(*X/Y/Z*):1~6 000mm/min,主电动机功率:22kW	全新设计	企业新产品	国内先进
芜湖恒升重型机床股份有限公司					
数控双柱立式车床	CQK5850DG		改型设计	企业新产品	国内领先
数控落地式铣镗床	TK6913	主轴直径:130mm	全新设计	企业新产品	国内领先
宁夏中卫大河机床有限责任公司					
数控钻铣中心	2HK5150	钻孔直径:50mm,行程(*X/Y/Z*):700mm/500mm/500mm	全新设计	行业新产品	国内领先
双轴数控珩磨机	2MK2208Z×2	珩磨直径:16~80mm,珩孔深度:300mm	全新设计	行业新产品	国内领先
立式珩磨机	2MBA2210×32	珩磨直径:30~100mm,珩孔深度320mm	改型设计	行业新产品	国内领先
龙门数控珩磨机	2MK2263×200	珩磨直径:100~630mm,珩孔深度:2 000mm	全新设计	行业新产品	国内领先
立式珩磨机	MA4215	珩磨直径:50~150mm,珩孔深度:400mm	改型设计	企业新产品	国内领先
自动样铣机床	ZDX500	加工件直径:30~50mm,加工件高度:760mm	全新设计	行业新产品	国内领先
安徽省黄山台钻有限公司					
数控台式深孔钻床	ZK-25	最大钻孔直径:25mm,主轴最大行程:250mm,快速进给速度:2m/min,定位精度:0.06mm,重复定位精度:0.03mm,主轴轴心线至立柱表面距离:235mm,底座工作面尺寸:320mm×350mm,主轴端至工作台面距离:45~580mm,主轴端至底座工作面距离:1 000mm	改型设计	企业新产品	
立式钻床	Z5032B	最大钻孔直径(铸件/钢件):31.5mm/25mm,最大攻丝直径:M22mm,主轴端面至工作台面最大距离:730mm,主轴端面至底座工作面最大距离:1 255mm,主轴最大行程(手动/自动):160mm/140mm,主轴转速:125~3 030r/min,工作台面尺寸:500mm×420mm	改型设计	企业新产品	
数控床身铣床	VC600	工作台面尺寸:700mm×360mm,行程(*X/Y/Z*):610mm/310mm/406mm,主轴端面至工作台面距离:135~541mm,主轴中心至立柱导轨面距离:360mm,切削进给速度:6~1 000mm/min,快速进给速度(*X/Y/Z*):(5m/min)/(5m/min)/(3m/min),定位精度:±0.015mm,重复定位精度:±0.008mm	改型设计	企业新产品	
杭州西湖台钻有限公司					
数控台式钻床	ZK4016	最大钻孔直径:16mm,主轴最大行程:80mm,主轴转速:500~2 000r/min,切削进给速度:4m/min	全新设计	企业新产品	国内先进

（续）

产品名称	型号	主要技术参数	产品性质	产品属性	产品水平
立式自动进刀钻床	ZB5050	最大钻孔直径：50mm，主轴最大行程：150mm，主轴转速：70～1 430r/min，主轴自动进刀速度：0～100mm/min（无级变速）	全新设计	企业新产品	国内先进
数控台式钻床	ZK－20	最大钻孔直径：20mm，主轴最大行程：100mm，主轴转速：400～3 200r/min，切削进给速度：4m/min	技术引进	企业新产品	国内先进
数控方柱立式钻床	ZK5140A	最大钻孔直径：40mm，主轴最大行程：240mm，主轴转速：31.5～1 400r/min，切削进给速度：1.5m/min	全新设计	企业新产品	国内先进
沈阳机床（集团）有限责任公司					
立式加工中心	VMC580B	工作台面尺寸：650mm×430mm，行程（X/Y/Z）：580mm/420mm/510mm，主轴转速：10 000 r/min，快速移动速度（X/Y/Z）：48 m/min，刀库容量：20把	全新设计	企业新产品	国内领先
立式加工中心	VMC850t	工作台面尺寸：1 000mm×500mm，工作台承重：600kg，主轴转速：6 000r/min，快速移动速度（X/Y/Z）：24m/min，刀库容量：16把	全新设计	企业新产品	国内领先
龙门五轴镗铣床	GMC3060ru	主轴转速：20～4 000r/min，工作台行程（X轴）：6 500mm，快速进给速度（X/Y/Z）：10m/min	全新设计	企业新产品	国内领先
定梁龙门五面体加工心	GMC16100r2	工作台行程（X轴）：10 500mm，滑板行程（Y轴）：2 700mm，滑枕行程（Z轴）：1 250mm	改型设计	企业新产品	国内领先
数控动梁动龙门式镗床	VMG60200wmh	工作台面尺寸：20 000mm×6 000mm，主轴功率：72kW，转速：3 000r/min	技术引进	企业新产品	国内领先
高速动梁龙门加工中心	GMB2560wr	快速移动速度（X/Y/Z）：25m/min，滑动导轨（W轴）快速移动速度：3m/min，主轴转速：4 000r/min、6 000r/min	技术引进	企业新产品	国内领先
数控双面刨台式铣镗床	TJK6513×2	主轴转速：10～2 000r/min，主轴最大转矩：2 500N·m，W轴行程：800mm，工作台面尺寸：1 500mm×6 000mm	改型设计	企业新产品	国内领先
数控卧式铣镗床	TJKP6513	主轴直径：130mm，主轴转速：10～2 000 r/min，主轴最大转矩：2 500N·m，W轴行程：800mm，平旋盘直径：730mm，工作台面尺寸：1 400mm×1 600mm	改型设计	企业新产品	国内领先
龙门式加工中心	GMC3060r	工作台行程（X轴）：6 500mm，滑板行程（Y轴）：4 200mm，滑枕行程（Z轴）：10 500 mm，滑枕截面尺寸：500mm×500mm	改型设计	企业新产品	国内领先
双面数控卧式铣镗床	TKQP6513B×2	主轴直径：130mm，主轴转速：10～2 000 r/min，主轴最大转矩：1 300N·m，平旋盘直径：630mm，工作台面尺寸：1 500mm×6 000mm	改型设计	企业新产品	国内领先

五、科研项目

2012年，钻镗床行业部分企业上报科研项目16项，共投入资金27 917万元，其中处于研制阶段的项目共6项。2012年钻镗床行业部分企业科研项目见表5。2012年钻镗床行业获奖科研项目见表6。

表5　2012年钻镗床行业部分企业科研项目

序号	科研项目名称	主要内容	应用状况	项目来源
芜湖恒升重型机床股份有限公司				
1	TK6 216 数控落地铣镗床产品研究与开发	数控铣镗床滑座、主轴、箱体、立柱等主要大件有限元分析及优化设计；数控铣镗床移动补偿、结构挠度自动补偿及加工过程中主轴自动热补偿系统研究；数控落地铣镗床运动精度的提高和机电动态性能匹配设计分析。可满足机床需要的高性能数控系统应用研究	自行应用	芜湖市科技攻关计划项目
2	大型功能复合型数控双柱立式车床开发与应用	CK5250DG 型数控双柱立式车铣钻、车磨复合功能开发；机床横梁、立柱、工作台、滑枕等主要大件有限元分析及优化设计；开展机床动态特性研究，研究机床重心变化变形补偿技术和机床热变形检测补偿技术；进行复合功能数控立式车床加工工艺技术的研究，开展数控立式车床工作台分度定位在线检测技术应用研究，设计制造高精度的分度立式车床数控工作台；研究采用西门子数控系统的机床机电动态性能匹配设计，提升机床数控系统、伺服系统和整机精度控制能力	自行应用	安徽省科技攻关计划项目
3	HTK300 数控重型回转工作台产品研发	HTK300 数控回转工作台的床身、滑座、工作台等主要大件的有限元分析及优化设计；工作台直线运动导轨、回转运动导轨均采用恒流静压导轨的设计；工作台直线运动进给机构采用消隙减速箱与滚珠丝杠副的设计，回转运动进给机构采用消隙齿轮箱上双小齿轮输出驱动大齿轮的传动结构设计，保证较高的传动精度；对工作台夹紧装置的设计；回转工作台机电动态性能匹配设计分析。可满足机床需要的高性能数控系统应用研究	自行应用	公司自主研发项目
福州工大台钻有限公司				
4	自动攻丝机	可自动攻丝 M2～M10 的攻丝机	其他	用户验收
5	圆柱型立式钻床	最大钻孔直径＜10mm	其他	用户验收
6	半自动进给立式钻床	最大钻孔直径 16mm/25mm	其他	用户验收
7	VMC640 立式加工中心	公司自行设计可进行钻、镗、铣等多种功能加工的立式加工中心	自行应用	用户验收
8	数控立式钻床	可自学习的数控钻床	其他	用户验收
沈机集团昆明机床股份有限公司				
9	THM 系列（46100/65160）精密卧式加工中心	研制可实现铣、镗、钻等多种工序复合加工的 THM 系列（46100/65160）精密卧式加工中心，从主机开发与关键共性技术研究两方面开展工作。主要研究内容包括机床整机布局设计、精密主轴设计、回转台与拖动机构设计、整机结构优化设计、动刚度分析与抑振技术、移动部件轻量化设计、机床热变形及补偿、伺服驱动优化、数控系统误差补偿、机床运动防碰撞技术、多轴加工工艺、可靠性与精度保持技术以及相关技术标准的制定	其他	工业和信息化部
10	TGK46100 高精度数控卧式坐标镗床	在分析国外先进坐标镗床技术特点的基础上，结合公司多年设计生产经验，设计 TGK46100 高精度数控卧式坐标镗床整机结构，并完成样机试制。主要任务分解为如下 9 个设计与生产任务：整机结构方案设计，高刚度、高稳定性的基础支撑结构，机床导轨结构，进给机构，高精度的主轴箱及主轴系结构，高精度回转工作台，电气系统，排屑系统，其他系统	其他	工业和信息化部

表6　2012年钻镗床行业获奖科研项目

项目名称	主要内容及应用范围	获奖名称	获奖等级	主要完成单位
SDK－370D超圆盘干化机	产品为污泥干化环保设备，主要适用于市政污泥、工业污泥、生活污泥的处理处置领域。同时适用于中小发电企业的各类污泥焚烧项目，也能满足污水处理企业的污泥干化(减量化)后作填埋处置	嘉兴市科技进步奖 浙江省环保科技进步奖	三等奖 三等奖	天通吉成机器技术有限公司
大型数控落地铣镗床的开发	主要应用于大型机械、工程机械、机车车辆、矿山设备、大型电机、水轮机、汽轮机、船舶、钢铁、军工、大型环保设备等工业部门，用于零件的精密镗孔和铣平面加工，或钻孔、铰孔、切螺纹、切沟槽、三维曲面等复杂工序加工	浙江省机械工业科学技术奖	一等奖	天通吉成机器技术有限公司
XK(H)2740大(重)型精密数控定梁动龙门镗铣床	整机及功能部件模块化优化设计解决方案；基础大件优化设计制造技术；主轴系统结构优化设计制造技术；主传动系统设计制造控制技术；静压支撑技术的机电一体化制造控制技术；液压系统设计控制技术；自动换附件设计制造控制技术；龙门各进给轴驱动设计制造控制技术等	云南省科技进步奖	二等奖	沈机集团昆明机床股份有限公司

六、专利发明情况

据不完全统计，2012年钻镗床行业部分企业获得授权专利32项，其中，发明专利5项、实用新型专利27项。2012年钻镗床行业部分企业授权专利情况见表7。

表7　2012年钻镗床行业部分企业授权专利情况

序号	企业名称	专利名称	专利类型	授权日期
1	汉川数控机床股份公司	龙门移动式机床的自适应龙门框架	发明	2012.12.04
2	汉川数控机床股份公司	双向夹紧装置	实用新型	2012.01.18
3	汉川数控机床股份公司	多段接长床身的加工方法	发明	2012.01.18
4	芜湖恒升重型机床股份有限公司	双柱立式车床的横梁微调机构	发明	2012.02.01
5	芜湖恒升重型机床股份有限公司	机床主轴箱配重重锤的导向结构	实用新型	2012.08.01
6	芜湖恒升重型机床股份有限公司	一种机床变速箱传动装置	实用新型	2012.08.22
7	芜湖恒升重型机床股份有限公司	一种主轴箱重心偏移补偿装置	实用新型	2012.08.01
8	芜湖恒升重型机床股份有限公司	一种主轴箱方孔装配刮研装置	实用新型	2012.08.01
9	芜湖恒升重型机床股份有限公司	一种滑枕挠度变形补偿装置	实用新型	2012.08.01
10	芜湖恒升重型机床股份有限公司	一种立式车床工作台速度反馈机构	实用新型	2012.08.22
11	芜湖恒升重型机床股份有限公司	一种立式车床的工作台变速箱	实用新型	2012.08.22
12	芜湖恒升重型机床股份有限公司	一种立式车床刀架对定中心装置	实用新型	2012.08.22
13	芜湖恒升重型机床股份有限公司	一种齿轮齿条传动系统的消除间隙机构	实用新型	2012.08.22
14	芜湖恒升重型机床股份有限公司	一种机床间隙调整机构	实用新型	2012.07.11
15	天通吉成机器技术有限公司	一种压力检测油缸预压平衡装置	实用新型	2012.07.25
16	天通吉成机器技术有限公司	一种粉末压制设备的粉末充填增量控制系统	实用新型	2012.07.25
17	天通吉成机器技术有限公司	一种粉末成型设备的粉量充填调整装置	实用新型	2012.07.25
18	安徽省黄山台钻有限公司	液压控制钻头的进刀深度调整装置	实用新型	2012.05.09
19	沈机集团昆明机床股份有限公司	滚动轴承－主轴系统动静态特性综合测试实验装置	发明	2012.02.01
20	沈机集团昆明机床股份有限公司	大型数控落地铣镗床主轴箱双丝杠补偿装置	实用新型	2012.07.04
21	沈机集团昆明机床股份有限公司	大型数控落地铣镗床滑枕挠度补偿装置	实用新型	2012.09.05
22	沈机集团昆明机床股份有限公司	基于图像的大型机床装配结合面法向接触刚度测量装置	实用新型	2012.09.05
23	沈机集团昆明机床股份有限公司	一种数控卧式铣镗床用自适应导向装置	实用新型	2012.09.12

（续）

序号	企业名称	专利名称	专利类型	授权日期
24	沈机集团昆明机床股份有限公司	重锤安全装置	实用新型	2012.09.05
25	沈机集团昆明机床股份有限公司	回转工作台双电机驱动消除齿轮传动间隙的装置	实用新型	2012.02.22
26	沈机集团昆明机床股份有限公司	机床主轴锥孔自磨工具	发明	2012.03.07
27	山东鲁重数控机床股份有限公司	一种数控落地铣镗床重力平衡装置	实用新型	2012.11.07
28	山东鲁重数控机床股份有限公司	一种数控落地铣镗床液压拨叉变速机构	实用新型	2012.11.07
29	山东鲁重数控机床股份有限公司	一种数控落地铣镗床主轴箱夹紧机构	实用新型	2012.11.07
30	山东鲁重数控机床股份有限公司	一种数控落地铣镗床	实用新型	2012.11.07
31	山东鲁重数控机床股份有限公司	一种数控落地铣镗床卡盘结构	实用新型	2012.11.07
32	山东鲁重数控机床股份有限公司	一种数控落地铣镗床滑枕自重变形补偿装置	实用新型	2012.11.07

七、企业简介

安徽省黄山台钻有限公司 是国内专业生产钻床系列产品的企业，具有40多年的生产历史，是中国机床工具工业协会钻镗床分会理事单位。

公司一贯注重产品质量及新产品的开发研制，始终坚持“创新求精，追求完美”的生产理念，不断引进、吸收先进的技术和设备，积极探索现代化管理模式。公司已通过ISO 9001:2008国际质量管理体系认证，使用的“黄山”牌注册商标是安徽省著名商标。公司生产的台钻系列产品被认定为安徽省名牌产品。公司已通过高新技术企业认定。

公司生产的主要产品有：台式钻床、立式钻床、钻攻两用机、攻丝机、铣钻床、摇臂钻床、数控钻床、数控铣床、立式加工中心、手动压轴机和万能工具磨床等共十多个系列90多个品种，年产量超过2万台（套）。

公司具有出口自营权，销售网络覆盖全国20多个省市、自治区，并远销欧美、东南亚等地。“质量第一、用户至上”是公司的经营宗旨，“制造精品钻床，不断满足客户需求”是公司永恒的目标。

福州工大台钻有限公司 公司原名福州台钻厂，创建于1958年，是原国家机械电子工业部台式钻床定点生产企业、国家渔业机械仪器行业定点企业。

公司一直坚持以人为本，科技带动，运用新技术、新工艺，努力提高产品技术含量。2012年开始调整产品结构，向数控及自动化产品方向发展。通过升级原有的生产设备（数控改造，专用机床设计）和设计使用高质量的工装夹具及检具，提高了企业的生产效率与产品质量。

公司自行设计的VMC640立式加工中心用来加工新产品零件，保证了零件孔的定位精度与尺寸精度，加快了新产品开发的进度，保证了产品的质量；自行设计的主轴箱镗孔专机，采用了四头对镗的加工工艺，解决了生产中影响生产效率的瓶颈问题；开发的数控钻床、自动钻丝机、全自动钻攻专机以适应市场对自动化设备的需求；在工艺方面，主轴箱内孔最后一道工序采用了珩磨工艺，保证了尺寸的稳定性与表面粗糙度要求。在不影响产品质量的情况下，部分零件采用新材料，降低了零件的加工难度，节约了生产成本。

为推动技术创新与科技市场管理工作的深入开展，进一步激发员工自主创新的潜力，加大技术创新与科技市场管理力度，加强了对员工技术的培训。公司依靠科技创新增强企业活力，实施品牌战略，提高企业竞争力。面对激烈的市场竞争，2012年，公司准确地把握产品市场走势，制定切实可行的营销策略，并根据不同时期的市场变化情况，适时调整销售策略，建立诚信的客户网络，不断提高产品在市场上的占有率。最大限度满足客户需求，提高产品销售量，并做好产品售后服务工作。此外，还加强品牌宣传，培育品牌信誉，扩大品牌的市场影响力。

山东鲁重数控机床股份有限公司 成立于2009年6月，位于山东省高密市姜庄工业园，注册资金4 500万元。公司主要从事加工中心、重型或超重型数控机床、重型或超重型龙门镗铣床和大型专用数控设备的开发、生产及销售。

公司是我国数控机床产品门类较为齐全的大型机床制造企业之一。自建厂至今，公司获得多项荣誉：山东省综合实力百强民营企业、中国专利山东明星企业、高新技术企业、守合同重信用企业、先进纳税企业及质量、服务、信誉AAA企业等。2012年，公司完成工业总产值34 468万元，实现销售收入42 000万元，利税8 404万元。

2010—2012年，公司不断研发制造新产品，如TK6916、XTM6516卧式铣镗床，XK2580T龙门滑动台式铣镗床及XK45150M动龙门铣镗床等，并发展成为公司的特色产品。公司拥有一支实力雄厚的专业技术队伍，拥有先进的专业技术，拥有现代化高科技的鲁重数控机械研究所。公司与日本三菱、日本发那科、日本THK、日本安川、德国西门子、德国AMT、德国施耐德、西班牙发格自动化、意大利HSD、美国Dynapath、台湾上银、台湾旭泰、台湾臻赏等知名企业建立了紧密的长期合作伙伴关系，合作生产高品质、高性价比的各种机床产品。近几年，公司投入大量资金用于引进设备，年生产机床产品近120台。公司在机床行业的知名度和美誉度大幅提升，公司用高质量的产品和真诚的服务赢得了客户。

2012年，公司新申报8项专利，并且全部经由国家知识产权局认定。未来30年将是我国机床工具行业由大变强的关键时期，期间将形成以高档机床为代表的、以高端装备制造业为主导、多种先进制造业互相支撑的产业新格局。公司在保持国内市场持续平稳的形势下，积极抢占市场，从产品研发设计开始，快速设计出符合市场要求的新产品。

〔撰稿人：中国机床工具工业协会钻镗床分会许立亭〕

磨　床

一、基本情况

2012年,磨床分会共有会员单位53家,其中,磨床设计开发、制造企业46家,砂轮机设计开发、制造企业5家,磨床零配件生产及磨料磨具生产企业2家。磨床分会53家会员单位中有国有控股企业16家、集体控股企业1家、私人控股企业36家,从业人员14 819人。参加本次年鉴统计的磨床企业共35家,占磨床分会会员单位的66%。其中,西安鸣士机电开发有限公司和沈阳三友机械设备有限公司是以企业简介的形式说明企业的生产经营情况。

2012年,磨床分会35家会员企业完成工业总产值515 427万元,比上年下降15.7%,其中机床工具类产品产值401 263万元,比上年下降21.7%;机床工具类产品产值占工业总产值的77.9%,比上年下降8.1个百分点。工业销售产值497 962万元,比上年下降12.2%,其中机床工具类产品销售产值413 534万元,比上年下降17.9%。工业增加值157 217万元,比上年下降11.5%;实现利税47 882万元,比上年下降28.9%;资产总计960 427万元,比上年增长2.4%;流动资产平均余额560 132万元,比上年增长3.6%;固定资产净值平均余额279 186万元,比上年增长4.6%;行业平均产销率为96.6%,比上年增长1.8个百分点。2012年磨床行业主要经济指标完成情况见表1。

表1　2011年磨床行业主要经济指标完成情况

指标名称	单位	年度累计
工业总产值	万元	515 427
其中:机床工具类产品产值	万元	401 263
工业销售产值	万元	497 962
其中:机床工具类产品销售产值	万元	413 534
工业增加值	万元	157 217
实现利税	万元	47 882
从业人员平均数	人	14 819
资产总计	万元	960 427
流动资产平均余额	万元	560 132
固定资产净值平均余额	万元	279 186

2012年,磨床行业工业总产值超过亿元的企业有14家,其中,上海机床厂有限公司12.42亿元,威海华东数控股份有限公司4.66亿元,无锡机床股份有限公司4.60亿元,陕西汉江机床有限公司3.63亿元,杭州杭机股份有限公司3.62亿元,新乡日升数控轴承装备股份有限公司3.57亿元,宇环数控机床股份有限公司3.15亿元,桂林桂北机器有限责任公司2.01亿元,北京第二机床厂有限公司1.75亿元,上海第三机床厂1.50亿元,济南四机数控机床有限公司1.20亿元,陕西秦川格兰德机床有限公司1.16亿元,江西杰克机床有限公司1.05亿元,无锡明鑫机床有限公司1.01亿元。

2012年,磨床行业工业销售产值超过亿元的企业有14家,其中,上海机床厂有限公司12.60亿元,无锡机床股份有限公司4.47亿元,威海华东数控股份有限公司3.65亿元,陕西汉江机床有限公司3.65亿元,新乡日升数控轴承装备股份有限公司3.57亿元,杭州杭机股份有限公司2.98亿元,宇环数控机床股份有限公司2.70亿元,北京第二机床厂有限公司2.07亿元,桂林桂北机器有限责任公司1.61亿元,上海第三机床厂1.53亿元,上海精密机床厂有限公司1.33亿元,济南四机数控机床有限公司1.17亿元,江西杰克机床有限公司1.10亿元,陕西秦川格兰德机床有限公司1.00亿元。

二、生产销售情况

2012年,磨床行业35家企业共生产金属切削机床23 796台,比上年下降28.8%,其中数控机床4 973台,比上年下降24.8%。金属切削机床产值394 295万元,比上年下降22.0%,其中数控机床产值206 197万元,比上年下降18%。

2012年,生产磨床19 704台,比上年下降28.3%,磨床产值335 747万元,比上年下降20.9%。生产数控磨床4 575台,比上年下降20.5%,数控磨床产值166 707万元,比上年下降14.4%。

磨床产量占金属切削机床产量的82.8%,磨床产值占金属切削机床产值的85.2%。磨床产量数控化率为23.2%,比上年增加4个百分点;磨床产值数控化率为49.7%,比上年增加4.5个百分点。

磨床产品产值超过亿元的企业有12家,其中,上海机床厂有限公司6.61亿元,无锡机床股份有限公司3.45亿元,杭州杭机股份有限公司3.35亿元,宇环数控机床股份有限公司3.02亿元,新乡日升数控轴承装备股份有限公司2.10亿元,桂林桂北机器有限责任公司2.01亿元,北京第二机床厂有限公司1.82亿元,威海华东数控股份有限公司1.22亿元,陕西秦川格兰德机床有限公司1.16亿元,济南四机数控机床有限公司1.15亿元,江西杰克机床有限公司1.05亿元,无锡明鑫机床有限公司1.01亿元。

磨床产量超过1 000台的企业有6家,其中,上海机床厂有限公司2 825台,新乡日升数控轴承装备股份有限公司1 937台,桂林桂北机器有限责任公司1 817台,无锡机床股份有限公司1 757台,威海华东数控股份有限公司1 374台,宇环数控机床股份有限公司1 183台。

2012年,数控磨床产值超过亿元的企业有5家,其中,宇环数控机床股份有限公司3.01亿元,上海机床厂有限公司2.46亿元,无锡机床股份有限公司2.24亿元,北京第二机床厂有限公司1.12亿元,新乡日升数控轴承装备股份有限公司1.07亿元。

2012年磨床行业产值数控化率超50%的企业见表2。2012年磨床行业分类产品生产情况见表3。

表2　2012年磨床行业产值数控化率超50%的企业

序号	企业名称	磨床产值数控化率(%)
1	金华市纳百川机械有限公司	100.0
2	湖南海捷精密工业有限公司	100.0
3	北京广宇大成数控机床有限公司	100.0
4	宇环数控机床股份有限公司	99.5
5	洛阳轴承集团装备制造有限公司	94.3
6	四川富临集团成都机床有限责任公司	87.6
7	郑州第二机床厂	82.4
8	无锡明鑫机床有限公司	82.1
9	安徽省尚美精密机械科技有限公司	80.0
10	江西杰克机床有限公司	74.4
11	济南四机数控机床有限公司	73.7
12	无锡机床股份有限公司	65.1
13	北京第二机床厂有限公司	61.7
14	新乡日升数控轴承装备股份有限公司	51.0

表3　2012年磨床行业分类产品生产情况

产品名称	实际完成		其中:数控	
	产量(台)	产值(万元)	产量(台)	产值(万元)
金属切削机床	23 796	394 295	4 973	206 197
加工中心	149	16 777	149	16 777
立式加工中心	62	2 495	62	2 495
卧式加工中心	35	2 549	35	2 549
龙门式加工中心	52	11 733	52	11 733
车床	114	3 187	30	2 258
钻床	5	298		
镗床	11	4 699	8	4 556
磨床	19 704	335 747	4 575	166 707
齿轮加工机床	237	6 801	1	4 359
螺纹加工机床	210	15 946	54	8 259
铣床	3 178	8 380	78	1 937
特种加工机床	3	185	3	185
仪表车床	179	1 248	73	665
其他金属切削机床	6	1 027	2	494
台钻	816	226		

注:由于台州北平机床有限公司、台州美日机床有限公司生产的磨床为超小型、简易机床,且数量大,因此没有计入金属切削机床合计。

三、出口情况

2012年,磨床行业参加统计的35家企业中,出口金属切削机床的企业有18家,共出口金属切削机床2 837台,比上年下降34.2%;出口额3 242.1万美元,比上年增长9.7%。出口数控机床246台,比上年增长74.5%;出口额856.8万美元,比上年增长29.2%。出口磨床1 718台,比上年增长0.23%;出口额2 110.5万美元,比上年增长14.1%。出口数控磨床206台,比上年增长114.6%;出口额703.7万美元,比上年增长47.8%。在全球经济逐步复苏的情况下,我国数控机床和数控磨床的出口量有了较大的增长,出口额整体比上年有所增长,说明磨床企业不断开拓海外市场,逐步扩大对外贸易,提升了企业竞争力。2012年磨床行业分类产品出口情况见表4。

表4　2012年磨床行业分类产品出口情况

产品名称	实际完成		其中:数控	
	出口量(台)	出口额(万美元)	出口量(台)	出口额(万美元)
金属切削机床	2 837	3 242.1	246	856.8
加工中心	8	28.8	8	28.8
立式加工中心	4	17.6	4	17.6
卧式加工中心	4	11.2	4	11.2
车床	4	11.5	2	9.3
钻床	1	0.5		
磨床	1 718	2 110.5	206	703.7
齿轮加工机床	13	56.1		
铣床	1 091	1 003.2	28	83.5
特种加工机床	2	31.5	2	31.5

四、新产品开发

2012年,磨床行业35家企业共开发新产品94种,比上年下降34.3%。磨床类新产品有90种,比上年下降30.8%,其中数控磨床新产品61种,比上年下降38.4%。部分新产品已达到国际先进水平。2012年磨床行业新产品开发情况见表5。

表5　2012年磨床行业新产品开发情况

序号	产品名称	型号	主要技术参数	产品性质	产品属性	产品水平
北京第二机床厂有限公司						
1	凸轮轴砂带抛光机	B2－6006	最大抛光直径:80mm,最大加工长度:1 500mm,中心高:340mm	改型设计	企业新产品	国内领先
2	数控凸轮轴砂带抛光机	B2－K6006	最大抛光直径:80mm,最大加工长度:500mm,中心高:590mm	全新设计	行业新产品	国际先进
3	车桥专用数控磨床	B2－K087	最大加工直径:500mm,最大加工长度:2 500mm,最大回转直径:630mm,中心高:335mm	改型设计	企业新产品	国内领先

（续）

序号	产品名称	型号	主要技术参数	产品性质	产品属性	产品水平
4	大型数控外圆磨床	MKS1363×30	最大加工直径:630mm,最大加工长度:3 000mm,中心高:335mm,最大工件重量:1 500kg	改型设计	企业新产品	国内先进
杭州杭机股份有限公司						
5	数控龙门导轨磨床	HZ-KD6015×10	工作台面尺寸:1 500mm×6 000mm	全新设计	行业新产品	国内领先
6	数控动梁龙门平面磨床	HZ-K4015×16	工作台面尺寸:1 500mm×4 000mm	全新设计	行业新产品	国内领先
7	数控立轴双端面磨床	MKY7760B	圆盘通过外径:30～150mm,摆动切入最大外径:300mm,厚度:3～60mm	全新设计	行业新产品	国内领先
8	数控直线滚动导轨专用磨床	HZ-077CNC	直线导轨宽度:15～120mm,直线导轨长度:0～4 050mm	全新设计	行业新产品	国内领先
9	转向臂轴齿数控成形磨床	MKL7132×12/2	工作台面尺寸:320mm×1 200mm	改型设计	行业新产品	国内领先
10	非球面光学元件数控成形磨床	HZ-091	加工范围:ϕ5 000mm×700mm	全新设计	行业新产品	国内领先
11	非球面光学元件研磨抛光机床	HZ-092	加工范围:ϕ5 000mm×1 500mm	全新设计	行业新产品	国内领先
12	数控高精度立轴复合磨床	MGKF2000/7	工作台面尺寸(直径):2 000mm	全新设计	行业新产品	国内领先
13	数控高精度立轴复合磨床	MGKF1000/5	工作台面尺寸(直径):1 000mm	全新设计	行业新产品	国内领先
天津市津机磨床有限公司						
14	数控卧轴圆台平面磨床	MK7340A	工件平面度:0.01mm,表面粗糙度:0.63μm	改型设计	行业新产品	国内先进
15	全自动数控立轴圆台平面磨床	MKZ74180	磨削平面对基面的平行度:≤0.02mm,表面粗糙度:≤1.25μm	全新设计	行业新产品	国内先进
无锡机床股份有限公司						
16	数控轧辊磨床	MK8450×40	最大磨削直径:500mm,最大工件长度:400mm	全新设计	企业新产品	国内先进
上海机床厂有限公司						
17	数控花键轴磨床	MKA8612/H	最大磨削直径:125mm;最大安装长度:1 500mm	改型设计	企业新产品	国内领先
18	数控花键轴磨床	MK8632/H	最大磨削直径:370mm,最大安装长度:3 000mm	改型设计	企业新产品	国内领先
19	数控立式内外圆磨床	2MK97300	最大磨削直径:3 000mm,最大磨削长度:1 200mm	全新设计	行业新产品	国际先进
20	数控卧轴矩台平面磨床	MK7163/4000-H	工作台面宽度:630mm,工作台面长度:4 000mm	改型设计	企业新产品	国内先进
21	端面外圆磨床	MQ1650/DG	最大磨削直径:500mm,最大磨削长度:1 500mm	改型设计	企业新产品	国内领先
22	精密外圆磨床	MMA1350×4000	最大磨削直径:500mm,最大磨削长度:4 000mm	改型设计	企业新产品	国内领先
23	数控万能外圆磨床	MK1432×1000	最大磨削直径:320mm,最大磨削长度:1 000mm	改型设计	企业新产品	国内先进
24	数控专用端面外圆磨床	H235×2500D/DM	最大磨削直径:500mm,最大磨削长度:1 000mm	改型设计	企业新产品	国内领先
25	数控端面外圆磨床	H252	最大磨削直径:500mm,最大磨削长度:750mm	改型设计	企业新产品	国内领先

（续）

序号	产品名称	型号	主要技术参数	产品性质	产品属性	产品水平
26	曲轴磨床	MQ8260A×2000	最大回转直径:580mm,最大工件长度:2 000mm	改型设计	企业新产品	国内领先
27	曲轴磨床	MA8280B/H	最大回转直径:800mm,最大工件长度:2 700mm	改型设计	企业新产品	国内领先
28	数控端面外圆磨床	MK1620×500	最大磨削直径:200mm,最大磨削长度:500mm	改型设计	企业新产品	国内领先
29	数控端面外圆磨床	MK1620×750	最大磨削直径:200mm,最大磨削长度:750mm	改型设计	企业新产品	国内领先
30	深孔内圆磨床	M2663	最大内孔直径:630mm,最大磨削孔深度:2 000mm	改型设计	企业新产品	国内领先
31	数控轧辊磨床	MK8480/H	最大磨削直径:800mm,最大工件长度:4 000mm	改型设计	企业新产品	国内领先
32	数控专用磨床	H405－AJ	最大磨削直径:320mm,最大磨削长度:1 000mm	改型设计	企业新产品	国际先进
33	数控外圆磨床	MKD13125×7000	最大磨削直径:1 250mm,最大磨削长度:7 000mm	改型设计	企业新产品	国内领先
34	数控立式内外圆磨床	2MK9750/H	最大磨削直径:500mm,最大磨削深度:350mm	全新设计	行业新产品	国际先进
35	数控专用外圆磨床	H235×3000D	最大磨削直径:500mm,最大磨削长度:1 000mm	改型设计	企业新产品	国内领先
36	数控端面外圆磨床	H235×2500D/DM	最大磨削直径:500mm,最大磨削长度:1 000mm	改型设计	企业新产品	国内领先
37	数控曲轴连杆颈磨床	H279	最大回转直径:400mm,最大工件长度:1 000mm	改型设计	企业新产品	国内领先
38	数控外圆磨床	H234	最大磨削直径:320mm,最大磨削长度:750mm	改型设计	企业新产品	国内领先
39	数控端面外圆磨床	H234×1500/DM	最大磨削直径:320mm,最大磨削长度:1 500mm	改型设计	企业新产品	国内领先
40	数控深孔内圆磨床	MKA2640	最大内孔直径:400mm,最大磨削孔深度:1 500mm	改型设计	企业新产品	国内领先
41	数控外圆磨床	MK1350×8000	最大磨削直径:500mm,最大磨削长度:8 000mm	改型设计	企业新产品	国内领先
42	数控外圆磨床	MKD1380×5000	最大磨削直径:800mm,最大磨削长度:5 000mm	改型设计	企业新产品	国内领先
43	数控外圆磨床	MKA13100×3000	最大磨削直径:1 000mm,最大磨削长度:3 000mm	改型设计	企业新产品	国内领先
陕西秦川格兰德机床有限公司						
44	外圆磨床	M13100×4000	ϕ1 000mm×4 000mm	全新设计	企业新产品	国内先进
45	外圆磨床	MT1380×8000	ϕ800mm×8 000mm	全新设计	行业新产品	国内先进
46	专用外圆磨床	GZ151	ϕ1 000mm×3 000mm	全新设计	企业新产品	国内先进
47	万能外圆磨床	M1463×2000	ϕ630mm×2 000mm	全新设计	企业新产品	国内先进
48	数控高速曲轴主轴颈磨床	GZ128×750A	ϕ320mm×750mm	改型设计	行业新产品	国内领先
49	数控高速端面外圆磨床	GZ135×750A	ϕ320mm×750mm	改型设计	行业新产品	国内领先
50	数控高速车轴磨床	GZ118A/1	ϕ500mm×3 000mm	改型设计	行业新产品	国内先进
51	数控高速车轴磨床	GZ118B	ϕ350mm×3 000mm	全新设计	行业新产品	国内先进

（续）

序号	产品名称	型号	主要技术参数	产品性质	产品属性	产品水平
52	数控高速轴承滚道磨床	3MKSD2125	ϕ250mm	改型设计	行业新产品	国内领先
53	数控高速端面外圆磨床	MKS1620×500A	ϕ200mm×500mm	全新设计	行业新产品	国内领先
54	高精度复合磨床	MGF32×1000	ϕ320mm×1 000mm	全新设计	行业新产品	国内先进
新乡日升数控轴承装备股份有限公司						
55	精密双盘研磨机	2MM8470	加工直径：8～200mm，加工厚度：1～25mm，主电动机功率：5.5kW，气源压力：0.6MPa，典型工件平行度：0.001mm，平面度：0.001mm，厚度公差：0.003mm	全新设计	行业新产品	国内领先
56	精密钢球光磨研生产线设备		加工钢球直径：3～30mm，装球量：300kg，最大工作压力：光球300kN、磨球120kN、研球60kN，光球机端面、径向跳动：0.05mm，磨球机端面、径向跳动：0.04mm，研球机端面、径向跳动：0.01mm，钢球精度G5级	全新设计	行业新产品	国内领先
57	数控复合磨铣中心	MD300－2	加工范围：X轴380mm、Y轴600mm、Z轴100mm，工作台面尺寸：640mm×640mm，工作台最大载重：30kg/m^2	全新设计	企业新产品	国内先进
云南合信源机床有限责任公司						
58	外圆磨床	M1420	ϕ200mm×500mm	全新设计	企业新产品	国内一般
59	精密卧轴矩台平面磨床	MT306	300mm×600mm	全新设计	企业新产品	国内先进
60	数控平面磨床	YM－K3016	3 000mm×1 600mm	全新设计	企业新产品	国内先进
61	数控导轨磨床	YM－KD4016	4 000mm×1 600mm	全新设计	企业新产品	国内先进
上海第三机床厂						
62	卧式加工中心	SEH－630A	工作台面尺寸：630mm×630mm，三向行程：1 000mm/800mm/800mm，主轴电动机功率：22kW/26kW，三向快速移动速度：50m/min	全新设计	企业新产品	国内领先
威海华东数控股份有限公司						
63	数控双柱立式车铣磨复合机床	CKXW52100	最大车削直径：10 000mm，最大工件高度：5 000mm，最大工件重量：250t，回转工作台直径：8 000mm，铣轴转速：80～800r/min，铣削主轴电动机功率：28kW	全新设计	企业新产品	国内先进
64	高速双交换工作台卧式加工中心	HC1250LAPC	主轴转速：60～6 000r/min，主轴功率：22kW/29.5kW，工作台面尺寸：1 250mm×1 250mm（两个），工作台分度：1°，工作台最大负载：6 000kg	全新设计	企业新产品	国内先进
65	数控动梁龙门导轨磨床	MKW5230A/3×140	工件最大磨削尺寸：15 000mm×2 000mm，最大磨削高度：1 200mm，最大磨削重量：20 000kg，工作台速度：5～25 m/min，磨头微进给：0.002mm/次	全新设计	企业新产品	国内领先

（续）

序号	产品名称	型号	主要技术参数	产品性质	产品属性	产品水平
66	数控落地式铣镗床	TK6926/120×60	镗轴直径:260mm,铣轴端部直径:400mm,滑枕截面尺寸:620mm×740mm,铣轴最大转矩:25 000N·m,镗轴最大进给抗力:50kN	全新设计	企业新产品	国内先进
67	系列万能摇臂铣床	X63	工作台宽度:230~305mm,工作台长度:1 067~1 500mm,主轴行程:127mm	全新设计	企业新产品	国内先进
金华市纳百川机械有限公司						
68	数控拉刀刃磨床	NBS400CNC4	工作台长度:1 060mm,工作台宽度:270mm,主轴砂轮直径:120mm,可磨平拉刀的最大长度:300mm,可磨平拉刀的最大宽度:100mm,主轴最高转速:12 000r/min	全新设计	行业新产品	国内领先
69	数控滚刀刃磨床	NHS300CNC4	可磨削滚刀最佳直径:50~300mm,加工滚刀最大齿深:80mm,最大砂轮线速度:刚玉 35m/s、CBN 42m/s,四轴四联动	全新设计	行业新产品	国内领先
南通第二机床有限公司						
70	卧轴矩台平面磨床	M7180×40	工作台面尺寸:800mm×4 000mm	全新设计	行业新产品	国内领先
71	卧轴矩台平面磨床	M7160×30	工作台面尺寸:600mm×3 000mm	全新设计	行业新产品	国内领先
72	数控立轴圆台平面磨床	MK7480	工作台面尺寸:ϕ800mm×300mm	全新设计	行业新产品	国内领先
宇环数控机床股份有限公司						
73	立式双面研磨(抛光)机	YH2M8436A	工件最大直径:360mm,工件最小厚度:0.40mm,工件平面度、平行度:0.008mm(整盘)	全新设计	行业新产品	国内先进
74	数控多面抛光机	YH2M4130	抛光头尺寸(外径×高):ϕ300mm×235mm,工件尺寸:40~200mm(边长),最大装夹工件厚度:190mm,工件转速:0~3r/min	全新设计	行业新产品	填补国内空白,国际先进
75	立式单面研磨(抛光)机	YH2M8195A	工作环尺寸(外径×内径×厚度):ϕ400mm×ϕ375mm×60mm(4件),工件最大尺寸:ϕ360mm(对角线),研磨件最高平面度:0.005mm(ϕ80mm),抛光件最高平面度精度:0.008mm(ϕ80mm),研磨件表面粗糙度:0.15μm,抛光件表面粗糙度:0.05μm	全新设计	行业新产品	国际先进
76	立式单面研磨(抛光)机	YH2M8195B	工作环尺寸(外径×内径×厚度):ϕ400mm×ϕ375mm×60mm(3件),工件最大尺寸:ϕ360mm,研磨件最高平面度:0.005mm(ϕ80mm),抛光件最高平面度精度:0.008mm(ϕ80mm),研磨件表面粗糙度:0.15μm,抛光件表面粗糙度:0.05μm	全新设计	行业新产品	国际先进
77	立式单面研磨(抛光)机	YH2M8192	工作环尺寸(外径×内径×厚度):ϕ410mm×ϕ368mm×65mm(3件),工件最大尺寸:ϕ350mm,研磨件最高平面度:0.005mm(ϕ80mm),抛光件最高平面度精度:0.008mm(ϕ80mm),研磨件表面粗糙度;0.15μm,抛光件表面粗糙度:0.05μm	全新设计	行业新产品	国内先进

(续)

序号	产品名称	型号	主要技术参数	产品性质	产品属性	产品水平
78	立式单面研磨(抛光)机	YH2M8192/2	工作环尺寸(外径×内径×厚度):φ410mm×φ368mm×65mm(3件),工件最大尺寸:φ350mm,研磨件最高平面度:0.005mm(φ80mm),抛光件最高平面度精度:0.008mm(φ80mm),研磨件表面粗糙度:0.15μm,抛光件表面粗糙度:0.05μm	全新设计	行业新产品	国际先进
79	立式单面研磨(抛光)机	YH2M8195	工作环尺寸(外径×内径×厚度):φ410mm×φ368mm×65mm(3件),工件最大尺寸:φ350mm,研磨件最高平面度:0.005mm(φ80mm),抛光件最高平面度精度:0.008mm(φ80mm),研磨件表面粗糙度:0.15μm,抛光件表面粗糙度:0.05μm	全新设计	行业新产品	国际先进
80	数控单面抛光机	YH2M4108	上抛光头尺寸(外径):45~90mm(标配φ80mm),加工件最大转动半径(4件):168mm,工件转速:5~80r/min(调速),抛光头转速:1 000~2 000r/min(无级调速)	全新设计	行业新产品	国内先进
台州北平机床有限公司						
81	数控沟槽磨床	MCS4	加工件直径:3~25mm,行程(X/Y/Z):330mm/150mm/150mm,机械/电磨头功率:4kW/19kW,直线轴重复定位精度:0.005mm,回转轴重复定位精度:0.005°	全新设计	企业新产品	国内先进
82	数控铲梢磨床	MJS3	丝攻加工规格:M3~M24,丝攻长度:140mm,铲梢角度:0°~30°,最大铲梢长度:25mm,丝锥加工槽数为任意	全新设计	企业新产品	国内先进
83	仿形磨床	FX200	夹持刀柄直径:16mm,工作台面尺寸:130mm×555mm,左右行程:200mm,前后行程:150mm,砂轮垂直升降距离:150mm,砂轮中心旋转角度:±30°	全新设计	企业新产品	国内先进
武汉机床厂						
84	数控拉刀磨床	BS250CNC-4	φ250mm×2 000mm	全新设计	企业新产品	国内领先
桂林桂北机器有限责任公司						
85	精密数控卧轴矩台平面磨床	MMK7132	最大磨削尺寸(宽×长×高):320mm×1 000mm×400mm	全新设计	企业新产品	国内领先
86	数控铣磨复合机床	GM-KXM2010	最大磨削尺寸(宽×长×高):1 000mm×2 000mm×630mm	全新设计	行业新产品	国内先进
87	数控卧轴矩台平面磨床	MK7163×16/L	最大磨削尺寸(宽×长×高):630mm×1 600mm×500mm	全新设计	企业新产品	国内先进
88	精密卧轴矩台平面磨床	MM7150×12	最大磨削尺寸(宽×长×高):500mm×1 250mm×400mm	全新设计	企业新产品	国内先进
安徽省尚美精密机械科技有限公司						
89	全自动高线速胶辊研磨机	SM25CNC-C	最大磨削直径:100mm,中心高:≤160mm,顶尖距:≤500mm,砂轮主轴转速:6 000r/min	全新设计	企业新产品	国内领先

（续）

序号	产品名称	型号	主要技术参数	产品性质	产品属性	产品水平
90	高速锯片式海绵辊研磨机	SM25CNC－F	最大磨削直径：80mm，中心高：≤125mm，顶尖距：≤500mm，砂轮主轴转速：5 000r/min	全新设计	企业新产品	国内领先
91	橡胶滚筒全自动上下料研磨机	SM27	最大磨削直径：100mm，中心高：≤160mm，顶尖距：≤450mm，砂轮主轴转速：3 000r/min	改型设计	企业新产品	国内领先
安庆机床有限公司						
92	立式钢球研球机	3M7280A	加工钢球规格：ϕ3～25.4mm，研球板尺寸：ϕ800mm×ϕ440mm×100mm，固定板行程：300mm，料盘最大装球量：550kg，料盘转速：0.03～0.42r/min	改型设计	企业新产品	国内先进
93	高速钢球冷镦机	ZG32－8	冷镦钢球规格：ϕ6～8mm，镦球速度：650个/min，主电动机功率：11kW，外形尺寸：2 600mm×1 100mm×1 950mm	改型设计	企业新产品	国内先进
94	卧式钢球磨球机	3M7680	加工钢球规格：ϕ5～40mm，磨球板尺寸：ϕ800mm×ϕ440mm×100mm，转动板最大行程：260mm，最大工作压力：130kN，最大装球量：250kg，主轴转速：60～120r/min，料盘转速：0.25～1.3r/min	改型设计	企业新产品	国内先进

五、合资合作产品销售情况

无锡光洋机床有限公司与日本光洋株式会社继续合资合作生产数控无心磨床。2012年磨床行业合资合作产品销售情况见表6。

表6　2012年磨床行业合资合作产品销售情况

合资合作产品名称	数量（台）	销售额（万元）	生产企业名称
数控无心磨床	40	5 371.5	无锡光洋机床有限公司

六、科研项目

2012年，磨床行业上报科研项目共有79项，比上年下降3.7%。投入科研经费33 754万元，比上年增长42.0%。79项科研项目中处在研制阶段的有47项，其中含国家重大专项10项。

2012年磨床行业部分企业完成科研项目见表7。2012年磨床行业获奖科研项目见表8。

表7　2012年磨床行业部分企业完成科研项目

序号	科研项目名称	主要内容	应用状况	项目来源
上海机床厂有限公司				
1	数控立式内外圆磨床系列产品	研制出数控立式内外圆系列磨床，并产业化	自行应用	自主开发
2	硅钢片轧辊专用磨床	研制出用于磨削硅钢片材料轧辊的专用数控轧辊磨床	自行应用	自主开发
3	数控机床软件二次开发	对数控机床软件进行二次开发，使之更适合专用产品要求	自行应用	自主开发
4	汽车焊接流水线混线生产技术和设备	研制出汽车焊接流水线混线生产技术和设备	其他	自主开发
天津市津机磨床有限公司				
5	MK7340A数控卧轴圆台平面磨床	机床是用砂轮周边对金属材料进行磨削加工的，工件平面度可达0.001mm，表面粗糙度可达0.63μm	自行应用	市场需求

（续）

序号	科研项目名称	主要内容	应用状况	项目来源
北京第二机床厂有限公司				
6	高速铁路轴类关键零件高效精密加工技术和专用装备的开发应用	研发高铁动车组空心车轴磨削设备	自行应用	地方科技项目
7	汽车曲轴加工柔性、敏捷、高效、精密、自动化生产线示范工程	研制汽车发动机曲轴加工成套装备	自行应用	国家科技项目
8	数控机床设计创新示范工程	数控机床外观设计示范工程	自行应用	国家科技项目
上海第三机床厂				
9	SEH－630A 型卧式加工中心	用于汽车行业缸体、缸盖高速、高效加工的卧式加工中心	其他	企业自主开发
10	XHA715A 型立式加工中心研制	用于汽轮机、军工行业零件加工	其他	企业自主开发
宇环数控机床股份有限公司				
11	立式数控非圆复合车铣加工中心	该机床的研发可以满足我国汽车活塞环零件厂家对活塞环高速、高精度、高柔性化的加工要求，实现该装备国产化，替代进口	自行应用	长沙市科技计划
12	数控多面成形抛光机	研制用于电子、玻璃、硅、锗、石英晶体、陶瓷、蓝宝石等非金属硬脆性材料的薄片零件的多面成形抛光	自行应用	湖南省战略性新兴产业专项引导资金项目
13	数控(加高)立式双面光边机	研制用于阀板、阀片、摩擦片、刚性密封圈、活塞环等金属零件和玻璃、硅、锗、石英晶体、陶瓷、蓝宝石坤化碳、铁氧体等非金属硬脆性材料的薄片零件的双面研磨和抛光	自行应用	湖南省战略性新兴产业专项引导资金项目
14	数控单面抛光机	研制主要用于各种大型零件平面上的复杂形状或局部的抛光	自行应用	湖南省战略性新兴产业专项引导资金项目
武汉机床厂				
15	国产系统和软件的应用	在开发的五轴联动数控工具磨床上采用国产数控系统和软件，实现各种金属切削刀具的磨削	自行应用	市场需求
金华市纳百川机械有限公司				
16	数控拉刀刃磨床	主要涉及砂轮选择及刃磨工艺研究	自行应用	自主研发
无锡市明鑫机床有限公司				
17	MK2120/S 数控内圆磨床	机床为三轴联动数控内圆磨床，双磨头磨布局，其中一磨头可加工内孔、外圆等表面，另一磨头加工大、小端面	自行应用	企业自主研发
18	MK11250 数控无心磨床	机床最大磨削直径 250mm，采用五轴伺服系统，托板固定，砂轮、导轮双面移动。可配封闭罩壳	自行应用	企业自主研发
安徽省尚美精密机械科技有限公司				
19	高速锯片式海绵辊研磨机的研制	锯片式砂轮，高线速	自行应用	企业自选
桂林桂北机器有限责任公司				
20	数控龙门铣磨复合机床研制	开展关键技术攻关，降低对外技术依存度，研制开发出市场需求大、附加值较高的数控龙门铣磨复合机床新产品，提升行业科技创新能力，推动产业发展	自行应用	广西科技项目
21	高速精密平面磨床液体共悬浮电主轴技术引进与合作开发	开发一种典型规格的液体悬浮电主轴新产品，并在普通卧轴矩台平面磨床、龙门平面磨床、龙门导轨磨床等企业主导产品上批量应用	自行应用	广西科技项目

（续）

序号	科研项目名称	主要内容	应用状况	项目来源
22	GM－KD10020 大型数控龙门导轨磨床研发与关键技术攻关	开发出市场适销对路、具有高技术含量的数控龙门导轨磨床，推动产业发展	自行应用	广西科技项目
23	数控龙门磨床产业化	通过开发一批数控龙门磨床，提高大型数控龙门磨床的市场占有率，提高磨床产品的数控化率，使国内大型数控龙门平面磨床或导轨磨床尽快替代进口，扩大出口，以适应激烈的市场竞争	自行应用	国家火炬计划
新乡日升数控轴承装备股份有限公司				
24	动柱式龙门移动加工中心	MG10035 动柱式龙门移动加工中心的开发，将解决公司大型装备基础关键件的加工难题，可作为公司高精尖设备	自行应用	企业自选
威海华东数控股份有限公司				
25	X63 万能摇臂铣床的研制	机床广泛应用于铣削加工平台以及任意角度倾斜的平面，能够铣槽、钻孔、铰孔、镗孔，是理想的金属加工设备	自行应用	山东省经信委
26	TK6926 型数控落地铣镗床的研制	机床数控系统最多可控制 8 个主运动轴，可实现任意 4 轴联动；对主要运动轴实现全闭环控制，提高定位精度及重复定位精度；机床分别采用双齿轮机械和电子消隙技术，提高进给精度的稳定性和运动的平稳性	自行应用	山东省经信委
湖南海捷精密工业有限公司				
27	数控装备关键共性技术的研发	本项目主要解决数控机床行业的共性瓶颈难题，包括高速大功率电主轴系统的研究、外圆及非外圆精密加工软件的开发等	自行应用	湖南省数控机床产业技术创新战略联盟项目
28	难加工材料超高速精密磨削关键技术研究	本项目针对工程陶瓷等超硬材料、钛合金等强韧材料、复合涂层材料等新型材料的加工难题，通过系统研究超高速磨削机理、整机及核心部件关键技术，突破超高速磨削装备产业化的技术瓶颈，解决当前新型难加工材料加工表面质量差、效率低、精度控制难的问题，实现难加工材料的精密高效加工	自行应用	湖南省战略性新兴产业重大科技攻关项目
29	CNC8325B 凸轮高速数控复合磨床	本项目把“高速化、精密化、智能化、复合集成化和专机化”作为主攻方向，以凸轮轴作为典型零件，通过一系列的基础技术研究、硬件和软件设计与创新、工艺试验与总结，实现当前主要类型凸轮轴的高速复合磨削，有效解决凸轮轴的凹面轮廓磨削难题	自行应用	中小企业技术创新基金项目
安庆机床有限公司				
30	3M7280A 立式钢球研球机	机床适用于轴承厂和专业钢球厂，对 $\phi3\sim25.4$mm 钢球硬磨后的精研和超精研加工，增大了装球量，减少了装球次数，生产效率极大提高，是稳定、高效生产 G5～G10 级钢球的理想设备。该机床增加出球道交换机构，设置料盘防堆球功能，增加盘间距检测机构，确保能够稳定生产出高精度、高等级钢球	自行应用	轴承装备工业“十二五”规划
31	ZG32－8 高速钢球冷镦机	机床用于在常温下对钢球毛坯的高精度冷镦成形，也可用于紧固件生产。机床采用双层防护罩壳，隔声效果好，吸振出色；滑动轴承采用渗硅处理，提高轴承强度，耐冲击	自行应用	轴承装备工业“十二五”规划

（续）

序号	科研项目名称	主要内容	应用状况	项目来源
32	3M7680 卧式钢球磨球机	机床是轴承厂和专业钢球制造厂加工钢球的专用磨床，适用于 $\phi5\sim40$mm 钢球的硬磨和软磨加工。机床装有电感测量装置，有效保证了砂轮沟槽的最佳深度和切削效率，气囊式蓄能器和力士乐系列液压阀降低了开泵保压油温，有效提高钢球等级	自行应用	轴承装备工业“十二五”规划

表 8　2012 年磨床行业获奖科研项目

序号	项目名称	主要内容及应用范围	获奖名称	获奖等级	主要完成单位
1	面向汽车行业的数控高精度外圆磨床系列产品	本项目主要研发设计面向汽车行业，适用于变速器传动轴、变速器齿轮轴、涡轮增压器转子等轴类零件磨削的数控高精度外圆磨床系列产品。产品有效提高了汽车行业轴类零件的加工效率与加工质量	上海市重点产品质量振兴攻关成果奖	一等奖	上海机床厂有限公司
2	MK2110 数控内圆磨床	该机床针对高精度、高效率零件的磨削加工需求，可实现内孔、端面、外圆的同时加工，也可实现自动生产线中的无人操作要求，可大大提高生产效率	CCMT2012 春燕奖		上海机床厂有限公司
3	MK84300 超重型精密数控轧辊磨床	该机床是当前世界上最大的顶磨型精密数控轧辊磨床，产品整机处于国际先进水平，其中最大顶磨工件重量、长度，加工工件直径的范围等参数已经达到了国际领先水平。该机床填补了国内在超重型数控轧辊磨床方面的空白，解决了国内宽厚板材轧辊精密加工设备依赖进口的问题	中国国际工业博览会创新奖		上海机床厂有限公司
4	MKL7150×10 转向齿条数控强力成形磨床	用于汽车转向齿条成形磨削	浙江省机械工业科学技术奖	三等奖	杭州杭机股份有限公司
5	MGKF2000/4 数控高精度立式复合磨床	主要用于内外圆、内外锥、内外圆槽的磨削	国产数控机床优秀合作项目 CCMT2012 春燕奖		杭州杭机股份有限公司
6	数控精密卧轴矩台平面磨床数控系统国产化	通过研发精密数控平面磨床数控系统，替换原配意大利的数控系统，实现数控系统国产化	桂林市科技进步奖	三等奖	桂林桂北机器有限责任公司
7	大型、高硬材料特种曲面数字化精密磨削技术与装备	该装备具有曲面数字化处理及图像识别技术，是集机床在线检测、在线补偿、砂轮在线修整及开放式多轴数字化控制于一体的多功能精密磨削加工机床。适用于对高硬材料的各种精密复杂轮廓的加工，如大型内外球面、微型及小型凹凸模具、成型刀具、卡规、样板、凸轮及滚轮等	上海市科学技术奖	一等奖	上海第三机床厂
8	汽车发动机曲轴高效精密加工成套设备	以“数控切点跟踪精密高效磨削”为核心的多轴联动非圆超高速磨削工艺技术；在线质量检测与误差补偿技术；曲轴磨削工艺数据库开发；高速连杆颈数控磨床及主轴颈、轴端面高速数控磨床设计制造技术与工艺系统等	北京市工业国防系统职工技术创新成果奖 产品创新奖	二等奖 一等奖	北京第二机床厂有限公司

（续）

序号	项目名称	主要内容及应用范围	获奖名称	获奖等级	主要完成单位
9	CXK5225WP 高精度数控立式车床	大型高精度数控立式车床用于环形零件的平面、外圆、内孔、滚道等主要型面车削及淬火后硬车削，达到以车削代替磨削。主要应用于航空航天、军工、核电、风电、大型船舶、轴承、大型石化、冶金装备及高速动车组等产业	河南省工业和信息化科技成果奖	三等奖	新乡日升数控轴承装备股份有限公司
10	超高速数控磨削关键技术与装备	超高速数控磨削关键技术及装备项目将凸轮轴组合加工工艺技术与超高速磨削技术充分应用于磨床整机设计中，研制出具有自主知识产权、达到国际先进水平的凸轮轴超高速数控复合磨床	长沙市科学技术进步奖	二等奖	湖南海捷精密工业有限公司
11	精密数控内圆复合磨床	面向机床主轴、轴承套、套筒以及数控工具系统刀柄等零部件精加工的技术需求，研制可在一次装夹中完成零件的内圆、外圆、端面、锥面和非圆等的复合磨削加工的机床，其综合技术指标与可靠性达到同类产品国际先进水平	无锡市科技进步奖	二等奖	无锡机床股份有限公司
12	SK7450×100 数控丝杠磨床	机床为 CNC 控制，可实现五轴三联动，专用于加工长度 10 000mm、直径 250mm 以内的滚珠丝杠，加工精度可达 P3 级	汉中市科学技术奖	二等奖	陕西汉江机床有限公司
13	SK7032 数控螺杆转子磨床	机床为 CNC 控制，可实现八轴三联动，主要用于磨削空压机、冷冻机、工业泵等行业精密螺杆转子零件及其他异形齿面的螺纹类零件，也可用来磨削 ZA、ZN、ZI、ZK 型圆柱蜗杆以及各种齿形的丝杠	汉中市科学技术奖	二等奖	陕西汉江机床有限公司
14	GQ70×20 滚珠丝杠副	应用于数控机床	CCMT2012 春燕奖		陕西汉江机床有限公司
15	RF－CNC50/160 六轴数控滚齿机	研究重载回转工作台精度技术，滚刀主轴精度、高刚性、高速及重切技术，提高进给精度及齿圈加工表面粗糙度技术，齿圈高效加工软件及意外故障保护技术	山东省科技进步奖	三等奖	威海华东数控股份有限公司
16	MKW5225A/2.5×100 数控动梁龙门导轨磨床	机床是专门磨削中、大型工件的数控机械加工设备，同时也可磨削各种形状的导轨。通过伺服运动轴实现定距磨削、微量进给、无级调速等功能，采用电子手轮实现对刀功能及微进给功能，通过工作台虚拟轴可实现凸凹磨削功能。横梁可自动升降，自动调平	威海市科技进步奖	一等奖	威海华东数控股份有限公司
17	超精密平面半固着 CMP 抛光关键技术与装备的产业化应用	围绕超精密平面高效抛光技术的关键问题，研究并提出了一整套基于半固着软质磨粒 CMP 技术的新理论、新方法和新工艺，形成了超精密平面半固着 CMP 关键技术与装备体系	中国机械工业科学技术奖	二等奖	宇环数控机床股份有限公司
18	YTMCNC8336－16 全数控高速凸轮轴磨床	机床主要用于机械工业、汽车、航空航天、船舶制造、内燃机等行业的发动机制造厂，加工发动机凸轮轴的凸轮轮廓	湖南省科技进步奖	三等奖	宇环数控机床股份有限公司
19	YTDM－580CNC/CBN 数控立式双端面磨床	机床主要用于汽车、内燃机、IT 电子、机械、摩托车、轴承及航空航天等领域的精密零件（如活塞环、刹车片、轴承等各种金属、非金属零件）双端面同时磨削，是一种高精度、高效率的专用机床	CCMT2012 春燕奖 长沙市科技进步奖	 三等奖	宇环数控机床股份有限公司

（续）

序号	项目名称	主要内容及应用范围	获奖名称	获奖等级	主要完成单位
20	全自动宽砂轮四轴四联动数控高效精密胶辊研磨机的研发	磨削打印机走纸轮、充电辊、显影辊、橡胶滚轮等高端胶辊	安徽省科学技术奖 安徽省重点新产品 天长市科学技术奖	三等奖 二等奖	安徽省尚美精密机械科技有限公司
21	JKM8330大型异形复合面随动数控磨床	该项目创建了异形轴类零件高效精密随动磨削方法与多磨头成组磨削异形复合面的方法；开发了超高速磨削工艺与数控加工自动编程系统软件，研制完成了实现高速/超高速磨削的圆柱静压导轨和直线电动机进给系统、液体静动压轴承组成的高速电主轴；研制了大型精密异形复合面随动数控磨床与超高速CBN随动数控磨床，并实现了产业化。主要用于坦克、装甲车、潜艇、汽车、飞机、船舶等大型装备异形部件的加工	国家重点新产品		江西杰克机床有限公司
22	JKM8240数控高速随动曲轴连杆颈磨床	机床可自动实现改变砂轮进给速度、主轴颈尺寸的自动测量等，可满足市场对高档设备高精度、高效率、高可靠性要求，提高了产品的加工效率，为其产业化发展提供了可能。机床适用于汽车、空压机等曲轴生产企业	CCMT2012 春燕奖		江西杰克机床有限公司

七、专利发明情况

2012年，磨床行业部分企业获得授权的专利有154项，其中，发明专利38项、实用新型专利114项、外观设计专利2项。2012年磨床行业部分企业授权专利情况见表9。

表9　2012年磨床行业部分企业授权专利情况

序号	企业名称	专利名称	专利类型	授权日期
1	上海机床厂有限公司	一种重型机床尾架驱动装置	发明	2012.03.21
2	上海机床厂有限公司	一种钢带后期精密加工用倒角磨削装置	发明	2012.01.04
3	上海机床厂有限公司	车轴磨床自动回转锁紧气浮工作台	发明	2012.01.04
4	上海机床厂有限公司	一种数控磨床砂轮架进给系统	发明	2012.10.17
5	上海机床厂有限公司	工作台移动式的轧辊磨床工作台支承摆动机构	发明	2012.10.17
6	上海机床厂有限公司	机床头架和尾架精密驱动定位装置	发明	2012.10.17
7	上海机床厂有限公司	高速外圆磨削弧区多点温度同时测试的传感器及其装置	发明	2012.12.05
8	上海机床厂有限公司	磨床砂轮主轴热误差测量方法	发明	2012.12.05
9	上海机床厂有限公司	凸轮切点跟踪磨削的速度控制方法	发明	2012.11.07
10	上海机床厂有限公司	数控内圆复合磨床（MK2110）	外观设计	2012.07.18
11	上海机床厂有限公司	自动砂轮罩装置	实用新型	2012.08.22
12	上海机床厂有限公司	汽车后桥磨床大中心孔工件顶紧机构	实用新型	2012.08.22
13	上海机床厂有限公司	工作台液压卸荷装置	实用新型	2012.08.22
14	上海机床厂有限公司	IO接口模块	实用新型	2012.08.22
15	上海机床厂有限公司	圆锥体测量工作环规	实用新型	2012.08.22
16	上海机床厂有限公司	高精度车轴和曲轴主轴颈磨床的测量控制系统	实用新型	2012.08.22
17	上海机床厂有限公司	端面内圆磨床工件自动翻转测量装置	实用新型	2012.08.22
18	上海机床厂有限公司	曲轴连杆轴颈加工任意角度分度夹具	实用新型	2012.08.22
19	上海机床厂有限公司	薄片零件的磨削装置	实用新型	2012.08.22
20	上海机床厂有限公司	比例控制阀压力控制系统	实用新型	2012.08.22

（续）

序号	企业名称	专利名称	专利类型	授权日期
21	杭州杭机股份有限公司	一种叶片曲面无干涉周边磨削的方法	发明	2012.02.22
22	北京第二机床厂有限公司	一种装有多个砂轮主轴系的磨头装置	发明	2012.11.21
23	北京第二机床厂有限公司	双砂轮架曲轴磨床	发明	2012.08.15
24	北京第二机床厂有限公司	随动磨削进给机构的锁紧防护装置	发明	2012.08.15
25	北京第二机床厂有限公司	尾架液动锁紧机构	实用新型	2012.07.11
26	无锡机床股份有限公司	无心磨床的磨削偏心轴的自动上下料系统	发明	2012.01.04
27	无锡机床股份有限公司	一种无心磨床的磨削偏心轴的自动上下料系统	实用新型	2012.01.04
28	无锡机床股份有限公司	立轴双头平面磨床专用修整器的动力输入连接结构	发明	2012.03.12
29	无锡机床股份有限公司	一种立轴双头平面磨床专用修整器的动力输入连接结构	实用新型	2012.03.12
30	无锡机床股份有限公司	工作台电主轴结构	发明	2012.06.29
31	无锡机床股份有限公司	砂轮电主轴结构	发明	2012.06.29
32	无锡机床股份有限公司	机床的高速电主轴结构	发明	2012.06.29
33	无锡机床股份有限公司	一种工作台电主轴结构	实用新型	2012.06.29
34	无锡机床股份有限公司	一种砂轮电主轴结构	实用新型	2012.06.29
35	无锡机床股份有限公司	一种机床的高速电主轴结构	实用新型	2012.06.29
36	无锡机床股份有限公司	轴承内圈沟 CBN 砂轮的修整器	发明	2012.07.25
37	无锡机床股份有限公司	金刚石砂轮修整器	发明	2012.07.25
38	无锡机床股份有限公司	用于轴类零件的夹持结构	发明	2012.07.25
39	无锡机床股份有限公司	轧辊磨床的主轴头架结构	发明	2012.07.25
40	无锡机床股份有限公司	磨床的砂轮主轴结构	发明	2012.07.25
41	无锡机床股份有限公司	数控球面滚子磨床	发明	2012.07.25
42	无锡机床股份有限公司	砂轮圆弧修整器	发明	2012.07.25
43	无锡机床股份有限公司	数控球面滚子磨床的上下料机构	发明	2012.07.25
44	无锡机床股份有限公司	一种轴承内圈沟 CBN 砂轮的修整器	实用新型	2012.07.25
45	无锡机床股份有限公司	一种金刚石砂轮修整器	实用新型	2012.07.25
46	无锡机床股份有限公司	一种用于轴类零件的夹持结构	实用新型	2012.07.25
47	无锡机床股份有限公司	一种轧辊磨床的主轴头架结构	实用新型	2012.07.25
48	无锡机床股份有限公司	一种磨床的砂轮主轴结构	实用新型	2012.07.25
49	无锡机床股份有限公司	一种数控球面滚子磨床	实用新型	2012.07.25
50	无锡机床股份有限公司	一种砂轮圆弧修整器	实用新型	2012.07.25
51	无锡机床股份有限公司	一种数控球面滚子磨床的上下料机构	实用新型	2012.07.25
52	北京广宇大成数控机床有限公司	一种使用三面静压闭式导轨转台的立式磨床	实用新型	2012.09.19
53	宇环数控机床股份有限公司	一种高效率高精度双端面磨削加工方法	发明	2012.10.03
54	宇环数控机床股份有限公司	一种双面研磨机多轴驱动装置	发明	2012.11.14
55	宇环数控机床股份有限公司	一种研磨机齿圈的精密升降机构	发明	2012.11.14
56	宇环数控机床股份有限公司	一种凸轮轴数控磨削加工方法	发明	2012.07.04
57	宇环数控机床股份有限公司	一种研磨机齿圈的精密升降机构	实用新型	2012.02.01
58	宇环数控机床股份有限公司	一种双面研磨机多轴驱动装置	实用新型	2012.05.02
59	江西杰克机床有限公司	一种组合式静压导轨装置	实用新型	2012.07.25
60	上海第三机床厂	卧式加工中心的静刚度测试法	发明	2012.03.21
61	新乡日升数控轴承装备股份有限公司	一种更换铣刀盘的装置	实用新型	2012.01.11
62	新乡日升数控轴承装备股份有限公司	一种用于硅钢片去毛刺机的装置	实用新型	2012.02.29
63	新乡日升数控轴承装备股份有限公司	推力轴承磨削砂轮修整器	实用新型	2012.03.07
64	新乡日升数控轴承装备股份有限公司	一种轴承套圈挡边宽度测量装置	实用新型	2012.03.07
65	新乡日升数控轴承装备股份有限公司	膜片式自动卡盘	实用新型	2012.05.02
66	新乡日升数控轴承装备股份有限公司	内圈双挡边磨床翻转机构	实用新型	2012.05.02

（续）

序号	企业名称	专利名称	专利类型	授权日期
67	新乡日升数控轴承装备股份有限公司	一种上下料装置	实用新型	2012.05.02
68	新乡日升数控轴承装备股份有限公司	一种零工装机械手自动上下料装置	实用新型	2012.05.02
69	新乡日升数控轴承装备股份有限公司	内孔壁直线沟槽磨头机构	实用新型	2012.05.02
70	新乡日升数控轴承装备股份有限公司	一种内孔壁直线沟槽磨头机构	实用新型	2012.05.02
71	新乡日升数控轴承装备股份有限公司	一种多功能轴承磨床修整器	实用新型	2012.06.20
72	新乡日升数控轴承装备股份有限公司	一种电磁无心夹具	实用新型	2012.06.27
73	新乡日升数控轴承装备股份有限公司	一种立式钢球研球机的上盘加压装置	实用新型	2012.07.04
74	新乡日升数控轴承装备股份有限公司	立式磨床磨头上的分度支撑机构	实用新型	2012.07.04
75	新乡日升数控轴承装备股份有限公司	一种超精研磨震荡机构	实用新型	2012.07.04
76	新乡日升数控轴承装备股份有限公司	钢球加工设备的研磨盘防碰撞机构	实用新型	2012.07.04
77	新乡日升数控轴承装备股份有限公司	钢球研球机的主压力传递机构	发明	2012.07.04
78	新乡日升数控轴承装备股份有限公司	一种数控双面研磨机的进给机构	发明	2012.07.25
79	新乡日升数控轴承装备股份有限公司	一种磨床工件轴	实用新型	2012.10.31
80	新乡日升数控轴承装备股份有限公司	一种动压砂轮轴	实用新型	2012.10.31
81	新乡日升数控轴承装备股份有限公司	卧式双磨头中心孔磨床装置	实用新型	2012.10.31
82	新乡日升数控轴承装备股份有限公司	一种串料机构	实用新型	2012.10.31
83	新乡日升数控轴承装备股份有限公司	磨头相对支撑运动自动调心结构	实用新型	2012.12.05
84	新乡日升数控轴承装备股份有限公司	钢球磨球机上的一种运程调压阀	实用新型	2012.12.05
85	新乡日升数控轴承装备股份有限公司	钢球加工设备的休整控制线路	实用新型	2012.12.26
86	新乡日升数控轴承装备股份有限公司	一种角度调整装置	实用新型	2012.12.26
87	新乡日升数控轴承装备股份有限公司	一种工件转速控制装置	实用新型	2012.12.26
88	威海华东数控股份有限公司	工件辅助支撑装置	发明	2012.07.04
89	威海华东数控股份有限公司	高精度重载静压数控回转工作台	发明	2012.05.23
90	威海华东数控股份有限公司	大型数控铣镗床滑枕移动倾斜的补偿方法及装置	发明	2012.12.26
91	威海华东数控股份有限公司	高速、高精度回转工作台驱动装置	发明	2012.09.05
92	威海华东数控股份有限公司	模块式可转位螺旋立铣刀	实用新型	2012.01.08
93	威海华东数控股份有限公司	液压控制离合装置	实用新型	2012.01.18
94	威海华东数控股份有限公司	机床横梁高压夹紧装置	实用新型	2012.01.18
95	威海华东数控股份有限公司	多功能导轨磨头装置	实用新型	2012.01.18
96	威海华东数控股份有限公司	数控龙门机床电器控制装置	实用新型	2012.01.18
97	威海华东数控股份有限公司	磨床用偏置深孔磨削装置	实用新型	2012.01.18
98	威海华东数控股份有限公司	机床卡盘支撑装置	实用新型	2012.01.18
99	威海华东数控股份有限公司	三点式静压浮起润滑装置	实用新型	2012.01.18
100	威海华东数控股份有限公司	机床操作走台防撞装置	实用新型	2012.01.18
101	威海华东数控股份有限公司	机床尾架套筒移动装置	实用新型	2012.01.18
102	威海华东数控股份有限公司	机床用可侧顶地脚垫铁	实用新型	2012.01.18
103	威海华东数控股份有限公司	附件铣头防脱落保护装置	实用新型	2012.01.18
104	威海华东数控股份有限公司	V型导轨机械卸荷装置	实用新型	2012.01.18
105	威海华东数控股份有限公司	磨床用砂轮卡盘平衡装置	实用新型	2012.01.18
106	威海华东数控股份有限公司	机床用手动回转夹紧装置	实用新型	2012.01.18
107	威海华东数控股份有限公司	动梁式龙门铣床立柱调整装置	实用新型	2012.01.18
108	威海华东数控股份有限公司	尼龙管铆管装置	实用新型	2012.01.18
109	威海华东数控股份有限公司	双溜板用横梁导轨	实用新型	2012.01.18
110	威海华东数控股份有限公司	横向随动式配重装置	实用新型	2012.01.18
111	威海华东数控股份有限公司	轴瓦研磨机	实用新型	2012.01.18
112	威海华东数控股份有限公司	回转平移式机床附件头库	实用新型	2012.01.18

（续）

序号	企业名称	专利名称	专利类型	授权日期
113	威海华东数控股份有限公司	重型立车回转工作台驱动装置	实用新型	2012.07.18
114	威海华东数控股份有限公司	大型机床横梁用导轨卸荷装置	实用新型	2012.08.15
115	威海华东数控股份有限公司	重型数控卧式车床尾座	实用新型	2012.07.11
116	威海华东数控股份有限公司	超重型数控卧式车床主轴箱	实用新型	2012.07.25
117	威海华东数控股份有限公司	可自动更换砂轮的磨床电主轴	实用新型	2012.10.17
118	威海华东数控股份有限公司	自动回转砂轮罩式动静压电主轴	实用新型	2012.10.17
119	威海华东数控股份有限公司	节能液压驱动系统	实用新型	2012.10.17
120	威海华东数控股份有限公司	直驱丝母旋转装置	实用新型	2012.10.17
121	无锡市明鑫机床有限公司	一种数控内圆磨床的智能节电系统	实用新型	2012.01.04
122	无锡市明鑫机床有限公司	一种齿轮保持架	实用新型	2012.01.04
123	无锡市明鑫机床有限公司	砂轮修整器	实用新型	2012.01.04
124	无锡市明鑫机床有限公司	一种卧式磨床磨头进给装置	实用新型	2012.01.04
125	无锡市明鑫机床有限公司	一种中大型圆锥滚子磨削用无心磨床的上下料装置	实用新型	2012.01.04
126	无锡市明鑫机床有限公司	汽缸专用夹具	实用新型	2012.01.04
127	无锡市明鑫机床有限公司	一种锥孔磨具	实用新型	2012.01.04
128	无锡市明鑫机床有限公司	一种应用于立式磨床的大型回转轴承磨削用复合支承	实用新型	2012.01.04
129	无锡市明鑫机床有限公司	磨头回转装置	实用新型	2012.01.04
130	无锡市明鑫机床有限公司	球面滚子磨床上下料装置	实用新型	2012.01.18
131	无锡市明鑫机床有限公司	无心磨床偏心回转机构	实用新型	2012.01.18
132	无锡市明鑫机床有限公司	用于磨床的金刚滚轮修整器	实用新型	2012.01.25
133	无锡市明鑫机床有限公司	汽车转向器的螺杆内孔磨削装置	实用新型	2012.01.25
134	无锡市明鑫机床有限公司	伺服双支承圆弧修整器	实用新型	2012.02.15
135	无锡市明鑫机床有限公司	大型外圆磨床的静压主轴结构	实用新型	2012.08.15
136	无锡市明鑫机床有限公司	大型立式磨床的磨架手摇回转装置	实用新型	2012.08.15
137	无锡市明鑫机床有限公司	车磨一体机床的工件主轴结构	实用新型	2012.08.15
138	无锡市明鑫机床有限公司	硅锭平面磨床用自动机械手	实用新型	2012.09.26
139	无锡市明鑫机床有限公司	超大型立式磨床用静压工作台	实用新型	2012.09.26
140	安庆机床有限公司	一种动力设备减振装置	实用新型	2012.03.07
141	安庆机床有限公司	一种钢球光、磨机床上的料盘	实用新型	2012.03.28
142	安庆机床有限公司	一种双端面铣床上的工件定位装置	实用新型	2012.04.11
143	安庆机床有限公司	一种双端面卧式铣床	实用新型	2012.07.11
144	安庆机床有限公司	一种锥滚子球基面磨床	实用新型	2012.07.11
145	安庆机床有限公司	一种同步带防跑偏装置	实用新型	2012.05.30
146	台州美日机床有限公司	锯带锯齿修磨机	发明	2012.11.21
147	安徽省尚美精密机械科技有限公司	磨床用自动顶紧、位置可调尾座	实用新型	2012.02.08
148	安徽省尚美精密机械科技有限公司	一种锥度插入式主轴回转装置及加工设备	实用新型	2012.05.09
149	安徽省尚美精密机械科技有限公司	一种套筒式主轴回转装置及加工设备	实用新型	2012.05.23
150	安徽省尚美精密机械科技有限公司	一种胶辊数控研磨机	实用新型	2012.06.20
151	安徽省尚美精密机械科技有限公司	一种四轴联动高线速全自动滚筒研磨机	实用新型	2012.08.01
152	安徽省尚美精密机械科技有限公司	短胶辊自动送料大储备量料斗装置	实用新型	2012.09.05
153	安徽省尚美精密机械科技有限公司	全自动宽砂轮磨皮辊机	实用新型	2012.09.05
154	安徽省尚美精密机械科技有限公司	电捻枪	外观设计	2012.01.11

八、企业简介

宇环数控机床股份有限公司 前身是湖南宇环同心数控机床有限公司，是研发生产精密、高效数控系列磨床的重点装备制造企业。公司是湖南省高新技术企业，国家"十一五""十二五"科技支撑计划项目、国家重点新产品计划、国家科技型中小企业创新基金重点项目、中央投资中小企业技术改造项目实施单位，湖南省唯一一家以数控机床企业列入国家工信部"循环经济再制造"的试点企业，湖南省战略性新兴产业百强企业。

公司拥有省级数控精密磨床工程技术研究中心和省级企业技术研究中心。公司依托国内外专家队伍和湖南大学、中南大学在国内外磨削领域的前瞻优势，锐意进取，以“替代进口”为目标，大力进行共性、基础性关键技术的研究和高端数控机床产品的研制和重大技术难题攻关。通过品质管理、技术创新等手段，形成了自己的核心优势。

公司研发生产的数控双端面磨床系列、数控精密研磨抛光机系列、全数控外圆磨床系列、数控高速气门磨床、发动机活塞环加工系列机床、动静压轴承高速电主轴等六大系列产品，代表着国家数控机床的高端产品和数控机床的关键功能部件装备，产品荣获国家、省、市级各种奖项40多项。

公司始终坚持“以人才为核心、以销售为龙头、以研发为基础”的经营管理方针。2012年，生产各式磨床达1 188台，数控机床的产值化率达99.83%，创造了显著的经济效益与社会效益。销售市场不断扩大，销售业绩稳步上升，应用领域不断拓宽，并与众多国际知名企业建立了长期合作的伙伴关系。

西安鸣士机电开发有限公司　成立于1994年，是一家位于西安高新技术产业开发区的民营股份制高新技术企业。公司主营产品分为机床控制类和数控设备类两大类。公司机床相关产品主要为机床控制类的平面磨床用充退磁控制器、直流调速器、交流电动机控制器等产品。2012年，基于公司规模、业务分类和后期发展的需要，原西安鸣士机电开发有限公司数控设备事业部数控机床业务从公司剥离，并正式注册成为一家由鸣士机电控股的独立公司——西安鸣士数控机床有限公司。

公司现有营业面积超过3 500m²，员工40余人。2012年，西安鸣士机电有限公司完成工业总产值830多万元、销售产值639万元。

沈阳三友机械设备有限公司　是由原沈阳磨床厂技术骨干于2002年1月共同发起成立的有限责任公司，注册资金50万元，经营范围为机床制造、机电产品（不含小轿车）批发零售。主打产品是M7232 B/1m、M7232 D/1.25m、M7232 D/1.60m、M7232 B/2m、M7240/3m立轴平面磨床等磨床产品。公司拥有数控折弯机、数控剪板机、龙门刨床、摇臂钻床、卧式镗铣床、车床、磨床等齐全的加工及辅助设备。2011年开始，自行开发生产数控立轴矩台平面磨床产品，获国家专利，填补了国内空白。

2012年，面对不利的宏观形势，公司紧抓市场需求，调整产品结构，向管理要效益，企业获得了良好发展。从业人数达到40人，资产总额达到562万元，实现销售收入857万元，实现净利润100万元。其中，数控立轴矩台平面磨床实现销售收入140万元，占全部销售收入的16%，在以信息化技术改造传统产业方面取得了良好成效。公司已与沈阳机床股份有限公司、安徽省航天机床制造股份有限公司等企业形成了良好的战略合作伙伴关系。

公司的发展宗旨是不求最大、只求最好，以高性能产品满足广大客户的需求。在管理团队的带领下，在企业文化的感召下，沈阳三友机械设备有限公司正在向着更高的目标迈进。

长春第一机床有限公司　前身为长春第一机床厂，始建于1958年，是中二型全民所有制工业企业。1999年改制，2003年由杭州机床集团、长春市国有资本投资经营有限公司和4个自然人组建了杭州机床集团长春一机有限公司（杭州机床集团控股）。2011年12月股本变更，公司更名为长春第一机床有限公司。现长春第一机床有限公司为长春市国有资本投资经营有限公司全资子公司。

公司地处长春市高新技术开发区，注册资金5 000万元，总资产8 000万元，在册员工223人。厂区占地面积5.1万m²，建筑面积2.1万m²，生产作业面积1.5万m²。公司下设一室、四部、三个车间，具有年生产普通机床产品500台、大型机床15台、数控机床50台的生产能力。产品包括外圆磨床、凸轮轴磨床、龙门导轨磨床、平面磨床以及同类产品的专用机床等四十几种产品。产品主要为汽车、铁路运输、轮船制造、装备制造、风力发电提供高水平的精加工母机设备。

北京第二机床厂有限公司　是在始建于1953年的原北京第二机床厂的基础上改制组建而成，是中国机床工具行业“十八罗汉厂”之一，占地面积超过10万m²。公司通过了ISO 9001:2000质量管理体系认证，是国家二级计量单位。

公司主要经营业务包括：研发、生产、销售高精度外圆磨床、数控磨床、普通外圆磨床、专用磨床、超精加工机床、成套设备及功能部件等。产品广泛应用于航空、航天、军工、汽车、船舶、能源、纺织、电子、轴承、冶金、机床工具和工程机械等行业，在广大用户中享有盛誉。

公司拥有五面体加工中心、六工位卧式加工中心、数控龙门导轨磨床、超高精度磨床、箱体类零件柔性生产线、STUDER高精度复合磨床、精密平面磨床等现代化加工设备；配置有英国LK三坐标测量仪、泰勒高精度圆度仪及Renishaw双频激光干涉仪等检测仪器。公司拥有制造、装配厂房建筑面积超过19 000m²，其中控温面积7 000m²。

公司技术研发中心是北京市级企业技术中心，年科技经费投入连续多年超过公司主营业务收入的5%以上。曾获国家、部、市级等各种科技奖项70余项，是机床领域国家标准及行业标准的主要起草单位之一。共承担国家、北京市的科技项目32项，其中，国家重大科技专项14项、国家“863”计划重点课题2项、国家科技支撑计划1项、北京市科技计划12项、控股公司支持项目3项。公司已成长为拥有1个省级企业技术中心、2个省部级实验室，拥有10项发明专利、9项实用新型专利，起草国家标准9项、行业标准10项的国家级高新技术企业。

公司遵循“精密可靠、诚信服务、顾客满意、持续改进、争创品牌”的质量方针，坚持“立足高精，发展数控，扩张大型，成线配套”的产品发展之路，竭诚为广大用户提供精良的制造装备和优质的产品服务，致力成为高精度外圆磨床、数控外圆磨床及超精加工机床的中国第一品牌制造及服务供应商。

金华市纳百川机械有限公司 是一家生产国内一流精密数控工、刃具磨床的实业厂商，专业致力于研究、设计、生产用于制造工、刃具所需的高新技术设备。

公司的技术研发中心、营销中心及生产基地设在九省通衢的湖北省武汉市。公司机床事业部门的人员从事机床工具制造行业二三十年，具有丰富的研发和制造经验。其中，专业技术研究人员11人、高级技师12人。公司致力于技术竞争和核心竞争力的提升，坚持以数控技术改造提升传统工、刃具磨床水平。经潜心研制，成功推出数控拉刀刃磨床、数控滚刀刃磨床等产品，达到国内领先水平，成功填补国内空白。

公司产品有数控滚刀铲齿车床系列、数控滚刀铲背磨床、数控滚刀刃磨床系列、数控拉刀刃磨床、数控工具磨床及工、刃具磨床等。NBS1700CNC数控拉刀刃磨床荣获第六届中国数控机床展览会春燕奖。在第十二届中国国际机床展会上展出的由公司自行研发的NHS300CNC5数控滚刀刃磨床，主要攻克蜗轮滚刀螺旋线干涉问题。

公司奉行“进取、诚信、严谨、创新”的理念，以人为本，不断开拓创新，以技术为核心，视质量为生命，竭诚为客户提供高性价比的产品和诚挚的服务。

江西杰克机床有限公司 前身是吉安机床厂，是原机械工业部定点生产曲轴磨床的中型企业，2004年底由杰克控股集团收购，是国家火炬重点高新技术企业。

2012年，面对艰难的经营环境和日常工作中的新情况、新问题，公司举全局之力，迎难而上，攻坚克难，圆满完成预期的各项目标，尤其在新品开发、团队建设、全员素质提高方面取得了重大进步；专机型产品升级及技术转型成为公司业务新的增长点，高端数控机床进入中国知名制造企业，如中石油、济柴、东风康明斯等；项目运作成果丰硕，承担了“国家重点新产品计划”，被认定为“火炬重点高企”“省战略新兴重点骨干调度企业”“省战略新兴产业备选库”，顺利通过了数控高速随动磨床产业化等项目，获得了“中国机械联合会装备之星企业”“明星企业家”“省级民营科技型企业”“江西省AAA级劳动和谐企业”“江西省名牌”等荣誉。

2012年，公司实现产值8 700多万元、主营业务收入10 400元，实现税收近700万元。

云南合信源机床有限责任公司 是一家民营企业，产品包括卧轴矩台平面磨床系列、数控龙门导轨（平面）磨床系列、数控外圆磨床及外圆磨床系列产品。2012年，公司完成工业总产值6 578万元，实现销售收入5 147万元。公司拥有各类设备296台，其中金属切削机床159台。现已形成年产1 500台机床的生产规模，产值和销售上亿元。

“节能减排技术改造”项目是公司在2011年第四季度开始实施的技改项目，目的在于用先进、高效的数控设备替代耗能高、故障率高、使用费用高的“三漏”机床，保证和解决关键零部件加工精度，提高机床产品质量，提高生产效率。经过一年多的努力，公司完成投资2 555万元，购进、自制先进高效设备65台（套），淘汰“三漏”落后机床75台；年节约标准煤186t（约节电59万kW·h）。

“产品结构调整技术改造”项目是公司在“十二五”期间的主要技改项目，被云南省工信委列为2012年云南省百项重点技术改造项目。在项目实施期间，企业将认真调整产品结构（研发数控外圆磨床系列产品，扩大数控龙门导轨磨床的年产量，现生产的卧轴矩台平面磨床技术升级），转变经济增长方式（由集约型经营代替粗放型经营），提升产品的技术水平，按此方向进行技术改造。在项目实施期间，企业将进行大规模技术改造，实施产品结构调整项目，用高效、先进的数控设备逐步替代低效率的普通机床，以适应产品结构调整，提升产品技术含量，并稳定提高产能。

〔撰稿人：中国机床工具工业协会磨床分会安军　审稿人：中国机床工具工业协会磨床分会夏萍〕

齿轮加工机床

一、基本情况

2012年，齿轮加工机床分会共有16家会员单位，其中国有企业8家，其余为民营企业。纳入年鉴统计的会员单位共14家，其中陕西第二机床厂为新增会员单位。

2012年，齿轮加工机床行业主要经济指标均呈下滑态势。全年完成工业总产值799 984万元，比上年下降30.5%；工业增加值227 035万元，比上年下降29.8%。2012年齿轮加工机床行业主要经济指标完成情况见表1。

表1　2012年齿轮加工机床行业主要经济指标完成情况

指标名称	单位	年度累计
工业总产值	万元	799 984
其中：机床工具类产品产值	万元	446 152
工业销售产值	万元	796 766
其中：机床工具类产品销售产值	万元	427 588
工业增加值	万元	227 035
实现利税	万元	48 607
从业人员平均人数	人	22 210
资产总计	万元	1 225 600
流动资产平均余额	万元	720 995
固定资产净值平均余额	万元	270 623

二、产品生产情况

2012年，齿轮加工机床分会14家会员单位金属切削机床产量19 310台，比上年下降41.0%，机床产值数控化率达到73.7%。其中,齿轮加工机床产量4 717台,比上年下降30.3%;齿轮加工机床产值231 109万元,比上年下降41.2%;齿轮加工机床产值数控化率为77.2%,比上年减少5.7个百分点。

按机床产值计算,各分类机床占金属切削机床产值的比例,分别是齿轮加工机床占53.8%,车床占26.5%,磨床占7.1%,加工中心占6.1%,螺纹加工机床占4.3%,铣床占1.2%,其他金属切削机床占1.1%。2012年齿轮加工机床行业分类产品生产情况见表2。

表2 2012年齿轮加工机床行业分类产品生产情况

产品名称	实际完成		其中:数控	
	产量(台)	产值(万元)	产量(台)	产值(万元)
金属切削机床	19 310	429 928	10 268	316 697
加工中心	901	26 055	901	26 055
立式加工中心	900	25 948	900	25 948
卧式加工中心	1	108	1	108
车床	11 574	113 883	6 756	83 166
磨床	1 645	30 339	105	11 639
齿轮加工机床	4 717	231 109	2 302	178 381
螺纹加工机床	210	18 657	54	9 663
铣床	152	5 131	73	3 843
其他金属切削机床	111	4 754	77	3 949

三、销售及出口情况

2012年,齿轮加工机床分会14家会员单位金属切削机床销量18 050台,比上年下降44.3%;销售额378 993万元,比上年下降40.9%。其中,齿轮加工机床销量4 325台,比上年下降34.0%;齿轮加工机床销售额达到195 573万元,比上年下降46.5%。

按机床销售额计算,各分类机床占金属切机床销售额的比例分别是:齿轮加工机床占51.6%,车床占28.8%,磨床占6.6%,加工中心占6.4%,螺纹加工机床占4.2%,铣床占1.3%,其他金属切削机床占1.1%。2012年齿轮加工机床行业产品销售情况见表3。

表3 2012年齿轮加工机床行业产品销售情况

产品名称	实际完成		其中:数控	
	销售量(台)	销售额(万元)	销售量(台)	销售额(万元)
金属切削机床	18 050	378 993	9 480	279 288
加工中心	860	24 430	860	24 430
车床	11 089	108 967	6 265	79 668
磨床	1 325	25 032	86	11 062
齿轮加工机床	4 325	195 573	2 111	151 580
螺纹加工机床	187	15 988	25	6 539
铣床	144	4 786	65	3 438
其他金属切削机床	120	4 217	68	2 571

2012年,齿轮加工机床分会14家会员单位出口金属切削机床1 811台,比上年下降7.3%;出口额2 993万美元,比上年增长14.0%。出口机床均价1.65万美元,比上年增长23.1%。其中,出口数控机床298台,出口额1 637万美元,比上年分别增长19.7%和57.4%。2012年齿轮加工机床行业产品出口情况见表4。

表4 2012年齿轮加工机床行业产品出口情况

产品名称	实际完成		其中:数控	
	出口量(台)	出口额(万美元)	出口量(台)	出口额(万美元)
金属切削机床	1 811	2 992.5	298	1 636.9
加工中心	22	80.3	22	80.3
车床	1 666	1 595.8	189	372.0
磨床	44	625.8	44	625.8
齿轮加工机床	74	670.6	38	538.8
螺纹加工机床	4	18.3	4	18.3
铣床	1	1.7	1	1.7

四、新产品开发情况

2012年,齿轮加工机床分会参加统计的会员单位共开发新产品62项,其中已完成鉴定的新产品23项。

重庆机床(集团)有限责任公司开发了YW7232CNC万能磨齿机、YE3120CNC6数控干切滚齿机、轿车变速器齿轮加工自动线及TKG13800A数控回转工作台等,其中YW7232CNC万能磨齿机、YE3120CNC6数控干切滚齿机等产品虽未经鉴定,但产品在国内是处于先进水平的。南京第二机床厂有限公司开发的Y7232CNC数控磨齿机综合性能达到国际同类产品先进水平。陕西秦川机床工具集团有限公司的QMK006A/Z扇形轴磨齿机达到国际领先水平。宜昌长机科技有限责任公司的YK5612C数控扇形齿轮插齿机达到国际先进水平。天津第一机床总厂开发了具有国内先进水平的YK2560B数控研齿机、YKH2235数控螺旋锥齿轮铣齿机。青海第二机床制造有限责任公司开发了具有国内先进水平的YK6085六轴数控花键轴铣床。南京工大数控科技有限公司开发的SKXCM－2000/16数控精密成形铣齿机、MFTBLB4000回转支承综合性能试验台均达到国内先进水平。湖南中大创远数控装备有限公司开发的YKA2260全数控六轴六联动螺旋锥齿轮干切机床达到国内先进水平。2012年齿轮加工机床行业经过鉴定的新产品见表5。

表5　2012年齿轮加工机床行业经过鉴定的新产品

序号	产品名称	型号	主要技术参数	产品性质	产品属性	产品水平
重庆机床(集团)有限责任公司						
1	数控自动滚齿机	YZ3118CNC5	最大加工直径:130mm,最大加工模数:4mm,主轴转速:1~1 000r/mim,工作台转速:1~200r/mim,总功率:25kW	改型设计	企业新产品	国内领先
2	数控自动滚齿机	YXZ3132CNC5	最大加工直径:320mm,最大加工模数:8mm,滑板行程:250mm,滚刀最大安装直径、长度:160mm、200mm,滚刀最大轴向移动量:150mm,滚刀中心至工作台回转中心距离:60~250mm,滚刀中心至工作台面距离:280~530mm	改型设计	企业新产品	国内先进
3	数控回转工作台	TKG13800A/TKG13800B	工作台直径:800mm,定心孔定位尺寸:ϕ100mm,蜗杆副传动比:1:90,工作台最高转速:12r/min,承载能力:1 000kg,制动力矩:750N·m,允许最大切削力矩:600N·m	全新设计	行业新产品	国际先进
4	数控自动剃齿机	YZ4232CNC5/YDZ4232CNC5	最大加工直径:320mm,顶尖间最大距离:700mm,剃齿刀转速(*B*轴):50~400r/min,刀架回转角(*A*轴):±20°,*Z*轴滑板移动速度:0.2~500mm/min,工作台移动范围:±70mm,工作台移动速度(*X*轴):1~500mm/min	改型设计	行业新产品	国内领先、国际先进
南京二机齿轮机床有限公司						
5	数控磨齿机	Y7232CNC	最大加工直径:320mm,模数:6mm	全新设计	企业新产品	国际先进
陕西秦川机床工具集团有限公司						
6	扇形轴磨齿机	QMK006A/Z	最大工件直径:320mm,工件长度:350mm,主轴最高转速:4 500r/min,工作台面(*X*轴)最大进给速度:10m/min,行程(*X/Y/Z*):1 100mm/300mm/300mm,主轴电动机功率:20kW	全新设计	行业新产品	国际领先
7	叶片磨床	QMK100	加工叶片最大长度:1 500mm,加工叶片最大宽度:400mm,前台面上下行程:350mm,立柱横向行程:1 600mm,砂轮架行程:500mm	全新设计	行业新产品	国内领先
8	五维运动平台	QYF002	各直线轴定位精度:±2μm,两旋转轴定位精度:10″	全新设计	行业新产品	国内领先
9	曲面磨床	LGF750	最大加工平面元件直径:750mm	技术引进	行业新产品	国内领先
10	成形砂轮磨齿机	YK7380A	最大齿顶直径:800mm,最小齿根直径:100mm,模数:2~20mm,最大直齿宽度:500mm,螺旋角:±45°,工作台最大载荷:2 000kg	改型设计	行业新产品	国内领先
11	成形砂轮磨齿机	YK73125A	最大齿顶直径:1 250mm,最小齿根直径:220mm,模数:2~25mm,最大直齿宽度:700mm,螺旋角:±35°,工作台最大载荷:6 000kg	改型设计	行业新产品	国内领先
12	蜗杆砂轮磨齿机	YK7232B	工件最大外径:320mm,工件最小根径:20mm,工件齿数:12~256,工件模数:1~6mm,工件压力角:15°~23°,工件最大齿宽:170mm,螺旋角:±45°,头尾架顶尖距:180~420mm,砂轮转速:1 000~1 650r/min	改型设计	行业新产品	国内领先
13	龙门式铣车复合加工中心	VMT260	工作台面直径:2 600mm,工作台最大承载能力:20 000kg,过龙门宽度:3 000mm,过龙门高度:1 500mm,车削主轴功率:90kW,车削转速:0~100r/min,过中心最大车削直径:3 500mm,铣削主轴功率:37kW,铣削主轴最大输出转矩:1 295N·m,铣削主轴最高转速:3 000r/min,行程(*X/Y/Z*):4 760mm/2 800mm/1 400mm	全新设计	行业新产品	国内先进

（续）

序号	产品名称	型号	主要技术参数	产品性质	产品属性	产品水平
14	立式磨床	VG150	工作台面直径:1 500mm,最大回转直径:2 200mm,磨削最小孔径:230mm,允许装夹工件最大高度:1 200mm,磨削最大孔深:500mm,立磨头砂轮直径:200～400mm,立磨头电动机最高转速:6 000r/min(可调),卧磨头砂轮最大直径:500mm,卧磨头电动机最高转速:3 000r/min(可调)	全新设计	行业新产品	国内领先
15	龙门式车铣镗复合中心	VTB200	工作台面直径:2 000mm,工作台承载能力:20 000kg,X、Z轴快速移动速度:20m/min、15m/min,X、Z轴行程:1 750mm、1 200mm,工作台转速(车削时):0～200r/min,铣削主轴最大转速:2 000r/min,车削主轴最大功率:2×55kW,铣削主轴最大功率:31kW,最大工件直径:2 300mm,最大工件高度:1 500mm,最大镗孔直径:350mm	全新设计	行业新产品	国内先进
16	精密镗铣床	QJG001	工作台面尺寸:1 250mm×1 000mm,工作台最大载荷:2 500kg,主轴电动机功率:28kW	技术引进	行业新产品	国内先进
17	多层中空机	SCJC30×3	制品容积:30L,效率:80只/h,模板尺寸:720mm×650mm,锁模力:280kN	全新设计	行业新产品	国内先进
18	多层中空机	SCJC200×6	螺杆直径:90mm、120mm、60mm、35mm、35mm、45mm,螺杆长径比:25、25、25、28、28、28,最高转速:70r/min、62r/min、75r/min、90r/min、90r/min、85r/min,驱动功率:75kW、110kW、30kW、11kW、11kW、15kW,产量:≥400kg/h,制品生产率:≥20个/h	全新设计	行业新产品	国内先进
宜昌长机科技有限责任公司						
19	数控扇形齿轮插齿机	YK5612C	最大加工直径:120mm	全新设计	行业新产品	国际先进
上海第三机床厂						
20	卧式加工中心	SEH-630A	工作台面尺寸:630mm×630mm,三向行程:1 000mm、800mm、800mm,电动机功率:22kW、26kW,三向快速移动速度:50m/min	全新设计	企业新产品	国内领先
南京工大数控科技有限公司						
21	数控精密成形铣齿机	SKXCM-2000/16	加工直径:2 000mm	改型设计	企业新产品	国内先进
22	回转支承综合性能试验台	MFTBLB4000	检测ϕ4 000mm回转支承	全新设计	企业新产品	国内先进
湖南中大创远数控装备有限公司						
23	全数控六轴六联动螺旋锥齿轮干切机床	YKA2260	被加工零件最大传动比:10:1,模数:2～13mm,齿数:5～2 000,最大节圆直径:600mm,加工精度:GB4级	全新设计	行业新产品	国内领先、国际先进

五、科研项目及获奖情况

2012年,齿轮加工机床分会参加年鉴统计的会员单位共报送科研项目80项(处于研制阶段的49项),项目投入资金2.6亿元。2012年齿轮加工机床行业部分企业完成科研项目见表6。2012年齿轮加工机床行业获奖科研项目见表7。

表6　2012年齿轮加工机床行业部分企业完成科研项目

序号	科研项目名称	主要内容	应用状况	项目来源
重庆机床(集团)有限责任公司				
1	数控精密高效剃齿机关键技术与装备产业化	突破产业化技术难题,建立产业化条件,形成高档剃齿机产业化基地	自行应用	国家重大科技成果转化项目

（续）

序号	科研项目名称	主要内容	应用状况	项目来源
2	数控制齿机床重庆市重点实验室	实验室建设面积达 3 500m² 以上，仪器设备总值 2 000 万元以上	自行应用	重庆市科技平台与基地建设
3	Y31200CNC6 全数控高效大型滚齿机的研制及产业化	数控精密滚齿机关键技术研究：工作台静压技术，新型滚刀主轴静压技术，立柱液压卸荷技术，"镶钢导轨＋滚动导轨块"结构，大型精密双蜗杆蜗轮副制造技术，大型开合式外支架的设计制造技术，大型高精度零件的加工技术；生产 Y31200CNC6 大型数控滚齿机	自行应用	重庆市科技攻关项目
4	YS3126CNC7 数控自动干切滚齿机	完成产品关键技术攻关，实现产品试制验证，并逐步实现产业化	自行应用	企业项目
5	YZ3118CNC5 数控自动滚齿机	完成产品关键技术攻关，实现产品试制验证，并逐步实现产业化	自行应用	企业项目
6	Y3140/50/60CNC4－6 系列滚齿机	完成产品关键技术攻关，实现产品试制验证，并逐步实现产业化	自行应用	企业项目
7	GCDV300 数控倒棱机	完成产品关键技术攻关，实现产品试制验证，并逐步实现产业化	自行应用	企业项目
8	典型标准化料仓	完成产品关键技术攻关，实现产品试制验证，并逐步实现产业化	自行应用	企业项目
9	YE3120CNC6 数控干切滚齿机	完成产品关键技术攻关，实现产品试制验证，并逐步实现产业化	自行应用	企业项目
上海第三机床厂				
10	SEH－630A 卧式加工中心		其他	自行设计
11	XHA715A 型立式加工中心研制		其他	自行设计
12	MK135 数控外圆磨床研制		其他	自行设计
13	MGA1320 高精度外圆磨床研制		其他	自行设计
陕西秦川机床工具集团有限公司				
14	机床传动链动态精度测试试验台	建立传动链动态精度测试试验台，配置高精度进口光栅尺、编码器及其他辅助工装夹具，扩大动态传动链动精度测试仪适用范围，用于机床两轴之间的动态传动误差，进行传动性能的动态精准测试。用于机床某个轴的传动平衡性及均匀性的动态精准测试，用于高精度电动机系统、伺服数控传动系统等的细分与传动误差、传动性能的动态精准测试	自行应用	企业自主研制
15	伺服驱动液压动力单元技术开发	研究应用伺服电动机和控制器驱动螺旋齿轮泵或内啮合齿轮泵等节能技术，结合市场和公司塑机等精密主机设备需要，开发替代进口的中高端精密机床适用伺服驱动液压动力单元	自行应用	企业自主研制
16	低应力、高强度机床铸铁铸件的研究	通过调整铁液成分及处理方式，在保证及提高铸件强度的基础上，降低铸件的铸造应力及残余应力	自行应用	企业自主研制
17	人造矿物质大件（磨齿机床身或立柱）设计制造	高转速、高效大功率磨削会使机床产生高频振动及热变形，影响机床的加工质量，这就对机床的动态特性及热稳定性提出了更高的要求。传统的铸铁件已难以满足这些要求，采用新型结构材料树脂混凝土制造机床基础件，利用其良好的吸振性及热稳定性可以很好地解决这些问题		企业自主研制
18	YK7230 机械手自动上下料系统设计开发	研制砂轮自动上下料装置，可完成从多头砂轮的自动修整到工件装夹、磨削全过程的自动化控制，具有很高的自动化程度	自行应用	与江南大学合作开发
湖南中大创远数控装备有限公司				
19	SKXGC－3000 高效数控铣、滚齿复合机床关键技术研究及其应用	数控铣、滚齿复合机床开发	自行应用	企业立项

（续）

序号	科研项目名称	主要内容	应用状况	项目来源
20	高效数控铣内外齿机床关键技术研究与产业化	机床系列化开发与关键技术研究	技术转让	科技部中小企业创新基金
21	大重型数控静压回转工作台关键技术研究	大型精密转台研发	技术转让	国家重大专项
22	SKMC－3000数控成形磨齿机研发	数控磨齿机研发	自行应用	自主研发
23	大型高效数控成形铣磨齿成套装备研发与产业化	齿轮加工解决方案	自行应用	江苏省六大人才高峰
天津第一机床总厂				
24	YKW51250数控插齿机	开发全新产品	自行应用	国家科技项目
25	YKW2075数控螺旋锥齿轮磨齿机	开发全新产品	自行应用	国家科技项目
26	YKH2235数控铣齿机	开发全新产品	自行应用	企业自选项目
27	YK2560B数控研齿机	增加产品功能，提高性能	自行应用	企业自选项目
28	YK5132C数控插齿机	增加产品功能，提高性能	自行应用	企业自选项目
29	YK5150B数控插齿机	增加产品功能，提高性能	自行应用	企业自选项目
30	YK5132B/K1数控插齿机	增加产品功能，提高性能	自行应用	企业自选项目
31	YKW51250数控插齿机	开发全新产品	自行应用	国家科技项目

表7　2012年齿轮加工机床行业获奖科研项目

序号	项目名称	主要内容及应用范围	奖项名称	获奖等级	主要完成单位
1	Y4232CNC8系列数控剃齿机	该系列数控剃齿机是一种精密、高效、自动化及绿色环保的数控剃齿机，可满足汽车、摩托车等行业的市场需求。可实现工件自动装夹、工件全自动上下料、刀具精密快换等高效自动化剃齿加工系统，属国内首创，降低了劳动强度，达到国际先进水平。国际同步、国内率先实现水基切削液替代切削油剃齿加工，有效解决切削油环境污染及成本高等问题，并得到产业化推广应用	重庆市巴南区科技进步奖	一等奖	重庆机床（集团）有限责任公司
2	精密、高效系列数控剃齿机研发与产业化	进行精密、高效数控剃齿机床系统优化设计，包括多轴精密传动技术、径向进给轴热补偿技术、刀架精密转角及自动补偿技术、剃齿机数控零编程技术、精密径向剃齿刀具设计制造与修行技术等。研制出多轴四联动数控精密剃齿机床、精密剃齿刀具、工件自动夹具系统、工件自动传输与交换机械手系统、剃刀快换机构等，形成精密、高效数控剃齿系列装备，可广泛用于轿车、中型载货汽车、摩托车、工程机械等行业	重庆市机电集团技术创新奖	三等奖	重庆机床（集团）有限责任公司
3	高精度螺旋锥齿轮数控加工关键技术与成套装备	采用空间坐标变换方法和空间啮合理论，建立螺旋锥齿轮共轭齿面方程及数字化齿面模型；构建螺旋锥齿轮成套加工装备虚拟样机，模拟真实工况条件下螺旋锥齿轮加工；基于螺旋锥齿轮齿轮加工机床的虚拟加工平台；提出螺旋锥齿轮数控加工机床通用误差描述方法。本项目开发了螺旋齿轮数控加工软件系统，实现了数控自动编程；成功研制数控螺旋锥齿轮铣齿机、磨齿机、研齿机、倒棱机、滚动检查机等系列化高精度成套加工装备，其技术水平和指标与格里森产品相当	中国机械工业科学技术奖	一等奖	天津大学、天津第一机床总厂、重庆理工大学

（续）

序号	项目名称	主要内容及应用范围	奖项名称	获奖等级	主要完成单位
4	YKH2235 数控螺旋锥齿轮铣齿机	多轴联动螺旋锥齿轮机床布局优化与实现技术；采用电转台技术，提高机床 B 轴的回转精度、稳定性及可靠性；采用力矩电动机技术，提高机床工件主轴（A）、刀轴主轴（C）传动刚度、传动精度、稳定性及可靠性；采用四轴运动模式实现在线测量技术；采用高档数控系统、自主研制的加工专用软件，实现整机系统、运动及过程控制；采用有限元精细建模分析及优化技术，进行整机结构动静刚度计算分析及优化设计、高速主轴结构优化设计，提高机床结构刚度	CCMT2012 春燕奖		天津第一机床总厂
5	YK7332B 数控成形砂轮磨齿机	YK7332B 数控成形砂轮磨齿机的磨削精度、效率及稳定性与国外同规格机床相当，主要用于大模数、少齿数的精密磨削，特别适用于对齿形有修形要求及对齿根、齿顶过渡部分有特殊要求的高精度齿轮和多联齿轮的加工。另外，该机床还可磨削如油泵转子、高精度花键和螺杆泵的螺杆等零件，可完全满足航空、汽车、传动、机床等高端用户对自动化程度高、效率高、精度高、性价比高的磨齿机需求	CCMT2012 春燕奖		陕西秦川机械发展股份有限公司
6	YK75200 大规格数控内齿轮磨齿机	YK75200 大规格数控内齿轮磨齿机是公司根据国家“高档数控机床与基础装备制造”科技重大专项的要求，针对我国船舶、风力发电、机车、大功率柴油机组、冶金、矿山、石油化工、军工等行业发展需求开发的具有自主知识产权的大型、高档、数控内齿轮磨齿机产品，最大磨削直径 2.5m。机床集成数控砂轮截形计算、砂轮自动补偿、深切缓进给磨削、静压、误差校正、在机测量等多项关键技术，在磨削效率、加工精度、机床稳定性等方面性能优越	国家重点新产品		陕西秦川机械发展股份有限公司
7	大型、高硬材料特种曲面数字化精密磨削技术与装备	对大型、高硬材料特种曲面进行数字化精密磨削	上海市科学技术奖	一等奖	上海第三机床厂
8	大型极坐标成形铣齿机机床关键技术研究及系列化产品的开发与应用	产品开发	中国机械工业科学技术奖	三等奖	南京工大数控科技有限公司、南京工业大学
9	极坐标数控高效铣、滚齿复合机床（ZL 200710019441.6）	产品开发	中国专利奖	金奖	南京工大数控科技有限公司
10	SKXC－4000/35 数控铣齿机	产品开发	江苏省优秀新产品		南京工大数控科技有限公司

六、专利发明情况

2012 年，齿轮加工机床分会参加年鉴统计的会员单位上报获得授权的专利共 80 项，其中发明专利 6 项，其余均为实用新型专利。2012 年齿轮加工机床行业部分企业授权专利情况见表 8。

表 8　2012 年齿轮加工机床行业部分企业授权专利情况

序号	企业名称	专利名称	专利类型	授权日期
1	重庆机床（集团）有限责任公司	一种大型滚齿机外支架装置	实用新型	2012.06.06
2	重庆机床（集团）有限责任公司	电箱中用屏蔽支架	实用新型	2012.06.06
3	重庆机床（集团）有限责任公司	双动力驱动刀架回转机构	实用新型	2012.06.06
4	重庆机床（集团）有限责任公司	静压导轨自动消隙减振压板机构	实用新型	2012.06.07

（续）

序号	企业名称	专利名称	专利类型	授权日期
5	重庆机床(集团)有限责任公司	一种轴齿类零件夹具快换装置	实用新型	2012.06.06
6	重庆机床(集团)有限责任公司	刀架主轴尾座轴承循环润滑结构	实用新型	2012.06.06
7	重庆机床(集团)有限责任公司	一种自动挡料装置	实用新型	2012.06.14
8	重庆机床(集团)有限责任公司	可装载不同直径工件的装载机构	实用新型	2012.06.07
9	重庆机床(集团)有限责任公司	一种主轴与刀柄高刚性连接结构	实用新型	2012.06.06
10	重庆机床(集团)有限责任公司	一种紧凑型高刚性干式切削滚齿机布局结构	实用新型	2012.06.06
11	重庆机床(集团)有限责任公司	一种高速高刚性主轴系统回转支承结构	实用新型	2012.06.06
12	重庆机床(集团)有限责任公司	滚齿机循环润滑系统	实用新型	2012.06.06
13	重庆机床(集团)有限责任公司	旋转轴传动误差动态检测系统	实用新型	2012.06.05
14	重庆机床(集团)有限责任公司	齿轮机床卸荷式静压回转工作台	实用新型	2012.06.06
15	重庆机床(集团)有限责任公司	夹持直径范围可调式组合夹具	实用新型	2012.06.06
16	重庆机床(集团)有限责任公司	内装伺服电动机装拆专用装置	实用新型	2012.06.05
17	重庆机床(集团)有限责任公司	锁紧螺母装拆专用工具	实用新型	2012.06.06
18	重庆机床(集团)有限责任公司	夹具弹性胀套放松及拆卸装置	实用新型	2012.06.06
19	重庆机床(集团)有限责任公司	多种规格滚齿机刀架通用试车台	实用新型	2012.06.07
20	重庆机床(集团)有限责任公司	十字轴类零件加工的紧固装置	实用新型	2012.06.06
21	重庆机床(集团)有限责任公司	一种主轴静压轴承结构	实用新型	2012.06.05
22	重庆机床(集团)有限责任公司	一种防护滑门导轨结构	实用新型	2012.06.14
23	重庆机床(集团)有限责任公司	滚齿机在位齿轮端面毛刺去除机构	实用新型	2012.06
24	重庆机床(集团)有限责任公司	机床滑动轴承工作台回油检测装置	实用新型	2012.06
25	重庆机床(集团)有限责任公司	机床热平衡系统	实用新型	2012.06
26	重庆机床(集团)有限责任公司	可旋转的送料机构	实用新型	2012.06
27	重庆机床(集团)有限责任公司	剃齿机用工件自动夹具快换装置	实用新型	2012.06
28	重庆机床(集团)有限责任公司	盘齿滚齿快换夹具	实用新型	2012.06
29	重庆机床(集团)有限责任公司	滚齿机工作台阻尼机构	实用新型	2012.06
30	重庆机床(集团)有限责任公司	高速磨齿机主轴动平衡头内置式安装结构	实用新型	2012.06
31	重庆机床(集团)有限责任公司	机床顶尖下压力调整机构	实用新型	2012.06
32	重庆机床(集团)有限责任公司	机床上下料送料装置	实用新型	2012.06
33	重庆机床(集团)有限责任公司	胀紧式剃齿右压夹具	实用新型	2012.06
34	重庆机床(集团)有限责任公司	用于细长轴加工的自动辅助支撑装置	实用新型	2012.06
35	重庆机床(集团)有限责任公司	刀架小滑座锁紧微调装置	实用新型	2012.06
36	重庆机床(集团)有限责任公司	一种适用于大齿圈加工的机械胀紧式剃齿夹具	实用新型	2012.06
37	南京二机齿轮机床有限公司	能快速更换让刀方向的插齿刀让刀装置	实用新型	2012.11.14
38	宜昌长机科技有限责任公司	一种多轴同步误差检测装置	实用新型	2012.05.02
39	宜昌长机科技有限责任公司	一种静压导向套浇注内耐磨层装置	实用新型	2012.10.26
40	宜昌长机科技有限责任公司	用于机床回转主轴的结构	实用新型	2012.10.31
41	宜昌长机科技有限责任公司	用于回转工作台的工件自动夹紧装置	实用新型	2012.10.31
42	宜昌长机科技有限责任公司	切削机床回转工作台的液压马达齿轮消隙机构	实用新型	2012.10.31
43	宜昌长机科技有限责任公司	一种齿轮对中装置	实用新型	2012.10.31
44	宜昌长机科技有限责任公司	插齿机主运动静压装置	实用新型	2012.10.31
45	天津第一机床总厂	数控弧齿锥齿轮研齿机研磨点有相同侧隙装置及控制方法	发明	2012.06.27
46	天津第一机床总厂	数控插齿机刀架机构	发明	2012.05.30
47	天津第一机床总厂	大型液压主驱动切削全闭环数控插齿机	发明	2012.04.11
48	天津第一机床总厂	一种自由锻锤锻造短凸台法兰类锻件的跳模模具	实用新型	2012.02.01
49	天津第一机床总厂	一种自由锻锤锻造带台阶轴类旋转体锻件的模具	实用新型	2012.01.25
50	天津第一机床总厂	一种自由锻锤锻造带凸台的法兰类锻件的组合模具	实用新型	2012.04.11

（续）

序号	企业名称	专利名称	专利类型	授权日期
51	天津第一机床总厂	大型齿轮渗碳淬火用工装吊具	实用新型	2012.01.11
52	天津第一机床总厂	数控弧齿锥齿轮铣齿机工件箱的传动装置	实用新型	2012.04.11
53	天津第一机床总厂	加工圆形工件的吊装工具	实用新型	2012.04.11
54	天津第一机床总厂	典型曲体零件镗孔夹具	实用新型	2012.08.01
55	天津第一机床总厂	典型曲体零件铣夹具	实用新型	2012.07.11
56	天津第一机床总厂	主驱动机构连杆的改进结构	实用新型	2012.05.30
57	天津第一机床总厂	加工异型块专用夹具	实用新型	2012.05.30
58	天津第一机床总厂	切削刀具的改进结构	实用新型	2012.05.30
59	天津第一机床总厂	数控大型弧齿锥齿轮拉齿机	实用新型	2012.07.11
60	天津第一机床总厂	数控大型弧齿锥齿轮拉齿机横梁夹紧装置	实用新型	2012.07.11
61	天津第一机床总厂	数控大型弧齿锥齿轮拉齿机分度及夹紧装置	实用新型	2012.07.11
62	天津第一机床总厂	插齿机刀轴的蜗杆齿形的粗加工检测量具	实用新型	2012.07.04
63	天津第一机床总厂	铣齿机工件箱主轴夹紧机构	实用新型	2012.09.19
64	天津第一机床总厂	锥齿轮滚动检查机两主轴非90°夹角及安装距的调整装置	实用新型	2012.09.05
65	天津第一机床总厂	铣齿机工件主轴蜗轮副消隙装置	实用新型	2012.09.19
66	天津第一机床总厂	加工球套轴承外径孔的专用钻模夹具	实用新型	2012.10.17
67	天津第一机床总厂	插齿机凸轮轴的凸轮曲面粗加工装置	实用新型	2012.12.26
68	天津第一机床总厂	数控螺旋锥齿轮磨齿机	实用新型	2012.12.26
69	天津第一机床总厂	数控螺旋锥齿轮铣齿机	实用新型	2012.12.26
70	天津第一机床总厂	数控螺旋锥齿轮铣齿机工件箱传动装置	实用新型	2012.12.26
71	天津第一机床总厂	数控螺旋锥齿轮铣齿机刀具主轴箱	实用新型	2012.12.26
72	天津第一机床总厂	数控螺旋锥齿轮磨齿机砂轮主轴箱	实用新型	2012.12.26
73	天津第一机床总厂	精密数控回转工作台	实用新型	2012.12.26
74	上海第三机床厂	卧式加工中心的静刚度测试法	发明	2012.03.21
75	青海第二机床制造有限责任公司	曲轴圆角滚压机床的多柱塞加压油缸	实用新型	2012.09.05
76	湖南中大创远数控装备有限公司	一种螺旋锥齿轮加工机床	发明	2012.11.21
77	湖南中大创远数控装备有限公司	六轴五联动螺旋锥齿轮加工机床	发明	2012.11.07
78	湖南中大创远数控装备有限公司	一种螺旋锥齿轮加工机床	实用新型	2012.02.29
79	湖南中大创远数控装备有限公司	一种螺旋锥齿轮磨齿机用高速偏心主轴	实用新型	2012.07.04
80	湖南中大创远数控装备有限公司	一种齿轮加工机床	实用新型	2012.12.05

七、标准化工作

2012年，齿轮机床标准化分技术委员会秘书处成功组织了2012全国金属切削机床标准化技术委员会齿轮机床分会秘书组会、年会暨标准审查会议，审查通过了7项行业标准。对金属切削机床标准化技术委员会2010年度、2011年度的近30项齿轮机床标准进行了复核，并按《机械行业标准制定工作细则(2012)》的规定重新完成报批文件后，申请报批。同时，完善了齿轮机床行业标准体系表及各项标准体系编号，完成了金属切削机床标准体系框架图及体系表。

主持完成制修订标准如下：行业标准《大型、精密数控滚齿机　第1部分：精度检验》（计划号2011－1765T－JB），行业标准《大型、精密数控滚齿机　第2部分：技术条件》（计划号2011－1766T－JB），行业标准《高速、精密数控回转工作台　第1部分：精度检验》（计划号2011－1770T－JB），行业标准《高速、精密数控回转工作台　第2部分：技术条件》（计划号2011－1771T－JB）。

全年参与完成制修订标准如下：《数控锥齿轮研齿机　第1部分：精度检验》（计划号2011－1807T－JB），《数控锥齿轮研齿机　第2部分：技术条件》（计划号2011－1808T－JB），《数控螺旋转子铣床　第1部分：精度检验》（计划号2011－1790T－JB），《数控螺旋转子铣床　第2部分：技术条件》（计划号2011－1791T－JB）。

八、企业简介

陕西第二机床厂　属原机械工业部齿轮机床定点生产厂家，生产滚齿机已有40余年历史，占地面积22万m^2。主导产品：Y3120、Y3150E、YB3150、YB3180、YB31125E型普通滚齿机，YJK3150E、YJK3180型数控滚齿机，YJ9816型齿轮倒棱机，SK8250、SK8280型数控环面蜗杆加工专用机床。

为了不断提高产品质量，扩大出口，工厂先后两次投入近千万元进行技术改造和设备更新。投入的YG3780蜗轮母机、S7332螺纹磨床，使滚齿机核心部件蜗轮蜗杆副的加工精度稳定在4级精度。购入的FTT机床传动链误差测量机既可实施机床单一传动链误差测量、数据处理及频谱分析，也可进行多传动链误差综合测量。诸多设备能力和检测仪器的增加，保证了产品质量的稳定提高。

据多年来产品售后质量信息反馈，产品具有刚性强、精度高、性能稳定等优点。陕西第二机床厂通过了ISO 9001:2000国际质量体系认证，并取得出口产品质量许可证，产品畅销全国，行销东南亚、欧洲等地，深受广大用户好评。

〔撰稿人：中国机床工具工业协会齿轮加工机床分会刘欢　审稿人：中国机床工具工业协会齿轮加工机床分会周玉红〕

特种加工机床

一、基本情况

2012年，特种加工机床分会共有会员单位33家，参加年鉴统计的企业29家，其中，电加工机床生产企业26家、激光加工机床生产企业2家、配件附生产企业1家。本分会会员单位涵盖了行业重点骨干企业，总产值达到全行业产值的70%以上，所以本次统计资料能够反映出全行业的经济运行情况。

2012年，参加年鉴统计的特种加工机床分会会员企业完成工业总产值365 725万元，比上年增长17.0%，其中机床工具类产品产值357 225万元，比上年增长16.2%。2012年特种加工机床行业主要经济指标完成情况见表1。

表1　2012年特种加工机床行业主要经济指标完成情况

指标名称	单位	年度累计
工业总产值	万元	365 725
其中：机床工具类产品产值	万元	357 225
工业销售产值	万元	373 121
其中：机床工具类产品销售产值	万元	364 683
工业增加值	万元	55 862
实现利税	万元	26 343
从业人员平均人数	人	11 697
资产总计	万元	352 010
流动资产平均余额	万元	229 429
固定资产净值平均余额	万元	91 177

二、生产及出口情况

2012年，特种加工机床行业在经济疲软的大环境影响下，没有出现明显的复苏迹象，特别是电加工类机床。由于激光加工机床生产情况较好，因此整体略有增长。2012年特种加工机床行业分类产品生产情况见表2。

表2　2012年特种加工机床行业分类产品生产情况

产品名称	实际完成		其中：数控	
	产量（台）	产值（万元）	产量（台）	产值（万元）
金属切削机床	26 914	357 225	25 723	352 299
加工中心	291	8 231	291	8 231
立式加工中心	284	7 900	284	7 900
卧式加工中心	6	165	6	165
龙门式加工中心	1	166	1	166
车床	15	131	15	131
铣床	304	4 603	304	4 603
特种加工机床	26 304	344 260	25 113	339 334

2012年，特种加工机床行业出口产品仍然全部为数控特种加工机床，全年共出口特种加工机床4 423台，出口额2.17亿美元。出口情况尚好，主要是特种加工机床中激光加工类机床的出口增幅加大。2012年特种加工机床产品出口情况见表3。

表3　2012年特种加工机床产品出口情况

产品名称	实际完成		其中：数控	
	出口量（台）	出口额（万美元）	出口量（台）	出口额（万美元）
金属切削机床	4 423	21 689	4 423	21 689
特种加工机床	4 423	21 689	4 423	21 689

三、新产品开发情况

2012年，特种加工机床行业上报新产品开发资料的企业共有8家，其中，生产电加工机床的企业6家、生产激光加工设备的企业2家。上报的新产品项目涵盖了电加工各大类设备，如精密电火花成形机、精密数控单向走丝线切割机床、往复走丝多次切割电火花线切割机床及电火花高速小孔机等。根据市场需求，电加工机床生产企业还进行了多元化开发，如精密刀具磨床、全自动超声加工机等。而生产激光加工设备的企业所开发的激光加工设备品种更加繁多，用以满足各类用户需求，这也是激光加工设备生产企业2012年生产、销售增长的优势所在。2012年特种加工机床行业新产品开发情况见表4。

表4　2012年特种加工机床行业新产品开发情况

产品名称	型号	主要技术参数	产品性质	产品属性	产品水平
北京安德建奇数字设备有限公司					
精密数控单向走丝线切割机床	AW400F	加工零件精度：≤±4μm，最佳表面粗糙度：≤0.6μm，最大加工效率：≥120mm²/min，行程（X/Y/Z）：400mm/300mm/225mm，工件重量：200～250kg	全新设计	企业新产品	国内中等

（续）

产品名称	型号	主要技术参数	产品性质	产品属性	产品水平
单轴数控电火花成形机床	JQ450	最佳表面粗糙度：≤0.6μm，最大加工效率：≥380 mm^2/min，行程（X/Y/Z）：450mm/350mm/400mm，最大工件重量：1 200kg，最大工件尺寸：1 000mm×600mm×350mm	全新设计	企业新产品	国内中等
单轴数控电火花成形机床	JQ320	最佳表面粗糙度：≤0.6μm，最大加工效率：≥380 mm^2/min，行程（X/Y/Z）：300mm/250mm/360mm，最大工件重量：450kg，最大工件尺寸：850mm×500mm×300mm	全新设计	企业新产品	国内中等
深圳市大族激光科技股份有限公司					
激光切割自动上下料柔性生产线	ALU3015	加工范围（长×宽）：3 000mm×1 500mm，行程（X/Y/Z）：3 050mm/1 525mm/120mm，定位精度（X/Y）：±0.03mm/1 000mm，重复定位精度（X/Y）：±0.02mm，最大联动速度（X/Y）：140m/min，工作台最大载重：850kg	全新设计	企业新产品	国际先进
全自动化自动切管机	P6012T	管材加工范围（长度×管径）：6 000mm×（20～160）mm，X 轴行程：6 050mm，Y 轴行程：200mm，Z 轴行程：160mm，U 轴行程：3 050mm，定位精度（X/Y/Z/U）：±0.03mm/1 000mm，重复定位精度（X/Y/Z/U）：±0.05mm，工作台最大载重：100kg	全新设计	企业新产品	国际先进
离合器激光焊接机	HWG30	激光功率：3kW，加工范围（长度×管径）：6 000mm×（20～160）mm，X 轴行程：6 050mm，Y 轴行程：200mm，U 轴行程：3 050mm，Z 轴行程：160mm，定位精度（X/Y/Z/U）：±0.03mm/1 000mm，重复定位精度（X/Y/Z/U）：±0.05mm，工作台最大载重：100kg	全新设计	行业新产品	国内领先
三维五轴联动数控激光焊接机	HWF60	激光功率：6kW，加工范围：4 000mm×2 000mm×600mm，行程（X/Y/Z）：4 000mm/2 000mm/600mm，A 轴旋转角度：±200°，B 轴旋转角度：±135°，定位精度（X/Y/Z）：±0.03mm/1 000mm，重复定位精度（X/Y/Z）：±0.02mm，X 轴、Y 轴最大空行程速度：50m/min，Z 轴最大空行程速度：20m/min	全新设计	企业新产品	国内领先
安全气囊数控激光焊接机	HWF20	激光功率：2kW，加工范围：1 200mm×750mm×200mm，行程（X/Y/Z）：300mm/300mm/200mm，定位精度（X/Y/Z）：±0.03mm/1 000mm，重复定位精度（X/Y/Z）：±0.02mm，X 轴、Y 轴最大空行程速度：50m/min，Z 轴最大空行程速度：20m/min，工作台最大载重：100kg	改型设计	企业新产品	国内领先
减震器数控激光焊接机	HWF30	激光功率：3kW，加工工件直径：10～200mm，行程（X/Y/Z）：1 500mm/300mm/300mm，X 轴定位精度：±0.04mm/1 000mm，Y 轴定位精度：±0.011mm/300mm，Z 轴定位精度：±0.011mm/300mm，X 轴最大空行程速度：32m/min，Y 轴最大空行程速度：12m/min，Z 轴最大空行程速度：12m/min，工作台最大载重：300kg	全新设计	行业新产品	国内领先
锯条数控激光焊接机	HWF25	激光功率：2.5kW，加工范围：宽度≤100mm、厚度≤1.6mm，X 轴行程无限，Y 轴行程：100mm，Z 轴行程：100mm，定位精度（Y/Z）：±0.04mm/1 000 mm，重复定位精度（Y/Z）：±0.02mm，十字滑台最大承重：25kg	改型设计	行业新产品	国内领先

（续）

产品名称	型号	主要技术参数	产品性质	产品属性	产品水平
调角器激光焊接机	HWG25	激光功率：2.5kW，加工范围：1 200mm×750mm×200mm，行程（*X/Y/Z*）：1 200mm/750mm/200mm，定位精度（*X/Y/Z*）：±0.03mm/1 000mm，重复定位精度（*X/Y/Z*）：±0.02mm，*X* 轴、*Y* 轴最大空行程速度：50m/min，*Z* 轴最大空行程速度：20m/min，工作台最大载重：500kg	改型设计	行业新产品	国内领先
苏州市宝玛数控设备有限公司					
往复走丝多次切割电火花线切割机床	BM400D	工作台面尺寸：635mm×415mm，加工行程：400mm×320mm，加工厚度：500mm（可调），实用高速加工电流：>5A，高速加工效率：14mm^2/min（1刀）	全新设计	企业新产品	行业领先
精密电火花成形机床	EDM450	加工范围：450mm×350mm×200mm，工作电流：60A，加工效率：375mm^3/min	改型设计	企业新产品	行业领先
电火花快速穿孔机	BMD703－400	加工范围：400mm×300mm，*Z* 轴行程：300mm，*W* 轴行程：320mm，工作电流：30A，加工孔规格：ϕ0.2～0.3mm，加工效率：60mm/min	全新设计	企业新产品	行业领先
东莞台一盈拓科技股份有限公司					
高精度数控双头电火花成形机	TMF－1800 TMF－2600	TMF－1800：工作油槽尺寸：2 960mm×1 600mm×700mm，工作台面尺寸：1 800mm×900mm，*X* 轴行程：单动1 300mm、双动650mm，*Y* 轴行程：800mm，*Z* 轴行程：500mm，两头中心点距离：700～1 200mm，电极头到工作台面距离：680～1 180mm，工作台最大载重：10 000kg TMF－2 600：工作油槽尺寸：3 810mm×1 700mm×700mm，工作台面尺寸：2 600mm×920mm，*X* 轴行程：单动2 000mm、双动1 000mm，*Y* 轴行程：850mm，*Z* 轴行程：500mm，两头中心点距离：700～2 700mm，电极头到工作台面距离：750～1 250mm，工作台最大载重：12 000kg	改型设计	国家重点新产品	国内领先、国际先进
北京市电加工研究所					
精密刀具磨床	BDM－902	主轴磨头最大移动距离：490mm，主轴磨头上下升降最大距离：120mm，磨削最大进给行程：120mm，主轴磨头组件水平平动距离：0～65mm，砂轮主轴转速：0～4 500r/min（可调），刀具工作台回转角度：0°～270°，刀具工作台移动尺寸：60mm×60mm，主轴磨头电动机功率：2.2kW	改型设计	企业新产品	国内先进
精密激光打孔机	BDMT－L50D	花岗岩工作表面的平面度偏差：≤0.013mm，上拖板移动的直线度（双向）偏差：≤0.005mm，上拖板移动对花岗岩工作表面的平行度偏差：≤0.01mm，中拖板移动的直线度（双向）偏差：≤0.005mm，中拖板移动对花岗岩工作表面的平行度偏差：≤0.01mm，上拖板移动与中拖板移动的垂直度偏差：≤0.005mm，*Z* 轴移动对花岗岩工作表面的垂直度偏差：≤0.01mm，旋转夹具的圆跳动偏差：≤0.005mm	改型设计	企业新产品	国内先进
全自动超声加工机	BDMT－CQZ150A	*X* 轴、*Z* 轴定位精度：≤0.005mm，模具放置底座的端面跳动：≤0.005mm，模具放置底座的轴向跳动：≤0.005mm，*X* 轴平移台移动的直线度（双向）偏差：≤0.01mm，*Z* 轴升降机构移动的直线度（双向）偏差：≤0.015mm	改型设计	企业新产品	国内先进

（续）

产品名称	型号	主要技术参数	产品性质	产品属性	产品水平
北京凝华科技有限公司					
双侧面电火花刃磨机	MF301	工作台面尺寸：400mm × 700mm，X 轴行程：80mm，Z 轴行程：100mm，V_1 轴行程：50mm，V_2 轴行程：50mm，W 轴行程：300mm，A 轴行程：360°，分度滑台行程：150mm	改型设计	企业新产品	国内先进
苏州领创激光科技有限公司					
超大幅面多功能高速数控激光切割机	LEADΣ－120×25	加工范围：12 000mm × 2 500mm，X 轴行程：1 500mm，Y 轴行程：2 500mm，Z 轴行程：120mm，U 轴行程：12 000mm，X 轴、Y 轴速度：120m/min，Z 轴速度：50m/min，U 轴速度：40m/min，X 轴、Y 轴定位精度：±0.03mm，X 轴、Y 轴重复定位精度：0.01mm	全新设计	行业新产品	国内领先、国际先进
超大幅面多功能高速数控激光切割机	LEAD Σ－300×40	加工范围：30 000mm × 4 000mm，X 轴行程：1 500mm，Y 轴行程：4 000mm，Z 轴行程：120mm，U 轴行程：30 000mm，X 轴、Y 轴速度：120m/min，Z 轴速度：50m/min，U 轴速度：40m/min，X 轴、Y 轴定位精度：±0.03mm，X 轴、Y 轴重复定位精度：0.01mm	全新设计	行业新产品	国内领先、国际先进
悬臂式高速数控激光切割机	LEAD α－3015	加工范围：3 000mm × 1 500mm，X 轴行程：3 000mm，Y 轴行程：1 500mm，X 轴、Y 轴速度：120m/min，Z 轴速度：50m/min，X 轴、Y 轴定位精度：±0.03mm，X 轴、Y 轴重复定位精度：0.01mm	全新设计	行业新产品	国内领先、国际先进
悬臂光纤激光切焊一体机	LEADαWF－3015	加工范围：3 000mm × 1 500mm，X 轴行程：3 000mm，Y 轴行程：1 500mm，X 轴、Y 轴速度：120m/min，Z 轴速度：50m/min，X 轴、Y 轴定位精度：±0.03mm，X 轴、Y 轴重复定位精度：0.01mm	全新设计	企业新产品	国内先进
经济型激光切割机（非标）	LEADπ－3015	加工范围：3 000mm × 1 500mm，X 轴行程：3 000mm，Y 轴行程：1 500mm，X 轴、Y 轴速度：120m/min，Z 轴速度：50m/min，X 轴、Y 轴定位精度：±0.03mm，X 轴、Y 轴重复定位精度：0.01mm	改型设计	企业新产品	国内先进
大台面激光切割机	LEAD ΣI － 120×30	加工范围：12 000mm × 3 000mm，X 轴行程：1 500mm，Y 轴行程：3 000mm，Z 轴行程：120mm，U 轴行程：12 000mm，X 轴、Y 轴速度：120m/min，Z 轴速度：50m/min，U 轴速度：40m/min，X 轴、Y 轴定位精度：±0.03mm，X 轴、Y 轴重复定位精度：0.01mm	改型设计	企业新产品	国内先进
悬挂龙门式激光切割机（非标）	LEADβI－9020A	加工范围：9 000mm × 2 000mm，X 轴行程：9 000mm，Y 轴行程：2 000mm，Z 轴行程：150mm，X 轴、Y 轴速度：120m/min，Z 轴速度：50m/min，X 轴、Y 轴定位精度：±0.03mm，X 轴、Y 轴重复定位精度：0.01mm	全新设计	行业新产品	国内先进
双驱龙门激光切割机	LEADπⅡ－6022	加工范围：6 000mm × 2 200mm，X 轴行程：6 000mm，Y 轴行程：2 200mm，Z 轴行程：150mm，X 轴、Y 轴速度：120m/min，Z 轴速度：50m/min，X 轴、Y 轴定位精度：±0.03mm，X 轴、Y 轴重复定位精度：0.01mm	全新设计	企业新产品	国内先进
双驱龙门激光切割机	LEADπFⅡ－6022	加工范围：6 000mm × 2 200mm，X 轴行程：6 000mm，Y 轴行程：2 200mm，Z 轴行程：150mm，X 轴、Y 轴速度：120m/min，Z 轴速度：50m/min，X 轴、Y 轴定位精度：±0.03mm，X 轴、Y 轴重复定位精度：0.01mm	改型设计	企业新产品	国内先进

（续）

产品名称	型号	主要技术参数	产品性质	产品属性	产品水平
悬臂式激光切割机	LEADα Ⅱ －6015A(D)	加工范围：6 000mm × 1 500mm，X 轴行程：3 000mm，Y 轴行程：1 500mm，Z 轴行程：150mm，X 轴、Y 轴速度：120m/min，Z 轴速度：50m/min，X 轴、Y 轴定位精度：±0.03mm，X 轴、Y 轴重复定位精度：0.01mm	全新设计	企业新产品	国内先进
悬臂式激光切管机	LEADαt－3015A	最大加工管长：12 000mm，X 轴行程：3 000mm，Y 轴行程：1 500mm，Z 轴行程：150mm，U 轴行程：12 000mm，X 轴、Y 轴速度：120m/min，Z 轴速度：50m/min，X 轴、Y 轴定位精度：±0.03mm，X 轴、Y 轴重复定位精度：0.01mm	全新设计	企业新产品	国内先进
悬挂龙门式激光切割机（非标）	LEAD βF － 120×20A	加工范围：12 000mm × 2 000mm，X 轴行程：12 000mm，Y 轴行程：2 000mm，Z 轴行程：150mm，X 轴、Y 轴速度：120m/min，Z 轴速度：50m/min，X 轴、Y 轴定位精度：±0.03mm，X 轴、Y 轴重复定位精度：0.01mm	改型设计	企业新产品	国内先进
悬臂式高速数控激光切割机	LEAD αF－4015	加工范围：4 000mm × 1 500mm，X 轴行程：4 000mm，Y 轴行程：1 500mm，X 轴、Y 轴速度：120m/min，Z 轴速度：50m/min，X 轴、Y 轴定位精度：±0.03mm，X 轴、Y 轴重复定位精度：0.01mm	改型设计	企业新产品	国内先进
悬挂龙门式激光切割机（非标）	LEADβⅡ－4020/8020A	加工范围：8 000mm × 2 000mm，X 轴行程：4 000mm，Y 轴行程：2 000mm，Z 轴行程：150mm，X 轴、Y 轴速度：120m/min，Z 轴速度：50m/min，X 轴、Y 轴定位精度：±0.03mm，X 轴、Y 轴重复定位精度：0.01mm	改型设计	企业新产品	国内先进
双驱龙门激光切割机	LEADπⅠ－120×40	加工范围：12 000mm × 4 000mm，X 轴行程：12 000mm，Y 轴行程：4 000mm，Z 轴行程：120mm，X 轴速度：40m/min，Y 轴速度：120m/min，Z 轴速度：50m/min，X 轴、Y 轴定位精度：±0.03mm，X 轴、Y 轴重复定位精度：0.01mm	改型设计	企业新产品	国内先进

四、科研项目

2012 年，特种加工机床行业科研项目中，国家科技重大专项“四工位电火花加工喷孔专用机床研究”由北京市电加工研究所负责实施，该研究所还负责国家自然科学基金“金属微丝拉拔模具精密线抛光机理研究”项目的研究。2012 年，特种加工机床行业科研项目共投入资金 13 602 万元。2012 年特种加工机床行业部分企业科研项目见表 5。2012 年特种加工机床行业获奖科研项目见表 6。

表 5　2012 年特种加工机床行业部分企业科研项目

科研项目名称	主要内容	应用状况	项目来源
深圳市大族激光科技股份有限公司			
G3015FMS 自动上下料生产装置	应国内厂商的需求，开发了平面激光切割 FMS 柔性生产线，可以实现从上料、切割到分拣成品全过程无人化自动操作	其他	市场需求
苏州领创激光科技有限公司			
LEAD πW－120×20 激光焊接机的研发	在公司已有技术的基础上，重点攻关研究可变曲率调焦、压力及流量精确控制技术，静态、动态压料技术，激光焊接头高度跟踪检测控制技术以及自动集中润滑技术等	自行应用	自主研发
LEAD β－8020 悬挂式龙门激光切割机的研发	在公司已有技术的基础上，重点攻关研究悬挂龙门梁驱动技术，双焦距聚焦镜集成及快速更换技术，机械式恒光程补偿技术，高动态、高刚性梁结构及驱动技术，自动集中润滑技术以及分时分区除尘技术等	自行应用	自主研发

（续）

科研项目名称	主要内容	应用状况	项目来源
LEAD αT－3015 激光板管切割机的研发	在公司已有技术的基础上，重点攻关研究可变曲率调焦、压力及流量精确控制技术，平面工作台和旋转工作台的集成切换技术，线性轴－线性轴、线性轴－旋转轴插补技术的切换，超长（>10m）管材支撑、定位、支架进退驱动技术以及适合石油筛管梯形缝切割的切割工艺等	自行应用	自主研发
LEAD αF－3015 悬臂式激光切割机的研发	在公司已有技术的基础上，重点攻关研究交换工作台，实现切割与焊接同步进行；高刚性、高动态性的悬臂梁结构设计；双焦距聚焦镜的快速更换技术；可变曲率调焦技术、压力及流量精确控制技术；以及扩大工件加工范围等技术	自行应用	自主研发
高速大幅面双驱龙门型激光加工机的研发	项目主要研究内容：大跨度横梁结构动态性能优化，大跨度横梁双驱动态性能优化，高速运动与精密定位技术，大幅面分区随动除尘技术	自行应用	自主研发
北京市电加工研究所			
高效智能五轴联动精密数控电火花成形加工机床研制	本项目以特种材料复杂形面零件——新一代大推力发动机带叶冠整体式涡轮盘的高效、高精度加工为主要研究对象，攻克五轴联动精密数控电火花成形加工的若干关键技术，解决钛合金、耐热合金等难加工材料加工过程中易炭化等重大难题，使钛合金加工效率及表面粗糙度指标达国际领先水平	其他	北京市科委
整体叶轮电火花加工技术的研究及应用	本项目提供整体叶轮电火花加工专用 CAD/CAM 系统软件和加工实验方案，流道加工表面粗糙度为 3.2μm，加工尺寸精度为 ±0.05mm	其他	北京市科委
金属微丝拉拔模具精密线抛光机理研究	本项目对金属微丝拉拔模具关键技术——线抛光技术进行研究。研究不同工艺参数对模具表面形貌和孔型精度的影响规律；对磨料的微观尺度流场结构、磨料颗粒的运动力平衡及运动轨迹进行仿真；建立抛光区磨粒的耕犁深度数学模型，提出获得超光滑表面的基本条件；结合 Griffith 断裂力学理论揭示线抛光加工材料蚀除机理	其他	国家自然科学基金
带叶冠整体式涡轮盘五轴联动电火花加工精度分析及控制	解决了五轴联动电火花加工机床旋转轴和移动轴同时存在所造成的旋转运动和平移运动之间耦合的情况。进行了机床热变形实验，得出了工作液温度变化对机床变形影响最大的结论，提出了采用温度控制装置减少机床热变形的措施。开发了带叶冠整体式涡轮盘专用的 CAD/CAM 系统软件	其他	博士后基金
电加工机床超精密分度轴精度保持与可靠性	攻克了保持转台精度的若干关键技术，完成全浸液中进行加工的高精度转台的精度保持性技术的研究，加快高精密转台研制的国产化步伐。实现了该转台在五轴联动精密数控电火花加工装备上工程实用化和示范应用	其他	博士后基金
北京凝华科技有限公司			
双侧面电火花刃磨机	同时刃磨锯片双侧面专用机床	自行应用	现有问题和市场分析
钢管专机电源	提高原有钢管专机的性能	自行应用	客户要求

表 6　2012 年特种加工机床行业获奖科研项目

项目名称	主要内容及应用范围	获奖名称	获奖等级	主要完成单位
高功率轴快流激光器与激光加工装备研发及产业化	自主知识产权高功率轴快流 CO_2 激光器与激光切割、焊接装备	中国产学研合作创新成果奖		深圳市大族激光科技股份有限公司
精密数控电火花磨片机	一种用于加工金刚石复合片平面的机床	北京市门头沟区科学技术进步奖	三等奖	北京凝华科技有限公司

五、专利发明情况

2012年，特种加工机床行业获得授权专利50项，其中，发明专利6项、实用新型专利42项、外观设计专利2项。2012年特种加工机床行业部分企业授权专利情况见表7。

表7　2012年特种加工机床行业部分企业授权专利情况

企业名称	专利名称	专利类型	授权日期
苏州市光福电讯器材厂	铝外壳线绕电阻器	实用新型	2012.08.30
苏州市光福电讯器材厂	铝壳线绕电阻器	实用新型	2012.08.30
北京安德建奇数字设备有限公司	一种交变极性脉冲电源	发明	2012.06.06
深圳市大族激光科技股份有限公司	激光切割速度控制方法	发明	2012.05.09
深圳市大族激光科技股份有限公司	焊接保护气装置	发明	2012.11.21
深圳市大族激光科技股份有限公司	PCB板的激光切割方法	发明	2012.03.14
深圳市大族激光科技股份有限公司	激光器变功率工作装置、打孔设备及其方法	发明	2012.11.21
深圳市大族激光科技股份有限公司	激光焊接方法以及激光焊接夹具	发明	2012.10.03
深圳市大族激光科技股份有限公司	一种抬升装置及激光切割机	实用新型	2012.08.22
深圳市大族激光科技股份有限公司	一种用于激光切割机的防反射装置	实用新型	2012.07.25
深圳市大族激光科技股份有限公司	夹紧传送装置	实用新型	2012.07.25
深圳市大族激光科技股份有限公司	一种激光石英棒切割机落料装置	实用新型	2012.08.22
深圳市大族激光科技股份有限公司	减震装置	实用新型	2012.08.22
深圳市大族激光科技股份有限公司	一种万向导向机构及应用该机构的切割机	实用新型	2012.08.22
深圳市大族激光科技股份有限公司	自动料库系统	实用新型	2012.10.03
深圳市大族激光科技股份有限公司	传动装置	实用新型	2012.08.22
深圳市大族激光科技股份有限公司	激光切割机板材检测装置	实用新型	2012.08.29
深圳市大族激光科技股份有限公司	自动卸料装置	实用新型	2012.08.22
深圳市大族激光科技股份有限公司	管材旋转自动进给装置	实用新型	2012.07.25
深圳市大族激光科技股份有限公司	供水冷却装置	实用新型	2012.07.25
深圳市大族激光科技股份有限公司	CO_2激光切割机轴向吹气装置及一种CO_2激光切割系统	实用新型	2012.08.22
深圳市大族激光科技股份有限公司	滑轮式气缸平衡机构	实用新型	2012.07.25
深圳市大族激光科技股份有限公司	拼焊夹具	实用新型	2012.08.22
深圳市大族激光科技股份有限公司	切割机	实用新型	2012.08.22
深圳市大族激光科技股份有限公司	板料传送装卸系统	实用新型	2012.08.22
深圳市大族激光科技股份有限公司	一种移动式抽风除尘装置	实用新型	2012.10.03
深圳市大族激光科技股份有限公司	一种激光器气体流量配比智能控制装置	实用新型	2012.08.22
深圳市大族激光科技股份有限公司	出光口带有指示灯的激光器	实用新型	2012.10.03
深圳市大族激光科技股份有限公司	一种激光器谐振腔镜片保护装置	实用新型	2012.11.21
深圳市大族激光科技股份有限公司	激光调焦装置	实用新型	2012.11.21
深圳市大族激光科技股份有限公司	三维激光切割机床	实用新型	2012.11.21
深圳市大族激光科技股份有限公司	三维防护外罩	外观设计	2012.07.04
深圳市大族激光科技股份有限公司	光纤激光切割头	外观设计	2012.08.22
苏州领创激光科技有限公司	高速大幅面激光切割机用分体式驱动机构	实用新型	2012.09.05
苏州领创激光科技有限公司	激光切割机用双边齿轮齿条同步驱动装置	实用新型	2012.09.05
苏州领创激光科技有限公司	大幅面激光切割机用分区除尘装置	实用新型	2012.09.19
苏州领创激光科技有限公司	高速大幅面激光切割机	实用新型	2012.09.05
苏州领创激光科技有限公司	一种螺母旋转驱动机构	实用新型	2012.04.18
苏州领创激光科技有限公司	一种普通电机定位的多次定位工作台	实用新型	2012.04.18
苏州领创激光科技有限公司	一种双焦距激光切割头	实用新型	2012.04.18
苏州领创激光科技有限公司	轴孔式全行程光补装置	实用新型	2012.05.30
苏州领创激光科技有限公司	超大台面激光平板焊接机	实用新型	2012.09.05
江苏正太数控机床有限公司	电火花线切割机床用主导轮	实用新型	2012.01.25

（续）

企业名称	专利名称	专利类型	授权日期
江苏正太数控机床有限公司	电火花线切割机床电极丝张力调节机构	实用新型	2012.06.13
江苏正太数控机床有限公司	丝筒内置式电火花线切割机床	实用新型	2012.06.13
北京市电加工研究所	用于电火花精密微孔加工的力矩电机直驱分度轴	实用新型	2012.05.22
北京市电加工研究所	简式立体可调电火花精密微孔倒锥加工的电极摇动机构	实用新型	2012.06.05
北京凝华科技有限公司	数控分度测量仪	实用新型	2012.08.08
北京凝华科技有限公司	电火花磨片机旋转工装	实用新型	2012.08.08
北京凝华科技有限公司	气动压脚夹紧机构	实用新型	2012.11.07

六、标准化工作

2012年，特种加工机床行业根据本行业产业发展需求及上级部门的要求，在征集部分生产企业意见的基础上，由全国特种加工机床标准化技术委员会（以下简称“特标委”）提出行业标准计划申报项目4项。特种加工机床行业标准计划申报项目见表8。

表8　特种加工机床行业标准计划申报项目

序号	项目名称	标准性质	制修订	主要起草单位
1	电火花金刚石砂轮修整机床　第1部分：精度检验	推荐	制定	苏州电加工机床研究所有限公司
2	电火花金刚石砂轮修整机床　第2部分：技术条件	推荐	制定	苏州电加工机床研究所有限公司
3	精密数控电火花超硬刀具磨床　第1部分：精度检验	推荐	制定	北京市电加工研究所、北京迪蒙特佳工模具技术有限公司、苏州电加工机床研究所有限公司、北京凝华科技有限公司
4	精密数控电火花超硬刀具磨床　第2部分：技术条件	推荐	制定	北京市电加工研究所、北京迪蒙特佳工模具技术有限公司、苏州电加工机床研究所有限公司、北京凝华科技有限公司

2012年，特标委完成7项行业标准的制定。2012年特种加工机床行业标准制定情况见表9。

表9　2012年特种加工机床行业标准制定情况

序号	项目名称	标准性质	制修订	主要起草单位
1	数控电火花微孔加工机床　第1部分：精度检验	推荐	制定	苏州电加工机床研究所有限公司
2	数控电火花微孔加工机床　第2部分：技术条件	推荐	制定	苏州电加工机床研究所有限公司
3	数控往复走丝型多次切割电火花线切割机床　第1部分：精度检验	推荐	制定	苏州电加工机床研究所有限公司、苏州三光科技股份有限公司、苏州新火花机床有限公司、苏州市宝玛数控设备有限公司、四川深扬数控机械有限公司、杭州华方数控机床有限公司、江苏冬庆数控机床有限公司
4	数控往复走丝型多次切割电火花线切割机床　第2部分：技术条件	推荐	制定	苏州电加工机床研究所有限公司、苏州三光科技股份有限公司、苏州新火花机床有限公司、苏州市宝玛数控设备有限公司、四川深扬数控机械有限公司、杭州华方数控机床有限公司、江苏冬庆数控机床有限公司
5	卧式电解成形机床　第1部分：参数	推荐	制定	合肥工业大学科教开发部、苏州电加工机床研究所有限公司、北京航空制造工程研究所
6	卧式电解成形机床　第2部分：精度检验	推荐	制定	合肥工业大学科教开发部、苏州电加工机床研究所有限公司、北京航空制造工程研究所
7	卧式电解成形机床　第3部分：技术条件	推荐	制定	合肥工业大学科教开发部、苏州电加工机床研究所有限公司、北京航空制造工程研究所

上述7项标准涉及3种机床产品。前两项标准是数控电火花微孔加工机床系列标准，该机床所依据的精微圆孔及异形孔加工技术在先进制造技术中的重要地位，使该项技术的研究及机床的产业化得到国家和地方政府的支持，列入国家科技部“科研院所技术开发研究专项”，该系列标准的制定为技术研究和产业化提供了标准技术支撑。第3项、第4项标准是数控往复走丝型多次切割电火花线切割机床系列标准，该机床是往复走丝型电火花线切割机床的

转型升级品种，量大面广。企业对该系列标准的制定非常积极，特标委也特别重视。第5项、第6项、第7项标准是卧式电解成形机床系列标准，这是继立式电解成形机床标准制定后的又一电解成形机床标准系列。

除了完成上述标准草案外，还针对4项国家标准修订计划，组建了4个相关标准修订工作组，开展了4项国家标准计划项目的修订工作。2012年特种加工机床行业开展阶段工作的国家标准计划项目见表10。

表10　2012年特种加工机床行业开展阶段工作的国家标准计划项目

序号	项目名称	标准性质	制修订	主要起草单位
1	特种加工机床　术语　第5部分：复合加工机床	推荐	修订	南京航空航天大学、苏州电加工机床研究所有限公司、中国机械工程学会特种加工分会
2	特种加工机床　术语　第6部分：其他特种加工机床	推荐	修订	南京航空航天大学、苏州电加工机床研究所有限公司、中国机械工程学会特种加工分会
3	特种加工机床　术语　第7部分：快速成形机床	推荐	修订	清华大学、苏州电加工机床研究所有限公司、西安交通大学、华中科技大学、北京隆源自动成型系统有限公司、上海富奇凡机电科技有限公司
4	电火花线切割机床（往复走丝型）精度检验	推荐	修订	苏州电加工机床研究所有限公司、苏州三光科技股份有限公司

七、企业介绍

苏州三光科技股份有限公司　是一家集设计、生产、销售、服务为一体的民营高新技术企业，是国内电加工机床行业的领头企业。公司已有40多年的历史，2007年经资产重组设立股份有限公司，注册资本6 000万元。公司位于苏州国家高新技术产业开发区，占地面积5.3万m^2，厂房建筑面积3.8万m^2，现有员工170人。

公司主要生产销售"三光"牌单向走丝电火花线切割机床、往复走丝电火花线切割机床、数控伺服系统往复走丝电火花线切割机床和电火花小孔机。主导产品电火花线切割机床是精密零件及模具制造的关键设备，广泛应用于电子、汽车、家电、航空、航天及军工等行业。"三光"牌产品的技术和质量在国内具有较高的知名度，公司先后荣获国家银质奖、江苏省优秀新产品金牛奖、江苏名牌产品、电加工机床贯标示范产品、江苏省著名商标、全国用户满意企业和中国机械500强企业等诸多荣誉。

公司长期以电火花线切割机床的研发生产为主业，技术上不断开拓创新，结出了丰硕的成果。自主研发成功了第一代单向走丝电火花线切割机床（DK7632），填补了国内空白；通过实施苏州市科技计划"智能精密单向走丝线切割机床"项目，实现了自动穿丝技术方面的突破。2009—2011年，通过实施国家科技部"863"计划项目和国家科技重大专项，单向走丝电火花线切割机床实现了低能耗脉冲电源技术、高效率加工及高精密加工等关键技术的突破，大大提高了与国外先进主流产品抗衡的市场竞争力。

公司不断加大企业工程技术中心的建设投入，积极探索企业与高校联合的产学研用合作新模式，在加快研发成果转化速度的同时，培养了企业的技术团队。

苏州市光福电讯器材厂　始建于1982年，是国内专业生产线绕电阻器的专业制造厂商。现工厂占地面积超过13 000m^2，厂房建筑面积11 500m^2。获得ISO9001国际质量体系认证、ISO14001环境管理体系认证、CE认证及TS16949国际质量体系认证。

30多年来，企业凭借其生产规模庞大、人才密集、技术精湛，在电阻领域树立了良好的品质和信誉。产品在机床电器、电梯、航空航天、铁路、起重电器、汽车行业中取得了相当高的成就，并得到用户的好评。企业以"满足用户、服务社会、高性价比、创造效益"为经营宗旨，以"科技创新、质量为本、诚信服务、追求卓越"为质量方针，赢得了国内外大量客户的认可和信赖。

深圳福斯特新数控机床有限公司　其前身为政府立项的深圳市数控设备厂，1992年合资成立了国有控股的深圳福斯特数控机床有限公司。经过20年的努力，公司已经能为海内外广大模具制造、金属加工业者提供先进的中快走丝线切割机床、数控高速模具雕铣机床、数控等离子切割机床及加工中心等设备。公司具备年产销500台数控机床的能力，产品遍及国内多个省市，远销欧洲、中东、美洲、东南亚等地区，并享有较高的声誉。公司获得十多项专利，并拥有3项市级科技成果、2项软件登记成果。1997年，公司被认定为深圳市高新技术企业，2000年取得ISO9001质量管理体系认证证书，产品通过了CE认证，已连续多年获得"深圳市产品监督检验质量好企业"称号。2008年，获得"深圳市劳动关系和谐企业"荣誉称号。

按照上级国资主管部门的要求，2011年5月，由员工主要持股成立的民营股份制企业——深圳福斯特新数控机床有限公司组建成立。在新的机制下，"福斯特"品牌在不断地发展壮大，新的精密中走丝线切割机床开发面世，并出口到多个国家，超大规格专用线切割机床研制成功并出口意大利。

北京安德建奇数字设备有限公司　是2002年成立的港澳台和内地合资企业，其中，内资掌握绝对控股权。公司是一家从事电火花放电加工设备制造，集研发、生产、销售于一体的高新技术企业。公司致力于向工模具行业提供质量可靠、性能卓越的金属切削及放电加工设备。

公司有一支蓬勃向上、独立自主、创新务实的研发队伍。在短短几年内,先后开发出了AR系列数控快走丝线切割机床、AF系列数控电火花成形机床、AT系列数控电火花超硬刀具加工机床、AW系列数控单向走丝线切割机床、AD系列数控电火花高速穿孔机床。此外,公司还完成了立式加工中心和龙门式加工中心批量生产装配线。公司当前已形成了数控电火花成形机床、数控快走丝线切割机床、数控单向走丝线切割机床、数控电火花超硬刀具加工机床、数控高速穿孔机、立式加工中心、龙门式加工中心等七大系列、年产400余台的设计开发、生产、销售能力。

2012年,顺应市场需要,公司在原有慢走丝线切割机床的基础上,研发出一种能够加工大型模具与零件的AW1100F大行程精密数控单向走丝线切割机床,可解决我国大型模具与零件的加工难题。当前,该大型机床正在试制阶段,不久将投入市场。

国营成都无线电专用设备厂 隶属于成都工业学院,单位性质为全民所有制。工厂创建于20世纪60年代,产品有平口钳、龙门刨床、牛头刨床、拉丝机、电火花线切割机床和雷达汇流环等多种产品。工厂现有职工64名,其中,高级以上职称人员5名、中级职称人员8名、技师4名、高级工15名;本科以上学历人员8名,大专学历人员32名。

工厂自20世纪70年代开始研制电火花线切割机床,是国内较早研制、生产电加工设备的专业生产厂家之一。工厂形成了完善的研发、生产和销售服务体系,以高校重点实验室——电加工实验室为依托,先后定型量产DK7725、DK7735和DK7745系列数控线切割机床。其产品拥有完全自主知识产权和多项专利技术,各项性能指标均达到或超过相关国家标准,并先后多次荣获行业及政府奖励。

工厂迄今为止已完成雷达所用的汇流环上千部,先后为贵州、西安、航天科工集团、南京14所、合肥38所、中船重工等多家单位配套生产,已成为雷达汇流环专业生产厂家。由于成果显著,评为十大优秀合格供方之一。优异的产品质量,受到用户的赞誉。

工厂确立了"以市场为先导,创名优产品;以质量为生命,让顾客满意"的质量方针,通过了ISO 9001:2008质量管理体系认证。

苏州领创激光科技有限公司 于2010年12月15日在昆山国家高新区创立,注册资本2 500万元,专业从事高功率激光加工成套设备的开发、生产、销售及服务。核心技术团队成员拥有20余年的行业工作经验。

2011年,公司实现销售收入8 235万元。2012年,公司业绩成倍增长,销售收入1.7亿元。公司现有员工155人,其中大专以上学历专业技术人员112名,占职工总数的72%。

2012年,公司研发经费投入1 014万元,占年销售收入的5.7%。已获得授权的发明专利1项、实用新型专利9项;已申报并被受理的发明专利7项、实用性新专利26项、软件著作权1项。此外,还有一批专利和软件著作权正在申报之中,已完成技术成果转化38项。

2012年,公司荣获江苏省高新技术企业、江苏省科技创业优秀民营企业、江苏省"两化融合"示范(试点)项目等多个荣誉称号。一批项目获得省市级科技鉴定。其中,"超大幅面多功能高速数控激光切割机"处于国内领先水平,"光纤自动变焦"技术填补国内空白。公司获得ISO 9001:2008质量管理体系认证和CE认证。

深圳市大族激光科技股份有限公司 成立于1996年,历经17年的跨越发展,已成为亚洲乃至世界知名的激光加工设备制造商。公司拥有激光行业较大的研发、生产基地,覆盖全球的营销和服务网络,科研和制造实力雄厚,是激光行业产品品种与系列齐全、颇具影响力和竞争力的高科技上市公司。公司产品涵盖光纤激光切割机、CO_2激光切割机、三维机器人激光切割(焊接)机、全自动激光切管机、各类激光专用焊接机及激光切割自动上下料系统等全系列机型。现有8 000余名员工,2012年税后收入43.35亿元。

2012年,公司获得"GMC环球优质制造商"认证,设计制造的自动化生产线已在日立、宇通、徐工集团等大型企业实现了组线;自主研发的高架龙门大幅面三维焊接机床顺利通过客户验收。公司作为主持单位申报的"大尺寸三维多层曲面高功率高精度激光焊接技术与装备"项目,获批为我国2012年激光加工领域的国家重大专项。公司制定激光行业首个国家标准,标志大族激光在标准化领域踏入了新的里程。

北京迪蒙斯巴克科技股份有限公司 是一家致力于精密放电加工、精密运动控制、精密数控设备制造和技术开发的高新技术企业。公司创立以来,不断进行股权结构调整和资源整合,经过几次增资和股权调整,已发展成为具有较大资产规模、具备较高开发生产经营实力,由创业投资和战略投资机构、技术专家、管理专家共同出资的机电一体化设备制造股份制公司。

公司通过引进消化吸收国际先进的放电加工技术,根据国内生产的客观情况和客户的实际需求,持续深入地进行研究、试验和技术创新,自主开发了具有国内领先水平的数控系统和放电控制软件,拥有五轴联动电火花机床控制软件著作权,能够生产各种规格型号的高精密镜面火花机。产品主要应用于国内模具制造和精密零部件加工领域,尤其是已广泛应用到航空航天尖端零部件加工,其质量的可靠性和技术先进性在国内同类产品中处于领先地位,部分产品已实现出口。

公司已建立较为完善的产品开发、生产制造、市场运营和技术支持体系,销售网络、技术支持和售后服务涵盖全国主要区域,及时高效的培训、维护、维修服务和精深专业的工艺指导为产品的使用提供强有力保障,不但为用户提供全套解决方案,而且彻底解除用户使用的后顾之忧。

经历十多年的历练,公司已成长为业内知名、管理规模、技术领先、服务完善、具有发展潜力的精密数控电火花专业公司。为了开发制造更高水准的精密数控机床和设备,创立高端品牌,2013年初,公司投资设立了德瑞加(北京)数控设备股份有限公司。

江苏方正数控机床有限公司 是生产数控线切割机床的专业厂家，个人独资（自然人公司）。占地面积30 000m^2，厂房面积20 000m^2，固定资产2 600多万元。2012年产品产量2 000多台，产值6 000多万元。全厂职工200多人，机加工设备齐全，拥有大型龙门导轨磨床、龙门刨床、大型坐标镗铣床等100多套精良加工设备。拥有英国雷尼绍干涉仪、万能工具显微镜、动平衡校验仪等检测设备。公司通过了ISO 9001：2000国际质量体系认证。

公司主要产品有：DK77系列电火花线切割机床、DX系列雕刻机、XK系列数控铣床、XH系列数控加工中心、D703系列电火花高速穿孔机、D71系列电火花成形机等七大系列、20多个品种。公司数控机床广泛应用于汽车、国防军工、航空航天、轨道交通等重点行业核心制造领域。公司在进一步增强与国内科研机构和高等院校合作的同时，致力于不断开发制造结构完善、品质优良、功能齐全的数控电火花线切割机床，并以货真价实、服务周到、共同发展的经营方针，在市场上赢得了良好的声誉。产品遍布全国30多个省、市和自治区，远销欧美、东南亚、中东等地区。

〔撰稿人：中国机床工具工业协会特种加工机床分会孙洁〕

插拉刨床

一、基本情况

2012年，插拉刨床分会有会员单位14家，其中，国有企业9家、民营企业3家、中外合资企业1家，职工人数3 500余人。参加本年鉴汇总的插拉刨床分会会员单位12家，占会员总数的85.7%。

根据插拉刨床分会12家会员单位的资料统计，2012年完成工业总产值6.35亿元，比上年下降12.4%；工业销售产值6.13亿元，比上年下降12.5%。2012年插拉刨床行业主要经济指标完成情况见表1。

表1 2012年插拉刨床行业主要经济指标完成情况

指标名称	单位	年度累计
工业总产值	万元	63 487
其中：机床工具类产品产值	万元	34 507
工业销售产值	万元	61 273
其中：机床工具类产品销售产值	万元	53 760
工业增加值	万元	39 522
实现利税	万元	-309
从业人员平均人数	人	3 503
资产合计	万元	113 603
流动资产平均余额	万元	43 434
固定资产净值平均余额	万元	31 120

二、生产及出口情况

2012年，插拉刨床行业12家企业金属加工机床产量2 629台、产值28 988万元。其中，金属切削机床产量1 990台、产值21 665万元（其中数控机床产量139台、产值5 715万元）；金属成形机床产量639台、产值7 323万元。系列工具机产量11台、产值5万元。另外，铸铁件、锻钢件等其他产品产量23 807件、产值1 186万元。2012年插拉刨床行业分类产品生产情况见表2。

表2 2012年插拉刨床行业分类产品生产情况

产品名称	产量单位	实际完成		其中：数控	
		产量	产值（万元）	产量	产值（万元）
金属切削机床	台	1 990	21 665	139	5 715
刨床	台	910	4 175		
插床	台	255	1 916	21	330
拉床	台	298	13 162	92	5 075
钻床	台	4	206		
锯床	台	136	602		
齿轮加工机床	台	1	64	1	64
其他金属切削机床	台	386	1 540	25	246
金属成形机床	台	639	7 323		
机械式压力机	台	110	2 649		
其他金属成形机床	台	529	4 674		
木工机床	台	358	5 829		
系列工具机	台	11	5		
其他产品	件	23 807	1 186		

行业主导产品插床、拉床、刨床产量1 463台，占金属切削机床产量的73.5%；插床、拉床、刨床产值19 253万元，占金属切削机床产值的88.9%。

2012年，插拉刨床行业金属加工机床出口额236万美元，其中，金属切削机床出口额208.4万美元，金属成形机床出口额27.6万美元。2012年插拉刨床行业产品出口情况见表3。

表3 2012年插拉刨床行业产品出口情况

产品名称	出口量（台）	出口额（万美元）
金属切削机床	211	208.4
插床	15	15.7
其他金属切削机床	196	192.7
金属成形机床	78	27.6
机械式压力机	78	27.6
木工机床	100	50.0

三、新产品开发情况

2012年，插拉刨床行业企业共开发新产品14种。2012年插拉刨床行业经过鉴定的新产品见表4。

表4　2012年插拉刨床行业经过鉴定的新产品

产品名称	型号	主要技术参数	产品性质	产品属性	产品水平
长沙机床有限责任公司					
数控剐齿机床	YK1015A	最大加工直径：150mm，最大装夹长度：100mm	全新设计	行业新产品	填补国内空白
缙云县高新机械制造有限公司					
直角双立柱立式外拉床	LG72SS	产品加工节拍：24s/(2件)，主滑板移动对工作台的垂直度：0.035mm/300mm，横向定位槽对定位板侧面的垂直度：0.025mm/300mm	全新设计	行业新产品	国内领先
立式外拉床	LG71HA	产品加工节拍：23s/件，工作台平面度：≤0.04mm，主滑板移动对导轨的平行度：≤0.04mm，主滑板移动对工作台的垂直度：0.035mm/300mm，工作台下沉精度：≤0.04mm	全新设计	行业新产品	国内领先
双工位工件移动式外拉床	LG72RS	拉削行程：≥2 000mm，加工节拍：23s/(2件)，工作台平面度：0.04mm/300mm，主溜板移动对导轨的平行度：≤0.04mm，主溜板移动对工作台的垂直度(mm)：0.035mm/300mm	全新设计	行业新产品	国内领先
上拉式内拉床	LG57FA	机床调平：≤0.04mm/1 000mm，工作台平面度：≤0.035mm/1 000mm，辅助刀夹头移动对工作台的垂直度：≤0.04mm/300mm，主刀夹座孔轴线与工作台中央孔轴线的同轴度：≤0.04mm，主刀夹头孔轴线与辅助刀夹头孔轴线的重合度：0.05mm/500mm	全新设计	行业新产品	国内领先
立式内拉床	LG51KB	机床调平：0.04mm/1 000mm，工作台面平面度：0.035mm/1 000mm，辅助刀夹头移动对工作台的垂直度：0.04mm/300mm，主刀夹头移动对工作台的垂直度：0.025mm/300mm	全新设计	行业新产品	国内领先
高性能十字轴数控钻孔机床	G－H13A	产品加工节拍：180s/(件·工位)，主轴锥孔轴线的径向跳动：靠近主轴端面0.025mm、距主轴端面100mm处0.05mm，滑台移动在水平面内的平行度：0.03mm/1 000mm	全新设计	行业新产品	国内领先

四、科研项目及发明专利情况

2012年，插拉刨床行业共上报科研项目12项(其中处于研制阶段的有4项)，共投入资金1 798万元。2012年插拉刨床行业科研项目见表5。2012年插拉刨床行业获奖科研项目见表6。

表5　2012年插拉刨床行业科研项目

科研项目名称	主要内容	应用状况	项目来源
山东省青岛生建机械厂			
QSZ－139专用花键冷搓机	主机为LC915花键冷搓机，配备专用夹具两套，增加油箱温控功能，增加元件温控器、温控探头、定时器	自行应用	本企业自选
QSZ－140专用花键滚轧机	主机为Z28J－35花键滚轧机，配备加长支架一套，专用夹具一套	自行应用	本企业自选
QSZ－147专用花键滚轧机	主机为ZA28－63滚丝机，配备专用液压支架	自行应用	本企业自选
QSZ－075专用花键滚轧机	主机为Z28J－25花键滚轧机，配备加长支架一套，液压夹具一套	自行应用	本企业自选
QSZ－134沟槽滚挤机	主机为Z28J－16花键滚轧机，配备夹具，自动上下料	自行应用	本企业自选
QSZ－138专用滚丝机	主机为ZA28－20滚丝机，配备液压顶尖夹紧定位，手动上下料	自行应用	本企业自选

（续）

科研项目名称	主要内容	应用状况	项目来源
缙云县高新机械制造有限公司			
LG71HA 立式外拉床研发	开发集进退与回转于一体的新型回转台，研制 T 字形随动机构与油路连通节组合结构，运用自动化系统集成技术及仿生学优化技术，实现了多工位拉削、智能化作业，解决了工作台 180°转位和各油管随工作台进退及升降	自行应用	企业自立项
LG72RS 工件移动立式外拉床研发	双工位工件移动式外拉床研制	自行应用	企业自立项

表 6　2012 年插拉刨床行业获奖科研项目

项目名称	主要内容及应用范围	获奖名称	获奖等级	主要完成单位
数控剐齿机	发明专利“在数控剐齿机上的应用”被授予专利实施奖	长沙市专利实施奖		长沙机床有限责任公司
YK1015 数控剐齿机	主要应用在汽车、航空、航天、风能等领域的齿轮加工技术，齿轮加工精度为 6 级，加工效率高于滚齿加工的两倍	湖南省装备制造业重点领域首台(套)产品		长沙机床有限责任公司
链轨节专用拉床	专用于加工工程履带轨节螺栓面的液压专用机床，具有效率高、专用性强、操作方便等优点	长沙县科技进步奖	二等奖	长沙插拉刨机电设备制造有限公司
直角双立柱立式外拉床研发	90°直角双立柱新型机床结构设计，加工效率大幅度提升，较传统立式外拉床提高近 4～5 倍；精度提高，工件通过一次装夹固定，进行多次拉削，尺寸精度 $C_{pk}\geq 1.67$，达到国际先进水平；面向大切削余量加工工件的拉削工艺创新；可靠性提高，产品加载了在线监测装置、远程监控装置及具有二次连续拉削控制功能的拉床数控系统	浙江省装备制造业重点领域首台(套)产品		缙云县高新机械制造有限公司

2012 年，插拉刨床行业获得授权专利共 19 项，其中，发明专利 1 项、实用新型专利 18 项。2012 年插拉刨床行业授权专利情况见表 7。

表 7　2012 年插拉刨床行业授权专利情况

企业名称	专利名称	专利类型	授权日期
长沙机床有限责任公司	圆柱齿轮剐齿加工方法	发明	2012.10.09
长沙插拉刨机电设备制造有限公司	一种大吨位双油缸上拉式内拉床	实用新型	2012.10.03
缙云县高新机械制造有限公司	一种回转工作台	实用新型	2012.01.11
缙云县高新机械制造有限公司	一种钻削机床的斜床身结构	实用新型	2012.01.11
缙云县高新机械制造有限公司	一种防堵的主溜板油槽结构	实用新型	2012.02.08
缙云县高新机械制造有限公司	一种放刀盘装置	实用新型	2012.02.15
缙云县高新机械制造有限公司	一种夹头体结构	实用新型	2012.02.29
缙云县高新机械制造有限公司	一种提送刀装置	实用新型	2012.03.07
缙云县高新机械制造有限公司	一种机械立式内拉床	实用新型	2012.03.07
缙云县高新机械制造有限公司	一种拉刀夹头滑套结构	实用新型	2012.03.07
缙云县高新机械制造有限公司	一种立式内拉床的工作台结构	实用新型	2012.03.07
缙云县高新机械制造有限公司	一种焊接叉的定位装置	实用新型	2012.03.14
缙云县高新机械制造有限公司	一种拉刀的换刀装置	实用新型	2012.03.14
缙云县高新机械制造有限公司	拉床在线监控装置	实用新型	2012.08.08
缙云县高新机械制造有限公司	卧式拉床工件定位装置	实用新型	2012.09.26
缙云县高新机械制造有限公司	拉床在线监控装置	实用新型	2012.09.26
缙云县高新机械制造有限公司	内拉床机械式推料机构	实用新型	2012.09.26
缙云县高新机械制造有限公司	带有自动提送刀拉床的防撞机构	实用新型	2012.12.26
缙云县高新机械制造有限公司	一种弹性菱形定位销结构	实用新型	2012.12.26

五、企业介绍

长沙机床有限责任公司 原长沙机床厂，2012 年公司整体搬迁进入长沙高新技术产业开发园区，紧邻长常高速。厂区占地面积 8.7 万 m^2，设有加工部、装配部和数控机床事业部，新增 XK2120×60 数控龙门镗铣床、SZ16－16－06 导轨磨床、HTM－80H 卧式加工中心、JD45＋齿轮检测中心等一批高精尖加工和检测设备，总价值达 5 000 余万元，企业的科研、生产能力得到极大提升。

经历改制、搬迁、国际金融危机等多重历练，企业在致力于拉削技术研究的基础上，根据我国汽车行业对于各种圆柱齿轮的市场需求，与天津大学、天津天海同步器有限公司合作，共同进行圆柱齿轮剐齿加工方法的研究，并于 2012 年获得发明专利（专利号：ZL201010031366.7）。YK1015、YK1035、FK1015 等应用于圆柱齿轮、滑块槽、倒锥齿加工的系列产品也随之试制成功，其中 YK1015 数控剐齿机已于 2012 年 7 月顺利通过湖南省新产品鉴定，当前正进行进一步完善和实现产业化相关技术的改造工作。在研制数控剐齿机系列产品的同时，对于传统拉床产品的技术提升亦同步进行，LJ5710 机械式内拉床、SKL5540S/SKL5560X 数控双缸立式内拉床新品种相继研发成功，2012 年获得湖南省名牌产品称号，同时获得长沙高新技术产业开发区自主品牌奖和发明专利实施奖。

今后，企业将继续秉承“稳中求进”的发展思路，坚持“质量优先”的发展原则，贯彻“顾客第一”的服务理念，挖掘“市场需求”的经营宗旨，采取“强化管理”的具体措施，以市场为导向维护传统拉床老客户，开拓数控剐齿机新客户，扩大市场覆盖面，延伸产业链，提质增效求发展，使百年老厂再现辉煌。

辽宁抚顺机床制造有限公司 成立于 2006 年 1 月，其前身为抚顺机床厂，现有 3 个机加工车间，总占地面积约 20 万 m^2。公司是当前我国生产系列插床的专业厂，生产的插床、刨床等产品占全国产量的 90% 以上，牛牌产品在国内及国际享有很高的信誉。公司承担了插床国家标准的制定起草工作。公司以专业的队伍、严谨的管理、超卓的设备，着力打造品牌及其系列产品，主要产品有 B50100、B5050A、B50125、B5040、B5032、B5020、BC5050 等系列插床和 BC6063、BA60100 牛头刨床，年设计能力 1 200 台。公司已通过 ISO9001 质量管理体系认证。

2012 年，公司面对严峻的经济形势，对机床市场进行调研、分析和预测，适时调整了产品结构，确保产品市场供应。同时，公司加强产品质量的管理工作，加强客户服务工作，对于产品出现的技术问题和产品质量问题实行跟踪服务，为企业增加信誉和知名度扩大了市场发展空间。2012 年，公司生产机床产品 300 台，销售机床 360 台。

山东省青岛生建机械厂 始建于 1951 年 7 月，现址位于青岛市城阳区 204 国道 1678 号，毗邻青岛国际机场，青银、青兰、沈海高速路入口。企业占地面积 40.5 万 m^2，拥有各种生产加工设备 750 余台，年生产能力超过 3 000 台（套），主要生产牛头刨床和滚丝机，生产的牛头刨床曾获国优、银质奖章。经过 60 多年的发展，已发展成为国内生产滚轧机和牛头刨床的主导企业，为航空、机械、化工、铁路、煤矿、船舶、汽车、摩托车等行业提供了大量的先进装备，连续多年被评为山东省明星企业，是国家机械行业重点骨干企业。

企业技术创新体系完善，建有国内专门从事冷成形技术研究的省级企业技术中心，具有为军工、交通、能源等行业设计、研发、制造专用设备的能力。实施“自主创新、科技强企”战略，全面加大新产品开发步伐，成为国内拥有冷搓、冷敲、花键滚轧先进冷成形技术的企业。近几年先后开发出冷辗扩机、三轴系列滚丝机、数控滚轧机、花键滚轧机、花键冷搓机、花键冷敲机等数十种冷成形产品，填补了国内技术空白，产品性能达到国际同类产品先进水平。

南通茂溢机床有限公司 创建于 1953 年，是一家中外合资企业。拥有资产 2 549 万元，厂房面积 15 600m^2，员工 126 人。公司专业生产“环星”牌 J23 系列开式可倾压力机，J21 系列开式固定台压力机，J21S 系列深喉口压力机，JF21 系列干式气动摩擦离合器、刚性压塌式保险压力机，JH21 系列湿式气动摩擦离合器、液压保险的压力机，YT32 系列四柱式液压机，BY 系列液压牛头刨床，以及 MJ 系列木工机械。公司于 1988 年经国务院机电出口办和外经贸部批准为“机电产品出口扩大外贸出口自主权企业”，现已通过 ISO 9001：2000 国际质量管理体系认证。公司荣获江苏省重合同守信用企业、江苏省著名商标、江苏省高新技术企业、南通市文明单位、南通市明星企业、南通工商行政管理局 AAA 级重合同守信用企业、南通市知名商标及南通市消费者协会授予的 2012—2013 年“诚信单位”等荣誉称号。产品多次荣获部、省、市优质产品称号，畅销全国 31 个省、市、自治区，并出口欧美、东南亚等近 40 个国家和地区。产销量连年递增，2012 年实现产值 9 138 万元，同比增长 12%；销售收入8 872万元，同比增长 12.5%；合同履约率 100%。

公司始终推崇“博采众长，永为人先，诚实守信，与时俱进”的质量方针，为广大客户提供优质的产品和优良的服务。

长沙星沙机床有限公司 是一家由内部员工入股的民营有限责任公司。其前身是县属国企长沙第四机床厂，2000 年进行体制改革。公司占地面积 45 000m^2，现有职工 700 余人，其中专业技术人员 58 名，中高级职称科研人员 15 名。2006 年通过 ISO9001 质量体系认证。公司具有完善的生产制造体系和质量保证体系，有各类先进的加工、检测设备超过 400 台（套），拥有金属热处理、机械加工、装配、涂装包装等生产车间以及产品开发、质量检验、市场营销等职能部门。

公司专业从事激光加工机床生产 10 余年，是国内高功率激光加工机床主要生产厂家，产品出口到中国台湾和韩国等地。公司还对外承揽机械加工及专用设备制作，是三一重工、中联重科及山河智能等企业的优秀供应商，主要配套产品有汽车起重机副臂、泵车铝制平台、搅拌机主机盖、挖机底架及旋挖钻钻斗等。2012 年,公司实现产值 1.0 亿元,是 2005 年产值的 30 多倍。

长沙插拉刨机电设备制造有限公司 是为汽车、军工、航天航空、工程机械、农机、齿轮及船舶制造等行业关键零部件生产提供设备,进行拉床研发与制造的高新技术企业,坐落于三湘名镇——长沙县干杉工业小区,紧依京广高速长沙站和黄花国际机场。

公司创建于 2006 年,注册资金 500 万元,占地面积近 4.7 万 m^2。公司在册员工 126 人,其中,各类管理人员 17 人、技术研发人员 38 人。拥有各类金属切削设备超过 100 台(套),总资产 5 000 多万元。公司是湖南省第一批创业计划企业、长沙市"小巨人"企业、创新型单位和市、县科技重点支持企业。

公司成立以来,始终秉承"技术领先求进步,创新理念谋发展"的思路,开拓创新,锐意进取,加大科技攻关力度,已成功开发出链轨节专用拉床、同步器齿毂外三槽专用拉床、电机转子五轴拉床、高精度全自动数控内螺旋拉床、立式双油缸大吨位上拉式内拉床等一大批新产品,填补了国内多项空白,并顺利投放市场,深受用户欢迎。当前,公司技术中心已被长沙市授予市级企业技术中心和长沙市拉削工程技术研究中心,且获得 10 项国家专利及计算机软件著作权。公司一直按照 ISO9001 质量管理体系致力于打造"泰翔"产品。近年来,公司自主研发与制造的"泰翔"全系列通用及专用拉床产品已被一汽、二汽、上汽、本田、比亚迪、长城及奇瑞等众多知名汽车制造厂家广泛使用,并远销东南亚市场。

缙云县高新机械制造有限公司 创建于 2003 年 3 月,是一家专业从事拉削等高端装备研发、制造、销售及服务的国家高新技术企业,是浙江省科技型中小企业、浙江省千家成长之星企业。

公司自创立以来,一直秉承与时俱进、开拓进取的理念,始终瞄准拉削装备制造业前端科技领域的发展、跟踪及获取新的高端技术资源,致力于各种高速、高性能、智能型高端装备的开发生产。公司产品广泛应用于汽车、航天航空、船舶舰艇、军工等领域,是国内知名企业及跨国公司尤其是汽车零部件制造企业的重要合作伙伴。

公司拥有拉削装备省级研发中心,该研发中心设备、设施完善。先后承担省级以上项目 11 项,获市级以上科技奖项 7 项,并创造了国内最大吨位拉床制造纪录,开发了直角双立柱拉床、配置工业机器人拉床以及智能化成套拉削装备。公司研发的 LG72SS 直角双立柱立式外拉床荣获 2012 年度浙江省装备制造业重点领域首台(套)产品殊荣。

公司一直将技术创新研发作为公司的重中之重,近几年不断发展硬件设施。2012 年,企业研发中心入驻浙江国家大学科技园,进一步与浙江大学、浙江工业大学、浙江理工大学、杭州电子科技大学等高等院校开展产学研合作,提升了拉削装备等高端装备的研发能力。公司在原有厂房的基础上,已取得新增用地,扩大生产制造能力,为提升企业竞争力奠定了坚实的基础。

〔撰稿人:中国机床工具工业协会插拉刨床分会朱炜娜 审稿人:中国机床工具工业协会插拉刨床分会刘利〕

锯　床

2012 年,在国家经济增速放缓的大背景下,我国锯床行业面临着前所未有的严峻形势。产销增速在上年已经明显回落的基础上继续回落,与产销增幅回落相比,效益下降更为剧烈,行业各主要企业的生产经营都受到不同程度的影响。通过全行业企业的共同努力,整个经济运行状态、产业结构调整、新产品研制开发和自主创新等均取得较好的成效。

一、基本情况

锯床分会现有注册会员单位 45 家,2012 年新增 1 家。其中,私人控股企业 37 家、中外合资股份企业 4 家、国有企业 2 家、部队企业 1 家、外资企业 1 家。锯床行业生产企业以民营企业、中小型企业为主。

2012 年,参加年鉴统计的锯床行业会员企业 33 家,其中,金属锯床生产企业 29 家(其中有 2 家企业也同时生产双金属带锯条产品)、双金属带锯条生产企业 3 家、双金属带锯条刀具生产企业 1 家。由于锯床行业中的主要骨干生产企业都提供了有关统计资料,基本上能够反映 2012 年我国锯床行业的发展情况。

2012 年,锯床行业 33 家企业共完成工业总产值 22.49 亿元、工业销售产值 20.81 亿元,分别比上年下降 3.4%、5.1%。其中,机床工具类产品产值 20.09 亿元,机床工具类产品销售产值 18.62 亿元,分别比上年下降 8.6%、9.0%。完成工业增加值 6.43 亿元,比上年下降 5.4%;实现利税 3.59 亿元,比上年下降 9.8%;从业人员平均人数5 286人,比上年增长3.1%;人均产值42.5 万元,与上年的42.7 万元基本持平;人均利税 6.8 万元,比上年下降 6.8%;资产总计 24.40 亿元,比上年增长 9.8%;流动资产平均余额 13.95 亿元,比上年增长 9.1%;固定资产净值平均余额 7.42 亿元,比上年增长21%。

以上数据反映,锯床行业企业的工业总产值、工业销售产值、机床工具类产品产值、机床工具类产品销售产值、实现利税等主要经济指标比上年均有小幅度的回落,经济效益下降明显。这说明 2012 年我国锯床行业整体经济运行困难增多,但在整个经济环境困难的形势下,应对危机和风险的能力显著提高,基本保持了平稳发展。2012 年锯床行业主要经济指标完成情况见表 1。

表1　2012 年锯床行业主要经济指标完成情况

指标名称	单位	年度累计
工业总产值	万元	224 881
其中:机床工具类产品产值	万元	200 944
工业销售产值	万元	208 096
其中:机床工具类产品销售产值	万元	186 180
工业增加值	万元	64 313
实现利税	万元	35 929
从业人员平均人数	人	5 286
资产总计	万元	244 021
流动资产平均余额	万元	139 461
固定资产净值平均余额	万元	74 171

二、生产及出口情况

2012 年,锯床行业 29 家企业共生产各类金属锯床 55 061台,比上年下降9.0%;锯床产值11.89 亿元,比上年下降 15.2%;锯床平均单台产值 2.16 万元,比上年下降 6.9%。生产数控锯床 10 276 台,比上年下降 31.0%;数控锯床产值 3.43 亿元,比上年下降 22.7%;数控锯床平均单台产值 3.34 万元,比上年增长 12.1%;数控锯床产量占锯床总产量的 18.7%。

2012 年,5 家企业共生产各类双金属带锯条 1 887 万 m,复合带材料 4 006t,分别比上年下降 8.0%、6.6%;带锯条产值 5.82 亿元,复合带材产值 2.0 亿元,分别比上年下降 0.5%、5.2%。

2012 年,锯床出口量 9 169 台,比上年增长 23.6%;出口额 2 291.6 万美元,比上年增长 88.8%。数控锯床出口量 360 台,比上年增长 25.9%;出口额 756.2 万美元,比上年增长 15.9%。双金属带锯条出口量 164.3 万 m、出口额 647.2 万美元,分别比上年增长 13.6% 和 14.4%。

三、新产品研发情况

2012 年,参加本年鉴汇总的部分会员企业设计开发主要新产品 22 种。2012 年锯床行业新产品开发情况见表 2。

表 2　2012 年锯床行业新产品开发情况

产品名称	型号	主要技术参数	产品性质	产品属性	产品水平
湖南湖机国际机床制造有限公司					
数控硬质合金圆锯床	GKT6014	圆锯片规格:ϕ1 350mm/ϕ1 500mm,锯切规格:钢管 ϕ180 ~ 426mm、钢坯 ϕ200 ~ 400mm,锯切速度:80 ~ 160m/min,进给速度:50 ~ 500mm/min,返回速度:4 000mm/min,主电动机功率:132kW(变频)	全新设计	行业新产品	国内先进
P80 连轧管圆锯床机组	GKT608B3	圆锯片规格:ϕ830 × 7.5mm,锯切规格:ϕ230mm,锯切速度:54 ~ 125m/min,返回速度:3 000mm/min,主电动机功率:55kW(变频)	改型设计	企业新产品	国内先进
数控立柱卧式带锯床	GK4250/WFZX	带锯条尺寸:4 880mm × 41mm × 1.26mm,锯切规格:≤ ϕ200mm(轧制钢管),锯切速度:17 ~ 75m/min,长度误差:± 0.1mm,定位精度:± 2mm/1 000mm,主电动机功率:4.2kW	改型设计	企业新产品	国内先进
铝扁锭专用立式带锯床	GL52100 × 150	锯切规格:1 000mm × 1 500mm × 6 000mm,锯切速度:100 ~ 2 200m/min,进给速度:30 ~ 1 000mm/min,辊道送料速度:1 ~ 5m/min,主电动机功率:30kW/22kW	改型设计	企业新产品	国内先进
浙江锯力煌锯床股份有限公司					
数控弧度锯切立式带锯床	GZK5125 × 33RZ	锯切高度:250mm,喉深:330mm,行程:1 100mm,锯架旋转角度:52° ~ 90°,锯切圆弧直径:3 400 ~ 5 900mm	全新设计	企业新产品	国内先进
硅材料专用数控带锯床	GK4280	最大加工尺寸:ϕ800mm,加工精度:0.10mm/m,锯切速度:800 ~ 1 600m/min,锯切效率:30cm²/min	全新设计	行业新产品	国内先进
浙江晨龙锯床股份有限公司					
高速圆锯床	GL6010	圆锯片直径:1 000mm,最大锯切直径:320mm,锯切速度:50 ~ 2 500m/min,主电动机功率:45kW	全新设计	行业新产品	国内先进
多根铝棒高速锯切立式带锯床	G5230	最大锯切规格:ϕ350mm,单次锯切数量:4 根,带锯条规格:41mm × 1.25mm,锯切速度:500 ~ 3 000m/min,主电动机功率:37kW	全新设计	行业新产品	国内先进

（续）

产品名称	型号	主要技术参数	产品性质	产品属性	产品水平
法兰件数控带锯床	GXK350	最大锯切规格：ϕ3 500mm，最小锯切内径：800mm，带锯条规格：67mm×1.6mm，锯切速度：20～60m/min，工件夹持回转盘速度：0.1～5r/min，主电动机功率：7.5kW	全新设计	企业新产品	国内首台（套）
浙江伟业锯床有限公司					
数控悬挂式带锯床	GY4250/80	最大锯切规格：800mm×50mm，锯切速度：20～80m/min，水平进给速度：8m/min，锯切精度：0.1mm/100mm	全新设计	行业新产品	国内先进
本溪工具有限责任公司					
镶嵌硬质合金带锯条	27mm、34mm、41mm、54mm、67mm	带锯条宽度：27mm、34mm、41mm、54mm、67mm	全新设计	企业新产品	国内先进
滕州市三合机械股份有限公司					
立式金属带锯床	V400	工作台高度：970mm，工作台倾斜范围：左15°、右45°，带锯轮转速：0～200r/min，导向杆对工作台的垂直度：0.08mm/100mm	全新设计	企业新产品	国内先进
磁液复合数控折弯机	EHBK3010×1.5	最大折弯宽度：3 010mm，最大折弯厚度：1.5mm，全长折弯角度误差：3.0°，折弯直线度误差：0.75mm/1 000mm，送料尺寸误差：±0.3mm	全新设计	企业新产品	国内先进
数控金属带锯床	BSK850C	锯切规格：90° 850mm×600mm，45° 400mm×600mm；90° ϕ600mm，45° ϕ400mm	全新设计	行业新产品	国内先进
湖南泰嘉新材料科技股份有限公司					
切带钢钉木托盘用带锯条	34800		改型设计	企业新产品	国内先进
8/11 变齿双金属带锯条	27081107B		全新设计	企业新产品	国内先进
浙江威力士机械有限公司					
数控卧式角度锯床	GWK4230X	锯切规格：ϕ300mm，锯切角度：0°～45°，送料尺寸：0～500mm	改型设计	企业新产品	国内先进
数控立式直行角度带锯床	HVK5365/50－60	锯切厚度：650mm，喉深：500mm，锯切角度：60°	改型设计	企业新产品	国内先进
立式双向角度带锯床	GVK5370/50－45	锯切厚度：700mm，喉深：500mm，锯切角度：45°	改型设计	企业新产品	国内先进
石家庄威锋机械制造有限公司					
高速截断锯床	G54100	最大锯切厚度：1 000mm，锯切速度：3 000m/min，主电动机功率：11kW	全新设计	企业新产品	国内先进
浙江沪缙机床有限公司					
数控龙门卧式带锯床	GZK4240/70	锯切高度：400mm，锯切宽度：700mm，主电动机功率：4kW	改型设计	企业新产品	国内先进
数控立式带锯床	G5350 * 80/600	锯切高度：500mm，锯切宽度：800mm，工作行程：6 000mm	改型设计	企业新产品	国内先进

四、科研成果及其应用情况

2012 年，锯床行业参加年鉴统计的企业共上报主要科技研究项目 25 项（处于研制阶段的 7 项），投入资金总计 5 926.65万元。项目来源于省市级计划科技发展项目和企业自主开发的科技项目。2012 年锯床行业部分企业科研项目见表 3。2012 年锯床行业获奖科研项目见表 4。

表3　2012年锯床行业部分企业科研项目

序号	科研项目名称	主要内容	应用状况	项目来源
湖南湖机国际机床制造有限公司				
1	GKT6015高速高效数控硬质合金龙门圆锯床	该高速高效数控锯床已获2项实用新型专利授权、1项发明专利。采用硬质合金切削刃圆锯片，应用变频调速系统和伺服进给系统、锯刀箱齿侧间隙消除机构、预紧力自动补偿导轨机构、涡流管空气冷却技术等多项现代科技成果，能够适应高强度、高硬度的金属材料（抗拉强度 $\sigma_b \leqslant 1\,400\text{N/mm}^2$）的重载锯切，主要适用于钢管制造、回转支撑、火车轮毂、大型曲轴等行业的自动生产线。锯切生产率（45钢）可达 $500\text{cm}^2/\text{min}$	其他	湖南省首台（套）重大技术装备
2	UZN－25数控闪光焊接机的研制与产业化	UZN－25数控闪光焊接机用于自动焊接双金属锯带、硬质合金带锯条，是金属切割带锯床的配套产品，也可用于焊接普通钢带、高速钢带、合金钢带及不锈钢钢带、木工锯带等。项目在消化吸收国外先进技术的基础上，已获1项发明专利、3项专利授权。具有焊接效率高，焊口质量好，焊接、回火一次完成，可连续工作等特点。最大焊接规格（带锯条）80mm，焊接双金属带锯条的焊口抗拉强度 $1\,600\text{N/mm}^2$	其他	湖南省创新基金项目
浙江晨龙锯床股份有限公司				
3	GL6010高速圆锯床	用于铝铸棒生产线，连续定长裁切铝圆棒。最大圆锯片直径1 000mm，最大锯切直径305mm，主电动机功率45kW，定尺工作范围0～6 500mm。采用PLC控制系统，具有自动识别料头（尾），自动按设定长度裁切棒料，自动分离料头（尾），自动堆码棒料、称重、打码和棒料捆扎等功能，配合自动上料系统组成全自动锯切处理系统，锯切效率高	其他	自主研发
4	G5230多根铝棒高速锯切立式带锯床	用于铝棒多根锯切生产线。最大锯切直径380mm，最大锯切长度1 000mm，主电动机功率37kW。采用西门子PLC和现场总线控制技术、西门子矢量变频控制技术以及锯轮高速运转时的锯架稳定控制技术，锯切效率 $1\,500\text{cm}^2/\text{min}$。由于一次可裁切铸棒4根，提高了生产效率	其他	自主研发
5	GXK200法兰件数控带锯床	该设备专门用于大规格锻造环件等分锯切。锯切时环件固定在回转机构上转动，锯架沿垂直平面进给锯切。采用PLC控制技术和交流伺服控制技术，精确控制回转机构的低速回转，保证锯切进给的稳定性，最大锯切直径2 000mm	其他	自主研发
浙江锯力煌锯床股份有限公司				
6	GZK5125×33RZ数控弧度锯切立式带锯床	该锯床主要用于切割黑色金属、有色金属材料，通过数控技术实现一定大小的弧度锯切。机床的进给，采用精密直线导轨副＋丝杠＋伺服来实现两轴联动，配合小规格带锯条进行弧度锯切。同时，通过调整锯架的倾斜度，还能实现锥形锯切	其他	自主研发
7	GK4280硅材料专用数控带锯床	本项目产品是在借鉴国外先进机床的基础上进行多项结构创新，通过机械、液压和电气等实现一体化控制的数控机床。产品根据多晶硅材料的高硬度、高脆性的特点进行研发，以金刚砂锯带为切削工具，采用微弹性复合锯轮传动和专用数字控制等多项关键技术。主要用于多晶硅和单晶硅材料的精密锯切，也可锯切性能相似的石英、工业陶瓷、半导体、光学玻璃、宝石、粉末冶金等高硬度材料。由于切削精度高，可代替部分后续精加工工序，是一种高效、节能和环保的机床	其他	自主研发
滕州市三合机械股份有限公司				
8	EHBK3010×1.5磁液复合数控折弯机	压紧动力采用通身磁力压紧，折弯动力采用液压驱动，整个折弯过程采用数字控制；折弯体和工作台的连接方式采用可围绕中心点旋转的四杆机构	其他	山东省立项
9	V400数控立式金属带锯床	工作台可大角度回转，冷却采用雾化冷却装置，配备锯条剪切器和锯条焊接、磨削装置	其他	自主研发

（续）

序号	科研项目名称	主要内容	应用状况	项目来源
10	ETB60 数控弯管机	PLC 控制，可以对圆管进行空间任意角度的弯曲，并且支架部分可以配合主机部分进行支撑弯曲	其他	自主研发
11	TXK68B 数控镗铣床	床身、滑鞍、立柱采用加宽结构，增强机床刚性和稳定性；伸缩主轴并可无级调速；工作台可任意角度回转，液压夹紧	其他	自主研发
12	HRMB50V 液压卷圆机	可以立卧两用。通过减速电动机来控制下辊轮的转动，通过液压系统来控制下辊轮的上下移动，可以方便省力地进行卷圆操作	其他	自主研发
浙江威力士机械有限公司				
13	GVK5365/50－60 立式直行数控角度机床	专用于各种型钢、管件等的切断。锯轮采用大小轮结构，带锯条工作时形成的倾角避免锯切时带锯条大面积接触工件，并在锯切过程中受力均匀，减少打齿现象的发生	其他	自主研发
湖南泰嘉新材料科技股份有限公司				
14	复合钢带退火工艺提升研究	提升锯带用复合钢带的综合性能，减少钢带的弯曲变形，缩短生产周期，提高生产效率和产品质量	自行应用	自主研发
15	盘带生产线	全套设计包括嵌塑、收放料及电气控制，减少盘带在运输过程中齿尖损伤，提高锯条品质	自行应用	自主研发
木溪工具有限责任公司				
16	54～67mm 宽大齿距带锯条系列产品	宽度为 54～67mm 的宽大齿距带锯条系列产品的开发，实现扩充、完善系列化双金属带锯条	其他	自主研发
17	双后角齿型双金属带锯条产品	扩充了带锯条系列产品类型，该类锯条比普通带锯条每个齿尖都增加一个后角，可有效地增加带锯条使用寿命和切削效率	其他	自主研发
大连双金科技股份有限公司				
18	DSJ－Ⅱ双金属带锯条全自动热处理生产线	带锯条在线自动淬火、回火热校直等技术研究应用	自行应用	国家火炬计划项目

表4　2012 年锯床行业获奖科研项目

项目名称	主要内容及应用范围	获奖名称	获奖等级	主要完成单位
GXK200 法兰件数控锯切机床	产品采用圆环装夹旋转装置与锯架、锯带平行的配合，其结构可靠性、稳定性高，切削精度高，可以随意调节切削速度和进给速度。产品主要用于工程机械、港口设备、风电设备、石油机械等行业大型法兰件、管件及环形件的加工	浙江省重点领域首台（套）产品		浙江晨龙锯床股份有限公司
54～67mm 宽大齿距带锯条系列产品	进行 54～67mm 宽大齿距带锯条系列产品的开发，主要是在原来中小规格的双金属带锯条的基础上进一步开发、研制此类产品，并且与相应的金属带锯床匹配，实现扩充、完善系列化双金属带锯条。主要用于直径 600mm 及以上的棒材、管材、型钢等的下料切割	本溪市第四届优秀新产品奖	金奖	本溪工具有限责任公司

五、专利发明情况

2012 年，锯床行业参加年鉴统计的企业共获得国家授权专利 38 项，其中，发明专利 4 项、实用新型专利 34 项。2012 年锯床行业部分企业授权专利情况见表 5。

表5　2012 年锯床行业部分企业授权专利情况

序号	企业名称	专利名称	专利类型	授权日期
1	湖南湖机国际机床制造有限公司	一种新型圆锯床工作台	实用新型	2012.10.15
2	浙江锯力煌锯床股份有限公司	自动拨料数控定长装置	实用新型	2012.02.15
3	浙江锯力煌锯床股份有限公司	高效节能数控圆锯床	实用新型	2012.03.07
4	浙江晨龙锯床股份有限公司	一种齿圈成形锯切立式带锯床	实用新型	2012.09.12
5	浙江晨龙锯床股份有限公司	车桥专用的组合端面切割锯床	实用新型	2012.05.30
6	浙江晨龙锯床股份有限公司	一种硅锭切割锯床	实用新型	2012.09.05

（续）

序号	企业名称	专利名称	专利类型	授权日期
7	浙江晨龙锯床股份有限公司	一种法兰件数控锯切机床	实用新型	2012. 09. 05
8	浙江晨龙锯床股份有限公司	一种用于法兰等分锯切的带锯床	实用新型	2012. 10. 10
9	浙江晨龙锯床股份有限公司	一种大型龙门卧式带锯床	实用新型	2012. 09. 05
10	浙江晨龙锯床股份有限公司	一种锯床锯轮浮面结构	实用新型	2012. 09. 05
11	浙江晨龙锯床股份有限公司	一种数控卧式带锯床	实用新型	2012. 09. 05
12	浙江晨龙锯床股份有限公司	一种曲轴锻坯锯切锯床	实用新型	2012. 10. 10
13	浙江晨龙锯床股份有限公司	一种用于蜂窝材料的真空夹压装置	实用新型	2012. 09. 05
14	浙江晨龙锯床股份有限公司	吸音板以及由吸音板围构成的吸音箱	实用新型	2012. 01. 11
15	浙江晨龙锯床股份有限公司	用于切割大型钢管的立式带锯床	实用新型	2012. 01. 11
16	浙江晨龙锯床股份有限公司	一种用于锯床的圆环张紧机构	实用新型	2012. 01. 11
17	大连双金科技股份有限公司	同炉多带双金属带锯条热处理全自动生产线及其工艺	发明	2012. 05. 09
18	大连双金科技股份有限公司	同炉多带双金属带锯条全自回火设备与工艺	发明	2012. 12. 19
19	湖南泰嘉新材料科技股份有限公司	一种带锯条对焊机专用电极	实用新型	2012. 05. 30
20	湖南泰嘉新材料科技股份有限公司	锯带铣齿机收料系统	实用新型	2012. 09. 05
21	湖南泰嘉新材料科技股份有限公司	全自动放料机	发明	2012. 07. 25
22	滕州市三合机械股份有限公司	联动锁紧机构	实用新型	2012. 09. 26
23	滕州市三合机械股份有限公司	齿控脚踏机构及用齿控脚踏机构制成的脚踏折弯机	实用新型	2012. 12. 26
24	滕州市三合机械股份有限公司	磁液复合数控折弯机	实用新型	2012. 09. 26
25	浙江伟业锯床有限公司	悬挂式金属带锯床	实用新型	2012. 06. 20
26	浙江伟业锯床有限公司	悬挂式带锯床行走装置	实用新型	2012. 05. 23
27	浙江伟业锯床有限公司	双锯带金属带锯床	实用新型	2012. 05. 23
28	浙江伟业锯床有限公司	立式旋转带锯床	实用新型	2012. 05. 30
29	浙江伟业锯床有限公司	智能锯切带锯床	发明	2012. 09. 12
30	浙江沪缙机床有限公司	一种带锯床行程设定装置	实用新型	2012. 07. 11
31	浙江沪缙机床有限公司	一种带锯床立柱	实用新型	2011. 07. 11
32	浙江沪缙机床有限公司	卧式带锯床的锯架旋转装置	实用新型	2012. 07. 04
33	浙江沪缙机床有限公司	一种带锯床的锯条清洗装置	实用新型	2012. 07. 04
34	浙江沪缙机床有限公司	一种带锯床锯带导向装置	实用新型	2012. 07. 11
35	浙江沪缙机床有限公司	一种锯床送料装置	实用新型	2012. 07. 11
36	浙江沪缙机床有限公司	一种锯床下料板	实用新型	2012. 07. 11
37	浙江晨雕机械有限公司	圆盘锯床工作台	实用新型	2012. 09. 05
38	浙江晨雕机械有限公司	圆盘锯床主传动机座	实用新型	2012. 09. 05

六、标准化工作情况

根据2010年和2012年国家工业和信息化部行业标准项目计划，2012年新制定行业产品标准项目2个，新修订标准项目2个，并通过标准审查，完成报批程序。2012年锯床行业标准制修订情况见表6。

表6　2012年锯床行业标准制修订情况

标准号	标准名称	计划号	项目来源
JB/T9930. 2—20xx	立式带锯床　第2部分：普通型立式带锯床　精度检验	2010 - 1250T - JB	全国金属切削机床标准化技术委员会
JB/T9930. 3—20xx	立式带锯床　第3部分：普通型立式带锯床　技术条件	2010 - 1251T - JB	全国金属切削机床标准化技术委员会
JB/T9930. 4—20xx	立式带锯床　第4部分：滑车型立式带锯床　精度检验	2012 - 1935T - JB	全国金属切削机床标准化技术委员会
JB/T9930. 5—20xx	立式带锯床　第5部分：滑车型立式带锯床　技术条件	2012 - 1936T - JB	全国金属切削机床标准化技术委员会

七、企业介绍

湖南泰嘉新材料科技股份有限公司 2003年10月创建于湖南望城经济开发区，是一家专业从事双金属带锯条、双金属复合钢带研发、生产、销售的高新技术企业，产品销量连续多年位居行业前列，并远销欧洲、美国等地，产品质量获得国内外客户的一致好评。

公司一直专注于“做中国最好的锯条、打造中国自己的锯条产业”的理想，实践产业报国。十年来，公司不仅在产能规模、技术研发、产品销售上实现了跨越式的发展，成为国内少数拥有双金属复合钢带、双金属带锯条出口业务的厂商之一，更与国内带锯条企业一起，实现了双金属复合钢带、双金属带锯条的国产化和产业化，打破了国内带锯条产品“零出口”、国外“洋品牌”全垄断的局面。公司打造的双金属带锯条品牌“TANCUT泰钜”“JUSTCUT嘉钜”“AA”“FICUT飞钜”及“Bichamp”在业内享有盛誉，其中，“Bichamp”为湖南省国际知名品牌，“AA”为湖南省著名商标、湖南省名优产品，是双金属带锯条行业的中国驰名商标。

公司承担双金属带锯条行业标准和国家标准的制定、修订工作，拥有省级企业技术中心和市级工程技术中心，是湖南省高新技术企业和创新型试点企业、湖南省“四大千亿产业”及湖南省战略性新兴产业百强企业之一，也是长沙市“三百工程”“三百之星”重点支持企业。作为新材料企业，公司被湖南省发改委列入《湖南省战略性新兴产业百强企业名录》。

一直以来，公司秉承“做负责任的人”的核心价值理念，锲而不舍，孜孜以求，致力于最大限度满足客户需求，以期为客户、股东、员工、社会谋求最大化价值。公司将以不断进取的精神，力求始终处于金属锯切产业发展的前沿，积极参与国际市场竞争，努力成为世界一流的金属锯切服务企业。

浙江晨龙锯床股份有限公司 创建于2000年，注册资本3 000万元，位于浙江缙云壶镇工业园区，是一家集金属带锯床研发、生产、销售为一体的高新技术企业。公司现有员工283人，占地面积6.6万m^2，资产1.3亿元。公司引进高端柔性生产线，设备和技术力量雄厚，年产金属带锯床8 000台。2012年，公司遵循科学发展观，大力开拓国内外市场，坚持“以销定产”的经营原则，经营业绩良好。2012年，完成产值18 722万元，实现销售收入16 073万元，创利税2 726.5万元。

2012年，公司加大科技创新力度，先后与浙江工业大学、杭州电子科技大学就项目合作和人才培养等签署了长期合作协议。2012年，公司共承担各类科技和技改项目10项，获得授权专利11项，拥有省级新产品4项，其中GXK200法兰件数控锯切机床被浙江省经济和贸易委员会认定为省内首台（套）产品。公司还获得浙江省文明单位、浙江省安全示范单位等多项荣誉。

滕州市三合机械股份有限公司 是一家拥有自营进出口权的股份制民营企业。公司获得出口产品质量许可证，通过了ISO 9001:2000质量管理体系、OHSAS18001职业健康安全管理体系及ISO14001环境管理体系等认证。公司被认定为国家高新技术企业、山东省省级企业技术中心，荣获山东省名牌产品、山东省著名商标、山东省诚信企业、山东省成长型中小企业、山东省机械工业自主创新先进单位及功勋企业等荣誉称号。2012年，实现销售产值2.2亿元，利税2 800万元，出口创汇2 200万美元。

公司于2010年12月29日在齐鲁股权托管交易中心成功挂牌，成为枣庄市首家进入资本市场融资的企业。公司现有员工450人，拥有专利技术29项、省级科技成果12项，年产各类机械设备36 000余台（套）。产品有三大系列、700多种，包括精密（数控）机床类，如TXK系列数控卧式镗铣床、VMC系列立式加工中心、CNC系列数控开槽机、精密立钻、铣钻床；锯床类，如BS系列金属带锯床、BSK系列数控锯床、CS系列圆锯机、木工锯等；成形加工机械类，如数控液压钣金加工机床、数控液压电磁复合加工机床及工具机等。产品远销美国、英国、德国、法国、荷兰、丹麦等70多个国家，出口量占生产量的80%以上。

公司将坚持以市场为导向，以科技创新为动力，努力打造国际一流的机械企业。

浙江威力士机械有限公司 创建于1993年，现已发展成为一家拥有现代化标准厂房面积20 000m^2、资产总值8 000余万元，专业生产“威力士”牌金属带锯床的大型企业。公司已通过ISO9001质量认证、中国机械安全认证及欧盟CE认证。锯床产品系列包括剪刀式、单立柱、双立柱、方柱龙门、特大型立式、智能数控、特种等按客户所需各种特大型规格，共有七大系列、200多个规格品种。2009年，“威力士”荣获浙江省著名商标称号。

公司从欧洲引进先进的双金属带锯条流水生产线，拥有德国带锯条铣齿机，并引进了热处理自动化生产线和检测设备，拥有完善的检测体系，能满足客户的各种需求。公司产品设计广泛采集国内外同类产品之精华，加上近年来获得多项带锯床国家新专利技术的应用，高科技力量、高精度的生产机械设备和先进的生产工艺流程及严谨的检测质控，使得产品结构不断完善、性能稳定优异。新一代带锯床具有高效、节材、节能的质量优势，赢得了广大用户的高度评价，产品远销东南亚、中东、欧美等20多个国家和地区。

博野县北方锯业有限公司 是由原河北锯床厂（始建于1956年）改制后成立的股份制企业。公司系原机械工业部定点生产金属带锯床、带锯条的骨干企业（1984年批量生产），是国内较早开发金属带锯床系列和带锯条系列产品的生产厂家。

公司以“效率高、能省带锯条的带锯床才是好锯床”为设计研发宗旨，在考虑带锯床自身产品质量和精度外，更考虑后期应用的切削性价比。在相同价格的前提下比质量，在相同质量的前提下比价格，不断吸收消化国外带锯床加工技术，再结合国内加工企业的实际需求，不断设计创新与完善金属带锯床产品系列。产品包括全自动卧式带锯床系列、半自动卧式带锯床系列（根据切割直径细分）、可转角带锯床系列、立式金属带锯床系列及数控金属带锯床。

公司拥有具有国际先进水平的硬质合金生产线，可满足金属带锯床的配套使用。硬质合金锯条克服了高速钢锯条不能锯切难切材料的不足，性能优越，填补了国内空白。带锯条根据客户切割材料的材质、形状和规格进行细分，综合众多客户的整体实际切削应用效果而自成体系的带锯条选配经验，为客户推荐最适合的带锯条产品，使得切削成本再度得以降低。

公司坚持“善待客户，为客户提供价值”的经营理念。带锯床与带锯条的卓越高性价比，使得系列产品畅销近30年，客户1 000多家。巨力索具集团、中国一汽集团、长城汽车、邯郸钢铁、长江钢管等国内知名集团企业都是公司的长期战略合作伙伴。

上海闵川带锯床制造有限公司　前身为江川带锯床机械制造厂，创建于1 982年。公司占地面积超过10 000m²，现有员工100多人，技术工人占80%，各种设备齐全，有完善的质量跟踪体系。公司的锯床年生产能力1 000台。2012年，公司完成工业总产值600万元，实现销售收入546万元。

公司是国内较早开发研制、生产带锯床的企业。公司的生产规模、市场占有率、产品质量都处在国内同行业的前列。公司生产的各种型号带锯床，具有设计巧妙、结构紧凑、稳定性好、锯削精度高、使用及维修简便等特点，适用材料可切性广。经国家机床检测中心检测，连续8年质量合格，被认定为全国产品质量稳定合格产品，荣获全国新技术、新产品博览会金奖，并销往国外。

〔撰稿人：中国机床工具工业协会锯床分会许荪　审稿人：中国机床工具工业协会锯床分会叶钧〕

组合机床

一、基本情况

组合机床行业现有会员55家，其中，国有企业5家、外商合资企业3家、国有和民营混合企业2家、民营股份制企业45家，民营股份制企业在行业中已占主导地位。组合机床分会会员单位在组合机床行业中占绝对的权重地位，代表着组合机床行业的整体水平。2012年，参加统计的12家会员企业完成工业总产值190.7亿元，其中机床工具类产品产值150.6亿元；产品销售收入207亿元，利润总额8.7亿元，有些经济指标出现不同程度的下滑。全年从业人员平均人数10 692人，较上年从业人数明显减少。由此可见，受国内经济宏观总体控制影响，行业总体经济增长放缓。2012年组合机床行业主要经济指标完成情况见表1。

表1　2012年组合机床行业主要经济指标完成情况

指标名称	单位	年度累计
工业总产值	万元	1 906 887
其中：机床工具类产品产值	万元	1 506 144
工业销售产值	万元	1 765 033
其中：机床工具类产品销售产值	万元	1 491 838
工业增加值	万元	409 139
实现利税	万元	130 374
从业人员平均人数	人	10 692
资产总计	万元	2 031 955
流动资产平均余额	万元	1 580 917
固定资产净值平均余额	万元	267 500

二、生产及销售情况

2012年，参加统计的组合机床分会会员企业生产各类机床51 432台，产值150.6亿元。其中，组合机床及其自动线产量1 508台，产值近27.8亿元。组合机床产品数控化率依旧较高。在经济放缓的形势下，金属切削机床出口3 480台，出口额5 440万美元，较上年有所增长。2012年组合机床行业分类产品生产情况见表2。2012年组合机床行业分类产品出口情况见表3。

表2　2012年组合机床行业分类产品生产情况

产品名称	实际完成		其中：数控	
	产量（台）	产值（万元）	产量（台）	产值（万元）
金属切削机床	51 432	1 506 144	30 408	1 301 074
加工中心	2 692	145 249	2 692	145 249
立式加工中心	2 312	78 068	2 312	78 068
卧式加工中心	380	67 181	380	67 181
车床	46 219	607 972	25 390	422 879
组合机床	1 508	278 400	1 370	259 099
其他金属切削机床	1 013	474 523	956	473 846

表3　2012年组合机床行业分类产品出口情况

产品名称	实际完成		其中：数控	
	出口量（台）	出口额（万美元）	出口量（台）	出口额（万美元）
金属切削机床	3 480	5 440	603	2 198
加工中心	125	483	125	483
立式加工中心	116	335	116	335
卧式加工中心	9	148	9	148
车床	3 355	4 957	478	1 715

三、新产品研发情况

2012年，组合机床行业生产企业积极组织力量，加快新产品开发，加快产业技术研发，提高了行业的整体竞争实力，产品开发取得了丰硕成果。通过技术创新来调整生产工艺和制造技术，加大科研的投入力度，逐步形成企业自己的核心技术、核心产品、核心品牌，数控机床设计和制造水平上了一个新台阶。2012年组合机床行业新产品开发情况见表4。

表4　2012年组合机床行业新产品开发情况

产品名称	型号	主要技术参数	产品性质	产品属性	产品水平
保定标正机床有限责任公司					
卧式双面钻床	BZ－U1783	加工机体两面钻孔规格：ϕ14mm×180mm，生产节拍：5min/件，滑台工进速度：50mm/min，总功率：23kW	全新设计	企业新产品	行业先进
立式双工位粗镗孔机床	BZ－U1786	生产节拍：7min/件，滑台工进速度：64mm/min，主轴转速：320r/min，总功率：16kW	全新设计	企业新产品	行业先进
立卧双面钻孔机床	BZ－U1789	生产节拍：4min/件，滑台工进速度：70mm/min，总功率：22kW	全新设计	企业新产品	行业先进
立卧复合钻孔机床	BZ－U1791	生产节拍：5min/件，滑台工进速度：50mm/min，主轴转速：630r/min，总功率：17kW	全新设计	企业新产品	行业先进
立卧双面攻丝机床	BZ－U1795	生产节拍：1.5min/件，滑台工进速度：140mm/min，总功率：18kW	全新设计	企业新产品	行业先进
立式双工位半精镗孔机床	BZ－U1796	生产节拍：6min/件，滑台工进速度：60mm/min，主轴转速：400r/min，总功率：12.7kW	全新设计	企业新产品	行业先进
卧式双面双工位扩、铰、镗机床	BZ－U1800	生产节拍：4min/件，滑台工进速度：35mm/min，总功率：15kW	全新设计	企业新产品	行业先进
粗精铣主轴承盖两侧面专用机床	BZ－U1802	生产节拍：2min/件，滑台工进速度：33mm/min，主轴转速：粗铣250r/min、精铣320r/min，总功率：15kW	全新设计	企业新产品	行业先进
移动工作台双工位立式钻、攻机床	BZ－U1806	生产节拍：5min/件，滑台工进速度：57mm/min，主轴转速：630r/min，总功率：17kW	全新设计	企业新产品	行业先进
卧式三面钻孔机床	BZ－U1809	生产节拍：4min/件，滑台工进速度：40mm/min，主轴转速：400r/min，总功率：25kW	全新设计	企业新产品	行业先进
卧式双面粗镗机床	BZ－U1813	生产节拍：4min/件，滑台工进速度：55mm/min，总功率：19kW	全新设计	企业新产品	行业先进
卧式双面粗镗机床	BZ－U1815	生产节拍：4.7min/件，滑台工进速度：40mm/min，主轴转速：400r/min，总功率：23kW	全新设计	企业新产品	行业先进
粗铣底口面机床	BZ－U1818	生产节拍：7min/件，总功率：25.7kW	全新设计	企业新产品	行业先进
卧式双面铣床	BZ－U1819	生产节拍：6.5min/件，滑台工进速度：150mm/min，主轴转速：80r/min，总功率：25.7kW	全新设计	企业新产品	行业先进
卧式双面铣削机床	BZ－U1820	生产节拍：5min/件，滑台工进速度：180mm/min，主轴转速：80r/min，总功率：28kW	全新设计	企业新产品	行业先进
卧式钻孔机床	BZ－U1822	生产节拍：1.5min/件，滑台工进速度：48mm/min，主轴转速：500r/min，总功率：10kW	全新设计	企业新产品	行业先进
卧式三面攻丝机床	BZ－U1823	生产节拍：3min/件，滑台工进速度：124mm/min，总功率：11kW	全新设计	企业新产品	行业先进
东风汽车有限公司设备制造厂					
高速加工中心	DH500I	工作台面尺寸：500mm×500mm，行程（$X/Y/Z$）：650mm/650mm/650mm，主电动机功率（S1/S6）：25kW/35kW，主轴转速：45～18 000r/min，快速进给速度：60m/min，刀库容量：46把，定位精度：±0.01mm，重复定位精度：±0.005mm，控制系统：FANUC 31i－MB	全新设计	行业新产品	国内先进
高速加工中心	DH630Ⅱ	工作台面尺寸：630mm×630mm，行程（$X/Y/Z$）：900mm/800mm/800mm，主电动机功率（S1/S6）：38kW/74kW，主轴转速：45～12 000r/min，快速进给速度：60m/min，刀库容量：46把，定位精度：±0.01mm，重复定位精度：±0.005mm，控制系统：FANUC 31i－MB	全新设计	行业新产品	国内先进

（续）

产品名称	型号	主要技术参数	产品性质	产品属性	产品水平
高速加工中心	DH800Ⅱ	工作台面尺寸：800mm×800mm，行程（$X/Y/Z$）：1 250mm/900mm/1 000mm，主电动机功率（S1/S6）：38kW/74kW，主轴转速：45～12 000r/min，快速进给速度：60m/min，刀库容量：40把，定位精度：±0.01mm，重复定位精度：±0.005mm，控制系统：FANUC 32i－MB	全新设计	行业新产品	国内先进
大连机床集团有限责任公司					
墙式五轴立式加工中心	VDU－1000	工作台面直径：800mm、1 000mm，主轴转速：20 000r/min，刀库数量：40把，行程（$X/Y/Z$）：1 100mm/1 100mm/750mm	全新设计	行业新产品	国内先进
加工中心	HDS－Y500	行程（$X/Y/Z$）：800mm/800mm/630mm，快速移动速度（$X/Y/Z$）：（65m/min）/（50m/min）/（65m/min），主轴转速：12 000r/min，主轴轴承内径：80mm，换刀时间（切对切）：4.3s	全新设计	行业新产品	国内先进
卡盘式立式数控车床	VT－20	最大车削直径：400mm，最大加工高度：500mm，主轴转速：50～2 250r/min，主电动机功率：18.5kW/22kW	全新设计	行业新产品	国内先进

四、科研项目及获奖情况

2013年，组合机床行业报送科研项目共29项（17项处于研制阶段），共投入资金47 038万元。获奖科研项目共12项。2012年组合机床行业部分企业科研项目见表5。2012年组合机床行业获奖科研项目见表6。

表5 2012年组合机床行业部分企业科研项目

科研项目名称	主要内容	应用状况	项目来源
保定标正机床有限责任公司			
精密数控专用设备更新改造	实现精密数控设备产品升级	自行应用	河北省技术改造项目
卧式双面三工位铣钻系列机床	实现组合机床自动线的数控化和柔性化	自行应用	保定市重大支撑项目
东风汽车有限公司设备制造厂			
FANUC机器人试教阵地的开发	建立机器人示教培训阵地，培养一批掌握机器人仿真、示教、使用、维修方面的人才，提升焊装线机器人集成应用能力	自行应用	企业自选
焊装数控转台的研制	开发适用于回转焊装夹具及机器人滚边用的数控转台	自行应用	企业自选
伺服定位装置的研制	开发适用于柔性夹具、柔性焊装线的伺服定位单元	自行应用	企业自选
欧姆龙试验平台开发	通过开发拼装式成型夹具，提升车身总成柔性成形技术	自行应用	企业自选
大连机床集团有限责任公司			
TD500钻削中心	开发全新产品，提升企业科技水平	其他	企业自选
DXZCH－0002大规格轴承环加工专用数控车床及自动线	开发全新产品，提升企业科技水平	其他	企业自选
DLA400车削中心	开发全新产品，提升企业科技水平	其他	企业自选
DLA300车削中心	开发全新产品，提升企业科技水平	其他	企业自选
CKA61160P/4000大型平床身数控车床	开发全新产品，提升企业科技水平	其他	企业自选
DFU242中机发动机系列项目	开发全新产品，提升企业科技水平	其他	其他企业委托科技项目

表6　2012年组合机床行业获奖科研项目

项目名称	主要内容及应用范围	获奖名称	获奖等级	主要完成单位
标准节齿条座孔平面卧式双面六头钻、锪组合机床	建筑业	河北省科技成果奖		保定标正机床有限责任公司
卧式单面镗床	服装缝纫机行业	河北省科技成果奖		保定标正机床有限责任公司
桥壳和前车架钻孔锪面机床	工程机械、汽车制造	河北省科技成果奖		保定标正机床有限责任公司
活塞杆铣钻机床	煤炭行业	河北省科技成果奖		保定标正机床有限责任公司
在线检测数控加工中心	在线检测	河北省科技成果奖		保定标正机床有限责任公司
C10－08缸体混合柔性生产线的研制	该缸体混合柔性生产线用于C08和C10两种发动机缸体合盖前全部粗、精加工	中国汽车工业科学技术奖	二等奖	东风汽车有限公司设备制造厂
DH500系列高速加工中心开发与商品化	可高效、高速加工汽车缸体、缸盖等零件	东风汽车公司科技进步奖	一等奖	东风汽车有限公司设备制造厂
多品种变速箱中间壳体柔性精加工生产线的研制及应用	用于重型商用车变速箱中间壳体精加工	东风汽车公司科技进步奖	二等奖	东风汽车有限公司设备制造厂
A08多品种高端旅行车白车身焊装混流线的研制	能实现四种长短不同、高度不同的车身混流生产；能实现生产不同车型时，设备工作状态的自动变换及车身工位间的自动往复输送	东风汽车公司科技进步奖	二等奖	东风汽车有限公司设备制造厂
D310国四车前面罩伺服包边机的研制	研制伺服驱动的白车身用包边机	东风汽车公司科技进步奖	二等奖	东风汽车有限公司设备制造厂
用于缸盖导管、阀座底孔加工的换箱式机床的研究与应用	用于缸盖导管、阀座底孔的粗精加工	东风汽车公司科技进步奖	三等奖	东风汽车有限公司设备制造厂
C10缸盖柔性生产线的研制	用于C10缸盖从毛坯到安装瓦盖前的全部工序及安装瓦盖后凸轮轴粗、半精加工，是成套提供加工、物流和检测设备的整线交钥匙工程	东风汽车公司科技进步奖	三等奖	东风汽车有限公司设备制造厂

五、专利发明情况

2012年，组合机床行业共上报专利37项，其中，发明专利22项、实用新型专利15项。2012年组合机床行业部分企业授权专利情况见表7。

表7　2012年组合机床行业部分企业授权专利情况

序号	企业名称	专利名称	专利类型	授权日期
1	保定标正机床有限责任公司	定位孔一次切削成型装置	发明	2012.09.28
2	保定标正机床有限责任公司	液压滑套进给式镗削动力头	发明	2012.09.27
3	保定标正机床有限责任公司	一种活动顶杆机构	发明	2012.09.28
4	保定标正机床有限责任公司	三位油缸	发明	2012.09.27
5	保定标正机床有限责任公司	数控四工位液压转塔	发明	2012.09.27
6	保定标正机床有限责任公司	一种镗刀对刀仪	发明	2012.09.27
7	保定标正机床有限责任公司	一种液压自动定心外夹紧机构	发明	2012.09.28
8	保定标正机床有限责任公司	镗孔用两次抬起定位夹紧机构	发明	2012.09.28
9	保定标正机床有限责任公司	一种液压自动辅助支承	发明	2012.09.28
10	保定标正机床有限责任公司	丝杠浮动支撑结构	发明	2012.09.28
11	保定标正机床有限责任公司	一种内腔定位夹紧机构	发明	2012.09.27
12	保定标正机床有限责任公司	一种滚动定位机构及其组成的机床	发明	2012.09.28

（续）

序号	企业名称	专利名称	专利类型	授权日期
13	保定标正机床有限责任公司	双活塞油缸	发明	2012.09.27
14	保定标正机床有限责任公司	一种多孔零件的镗孔方法及其设备	发明	2012.09.27
15	保定标正机床有限责任公司	液压自定心内腔涨紧机构	发明	2012.09.28
16	东风汽车有限公司设备制造厂	试验工作运动机	发明	2012.10.03
17	东风汽车有限公司设备制造厂	包边机包边驱动机构	发明	2012.09.26
18	东风汽车有限公司设备制造厂	分体式包边模块	发明	2012.09.26
19	东风汽车有限公司设备制造厂	连杆式平行四边形预包边机构	发明	2012.09.26
20	东风汽车有限公司设备制造厂	凸轮式平行四边形预包边机构	发明	2012.09.26
21	东风汽车有限公司设备制造厂	主减速器输出半轴螺母双密封结构	发明	2012.07.11
22	大连机床集团有限责任公司	双刀架上下布局斜床身数控车床	实用新型	2012.08.01
23	大连机床集团有限责任公司	吹风喷水式双液压中心架机构	实用新型	2012.08.01
24	大连机床集团有限责任公司	生产实用型装配、调整、修理教学用车床	实用新型	2012.08.01
25	大连机床集团有限责任公司	用于卧式车床的托辊机构	实用新型	2012.08.01
26	大连机床集团有限责任公司	卧式车床卡盘防护装置	实用新型	2012.08.01
27	大连机床集团有限责任公司	具有副主轴的机床	实用新型	2012.08.01
28	大连机床集团有限责任公司	具有自动下料辅机的可编程加工数控车床	实用新型	2012.08.01
29	大连机床集团有限责任公司	加工活塞外圆周面的机床	实用新型	2012.08.01
30	大连机床集团有限责任公司	具有吸收热变形功能的测力尾座	实用新型	2012.09.12
31	大连机床集团有限责任公司	用于卧式车床的接料装置	实用新型	2012.09.12
32	大连机床集团有限责任公司	用于机床的中空棒料加工自动挡料下料装置	实用新型	2012.09.12
33	大连机床集团有限责任公司	数控立车主轴液压卡盘防漏水结构	实用新型	2012.09.12
34	大连机床集团有限责任公司	数控立车主轴箱结构	实用新型	2012.09.12
35	大连机床集团有限责任公司	工件轴向定位装置	实用新型	2012.09.12
36	大连机床集团有限责任公司	利用电动推杆驱动自动换挡式床头箱	发明	2012.11.28
37	大连机床集团有限责任公司	杆状部件旋转工具	实用新型	2012.12.12

六、新增会员企业介绍

湖北汇科数控组合机电装备有限公司　位于湖北省老河口市经济开发区，是专门从事数控组合机床及生产线设计制造的专业公司，同时生产加工中心、数控龙门镗铣床、工装夹具和各类组合机床通用部件。公司通过了 ISO9001 质量管理体系认证，拥有 17 项发明专利，获得国家高新技术企业证书。

公司拥有先进的生产设备及工艺技术，检测手段完备。拥有以国内先进的龙门式动梁导轨磨床和超音频导轨淬火机床为主导的机床导轨加工系统，以进口双柱坐标镗床构成的恒温车间为主导的孔系加工系统，以三坐标测量机和各类专用检具为主导的检测系统。

保证产品质量是公司管理工作的重要环节。公司从制造质量到外购零件的质量控制，建立了一套符合行业实际和企业特点的质量控制系统。企业主力设计人员具备中高级职称的 21 人，从事生产一线的铣、镗、磨、装配中高级技工 40 余人。

公司主要产品有专用、数控组合机床及自动线；组合机床通用部件有 TX、1TX 系列铣削头，TA、1TA 系列镗削头，1TC 系列镗车头，TZ、1TZ 系列钻削头，HJ、1HJ 系列机械滑台，HY、1HY 系列液压滑台，1XG 系列铣削工作台，TD、1TD 系列动力箱，HJ－F41、1HJ－F41 滑台进给箱，可调中心距镗削头。此外，还有平面铣床、立卧式组合铣床及转盘铣床。产品广泛应用于汽车、发动机、铁路、工程机械、纺织、冶金、船舶、煤矿机械、石油机械、农业机械、五金及军工等行业。

公司将继续沿着“专用机床数控化，加工中心专机化”的方向，为用户制造更高效、更柔性化的工艺装备，为用户创造更大的利润空间。

杭州大天数控机床有限公司　创建于 2006 年，前身为杭州组合机床研究所，是国家高新技术企业、国家火炬计划承担企业、国家创新基金承担企业，浙江省优势成长企业、浙江省创新型企业、浙江省专利模范企业。

公司的主导产品是高效复合机床，包括多主轴复合机床、立式加工中心、复合龙门机床及柔性组合机床等。公司几十年专注高效复合机床技术的研发，曾与博世电动、日本雅马哈、法国维苏威合作研发先进的复合机床。承接科技部一项创新基金项目，多项火炬计划项目均获得了国家级科技成果，具有自主知识产权 100 多项。

〔撰稿人：中国机床工具工业协会组合机床分会李秀敏
审稿人：中国机床工具工业协会组合机床分会刘庆乐〕

重 型 机 床

2012 年,重型机床行业受国内外宏观经济的共同影响,行业企业的各项主要经济指标全面下滑,销售收入、利润、新签订单继续呈下降态势,库存明显增加。企业普遍感到经营越来越困难,近半数企业出现了亏损。

一、基本情况

2012 年,重型机床行业各项指标在上年下滑的基础上仍持续下降。重型机床分会 7 家会员企业全年完成工业总产值 361 610 万元,比上年下降44.9%;销售产值 369 318 万元,比上年下降 40.14%。2012 年重型机床行业主要经济指标完成情况见表 1。

表 1　2012 年重型机床行业主要经济指标完成情况

指标名称	单位	年度累计
工业总产值	万元	361 610
其中:机床工具类产品产值	万元	315 369
工业销售产值	万元	369 318
其中:机床工具类产品销售产值	万元	338 418
工业增加值	万元	104 348
实现利税	万元	4 432
从业人员平均人数	人	13 463
资产总计	万元	1 154 449
流动资产平均余额	万元	697 522
固定资产净值平均余额	万元	373 951

二、生产及出口情况

2012 年,重型机床行业企业金属切削机床产量 1 140 台,同比下降 58.1%,数控机床产量 439 台,同比下降 54.8%。2012 年重型机床行业分类产品生产情况见表 2。

表 2　2012 年重型机床行业分类产品生产情况

产品名称	实际完成		其中:数控	
	产量(台)	产值(万元)	产量(台)	产值(万元)
金属切削机床	1 140	214 787	439	162 654
加工中心	21	5 437	21	5 437
立式加工中心	17	3 711	17	3 711
龙门式加工中心	4	1 726	4	1 726
车床	940	140 501	320	100 609
钻床	2	823	2	823
镗床	51	29 498	39	26 483
磨床	24	9 297	23	9 282
齿轮加工机床	8	2 765		
铣床	51	22 765	29	19 493
其他金属切削机床	43	3 701	5	527

2012 年,重型机床行业金属切削机床出口量 32 台,同比下降 49.2%;出口额 1 758.6 万美元,同比下降 42.6%。2012 年重型机床行业分类产品出口情况见表 3。

表 3　2012 年重型机床行业分类产品出口情况

产品名称	实际完成		其中:数控	
	出口量(台)	出口额(万美元)	出口量(台)	出口额(万美元)
金属切削机床	32	1 758.6	25	1 685.0
车床	26	1 351.1	19	1 277.5
镗床	5	374.2	5	374.2
磨床	1	33.3	1	33.3

三、新产品开发

近年来,我国重型机床产品技术水平有了长足的进步,七轴五联动、多功能复合加工、机械式大功率两坐标铣头等先进技术在各种类型重型机床产品中得到广泛应用。重型机床产品不断创新,如武汉重型机床集团有限公司研制的螺旋桨用重型七轴五联动车铣复合机床荣获2012 年度国家科技进步奖二等奖,代表着我国重型立式车床制造水平已经达到世界先进水平,完全可满足国内市场需求,替代进口产品。武汉重型机床集团有限公司研制的 CKX53280 单柱移动式超重型数控立式铣车床、齐齐哈尔二机床(集团)有限责任公司研制的镗杆直径达 320mm 的 TK6932 型超重型数控落地铣镗床、武汉重型机床集团有限公司为天津赛瑞公司研制的 DL250 型超重型数控卧式镗车床等产品,标志着我国在极限制造领域已达到世界先进水平,能源、交通、船舶等领域关键装备生产能力大幅度提高。2012 年,重型机床行业共开发新产品 35 种。2012 年重型机床行业新产品开发情况见表 4。

表 4　2012 年重型机床行业新产品开发情况

产品名称	型号	主要技术参数	产品性质	产品属性	产品水平
武汉重型机床集团有限公司					
数控双柱立式铣车床	CKXD52125×50/250	最大加工直径:12 500mm,最大加工高度:5 000mm,定位精度(X、Z):0.04mm/1 000mm,重复定位精度(X、Z):0.02mm/1 000mm,工作台面直	全新设计	企业新产品	国内领先

（续）

产品名称	型号	主要技术参数	产品性质	产品属性	产品水平
		径:8 000mm,工作台最大转矩:650kN·m,工作台转速:0.155~15.5r/min,工作台最大承载:250t,数控轴:5个,联动轴:3个,左右刀架滑枕行程:2 500mm			
立式车铣加工中心	CHX5116	最大加工直径:1 600mm,最大加工高度:1 600mm,定位精度(X、Z):0.03mm/1 000mm,重复定位精度(X、Z):0.015mm/1 000mm,工作台面直径:1 250mm,工作台最大转矩:20kN·m,工作台转速:31.5~315r/min,工作台最大承载:8t,C轴定位精度:±5″,刀架滑枕行程:1 200mm	改型设计	企业新产品	国内领先
数控重型卧式铣车床	DL250×240/500×420	床身上回转直径:5 000mm,车削直径:4 200mm,车削长度:24 000mm,顶尖间最大工件重量:500t,快速移动速度(X、Z):6 000mm/min,主轴最大转矩:420kN·m,主电动机功率:284kW,表面粗糙度:1.6μm,定位精度(X/Z):0.02mm/0.12mm,重复定位精度(X/Z):0.01mm/0.03mm	全新设计	企业新产品	国内领先
数控重型卧式车床	WZ1600×120/18	床身上回转直径:2 000mm,车削直径:1 600mm,车削长度:12 000mm,顶尖间最大工件重量:18t,快速移动速度(X/Z):(5 000mm/min)/(6 000mm/min),主轴最大转矩:18kN·m,主轴转速:0.5~200r/min,主电动机功率:60kW,表面粗糙度:1.6μm,定位精度(X/Z):0.016mm/0.06mm,重复定位精度(X/Z):0.009mm/0.016mm	全新设计	企业新产品	国内领先
数控重型卧式车床	DL160×150/125×250	床身上回转直径:3 200mm,车削直径:2 500mm,车削长度:15 000mm,顶尖间最大工件重量:125t,快速移动速度(X/Z):(4 000mm/min)/(6 000mm/min),主轴最大转矩:180kN·m,主轴转速:0.5~90r/min,主电动机功率:144kW,表面粗糙度:1.6μm,定位精度(X/Z):0.015mm/0.06mm,重复定位精度(X/Z):0.012mm/0.015mm	全新设计	企业新产品	国内领先
数控落地铣镗床	FB320/280×120	主轴直径:320mm,铣轴端部直径:470mm,主轴转速(无级):2.5~1 000r/min,滑枕截面尺寸:800mm×950mm,行程(X/Y/Z/W):28 000mm/12 000mm/2 500mm/1 800mm,快速移动速度(X、Y、Z、W):6 000mm/min,主轴最大转矩:25kN·m,主轴电动机额定功率(AC):129kW(连续)	全新设计	企业新产品	国内领先
数控回转工作台	TDV600×600×1200/60	工作台面尺寸:6 000mm×12 000mm,承载能力:600t,滑座行程(V轴):3 000mm,滑座移动速度(V轴):0.1~3 000mm/min	全新设计	企业新产品	国内领先
数控龙门移动镗铣床	XK26100×360/85×40	工作台面尺寸:36 000mm×10 000mm,龙门间距:12 000mm,主轴端面距工作台最大高度:8 500mm,主电动机功率:100kW,主轴转速:5~1 200r/min,主轴直径:200mm,主轴最大转矩:8 000N·m,滑枕截面尺寸:630mm×700mm	全新设计	企业新产品	国内领先
数控定梁龙门移动镗铣床	XKG2730×80/20×15	工作台面尺寸:8 000mm×3 000mm,龙门间距:3 800mm,主轴端面距工作台最大高度:2 000mm,主电动机功率:60kW,主轴转速:5~2 000r/min,主轴直径:130mm,主轴最大转矩:1 146N·m,滑枕截面尺寸:500mm×500mm	全新设计	企业新产品	国内领先

（续）

产品名称	型号	主要技术参数	产品性质	产品属性	产品水平
齐重数控装备股份有限公司					
数控重型卧式车床	HTⅢ420×180/400L-NC	床身上回转直径:4 200mm,车削直径:3 500mm,车削长度:18 000mm,顶尖间最大重量:400t,快速移动速度(*X*、*Z*):4 000mm/min,主轴转速:0.32～63r/min,主电动机功率:225kW,表面粗糙度:1.6μm,定位精度(*X/Z*):(0.05mm/1 000mm)/(0.08mm/1 000mm),重复定位精度(*X/Z*):0.02mm/0.035mm	全新设计	企业新产品	国内领先
数控重型卧式车床	HTⅢ630×120/120L-NC	床身上回转直径:6 300mm,车削直径:5 000mm,车削长度:12 000mm,顶尖间最大重量:120t,快速移动速度(*X*、*Z*):4 000mm/min,主轴转速:0.4～80r/min,主电动机功率:160kW,表面粗糙度:1.6μm,定位精度(*X/Z*):(0.05mm/1 000mm)/(0.08mm/1 000mm),重复定位精度(*X/Z*):0.02mm/0.035mm	全新设计	企业新产品	国内领先
数控重型卧式车磨床	HTⅢG250×120/200L-NC	床身上回转直径:2 500mm,车削直径:2 000mm,车削长度:12 000mm,顶尖间最大重量:200t,快速移动速度(*X*、*Z*):4 000mm/min,主轴转速:0.4～80r/min,主电动机功率:160kW,表面粗糙度:1.6μm	全新设计	企业新产品	国内领先
数控落地车床	FT315×230/50L-NC	基座平板上回转直径:3 300mm,车削直径:2 600mm,车削长度:23 000mm,顶尖间最大重量:50t,快速移动速度(*X*、*Z*):4 000mm/min,主轴转速:0.63～125r/min,主电动机功率:110kW,铣头(磨头)转速:100～6 000r/min,表面粗糙度:车外圆1.6μm,定位精度(*X*、*Z*):0.02mm/1 000mm,重复定位精度(*X/Y/Z*):0.015mm/0.015mm/0.02mm	全新设计	企业新产品	国内领先
高档立式铣车复合加工中心	HDVTM160×10/8L-MC	最大回转直径:2 000mm,车削直径:1 600mm,行程(*X/Y/Z*):3 700mm/2 200mm/1 000mm,车削长度:1 000mm,快速移动速度(*X/Y/Z*):(8m/min)/(4m/min)/(8m/min),主轴转速:315r/min,主电动机功率:28kW(两套),铣主轴转速:12 000r/min,铣主轴电动机功率:25kW,换刀时间(T-T):60s	全新设计	企业新产品	国内领先
数控龙门移动式双柱立式车床	DMVT1600×60/400L-NC	最大回转直径:16 000mm,车削直径:16 000mm,行程(*X/Z/U/W*):6 620mm/2 750mm/6 620mm/6 750mm,车削长度:6 000mm,快速移动速度(*X*、*Z*、*U*、*W*):4 000mm/min,主轴转速:20r/min,主电动机功率:100kW(两套),表面粗糙度:1.6μm	全新设计	企业新产品	国内领先
数控双柱定梁立式车磨床	DFVTG630×8/40Q-NC	最大回转直径:6 300mm,车削直径:6 300mm,行程(*X/Z/U/W*):3 420mm/800mm/3 920mm/600mm,车削长度:800mm,快速移动速度(*X*、*Z*、*U*、*W*):4 000mm/min,主轴转速:32r/min,主电动机功率:90kW,磨主轴转速:3 000r/min,磨主轴电动机功率:22kW,表面粗糙度:1.6μm,定位精度:0.03mm,重复定位精度:0.015mm	全新设计	企业新产品	国内领先
数控重型轧辊磨床	RG300×150/260L-NC	加工直径:500～3 000mm,砂轮直径:760～1 200mm,加工工件重量:260t,加工精度:圆柱度0.002mm/m、圆度0.002mm、辊形误差0.002mm/m,表面粗糙度:0.2μm	全新设计	企业新产品	国内领先

（续）

产品名称	型号	主要技术参数	产品性质	产品属性	产品水平
数控轴承套圈磨床	3MK20100×40Q－NC	加工直径：内孔 400～1 000mm、最大外圆 1 100mm，最大砂轮直径：400mm，最大工件宽度：400mm，床头箱最大移动距离：300mm，加工精度（内孔）：圆柱度 0.009mm、圆度 0.006mm	全新设计	企业新产品	国内领先
数控滚齿机	YK31500L	最大加工直径：5 000mm，最大加工模数：40mm，工作台最高转速：3r/min，滚刀最高转速：200r/min，控制轴：6 个，联动轴：4 个	全新设计	企业新产品	国内领先
数控龙门移动式镗铣床	XK2650×250	工作台面尺寸：26 000mm×5 000mm，行程（*X/Y/Z/W*）：27 200mm/6 700mm/1 250mm/3 500mm，快速移动速度（*X/Y/Z/W*）：（6m/min）/（6m/min）/（4m/min）/（2m/min），工作台单位最大承载：20 t/m^2，滑枕截面尺寸：600mm×600mm，主电动机功率：100kW，加工精度：圆度 0.01mm、圆柱度 0.048mm、平面度 0.02mm、等高度 0.05mm、两面垂直度 0.02mm/300mm	全新设计	企业新产品	国内领先
数控重型深孔车镗床	DTB500 × 160/250L－NC	床身上回转直径：5 000mm，车削直径：4 000mm，车削长度：16 000mm，顶尖间最大重量：250t，快速移动速度（*X*、*Z*）：4 000mm/min，主轴转速：0.5～100r/min，主电动机功率：225kW，镗孔直径：500～2 000mm，镗孔深度：8 000mm	全新设计	企业新产品	国内领先
重型深孔钻镗床	DDBⅡ160×180/320	床身上回转直径：3 200mm，实心钻孔直径：80～150mm，套料直径：250mm，扩镗孔直径：150～1 600mm，最大工件长度：18m，工件最大重量：320t，快速移动速度：床头 2 000mm/min、钻杆 3 000 mm/min，主电动机功率：160kW	全新设计	企业新产品	国内领先
数控立式铣钻床	BVDM400 × 5/10L－NC	最大回转直径：4 000mm，切削直径：4 000mm，行程（*X/Z*）：2 180mm/1 000mm，切削长度：500mm，快速移动速度（*X/Z*）：8 000mm/min，*C* 轴最高转速：2r/min，铣主轴转速：3 000r/min，铣主轴电动机功率：22kW	全新设计	企业新产品	国内领先
贵阳险峰机床有限责任公司					
钢轨焊缝数控成形磨床	XFGT001	单次循环打磨一个焊缝（两侧同时打磨）时间：≤6min，腰部焊缝最大残留高度：0.8mm，1∶9 斜面焊缝最大残留：0.15mm，轨脚焊缝最大残留：0.1mm，打磨面表面粗糙度：3.2μm	全新设计	企业新产品	国内领先
多功能数控轧辊磨床	MK84200×180	加工直径：200～2 000mm，最大顶尖距：16m，加工工件最大重量：100t，圆柱面加工精度：圆柱度 0.002mm/m、圆度 0.002mm、同轴度 0.002mm、表面粗糙度 0.2μm	全新设计	企业新产品	国内领先
数控轧辊磨床	MK84160×60	最大加工直径：1 600mm，最小磨削直径：300mm，最大顶尖距：6 500mm，工件最大重量：60t，磨架横向（*X* 轴）最大移动距离：600mm	全新设计	企业新产品	国内领先
大型数控外圆磨床	MK13125～13160	最大磨削直径：1 600mm，最小磨削直径：150mm，工件最大重量：托磨 60t、顶磨 20t，砂轮线速度：35m/s	全新设计	企业新产品	国内领先
青海华鼎重型机床有限责任公司					
数控重型卧式车床	CK61350×12/100	床身最大回转直径：3 500mm，最大工件长度：12 000mm，卡盘直径：3 150mm，主轴转速：0.5～100r/min	全新设计	企业新产品	国内领先

（续）

产品名称	型号	主要技术参数	产品性质	产品属性	产品水平
数控重型卧式车床	CK61350×16/260	床身最大回转直径:3 500mm,最大工件长度:16 000mm,卡盘直径:3 150mm,主轴转速:0.5～80r/min	全新设计	企业新产品	国内领先
数控车轮车床	CK8011E	轨距:1 435mm,轮对内侧距:1 353mm±3mm,加工轮对直径:600～1 100mm,轮对装卡直径:520～900mm,轮对轴长:1 900～2 610mm,轮箍宽度:120～140mm	全新设计	企业新产品	国内领先
数控不落轮对车床	DLC－25G	轨距:1 435mm,加工轮对直径:650～1 300mm,最大轴负重:250kN,最大切削深度:8mm,轮对轴长:1 600～2 450mm,轮箍宽度:120～160mm	全新设计	企业新产品	
大连瓦房店机床集团有限公司					
数控双柱立式车削加工中心	CH5240	工作台面直径:3 600mm,最大工件高度:2 000mm,刀架行程(*Z*/*X*):1 250mm/2 150mm,刀架快速移动速度:4 000mm/min,主轴转速:1～50r/min,刀位数:8把	全新设计	企业新产品	国内领先
数控双柱立式车削加工中心	CHM5250×31/50	最大车削直径:5 000mm,工作台面直径:4 500mm,最大工件高度:3 150mm,刀架行程(*Z*/*X*):1 600mm/2 765mm,刀架快速移动速度:4 000mm/min,主轴转速:0.5～50r/min,刀位数:8把	全新设计	企业新产品	国内领先
上海重型机床厂有限公司					
数控龙门导轨磨床	MK5235×12m	磨削宽度:3 500mm,磨削高度:2 500mm,磨削长度:12 000mm,工作台承重:36t,周边磨头功率:30kW,万能磨头功率:18kW,磨头的径向跳动和轴向窜动:＜0.002mm,加工直线度:0.005mm/1 000mm,表面粗糙度:0.3μm	全新设计	企业新产品	国内领先
数控卧式车铣中心	CK6185(Ⅲ)	回转直径:850mm,车削直径:500mm,车削长度:10 000mm,行程(*X*/*Z*):520mm/10 050mm,主轴转速:4.5～710r/min,主电动机功率:30kW/41kW	全新设计	企业新产品	国内领先

四、科研项目及获奖情况

2012年,重型机床行业上报科研项目共84项,处于研制阶段的67项,已完成17项。2012年重型机床行业科研项目见表5。2012年重型机床行业获奖科研项目见表6。

表5　2012年重型机床行业科研项目

科研项目名称	主要内容	应用状况	项目来源	完成企业名称
TK6913B/L20型数控落地铣镗床	新产品研发	其他	市场需求	齐齐哈尔二机床(集团)有限责任公司
TH6813/20×16型铣镗加工中心	新产品研发	其他	市场需求	齐齐哈尔二机床(集团)有限责任公司
TK6926B/200×100型数控落地铣镗床	新产品研发	其他	市场需求	齐齐哈尔二机床(集团)有限责任公司
CK5225×25/16型数控立式车床	新产品研发	其他	市场需求	齐齐哈尔二机床(集团)有限责任公司
CK61315×160/80型数控卧式车床	新产品研发	其他	市场需求	齐齐哈尔二机床(集团)有限责任公司
GM2735/L120型数控龙门铣镗床	新产品研发	其他	市场需求	齐齐哈尔二机床(集团)有限责任公司
Q2－185移动式镗床	新产品研发	其他	市场需求	齐齐哈尔二机床(集团)有限责任公司
YBT－2摇摆试验台	新产品研发	其他	市场需求	齐齐哈尔二机床(集团)有限责任公司
L4S2400－MB型多连杆压力机	新产品研发	其他	市场需求	齐齐哈尔二机床(集团)有限责任公司
L4S2250－MBC型多连杆压力机	新产品研发	其他	市场需求	齐齐哈尔二机床(集团)有限责任公司
XKL2427/L900型数控龙门高速铝锭复合加工生产线	新产品研发	其他	市场需求	齐齐哈尔二机床(集团)有限责任公司

（续）

科研项目名称	主要内容	应用状况	项目来源	完成企业名称
电梯导轨端面、安装面加工专用立卧复合式机床	新产品研发	其他	市场需求	齐齐哈尔二机床(集团)有限责任公司
电梯导轨阳榫专用加工机床	新产品研发	其他	市场需求	齐齐哈尔二机床(集团)有限责任公司
DL－4 2400 多工位压力机	新产品研发	其他	市场需求	齐齐哈尔二机床(集团)有限责任公司
ZTKF120 可倾斜式移动工作台	新产品研发	其他	市场需求	齐齐哈尔二机床(集团)有限责任公司
Z34－38 型自动镦锻机	新产品研发	其他	市场需求	齐齐哈尔二机床(集团)有限责任公司
高速铁路摩擦式传动车轮车床研发	研制用于动车组、高速铁路的数控车轮车床、用于地铁和城市轨道交通的数控车轮车床。对关键零部件进行有限元分析计算，提高关键零部件的稳定性与可靠性；机床整体优化设计研究	其他	青海省科技计划	青海华鼎重型机床有限责任公司

表 6　2012 年重型机床行业获奖科研项目

项目名称	主要内容及应用范围	获奖名称	获奖等级	主要完成单位
2 × CWT100 × 120/120L－MC 数控重型曲轴铣车复合加工机床	该产品主要完成万匹马力以上船舶用柴油机半组合曲轴热装后的整体加工，产品的最大特点是在一台机床上完成主轴颈、法兰和曲轴径的加工	黑龙江省科学技术进步奖	一等奖	齐重数控装备股份有限公司
WT110/Q－NC 数控车轮车床	该机床主要适用于铁路地铁车辆、内燃机车、蒸汽机车、电力机车的从动轮，以及各种客货车解体后的单个轮对的轮缘及踏面的加工	黑龙江省科学技术进步奖	三等奖	齐重数控装备股份有限公司
TH6920A 型落地铣镗加工中心	该产品滑枕主传动箱采用一体化结构、镗轴进给全闭环控制技术、主轴轴承采用油气润滑技术，填补了国内空白。主轴转速 2 000r/min，定位精度 0.015mm，重复定位精度 0.01mm。该产品属高速、高精度的科技创新型产品，重点满足航空航天、船舶、电力装备、核电等行业的需求	黑龙江省科学技术进步奖	二等奖	齐齐哈尔二机床(集团)有限责任公司
承重 400t 数控重型卧式机床研究开发	该机床为纵向(Z)、横向(X)两轴联动的数控重型卧式车床，适用于重型机械与机器设备制造、轧辊生产与加工、船舶制造、通风设备制造及电力设备制造	青海省科技成果奖		青海华鼎重型机床有限责任公司
精密大型数控龙门导轨磨床关键技术开发与应用	机床具有磨宽 2.5m、磨长 16m 的工作台，具有纵、横二向凹凸磨削功能，配有二轴联动数控砂轮插补修正器。应用数控轴联动技术、电动机数字变频技术、全闭环数控系统技术、温控和精密测量技术以及液压平衡技术等。该项目产品具有良好的性价比，用于大型、高精度、高性能要求的导轨面加工	上海市科学技术奖	二等奖	上海重型机床厂有限公司
螺旋桨用重型七轴五联动复合加工机床		国家科技进步奖	二等奖	武汉重型机床集团有限公司

五、专利发明情况

2012 年，重型机床行业获得授权的专利共 59 项。其中，发明专利 13 项、实用新型专利 46 项。2012 年重型机床行业部分企业授权专利情况见表 7。

表 7　2012 年重型机床行业部分企业授权专利情况

企业名称	专利名称	专利类型	授权日期
武汉重型机床集团有限公司	一种变频恒流静压轴承的液压控制系统	发明	2012.10.03
武汉重型机床集团有限公司	紧凑型液压马达泵组	发明	2012.11.21
武汉重型机床集团有限公司	可变式恒流静压导轨及控制方法	发明	2012.02.01
武汉重型机床集团有限公司	镗杆横移多轴同步装置	发明	2012.11.14
武汉重型机床集团有限公司	大型机床立柱液压卸荷机构	实用新型	2012.02.01
武汉重型机床集团有限公司	热过盈锁紧套结构	实用新型	2012.07.04
武汉重型机床集团有限公司	平衡锤导向结构	实用新型	2012.08.01
武汉重型机床集团有限公司	立式铣车机床 *Y* 轴方向移动铣头	实用新型	2012.08.01
武汉重型机床集团有限公司	摩擦轮浮动驱动装置	实用新型	2012.11.14
齐重数控装备股份有限公司	分半联接的超重、超大型、高刚度分体工作台	发明	2012.12.28
齐重数控装备股份有限公司	数控滚齿机的主轴装置	发明	2012.06.27
齐重数控装备股份有限公司	对接旋风刀盘状态变化时的精度检测方法	发明	2012.07.04
齐重数控装备股份有限公司	一种在基础部件上加装其他安装件的方法	发明	2012.08.22
齐重数控装备股份有限公司	高速数控立式车床的工作台	发明	2012.10.10
齐重数控装备股份有限公司	双柱移动立式车铣床的基座滑板	发明	2012.10.10
齐重数控装备股份有限公司	变速箱挡位锁紧装置	实用新型	2012.05.30
齐重数控装备股份有限公司	分体开合式数控旋风刀架切削精度的检测装置	实用新型	2012.04.18
齐重数控装备股份有限公司	数控滚齿机的传动装置	实用新型	2012.02.29
齐重数控装备股份有限公司	一种超长尺寸的套料杆	实用新型	2012.10.10
齐重数控装备股份有限公司	重型深孔钻镗床液压快速定位辅助装置	实用新型	2012.07.18
齐重数控装备股份有限公司	浮动球面瓦受油器	实用新型	2012.07.18
齐重数控装备股份有限公司	重型深孔钻镗床主轴端面顶紧密封装置	实用新型	2012.10.10
齐重数控装备股份有限公司	刀夹配重通用平衡铁装置	实用新型	2012.07.18
齐重数控装备股份有限公司	高档次、高精度立式车削加工中心工作台	实用新型	2012.07.18
齐重数控装备股份有限公司	安装圆锥交叉滚柱轴承的装置	实用新型	2012.07.25
齐重数控装备股份有限公司	加工飞轮壳体用新型车胎	实用新型	2012.07.18
齐重数控装备股份有限公司	加工立车齿圈用新型车铣胎具	实用新型	2012.07.25
齐重数控装备股份有限公司	锯齿型静压卸荷丝杠安装位置检测支架	实用新型	2012.07.18
齐重数控装备股份有限公司	平－V 导轨高低差检测装置	实用新型	2012.10.10
齐重数控装备股份有限公司	一种增力卡爪的组合检测卡具	实用新型	2012.10.10
齐重数控装备股份有限公司	双头铣刀架	实用新型	2012.08.08
齐重数控装备股份有限公司	双刀架防撞装置	实用新型	2012.11.14
齐重数控装备股份有限公司	横梁回油装置	实用新型	2012.11.14
齐重数控装备股份有限公司	一种新型横梁升降进给装置	实用新型	2012.07.25
齐重数控装备股份有限公司	一种新型铣头定位装置	实用新型	2012.07.18
齐重数控装备股份有限公司	一种新型重载高速刀架水平进给装置	实用新型	2012.07.25
齐重数控装备股份有限公司	重型立车整机防护罩自动转门装置	实用新型	2012.07.18
齐重数控装备股份有限公司	数控重型轧辊磨床齿轮消隙机构	实用新型	2012.07.25
齐重数控装备股份有限公司	数控重型轧辊磨床 *U* 轴进给装置	实用新型	2012.07.18
齐重数控装备股份有限公司	二联孔专用检测装置	实用新型	2012.10.10

（续）

企业名称	专利名称	专利类型	授权日期
齐重数控装备股份有限公司	数控轧辊磨床连杆驱动装置	实用新型	2012.11.14
齐重数控装备股份有限公司	数控轧辊磨床顶尖修磨装置	实用新型	2012.08.22
齐重数控装备股份有限公司	机床上的防撞保护装置	实用新型	2012.12.05
齐重数控装备股份有限公司	一种精密杠杆测量机构	实用新型	2012.08.08
齐齐哈尔二机床（集团）有限责任公司	自动冷镦机半成品送料装置	实用新型	2012.05.16
齐齐哈尔二机床（集团）有限责任公司	大直径深孔车磨两用空心刀杆	实用新型	2012.04.18
齐齐哈尔二机床（集团）有限责任公司	镗轴支架轴承拆卸工具	实用新型	2012.07.25
齐齐哈尔二机床（集团）有限责任公司	手动砂光器	实用新型	2012.08.15
齐齐哈尔二机床（集团）有限责任公司	负荷轴向测量装置	实用新型	2012.07.25
齐齐哈尔二机床（集团）有限责任公司	内孔珩磨装置	实用新型	2012.07.25
齐齐哈尔二机床（集团）有限责任公司	具有独立内置式附件分度机构的滑枕式镗铣头	实用新型	2012.07.25
齐齐哈尔二机床（集团）有限责任公司	压力机新型滑块调整运动检测装置	实用新型	2012.08.29
齐齐哈尔二机床（集团）有限责任公司	一种用于数控机床滑枕热变形补偿的控制方法以及实施此方法的装置	发明	2012.10.24
齐齐哈尔二机床（集团）有限责任公司	一种肘杆机构	发明	2012.09.26
齐齐哈尔二机床（集团）有限责任公司	大型数控卧式铣镗床滑枕移动倾斜的导轨补偿方法及装置	发明	2012.09.26
上海重型机床厂有限公司	一种大承重高精度主轴组件	实用新型	2012.05.30
上海重型机床厂有限公司	用于数控重型车削中心 *C* 轴精密分度定位装置	实用新型	2012.09.05
上海重型机床厂有限公司	数控重型深孔钻镗双齿条进给机构	实用新型	2012.12.26
上海重型机床厂有限公司	用于车削中心的多工位立柱式复合加工装置	实用新型	2012.12.26

六、标准化工作

重型机床分会标准化专业委员会于 2012 年 8 月 18—21 日在河南省新乡市召开了全国金属切削机床标准化技术委员会重型机床分会六届四次会议。会议协调了 2011 年标准复核中存在的问题以及 2012 年标准制修订工作。商讨了 5 项行业标准《数控重型深孔钻镗床检验条件　第 1 部分：精度检验》《数控重型深孔钻镗床检验条件　第 2 部分：技术条件》《数控重型立柱移动式立式车床　第 1 部分：精度检验》《数控重型立柱移动式立式车床　第 2 部分：技术条件》《龙门铣刨床　第 1 部分：精度检验》的修订工作，并完成了标准修订征求意见稿。完成了 5 项行业标准《数控重型曲轴旋风车床检验条件　第 1 部分：参数》（计划编号 2011－1802T－JB）、《数控重型曲轴旋风车床检验条件　第 2 部分：精度检验》（计划编号 2011－1803T－JB）、《数控重型曲轴旋风车床检验条件　第 3 部分：技术条件》（计划编号 2011－1804T－JB）、《重型龙门移动式车铣复合加工中心　第 1 部分：精度检验》（计划编号 2011－1813T－JB）、《重型龙门移动式车铣复合加工中心　第 2 部分：技术条件》（计划编号 2011－1814T－JB）送审稿的审查会审并办理完上报审批手续。

〔撰稿人：中国机床工具工业协会重型机床分会彭鄂、刘双军　审稿人：中国机床工具工业协会重型机床分会徐宁安〕

小型机床

一、基本情况

2012 年，小型机床分会会员企业 17 家，包括四川普什宁江机床有限公司、山东临沂金星机床有限公司、温州仪表机床厂、浙江金火机床有限公司、池洲家用机床股份有限公司、广州粤港工程技术有限公司、上海第十二机床厂有限公司、杭州光大机械有限公司、佛山市佛威精密机器有限公司及西安北村精密机械有限公司等。参加本年鉴统计的企业共计 7 家。

2012 年，小型机床行业参加年鉴统计的 7 家企业完成工业总产值 7.97 亿元，比上年下降 25.5%。全年实现产品销售收入 8.89 亿元，比上年增长 24.4%；出口交货值 0.26 亿元，比上年增长 58.6%。行业存货下降 60.7%，企业库存略有上升；工业中间投入比上年下降 42.0%。2012 年小型机床行业主要经济指标完成情况见表 1。

表1　2012年小型机床行业主要经济指标完成情况

指标名称	单位	年度累计
工业总产值	万元	79 717
其中:机床工具类产品产值	万元	60 682
工业销售产值	万元	83 487
其中:机床工具类产品销售产值	万元	83 088
工业增加值	万元	33 605
实现利税	万元	6 033
从业人员平均人数	人	3 085
资产总计	万元	162 789
流动资产平均余额	万元	86 771
固定资产净值平均余额	万元	69 195

二、生产及销售情况

2012年,参加年鉴统计的7家企业共生产金属切削机床13 734台,比上年下降76.0%。其中,加工中心产量变化不大,铣床产量增加321台,车床产量减少6 519台,齿轮加工机床减少368台,其他金属切削机床减少765台,仪表车床减少34 264台。仪表车床已连续两年下降,产量萎缩较大。金属切削机床产值比上年下降43.1%。全行业生产数控机床2 687台,比上年下降73.2%,数控机床产值42 235万元,比上年下降36.4%。

2012年,金属切削机床销售量13 068台,比上年减少31 064台。数控机床销售量2 933台,其中数控铣床销售量778台,比上年增长110.3%。出口金属切削机床800台,比上年增加408台。

(1)仪表车床。主要生产厂家为温州仪表机床总厂、浙江金火机床有限公司、杭州光大机械有限公司。2012年,共生产9 595台小型仪表车床,比上年下降78.1%;产值3 443万元。当年销售仪表车床8 518台。当年仪表车床没有出口。

(2)卧式车床。生产厂家为山东临沂金星机床有限公司、佛山市佛威精密机器有限公司。2012年,共生产卧式车床1 208台,比上年下降37.4%;产值2 410万元,比上年下降40.8%。

(3)单轴自动车床。主要生产厂家为四川普什宁江机床有限公司。2012年,共生产各种单轴纵切自动车床50台,比上年减少506台;产值255万元,比上年下降90.7%,下降幅度较大。

(4)铣床。生产厂家为山东临沂金星机床有限公司。2012年,共生产数控铣床710台,出口778台,主要销往美国、日本。出口创汇285.4万美元,比上年增长54.6%。

(5)组合机床及加工自动线、装配自动线等专用设备。生产厂家为四川普什宁江机床有限公司。2012年,共生产97台(套),比上年下降87.9%;产值6 759万元。当年销售71台(套),比上年下降91.1%,专用设备的销售下降幅度较大。

(6)齿轮加工机床。生产厂家为四川普什宁江机床有限公司。2012年,共生产小型卧式滚齿机208台,比上年下降63.9%;产值3 970万元,比上年下降37.2%。销售252台,比上年减少301台。生产小型数控滚齿机73台,比上年减少63台;实现销售96台,比上年下降46.3%。当年齿轮加工机床出口5台,创汇34万美元。

(7)加工中心。生产厂家为四川普什宁江机床有限公司、佛山市佛威精密机器有限公司、山东临沂金星机床有限公司。2012年,共生产加工中心293台,其中,卧式加工中心41台、立式加工中心240台、龙门式加工中心6台、其他加工中心6台;产值为14 392万元。实现销售183台,比上年下降25.6%。

(8)多功能工具机。生产厂家为山东临沂金星机床有限公司。2012年,共生产多功能工具机1 568台,比上年增加829台;产值1 621万元,比上年增长108.9%。当年共计销售1 622台,且全部出口,主要出口欧洲等地区。

(9)镗床。生产厂家为四川普什宁江机床有限公司。2012年,共生产镗床4台,比上年减少4台;产值95万元,比上年下降48.3%。当年共计销售3台。

2012年小型机床行业分类产品生产情况见表2。

表2　2012年小型机床行业分类产品生产情况

产品名称	实际完成		其中:数控	
	产量(台)	产值(万元)	产量(台)	产值(万元)
金属切削机床	13 734	51 240	2 687	42 235
加工中心	293	14 392	293	14 392
立式加工中心	240	7 722	240	7 722
卧式加工中心	41	5 822	41	5 822
龙门式加工中心	6	753	6	753
其他加工中心	6	95	6	95
车床	2 587	19 242	1 441	17 948
镗床	4	95		
磨床	228	1 367	5	759
齿轮加工机床	208	3 970	73	2 956
铣床	710	1 865	710	1 865
组合机床	97	6 759	34	4 235
仪表车床	9 595	3 443	131	80
其他金属切削机床	12	108		
系列工具机	1 568	1 621		

三、新产品、新技术、新工艺发展情况

2012年,小型机床行业部分企业共开发设计新产品35种。其中,全新设计31种、改进设计4种;行业新产品7种、企业新产品28种。四川普什宁江机床有限公司开发专用机床12台、各式数控机床7台,浙江金火机床有限公司开发高速精密数控车床4台、数控多面切削机床各2台,山东临沂金星机床有限公司开发数控车床3台,佛山市佛威精密机器有限公司开发各式加工中心6台、数控卧式车床1台,这些新产品的研发为行业持续发展奠定了基础。2012年小型机床行业部分企业新产品开发情况见表3。

表3　2012年小型机床行业部分企业新产品开发情况

序号	产品名称	型号	主要技术参数	产品性质	产品属性	产品水平
四川普什宁江机床有限公司						
1	专用机床	NJ－SX035	九工位，步伐等距输送，步距：300mm，加工节拍：11s	改型设计	企业新产品	国内先进
2	专用机床	NJ－SX038	行程（$X/Z/Y_1/Z_1$）：220mm/110mm/500mm/1 400mm	全新设计	行业新产品	国际领先
3	专用机床	NJ－SX039	行程（$X/Z/Y_1/Z_1$）：220mm/110mm/500mm/1 400mm	全新设计	企业新产品	国际领先
4	专用机床	NJ－K035	行程（$X/Y/Z$）：700mm/410mm/550mm	全新设计	企业新产品	国内先进
5	专用机床	NJ－K036	行程（X/Z）：600mm/95mm	全新设计	行业新产品	国内先进
6	专用机床	NJ－K041	主轴转速：1 500r/min，Z轴行程：100mm	全新设计	企业新产品	国内先进
7	专用机床	NJ－K053	砂轮直径：305mm，主轴转速：1 500r/min，Z轴行程：100mm	全新设计	企业新产品	国内先进
8	专用机床	NJ－K054	行程（$X/Y/Z$）：4 000mm/3 000mm/1 000mm	全新设计	企业新产品	国内先进
9	后桥双端面孔数控卧式加工机床	NJ－K069	行程（$X/Y/Z$）：400mm/400mm/400mm	全新设计	企业新产品	国内先进
10	后桥双端面孔数控卧式加工机床	NJ－K071	七工位，步伐等距输送，行程（$X/Y/Z$）：200mm，步距：630mm	全新设计	企业新产品	国内先进
11	凹槽数控铣削机床	NJ－K072	行程（X/Z）：220mm/180mm	全新设计	企业新产品	国内先进
12	高架龙门加工中心	NJ－K073	行程（$X/Y/Z$）：3 360mm/2 700mm/1 000mm	全新设计	企业新产品	国内先进
13	精密五轴卧式加工中心	THM63120Ⅳ	行程（$X/Y/Z$）：1 300mm/1 200mm/1 100mm	全新设计	企业新产品	国内先进
14	精密五轴卧式加工中心	THMC6350Ⅳ	行程（$X/Y/Z$）：800mm/700mm/900mm	全新设计	企业新产品	国内先进
15	高速卧式加工中心	THS6330	行程（$X/Y/Z$）：300mm/340mm/300mm	全新设计	企业新产品	国内先进
16	卧式加工中心	TH6363Ⅲ	行程（$X/Y/Z$）：1 000mm/800mm/900mm	全新设计	企业新产品	国内先进
17	数控卧式滚齿机	YK3610Ⅳ	行程（$X/Y/Z$）：85mm/100mm/200mm	改型设计	企业新产品	国内先进
18	卧式加工中心	THD63100	行程（$X/Y/Z$）：1 600mm/1 200mm/1 300mm	全新设计	企业新产品	国际先进
19	精密卧式加工中心	THMD63100	行程（$X/Y/Z$）：1 600mm/1 200mm/1 300mm	全新设计	企业新产品	国内先进
山东临沂金星机床有限公司						
20	数控车床	CAK6136C	行程（X/Z）：300mm/515mm	全新设计	企业新产品	国内先进
21	数控卧式排刀棒料车床	CK6130I	行程（X/Z）：360mm/200mm	全新设计	企业新产品	国内先进
21	数控短床身车床	CK6450	行程（X/Z）：360mm/400mm	全新设计	企业新产品	国内先进
浙江金火机床有限公司						
23	小型数控铣床	XKJ7118	行程（$X/Y/Z$）：300mm/130mm/180mm	全新设计	企业新产品	
24	小型数控铣床	XH7140	行程（$X/Y/Z$）：620mm/350mm/500mm	全新设计	企业新产品	
25	数控车床	CKM30	行程（X/Z）：210mm/200mm	全新设计	企业新产品	
26	数控车床	CK6150	X轴行程：270mm，快速进给速度（X、Z）：6m/s、8m/s	全新设计	企业新产品	
27	数控车床	CKX45	行程（X/Z）：350mm/200mm	全新设计	企业新产品	
28	双头数控车床	CK6135SM	行程（X/Z）：280mm/250mm	全新设计	企业新产品	
佛山市佛威精密机器有限公司						
29	卧式加工中心	FWH－4	行程（$X/Y/Z$）：1 400mm/1 100mm/1 100mm	全新设计	行业新产品	

（续）

序号	产品名称	型号	主要技术参数	产品性质	产品属性	产品水平
四川普什宁江机床有限公司						
30	挤压模具专用数控加工中心	FWV－550	行程(X/Y/Z):500mm/500mm/500mm	改型设计	企业新产品	
31	铝型材龙门式加工中心	FWG－L3555	行程(X/Y/Z):3 500mm/550mm/350mm	全新设计	行业新产品	
32	铝型材龙门式加工中心	FWG－L540	行程(X/Y/Z):4 000mm/800mm/350mm	全新设计	行业新产品	
33	铝型材龙门式加工中心	FWG－L560	行程(X/Y/Z):6 000mm/800mm/350mm	全新设计	行业新产品	
34	立式加工中心	FWV－1580A1	行程(X/Y/Z):1 500mm/1 500mm/800mm	改型设计	企业新产品	
35	数控卧式车床	FWT－80200	行程(X/Z):400mm/2 000mm，最大回转直径:800mm，最大工件长度:2 200mm	全新设计	行业新产品	

四、科研项目及专利情况

2012 年，小型机床行业共上报科研项目 7 项，投入资金 6 150 万元，其中有 1 项处于研制阶段。2012 年小型机床行业部分科研项目见表 4。2012 年小型机床行业获奖科研项目见表 5。2012 年小型机床行业授权专利情况见表 6。

表 4　2012 年小型机床行业部分科研项目

科研项目名称	主要内容	应用状况	项目来源
四川普什宁江机床有限公司			
经济型数控卧式滚齿机开发	根据市场需求，在分析 YK3610II 成本的基础上，研发一种价格介于 YKJ3610 与 YK3610II 之间、齿轮加工精度 6 级、高效加工齿轮精度 7 级的经济型数控卧式滚齿机	自行应用	自主研发
加工中心配置 SIEMENS828D 数控系统的开发	选用 SIEMENS828D 系统，在一种规格的加工中心上进行硬件设计、电气原理设计、应用控制软件的开发，掌握其应用技术，降低配套成本，满足市场需求	自行应用	自主研发
CKN1112V/CKN1120V 配置 FANUC 系统机床改进	在现配置 MITSUBISHI 数控系统的基础上，对 V 型机床进行配置 FANUC 系统的改进	自行应用	自主研发
高精密弹簧夹头制造工艺研究	针对上海制笔行业笔尖加工机床上使用的日本专用进口新型夹头，通过与进口配套的弹簧夹头进行对比分析，研究制造工艺，并制定高精度夹头精度验收标准，提高弹簧夹头加工精度，满足进口或国内数控机床对高精密弹簧夹头配套的需求，扩展弹簧夹头市场	自行应用	自主研发
佛山市佛威精密机器有限公司			
中高档数控机床高速主轴、数控刀库和转台等关键功能部件及附件技术改造项目	修建原有厂房，购置 11 台机床，形成年产达 3 060 套数控机床关键功能部件及附件产品的生产能力。其中，高速精密主轴 2 000 套，双摆轴任意分度万能铣头 30 套，精密转台 30 套，精密高性能刀库 1 000 套	自行应用	广东省重大产业链配套技术改造项目
大型动柱式五轴联动加工中心	该装备采用数字化设计技术优化的机床结构，配备自主开发双回转联动主轴头、大功率主轴单元和大行程精密进给驱动系统；具有关键技术的自主知识产权。本装备的成功开发，对打破国外技术封锁、提升我国大重型精密数控装备的整体水平具有重大意义	自行应用	港澳关键领域重点突破项目

表 5　2012 年小型机床行业获奖科研项目

项目名称	主要内容及应用范围	获奖名称	获奖等级	主要完成单位
TH63 系列卧式五轴联动加工中心	本系列产品为五轴五联动机床，采用模块化设计结构，工作台配置可倾回转工作台，具有直线、圆弧和螺旋线插补等功能。该加工中心是我国汽车、造船、电力、航空航天、模具等行业需要的重要设备	成都市科技进步奖 中国机械工业科学技术奖	二等奖 三等奖	四川普什宁江机床有限公司

（续）

项目名称	主要内容及应用范围	获奖名称	获奖等级	主要完成单位
FWH－4卧式加工中心研制	该加工中心可用于机床箱体零件，汽车发动机缸体、缸盖等零件，阀类零件，减速机壳体零件，印刷机墙板零件及模具类零件的加工，尤其适用于阴模零件、三维曲面零件、航天航空零件的加工，广泛适用于机械制造业、机床、交通、军事及航天航空等领域	佛山市科学技术奖	二等奖	佛山市佛威精密机器有限公司

表6　2012年小型机床行业授权专利情况

序号	企业名称	专利名称	专利类型	授权日期
1	四川普什宁江机床有限公司	一种自干型金属闪光漆的制备方法	发明	2012.02.15
2	四川普什宁江机床有限公司	在机床上涂装自干型金属闪光漆的方法	发明	2012.01.11
3	四川普什宁江机床有限公司	砂轮磨损自动检测及补偿方法	发明	2012.06.06
4	四川普什宁江机床有限公司	用于加工中心数控转台的蜗轮副装置	实用新型	2012.02.01
5	四川普什宁江机床有限公司	用于精密卧式加工中心上的液体静压导轨结构	实用新型	2012.01.25
6	浙江金火机床有限公司	电源开关联锁装置	实用新型	2012.03.28
7	浙江金火机床有限公司	车床自动送料装置	实用新型	2012.07.04

五、企业介绍

佛山市佛威精密机器有限公司　成立于2000年，是一家集研发、生产制造、市场营销于一体的数控机床专业厂家，也是华南地区最早从事数控机床生产的高新技术企业之一。

公司开发生产的产品有三轴联动立式加工中心、四轴联动卧式加工中心、数控铣床、数控钻床及数控车床等产品。其中，数控系统采用三菱、西门子、发那科等著名品牌，直线导轨、滚珠丝杆采用日本THK产品，气动元件采用SMC的产品。完善的生产管理体系确保公司能高效率运作，完全适应现代化的市场需求。

公司技术力量雄厚，拥有一批高素质的生产、技术研发和管理人员队伍。公司现有员工200多人，其中，技术人员占职工总人数的23%。公司先后购进了瑞士、美国、日本、德国制造的加工中心、高精度磨床、车床及精密检测仪器等几十台先进的数控加工检测设备，为制造高品质的产品提供了强有力的保证。

公司向客户保证："提供最实用的数控机床"不仅仅是口号，而且已落实到公司的每个环节，成为每个员工的激励目标。公司承诺向客户提供全方位的服务，为客户提供包括设备安装、设备维护、产品工艺设计、操作人员培训，直至客户满意为止。

〔撰稿人：中国机床工具工业协会小型机床分会房颖　审稿人：中国机床工具工业协会小型机床分会高克超〕

锻压机械

一、基本情况

2012年，中国机床工具工业协会锻压机械分会会员单位有80余家，参加年鉴统计的企业45家。根据中国机床工具工业协会锻压机械分会对45家企业的统计，2012年完成工业总产值1 804 702万元，比上年下降14.4%；工业增加值608 464万元，比上年下降17.8%；实现利税211 585万元，比上年下降20.8%。2012年锻压机械行业主要经济指标完成情况见表1。

表1　2012年锻压机械行业主要经济指标完成情况

指标名称	单位	年度累计
工业总产值	万元	1 804 702
其中：机床工具类产品产值	万元	1 727 878
工业销售产值	万元	1 720 898
其中：机床工具类产品销售产值	万元	1 606 681
工业增加值	万元	608 464
实现利税	万元	211 585
从业人员平均人数	人	35 319
资产总计	万元	2 513 053
流动资产平均余额	万元	1 666 040
固定资产净值平均余额	万元	484 937

二、生产情况

2012年,锻压机械总产量89 513台(套),比上年下降21.0%。其中,数控锻压机械产量8 818台(套),比上年下降14.6%。锻压机械产量数控化率9.9%,比上年的9.1%略有提高。锻压机械产品的数控化进程仍旧缓慢,数控化率处于一个较低的水平。

在锻压机械产品中,机械压力机产量71 403台(套),占总量的79.8%。弯曲、折叠、矫直(平)机占8.8%,剪切机床占5.5%,液压机占4.5%,其他门类的锻压机械产品仅占1.6%。锻压机械产品仍以中小型设备为主,占总量的80%左右。大型锻压机械12 005台(套),占总量的13.4%,其中重型锻压机械2 160台(套),占总产量的2.4%。值得注意的是,在锻压机械产品总量减少的情况下,大、重型锻压机械的数量比上年均有所增加。

从锻压机械产品的产值分析,产量占比近80%的机械压力机,产值占60.6%;弯曲、折叠、矫直(平)机、剪切机和液压机三者产量之和占比18.7%,其产值占比31.3%。占总产量不足16%的大、重型锻压机械产值757 759万元,占比46.7%,其中占总产量2.4%的重型锻压机械产值272 490万元,占比16.7%。此外,产量占比近10%的数控锻压机械产品,产值752 093万元,占比46.2%。不难看出,数控产品的产值在锻压机械中所占的比重还是相当大的。

因此,在满足市场需求的前提下,减少普通机械压力机特别是小型、低档机械压力机的比例,多开发高技术附加值的锻压机械产品,加快锻压机械产品的数控化进程,是今后锻压机械行业的发展方向。

2012年锻压机械行业分类产品生产情况见表2。

表2　2012年锻压机械行业分类产品生产情况

产品名称	实际完成		其中:数控	
	产量(台)	产值(万元)	产量(台)	产值(万元)
金属成形机床	89 513	1 627 674	8 818	752 093
锻造机及冲压机	607	37 987	62	10 131
金属加工压力机	75 391	1 183 593	2 846	494 505
液压机	3 988	196 992	819	125 002
机械压力机	71 403	986 601	2 027	369 503
弯曲、折叠、矫直及矫平机床	7 833	231 652	3 958	144 326
剪切机床	4 893	80 806	1 276	24 903
冲床	164	12 805	150	12 532
其他金属成形机床	625	80 831	526	65 696

三、市场及销售

2012年,锻压机械行业销售收入前四名的企业与上年相同,济南二机床集团有限公司仍居首位,销售收入突破30亿元,比上年增长10.2%;江苏扬力集团有限公司居第二,销售收入近24亿元,比上年增长6.9%;沃得精机(中国)有限公司销售收入11.3亿元,仍居第三位。进入前六名的企业销售收入均超过7亿元。2012年锻压机械行业销售收入前10名企业见表3。

表3　2012年锻压机械行业销售收入前10名企业

序号	企业名称	销售收入(万元)
1	济南二机床集团有限公司	309 071
2	江苏扬力集团有限公司	237 597
3	沃得精机(中国)有限公司	113 314
4	扬州锻压机床股份有限公司	96 703
5	江苏亚威机床股份有限公司	76 167
6	天津市天锻压力机有限公司	75 387
7	江苏金方圆数控机床有限公司	56 926
8	泰安华鲁锻压机床有限公司	49 676
9	湖北三环锻压设备有限公司	47 746
10	江苏江海机床集团有限公司	47 320

2012年,参加年鉴统计的企业共出口锻压机械4 998台(套),出口额21 362.6万美元,出口量比上年下降10.5%,而出口额增长近30%。出口的主要产品仍是机械压力机,其数量占出口总量的42%,金额占出口总额的40%,出口产品的结构较上年有所改善。数控锻压机床出口1 420台(套),比上年增长17%;出口额12 985万美元,比上年翻了一番。值得一提的是,出口量占比28.4%的数控锻压机床,其出口额占比为60.8%。2012年锻压机械行业分类产品出口情况见表4。

表4　2012年锻压机械行业分类产品出口情况

产品名称	实际完成		其中:数控	
	出口量(台)	出口额(万美元)	出口量(台)	出口额(万美元)
金属成形机床	4 998	21 362.6	1 420	12 985.0
锻造机及冲压机	110	971.2	8	243.8
金属加工压力机	2 220	10 480.0	54	6 377.7
液压机	131	1 872.1	34	1 167.3
机械压力机	2 089	8 607.9	20	5 210.4
弯曲、折叠、矫直及矫平机床	1 663	5 579.7	894	3 521.7
剪切机床	852	2 254.8	341	1 180.2
冲床	67	854.7	67	854.7
其他金属成形机床	86	1 222.2	56	806.9

在出口方面,济南二机床集团有限公司居榜首,出口额5 311.6万美元;江苏扬力集团有限公司列第二名,出口额2 908.7万美元;江苏亚威机床股份有限公司列第三位,出口额2 421.9万美元。2012年锻压机械行业出口额前10名企业见表5。

表5　2012年锻压机械行业出口额前10名企业

序号	企业名称	出口额(万美元)
1	济南二机床集团有限公司	5 311.6
2	江苏扬力集团有限公司	2 908.7
3	江苏亚威机床股份有限公司	2 421.9
4	上海埃锡尔数控机床有限公司	1 746.2
5	湖北三环锻压机床有限公司	1 745.6
6	安阳锻压机械工业有限公司	975.1
7	扬州锻压机床股份有限公司	956.1

（续）

序号	企业名称	出口额（万美元）
8	江苏江海机床集团有限公司	846.1
9	天津市天锻压力机有限公司	811.4
10	江苏金方圆数控机床有限公司	740.6

四、新产品、新技术、新工艺发展情况

据不完全统计，2012年，参加年鉴统计的锻压机械生产企业共开发新产品84种（含未鉴定的产品9种），其中不乏自行开发、有自主知识产权、具有国内领先水平或国际先进水平的新产品。2012年锻压机械行业新产品开发情况见表6。

表6　2012年锻压机械行业新产品开发情况

产品名称	型号	主要技术参数	产品性质	产品属性	产品水平
天津市天锻压力机有限公司					
复合材料制品数控液压机成套装备	YT 71S－2400	公称力：24 000kN，液体最大工作压力：25MPa，滑块行程：2 400mm，四角调平力：4 000kN，四角调平缸行程：50～100mm，微开模高度：0.1～0.8mm	全新设计	行业新产品	国际先进
高铁AT型尖轨成套装备数控生产线	ST－THP 11G－5000	工作压力：50 000kN，液体最大工作压力：27.5MPa，滑块行程：1 200mm，移动工作台重复定位精度：±0.5mm，模具定位精度：±0.4mm，移动工作台移出速度：42mm/s	全新设计	行业新产品	国际先进
山东宏康机械制造有限公司					
数控板料精整横切机组	3.0～12.7×2150	钢带板厚：3～12.7mm，钢带宽度：800～2 150mm，钢卷内径：610mm、762mm，钢卷外径：1 000～2 100mm，钢卷重量：≤35 000kg，剪切长度：3 000～12 000mm，生产线运行速度：30～60m/min	全新设计	行业新产品	国际先进
数控中厚板开卷矫平横剪生产线	25.4×3000	钢带板厚：8～25.4mm，钢带宽度：1 200～3 000mm，钢卷内径：610mm、760mm，钢卷外径：1 400～2 200mm，钢卷重量：40 000kg，剪切长度：3 000～14 000mm，生产线运行速度：40m/min（板厚8mm）、20m/min（板厚25.4mm），总功率：1 247kW	全新设计	行业新产品	国际先进
数控立式加工中心	HK 7183	工作台面尺寸：3 000mm×850mm，行程（*X/Y/Z*）：3 200mm/900mm/900mm，快速移动速度（*X/Y/Z*）：（7 500mm/min）/（4 000mm/min）/（6 000mm/min），承重：5 000kg，镗轴直径：200mm，主轴转速：5～2 000r/min，主电动机功率：11kW	合作生产	行业新产品	国内领先
江苏省徐州锻压机床厂集团有限公司					
闭式双点压力机	JF 36－400	4 000kN	全新设计	行业新产品	国际先进
闭式双点压力机	JF 36－630	6 300kN	全新设计	行业新产品	国际先进
闭式双点压力机	JF 36－800	8 000kN	全新设计	行业新产品	国际先进
闭式双点快速压力机	Jk 36－800	8 000kN	全新设计	行业新产品	国际先进
闭式数控四点多工位压力机	JH 39－800Y	8 000kN	全新设计	行业新产品	国际先进
合肥合锻机床股份有限公司					
数控闭式四点机械压力机	JH 39－1000	最大公称力：16 000kN，滑块行程：600～800mm，气垫力：≥1 500kN	全新设计	企业新产品	国内领先
超低速精密等温锻造液压机	YH 10－2000	滑块速度：0.005～0.5mm/s，滑块定程控制的重复控制精度：±0.05mm	全新设计	行业新产品	国内领先
大型精密数控平板硫化液压机	YH 54－2500	最大公称力：30 000kN	全新设计	行业新产品	国内领先
大型高精度六轴数控旋转压头可移动式液压机	RPV－1000	公称力：10 000kN，行程：800mm，压头空程下行速度：30～70mm/s，压头工作速度：1.5mm/s，压头加压速度：33mm/s，压头移动速度：0～30mm/s，工作台移动速度：0～30mm/s	全新设计	企业新产品	国内领先

（续）

产品名称	型号	主要技术参数	产品性质	产品属性	产品水平
数控模具研配液压机	YH 98－400	最大公称力：4 000 kN，工作台面尺寸：4 700mm×2 500mm，滑块行程：1 900mm，滑块重复定位精度：0.05mm	改型设计	企业新产品	国内领先
钢轨锻造全自动生产线	ZS－YH 18－5000	最大公称力：50 000kN，滑块行程：600mm	全新设计	行业新产品	国际先进
济南二机床集团有限公司					
闭式四点多连杆压力机	LS 4－1400	公称力：14 000kN，公称力行程：13mm，滑块行程次数：8～20次/min，滑块行程：1 000mm，最大装模高度：1 500mm，装模高度调节量：700mm，滑块底面尺寸：3 500mm×2 300mm，滑块最大吊模重量：20 t，移动工作台板尺寸：3 500 mm×2 300mm	全新设计	企业新产品	国际先进
重型自动化造型线	FNSZS－ZXX	造型振实、硬化及脱模工位承载能力：20t，流涂工位及表干工位承载能力：10t，适合最大砂箱尺寸：4 200mm×2 200mm×800mm，造型效率：10min/节拍	全新设计	企业新产品	国内先进
60 000kN全自动机器人冲压线	PLS 4－6000－5000－2500	公称力：20 000kN（1台）、10 000kN（4台），公称力行程：13mm，滑块行程：1 250mm，装模高度：1 100～1 600mm，行程次数：8～20次/min，工作台面尺寸：2 500mm×5 000mm，液压垫力：500～5 000kN，液压垫行程：0～300mm可调	全新设计	企业新产品	国际先进
54 000kN快速高效全自动冲压线	PLS 4－5400－4600×2300	压力机间距：5 000mm，生产节拍：15次/min	全新设计	企业新产品	国际先进
54 000kN数控压力机自动化线	PLS 4－5400－5000－2500	公称力：54 000kN，工作台面尺寸：5 000mm×2 500mm	全新设计	企业新产品	国际先进
双主轴定梁龙门移动镗铣加工中心	XHA 2730×360	工作台面尺寸：36 000mm×3 000mm，工作台纵向行程：36 500mm，溜板横向行程：5 500mm，铣头垂直行程：600mm，铣头主轴功率：60kW、71 kW，铣头主轴转速：0～2 000r/min	全新设计	企业新产品	国际先进
全自动数控落料线	BL－2.8×2000	卷料规格：钢板宽度：500～2 000mm，钢板厚度：0.5～2.8mm，卷料内径：508mm、610mm（带衬套），卷料外径：900～2 000mm，卷料重量：≤25t；整线运行速度：展开装置展开速度：10～20m/min，矫直机速度：0～90m/min，辊子送料速度：0～140 m/min，压力机行程次数：15～65次/min，整线最大速度：90m/min	全新设计	企业新产品	国际先进
福特KCAP快速高效数控全自动冲压生产线	LS 4－2500B闭式四点八连杆压力机、LS 4B－1600闭式四点六连杆压力机、LS 4B－1000闭式四点六连杆压力机	公称力：25 000kN、16 000kN、10 000kN，公称力行程：13 mm，滑块连续行程次数：6～16次/min，滑块行程长度：1 400mm、1 350mm，最大装模高度：1 000～1 530mm、1 000～1 530mm，工作台面尺寸：4 600mm×2 500 mm、4 600mm×2 500mm，液压拉伸垫能力：600～4 500kN，拉伸垫行程：0～300mm	全新设计	企业新产品	国际先进
五轴联动定梁龙门移动镗铣床	XKV 2755×120	工作台面尺寸：12 000mm×5 500mm，T形槽宽：28mm，T形槽间距：250mm，立柱间距：6 500 mm，双回转摆动铣头端面至工作台面距离：200～2 200mm，行程（*X/Y/Z*）：12 500mm/7 000 mm/2 000mm，快速移动速度（*X/Y/Z*）：10m/min	全新设计	企业新产品	国内先进

（续）

产品名称	型号	主要技术参数	产品性质	产品属性	产品水平
五坐标数控铣床	XKV 2730×60	工作台面尺寸：6 000mm×3 000mm，T 形槽宽：22mm，T 形槽间距：250mm，工作台承重：30 000kg，立柱间距：4 500mm，行程（X/Y/Z）：6 500mm/4 850mm/1 500mm，快速移动速度（X/Y/Z）：10m/min，主电动机功率：40kW、50kW，主轴转速：10～1 600r/min	全新设计	企业新产品	国内先进
五轴联动数控龙门移动式镗铣床	XKV 2730×120	工作台面尺寸：12 000mm×3 000mm，立柱间距：4 500mm，T 形槽宽：36mm（基准 T 形槽36H7，沿 Y 轴方向），T 形槽间距：300mm，主轴端面至工作台面距离：200～1 700mm（双摆角铣头和加长附件铣头）	全新设计	企业新产品	国际先进
数控定梁龙门镗铣床	XK 2425A×50	工作台面尺寸：5 000mm×2 500mm，两立柱间距离：3 100mm，主轴端面至工作台面距离：250～1 500mm，T 形槽宽：28mm，T 形槽间距：200mm	全新设计	企业新产品	国内领先
全自动开卷校平级进模送料出料生产线	BL－3×1700	钢板厚度：0.5～3mm，钢板宽度：200～1 700mm，卷料重量：20t，卷料内径：508mm、610mm，板料送料长度：50～1 800mm，送料辊重复定位精度：±0.1mm，生产线速度：5～20m/min（穿料）、0～35m/min（矫平）	全新设计	企业新产品	国际先进
数控动梁龙门移动镗铣床	XK 2840×300	工作台面尺寸：30 000mm×4 000mm，立柱间距：5 100mm（不带护罩5 400mm），主轴端面至工作台面距离：0～4 000mm，龙门框架纵向行程：31 000mm＋950mm（换附件），龙门框架快速移动速度：10m/min	全新设计	企业新产品	国内领先
高架式五轴联动龙门镗铣加工中心	XHV 2525×50	立柱间距：4 350mm，工作台面尺寸：5 000mm×2 500mm，主轴端面到工作台面距离：200～1 450mm，行程（X/Y/Z）：5 500mm/3 000mm/1 250mm，快速移动速度（X/Y/Z）：15m/min，C 轴最高速度：60r/min，A 轴最高摆动速度：60r/min	全新设计	企业新产品	国内领先
单臂同步快速送料线	PLS 4－6000－5000－2700	公称力：60 000kN，工作台面尺寸：5 000mm×2 700mm，生产节拍：15次/min	全新设计	企业新产品	国际先进
试模线	PLS－69000kN	公称力：69 000kN	全新设计	企业新产品	国际先进
五轴定梁龙门镗铣加工中心	XHV 2425×40	工作台面尺寸：4 000mm×2 500mm，龙门宽度：3 100mm，行程（X/Y/Z）：4 500mm/3 500mm/1 250mm，X 轴、Z 轴快速移动速度：15m/min，Y 轴快速移动速度：20m/min，主轴功率：30kW、39kW，主轴转速：10～10 000r/min	全新设计	企业新产品	国内先进
数控双龙门移动式镗铣床	XKA 2850×280	工作台面尺寸：28 000mm×5 000mm，T 形槽宽：36mm，T 形槽间距：250mm，主副龙门主轴中心距离：10～39m	全新设计	企业新产品	国内领先
20 000kN 闭式四点伺服压力机	SE 4－2000	公称力：20 000kN，滑块行程：900mm，最大装模高度：1 400mm，装模高度调节量：500mm，滑块行程次数（连续）：8～25次/min，工作台面尺寸：4 600mm×2 500mm，伺服模垫能力：800～3 000kN（无级可调），模垫有效行程：0～350mm（无级可调）	全新设计	企业新产品	国际先进

（续）

产品名称	型号	主要技术参数	产品性质	产品属性	产品水平
北京长安1 500t 机器人冲压生产线	RS－2.6×3500	板料宽度:500～1 700mm(单件),板料长度:700～3 500mm(单件)、700～1 700mm(双件),板料厚度:0.5～2.6mm,生产节拍:≤10次/min	全新设计	企业新产品	国内先进
鞍钢菁田横切线	CTL－2×1450	卷料规格:钢板宽度:700～1 450mm,钢板厚度:0.25～2mm,卷料内径:508mm、610mm(带衬套),卷料外径:800～2 100mm,卷料重量:≤28t;整线运行速度:0～15m/min(穿带速度)、0～60m/min(矫直机速度)	全新设计	企业新产品	国际领先
自动合箱机	ZHJ 1715	生产率:40t/h,大臂长度:8 000mm,小臂长度:3 000mm,液料定量精度误差:±1.5%	全新设计	企业新产品	国际领先
数控等离子锯片切割专机	FINE－5×10P	工作台面尺寸:10 000mm×5 000mm	全新设计	企业新产品	国内领先
青岛青锻锻压机械有限公司					
数控辗环机	D 53K－2500	辗环外径:450～800mm,辗环高度:50～250mm,径向辗压力:2 500kN,轴向辗压力:1 600kN	全新设计	行业新产品	国内先进
直驱式电动螺旋压力机	EP－800	公称力:8 000kN,允许最大工作力:12 500kN,运动部分能量:100kJ,工作台面尺寸:800mm×750mm	全新设计	行业新产品	国内先进
拉杆磨床	M 13100	床身上最大工件回转直径:1 500mm,最大加工件长度:11 500mm,最大磨削工件直径:800mm,最大磨削长度:11 000mm	全新设计	企业新产品	国内先进
电动螺旋压力机	EPC－8000	公称力:80 000kN,允许最大工作力:125 000kN,运动部分能量:2 280kJ,工作台面尺寸:2 600mm×2 000mm	全新设计	行业新产品	国内领先
电动螺旋压力机	EP－400	公称力:4 000kN,运动部分能量:36kJ,滑块行程:400mm,行程次数:24次/min,最小装模高度:450mm,工作台面尺寸:750mm×700mm	全新设计	行业新产品	国内领先
电动螺旋压力机	EP－630	公称力:6 300kN,运动部分能量:72kJ,滑块行程:450mm,行程次数:20次/min,最小装模高度:640mm,工作台面尺寸:800mm×750mm	全新设计	行业新产品	国内领先
湖北三环锻压设备有限公司					
3 000t 全闭环高精度伺服折弯机	PPEB－H 3000/120	公称力:30 000kN,折弯长度:12m,快进速度:80mm/s,工作速度:6mm/s,返程速度:60mm/s,滑块定位精度:±0.02mm,重复定位精度:±0.01mm	全新设计	行业新产品	国际先进
2 500t 电动螺旋压力机	J 58K－2500	公称力:25 000kN,长期运行许用载荷力:40 000kN,滑块行程:700mm,主电动机平均功率:500kW	合作生产	行业新产品	国内领先
PPS 200T 数控折弯机	PPS－200	公称力:2 000kN,滑块行程:450mm	全新设计	企业新产品	国内领先
P 系列数控转塔冲床	P 1225/30	机床规格:1 225mm×300mm,制件效率:45～50件/min	技术引进	行业新产品	国内领先
宽幅激光切割机系列	4020/4kW	最大切割板材幅面:4 020mm×4 020mm,主电动机平均功率:4kW	技术引进	行业新产品	国内领先
700t 高效精冲机	JC 700	主冲裁力:5 000kN,齿圈力:3 500kN,反压力:1 800kN,废料剪切力:500kN,滑块行程:230mm、150mm(可调)	全新设计	行业新产品	国内领先
天水锻压机床(集团)有限公司					
多工位柔性数控金属板材自动剪切生产线	ZS－QD11K－16×6200	最大剪切板厚:16mm,最大可剪板宽:6 200mm	全新设计	行业新产品	国际先进

（续）

产品名称	型号	主要技术参数	产品性质	产品属性	产品水平
高精度数控多缸同步框式板料弯曲压力机	TDY 39 K - 500/6000	公称力:5 000kN,工作台长度:6 000mm	全新设计	企业新产品	国际先进
湖北力帝机床股份有限公司					
金属打包液压机	YA81F - 120H	公称力:1 200kN,料箱尺寸:1 140mm × 700mm × 500mm,电动机功率:15kW	全新设计	企业新产品	国内先进
废钢剪断机	Q91Y - 400W	剪切力:4 000kN,上压缩力:1 250kN,侧压缩力:1 100kN,料箱尺寸:6 000mm × 1 500mm × 900mm,主电动机功率:3 × 45kW	全新设计	企业新产品	国内先进
废钢剪断机	Q91Y - 500W	剪切力:5 000kN,上压缩力:2 000kN,侧压缩力:1 260kN,料箱尺寸:6 000mm × 1 500mm × 900mm,主电动机功率:4 × 45kW	全新设计	企业新产品	国内先进
废钢破碎机	PS2 - 200	公称力:2 000kN,工作台面尺寸:1 400mm × 1 300mm,最大加工高度:600mm	全新设计	企业新产品	国内先进
污水处理设备	HSP - 3000	污水处理量:125t/h,设备外形尺寸:15 960mm × 2 630mm × 3 105mm,电动机功率:30kW	全新设计、合作生产	企业新产品	国内先进
安阳锻压机械工业有限公司					
31.5kJ 数控全液压模锻锤	C92K - 31.5L	打击能量:31.5kJ	全新设计	行业新产品	国内领先
16kJ 数控全液压模锻锤	C92K - 16L	打击能量:16kJ	全新设计	行业新产品	国内领先
30t 新型德式铆接机	T92Y - 30D	铆接力:300kN	全新设计	行业新产品	国内领先
50t 新型德式铆接机	T92Y - 50D	铆接力:500kN	全新设计	行业新产品	国内领先
1 000t 大型数控压块机	Y83 - 1000	压制力:10MN	全新设计	行业新产品	国内领先
20t DDS 数控操作机	T31DYB - 70	夹持重量:20 000kg	全新设计	行业新产品	国内领先
4 500t 快锻液压机	YA13 - 4500	公称力:45MN	全新设计	行业新产品	国内领先
2 000mm 数控辗环机	D53KA - 2000	辗环外径:500 ~ 2 000mm	全新设计	行业新产品	国内领先
325kJ 全液压模锻锤	C90K - 325kJ	打击能量:325kJ	全新设计	行业新产品	国内领先
安徽东海机床制造有限公司					
单柱多功能液压机	ADHY - 3150	开启高度:2 600mm,工作行程:1 000mm,压头下行速度:80mm/s,工作速度:10mm/s,返程速度:80mm/s	改型设计	企业新产品	国内领先
浙江锻压机械集团有限公司					
数控伺服压力机	JS21 - 160	公称力:1 600kN	全新设计	企业新产品	国内领先
扬州捷迈锻压机械有限公司					
数控钢管液压胀形车用桥壳生产线	SX - YJ65E - 1600/800/200	公称力:2 000 ~ 16 000kN,滑块行程:600mm/200mm,开口高度:1 000mm,行程速度:100mm/s(下行)、3 ~ 7mm/s(工作)、100mm/s(回程),回程力:400 ~ 1 000kN	全新设计	企业新产品	国际先进
金属板材数控高效冲剪复合自动化生产线	ZS - JL39 - 500	公称力:5 000kN,公称力行程:6.5mm,滑块行程:200mm,行程次数:20 ~ 50次/min,板料送料长度:200 ~ 3 000mm,机组矫平速度:≤40m/min	全新设计	企业新产品	国际先进
济南铸造锻压机械研究所有限公司					
汽车半桥壳热压成形自动生产线	QX300	半桥壳长度:1 374 ~ 1 574mm,桥包高度:193 ~ 293mm,半桥壳外宽:140 ~ 160mm,半桥壳壁厚:14mm、16mm,桥包中心偏移量:0 ~ 50mm,半桥壳最大重量:100kg,半桥壳冷却后温度:≤55℃,表面清理率:>95%	其他	行业新产品	国际先进

（续）

产品名称	型号	主要技术参数	产品性质	产品属性	产品水平
高效五主机数控三面冲孔生产线	SPU16－36－5	可加工梁宽:200～360mm,可加工梁长:4 000～12 000mm,可加工板厚:4～12mm,可加工纵梁翼高:60～115mm,10m 350孔梁冲孔时间:5.5min,最大冲孔直径:60mm,最大公称力:1 600kN	改型设计	企业新产品	国际先进
数控径轴向抽芯辊式辗环机	D53K－5000	轧制环件外径:1 000～5 000mm,轧制环件高度:100～900mm,主滑块行程:1 200mm,锥辊间距:100～1 100mm,轧制线速度:0.5～1.4m/s,轴向机架行程:6 300mm,最大毛坯高度:1 000mm,最大毛坯壁厚:700mm	改型设计	企业新产品	国际先进

五、科研成果及其应用

据不完全统计,2012年,锻压机械行业上报科研项目近60项(含研制阶段的项目),投入资金62 211万元,项目数量和投入资金比上年均有所减少。2012年锻压机械行业部分企业科研项目见表7。2012年锻压机械行业获奖科研项目见表8。2012年锻压机械行业部分企业授权专利情况见表9。

表7　2012年锻压机械行业部分企业科研项目

科研项目名称	主要内容	应用状况	项目来源
山东宏康机械制造有限公司			
25.4×3000数控中厚板开卷矫平横剪生产线	国内首创,最大加工能力达到25.4mm×3 000mm	其他	省立项
3.0～12.7×2150数控板料精整横切机组	开发一种具有延压、深弯等技术的综合型数控板料精整设备,用于提高我国物流配送行业高端装备的国产化	其他	省立项
HK 7183立式加工中心	研制一种结构简单的动柱式立式加工中心,有效解决机床运行过程中支撑刚性和加工行程的难题	自行应用	省立项
0.3～2.0×800高强度钢小横剪线	研制一种高速运行的高强板横剪设备,提高高端数控开卷矫平剪切生产线的普及率	其他	企业自选
T 44－4～14×2200开卷矫平移动剪切机组	通过对液压、电气系统的改进,研制一种速度可达到100 m/min 的高速中厚板生产线	其他	省立项
0.3～1.5×1400纵横组合剪生产线	研制一种纵横联合剪切技术,提供一种加工效率更高的数控剪切成套设备,并通过磁力码垛技术实现设备的分条码垛	其他	省立项
HK 718S 双工位立式加工中心	研制一种可直线移动的双工作台动柱结构立式加工中心,用于提高机床加工效率	自行应用	省立项
XK 27317移动立柱式龙门加工中心	研制一种动柱式龙门加工中心,并采用直驱技术,提供一种大行程高强度的数控机床	自行应用	企业自选
TK 6516－1重型数控直驱铣镗床	研制最大的数控直驱铣镗床,验证直驱技术在重型设备上的有效应用	自行应用	企业自选
江苏省徐州锻压机床厂集团有限公司			
国家重点新产品	JL 75G－60型数控高速超精密压力机	自行应用	国家科学技术部
江苏省高新技术产品	JL 36－315S 型闭式双点压力机	自行应用	江苏省科学技术厅
江苏省高新技术产品	JL 36－500型闭式双点压力机	自行应用	江苏省科学技术厅
江苏省高新技术产品	JL 36－500Y 型闭式双点压力机	自行应用	江苏省科学技术厅
江苏省机械工业科学技术进步奖项目	JH 36－800E 型数控闭式双点压力机	自行应用	江苏省监狱管理局
2012年度江苏省优秀新产品	JH 71－630型闭式多工位压力机	自行应用	江苏省经济和信息化委员会
江苏省科技成果转化项目	伺服电动机驱动数控精密压力机	自行应用	江苏省科学技术厅
2012年"重大专项－数控机床"申报工作	高档数控机床专项2012年度事后立项事后补助课题"JF 75G－300L 型3 000kN 数控宽台面超精密高速压力机"	自行应用	"高档数控机床与基础制造装备"重大专项

（续）

科研项目名称	主要内容	应用状况	项目来源
济南二机床集团有限公司			
BL－2.8×2000全自动数控落料线	新产品研发	自行应用	省计划
福特KCAP快速高效数控全自动冲压生产线	新产品研发	自行应用	省计划
XKV 2730×60五坐标数控铣床	新产品研发	自行应用	省计划
BL－3×1700全自动开卷校平级进模送料出料生产线	新产品研发	自行应用	省计划
XHV 2525×50高架式五轴联动龙门镗铣加工中心	新产品研发	自行应用	省计划
XK 2425A×50数控定梁龙门镗铣床	新产品研发	自行应用	省计划
PLS 4－6000－5000－2700单臂同步快速送料线	新产品研发	自行应用	省计划
PLS－69000kN试模线	新产品研发	自行应用	省计划
SE 4－2000型20 000kN闭式四点伺服压力机	新产品研发	自行应用	省计划
XHA 2730×360双主轴定梁龙门移动镗铣加工中心	新产品研发	自行应用	省计划
北京长安1 500t机器人冲压生产线	新产品研发	自行应用	省计划
XHV 2425×40五轴定梁龙门镗铣加工中心	新产品研发	自行应用	省计划
XKA 2850×280数控双龙门移动式镗铣床	新产品研发	自行应用	省计划
CTL－2×1450鞍钢莆田横切线	新产品研发	自行应用	省计划
ZHJ 1715自动合箱机	新产品研发	自行应用	省计划
FINE－5×10P数控等离子锯片切割专机	新产品研发	自行应用	省计划
XK2840×300数控动梁龙门移动镗铣床	新产品研发	自行应用	省计划
LS 4－1400闭式四点多连杆压力机	新产品研发	自行应用	省计划
FNSZS－ZXX重型自动化造型线	新产品研发	自行应用	省计划
PLS 4－6000－5000－2500型60 000kN全自动机器人冲压线	新产品研发	自行应用	省计划
PLS 4－5400－4600×2300型54 000kN快速高效全自动冲压线	新产品研发	自行应用	省计划
PLS 4－5400－5000－2500型54 000kN数控压力机自动化线	新产品研发	自行应用	省计划
江苏扬力集团有限公司			
SDP－160F型数控节能复合型伺服压力机	第三代数控伺服压力机	自行应用	自筹
大型数控成形装备开放式数控系统研发	重点解决好用、耐用的问题	自行应用	自筹
P 2H－630型闭式双点高速精密压力机	高速双点浅拉伸精密压力机	自行应用	自筹
JD 39－1250F型闭式四点多工位压力机	自动化程度高、生产率高	自行应用	自筹
冲床床身自动化焊接生产线	实现结构件的拼装、变位、焊接的自动化	自行应用	自筹

（续）

科研项目名称	主要内容	应用状况	项目来源
扬州捷迈锻压机械有限公司			
材料微观力学性能原位测试仪器研制与应用	针对大型成形装备关键传力与运动零件材料工作状态下的典型受力情况、接触摩擦情况、环境/工作温度情况、运动件集中质量情况等，明确关键件工作状态下的受力模型，进而确定采用拉伸/压缩、弯曲、扭转、低周疲劳等多载荷模式测定关键件材料的力学性能，使其更接近于真实服役状态。比照改进典型零件的加工工艺研究，采用研制开发的仪器测试获取所选材料的基本力学性能参数，并测定得到其典型工作模式下材料变形行为、损伤失效机制，形成初步检测报告，为装备设计、关键件选材提供依据，同时结合实验测试结果进一步进行仪器功能设计和功能扩展，获取符合条件的仪器应用方法方案，完善对典型零件材料力学性能测试方法，特别完善适合材料成形装备关键件的接近服役条件下的变形损伤机制原位测试技术与仪器功能。比照改进典型零件的热处理工艺研究，通过模拟接近服役条件工况下的受力情况，通过原位测试技术方法来检测关键零件的变形量及磨损量，在获得原始数据的基础上对其准确性进行验证，形成测试和分析报告，并对仪器功能及测试技术规范进行完善，完善大型成形装备的设计。针对典型零件的材质性能进行研究，采用机床服役条件模拟技术，通过材料微观变形损伤和组织结构演化进行高分辨率可视化动态监测，从中找到典型零件的微观变形损伤机制及其与载荷作用和材料性能间的相关性规律，同时预测典型零件的寿命	自行应用	国家重大仪器专项
YJ28E 型数控框架式双动薄板拉深液压机	该产品主要用于金属薄板成形，能满足拉深、冲切、弯曲和翻边等多种复杂工艺要求。产品主要技术创新点：采用超大流量同步快速控制、多路集成吸排油复合装置和超液面自动泄油的储油装置，突破了大吨位液压机快速运动难题，具有多缸分级卸压功能，提高了系统运行的平稳性；采用多点复合安全检测装置移动工作台和模具快速夹紧装置，方便了换模、修模；采用自保护式安全栓结构，有效防止滑块的下滑和异常下行，缩短故障恢复时间	自行应用	国家火炬计划项目
济南铸造锻压机械研究所有限公司			
高效五主机数控三面冲孔生产线	本项目以公司已有 SPU 12－32－4型四主机三面冲孔生产线等产品为基础，吸收国外先进技术，对五主机数控三面冲孔生产线关键技术攻关，突破共用吸盘上料系统、左右通用型主机底座、12轴控制快速冲孔技术，重新对冲孔主机位置进行分配，同时研制开发数控多通道控制技术，实现多通道高效五主机三面冲孔生产，从而向用户提供一种具有技术领先、结构完善、性能可靠、快速高效的特点，对汽车纵梁进行三面一次送进冲孔完成的高效数控设备	其他	自主立项
汽车半桥壳热压成形自动生产线	本项目突破生产工艺规划设计、高效大容量强制风冷机设计、适合半桥壳不同工序不同形状的搬运机械手设计、单元及全线数控系统控制及软件等核心技术，产品是以中频炉、压机、等离子工作站、冷却机、抛丸机等为主机，配置有多组自动搬运机械手、自动传输装置，由计算机及数控系统对其进行单元及全线控制，实现汽车半桥壳自动化加工的生产线，适用于多品种、成批量汽车半桥壳生产	其他	自主立项

（续）

科研项目名称	主要内容	应用状况	项目来源
RS 4 -3×1600开卷矫平飞剪生产线	本项目研究开发旋转式飞剪机，实现飞剪机与板带定尺送进系统的速度和位置的精确控制，进而开发试制 RS 4 -3×1600飞剪生产线，具有自主知识产权，技术处于国内领先水平。采用大功率交流伺服电动机作为飞剪机的主动力源，不需要空切机构和匀速机构，使机械结构大为简化；采用19辊六重式矫平机，具有数字显示的压下量在线自动调整装置，能显著提高板带的矫平精度；采用先进的数控系统，提高生产线的自动化程度，提高生产效率，保障设备运行安全	其他	自主立项
CL 612i 型数控激光切管机	根据市场需求，研制开发适合石油筛管加工的 CL 612i 型激光切管机，实现材料快速穿孔技术，研制管材夹持、旋转和送进复合机构等，并进一步将其系列化，开发适合其他管材加工的切管机	其他	济南市科技发展计划

表8　2012年锻压机械行业获奖科研项目

项目名称	主要内容及应用范围	获奖名称	获奖等级	主要完成单位
25.4×2200大型中厚板精整成套设备	该成套设备主要用于对高强度热轧中厚碳钢卷、不锈钢卷等进行开卷、矫平、跟踪剪切、码垛加工，从而将板卷制成不同规格长度的板材。该生产线由机械、液压、气动经总线控制系统进行连接，通过人机交换界面实现设备的自动运行。该项目主要代表性产品为：25.4×2200大型中厚板精整成套设备、3~12×2000开卷矫平移动剪切生产线、T 44 -5~25.4×2200开卷矫平移动剪切生产线	中国机械工业科学技术奖	二等奖	山东宏康机械制造有限公司
高强度中厚板数控开卷矫平移动剪切生产线	该生产线主要用于对高强度热轧中厚碳钢卷、不锈钢卷等进行开卷、矫平、跟踪剪切、码垛加工，从而将板卷制成不同规格长度的板材。该生产线由机械、液压、气动经总线控制系统进行连接，通过人机交换界面实现设备的自动运行。该项目主要代表性产品为：3~12×2000开卷矫平移动剪切生产线、T 44 -5~25.4×2200开卷矫平移动剪切生产线	山东省科技进步奖	二等奖	山东宏康机械制造有限公司
TK 611 系列卧式铣镗床	本机床采用机电一体化设计，可对各种大、中型箱体件等复杂零件进行粗、精加工，可对各种平面、孔系、斜面、斜孔、曲面及零件型腔内部的孔和窄小空间内的平面进行加工，机床具有铣、镗、钻、铰、攻丝等功能。可选配人工回转或数控回转工作台，实现工件一次装夹完成内外多面加工，一机多用，从而提高工件的加工质量和生产效率，是电力设备、内燃机、汽车、船舶、机车车辆、重型矿山机械、机床工具、锻压设备、通用机械等制造行业基础件加工的理想设备	泰安市科学技术进步奖 山东省机械工业科技进步奖	一等奖 二等奖	山东宏康机械制造有限公司
T 44 -4~12×2200数控板料纵剪生产线	纵剪生产线是对金属板卷进行开卷、纵剪分条、卷取处理，将宽板卷分条成为所需宽度的板卷组。其技术原理是：放置于鞍座上的金属板卷，通过上卷车运送至开卷机，经引头装置引头进入矫直机，经矫直后由切头剪剪头处理，板头落入废料车集存后统一处理，板料经过过渡架后进入导向夹送装置，对切头后的板料进行纠偏和夹送，板料进入纵剪机纵剪分条，产生的废边由废边卷取机收集，成品条料通过活套后进入分离夹送装置，经辊式张力装置、转向测速辊进入卷取机，由卷取机将纵剪分条后的板料卷取成卷，由卸卷车、回转卸料装置相互配合，将板卷取出	山东省机械工业科技进步奖	一等奖	山东宏康机械制造有限公司

（续）

项目名称	主要内容及应用范围	获奖名称	获奖等级	主要完成单位
T 44 －0.5 ～3 ×1850纵剪生产线	该生产线是将金属板卷进行开卷、纵剪分条、收卷制成所需宽度带卷的数控自动化生产线成套设备，适用于对各类金属材料进行分条剪切。钢带板厚0.5～3mm，钢带宽度120～1 850mm，分条数3～20（含废边），分条最小条宽100mm，生产线速度200m/min	山东省中小企业科技进步奖	一等奖	山东宏康机械制造有限公司
TK 611系列数控直驱卧式铣镗床	本项目研制的TK 611系列数控直驱卧式铣镗床主要用于对复杂零件进行精密镗孔和铣平面加工，也能进行钻孔、铰孔、切螺纹、切沟槽、三维曲面等复杂工序加工，是箱体类零件加工的理想设备，也是普通铣镗床更新换代的最佳选择	山东省中小企业科技进步奖	一等奖	山东宏康机械制造有限公司
JH 36 －800E 型数控闭式双点压力机	广泛应用于汽车、家电、电子、电机、电器、IT、五金、农机、军工、仪器仪表、航空等行业	江苏省机械工业科技进步奖 徐州市科技进步奖	一等奖 二等奖	江苏省徐州锻压机床厂集团有限公司
JL 75G －60型数控高速超精密压力机	广泛应用于汽车、家电、电子、电机、电器、IT、五金、农机、军工、仪器仪表、航空等行业	国家重点新产品		江苏省徐州锻压机床厂集团有限公司
JH 36 －500Y 型闭式双点压力机	广泛应用于汽车、家电、电子、电机、电器、IT、五金、农机、军工、仪器仪表、航空等行业	江苏省高新技术产品		江苏省徐州锻压机床厂集团有限公司
JL 36 －500型闭式双点压力机	广泛应用于汽车、家电、电子、电机、电器、IT、五金、农机、军工、仪器仪表、航空等行业	江苏省高新技术产品		江苏省徐州锻压机床厂集团有限公司
JL 36 －315S 型闭式双点压力机	广泛应用于汽车、家电、电子、电机、电器、IT、五金、农机、军工、仪器仪表、航空等行业	江苏省高新技术产品		徐州环球锻压机床有限公司
大型快速高效数控全自动冲压生产线	该生产线为双臂高速同步连续全自动冲压生产线，有多台压力机等设备连线组成，全封闭，防尘防噪声、安全性及自动化程度高；主要用于高、中档轿车覆盖件的冲压	山东省科技进步奖 中国机械工业科学技术奖	一等奖 一等奖	济南二机床集团有限公司
机械式主轴式AC双摆角数控铣头	此铣头是重型五轴联动数控机床的核心功能部件。配置机械主轴式A/C双摆角数控铣头的大转矩机械主轴五轴联动数控机床，是解决水轮机叶片、水泵叶片、船用螺旋推进器、金属模具等大型复杂曲面零件加工难题的关键设备	济南市技术发明奖	一等奖	济南二机床集团有限公司
XK 2860 ×200数控动梁龙门移动式镗铣床	具有移动横梁挠度综合补偿、大跨距龙门轴进给精度控制、恒压式静压导轨等技术，可解决航空航天、国防军工以及轨道交通等行业的大型、重型零件加工难题	济南市科学技术进步奖	二等奖	济南二机床集团有限公司
FNSZS －ZXX 树脂砂工艺大型铸件自动化造型生产线	主要用于铸造行业，特别是批量生产线。生产工艺由造型、硬化、起模、修型、流涂、点火与下芯、合箱、浇注、冷却、开箱等工序组成	济南市科学技术进步奖	三等奖	济南二机床集团有限公司
Y13 －4000型40MN 数控锻造液压机	自由锻造，用于机械制造业	国家重点新产品		安阳锻压机械工业有限公司
ZS －JL 31型变压器板式散热片自动化成形冲压生产线	该生产线是为加工板式散热器型材而专门设计制造的，采用连续卷料生产，产品长度及数量可预先设置。上料、开卷、校平、内缘翻边、冲压、整形、切断、传送等采用自动控制，工艺先进，生产效率高，制件形状规则，长度准确，一致性好。该生产线结构采用公司3项实用新型专利，并结合自身特点有所创新。主机经过计算机有限元优化设计，具有足够的静态、动态刚度。该生产线主机精度达到日本J 1SB 6402的特	中国机械工业集团科学技术奖 扬州市科学技术进步奖	三等奖 三等奖	扬州捷迈锻压机械有限公司

（续）

项目名称	主要内容及应用范围	获奖名称	获奖等级	主要完成单位
	级标准，完全满足客户高精度的使用要求。该生产线的电控系统以工业控制计算机、触摸屏等为主控单元。通过触摸屏显示生产线的工作状态及故障报警，使监控更加直观、方便。所选用的伺服系统执行元器件精度高、抗干扰能力强、响应速度快。生产线操作维修便捷，其技术和产品性能达到国际同类产品先进水平			
板材柔性制造生产线	本项目围绕板材柔性制造生产线整线运行协调控制、工件自动分选码垛、数控冲剪复合机自动出料等技术难题，突破板材立体仓库、自动上料、数控分选码垛、联线控制及软件等核心技术，自主研发成功具有技术领先、结构完善、性能可靠、快速高效等特点，对金属板材进行冲剪一体化加工的高效数控设备。有效打破高性能板材柔性制造生产线依赖进口的局面，满足金属板材加工行业对高柔性、高精度、高效率板材自动加工生产线的需求	中国机械工业科学技术奖	二等奖	济南铸造锻压机械研究所有限公司、济南大学
GB/T 21681—2008《数控压力机、液压机用模拟负荷测试系统》	本标准规定了数控压力机、液压机模拟负荷测试系统的技术要求、试验方法、检验规则、标志、包装、贮存和运输。适用于数控压力机、液压机用模拟负荷测试系统，也适用于机械压力机、摩擦压力机用模拟负荷测试系统	中国机械工业科学技术奖	三等奖	济南铸造锻压机械研究所有限公司
LR0412 高性能宽幅面数控激光切割机	LR 0412高性能宽幅面数控激光切割机是一种先进的板材加工设备，广泛应用于能源、船舶、汽车、航空航天、大型机床、高铁、城铁等领域，满足国内主要行业对高端激光加工设备的需求。本项目为自主研发，攻克了恒光路技术、自动调焦技术、自动调隙技术以及切割头防撞功能、机床快速定位功能等，实现了该系列产品的产业化生产，取得了显著的经济效益和社会效益	济南市科学技术进步奖	一等奖	济南铸造锻压机械研究所有限公司
汽车发动机缸体铸件振动除芯单元	本项目为一种新型清洁、高效的绿色铸造装备，主要用于汽车发动机缸体铸件生产，清除铸件内腔的残留砂芯，以获得高品质铸件产品。同时，也可用于发动机缸盖以及其他类似铸件的清理作业。专门针对六缸柴油发动机等大缸体铸件而自主研发的新型除芯机产品及除芯单元成套设备，同时也适用于小缸体铸件	济南市科学技术进步奖	二等奖	济南铸造锻压机械研究所有限公司

表9　2012年锻压机械行业部分企业授权专利情况

序号	企业名称	专利名称	专利类型	授权日期
1	山东宏康机械制造有限公司	超短圆柱滚动回转工作台	发明	2012.07.25
2	山东宏康机械制造有限公司	一种铣镗床的主轴传动装置	发明	2012.10.03
3	山东宏康机械制造有限公司	一种顶尖作业数控车床	发明	2012.12.12
4	山东宏康机械制造有限公司	一种卡盘式数控车床	实用新型	2012.01.18
5	山东宏康机械制造有限公司	铣镗床主轴箱传动系统	实用新型	2012.05.09
6	山东宏康机械制造有限公司	一种铣镗床主轴箱传动系统	实用新型	2012.06.06
7	山东宏康机械制造有限公司	辊式矫平机的工作辊调整装置	实用新型	2012.09.05
8	山东宏康机械制造有限公司	一种车床电主轴	实用新型	2012.07.25
9	山东宏康机械制造有限公司	一种缓冲式重锤	实用新型	2012.07.25
10	山东宏康机械制造有限公司	一种铣镗床主轴箱平衡装置	实用新型	2012.07.25
11	山东宏康机械制造有限公司	一种立刀卧式车床	实用新型	2012.08.22
12	山东宏康机械制造有限公司	一种卧式龙门车床	实用新型	2012.09.05
13	山东宏康机械制造有限公司	一种自动排屑台式铣镗床	实用新型	2012.09.05
14	山东宏康机械制造有限公司	一种铣镗床滑枕主轴箱的主传动装置	实用新型	2012.10.03

（续）

序号	企业名称	专利名称	专利类型	授权日期
15	山东宏康机械制造有限公司	一种卧式铣镗床的主轴传动装置	实用新型	2012.10.03
16	山东宏康机械制造有限公司	一种螺母直驱数控进给装置	实用新型	2012.10.03
17	山东宏康机械制造有限公司	矫平辊的辊端减速装置	实用新型	2012.10.24
18	山东宏康机械制造有限公司	可深弯下开式钢卷引头装置	实用新型	2012.12.19
19	山东宏康机械制造有限公司	一种双工位铣镗床	实用新型	2012.12.26
20	山东宏康机械制造有限公司	两工位纵剪机	实用新型	2012.12.26
21	山东宏康机械制造有限公司	多工位纵剪机	实用新型	2012.12.26
22	江苏省徐州锻压机床厂集团有限公司	一种压力机湿式离合器密封机构	实用新型	2012.01.18
23	江苏省徐州锻压机床厂集团有限公司	一种压力机气压闭环自动调整装置	实用新型	2012.02.08
24	江苏省徐州锻压机床厂集团有限公司	一种可调阻尼组合隔振器	发明	2012.07.18
25	江苏省徐州锻压机床厂集团有限公司	高速精密压力机下死点动态补偿机构	实用新型	2012.10.24
26	江苏省徐州锻压机床厂集团有限公司	压力机连杆半圆弧瓦连接结构	实用新型	2012.12.26
27	江苏省徐州锻压机床厂集团有限公司	一种滚齿机辅助机构	实用新型	2012.12.19
28	江苏省徐州锻压机床厂集团有限公司	一种闭式压力机分段润滑机构	实用新型	2012.12.19
29	济南二机床集团有限公司	开卷线设备的定位方法	发明	2012.05.02
30	济南二机床集团有限公司	一种送料装置及利用其送料方法	发明	2012.05.23
31	济南二机床集团有限公司	拖链辅助支撑装置	发明	2012.07.04
32	济南二机床集团有限公司	摆剪模具	发明	2012.12.05
33	济南二机床集团有限公司	工件定位装置	实用新型	2012.08.08
34	济南二机床集团有限公司	自动松刀装置	实用新型	2012.07.18
35	济南二机床集团有限公司	双轴同步传动装置	实用新型	2012.08.08
36	济南二机床集团有限公司	一种高速进给安全制动机构	实用新型	2012.07.18
37	济南二机床集团有限公司	开卷线码垛拍打装置	实用新型	2012.09.05
38	济南二机床集团有限公司	开卷线的自适应料宽导向对中装置	实用新型	2012.08.15
39	济南二机床集团有限公司	镶嵌式自动离合联轴器	实用新型	2012.08.29
40	济南二机床集团有限公司	伺服送料传动机构	实用新型	2012.09.05
41	济南二机床集团有限公司	压力机滑块运行安全状态检测装置	实用新型	2012.09.19
42	济南二机床集团有限公司	飞剪刀隙调整机构	实用新型	2012.10.24
43	济南二机床集团有限公司	一种阶梯轴快速调平的支撑装置	实用新型	2012.09.19
44	济南二机床集团有限公司	一种自动锁紧定位装置	实用新型	2012.09.19
45	济南二机床集团有限公司	一种伺服电动机驱动的压力机	实用新型	2012.11.28
46	济南二机床集团有限公司	一种电动伺服拉伸垫	实用新型	2012.11.14
47	青岛青锻锻压机械有限公司	变频式摩擦压力机	实用新型	2012.06.13
48	青岛青锻锻压机械有限公司	电动螺旋压砖机	实用新型	2012.12.05
49	安徽东海机床制造有限公司	一种用于卧式剪切机的切割装置	实用新型	2012.01.25
50	安徽东海机床制造有限公司	剪板机万向输送球安装结构	实用新型	2012.12.05
51	安徽东海机床制造有限公司	电液控制多缸联动折弯机	实用新型	2012.12.05
52	江苏扬力集团有限公司	压力机模具夹紧装置	发明	2012.04.25
53	江苏扬力集团有限公司	压力机装模高度测量的标定方法	发明	2012.09.05
54	江苏扬力集团有限公司	压力机行程自动调节装置	发明	2012.05.16
55	江苏扬力集团有限公司	压力机多阀循环重复动作控制方法	发明	2012.02.29
56	江苏扬力集团有限公司	压力机及其送料装置的智能控制系统	发明	2012.04.25
57	江苏扬力集团有限公司	压力机移动工作台浮动检测装置	发明	2012.01.18
58	江苏扬力集团有限公司	伺服压力机的控制系统	发明	2012.08.29
59	江苏扬力集团有限公司	一种可在任意位置停止的移门装置	实用新型	2012.03.07
60	江苏扬力集团有限公司	压力机飞轮测速装置	实用新型	2012.02.22

（续）

序号	企业名称	专利名称	专利类型	授权日期
61	江苏扬力集团有限公司	压力机大顶出垫装置	实用新型	2012.04.25
62	江苏扬力集团有限公司	抗冲击压力机齿轮	实用新型	2012.04.25
63	江苏扬力集团有限公司	一种压力机的送料系统	实用新型	2012.08.01
64	江苏扬力集团有限公司	一种压力机控制装置	实用新型	2012.08.01
65	江苏扬力集团有限公司	压力机飞轮卸荷套固定结构	实用新型	2012.07.11
66	江苏扬力集团有限公司	压力机飞轮离合器双支撑结构	实用新型	2012.08.08
67	江苏扬力集团有限公司	飞轮迷宫式集油结构	实用新型	2012.09.05
68	江苏扬力集团有限公司	一种新型滑块装模高度调节机构	实用新型	2012.09.05
69	江苏扬力集团有限公司	分体式离合器与制动器的温度控制装置	实用新型	2012.09.05
70	江苏扬力集团有限公司	一种双点压力机曲轴齿轮连接装置	实用新型	2012.09.05
71	江苏扬力集团有限公司	一种压力机气垫导轨间隙微调装置	实用新型	2012.09.05
72	江苏扬力集团有限公司	一种高刚度压力机机身结构	实用新型	2012.08.29
73	江苏扬力集团有限公司	一种分体式双边传动偏心齿轮结构	实用新型	2012.08.29
74	江苏扬力集团有限公司	压力机背投光式指示灯装置	实用新型	2012.08.29
75	江苏扬力集团有限公司	一种双点压力机曲轴同步检测及断电保护装置	实用新型	2012.08.29
76	江苏扬力集团有限公司	双轴双点行程可调压力机调节结构	实用新型	2012.08.29
77	江苏扬力集团有限公司	曲拐式压力机行程无级调节结构	实用新型	2012.09.05
78	江苏扬力集团有限公司	一种压力机行程量无级自动调节结构	实用新型	2012.08.29
79	江苏扬力集团有限公司	一种压力机行程同步调节结构	实用新型	2012.09.26
80	江苏扬力集团有限公司	一种压力机行程自动调节结构	实用新型	2012.08.29
81	江苏扬力集团有限公司	一种滑块横向移动结构	实用新型	2012.08.29
82	江苏扬力集团有限公司	一种高速压力机定转子冲压电气控制系统	实用新型	2012.08.29
83	江苏扬力集团有限公司	一种安全可移动式压力机操作台结构	实用新型	2012.08.29
84	江苏扬力集团有限公司	压力机中湿式离合器制动器内齿轮结构	实用新型	2012.09.26
85	江苏扬力集团有限公司	一种内孔双键槽对称度检具	实用新型	2012.09.26
86	江苏扬力集团有限公司	一种轴类双键槽对称度检具	实用新型	2012.09.26
87	江苏扬力集团有限公司	一种压力机的气垫装置	实用新型	2012.09.26
88	江苏扬力集团有限公司	镗模机构	实用新型	2012.10.24
89	江苏扬力集团有限公司	压力机连杆螺纹间隙调整机构	实用新型	2012.10.24
90	江苏扬力集团有限公司	压力机（JZ 21型）	外观设计	2012.08.29
91	江苏扬力集团有限公司	压力机（JH 21型）	外观设计	2012.09.05
92	江苏扬力集团有限公司	压力机（JF 21型）	外观设计	2012.05.16
93	宁波精达成形装备股份有限公司	一种压力机送料传动机构	实用新型	2012.01.11
94	宁波精达成形装备股份有限公司	压力机滑块导向机构	实用新型	2012.05.09
95	宁波精达成形装备股份有限公司	双边驱动四点施力压力机	实用新型	2012.05.23
96	宁波精达成形装备股份有限公司	压力机滑块导向装置	实用新型	2012.07.11
97	宁波精达成形装备股份有限公司	立式胀管机快速退模机构	实用新型	2012.08.08
98	宁波精达成形装备股份有限公司	间距可调式胀管机工作门	实用新型	2012.08.08
99	宁波精达成形装备股份有限公司	立式胀管机的胀杆锁紧装置	实用新型	2012.08.08
100	宁波精达成形装备股份有限公司	快速退模的立式胀管机	实用新型	2012.08.08
101	宁波精达成形装备股份有限公司	立式胀管机	实用新型	2012.11.07
102	宁波精达成形装备股份有限公司	带配重机构的立式胀管机	实用新型	2012.11.07
103	宁波精达成形装备股份有限公司	立式胀管机的 U 型端夹紧装置	实用新型	2012.11.07
104	宁波精达成形装备股份有限公司	四柱顶置油缸压力机滑块微调装置	实用新型	2012.12.19
105	宁波精达成形装备股份有限公司	金属管件的弯曲装置	实用新型	2012.12.19
106	江苏省无锡振华机器厂	一种机械电子复合式凸轮控制器	实用新型	2012.01.18

（续）

序号	企业名称	专利名称	专利类型	授权日期
107	扬州捷迈锻压机械有限公司	具有液压垫顶起和中心落料导出机构的液压机	实用新型	2012.05.16
108	扬州捷迈锻压机械有限公司	一种牵引机	实用新型	2012.05.16
109	扬州捷迈锻压机械有限公司	一种对开式立柱	实用新型	2012.05.16
110	扬州捷迈锻压机械有限公司	移动旋转压头龙门液压机	实用新型	2012.05.16
111	济南铸造锻压机械研究所有限公司	数控转塔冲床X轴方向送进机构	发明	2012.08.05
112	济南铸造锻压机械研究所有限公司	浇注机同步装置	发明	2012.10.03
113	济南铸造锻压机械研究所有限公司	自动切换的双通路冲床传动机构	发明	2012.10.03
114	济南铸造锻压机械研究所有限公司	数控平板冲孔机电液控制装置	实用新型	2012.01.04
115	济南铸造锻压机械研究所有限公司	单动式长度可变连杆及曲柄连杆传动机构	实用新型	2012.03.08
116	济南铸造锻压机械研究所有限公司	多重模具互换型分度工位及数控转塔冲床模具系统	实用新型	2012.05.23
117	济南铸造锻压机械研究所有限公司	内外模具选择冲压装置及数控转塔冲床模具系统	实用新型	2012.05.23
118	济南铸造锻压机械研究所有限公司	装载标准模具并可分度冲压的多子工位复合模具装置	实用新型	2012.05.30
119	济南铸造锻压机械研究所有限公司	取送料机械手	实用新型	2012.05.30
120	济南铸造锻压机械研究所有限公司	数控液压折弯机自动挠度补偿装置	实用新型	2012.05.30
121	济南铸造锻压机械研究所有限公司	齿轮齿条传动的自动消隙装置	实用新型	2012.05.30
122	济南铸造锻压机械研究所有限公司	挡块自动变位机构	实用新型	2012.08.15
123	济南铸造锻压机械研究所有限公司	数控转塔冲床X轴方向送进机构(1)	实用新型	2012.08.15
124	济南铸造锻压机械研究所有限公司	数控液压冲床的液压夹钳	实用新型	2012.10.03
125	济南铸造锻压机械研究所有限公司	曲柄连杆传动机构及冲床主传动系统	实用新型	2012.10.03
126	济南铸造锻压机械研究所有限公司	数控伺服冲床的夹钳	实用新型	2012.10.03
127	济南铸造锻压机械研究所有限公司	大型碾环机的主辊装置	实用新型	2012.10.03
128	济南铸造锻压机械研究所有限公司	大型碾环机的轴向轧制装置(1)	实用新型	2012.10.03
129	济南铸造锻压机械研究所有限公司	径-轴向碾环机的径向轧制装置	实用新型	2012.10.03
130	济南铸造锻压机械研究所有限公司	长行程机械剪板机	实用新型	2012.10.03
131	济南铸造锻压机械研究所有限公司	大型碾环机的轴向轧制装置(2)	实用新型	2012.11.07
132	济南铸造锻压机械研究所有限公司	复合传动剪板机	实用新型	2012.11.07
133	济南铸造锻压机械研究所有限公司	落料缓冲装置	实用新型	2012.12.19
134	济南铸造锻压机械研究所有限公司	数控转塔冲床X轴方向送进机构(2)	实用新型	2012.12.19
135	济南铸造锻压机械研究所有限公司	数控伺服转塔冲床	外观设计	2012.02.15

六、企业简介

济南二机床集团有限公司　始建于1937年，是国家520家重点企业之一，是国内规模较大的重型锻压设备和金属切削机床制造基地。现有在岗职工4 800余人，总资产逾34亿元。主要生产经营数控冲压机床、数控金属切削机床、自动化设备、铸造设备及数控切割设备等产品。数控冲压设备技术发展与国际保持同步，位列世界先进锻压设备供应商行列，被福特、通用、丰田、本田、铃木等国际著名汽车制造公司列为合格供应商；数控金属切削机床自主创新能力显著增强，在一些领域打破了发达国家长期对我国的技术垄断，广泛服务于航空、航天、铁路、军工、能源等国家重点建设领域。

2012年，公司在市场需求锐减、机床行业整体大幅下滑的形势下，坚持贯彻落实科学发展观，围绕促进战略性结构调整，不断提升自主创新能力，发展高端装备制造业。依托高端产品市场营销的突破，企业各项生产经营指标实现了逆势增长，全年完成工业总产值34.58亿元，同比增长1.4%；工业增加值10.72亿元，同比增长1.3%；销售收入30.9亿元，同比增长10.2%；出口交货值3.62亿元，同比增长7.8倍；利润总额4.34亿元，同比增长28.0%；实现利税5.62亿元，同比增长21.6%。

2012年，公司研制的52 500kN 全自动机器人送料冲压生产线在通用汽车印度工厂交付使用；61 000kN 双臂送料快速冲压生产线在福特汽车美国堪萨斯工厂通过预验收，创造了高端成套装备海外总承包新的历史；成功研制国内首台25 000kN 大型伺服压力机。公司的2个项目入选国家科技重大专项，1个项目入选山东省科技重大专项；“大型快速高效数控全自动冲压生产线”荣获中国机械工业科学技术奖一等奖、山东省科技进步奖一等奖;"省大型精密复合冲压成形机床技术重点实验室"通过验收。公司进入美系、德系、日系等世界主要汽车企业全球供应商目录,被上海通用汽车有限公司授予最佳供应商。

江苏省无锡振华机器厂 始创于1960年,是锻压机械功能部件专业生产厂家。企业于20世纪80年代与济南铸造锻压机械研究所、济南二机床集团、扬州锻压机床集团有限公司等多家单位合作研发气动干式摩擦离合器和可调式凸轮控制器等锻压机床配套产品,成为国内较早的离合器和凸轮控制器专业生产厂家。当前,企业拥有LSK系列凸轮控制器和LZ系列离合制动器多个专利。产品被广泛应用于锻压、纺织、包装及机械自动化生产线等设备上,长期为国内20余家主要锻压机床制造厂家配套。其中,凸轮控制器推广应用与年销售量均处于行业内同类厂家前列。企业于2001年初通过ISO9002国际质量认证。

企业主管单位是无锡职业技术学院,多年来,企业依托学院雄厚的人才优势,在产品开发与制造过程中,不断汲取国外离合器和凸轮控制器的先进技术,形成了一套集产品开发、制造、维护与技术服务于一体的优化生产体系。2012年,完成气动摩擦离合制动器1 200余台(套)、凸轮控制器4 200多台(套)的销售业绩。

作为全国专业标准化技术委员会委员单位,江苏省无锡振华机器厂承担了组合式气动干式摩擦离合制动器和凸轮控制器行业标准的制定工作。为提高企业生产管理水平,主管单位无锡职业技术学院从2012年起投入300多万元对企业进行基于物联网技术的信息化改造,2013年投入运营。

山东宏康机械制造有限公司 为山东宏康装备集团的母公司,下辖山东大铉机械有限公司、山东宏康钢铁物流配送有限公司、泰安宏力康机床有限公司和山东宏康重型装备科技发展有限公司。主要产品有数控板料开卷矫平剪切生产线、新型数控直驱铣镗床、加工中心和数控车床等,同时,钢铁物流配送项目正成为集团新的经济增长点。当前,公司已成为我国研制生产数控板料开卷矫平剪切生产线的骨干企业之一,部分产品可替代进口,出口到韩国、日本、美国和西班牙等国家。"宏康"牌数控金属切削机床符合机械装备智能、绿色、低碳的发展方向,达到国际先进水平。

公司现有员工802人,工程技术人员290人,其中,具有中高级职称工程技术人员66人,中级以上技工240余人。公司占地面积30万 m^2,拥有主要生产设备400余台(套),其中精、大、稀设备62台(套)。先后通过了质量、环境和职业健康安全三个管理体系以及CE认证和三级保密认证,拥有中国钢结构制造一级企业资质。

公司是国家高新技术企业,拥有山东省企业技术中心、山东省工业设计中心、山东省开矫弯卷成形工程技术研究中心、山东省中韩开矫装备合作研究中心、山东省开矫弯卷成形工程实验室和山东省宏康机械制造院士工作站等技术创新平台。现有60多项国家发明专利和实用新型专利,被评为"中国专利山东明星企业"。公司负责制定了JB/T 10678—2006《板料开卷矫平剪切生产线》、GB 26485—2011《开卷矫平剪切生产线安全要求》和GB/T 26486—2011《数控开卷矫平剪切生产线》等标准。其中,《板料开卷矫平剪切生产线》行业标准获中国标准创新贡献奖二等奖。

"宏康"牌金属板材开卷矫平剪切成套设备荣获"山东名牌产品"称号,荣获中国(山东)国际装备制造业博览会金奖,"宏康"商标被评为"山东省著名商标"。公司先后承担了3项国家火炬计划、2项国家重点新产品计划、1项山东省自主创新成果转化重大专项计划、34项省级技术创新计划、3项市级科技专项计划等项目;先后有22项科技成果通过省级鉴定,有10项达到国际先进水平、7项达到国内领先水平、5项达到国内先进水平;先后获得中国机械工业科学技术奖二等奖1项,山东省科技进步奖二等奖2项,山东省机械工业科技进步奖一等奖4项、二等奖2项、三等奖3项,山东省中小企业科技进步奖一等奖2项、二等奖1项,2项产品被认定为山东省重点领域首台(套)技术装备,2项产品被认定为中国工业重大技术装备首台(套)示范项目。

公司先后获得"泰安市市长质量奖""山东省企业技术创新奖""山东省质量竞争力百强企业""山东省机械工业自主创新先进单位""山东省产学研合作创新突出贡献企业""山东省标准创新型企业""全省先进民营企业""山东装备制造业十大品牌民营企业""山东省优质产品生产基地龙头骨干企业""中国机床工具工业协会综合经济效益十佳企业、精心创品牌十佳企业""全国用户满意企业""全国工业品牌培育示范企业"和"中国工业先锋示范单位"等荣誉称号。

宁波精达成形装备股份有限公司 成立于1995年,是一家专业研发生产空调换热器生产装备、高速精密压力机的国家高新技术企业,现有员工450人。公司已通过ISO 9001:2008质量管理体系认证,产品被国内主要空调生产企业采用,并出口到全球40余个国家和地区。2012年,公司实现销售额2.3亿元。

本着"科技为本,兴业报国"的理念,自20世纪90年代初起,公司一直致力于金属成形机床的研发与创新,并建有省级工程技术中心,现拥有专职研发人员58人,占公司职工总人数的12.9%。

公司先后研发了换热器立、卧式胀管机,全自动、半自动发夹型弯管机,校直切割机,以及数控弯管机、冷凝器折弯机、空调翅片高速精密压力机等空调换热器的多种自动化装备,还研发了GD电机定转子高速精密压力机、超高速变行程精密压力机等高速精密压力机。

2008年,公司获得宁波市首批国家级高新技术企业认定,并于2011年通过国家高新技术企业复审。2010年9月被评为浙江省第四批创新型试点企业,2012年被评为国家创新型试点企业。公司已获授权专利45项,其中发明专利4项,另有多项专利在受理中。公司是工信部2009年和2010年行业技术标准计划中2009－2210T－JB《换热器专用胀管机》和2010－0963T－JB《发夹型弯管机》技术标准的主要起草制定企业；当前在起草制定《四柱顶置油缸式压力机　第1部分：基本参数》（任务编号：2010－1005T－JB）、《四柱顶置油缸式压力机　第2部分：技术条件》（任务编号：2010－1006T－JB）、《四柱顶置油缸式压力机　第3部分：精度》（任务编号：2010－1007T－JB）和压力机刚度测试等行业标准。

公司建有3 720m^{2}恒温精加工车间和先进的工艺装备，拥有西班牙落地式镗铣加工中心、日本马扎克五轴联动加工中心、日本三菱龙门五面体加工中心等大（中）型加工中心22台，其他数控加工设备近百台（套）。此外，还有瑞典海克斯康的大型三坐标测量仪、日本三丰的二维测高仪等先进检测设备，具备高精度和大中型机床部件的机加工能力。

江苏扬力集团有限公司　始创于1966年，长期致力于金属板材加工设备的研发、生产和销售。公司主导产品为压力机、数控机床、折弯机、剪板机及液压机等，市场占有率15%左右，先后开发的J 75G系列、SHC系列、HPC系列、JM 31G系列高速精密压力机，JM 31/36框架式高性能压力机，JD 31/36闭式高性能压力机，J 39多工位压力机，YL 32/YL 34K精密液压机，T 30、EP数控转塔冲床，EB数控伺服折弯机，ML/TL数控二维、三维激光切割机均通过科技成果鉴定，整机性能达到国际先进、国内领先水平，并有多个产品填补国内空白。

公司按照“产权明晰、权责分明、管理科学”的现代企业制度，建立了股东会、董事会、监事会三会制度，形成卓有成效的现代化企业管理体系。公司先后荣获“中国驰名商标”“江苏名牌产品”“中国机械500强”“全国五一劳动奖状”等荣誉，并被科技部门认定为江苏省首批创新型试点企业、国家重点高新技术企业、国家火炬计划邗江数控金属板材加工设备产业基地骨干企业。公司通过了ISO 9001：2008质量体系认证和测量管理体系认证，主营产品中JH 21、JL 21、JM 31、JM 36系列通过了CE认证，开式压力机通过产品安全认证。公司拥有专利146项，其中发明专利8项；拥有软件著作权4项。作为全国锻压机械标准化技术委员会机械压力机分技术委员会的主任委员单位，先后主持或参与制定技术标准10项，其中参与制定国家标准4项、行业标准3项，主持制定国家标准1项，修订行业标准2项。

公司一直重视研发能力的建设，早在1990年就成立厂级锻压机械研究所。2001年，组建江苏扬力锻压机械技术研发中心。2004年，对研发中心进行了优化整合，先后设立了重型机床研究所、数控机床研究所、精密机床研究所、压力机研究所、锻压设备研究所。2006年，经江苏省科技厅批准，建立江苏省金属板材加工设备工程技术研究中心，下辖5个研究所，重点开展了关键技术和共性技术的研究、通用功能部件的研发及新材料的应用等，具有完全自主知识产权，其中高速精密技术、伺服技术、三坐标伺服送料技术、重载液压伺服驱动技术、抗偏载自平衡技术、数控行程可调技术等打破了国外的垄断，压力机核心零件曲轴的以铸代锻工艺取得成功。公司先后与多家高校、科研院所建立了良好的合作关系，坚持走“产学研”相结合的技术创新之路，承担了20多项国家级、省级科技计划等项目，开发了近百个高技术新产品。公司的23个产品通过科技成果鉴定，其中，JM 31G－125龙门型高速精密压力机、SHC－25型三圆导柱高速精密压力机、HPC－45型三圆导柱高速精密压力机、电子伺服三坐标多工位压力机、SDP－110型伺服压力机、TS 4－1500（1360）闭式四点多工位压力机等多个产品获得国家重点新产品和江苏省高新技术产品称号。

江苏省徐州锻压机床厂集团有限公司　原江苏省徐州锻压机床厂，始建于1951年，1964年批量生产开式机械压力机，并于当年被认定为国家首批机械压力机定点生产企业，1988年被评为国家二级企业，1995年被认定为国有大型工业企业。

公司占地面积25万m^2，建筑面积15万m^2，拥有资产4.5亿元。公司连续多年被评为AAA级资信企业、江苏省质量诚信企业，连年被评为中国机械行业500强企业。2001年通过ISO9001质量体系认证，2005年通过环境管理体系和职业健康安全管理体系认证，2006年被认定为江苏省高新技术企业，2007年被确定为江苏省首批创新型试点企业，2010年被国家科技部评为“国家火炬计划重点高新技术企业”，2011年被江苏省人民政府评为“江苏省企业创新先进单位”。

公司积近60年的生产经验，拥有雄厚的技术装备和强大的生产组织能力，现有各种机器设备710台，其中精、大、稀设备98台。近年来，为实现企业跨越式发展，公司在铜山经济开发区征地13.3万m^2（200亩），先后投资2.2亿元实施技术改造，新建厂房60 000m^2，购置了大型五面体加工中心、大型卧式加工中心、大型数控落地镗铣床等关键精加工设备50余台。公司生产规模和装备工艺水平大幅提升，现已成为全国重要的高速冲床研发制造基地。

公司始终坚持“做精品机床、树一流品牌”的经营方针，不断加大科技投入和产品结构调整力度。现主要产品包括：JF 75G系列闭式高速机械压力机，VH、SH系列开式高速机械压力机，JE、JH、JZ、JG等系列开式高性能机械压力机，JE 25系列开式双点机械压力机，JE 31、JE 36、JH 31、JH 36系列闭式、半闭式单/双点机械压力机，NTP系列数控回转头压力机，DP 21、DP 31系列精密数控伺服压力机，J 11、J 21、J23等系列开式机械压力机，Y 27、Y 32系列液压机，XD系列汽车钢圈成套制造设备等30大系列、200多个品种。产品广泛应用于汽车、家电、电子、电机、电器、IT、五金、农机、军工、仪器仪表及航空等行业。

公司素以产品质量过硬享誉国内外，多个产品荣获国优、省优、部优称号。公司研发的10t、16t压力机曾获国家“银质奖”；JF 75G、VH、SH、JE、JK、NTP 30等8个系列及产品先后被评为“江苏省高新技术产品”，其中JF 75G－125A、DP 31－80、JH 36－800E型压力机等5个产品被认定为国家重点新产品；JH 31－630型压力机荣获江苏省科技进步奖一等奖；JF 75G－300型压力机荣获江苏省科技进步奖二等奖，并认定为江苏省重大装备首台(套)产品;与东南大学联合开发的DP 21－63型精密数控伺服压力机共获得2项发明专利和9项实用新型专利,被列入省科技攻关项目,DP系列产品产业化被列入国家火炬计划。“环球”牌压力机自1997年以来已连续十几年被评为江苏省名牌产品,“环球”商标2004年被评为江苏省著名商标。产品畅销全国各地,并出口40多个国家和地区。

公司长期坚持科技领先战略,拥有专业技术人员280余人,其中高级工程师26人,研究生以上学历38人,专职从事研发人员80余名。企业技术中心2003年被评为省级技术中心,2006年被认定为江苏省高速数字锻压机械工程技术研究中心。公司与东南大学、中国矿业大学、南京理工大学等高等院校保持长期良好的合作关系,2010年先后设立江苏省企业院士工作站和博士后科研工作站,强化了企业研发实力,进一步加快了公司产品结构向高精度、超高速、大型化、数字化、自动化的调整速度,产品研发始终走在行业前列。

公司在全国设立五大销售区域、50个办事处,直接从事营销和售后服务人员100余人;和全国60余家经销商签订了特约经销协议,构建了覆盖全国的销售服务网络,确保全面、快捷地为用户提供各种优质服务。

安徽东海机床制造有限公司 成立于2002年,公司位于马鞍山市博望区工业园,属私营有限公司,拥有东海机床、东海锻造、南锻机床三个分厂,主要生产折、剪机床,年生产能力5 000台(套),资产规模突破2.4亿元。现占地面积8.7万 m^2,建筑面积4万 m^2。拥有员工302人,其中大专以上学历人员110多人,专职研发人员40余人。

2012年,公司生产折、剪机床2 520台,实现营业收入2.3亿元。公司曾荣获国家火炬计划重点高企、省科技技术研究成果证书、省质量奖、省名牌产品、省重点新产品、省级新产品、高新技术产品等荣誉,获得实用新型授权专利2项。公司组建了市金属剪折装备工程技术研究中心创新平台,制定企业标准1项。公司自主研发的新产品3150型单柱多功能液压机,在抗偏载能力、变速调节和工作精度方面均取得了突破性进展,正申请相关专利,样机在江淮汽车、东风汽车、湖北福田等客户单位应用,受到一致好评。

济南铸造锻压机械研究所有限公司 前身为济南铸造锻压机械研究所,始建于1956年,是原机械工业部直属专业从事铸造机械、锻压机械、液压技术等多专业综合性应用技术研究、开发和行业归口管理的国家一类科研机构。

公司是集研发设计、加工制造、销售服务为一体的国家高新技术企业、山东省和济南市创新型试点企业,现有员工1 000人,其中,从事研发设计、工艺研究的人员240余人,具有高级专业技术职务的人员90余人,拥有一批享受国务院特殊津贴的专家和学科带头人。

当前,公司拥有专利150项,其中,发明专利17项、实用新型专利113项、外观设计专利4项,拥有软件著作权16项。近三年制修订国家标准和行业标准42项。2009年以来,公司承担或参加“高档数控机床与基础制造装备”国家科技重大专项中的18项重大课题。2012年4月,由公司牵头,联合国内7家行业知名企业及6所重点高校共同成立的国家级技术创新合作组织“数控成形冲压装备产业技术创新战略联盟”获科技部正式批复。

在50多年的发展历程中,公司开发出清洁、高效、绿色铸造成套装备,以及高档数控开卷校平生产线、数控冲剪折设备、高端汽车纵梁成套装备、数控激光加工设备、高档中大型冲锻设备等近百种高科技产品,产品处于国内领先或国际先进水平。

公司以深厚的历史积淀和行业背景、卓越的专业人才队伍、雄厚的技术实力,在激烈的市场竞争中确立了领先优势,长期与宝钢、一汽、二汽、重汽等企业合作。为我国汽车、钢铁、电力、船舶、能源、航空航天、军工等行业提供了大量高端数控铸锻机械产品,满足了国家在不同发展时期对基础装备的需求,为提升我国重大制造装备水平、推动行业技术进步和产业升级作出了突出贡献。

〔撰稿人:中国机床工具工业协会锻压机械分会王春生、穆冰〕

刀具量具量仪

2012 年是我国工具行业实施机床工具行业“十二五”发展规划和切削刀具、量具量仪小行业“十二五”发展规划的关键之年。受国家房地产调控、出口减缓的影响,工具行业整体经济运行延续了 2011 年三季度开始的增幅回落,市场呈现出“需求总量明显减少,需求结构加速升级”的总体走势。全行业销售趋缓,订单减少,产品库存增加,销售收入和利润下降,工具行业进入了一个相对困难的发展阶段。面对这个困难局面,工具行业各企业认识到调整产品结构、转变发展方式已刻不容缓,要实现行业的可持续发展,必须走转型升级的发展道路。工具行业企业已形成共识,必须首先转变发展观念,同时结合市场需求和自身特点,扬长避短,准确定位,开拓创新,扎实推进,才能实现转型升级的目标,提高行业的整体竞争力。

一、基本情况

根据国家统计局的数据，2012 年，我国工具行业规模以上切削刀具生产企业 467 家。其中，国有控股企业 24 家、集体控股企业 14 家、私人控股企业 323 家、港澳台商控股企业 30 家、外商控股企业 60 家、其他企业 16 家。全行业完成工业总产值 6 102 998 万元，其中，国有控股企业占比 12.2%、集体控股企业占比 2.7%、私人控股企业占比 62.4%、港澳台商控股企业占比 3.7%、外商控股企业占比 9.5%、其他企业占比 9.5%；工业产品销售产值 5 905 575 万元，其中，国有控股企业占比 11.9%、集体控股企业占比 2.7%、私人控股企业占比 62.2%、港澳台商控股企业占比 3.7%、外商控股企业占比 10.1%、其他企业占比 9.4%；出口交货值 752 605万元，其中，国有控股企业占比 9.2%、集体控股企业占比 2.6%、私人控股企业占比 49.5%、港澳台商控股企业占比 9.6%、外商控股企业占比 26.3%、其他企业占比 2.8%。

量具量仪生产企业共 156 家，其中，国有控股企业 4 家、集体控股企业 2 家、私人控股企业 106 家、港澳台商控股企业 8 家、外商控股企业 27 家、其他企业 9 家。全行业完成工业总产值 1 624 851 万元，其中，国有控股企业占比 3.9%、集体控股企业占比 0.5%、私人控股企业占比 67.8%、港澳台商控股企业占比 7.5%、外商控股企业占比 14.9%、其他企业占比 5.4%；工业产品销售产值 1 591 994 万元，其中，国有控股企业占比 3.9%、集体控股企业占比 0.6%、私人控股企业占比 67.5%、港澳台商控股企业占比 7.6%、外商控股企业占比 15.1%、其他企业占比 5.3%；出口交货值 324 968万元，其中，国有控股企业占比 1.0%、集体控股企业占比 0.7%、私人控股企业占比 37.1%、港澳台商控股企业占比 13.5%、外商控股企业占比 32.9%、其他企业占比 14.8%。

从企业所有制构成来看，民营企业仍然是工量具行业的重要力量，生产、销售占比都超过总量的 60%，但与上年相比，占比均有不同程度的下降；港澳台商控股企业和外商控股企业发展稳定，尤其工具产品的出口方面，外商控股企业的占比提高了 8.4 个百分点。

二、市场及销售

根据中国机床工具工业协会工具分会的统计测算，2012 年我国工具消费约 340 亿元，比上年减少约 15%，其中国产刀具消费占比与上年相同，仍为 67%。

根据海关的统计数据，2012 年，我国共进口各类切削刀具产品 125 950.8 万美元，比上年减少 8.33%；进口各类量具 4 601.1 万美元，比上年减少 1.88%；进口量仪 3 228 台(套)，进口额 17 013.6 万美元，比上年增长 13.45%。与 2011 年刀具、量具进口额分别增长 19.43% 和 46.57% 相比，2012 年刀具、量具进口总额的下降也从侧面反映了我国工量具市场的需求总量减少。考虑到随主机配套进口等因素，海关的工具进口数据明显低估，根据工具分会的测算，2012 年进口刀具消费约 115 亿元，比上年下降约 15%。从进口的单价来看，刀具进口的平均单价仍比上年增长 25%，量具进口单价更是翻倍，反映出国内市场需求结构的不断升级，进口的仍然是价高质优的高端刀具和精密量具。现代高效刀具和高精度数字化量具的主要市场为进口产品所占领的现状仍然没有明显改变，而这部分市场正是国内工具企业在产品升级、结构调整时所需要瞄准的主要领域。

根据工具分会的统计测算，2012 年工具行业出口额 76 亿元，比上年下降 10.6%。

2012 年，工具行业整体经济运行延续了 2011 年三季度开始的增幅回落，大多数企业产销、利润均呈负增长，行业利润下降尤其明显，在手订单和新增订单均大幅下滑，库存明显增加，市场疲软，形势严峻，尽管年末市场形势逐步趋于稳定，但尚未表现出明显回升。不过市场的变化对于不同的企业以及不同的产品也呈现出不同的特点。随着重点用户加快转型升级的步伐，用户的需求结构不断升级，2012 年工具企业的运行呈现以下几种情况：

（1）一些实力较差的中小企业，由于品牌知名度低、产品结构落后、质量不稳定等原因，在市场出现供大于求的情况下，首先被边缘化而致销售明显下滑，甚至陷入难以为继的困境。

（2）一批品牌好、质量稳定、服务到位的企业，在市场形势变化中，继续获得广大用户的支持和认同，仍然维持了较高的订单份额。

（3）一些更具创新能力的企业，在产品结构调整中走在同行的前面，在现代高效刀具的研发、制造和销售服务方面积累了相当实力，具备了批量进入汽车制造等现代制造业领域的能力。这部分企业在 2012 年严峻的宏观环境下，通过强化研发、管理上档、服务升级等举措，比较好地稳定了用户和市场，取得了令业界振奋的销售收入业绩。值得一提的是，行业大多数企业面对严峻的市场形势没有失去信心，一方面抓紧时间进行市场调研，积极寻找新的增长点；另一方面，苦练内功，调整结构，降本增效，应对困难局面。

三、科技成果及新产品

进入 2012 年，始于 2009 年的"高档数控机床与基础制造装备"国家科技重大专项进入项目验收阶段，工具行业有 8 个项目通过验收，不仅显著提升了行业和相关企业的科技创新能力，形成一批重点用户急需的科技成果，而且为行业企业调整结构、转型升级提供了有力的技术支撑。

2012 年，成都工具研究所有限公司、株洲钻石切削刀具股份有限公司等多家企业承担了"高档数控机床与基础制造装备"国家科技重大专项课题。通过国家科技重大专项的实施，完善科技创新机制，打造技术创新平台，研发系列高科技创新产品，拓展新的经济增长点，同时为培养造就一支高层次科技人才队伍创造了更好的条件。

成都工具研究所有限公司抓住国家振兴装备制造业的发展机遇，以市场需求为导向，加强科技投入，年研发投入占主营业务收入的比重平均保持在 8% 以上，为航空航天、交通、能源等重点领域提供拥有自主知识产权的专用成套高可靠性、高效率、高精度的工具产品。作为国家精密工具工程技术研究中心的依承单位，2012 年，公司在“高性能 PVD/PCVD 刀具涂层技术与装备开发”“激光多维测量系统的研究与开发”“复杂数控刀具创新能力平台建设”3 个重大专项相继启动的基础上，又新申报“高性能数控刀具性能测试与检测技术平台的研究”项目并获得 2013 年度项目的立项，参与申报的“汽轮机和燃气轮机叶片及转子轮槽加工系列化刀具应用示范”和“第三代核电关键零部件蒸汽发生器管板加工用系列化刀具”两个重大专项也获得立项。2012 年，成都工具研究所有限公司共有 37 个处于研制阶段的项目。公司通过强化科技项目管理，建立健全了科技管理制度，完善工作流程，不断提升科技管理的效率和水平。公司还加强地方科研项目申报工作，争取省市区对公司科研经费的支持和配套。

株洲钻石切削刀具股份有限公司研发的 KMG5515 硬质合金整体刀具，其涂层硬度大于 40GPa，热稳定性大于 1 100℃，处于国内领先水平；YBG205、YBC152、YBC252、YBM253 硬质合金切削刀片均达到国际先进水平。

2012 年工具行业科研项目见表 1。2012 年工具行业获奖科研项目见表 2。2012 年工具行业授权专利情况见表 3。

表 1　2012 年工具行业科研项目

科研项目名称	主要内容	应用状况	项目来源
株洲钻石切削刀具股份有限公司			
钛合金、高温合金加工用高效可转位刀具系列及超硬刀具		自行应用	国家重大专项
苏州阿诺精密切削技术股份有限公司			
多用途倒角铣刀	倒角铣刀设计为 30°、45°、60°和 75°等不同规格的转置角度，具有满足不同倒角需求的切削能力，可普遍应用于开放式或靠近台肩的倒角切削操作。双角度刀片，增加刀片的应用场合。切削刃密齿，切削速度快。优选刀片，耐磨性好，寿命长。多功能刀具，大幅降低刀具成本	自行应用	自主研发
正反倒角钻头	刀具规格 D10.1＊40＊L107，刃型采用 AHNO 标准 DF8011－U，倒刃标准采用 AHNO－JS－096。选择超 T 涂层，使刀具具有较好的耐磨性，完全满足客户加工材料的要求	自行应用	自主研发
碳纤维复合材料用钻头	刀具规格 D6.37＊47＊L85＊SD8，用于某飞机厂复合材料垂直尾翼加工	自行应用	自主研发
无横刃钻头	刀具规格 D12＊10＊L70＊SD12，采用点接触降低切削阻力，同时采用先进的高硬涂层技术提高刀具寿命	自行应用	自主研发
高压球阀挤压刀	整体硬质合金刀具，材料为 HB10，耐磨性好。槽长 15～20mm，整体精度高，刚性好。刀具涂层采用超 F 物理涂层	自行应用	自主研发

表 2　2012 年工具行业获奖科研项目

项目名称	主要内容及应用范围	获奖名称	获奖等级	主要完成单位
超硬材料刀具的研究与开发	该项目属于国家重点支持的七大战略性新兴产业中的新材料和先进制造领域，通过科技成果鉴定，填补了国内空白，整体技术达到国际先进水平。项目成果产品在奇瑞、一汽、西航、比亚迪等企业获得推广应用，得到用户的高度肯定，并带动国内市场。广泛应用于汽车、航空、电子、模具等制造行业的环保、精密、高速、高效切削加工	湖南省科技进步奖	一等奖	株洲钻石切削刀具股份有限公司
YBG205 硬质合金切削刀片	涂层硬度大于 40GPa，热稳定大于 1 100℃	湖南省专利科技奖	三等奖	株洲钻石切削刀具股份有限公司

表 3　2012 年工具行业授权专利情况

序号	企业名称	专利名称	专利类型	授权日期
1	株洲钻石切削刀具股份有限公司	大余量不等径双层铣刀及大余量平面铣削方法	发明	2012.01.18
2	株洲钻石切削刀具股份有限公司	用于不锈钢车削的硬质合金涂层刀片	发明	2012.01.18
3	株洲钻石切削刀具股份有限公司	钻削加工刀具	发明	2012.01.18

（续）

序号	企业名称	专利名称	专利类型	授权日期
4	株洲钻石切削刀具股份有限公司	用于大长径比深孔加工的钻头	发明	2012.01.18
5	株洲钻石切削刀具股份有限公司	双面槽台阶铣刀片	外观设计	2012.02.22
6	株洲钻石切削刀具股份有限公司	半精加工车削刀片	外观设计	2012.02.22
7	株洲钻石切削刀具股份有限公司	粗加工车削刀片	外观设计	2012.02.22
8	株洲钻石切削刀具股份有限公司	可转位螺纹加工刀片	实用新型	2012.03.14
9	株洲钻石切削刀具股份有限公司	大切深和高进给用铣削刀片	外观设计	2012.03.14
10	株洲钻石切削刀具股份有限公司	内孔车削加工刀片	外观设计	2012.03.14
11	株洲钻石切削刀具股份有限公司	一种不等螺旋角立铣刀	发明	2012.04.25
12	株洲钻石切削刀具股份有限公司	具有双圆弧槽型的立铣刀	实用新型	2012.04.25
13	株洲钻石切削刀具股份有限公司	变后角宽孔倒角刀	实用新型	2012.05.30
14	株洲钻石切削刀具股份有限公司	切削刀尖部分设有卷屑槽的 PCBN 刀片	发明	2012.06.13
15	株洲钻石切削刀具股份有限公司	用于加工钛合金的整体麻花钻	实用新型	2012.06.20
16	株洲钻石切削刀具股份有限公司	具有双层切削刃的切削刀片	发明	2012.06.27
17	株洲钻石切削刀具股份有限公司	超硬材料切削刀片	发明	2012.07.04
18	株洲钻石切削刀具股份有限公司	一种平衡可调的切削刀具	发明	2012.07.04
19	株洲钻石切削刀具股份有限公司	铣削过程振动规律实验数据的采集用模型及采集方法	发明	2012.07.04
20	株洲钻石切削刀具股份有限公司	用于加工钛合金的铣刀	实用新型	2012.07.11
21	株洲钻石切削刀具股份有限公司	等实际前角不等螺旋角立铣刀	实用新型	2012.07.11
22	株洲钻石切削刀具股份有限公司	整体硬质合金 T 型槽铣刀	实用新型	2012.07.11
23	株洲钻石切削刀具股份有限公司	切削刀片	实用新型	2012.07.11
24	株洲钻石切削刀具股份有限公司	具有双层交错切削头部的车削刀具	发明	2012.07.25
25	株洲钻石切削刀具股份有限公司	硬质合金注射成形用黏结剂的应用	发明	2012.07.25
26	株洲钻石切削刀具股份有限公司	不等螺旋角立铣刀	发明	2012.07.25
27	株洲钻石切削刀具股份有限公司	高强度不等螺旋角立铣刀	发明	2012.08.01
28	株洲钻石切削刀具股份有限公司	一种可大范围调整工具悬伸量的工具夹	实用新型	2012.08.08
29	株洲钻石切削刀具股份有限公司	铣削刀具	实用新型	2012.08.08
30	株洲钻石切削刀具股份有限公司	用于软质金属材料加工的切削刀片	发明	2012.08.22
31	株洲钻石切削刀具股份有限公司	一种铣削刀具	实用新型	2012.08.29
32	株洲钻石切削刀具股份有限公司	可转位螺纹加工刀片	发明	2012.09.05
33	株洲钻石切削刀具股份有限公司	不对称动平衡立铣刀	发明	2012.09.05
34	株洲钻石切削刀具股份有限公司	平衡可调的切削刀具	发明	2012.09.05
35	株洲钻石切削刀具股份有限公司	改善刃口结构的硬质合金刀片	发明	2012.09.26
36	株洲钻石切削刀具股份有限公司	具有双圆弧槽型的立铣刀	发明	2012.10.03
37	株洲钻石切削刀具股份有限公司	一种用于槽加工切削刀片的刀夹	实用新型	2012.10.03
38	株洲钻石切削刀具股份有限公司	一种用于槽加工切削的刀片	实用新型	2012.10.03
39	株洲钻石切削刀具股份有限公司	可换头硬质合金麻花钻	发明	2012.10.10
40	株洲钻石切削刀具股份有限公司	装配刀片用紧固结构	发明	2012.10.24
41	株洲钻石切削刀具股份有限公司	用于硬质合金烧结工艺的石墨舟皿及石墨舟皿组	发明	2012.10.24
42	株洲钻石切削刀具股份有限公司	梯度结构的超细硬质合金及其制备工艺	发明	2012.11.07
43	株洲钻石切削刀具股份有限公司	无钨钴 Ti(C、N)基金属陶瓷及其制备方法	发明	2012.11.21
44	株洲钻石切削刀具股份有限公司	硬质合金刀片基体的热处理方法	发明	2012.11.28
45	株洲钻石切削刀具股份有限公司	基于力矩测量仪的钻削刀具切削力矩试验板料	实用新型	2012.11.28
46	株洲钻石切削刀具股份有限公司	双刃可调式切断、切槽刀具	发明	2012.12.05
47	株洲钻石切削刀具股份有限公司	一种高精度重复装夹圆棒工件的夹具	实用新型	2012.12.05

四、标准化

2012 年，全国刀具标准化技术委员会（简称刀标委）、全国量具标准化技术委员会（简称量标委）继续开展行业标准化工作。结合国家重大专项中的标准项目，刀标委共完成《自动换刀 7:24 圆锥工具柄 第 1 部分：A、AD、AF、U、UD 和 UF 型柄的尺寸和标记》等 7 项国家标准和《焊接硬质合金圆锯片》等 11 项行业标准；发布《三面刃铣刀》等 14 项国家标准和 11 项行业标准；新申报《齿轮滚刀 基本型式和尺寸》等 9 项国家标准计划。量标委申报立项国家标准计划 2 项，列为国家标准计划的 2 个项目属国家“十二五”重大专项课题“机床工具高精度锥度传递系统的研究”的内容；申报立项《滚动轴承用高速圆度测量仪》等 10 项行业标准计划，已完成了标准的征求意见稿和审查稿；新申报《白光三维测量系统》等 6 项行业标准项目计划。

五、企业简介

苏州阿诺精密切削技术股份有限公司 成立于 2002 年 1 月，于 2011 年改制为股份有限公司，是一家中外合资企业。注册资本 5 100 万元，总资产 22 234 万元。2012 年公司销售收入为 13 578 万元，利税总额 1 302 万元。公司现有职工 341 人，其中，大专以上科技人员 137 人、研发人员 25 人。

公司主营业务为数控机床用高效精密切削刀具的设计、制造与销售。公司拥有 5 轴联动 CNC 工具磨床、数控非接触式光学测量机等主要生产设备 9 台（套），设备原值 1 128万元。

公司在我国首次提出精密刀具的“专业数控修复”概念，在全国设有 8 家分公司，积极拓展连锁修磨服务。公司是江苏省相关部门认定的国家高新技术企业，是《整体硬质合金麻花钻检测方法》《整体硬质合金立铣刀检测方法》等行业标准的主要起草单位。公司被认定为江苏省工程技术研究中心、江苏省企业技术中心。公司建有苏州工业园区博士后科研工作站分站等高规格、高水平的技术研发平台，具备包含百余项设计参数模型、39 项工艺设计标准、3 套技术研发标准等多项企业自主研发的标准化数据库。

〔撰稿人：中国机床工具工业协会工具分会胡红兵 审稿人：中国机床工具工业协会工具分会沈壮行〕

数显装置

2012 年，受国内外严峻的经济形势影响，数显装置行业销售产值出现负增长，市场销售量有所下降。但是，面对危机，全行业积极应对，把企业发展的重点放在产品开发和产品结构调整上，企业利润实现小幅增长。

一、基本情况

参加本年鉴汇总的数显装置行业企业共 14 家，其中，上市公司 1 家、有限公司 13 家。企业主要部分在长江三角洲、珠江三角洲、北京、长春、桂林等地区。从企业性质构成看，原有的国有企业大多已进行了改制，通过股份制改造，国有资本全部或逐步退出，以此应对激烈的市场竞争。民营企业迅速发展壮大，成为数显装置行业的中坚力量。2012 年数显装置行业主要经济指标完成情况见表 1。

表 1 2012 年数显装置行业主要经济指标完成情况

指标名称	单位	年度累计
工业总产值	万元	86 699
其中：机床工具类产品产值	万元	86 699
工业销售产值	万元	84 697
其中：机床工具类产品销售产值	万元	84 697
工业增加值	万元	28 951
实现利税	万元	20 511
从业人员平均人数	人	3 216
资产总计	万元	119 479

（续）

指标名称	单位	年度累计
流动资产平均余额	万元	64 319
固定资产净值平均余额	万元	21 954

2012 年，参加年鉴统计的 14 家企业中，工业总产值超过 1 亿元的企业有：广东万濠精密仪器股份有限公司 18 218 万元，桂林广陆数字测控股份有限公司 15 576 万元，广州市诺信数字测控设备有限公司 14 679 万元，长春禹衡光学有限公司 11 761 万元。实现利税超过 1 000 万元的企业有：广州市诺信数字测控设备有限公司 3 725 万元，长春禹衡光学有限公司 3 682 万元，上海平信机电制造有限公司 1 914 万元，广东万濠精密仪器股份有限公司 1 485 万元，苏州怡信光电科技有限公司 1 456 万元，桂林广陆数字测控股份有限公司 1 326 万元。

二、生产及销售

作为行业的主导产品，光栅编码器、光栅尺、量具量仪及容栅尺占行业的总产量比重较大，总体产量比上年略有下降。长春禹衡光学有限公司、广东万濠精密仪器股份有限公司以及广州市诺信数字测控设备有限公司、桂林广陆数字测控股份有限公司分别占据上述主导产品产量的前列。2012 年数显装置行业分类产品生产情况见表 2。

表2 2012年数显装置行业分类产品生产情况

产品名称	产量单位	产量	产值(万元)
量具	万件	158.01	16 293
卡尺	万件	38.61	4 443
量表	万件	16.56	1 009
电子数显量具	万件	101.03	10 356
其他量具	万件	1.81	486
量仪	台	6 185	8 990
数显装置			37 798
光栅尺	支	378 198	14 649
光栅数显表	台	69 079	3 434
磁栅尺	支	23 678	4 817
球栅尺	支	908	335
球栅数显表	台	863	304
容栅尺	支	600 000	1 200
圆光栅编码器	个	716 143	13 059

2012年,依据会员单位的统计数据,光栅尺及光栅数显表销售量44.73万坐标,销售额18 083万元;光栅编码器销售量超过71.6万个,销售额13 045万元。

数显装置行业产品出口比上年略有提升,桂林广陆数字测控股份有限公司的出口额仍然居行业的首位。2012年数显装置行业分类产品出口情况见表3。

表3 2012年数显装置行业分类产品出口情况

产品名称	出口量单位	出口量	出口额(万美元)
量具	万件	116.14	2 536.8
卡尺	万件	19.14	353.4
量表	万件	5.94	391.8
电子数显量具	万件	86.05	1 550.9
其他量具	万件	5.01	240.7
量仪	台	635	262.8
数显装置			1 207.1
光栅尺	支	28 275	221.0
光栅数显表	台	7 986	133.5
磁栅尺	支	1 533	53.9
圆光栅编码器	只	45 600	798.7

三、新产品、科研项目及发明专利情况

面对经济下滑的市场形势,数显装置行业日益重视产品的开发及新技术、新工艺的应用。在巩固传统产品的同时,有实力的企业努力提高产品的质量和技术性能,开发高附加值的产品,抢占中高端产品市场。2012年,数显装置行业新产品的开发仍以自行设计和产学研相结合为主,共开发新产品30项,其中经过鉴定的13项。2012年数显装置行业新产品开发情况见表4。2012年数显装置行业科研项目见表5。2012年数显装置行业部分企业授权专利情况见表6。

表4 2012年数显装置行业新产品开发情况

序号	产品名称	型号	主要技术参数	产品性质	产品水平
广州市诺信数字测控设备有限公司					
1	数控系统	SDS9-6CNCH2	进给加工速度:40m/min,快进速度:120m/mm,定位精度:±0.004mm/500mm,系统重复定位精度:±0.003mm/500mm	全新设计	国内领先
2	全自动玻璃加工中心	HAP-480	工作台面尺寸:600mm×500mm,三轴行程:600mm/500mm/160mm,电动机功率:850W,三轴快速移动速度:24m/min,送料机构快速移动速度:36m/min	全新设计	国内先进
3	空心角度编码器	RA-B-18000	允许转速:300r/min,输出信号频率:最高900kHz	全新设计	国内领先
4	全闭环光栅尺	KA-NC100	运行速度:0.5μ尺达到60m/min、1μ尺达到120m/min,定位精度:±0.005mm/m,重复精度:±0.003mm/m,有效计量长度:≤1.5m	全新设计	国内领先
东莞市特马电子有限公司					
5	绝对测量数显卡尺	CDA100	量程:0~150mm,分辨力:0.01mm,精度:0.02mm	改型设计	国际领先
6	杠杆千分尺	MD910	量程:0~25mm,分辨力:0.001mm,精度:0.004mm	改型设计	国际领先
7	绝对测量数显千分表	ID910	量程:0~12.7mm,分辨力:0.001mm,精度:0.004mm	改型设计	国际领先
8	绝对测量数显百分表	ID910	量程:0~12.7mm,分辨力:0.001mm,精度:0.01mm	改型设计	国际领先
9	绝对测量数显高度规	HD620A	量程:0~150mm,分辨力:0.01mm,精度:0.02mm	改型设计	国际领先
长春禹衡光学有限公司					
10	电梯用扶梯光栅编码器	ZKT-69A	中空轴规格:ϕ30mm,外径:103mm,厚度:43mm	全新设计	国际先进
11	伺服控制光栅编码器	ZKD-30P	中空轴规格:ϕ8mm,外径:37mm,厚度:30mm	全新设计	国际先进
12	薄型锁紧式空心轴光栅编码器	ZKT-70	中空轴规格:ϕ45mm,外径:90mm,厚度:43.5mm	全新设计	国际先进
莱格光电仪器有限公司					
13	多功能精密尺寸链测量机			全新设计	国际领先

表5　2012年数显装置行业科研项目

序号	企业名称	项目名称	主要内容	项目来源
1	长春光机数显技术有限责任公司	全闭环数控系统位置环控制传感器技术改造项目	可提供具有自主知识产权的全闭环数控系统位置环控制传感器6 000支,能满足国内数控机床闭环控制系统5%左右的需求	
2	桂林广陆数字测控股份有限公司	高档柔性钣金加工中心及专用数控系统、激光切割系统的联合研发和应用		省级科研项目
3	桂林广陆数字测控股份有限公司	工模具表面离子源辅助增强沉积TiN超硬强化层应用研究与产业化		省级科研项目
4	桂林广陆数字测控股份有限公司	气动环规研发		企业自立项
5	桂林广陆数字测控股份有限公司	一种数控双面磨床的自动夹紧装置		企业自立项
6	桂林广陆数字测控股份有限公司	滚珠轴承电感测头研发		企业自立项
7	桂林广陆数字测控股份有限公司	滑动轴承气动测头研发		企业自立项
8	桂林广陆数字测控股份有限公司	卡尺振动时效装置研发与应用开发		企业自立项
9	桂林广陆数字测控股份有限公司	卡尺尺框自动化生产线		企业自立项
10	莱格光电仪器有限公司	开放式钢带光栅尺		自主研发
11	上海平信机电制造有限公司	高精度带型长磁栅数显尺	适应机械位移测量的高精度传感器,具有耐油污、超长距、长寿命的特点	自主开发,闵行区技术创新项目
12	上海平信机电制造有限公司	新型磁栅尺系列	是一种完全自主开发的全新磁栅尺,利用再生橡胶代替特种金属作为尺的主体,节省资源,绿色环保	自主开发,闵行区技术创新项目
13	苏州怡信光电科技有限公司	五轴联动CNC高速数控铣、钻、攻中心		自筹
14	苏州怡信光电科技有限公司	自动变焦变倍自动校准的影像测量仪		自筹
15	长春禹衡光学有限公司	高精度、高分辨力绝对式光栅旋转编码器		国家科技项目
16	长春禹衡光学有限公司	高精度同步控制光栅编码器		国家科技项目

表6　2012年数显装置行业部分企业授权专利情况

序号	企业名称	专利名称	专利类型	授权日期
1	桂林广陆数字测控股份有限公司	高精度数显指示表及主副栅位置精度的调整方法	发明	2012.09.19
2	桂林广陆数字测控股份有限公司	绝对位置测量容栅位移测量方法、传感器及其运行方法	发明	2012.10.24
3	桂林广陆数字测控股份有限公司	一种新型数控双面磨床	实用新型	2012.04.18
4	桂林广陆数字测控股份有限公司	绝对原点数显指示表	外观设计	2012.06.13
5	桂林广陆数字测控股份有限公司	一种绝对原点数显标尺	实用新型	2012.09.12
6	北京航天峰光电子技术有限责任公司	电子数显卡尺组件(1)	外观设计	2012.05.23
7	北京航天峰光电子技术有限责任公司	电子数显卡尺组件(2)	外观设计	2012.05.23
8	北京航天峰光电子技术有限责任公司	一种防水电子数显组件	实用新型	2012.08.22
9	广州市诺信数字测控设备有限公司	加工中心光电信号长度对刀仪及其处理方法	发明	2012.12.26

（续）

序号	企业名称	专利名称	专利类型	授权日期
10	广州市诺信数字测控设备有限公司	加工中心光电信号长度对刀仪	实用新型	2012.02.01
11	广州市诺信数字测控设备有限公司	双光源光栅尺	实用新型	2012.05.30
12	上海平信机电制造有限公司	微型磁头	实用新型	2012.10.31
13	上海平信机电制造有限公司	AGC缸传感器用安装夹具	实用新型	2012.11.01
14	上海平信机电制造有限公司	一种组合式磁栅框架	实用新型	2012.11.05
15	苏州怡信光电科技有限公司	一种用于三坐标测量机的微调装置	发明	2012.10.24
16	苏州怡信光电科技有限公司	一种对刀仪铸铁立柱	实用新型	2012.01.18
17	苏州怡信光电科技有限公司	一种应用于对刀仪的R轴螺距补偿检具	实用新型	2012.01.18
18	苏州怡信光电科技有限公司	一种承载底座	实用新型	2012.01.18
19	苏州怡信光电科技有限公司	一种承载梁	实用新型	2012.01.18
20	苏州怡信光电科技有限公司	一种对刀仪	实用新型	2012.01.18
21	苏州怡信光电科技有限公司	一种用于柔性活塞杆的气缸盖密封结构	实用新型	2012.01.18
22	苏州怡信光电科技有限公司	一种具有微调功能的对刀仪	实用新型	2012.01.18
23	苏州怡信光电科技有限公司	一种刀具预调仪	实用新型	2012.01.18
24	苏州怡信光电科技有限公司	三坐标测试仪	实用新型	2012.12.12
25	苏州怡信光电科技有限公司	适用于安装三坐标测量仪气浮块的工具组	实用新型	2012.12.12
26	苏州怡信光电科技有限公司	雕铣机	实用新型	2012.12.12
27	苏州怡信光电科技有限公司	一种雕铣机	实用新型	2012.12.12
28	苏州怡信光电科技有限公司	雕铣机的限位装置	实用新型	2012.12.12
29	苏州怡信光电科技有限公司	影像测量仪的校正片	实用新型	2012.12.26
30	长春禹衡光学有限公司	一种编码器的密封装置	实用新型	2012.04.18
31	长春禹衡光学有限公司	一种编码器的用户安装装置	实用新型	2012.04.18
32	长春禹衡光学有限公司	一种传感器的出线密封结构	实用新型	2012.04.18
33	长春禹衡光学有限公司	基于2或3路游标码的电子多圈指示光栅	实用新型	2012.04.18
34	长春禹衡光学有限公司	基于2或3路游标码的电子多圈光栅	实用新型	2012.04.18
35	长春禹衡光学有限公司	一种方便拆卸的传感器密封装置	实用新型	2012.04.18
36	长春禹衡光学有限公司	一种贯通型空心轴编码器主轴与壳体的密封装置	实用新型	2012.04.18

四、企业简介

长春禹衡光学有限公司 位于长春国家高新技术产业开发区内，是吉林省首批被认定的高新技术企业。公司产业科技园占地面积30 000m^2、建筑面积16 000m^2，现有员工373人。公司是国内实力较强的光电编码器、光学仪器及成套机电设备专业制造商之一。主导产品光栅编码器通过ISO 9001:2008质量体系认证、RoHS检测及CE认证，是数控机床、交流伺服电动机、电梯、冶金、重大科研仪器、航空航天、自动化流水线等领域必不可少的关键测量传感器件，是装备制造业产业升级的重要部件。

公司是全国量具量仪标准化技术委员会数显装置分技术委员会委员单位，近年来，主持修订《光栅角度编码器》《光栅旋转编码器》两项行业标准，参与制定《光栅角位移测量系统》《CPE－Bus位移编码器双向串行通讯协议规范》等多项行业标准。

2012年，公司积极应对复杂的国内外经济形势，加速产品结构调整，主导产品光栅编码器及相关部件实现销售收入1.2亿元，销售量60万台(件)，产业升级取得显著成果。

公司始终坚持技术创新，近年来把产品结构调整作为企业首要任务，通过承担国家重大专项加快企业技术进步。2012年，“高集成化单码道绝对式光栅尺研发及产业化”获国家“高档数控机床与基础制造装备”科技重大专项立项，公司作为参与单位，承担起产品产业化的重任。

长春光机数显技术有限责任公司 成立于1986年，现有员工105人。公司主要研究的是线、角位移精密传感器及利用此技术延伸扩展的相关精密计量仪器，主要应用于直线移动导轨机构，可实现位移量的精确测量，广泛应用于金属切割机床加工量的测量、CNC加工中心位置环的控制以及测量仪器中的直线测量。

自生产第一支光栅线位移传感器至今，向市场提供了总长近50万m的光栅尺。600m^2的恒温车间及2 500m^2的温控车间，不仅为制造高精度产品奠定了基础，也使公司在行业内保持一定的市场竞争优势。秉持"精准源于专业"的企业文化和"诚信至上,贴心服务"的理念,与匈牙利、德国、美国的多家外国公司建立了业务往来,光栅尺年销售量增至50 000支。现公司已有40%的产品出口德国、土耳其、日本、韩国、新加坡等国家并赢得了良好的信誉。随着企业生产效率的提高及产品可靠性等技术难题的攻克,仅2012年一年,产品销售成本同比降低16.56%,产品返修率同比降低12.37%。

贵阳新豪光电有限公司 位于贵州省贵阳市国家高新技术开发区新天园区内,有着近30年的数显产品研究和制造经验,是国内较早研发光栅传感器的企业之一。公司主要研制、生产和销售光栅传感器、光栅玻璃尺、数显表及光电检测仪器等四大系列产品。产品规格齐全、精度高、功能强,安装使用方便,广泛用于国内机械行业、国防工业及科研院所的位移测量和实时控制,远销海外许多国家和地区,广受外商青睐。

公司大力推行现代企业管理模式,重视科技与管理人才的引进与培训,经营管理稳步提升,逐渐成为国内规模较大的光栅传感器制造及经销商之一。公司全面导入5S现场管理,从外购材料到生产过程与成品出厂都严格按照ISO 9001:2000国际质量管理体系实施控制,确保公司产品质量的稳定性和可靠性。公司重视产品的研发,设置了由总工程师带领的技术开发部,拥有专业研发人员20余人,拥有国家专利2项,所研发的产品项目多次获奖,其中JCX光栅线位移传感器曾获省级优秀新产品二等奖。经过多年的不断创新和改进,现已形成了一定的生产规模,成为国内光栅传感器的重要生产基地。公司可根据用户需求提供50~3 000mm规格的光栅传感器。

公司非常重视员工的培养,特别是研发和高技能操作人才的培养,公司采用多种方式开展各项技能培训,提升员工的专业技能。同时,与国内知名高校合作,选拔优秀技术人才进行深造,做好企业人才储备,确保企业持续发展。

〔撰稿人:中国机床工具工业协会数显装置分会武平 审稿人:中国机床工具工业协会数显装置分会徐宗正〕

机床电器及数控系统

机 床 电 器

一、基本情况

2012年,参加本年鉴汇总的机床电器分会会员企业共10家,其中,国有企业1家、股份制企业(含改制企业)8家、民营企业1家。机床电器行业企业的区域集中度很高,企业主要分布在京、沪及江浙等地区。

2012年,机床电器行业10家企业共完成工业总产值11.24亿元,比上年增长3.1%;工业销售产值10.8亿元,比上年增长0.8%;实现利税1.14亿元,比上年增长12.5%;全年从业人员平均人数4 949人,比上年减少1 128人。

本次汇总统计中工业销售产值超过1亿元的企业共有3家,分别是:天水二一三电器有限公司(5.85亿元)、桂林机床电器有限公司(2.14亿元)、华威控股集团有限公司(1.28亿元)。实现利税超过1 000万元的企业是:天水二一三电器有限公司(0.78亿元)、华威控股集团有限公司(0.16亿元)、桂林机床电器有限公司(0.12亿元)。2012年机床电器行业主要经济指标完成情况见表1。

表1　2012年机床电器行业主要经济指标完成情况

指标名称	单位	年度累计
工业总产值	万元	112 408
其中:机床工具类产品产值	万元	80 442
工业销售产值	万元	108 015
工业增加值	万元	27 728
实现利税	万元	11 354
从业人员平均人数	人	4 949
资产总计	万元	136 996
流动资产平均余额	万元	84 066
固定资产净值平均余额	万元	23 698

二、生产及出口情况

2012年,机床电器行业企业受主机行业市场萎缩的影响,产品产量、销量下滑严重。机床电器类产品产值达80 442万元,其中,机床电器元件产值63 677万元,控制柜产品产值16 765万元。机床电器元件产量964.95万件,控制柜产品产量14 858台。在各类机床电器元件中,接触器、断路器产量分别为226.36万件、200.35万件,产值分别为19 013万元、22 100万元。2012年机床电器行业分类产品生产情况见表2。

表2 2012年机床电器行业分类产品生产情况

产品名称	产量单位	产量	产值(万元)
机床电器合计			80 442
接触器	万件	226.36	19 013
起动器	万件	0.31	462
继电器	万件	191.76	4 844
电磁铁	万件	39.37	1 639
电磁离合器	万件	1.21	313
行程开关	万件	151.44	2 701
转换开关	万件	2.00	56
按钮开关	万件	77.60	904
机床变压器	万件	29.43	2 898
断路器	万件	200.35	22 100
其他机床电器元件	万件	45.12	8 747
控制柜	台	14 858	16 765

机床电器产品主要面向国内市场,整体出口量较小。由于世界经济增长放缓,国际贸易增速回落以及国际经济形势日益严峻,机床电器产品出口受到一定程度的影响。此次统计的出口企业有2家,共计出口机床电器元件20.662万件,其中,继电器20.312万件、机床变压器0.35万件;出口额43.8万美元,其中,继电器40.0万美元、机床变压器3.8万美元。

三、新产品、科研成果及发明专利情况

2012年,机床电器行业开发新产品10种,其中行业新产品有5种。2012年机床电器行业新产品开发情况见表3。

表3 2012年机床电器行业新产品开发情况

产品名称	型号	主要技术参数	产品性质	产品属性	产品水平
天水二一三电器有限公司					
微型断路器	GSB2－63	额定工作电压:230V/400V(1P)、400V(2P、3P、4P),额定绝缘电压:690V	全新设计	企业新产品	国内领先
交流接触器	GSC2－800F	额定绝缘电压:1 000V,额定工作电压:220V、380V、660V、1 000V,额定工作电流:800A(AC－3)、1 000A(AC－1)	全新设计	企业新产品	国际先进
交流接触器	GSC2－1000/1250/2000	额定工作电压:690V,额定工作电流:1 000A、1 250A、2 000A	全新设计	企业新产品	国际先进
桂林机床电器有限公司					
转换器式漏电保护器	GB3－10LC	U_n:230V,I_n:10A,$I_{\Delta n}$:10mA、30mA,$I_{\Delta m}$:500A	全新设计	行业新产品	国内先进
高性能交流接触器	GC4	U_e:240V/400V,I_e:12A、18A,U_i:690V,I_{th}:25A	全新设计	行业新产品	国内先进
漏电保护开关	GB1－32L－B	U_e:230V,I_n:32A,$I_{\Delta n}$:30mA,U_n:230V/50Hz,I_{nc}:3 000A,I_m:500A	全新设计	行业新产品	国内先进
转换器式漏电保护器	GB3－16LC	U_n:230V,I_n:16A,$I_{\Delta n}$:16mA、30mA,$I_{\Delta m}$:500A	全新设计	行业新产品	
无锡明达电器有限公司					
阀用电磁铁	MDF－1	额定吸力:7N	全新设计	企业新产品	
荆州市中宇机床电器有限公司					
三相干式电源变压器	SG－225TH AF	440V、380V	改型设计	企业新产品	
华威控股集团有限公司					
剩余电流保护断路器	HWZ1－100～630	I_{cu}:10～50kA,$I_{\Delta m}$:2.5～12.5kA	改型设计	行业新产品	

2012年,机床电器行业上报科研项目7项,投入资金718万元。由桂林机床电器有限公司完成的7项科研项目为:GB2－40L系列漏电保护开关、GB2－63LG系列漏电断路器、GB1－40LGD系列漏电断路器、GB3－10LC系列转换器式漏电保护器、GB1－31L－B系列漏电保护开关、GB3－16LC系列转换器式漏电保护器、GC4系列高性能交流接触器,全部为企业自行应用项目。这些项目的产品适用于大功率空调、电热水器、电冰箱、洗衣机及饮水机等,具有漏电、触电保护并及时自动断电的功能等。2012年机床电器行业获奖科研项目见表4。2012年机床电器行业授权专利情况见表5。

表4　2012年机床电器行业获奖科研项目

项目名称	主要内容及应用范围	获奖名称	获奖等级	主要完成单位
GB1系列漏电保护开关	GB1系列漏电保护开关是公司历经多年研究，成功开发的专利产品，可直接安装于室内墙壁埋入式暗盒上，且能通断高倍故障电流，适于对空调、电热水器等提供一对一的漏电保护	第一届广西发明创造成果奖	银奖	桂林机床电器有限公司
墙壁漏电保护开关（漏电断路器）	直接安装于室内墙壁埋入式暗盒上，且能通断高倍故障电流，适于对空调、电热水器等家电提供一对一的漏电保护	桂林市优秀技术创新项目奖		桂林机床电器有限公司
智能电网和风力发电系统中节能母线槽的开发及应用	采用智能传感装置遥测接头温度，采用铜铝复合母排作为导体材料，应用于母线干线系统	中国机械工业科学技术奖	二等奖	北京电器有限公司

表5　2012年机床电器行业授权专利情况

序号	企业名称	专利名称	专利类型	授权日期
1	天水二一三电器有限公司	定位衔铁	外观设计	2012.04.18
2	天水二一三电器有限公司	衔铁	外观设计	2012.04.18
3	天水二一三电器有限公司	灭弧罩	外观设计	2012.04.18
4	天水二一三电器有限公司	电动机保护器（GSD2-40）	外观设计	2012.05.16
5	天水二一三电器有限公司	交流接触器（GSC2-1250）	外观设计	2012.05.16
6	天水二一三电器有限公司	垂直卡装接线头	实用新型	2012.05.30
7	天水二一三电器有限公司	三相一体式封装插头	实用新型	2012.07.04
8	天水二一三电器有限公司	卡装式线圈骨架	实用新型	2012.07.04
9	天水二一三电器有限公司	电动机保护器U形进线插头	实用新型	2012.08.01
10	天水二一三电器有限公司	电动机保护器机芯各单元电路板连接及定位	实用新型	2012.08.08
11	天水二一三电器有限公司	交流接触器控制电路	实用新型	2012.10.03
12	天水二一三电器有限公司	电动机保护器电源电路	实用新型	2012.10.03
13	天水二一三电器有限公司	电动机保护器防护式壳体	实用新型	2012.11.07

四、标准化工作情况

2012年，全国金属切削机床标准化技术委员会机床电器分技术委员会完成了《机床控制变压器》和《机械设备用变压器》等行业标准的制修订工作并上报，审查了《主令开关》《湿式多片电磁离合器》等行业标准。为适应技术发展的需要，提出20多个国家标准和行业标准的制修订计划，现已立项4个。

五、企业介绍

天水二一三电器有限公司　面对有史以来最艰难的一年，公司认真贯彻落实长城电工确定的“围绕一个中心，实现两个确保，突出三个提高，推进四项建设”的年度经营指导思想，围绕公司八届三次职代会确定的生产经营管理目标任务，以市场需求和企业经济效益为导向，外拓市场抓订货，强化措施促回款，有序推进科技研发工作，推动管理升级，落实全员全过程降成本工作；克服了国内外工业经济不景气、资金供需矛盾突出、原材料大幅上涨等困难，企业生产经营实现了平稳较快增长，基本完成了长城电工下达的各项经营指标。2012年，公司完成工业总产值61 000.7万元，同比增长14.01%；实现销售收入59 025.5万元，同比增长4.33%。

〔撰稿人：中国机床工具工业协会机床电器分会边海燕　审稿人：中国机床工具工业协会机床电器分会董华根〕

数　控　系　统

2012年，受国家宏观经济形势的影响，制造行业整体下滑，国产数控系统（包括数控装置、伺服驱动装置、伺服电动机）产业链下游数控金属切削机床行业市场需求持续萎缩，产品市场竞争激烈。整个数控系统行业面临巨大的压力和挑战，产量、销量都较2011年有较明显的下降，形势非常严峻。

一、基本情况

2012年,数控系统行业共有20家企业参加年鉴数据统计。受经济环境影响,2012年数控系统行业工业增加值、实现利税等均比上年有一定下降。工业总产值比上年下降20%,其中机床工具类产品产值比上年下降27%。工业销售产值比上年下降17%,资产总额基本持平。2012年数控系统行业主要经济指标完成情况见表1。

表1 2012年数控系统行业主要经济指标完成情况

指标名称	单位	年度累计
工业总产值	万元	275 839
其中:机床工具类产品产值	万元	193 378
工业销售产值	万元	271 902
其中:机床工具类产品销售产值	万元	193 184
工业增加值	万元	79 210
实现利税	万元	12 480
从业人员平均人数	人	5 724
资产总计	万元	343 507
流动资产平均余额	万元	262 191
固定资产净值平均余额	万元	54 820

二、生产及出口情况

2012年,数控系统产品产量和产值比上年有明显的下降,但是中、高档数控系统所占比例有所提高。这说明,2012年机床行业整体形势的变化,对经济型数控系统的影响较大。数控装置产量比上年下降15%,驱动单元产量比上年下降13%,电动机产量比上年下降2%。2012年数控系统行业分类产品生产情况见表2。

表2 2012年数控系统行业分类产品生产情况

产品名称	产量(台、套)	产值(万元)
数控装置	128 544	53 409
经济型数控装置(两轴及以下)	95 213	20 895
中档数控装置(三轴-四轴联动)	32 459	27 385
高档数控装置(五轴联动)	872	5 129
伺服驱动单元	363 025	64 166

(续)

产品名称	产量(台、套)	产值(万元)
主轴伺服驱动单元	53 088	10 298
交流伺服驱动单元	274 832	47 510
步进电动机驱动器	35 105	6 358
电动机	316 813	50 831
主轴电动机	62 791	12 277
交流伺服电动机	213 143	35 195
步进电动机	870	139
伺服变压器	40 000	2 900
其他	9	320

2012年,北京凯奇数控设备成套有限公司和沈阳高精数控技术有限公司等企业向俄罗斯等欧洲国家出口各类数控系统,武汉登奇机电技术有限公司向东南亚地区批量出口交流伺服电动机和驱动器。2012年,广州数控设备有限公司向东南亚等国家出口了数百套数控系统。数控装置出口总量比上年下降23%,驱动单元和电动机出口总量比上年增长23%。2012年数控系统行业分类产品出口情况见表3。

表3 2012年数控系统行业分类产品出口情况

产品名称	出口量(台、套)	出口额(万元)
数控装置	2 599	1 425
经济型数控装置(两轴及以下)	521	467
中档数控装置(三轴-四轴联动)	1 548	586
高档数控装置(五轴联动)	530	372
驱动单元和电动机	1 172	354
交流伺服驱动单元	586	214
交流伺服电动机	586	140

三、新产品、科研项目及专利情况

2012年数控系统行业新产品开发情况见表4。2012年数控系统行业科研项目见表5。2012年数控系统行业部分企业授权专利情况见表6。

表4 2012年数控系统行业新产品开发情况

产品名称	型号	主要技术参数	产品性质	产品属性	产品水平
武汉华中数控股份有限公司					
全数字高档数控系统	HNC-818	数控装置的高度集成:总线功能单元与数据处理单元集成,控制器一体化;驱动装置高度集成:主轴、伺服轴集成,多轴一体化;数控机床空间误差标定与补偿功能的集成技术;数控机床装配质量检测与分析系统的集成技术;智能化的伺服调试技术。适用于全功能数控车床、数控铣床、钻攻中心和加工中心	全新设计	企业新产品	国内领先
全数字高档数控系统	HNC-808	双通道,一通道最多控制4轴,双通道最多控制8轴。支持NCUC总线式伺服单元,支持带绝对式编码器伺服电动机,支持光栅尺全闭环控	全新设计	企业新产品	国内领先

（续）

产品名称	型号	主要技术参数	产品性质	产品属性	产品水平
		制，支持 ENDAT2.1/2.2、BISS、HIPERFACE 等接口协议。适用于数控车床、车削加工中心			
总线式交流伺服驱动单元	HSV－160U	基于现场总线接口的全数字驱动装置统一平台技术；全面支持绝对式编码器、正余弦编码器等高精度反馈装置；伺服驱动系统高精度、高响应、高刚度、高抗扰性控制技术；交流感应式异步主轴电动机宽域恒功率调速控制技术；交流永磁同步主轴驱动系统的设计。适用于各类交流伺服驱动、交流伺服主轴驱动	全新设计	企业新产品	国内领先
基于华中 8 型的机器手控制器	iMotion－Pad/2－S	基于华中 8 型数控系统，以 Andriod 和 Windows 系统的平板电脑和手机作为操作终端，支持 WiFi 无线和网络两种通信传输方式；提供丰富的基于 Andriod 和 Windows 系统软件的运动控制库函数；提供支持 8 通道控制功能；提供最多 64 个轴的轴控制功能；提供支持 T 形图编程的 PLC 功能；提供最多 4 个主轴控制功能；基于 Andriod 和 Windows 系统软件的运动控制软件提供实验平台；可选配高速高精度的直线电动机平台	全新设计	行业新产品	国内领先
广州数控设备有限公司					
加工中心数控系统	GSK25i	八轴五联动，五轴 RTCP（刀具中心点控制）、倾斜面加工、同步轴、PLC 轴控制功能。2 000 段的前瞻及轨迹平滑处理能力，2ms 插补周期，0.1μm 级位置精度，可进行微小线段程序高速高精加工。PID 位置闭环控制，支持绝对式光栅全闭环控制。基于 GSK－link 工业以太网连接伺服、I/O 作为数据控制通道实时控制	全新设计	企业新产品	国内领先
车削中心数控系统	GSK988TB/TA	最大控制轴数：6 轴，最大联动轴数：3 轴，PLC 控制轴数：6 轴，Cs 轮廓控制轴数：6 轴	改型设计	企业新产品	国内领先
可编程序控制器	GPC1000	最大通道数：8 通道，最大控制轴数：16 轴，每通道最大控制轴数：6 轴	全新设计	企业新产品	国内领先
北京航天数控系统有限公司					
数控铣床系统	CASNUC 2000MA	8in LED 真彩液晶；具备三轴联动，插补精度 1μm；完善的 G 代码，支持刚性攻丝及刀库功能；具有刀具长度补偿、半径补偿、间隙补偿、螺距补偿等补偿功能	全新设计	企业新产品	国内先进
数控车床系统	CASNUC 2000TA	最小指令单位：0.001mm，位置指令范围：±99 999.999mm	全新设计	企业新产品	国内先进
南京新方达数控有限公司					
制榫机数控系统	CNC－83W	新型 32 位嵌入式工控 PC 机主板技术，全彩宽屏；双主轴同步铣削榫，方榫倒角功能	改型设计	行业新产品	国内独创
仿形车床数控系统	CNC－83TF	新型嵌入式工控 PC 机，光纤探测仿形技术，手动干涉快速动态调整探测步距和采样间隔，自动去毛坯	改型设计	行业新产品	国内独创
刨床 100P 数控系统	CNC－100P	新型 32 位嵌入式工控 PC 机平台的经济型刨床专用数控版本，高速加工罗茨风叶，动态图形跟踪	改型设计	行业新产品	国内先进

（续）

产品名称	型号	主要技术参数	产品性质	产品属性	产品水平
滚珠丝杠螺纹磨床高档全闭环数控系统与电器集成	CNC－0210MB	五轴三联动、32位嵌入式工控PC机技术，10.4in液晶彩屏，双手轮动态螺旋线插入对刀技术，同步确认	改型设计	行业新产品	国内先进
木工加工中心数控系统	CNC－8＊PTP	全数字总线高档数控，开放式体系结构，NCUC工业现场总线技术，总线式数字伺服驱动	全新设计	行业新产品	国内独创
沈阳高精数控技术有限公司					
数控系统	GJ330	控制轴数：标配6轴，可扩展至10轴；联动轴数：6轴；最小指令单位：0.01μm；I/O点数：96输入/64输出，可扩展至528输入/416输出	全新设计	企业新产品	国内领先
数控系统	GJ303	控制轴数：4个闭环轴；轴控制方式：总线式、模拟式、脉冲式；联动轴数：2轴；最小指令单位：0.1μm；I/O点数：48输入/28输出，可扩展至208输入/196输出	全新设计	企业新产品	国内领先
北京超同步科技有限公司					
伺服（永磁）电动机	CTB－＊＊＊＊＊PGE15－5G	转矩：2～3 500N·m，额定电压：160～400V，额定转速：100～3 000r/min，基本转速：1 500r/min	全新设计	企业新产品	国内领先
电梯专用变频器	BKSL－＊＊＊＊－T－1－A	数字式指令：最高输出频率的±0.01%以内（－10～40℃），模拟量指令：最高输出频率的±0.1%以内（25℃±10℃）	全新设计	企业新产品	国内领先

表5　2012年数控系统行业科研项目

项目名称	应用状况	项目来源	主要完成单位
HNC－808车床数控装置	自行应用	“高档数控机床与基础制造装备”科技重大专项	武汉华中数控股份有限公司
HNC－818A/B车床/铣床数控装置	自行应用	“高档数控机床与基础制造装备”科技重大专项	武汉华中数控股份有限公司
HSV－160U伺服驱动单元	自行应用	“高档数控机床与基础制造装备”科技重大专项	武汉华中数控股份有限公司
HSV－160C伺服驱动单元	自行应用	本企业自选科技项目	武汉华中数控股份有限公司
基于Infineon PIM模块的伺服驱动单元	自行应用	本企业自选科技项目	武汉华中数控股份有限公司
GS/GR系列高性能伺服驱动	自行应用	本企业自选科技项目	广州数控设备有限公司
GSK25i系列五轴联动铣床加工中心控制系统开发	自行应用	本企业自选科技项目	广州数控设备有限公司
ZJY系列交流主轴伺服电动机	自行应用	本企业自选科技项目	广州数控设备有限公司
988T系列车床数控系统开发	自行应用	本企业自选科技项目	广州数控设备有限公司
SJT系列交流同步伺服电动机	自行应用	本企业自选科技项目	广州数控设备有限公司
典型工业机器人的开发	自行应用	本企业自选科技项目	广州数控设备有限公司
980MD系列铣床数控系统开发	自行应用	本企业自选科技项目	广州数控设备有限公司
CNC－83W制棒机数控系统	自行应用	本企业自选科技项目	南京新方达数控有限公司
滚珠丝杠螺纹磨床高档全闭环数控系统与电器集成	其他	本企业自选科技项目	南京新方达数控有限公司
木工加工中心数控系统	其他	本企业自选科技项目	南京新方达数控有限公司
刨床100P数控系统	自行应用	本企业自选科技项目	南京新方达数控有限公司
车床数控系统	自行应用	本企业自选科技项目	滕州市山森创发数控设备有限公司
矩阵数控机床操作面板	自行应用	本企业自选科技项目	滕州市山森创发数控设备有限公司
高精度光栅读数头	自行应用	本企业自选科技项目	北京凯奇数控设备成套有限公司
教学中控台	自行应用	本企业自选科技项目	北京凯奇数控设备成套有限公司
NC230五轴联动数控系统	自行应用	本企业自选科技项目	北京凯奇数控设备成套有限公司

表6　2012年数控系统行业部分企业授权专利情况

企业名称	专利名称	专利类型	授权日期
广州数控设备有限公司	内摆线行星针轮减速装置	实用新型	2012.02
广州数控设备有限公司	一种用于全电动注塑机的直驱伺服电动机	实用新型	2012.03
广州数控设备有限公司	适用于多种规格止口式电机的性能测试装置	实用新型	2012.03
广州数控设备有限公司	具有高强度当量支架的电机性能测试装置	实用新型	2012.04
广州数控设备有限公司	电机性能测试装置用的支架移动机构	实用新型	2012.05
广州数控设备有限公司	一种微起动力矩的自动检验装置	实用新型	2012.05
广州数控设备有限公司	基于GSK－Link总线的模块化机器人控制装置	实用新型	2012.05
广州数控设备有限公司	一体式密封弹性键盘垫	实用新型	2012.07
广州数控设备有限公司	棒料用的自动分料装置	实用新型	2012.07
广州数控设备有限公司	通用可编程控制器（GSK GPC1000）	外观设计	2012.11
广州数控设备有限公司	串行输入输出设备（GSK IOU02）	外观设计	2012.11
广州数控设备有限公司	数控装置（GSK 988TB－H）	外观设计	2012.09
广州数控设备有限公司	数控装置（GSK 988TA－H）	外观设计	2012.12
广州数控设备有限公司	数控装置（GSK 988TB）	外观设计	2012.12
广州数控设备有限公司	数控装置（GSK 988TA）	外观设计	2012.12
广州数控设备有限公司	码垛机器人（GSK RMD120）	外观设计	2012.12
广州数控设备有限公司	搬运机器人（GSK RB20）	外观设计	2012.12
广州数控设备有限公司	搬运机器人（GSK RB08）	外观设计	2012.12
广州数控设备有限公司	码垛机器人（GSK RMD200）	外观设计	2012.12
广州数控设备有限公司	搬运机器人（GSK RB50）	外观设计	2012.12
广州数控设备有限公司	搬运机器人（GSK RB03）	外观设计	2012.12
广州数控设备有限公司	机床无线控制单元	外观设计	2012.12
武汉华中数控股份有限公司	一种基于现场总线的控制装置	实用新型	2012.01.18
武汉华中数控股份有限公司	口岸车道智能红外体温检测系统	实用新型	2012.05.23
武汉华中数控股份有限公司	开关量输出保护电路	实用新型	2012.07.11
武汉华中数控股份有限公司	热成像车底藏人检查装置	实用新型	2012.06.13
武汉华中数控股份有限公司	近红外热成像过境车辆无打扰车内检查装置	实用新型	2012.08.15
沈阳高精数控技术有限公司	适用于数控装置的指令点整形压缩插补方法	发明	2012.01.04
沈阳高精数控技术有限公司	交流伺服驱动器或低压变频器输出侧接地短路的检测方法	发明	2012.07.04
沈阳高精数控技术有限公司	工业以太网数控系统实时与非实时系统内核数据同步方法	发明	2012.01.11
沈阳高精数控技术有限公司	适用于数控装置的程序段平滑压缩处理方法	发明	2012.02.01
沈阳高精数控技术有限公司	样条曲线实时插补方法	发明	2012.05.23
沈阳高精数控技术有限公司	一种用于数控总线的消息安全传输方法	发明	2012.07.04
沈阳高精数控技术有限公司	一种基于前瞻－滤波技术的多程序段连续加减速控制方法	发明	2012.07.18
沈阳高精数控技术有限公司	基于现场总线的CNC双轴协调式同步控制方法	发明	2012.09.19
沈阳高精数控技术有限公司	一种用于数控机床高速加工的加减速控制方法	发明	2012.10.24
北京航天数控系统有限公司	一种编码器数据的采集方法及设备	实用新型	2012.01

四、企业介绍

武汉华中数控股份有限公司　成立于1994年，注册资本8 083万元，是一家从事中、高档数控系统及其装备开发、生产的国家级高新技术企业。2012年，公司加强了以市场为导向的科技创新能力，引进国内外研发骨干59人，完成了3项国家重大专项课题中几十个品类的研发工作。

2012年，公司与部分机床厂及直接用户建立了新的合作关系，公司的数控系统在大连机床集团新建的数控车床和立式加工中心装配生产线上与在线产品配套生产，与沈阳飞机工业集团等多家用户单位共建了国产中、高档数控系统应用验证示范点。

2012年4月,举办了高性能、新一代华中8型全数字高档数控系统产品发布会,与昆明机床股份有限公司等7家国内知名主机厂签订了战略合作协议。当前,与国家重大专项高档数控机床课题配套应用的百余台华中8型高档数控系统覆盖了十多种机型类别,2012年共销售华中8型数控系统近千台(套)。其中,为沈阳飞机工业集团用华中8型数控系统改造的辛辛那提LANCE2000加工中心的定位精度达到5μm,达到机床出厂时的精度指标。在沈阳机床集团、武汉重型机床集团等主机厂的流量机型上也取得突破,其中,武汉重型机床集团使用华中818系统配置了C5250双柱5m数控立式车床,沈阳机床集团使用华中818系统配置了VMC1100加工中心等。

2012年,公司完成了电机产业重大资产重组,收购了华大电机91.79%的股份和登奇机电56.68%的股权。本次重大资产重组的成功,标志着公司实现了产品完全成套性,对于公司实现规模发展和提升核心竞争力具有重大意义。

广州数控设备有限公司 是专业成套机床数控系统供应商。公司主营业务有:数控系统、伺服驱动、伺服电动机研发生产,数控机床连锁营销、机床数控化工程,工业机器人、精密数控注塑机研制,数控高技能人才培训。

2012年,公司通过参与国家重大专项,建立国家级企业技术中心及机械行业机床数控系统可靠性重点实验室、机械行业伺服驱动工程实验室的研发平台,企业的研发管理体系得以不断健全完善,提升了企业的技术创新能力。在数控系统产品方面,已稳固了经济型、普及型的行业地位;完成了标准型数控系统的研发及实现批量产业化,实现8 000多台(套)的市场销售;完成高档数控系统(GSK 27T、25i)的研制,小批量试制推广,已完成80台的应用推广,如沈阳巨浪特种机床、广州宏力立加、江阳贝尔滚齿机、宁国飞鹰专机改造、哈斯机床旧机改造更换等应用案例。

通过承担国家"863"项目、广东省数控一代等项目,基本完成工业机器人及其关键零部件的研发及产业化,现已拥有搬运、码垛、喷涂、焊接等多个型号工业机器人,如GSK RB08搬运机器人、GSK MD200码垛机器人、GSK RH08焊接机器人。2012年,产品销售突破200台,尤其在机床上下料等应用领域取得重大突破。2012年,公司主承担的工信部国家科技重大专项"标准型数控系统的产业化及专用型齿轮机床数控系统的研究开发"、国家发改委智能制造装备发展专项"工业机器人与关键智能部件的研制及产业化"获批立项,参与国家科技重大专项3项、国家"863"计划项目2项,并被授予第五批国家创新型试点企业,荣获2012年中国机械工业科学技术奖三等奖。

北京超同步科技有限公司 是国家高新技术企业,在海淀区、密云经济开发区拥有现代化的研发、运营管理机构和生产基地,占地面积超过23 000m^2。公司已在沈阳、济南、深圳、武汉、无锡、宁波、台州、西安、重庆等地设立了9个办事处。

多年来,公司研发生产的以交流伺服主轴电动机、变频主轴电动机、交流伺服驱动器、主轴驱动器、电主轴电动机、水冷电动机等为代表的高科技产品,已被广大机床、木工机械、注塑机、游乐设备、纺织及轻工机械行业用户所认可,得到了广泛的市场应用和良好的商业信誉。

CTB-ZL系列螺杆泵伺服驱动系统:与传统的螺杆泵控制系统相比,具有结构简单、效率高、维护少的特点。在驱动装置上去掉带传动的机械部分,采用立式空心轴电动机(采用低速大转矩伺服电动机)配合固定方卡直接驱动螺杆泵光杆。采用专用伺服控制器,可对交流感应伺服电动机和普通变频电动机的位置、转速、加速度和输出转矩进行精确调节,实现了全闭环矢量控制,克服了传统螺杆泵维修量大、调参困难、易断泵杆等缺点,并且节电率又有很大的提高。自2012年8月起至2013年年初,已应用于油田开发36台。

GAMC电动车异步电动机驱动器:以车用电动机控制及驱动系统为核心,为纯电动车、混合动力车及燃料电池动力车提供全套驱动控制与动力总成系统解决方案。电动机功率为22~160kW,可应用于智能工业无人小车、电动叉车、电动高尔夫车、电动轿车、电动中巴、电动大巴以及混合动力车等。自2012年8月起至2013年年初,应用于纯电动环卫车215台、电动中巴车10台、电动采矿车34台。

沈阳高精数控技术有限公司 由中科院沈阳计算技术研究所有限公司、沈阳机床集团、新飞达集团(民营企业)、辽宁科发实业公司等社会优势资源结合,共同投资组建的数控专业化公司,技术上依托高档数控国家工程研究中心。公司致力于建设成为以中高档数控系统、高性能伺服驱动单元和高性能主轴驱动单元为主,兼顾全系列产品的成套数控技术和机床电子产品的研发生产基地和龙头企业。

2012年,通过对高档数控系统进行裁减,形成了面向加工中心、全功能数控车床的GJ300系列标准型数控系统。同时,基于产品开放平台,通过二次开发研制出面向激光加工机床与磨床的GJ300/L专用数控系统,以及面向生产线应用的TRC100桁架机器人控制器,从而形成了覆盖高档、标准型及专用型的系列化产品。产品配套与应用情况如下:

高档数控机床配套方面,包括HTC40150n高速车削中心、HTC3230μn精密车削中心、XK2310-5X AC摆头式五轴定梁龙门机床、XK714-5X AC摇篮式五轴定梁龙门机床、AUZ1200-2五轴联动加工中心、HTM63150iy五轴联动车铣复合加工中心及TKP6816A数控落地式铣镗床等。

加工中心配套方面,批量配套VMC713、VMC850、VMC2180等立式加工中心,主要用于汽车连杆、汽车动力转向泵与精密主轴轴承等汽车零部件的批量加工。

专用数控机床配套方面,包括五轴联动工具磨床、叶片榫齿蠕动磨床、激光熔覆加工机床、五轴联动水切割加工机、活塞加工专用数控机床及木工机械专用数控机床等。

成套线应用方面,包括由卧式加工中心、立体仓库、自动堆垛机、自动物流线等组成的柔性线,用于汽车箱体零件高效加工;由标准型数控系统与关节机器人形成机器人自动生产单元,用于批量加工定向环及带偏心轮的轴等;由冲压机床与桁架机器人形成冲压自动化生产线,用于批量加工空调底壳等。

时光科技有限公司 是由央企控股的高新技术企业,作为一家伺服控制领域的专业技术公司,自主研发了全数字化交流伺服控制技术,实现了对三相异步交流电动机的伺服控制。其伺服控制系统采用SOC和软伺服技术,实现对电动机位置、速度、加速度和转矩的高精度控制。公司的伺服产品广泛应用于工业、车辆等众多领域。

公司自主研发了国内领先的异步伺服驱动技术,调速比宽(1:28 000),位置控制精度高,驱动内置PLC、开放式结构,定制方便。公司主营业务在电动汽车领域取得较大发展,IMS系列电动车用电动机控制器功率7.5~150kW,可用于纯电动及混合动力轿车、中巴车和大巴等。公司的EVM055WR-28-24电动车专用控制器,实现“油、电”混联混合动力汽车的能源分配及通过汽车节气门等信号进行调速控制的方案,达到了节能与环保的目的。

上海维宏电子科技股份有限公司 是一家专业提供运动控制系统解决方案的高科技企业,公司拥有雄厚的研发力量和高素质的服务队伍。公司已经发展为一家以各类数控机床控制系统为主的专业运动控制系统供应商。

公司一直专心致力于开发运动控制产品,在立足于传统雕刻机与雕铣机控制系统的基础上,不断开拓产品应用领域,开发了软硬件合一的一体机运动控制系统,因为性能优异、价格合理,被多个整机生产厂家选用。维宏运动控制系统可为加工中心、铣床配套,并广泛用于激光加工、水射流加工、模具制造、广告制作、机械加工、玻璃石材加工等众多领域。

上海御能动力科技有限公司 成立于2005年,属英威腾(股票代码:002334)控股的中外合资公司,已发展成为集研发、生产、销售和服务于一体的科技创新型公司,并已拥有苏州御能和宁波君纬两家子公司。

公司开发了一系列高端伺服系统和设备专用电脑控制系统,致力于向机械及装备制造行业提供伺服驱动产品及机电一体化系统解决方案,旗下INVT(英威腾)和KINWAY(御能)两个品牌的产品已广泛应用于塑料机械、纺织机械、油田、机床、工业机器人、包装机械、电子制造及光伏等领域,并远销国际市场。

〔撰稿人:中国机床工具工业协会数控系统分会迟峰、肖明 审稿人:中国机床工具工业协会数控系统分会伍衡〕

机床附件、夹具、主轴功能部件及滚动功能部件

机床附件

一、基本情况

2012年,受国内外经济形势的影响,前三季度,机床附件市场需求呈持续下滑态势,第四季度虽然停止下滑态势,但需求基本未能上升,企业经营压力较大。

参加本次年鉴统计的机床附件行业企业共计59家,按企业所有制性质分类:国有(集体)企业10家、合资企业2家、民营企业47家。按生产产品分类:数控刀架生产企业7家,数控转台(数控分度头)生产企业3家,机床刀库生产企业3家,动力卡盘生产企业4家,夹头、顶尖、刀柄生产企业22家,普通卡盘生产企业11家,普通虎钳、铣镗插头生产企业7家,分度类产品生产企业4家,电磁吸盘、永磁吸盘、电永磁吸盘生产企业4家,过滤排屑设备生产企业5家,其他产品生产企业5家。

2012年,参加本次年鉴统计的机床附件行业企业完成工业总产值352 598万元,比上年下降17.7%;工业销售产值335 847万元,比上年下降18.2%。2012年机床附件行业主要经济指标完成情况见表1。

表1 2012年机床附件行业主要经济指标完成情况

指标名称	单位	年度累计
工业总产值	万元	352 598
其中:机床工具类产品产值	万元	324 537
工业销售产值	万元	335 847
其中:机床工具类产品销售产值	万元	311 091
工业增加值	万元	140 618
实现利税	万元	28 369
从业人员平均人数	人	16 170
资产总计	万元	434 440
流动资产平均余额	万元	259 633
固定资产净值平均余额	万元	113 190

2012年,机床附件分会18家重点骨干会员企业的工业总产值下降27.3%,工业销售产值下降27.5%。另外,工业增加值、实现利税、经济效益综合指数、产品销售率等各项经济指标均有较大下滑。

二、生产及销售情况

2012年,机床附件产品的产量呈下降态势。行业企业及时采取应对措施,调整优化产品结构,加大单件、特殊订货类产品的开发力度,努力拓宽市场需求。部分为数控机床配套的大型、非标类产品的产量及产值有较大增长,补偿了常规定型产品产值的下滑,基本保持了较好的经营状态。2012年机床附件行业分类产品生产情况见表2。

表2 2012年机床附件行业分类产品生产情况

产品名称	产量(台、套、件)	产值(万元)
数控机床功能部件		45 114
经济型数控刀架	118 186	17 945
全功能数控刀架	7 796	7 768
刀库及换刀机构	2 560	3 853
数控转台	952	4 790
数控分度头	936	799
动力卡盘	21 625	5 124
数控刀杆	281 605	4 835
机床附件		279 423
机械分度头	6 413	1 525
机械回转工作台	7 810	1 339
自定心卡盘	858 157	69 145
单动卡盘	150 629	11 224
其他卡盘	38 985	4 134
普通刀架	11 457	1 463
普通虎钳	149 688	4 174
固定顶尖	195 207	324
回转顶尖	223 176	2 912
钻夹头	93 737 500	103 823
丝锥夹头	175 335	1 523
弹簧夹头	2 230 365	4 506
铣夹头	619 268	1 532
变径套	892 650	1 596
电磁吸盘	20 591	8 197
永磁吸盘	7 910	876
电永磁吸盘	2 575	2 403
普通刀杆	45 429	259
排屑、过滤设备	14 155	16 392
制冷设施	50 000	16 000
其他	840 758	26 076

2012年,机床附件行业产品市场严重萎缩,接近半数企业的销售收入下滑幅度达到40%以上,多数企业步入困难经营阶段。面向各类销售渠道产品的市场下滑程度不同,直接面向主机配套的产品销售收入下滑幅度最大,超过40%;面向整个机械加工业的机床附件产品销售收入下滑较小,约25%。2012年机床附件行业分类产品出口情况见表3。

表3 2012年机床附件行业分类产品出口情况

产品名称	出口量(台、套、件)	出口额(万美元)
数控机床功能部件		348
经济型数控刀架	362	27
全功能数控刀架	16	2
刀库及换刀机构	80	74
数控转台	8	6
数控分度头	124	11
动力卡盘	203	5
数控刀杆	142 516	223
机床附件		24 323
机械分度头	4 065	86
机械回转工作台	3 650	63
自定心卡盘	211 348	4 620
单动卡盘	145 408	736
其他卡盘	3 154	36
普通刀架	9 426	602
普通虎钳	9 090	271
固定顶尖	84 120	51
回转顶尖	65 773	391
钻夹头	26 661 482	6 802
丝锥夹头	80 279	130
弹簧夹头	885 332	587
铣夹头	417 069	528
变径套	297 124	224
电磁吸盘	6 220	2 114
永磁吸盘	4 950	216
电永磁吸盘	2 105	1 804
普通刀杆	30 214	181
排屑、过滤设备	460	10
其他	411 074	4 871

三、新产品及专利情况

2012年,机床附件产品市场需求持续下滑,行业企业努力适应市场变化,积极调整产品结构,加快转型升级步伐,依托原有优势,加快新产品的开发速度。企业进一步认识到产品结构调整和转型升级的重要性,进一步强化了知识产权的保护意识。2012年,机床附件行业开发新产品27项,获得授权的国家专利13项。2012年机床附件行业新产品开发情况见表4。2012年机床附件行业授权专利情况见表5。

表 4　2012 年机床附件行业新产品开发情况

企业名称	产品名称	型号	主要技术参数
烟台环球机床附件集团有限公司	数控回转工作台	TK121600TL	工作台面直径:1 600mm
烟台环球机床附件集团有限公司	数控回转工作台	TK125000	工作台面直径:5 000mm
烟台环球机床附件集团有限公司	数控回转工作台	TK12630×630TZ	工作台面尺寸:630mm×630mm
烟台环球机床附件集团有限公司	数控坐标回转工作台	TK832000×2000	工作台面尺寸:2 000mm×2 000mm
烟台环球机床附件集团有限公司	数控可倾回转工作台	TK14630A	工作台面直径:630mm
烟台环球机床附件集团有限公司	数控可倾直驱回转工作台	TK64250	工作台面直径:250mm
烟台环球机床附件集团有限公司	数显回转工作台	TX700×1200	工作台面尺寸:700mm×1 200mm
烟台环球机床附件集团有限公司	数控交换回转工作台	TK95630×630×2	工作台面尺寸:630mm×630mm
烟台环球机床附件集团有限公司	数控转塔动力刀架	AK3380D	中心高:80mm
烟台环球机床附件集团有限公司	数控转塔动力刀架	AK33125D	中心高:125mm
烟台环球机床附件集团有限公司	立式伺服转塔刀架	AK26300×6	安装基座尺寸:298mm×298mm
烟台环球机床附件集团有限公司	数控转塔刀架	AK36160A	中心高:160mm
烟台环球机床附件集团有限公司	数控转塔刀架	AK27380×5C1	安装基座尺寸:380mm×380mm
烟台环球机床附件集团有限公司	万能铣头	XC644C	主轴锥孔:7∶24
烟台环球机床附件集团有限公司	数控自定心中心架	PK11150×50A	夹持范围:ϕ50~150mm
烟台环球机床附件集团有限公司	数控自定心中心架	PK11280×200ZQ	夹持范围:ϕ200~280mm
江苏无锡建华机床附件集团有限公司	高速精密动力卡盘	K59250C	最高转速:4 500r/min,最大夹持力:145kN
山东征宙机械有限公司	钻头磨削机	ZZM－C13A	夹持精度:0.015mm
山东征宙机械有限公司	动平衡数控刀柄	BT、CT、DIN	动平衡精度:G6.3(12 000r/min)
呼和浩特众环(集团)有限责任公司	立车刀库	ZCL－12	单刀最大重量:60kg,刀盘转速:1.5 s/工位
常州新墅机床数控设备有限公司	伺服转塔刀架	SLT	中心高:63mm、80mm、100mm、125mm、160mm
山东威达机械股份有限公司	自锁钻夹头	SG	精度:≤0.25mm(ϕ13mm×100mm)
瓦房店永川机床附件有限公司	动力卡盘	K54、K55	
瓦房店永川机床附件有限公司	回转油缸	P24、P25	
三河市同飞制冷设备有限公司	光纤激光器用专用冷水机	MCWL－＊＊DR－03	制冷量:5~60kW,温控精度:±0.5℃
常州市宏达机床数控设备有限公司	伺服刀架	HAK32	中心高:63mm、80mm、100mm、125mm、160mm
常州市宏达机床数控设备有限公司	液压刀架	HAK36	中心高:63mm、80mm

表 5　2012 年机床附件行业授权专利情况

企业名称	专利名称	专利类型	授权日期
江苏无锡建华机床附件集团有限公司	一种改良的四爪单动卡盘所用增力丝杆	发明	2012.03
江苏无锡建华机床附件集团有限公司	一种分体式大规模电永磁吸盘	实用新型	2012.07
江苏无锡建华机床附件集团有限公司	离心力补偿动力卡盘	实用新型	2012.07
江苏无锡建华机床附件集团有限公司	用于动力卡盘的离心力补偿机构	实用新型	2012.07
烟台环球机床附件集团有限公司	一种立式伺服液压刀架	发明	2012.07.11
烟台环球机床附件集团有限公司	一种重载数控回转工作台	发明	2012.04.25
烟台环球机床附件集团有限公司	一种带有对刀装置的滚齿夹具	实用新型	2012.07.04
烟台环球机床附件集团有限公司	一种分度精度检查仪	实用新型	2012.07.04
烟台环球机床附件集团有限公司	一种蜗轮机床	实用新型	2012.10.03
烟台环球机床附件集团有限公司	数控大型精密双驱动消隙回转工作台	实用新型	2012.08.01
烟台环球机床附件集团有限公司	双活塞多点刹紧装置及安装有该刹紧装置的回转工作台	实用新型	2012.08.01
烟台环球机床附件集团有限公司	一种立式刀架运转试验自动翻转机	实用新型	2012.07.11
烟台环球机床附件集团有限公司	一种数控等分转台配油系统	实用新型	2012.11.21

四、标准化情况

2012 年,全国金属切削机床标准化技术委员会机床附件分技术委员会编制并上报了“十二五”期间标准制修订工作计划,申报了 4 项国家标准和 8 项行业标准的标准制定项目建议书。组织完成了 10 项行业标准的制定和报批:JB/T ××××—××××《数控等分转台》、JB/T ××××—××××《数控机床自动过滤装置》、JB/T ××××—××××《数控机床自动排屑装置》、JB/T 3853—××××《等分分度头》、JB/T 9939—××××《丝锥夹头》、JB/T ××××—××××《机床 高速精密动力卡盘 分类和技术条件》、JB/T ××××—××××《机床 回转油缸》、JB/T ××××—××××《机床 精密可调手动自定心卡盘》、JB/T 9940.1—××××《工具柄自锁圆锥变径套 第 1 部分:型式和参数》、JB/T 9940.2—××××《工具柄自锁圆锥变径套 第 2 部分:技术条件》。

五、企业简介

烟台环球机床附件集团有限公司 2003 年完成产权制度改革,变更为内部人持股的民营企业。厂区占地面积 17.45 万 m^2,建筑面积 6.87 万 m^2,员工 1 100 人,其中工程技术人员 100 余人。公司已通过 ISO9001 质量体系认证。

公司主要产品为“环球”牌数控刀架、数控分度头、数控转台、数控中心架、机械分度头、机械转台、立铣头及平旋盘等 100 多个规格品种的机床附件及多种数控专用机床,年产量 3 万余台。产品在国内具有较高的市场占有率,并大量出口到欧美等 30 多个国家和地区。

公司具有雄厚的技术优势和产品开发实力,曾多次承担国家及省市科技开发项目和技术攻关课题。所属的烟台机床附件研究所负责行业标准制定、行业信息统计等工作。2007 年,企业技术中心被认定为省级企业技术中心。2008 年,公司被认定为高新技术企业。2010 年,公司工程研究中心通过中国机械工业联合会验收,被命名为“机械工业数控机床附件工程研究中心”。2009 年以来,公司承担了 4 项“高档数控机床与基础制造装备”科技重大专项课题。2012 年,科技研发投入 876 万元,加快了中高端数控机床附件、功能部件产业化的进程。

呼和浩特众环(集团)有限责任公司 是以原呼和浩特机床附件总厂为基础,于 1995 年改制组建的集团公司。公司是我国机床工具行业重点骨干企业、国家大型二档企业、出口基地企业。集团总部占地面积 16.2 万 m^2,建筑面积 8 万 m^2。公司技术力量雄厚、设备精良、工艺先进、检测手段完备,卡盘研究开发在国内名列前茅。公司的研发中心也被认定为内蒙古自治区企业研究开发中心。公司已通过 ISO 9001:2000 质量管理体系认证和 CE 安全认证。

公司主要生产“众环”牌、“环球”牌自定心卡盘、单动卡盘、中高档动力卡盘、特种专用卡盘以及油缸、气缸、数控刀库、不锈钢球阀制品等产品,共 18 个品种、88 个系列、1 200 余个规格。公司是我国上述产品国家标准的起草单位,主导类产品曾荣获国家、自治区、部级奖励。公司曾荣获“第十七届国际优质奖”等欧美多项国际大奖。公司是内蒙古自治区高新技术企业、创新型企业、专利试点企业。“众环”牌、“环球”牌产品是内蒙古科技名牌产品,被自治区政府评定为“自主创新名牌产品”。产品畅销 60 多个国家和地区。

江苏无锡建华机床附件集团有限公司 原江苏省无锡建华机床厂,始建于 1950 年。公司属于国有大型企业,主要研制机床附件产品,主要产品有自定心卡盘、单动卡盘、电磁吸盘、永磁吸盘、大型精密电永磁吸盘、高速精密动力卡盘和增力型重载卡盘等产品。

公司重视技术创新,近年来与上海交通大学、南京航空航天大学、东南大学等高校开展产学研合作,联合开发新产品,与高校、科研院所联合完成产学研合作项目 4 项,形成了具有核心竞争力的产品。公司技术中心被授予“江苏省认定企业技术中心”,公司获得“江苏省创新型企业”称号,通过了国家高新技术企业认定。具有自主知识产权的增力型重载四爪单动卡盘获得“江苏省高新技术产品”称号,并荣获无锡市科技进步奖;电永磁吸盘获“江苏省自主创新产品”称号。公司已通过 ISO 9001:2000 质量管理体系认证、OHSAS18000 职业健康安全管理体系认证及 EMS 环境体系认证。2012 年,公司投入科技研发经费 2 000 余万元,其中科研项目立项 7 项,技术改造项目 18 项。2012 年,公司完成工业总产值 18 059 万元、工业销售产值 17 798 万元。

北京机床附件厂有限责任公司 于 2003 年年底由北京机床附件厂改制成为有限责任公司,注册资本 278 万元。主导产品为机床滚针式铣夹头、可逆式丝锥夹头、快换攻丝夹头和强力弹簧夹刀柄。产品除为国内机床配套外,部分产品还行销发达国家市场。企业坚持以科技创新求发展,导入现代管理求效益的理念,大量开发高附加值的新产品。实施精品战略,以质量优良著称,“三箭”牌商标已成为精品和优质的标准。2012 年,公司完成工业总产值 494 万元,实现销售收入 555 万元。

山东征宙机械股份有限公司 始建于 1958 年,1999 年改制为有限公司,2011 年成立股份有限公司,2012 年在齐鲁股权交易所成功挂牌。公司占地面积超过 5 万 m^2,拥有生产设备 790 台,现有员工 800 余人。公司主要生产各类弹簧夹头、铣夹头、钻夹头、顶尖、接杆、变径套、万能镗头、分度头、回转工作台、快换刀架、砂轮修整器、数控刀柄、精密平口钳及磨刀机等系列产品。产品远销美国、德国、英国、法国、波兰、加拿大、印度、巴西、南非、东南亚等 50 多个国家和地区。公司自主研发的 HDT 磨刀机经省机械厅组织专家鉴定,技术水平处于国内领先,部分技术达到国际先进水平;R8 弹簧夹头综合节能加工工艺通过了德州市科技成果鉴定。公司自 1995 年开始享有进出口自营权,并先后获得出口产品质量许可证、ISO9002 质量认证,连续多年被省、市、县评为出口创汇先进单位。2002 年,公司被评为百佳诚信企业,先后获得“山东省高新技术企业”“山东省著名商标”“山东省名牌产品”“中国机床附件著名品牌”和“山东省优秀外向型企业”等荣誉称号。

南京吉鸿机床附件制造有限公司 是2002年由原南京机床附件厂改制的民营企业，原南京机床附件厂曾是原机械部定点生产企业。公司主要生产“钟山”牌系列机用虎钳，主营生产和销售普通平口钳、可倾平口钳、高精度平口钳等产品。公司奉行“用户至上，质量第一。求实创新，共同发展”的经营方针。拥有一支相对精干、专业性强的机电工程专业人员队伍，机加工设备门类齐全，有数条机用虎钳装配流水线，检测手段完善，产品质量稳定，品种规格齐全。面对2012年国内外市场需求萎缩的严重影响，企业加快产品结构调整和产品质量升级的步伐，并取得了较好的成绩。

烟台艾格瑞精密机械有限公司 原烟台第二机床附件厂，创建于1966年，拥有近40年专业生产卡盘产品的历史。2003年搬迁到烟台莱山经济技术开发区，2010年改组为山东泰山创业投资股份有限公司旗下的子公司。厂区占地面积7.5万m^2，现有职工300余人。拥有各类主要生产设备和仪器300余台(套)，是机床附件行业专业生产自定心卡盘、单动卡盘的重点企业之一。主要产品为“三精”牌手动卡盘、动力卡盘、回转油(气)缸。其中，手动卡盘分为K11系列三爪自定心卡盘和K72系列四爪单动卡盘两大系列，共100多个品种。公司具备年产三爪、四爪手动卡盘12万台(套)，动力卡盘、回转油(气)缸2 000台(套)的能力。产品畅销国内外，远销至欧洲、美洲、中东、东南亚等20多个国家和地区。产品出口量占年产量的40%。公司通过了ISO9002质量管理体系认证，曾先后多次获得省优、部优产品称号，2006年“三精”牌被认定为山东省著名商标。

甘肃省平凉机床附件有限责任公司 原平凉机床附件厂，建于1964年，是国内机床附件重点企业之一。公司拥有完善的机械加工、铸造、热处理、检测等主要设备320台，主要生产“三台”牌自定心卡盘、单动卡盘、楔式动力卡盘、管子卡盘和机用虎钳等机床附件产品，也可根据用户需要设计制造特殊要求的机床附件产品。公司拥有完善的质量管理体系和质量检测手段，建立了完善的售后服务和质量信息反馈制度，以满足用户需求为目标，不断开发新产品，积极推进技术升级，提高制造水平，确保产品技术和质量水平的稳步提高。

常州亚兴数控设备有限公司(常州市新墅机床数控设备有限公司) 是一家民营企业，致力于数控刀架和刀库的研发生产。经过多年努力，产品已形成八大系列、50多个品种。公司占地面积4万m^2，建筑面积2.5万m^2，现有固定资产3 000多万元，员工300多人，其中，高级工程师4人、工程师8人，其他具有专业技术职称的人员20多人。拥有加工、测量等设备仪器180多台。主要产品有全功能数控刀架、刀库、经济型数控刀架。经济型刀架在全国经济型数控车床配套领域市场占有率较高。HLT液压刀架和BT40刀库已配套于沈阳机床、鲁南机床、云南机床、宝鸡机床、济南一机、浙江凯达、广州机床、南通机床、苏州纽威等机床厂。公司产品获得“高新技术产品”称号。

烟台同心卡具有限公司 创建于1954年，已有60年的历史，是专业生产重型锥孔扳手式钻夹头的企业。公司于2003年改制以来，凭借优良的产品质量和良好的信誉，“同心”牌产品市场份额逐年扩大。公司致力于技术革新和设备改造，取得了较快发展，产品质量稳中有升。在坚持零部件整体淬火传统工艺的基础上，零部件选用了性能更为优质的金属材料，并对其全部进行精密磨削加工，进一步提升了产品耐用性等机械性能，提高了产品精度的稳定性。

浙江园牌机床附件有限公司 是专业生产卡盘的民营企业。近年来，坚持科学发展观，加快产品结构调整和转型升级的步伐，加大对先进生产设备及检测设备的资金投入，大量引进技术人员，精密卡盘产量占比不断增加。公司已和美国一家公司合作，美国公司负责销售，参加生产过程中的全程质量管理，并提供技术支持。公司派技术人员到国外先进的卡盘生产厂家学习，同时邀请国内外相关的专家来企业会诊，帮助企业解决问题。2012年开发了K11800A、1000A、1250A等大规格自定心卡盘，生产普通卡盘12万台，精密卡盘2万台。

烟台开发区博森科技发展有限公司(烟台开发区博森机床辅机有限公司) 成立于1993年，是国内生产排屑过滤设备产品规模较大的骨干企业。公司总面积2万m^2，厂区占地面积1.6万m^2。主导产品为数控机床自动排屑装置、自动过滤装置、数控机床复合式自动排屑及综合过滤装置共三大系列几十种产品，部分产品直接出口到德国等多个国家。公司坚持自主创新，加大科技投入，形成了比较完整的技术开发体系，承担了排屑过滤设备产品的2项行业标准起草工作。先后取得山东省科学技术奖2项、烟台市科技进步奖2项。

上海浦东同乐志刚机床附件有限公司 成立于1983年，是国内开发与生产数控机床排屑器和防护罩的专业生产厂家。公司占地面积2.66万m^2，现有员工132人。公司拥有各类数控激光切割设备、数控折弯设备100余台。主要产品为机床排屑、过滤、冷却装置及导轨护罩等。其中，排屑装置和防护罩的规模稳定，每年以较大增速提升。公司已经成为可为中高档数控机床、汽车行业生产线提供冷却、传输、过滤、净化装置设计、制造及综合技术服务的骨干企业之一。

上海金玉篮精密机床配件有限公司 属于民营企业，从业人员50余人。主要生产数控机床，自动车床用弹簧夹头、夹具等产品。2012年，扩建、完善了厂房及办公室的相应规模，企业人员固定，产品质量可靠，经营业绩良好，客户稳中有升。2012年，公司产值700余万元，

烟台一新祥宇机械设备有限公司 创建于2003年，专业致力于各类机床冷却液杂质分离，过滤净化设备以及机床切屑输送设备的设计、制造、销售和服务，是国内机床切屑输送、冷却液杂质分离、过滤净化设备的主要生产企业。公司主要产品有大流量负压纸带过滤机、磁辊纸带过滤机、鼓型纸带过滤机、磁性分离器、涡流分离器、油水分离器、铁屑粉碎机、离心分离机及链板式、永磁式、螺旋、刮板及磁刮

板式等排屑装置。产品广泛应用于机床、汽车、冶金、轴承、拉丝、玻璃陶瓷加工及压缩机等行业，并可完全替代进口。现产品遍及全国各地，并随主机出口到多个国家，并得到用户的广泛赞誉。

大连现代轴承有限公司 是原大连机床附件厂改制后成立的企业，占地面积超过7 000m²，现有员工76名，拥有机械加工设备160多台。主要产品为机床附件（注册商标DJF），包括回转顶尖、固定顶尖、变径套等，共有31个系列、135个规格，其中，有11种产品曾多次获国家、省、市名优产品称号。公司通过了ISO9001和TS16949质量管理体系认证。

无锡银通工具厂 是个人独资企业，从业人员40人。该厂生产各种机床夹具、压板、机床调整垫铁及磁性工具。产品按照JB/T 8004～8045—1999标准组织生产，并吸收国内外同类产品之精华，精心设计制作，产品规格齐全，品质优良，检测手段完备。产品远销欧、美、东南亚等国家和地区，在国内外客商中享有较高声誉。2012年，企业完成工业总产值650万元、销售产值630万元。

山东威达机械股份有限公司 是一家大型省级优秀民营企业。公司占地面积59.4万m²，建筑面积12.8万m²，总资产达7.5亿元。2004年7月，公司股票在深圳证券交易所成功挂牌上市。

公司主要生产各种钻夹头、石材锯片基体、木材锯、金属加工锯、粉末冶金配件、精密铸造配件及电动工具开关等工具零件。公司拥有机械加工产业先进加工设备3 000余台（套），组成了100余条钻夹头生产线、2条锯片生产线和2条粉末冶金生产线，年可生产钻夹头5 000万只、粉末冶金制品7 000万套、木工锯片500万片、脱蜡精铸配件1 500万件、五金制品300万件、石材锯片10万多片、冶金锯片3万片。公司已成为规模较大的钻夹头生产基地和重要的电动工具配件生产基地之一。公司钻夹头产品的国际市场份额已占到40%以上，产品销往欧、美、亚、非等40多个国家和地区。

台州华鑫机械制造有限公司 是一家资深的专业生产机床附件的企业。公司产品包括自紧式钻夹头、一体式钻夹头、扳手式钻夹头、ER弹簧夹头、攻丝夹头、CNC钻夹头刀柄、弹簧夹头刀柄、各类镗刀柄、铣刀柄、顶尖、变径套及钻接杆等。产品以规格齐全、外表美观大方、精度高、经久耐用等一系列优点而赢得用户信赖，远销美国、欧盟、中东、东南亚等地。

莱州市义盛精密机床附件有限公司 成立于1999年，属民营企业，占地面积9 000m²，其中，机加工装配车间3 500m²、电炉铸造车间1 800m²，主要产品为“义盛”牌各系列机用虎钳。产品销往全国各地，并大量出口欧洲、美国等30多个国家和地区。公司坚持科学发展观，加快生产方式的转变，加大先进设备及检测设备的资金投入，逐步生产高精度产品，提高普通产品的质量，以优质的产品满足用户需求。

北京京密云发机床附件有限公司 其前身为北京燕山机床附件厂，有30多年的平口钳专业制造经验，现主要产品为重型机用平口钳、角固型精密平口钳、简易镗刀架。在激烈的市场竞争中，公司坚持为客户服务、以品质取胜的战略，得到了越来越多客户的支持。2012年生产的角固型精密平口钳，因其耐磨、精度高等优点，已被用户充分认可。“双三角”品牌在业界美誉度进一步提高。

瓦房店永川机床附件有限公司 创建于1958年，是国家机床附件行业专业生产自定心卡盘、单动卡盘的重点企业之一。2003年经辽宁省和大连市政府批准完成了企业现代化制度改革。改制后的企业由大连高金科技发展有限公司控股，更名为瓦房店永川机床附件有限公司。公司可生产各类卡盘产品和数控转塔刀架，也可以根据客户的需要设计和制造其他特殊的卡盘。公司是《四爪单动卡盘》国家标准的起草单位。“方圆”商标在国内外一直享有很高的声誉。

临西县黑马机械有限公司 于1996年成立并快速崛起，是磁力吸盘专业制造厂家。公司主要生产电磁吸盘、永磁吸盘、电永磁吸盘、永磁起重器、各式退磁器及各种磁性工具，还可根据用户需求设计制造专用磁力吸盘。公司专业维修各式进口磁力吸盘，现与国内外多家磨床、铣床、火花机生产制造厂家配套，在业内享有良好的信誉。

杭州阿尔玛工具有限公司 2012年，公司加大机床工具类产品投入力度，购置先进的加工设备和检测设备，采用科学的管理方法和先进的经营理念，在科技团队努力奋斗下，获得多项产品专利，荣获杭州市高新技术企业称号。公司工业总产值从2011年的2 800万元增长到2012年的2 980万元。

曲阜市崇德精密机械有限公司 是一家集专业研发、生产及销售各类高精密机床附件于一体的新兴高科技民营企业。公司于2011年11月组建成立了尚德国际贸易有限公司，并在广东东莞长安镇、风岗镇和江苏昆山市分别设立了办事处和代理处，于2012年11月取得了美国多利安工具中国总代理权。公司设立了ER夹头（8μ/5μ）生产线，SK夹头（5μ）生产线和刀柄、螺帽生产线。公司主要产品ER/SK夹头系列产量为70 000支/月，高速、高精度数控刀柄（HSK、BT、SK、CAT、ISO等型号）生产线已形成10 000支/月的生产能力。

三河市同飞制冷设备有限公司 是集科研、开发、制造、销售、服务为一体的高新技术企业。公司成立于1993年，占地面积40 000m²，厂房面积15 000m²，员工360人，主要以工业制冷产品服务于社会，年产值2亿元。2012年，公司产品被评为“河北省名牌产品”，并获得“中国驰名商标”称号。公司已通过质量、环境、职业健康安全三体系认证，全面实行“5S”现场管理。公司已具备年产各种工业制冷设备6万台的能力，为外资、合资及国内600余家知名企业长期配套。

德州征宇精密机械有限公司 成立于2004年，注册资本100万元，公司占地面积30 000m²。公司主要从事机床附件及机械设备的加工制造、销售及进出口业务，机床附件及机械设备的年加工能力达500万只。公司现有职工200人，其中，工程技术人员30人、高级管理人员5人。2012年，公司完成产值3 000多万元，实现销售收入2 800万元，出口创汇150万美元。

昆山伊佳五金机械有限公司 成立于1990年，专业生产各种形式的刀柄，公司也是海内外一些大品牌的代加工工厂。公司拥有大型的生产基地、专业的展销中心及大型的批发店。公司自成立以来，一直坚持将客户的心声转化为产品的方针，秉承"专业、诚信、发展"的经营理念，为客户提供最稳定的质量、最优惠的价格、最快速的交期、最真诚的服务。热情欢迎海内外商家进行长期的商务合作，共创双赢辉煌。

烟台裕丰机床辅机有限公司 成立于2001年，是国内机床辅机生产厂家之一。公司占地面积15 000m^2，从业人员120余人。其主营产品为链板式、刮板式、永磁式、螺旋式、复合式、反冲滚筒式等排屑装置及磁性分离、涡流分离、纸带过滤等切削液（油）过滤冷却装置。公司技术力量雄厚，加工设备先进，生产流程规范，检测手段完善，通过了ISO9001质量管理体系认证。公司秉承"服务至上、专业求实、诚信为本"的经营理念，坚持以客户需求为导向，以技术创新为动力，竭诚为广大客户提供高品质的产品及服务，以期达到合作双方的共赢。

山东美克新材料科技有限公司 成立于2010年12月，是一家私营有限责任公司。公司是以矿物复合材料（矿物铸件）、机床子系统等产品的研发与制造为主营业务的高科技企业，旨在为国内外精密机床等行业提供取代铸铁及铸钢等传统材料的矿物复合材料机床床身等大型精密基础构件和机械零部件。

公司的矿物复合材料是在国外专利技术的基础上，结合"济南青"天然花岗石独特的理化特性，研究开发的具有自有知识产权的新一代复合材料。公司以山东大学为技术依托，借助于山东大学材料、化学、建筑、机械等学科优势，成为济南市政府与山东大学签署战略合作协议以及山东大学、济南市天桥区人民政府共建新材料产学研基地合作协议签订后，首批入驻国家火炬济南新材料特色产业基地的高科技型企业。经过两年的研究开发，可以根据客户要求制造出合格的产品，并与客户之间建立了长期合作计划，为客户提供优质的产品。

台州市力歌机床附件有限公司 是一家生产卡盘的现代企业。公司在卡盘产品的研究、设计、制造、检验、质保、售后服务等方面有较强的实力，擅长非标和大规格自定心卡盘的设计和生产。公司始终坚持"求精务实、开拓创新"的企业精神，为客户提供满意的服务。

河北晟拓机件制造有限公司 经过30多年的创业，从加工型的小厂发展成为有限公司，占地面积超过4万m^2。公司主要产品包括工程塑料拖链、钢铝拖链、防护罩系列、排屑机及排屑链条、软管及接头、机床垫铁、机床工作灯、操作件及冷却管等。公司拥有注塑机、吹拉式成型机、数控折弯机、数控车床、冲床、车床等生产设备50余台。2011年，公司通过GB/T 19001—2008质量管理体系认证，所生产的机床附件产品深受国内外用户好评。"晟拓"牌产品成为用户值得信赖的首选品牌。2012年，公司产值300多万元。

台州市哈特机械工具有限公司 成立于2004年，是浙江省专业生产高速钢孔加工工具的民营企业。公司占地面积超过5 000m^2，资金实力雄厚，生产设备先进，技术力量强大，现有职工160余人，其中专业技术人员占32%。公司已经通过ISO 9001:2008质量管理体系认证，曾被评为浙江质量达标用户满意单位，连续5年被评为AA级信用单位，在同业中有着较高的知名度。

温岭市三和数控机床设备有限公司 创建于1998年，是国内专业的数控机床刀架类产品生产厂家之一，具备年产各类型号的数控刀架10万台的生产能力。公司现有职工128人，占地面积2.3万m^2，建筑面积1.5万m^2，年产值达1.2亿元。公司产品包括电动刀架、伺服刀塔、动力伺服刀塔三大品种，近20个规格的系列产品。公司可以根据客户的需求提供特殊刀架定制服务。公司拥有数控卧式加工中心、立式加工中心和切削中心等专业、先进的生产设备100余台（套），三坐标测量仪、数显准直仪等各种精密检测仪器、检测设备20余台。同时，公司还具有一批专业的技术人员和高效的管理团队，现已通过ISO9001质量体系认证。

北京东方精益机械设备有限公司 成立于2001年10月，注册资金1 000万元。公司是国家级高新技术企业，专业生产形式多样的机床主轴功能部件、液体静压转台和数控精密专用机床，是国内液体轴承主轴、转台研发配套能力较强的企业之一。公司主要经营范围包括：为各机床主机生产厂批量、个性化配套高精度主轴单元；承接国内外各种高精度机床设备的改造，使机床恢复新机床的精度标准；承接国内外高精度机床设备大修及数控化改造；承接进口机床国产化的主轴设计及制造；承接高精度机械设备及专机的设计、制造；代理、经销进口设备。公司的产品销售遍及全国各地，为众多大型重型机床厂关键机床产品配套，获得了客户的广泛认可，并且荣获了众多奖项。

浙江三鸥机械股份有限公司 经过20多年的发展，现已拥有先进的钻夹头数控化制造专机2 000多台，年产能力达4 000万件以上。公司主要产品有5个系列、200多个品种、上千个规格，已成为博世、百得、日立、启洋、LG等国际知名企业的供应商，产品畅销美国、德国、日本、韩国等世界100多个国家和地区。2012年，公司销售收入近4亿元，成为全球六强钻夹头专业生产商。公司拥有省级研发中心、省级技术中心，是国家级高新技术企业、全国企事业知识产权工作试点单位、省专利示范企业、省重合同守信用企业。公司已拥有220多项专利产品，7项美国专利。2012年11月，公司通过OHSAS18000职业健康安全管理体系认证。

〔撰稿人：中国机床工具工业协会机床附件分会张越东
审稿人：中国机床工具工业协会机床附件分会王兴麟〕

夹　具

2012年,我国机床工具行业在经历了十余年的高速增长后,虽然整体仍处高位运行态势,但已显现增幅下滑的趋势。受到国家宏观调控、人力成本增加、原材料价格波动、技术创新能力不足等因素影响,夹具行业生产企业不同程度地出现订单下滑、成本上升、主要经济指标回落等情况,整体运营状况趋紧。

一、基本情况

夹具分会现有会员单位15家,其中生产经营型企业11家。主要包括天津市泽尔数控机床成套有限公司、保定向阳航空精密机械有限公司、宁波鄞州飞翔组合夹具厂、保定阳光隆安工贸有限公司、深圳市天凌高实业发展有限公司、北京蓝新特夹具技术有限公司、贵阳小河区清江组合夹具元件厂、贵州清阳航空机床夹具制造有限公司、湖北东联阳光机电设备技术有限公司、长春一汽天奇泽众汽车装备工程有限公司等企业。2012年新增会员单位1家:上海钰甯组合夹具厂。

2012年参加本年鉴统计的会员企业有5家,完成工业总产值12 974万元、工业销售产值12 950万元。2012年夹具行业主要经济指标完成情况见表1。

表1　2012年夹具行业主要经济指标完成情况

指标名称	单位	年度累计
工业总产值	万元	12 974
其中:机床工具类产品产值	万元	683
工业销售产值	万元	12 950
其中:出口额	万元	1 593
实现利税	万元	2 464
从业人员平均人数	人	952
资产总计	万元	50 381
流动资产平均余额	万元	31 902
固定资产净值平均余额	万元	11 256

二、产品生产及出口情况

1. 产品分类及生产情况

夹具行业企业在以各种夹具为主导产品的基础上,不断调整产品结构、拓展服务领域,生产的主要产品按功能和使用范围,可划分为以下六类产品:

(1)夹具和夹具功能部件。分为组合夹具、专用夹具和夹具功能部件3个子类产品,包括组合夹具、各种机床夹具、焊接夹具、检验夹具、装配夹具、生产线成套夹具及系列化多齿分度台、精密平口钳、快速铰链杠杆、快速夹紧机构等产品。

组合夹具——夹具行业的主导产品,包括大、中、小型的槽系列组合夹具和孔系列组合夹具、槽孔结合组合夹具、槽系列组合焊接夹具和孔系列三维柔性焊接夹具。利用系列化、标准化的组合夹具元件,可以快速、灵活地组装各种机床夹具及检测、焊接、装配夹具,达到高效、节能的目的。组合夹具元件可反复循环使用,节省成本。组合夹具制造企业可为用户提供组合夹具元件使用的成套解决方案。

专用夹具——包括为各种机床、加工中心配套的手动、气动、液压、电磁、永磁和电控永磁夹具,多轴头钻夹具和各种生产线成套夹具,以及用于检验、焊接、弯管、装配等夹具或工具类产品。

夹具功能部件——包括系列化多齿分度台、精密平口钳、快速铰链杠杆、快速夹紧功能部件等产品,及各类高精度弹性定位元件、液压塑料心轴、气液压夹紧功能部件和用于支承、定位、夹紧、导向、分度、可调角度等夹具标准件。

(2)机床附件。包括通用和专用卡盘、数显转台、万能光学转台、光学分度头、数控机床刀柄、弹簧卡头、弹性套和盘、各种顶尖及砂轮修整器等。

(3)机床配套功能部件。包括平面镶钢导轨、交换工作台、滚珠丝杠、机床用主轴、丝杠、光杠、导轨及各种轴类。

(4)量具、量仪。包括凸轮轴自动检测仪、导程测量仪、计算机视觉影像刀具预调测量仪及各类专用量具等。

(5)机床设备。包括金属带锯机及非标专用设备制造等。

(6)其他产品。包括清洗机、退磁器、骨科医疗器械、汽车零部件及铝合金型材制品等。

2012年夹具行业分类产品生产情况见表2。

表2　2012年夹具行业分类产品生产情况

产品名称	产量单位	产量	产值(万元)
组合夹具元件	件、套		9 161.0
金属带锯床	台	174	682.7
液压夹具	台	46	32.7
手动夹具	台	34	18.7
检具	件	45	13.6
量具	件	59	6.9
其他工装产品	件	37	19.1

2. 产品出口情况

保定向阳航空精密机械有限公司与意大利吉拉蒂公司合资组建的保定向阳吉拉蒂机械有限公司是出口夹具的外向型企业。公司生产的精密平口钳等系列化平口钳产品,在国内同类产品中居于领先地位,是夹具行业的主要出口产品。2012年,该公司系列化精密平口钳出口34 308台,出口额252.4万美元。

三、企业简介

天津市泽尔数控机床成套有限公司　是在原天津丝杠厂、天津组合夹具厂、天津机床附件厂、天津市机床光学仪器厂的基础上改制建立起来的新型有限责任公司,具有产品研发、生产和测试的雄厚实力。主要产品有组合夹具、专用夹具、各种丝杠及轴类、卡盘、转台、导轨、对刀仪等，广泛应用于精密机床、印刷机械、包装机械、工程机械、医疗设备、木工机械、玻璃机械及各种自动化设备中。公司通过了ISO 9001：2008质量管理体系认证，于2010年被天津市科委认定为科技型中小企业。公司还拥有天津市质量技术监督局认证的企业计量中心及4项企业产品标准，以及“多齿分度台”“焊接用手动卡盘”等专利，先后获得了机械工业部优质产品、天津市科学技术成果、机械工业部机电产品采用国际标准等证书。“泽尔”商标于2012年被认定为天津市著名商标。同年，公司被授予天津市“守合同重信用”企业。2012年9月，公司的“焊接用自定心卡盘”专利获得实用新型专利授权。

保定向阳航空精密机械有限公司 隶属于中国航空工业集团公司，始建于1964年，属国家大二型、高新技术企业，中航工业专业生产柔性智能工艺装备的企业和数控机床再制造技术归口单位。公司设有中航工业柔性智能工艺装备研制中心、中航工业数控机床再制造及备件中心。公司拥有各类生产设备300余台，其中龙门立式加工中心、龙门平面磨床、卧式加工中心、立式加工中心、数控车床等数控加工设备100余台，最大加工件尺寸为2 000mm×4 000mm×1 000mm。另有三坐标测量机、RENISHAW激光干涉仪、TESA测高仪等先进检测设备。公司下设工艺装备厂、航空产品制造厂、锯床厂、模具标准件厂，一家中外合资企业——保定向阳吉拉蒂机械有限公司，一家合资公司——中航联众数控技术（北京）有限公司。主要产品包括柔性智能工艺装备、精密数控机床再制造及备件服务、航空产品、金属带锯床、功能部件和医疗器械等六大系列。公司通过了ISO 9001：2008国际质量管理体系认证、武器装备科研生产许可、国家安全生产标准化二级企业核准、国防计量三级技术机构认可。

保定阳光隆安工贸有限公司 是一家股份制公司，专业设计生产夹具产品，具有专业的技术人员和先进完善的夹具生产、检测设备。主要从事液压夹具、气动夹具、手动夹具、真空夹具、电控永磁夹具、非标自动化设备、非标高压油缸、液压泵站的研发与制造，系列产品广泛用于航空、航天、兵器、铁路、汽车、工程机械等领域。公司始终坚持“诚恳坦荡、负责进取”的经营理念，融先进的管理、优秀的经营团队、完好的服务于一体，竭诚为广大用户提供完善的工装解决方案。

湖北东联阳光机电设备技术有限公司 秉承专业、服务、共创价值的理念，专注于汽车行业精密工装、非标量具、检具、非标机加件、非标设备等，是集设计、制造、服务于一体的实体企业。公司有大中型生产设备23台（套），通过了ISO9001质量管理体系认证。公司长期为东风汽车公司下属单位配套，可为汽车制造业提供焊接夹具、装备夹具和检验夹具等，是东风商用车公司、东风零部件集团、东风特种商用车公司、东风本田公司、东风装备公司、徐工集团等单位的工装供应商，近五年来累计销售各类主营产品近万套（件）。

上海钰甯组合夹具厂 是一家民营企业，以生产和销售组合夹具为主，销售大、中、小型的组合夹具元件。几年来，为军工和纺织机械等企业提供产品服务，力求精益求精，务实创新，促进企业由小变强，实现持续发展。

〔撰稿人：中国机床工具工业协会夹具分会王颖莲 审稿人：中国机床工具工业协会夹具分会吴建民〕

主轴功能部件

一、基本情况

2012年，主轴功能部件专业委员会共有会员单位33家，绝大多数会员企业是民营企业，只有一家国营企业。2012年，围绕做强做大的目标，行业内许多企业抓紧技术改造，进行新产品开发。新增投资44 500万元，主要用于设备更新、厂房改造、检测设备更新、新产品开发等。低速大转矩、高速大功率电主轴不断开发成功，逐步取代进口产品应用于加工中心和数控镗铣床上。

2012年，主轴功能部件行业完成工业总产值15.8亿元。其中，电主轴小行业产值达9.96亿元，占总产值的63.0%；静压、动静压主轴小行业产值达0.83亿元，占总产值的5.3%；备件及辅助部件小行业产值达5.01亿元，占总产值的31.7%。2012年主轴功能部件行业主要经济指标完成情况见表1。

表1 2012年主轴功能部件行业主要经济指标完成情况

（单位：万元）

指标名称	行业总计	其中：滚动支撑	其中：滑动支撑	其中：配辅件
工业总产值	158 162	124 022	8 358	25 782
其中：机床工具类产品产值	108 838	74 698	8 358	25 782
工业销售产值	137 024	105 880	7 940	23 204
其中：机床工具类产品销售产值	94 293	63 149	7 940	23 204
实现利税	33 002	25 253	3 573	4 177

二、生产及出口情况

滚动轴承主轴功能部件主要用于数控镗铣床、磨床、数控车床、加工中心、木工机床等的主轴系统。滑动轴承主轴功能部件主要用于内圆磨床、平面磨床、外圆磨床、精密车床、金刚镗床等精密机床的精密轴系。

主轴功能部件行业产品分为以下四种:①一对轴承加主轴,当前未见标准化产品。②套筒组件即主轴单元,是当前市场的主导产品之一。③主轴功能部件,也是当前市场的主导产品之一,用于机床配套和增加机床功能的技术改造。④电主轴,主要仍是滚动轴承支撑的电主轴,油膜轴承支撑的电主轴产品也已用于精密机床和专用数控机床。随着市场需求的扩大,主轴功能部件的品种增多,如减去压力油源的长寿命的动压主轴单元、动滚组合主轴单元等已在市场中出现。静压、动静压主轴功能部件配备的压力油源,原来主要是企业购置液压元件自制,当前开始出现采购方式。随着主轴向高速发展,温控或制冷设备也成为重要的辅助配件,除高速电主轴油雾润滑装置有自制的外,其他辅助配件都是外购的。

2012 年,主轴功能部件产品总产量 78 947 套,总产值 28 256 万元。其中,用于数控机床的产品 6 305 套,占总产量的 8.0%;用于数控机床的产品产值 15 597 万元,占总产值的 55.2%。2012 年主轴功能部件行业分类产品生产情况见表 2。2012 年主轴功能部件行业产品出口情况见表 3。

表 2　2012 年主轴功能部件行业分类产品生产情况

产品名称	产量(件、套)		产值(万元)	
	总计	用于数控机床	总计	用于数控机床
机床主轴功能部件	78 947	6 305	28 256	15 597
电主轴单元	33 402	2 734	16 098	10 441
滚动支撑	33 198	2 730	15 917	10 410
油膜支撑	4	4	31	31
气膜支撑	200		150	
机械主轴单元	7 304	3 516	6 527	4 199
滚动支撑	6 256	2 860	5 213	2 953

(续)

产品名称	产量(件、套)		产值(万元)	
	总计	用于数控机床	总计	用于数控机床
油膜支撑	1 048	656	1 314	1 246
油膜支撑转台	30	25	800	760
其他主轴功能部件	1 211	30	3 231	197
铣头	320	30	2 100	197
金刚镗头	20		30	
其他	871		1 101	
滚珠丝杠导轨	37 000		1 600	
机床主轴辅配件	57 541	43 196	18 829	16 756
主轴辅助部件	57 161	43 146	18 159	16 751
压力油源	150	120	75	60
制冷机	40 511	29 826	14 324	12 931
自动平衡系统	2 500	1 200	2 500	2 500
增压打刀缸	14 000	12 000	1 260	1 260
主轴零、配件	380	50	670	5
主轴	330	50	415	5
油膜轴承	50		255	

表 3　2012 年主轴功能部件行业产品出口情况

产品名称	出口量(件、套)		出口额(万美元)	
	总计	用于数控机床	总计	用于数控机床
机床主轴功能部件	4 425	16	273.3	3.6
电主轴单元	1 884	16	265.3	3.6
滚珠丝杠	2 493		7.9	
滚珠导轨	48		0.1	

三、新产品、科研项目及发明专利情况

2012 年主轴功能部件行业新产品开发情况见表 4。2012 年主轴功能部件行业科研项目见表 5。2012 年主轴功能部件行业部分企业授权专利情况见表 6。

表 4　2012 年主轴功能部件行业新产品开发情况

产品名称	产品型号	主要技术参数	产品性质	产品属性	产品水平
洛阳轴研科技股份有限公司					
高功率密度永磁同步电机电主轴	85SD16Z12	主轴外径:85mm,转矩:8N·m	全新设计	企业新产品	技术先进
飞机柔性装配线轨迹制孔用电主轴	85XD15Z1.8	最高转速:15 000r/min,功率:1.8kW(S1)		行业新产品	可替代进口
高速、大功率、试验机用主轴	120SD120Y1.6	最高转速:120 000r/min,功率:1.6kW(S1)	全新设计	企业新产品	技术先进
替代进口磨削用高速电主轴	120MD30Q12	转速:30 000r/min,功率:12kW(S1)	全新设计	行业新产品	可替代进口

（续）

产品名称	产品型号	主要技术参数	产品性质	产品属性	产品水平
广州市昊志机电股份有限公司					
气浮高速电主轴	DQF－160F1	最高频率:2 667Hz,最高转速:160 000r/min,最高电压:200V,最大工作电流:3.0A	全新设计	企业新产品	国内先进
滚珠高速电主轴	DGZ－0860	最高频率:2 000Hz,最高转速:60 000r/min,额定电压:380V,最大电流:14A,额定功率:2.5kW	全新设计	企业新产品	国内先进
球轴承高速电主轴	DGZ－70	频率:167～1 167Hz,转速:10 000～70 000r/min,电压:63～380V,最大电流:5.0A,功率:1.5kW	全新设计	企业新产品	国内先进
机床主轴	DGZX－0660	最高频率:1 000Hz,最高转速:60 000r/min,最高电压:380V,额定功率:1.5kW	全新设计	企业新产品	国内先进
高刚性气浮主轴	DQFX－100A	最高频率:1 667Hz,最高转速:100 000r/min,最高电压:200V,最大电流:3.5A	全新设计	企业新产品	国内先进
球轴承高速电主轴	DGZ－75	频率:250～1 250Hz,转速:15 000～75 000r/min,电压:95～380V,最大电流:5.3A,功率:1.5kW	全新设计	企业新产品	国内先进
气浮高速主轴	M320/64C	最高频率:1 333Hz,最高转速:80 000r/min,最高电压:150V,最大工作电流:7.5A	改型设计	企业新产品	国内先进
六主轴模组	6S－GZ22	最高频率:834Hz,最高转速:25 000r/min,工作电压:380V,最大电流:6×13A,额定功率:6×1.4kW	全新设计	企业新产品	国内先进
滚珠电主轴	DGZ－40C	最高转速:40 000r/min,最高电压:380V,额定电流:4.2A,额定功率:1.8kW	全新设计	企业新产品	国内先进
高速电主轴	DGZX－0840I2	最高频率:1 333Hz,最高转速:40 000r/min,最高电压:380V,额定功率:2.5kW	全新设计	企业新产品	国内先进
机床主轴	DGZX－1015K	最高频率:500Hz,最高转速:15 000r/min,最高电压:380V,额定功率:6kW	改型设计	企业新产品	国内先进
机床主轴	DGZX－1040V1	最高频率:667Hz,最高转速:40 000r/min,最高电压:380V,额定功率:6kW	改型设计	企业新产品	国内先进
机床主轴	DGZX－1130B1	最高频率:1 000Hz,最高转速:30 000r/min,最高电压:380V,额定功率:4.5kW	改型设计	企业新产品	国内先进
机床主轴	DGZX－1230B1	最高频率:1 000Hz,最高转速:30 000r/min,最高电压:380V,额定电流:14.5A,额定功率:5.5kW	改型设计	企业新产品	国内先进
机床主轴	DGZX－1230BFV1	最高频率:1 000Hz,最高转速:30 000r/min,最高电压:380V,额定功率:7.5kW	改型设计	企业新产品	国内先进
机床主轴	DGZX－1230BFV2	最高频率:1 000Hz,最高转速:30 000r/min,额定功率:7.5kW	改型设计	企业新产品	国内先进
机床主轴	DGZX－12530K	最高频率:1 000Hz,最高转速:30 000r/min,最高电压:380V,额定功率:7.5kW	改型设计	企业新产品	国内先进
机床主轴	DGZX－1425V1	最高频率:833Hz,最高转速:25 000r/min,额定功率:25kW,额定电流:54A	改型设计	企业新产品	国内先进
双头磨玻璃主轴	DGZM－1006H2	最高频率:200Hz,最高转速:6 000r/min,额定功率:1.8kW,额定电流:11A	全新设计	企业新产品	国内先进
双头磨玻璃主轴	DGZM－1006H	最高频率:200Hz,最高转速:6 000r/min,最高电压:380V	全新设计	企业新产品	国内先进

（续）

产品名称	产品型号	主要技术参数	产品性质	产品属性	产品水平
内圆磨电主轴	DGZM－1215H2	最高频率:500Hz,最高转速:15 000r/min,最高电压:220V	改型设计	企业新产品	国内先进
双头磨电主轴	TL－06812H	最高频率:400Hz,最高转速:12 000r/min,最高电压:220V,额定功率:0.8kW	全新设计	企业新产品	国内先进
机床皮带主轴	DGZJ－8501(GX27)	最高转速:3 000r/min,额定功率:0.75kW,最高电压:200V	全新设计	企业新产品	国内先进
机床直联主轴	DGZZ－12015	最高转速:15 000r/min,端面窜动:0.002mm	全新设计	企业新产品	国内先进
机床直联主轴	DGZZ－13015A	最高转速:15 000r/min,端面窜动:0.002mm	改型设计	企业新产品	国内先进
机床直联主轴	DGZZ－10020(GX22)	最高转速:20 000r/min,端面窜动:0.002mm	全新设计	企业新产品	国内先进
机床直联主轴	DGZZ－15015	最高转速:15 000r/min,端面窜动:0.002mm	全新设计	企业新产品	国内先进

表5　2012年主轴功能部件行业科研项目

企业名称	科研项目名称	应用状况	项目来源
三河市同飞制冷设备有限公司	海水源钛管换热器	自行应用	自有
三河市同飞制冷设备有限公司	闭式循环冷水机	自行应用	自有
三河市同飞制冷设备有限公司	油冷机用磁性过滤器	自行应用	自有
三河市同飞制冷设备有限公司	电柜除湿机	自行应用	自有
三河市同飞制冷设备有限公司	塑料机械用冷水机	自行应用	自有
三河市同飞制冷设备有限公司	浮球式流量检测开关	自行应用	自有
三河市同飞制冷设备有限公司	激光切割机用冷水除尘一体机	自行应用	自有
三河市同飞制冷设备有限公司	恒压阀节流的制冷系统	自行应用	自有
三河市同飞制冷设备有限公司	壁挂式油冷却机	自行应用	自有
三河市同飞制冷设备有限公司	蒸发冷却式冷水机	自行应用	自有
三河市同飞制冷设备有限公司	多级控制高精度液体冷却机	自行应用	自有
三河市同飞制冷设备有限公司	铝扁管带式油换热器	自行应用	自有
三河市同飞制冷设备有限公司	恒流量水冷电柜空调	自行应用	自有

表6　2012年主轴功能部件行业部分企业授权专利情况

专利名称	专利名称	专利类型	授权日期
北京东方精益机械设备有限公司	一种复合减压液体密封结构	发明	2012.12.05
无锡博华机电有限公司	主轴新型多孔环流气密封结构	实用新型	2012
无锡博华机电有限公司	电主轴转子松拉刀复合限位减振机构	实用新型	2012
无锡博华机电有限公司	电主轴新型冷却循环通道及密封通道组合结构	实用新型	2012
无锡博华机电有限公司	磨杆可拆卸式双支承磨削机构	实用新型	2012
无锡博华机电有限公司	电主轴轴承复合支承减振机构	实用新型	2012
无锡博华机电有限公司	电主轴转子铁心双锥面定位机构	实用新型	2012
无锡博华机电有限公司	电主轴冷却循环通道	实用新型	2012
无锡博华机电有限公司	主轴新型多孔环流气密封结构	发明	2012
无锡博华机电有限公司	磨杆可拆卸式双支承磨削机构	发明	2012
无锡博华机电有限公司	电主轴冷却循环通道	发明	2012
无锡博华机电有限公司	电主轴转子松拉刀复合限位减振机构	发明	2012
三河市同飞制冷设备有限公司	数控机床减速箱专用油冷机	发明	2012.07.25
三河市同飞制冷设备有限公司	一种带有低温换热功能的冷水机	实用新型	2012.05.30
三河市同飞制冷设备有限公司	回水混流式高精度冷水机	实用新型	2012.08.01
三河市同飞制冷设备有限公司	一种带有融霜功能的空气源热泵热水机组	实用新型	2012.05.23
三河市同飞制冷设备有限公司	一种油冷机用磁性过滤器	实用新型	2012.11.28

（续）

专利名称	专利名称	专利类型	授权日期
西安英威腾合升动力科技有限公司	一种防尘密封型交流永磁同步电主轴	实用新型	2012.09.19
无锡市协清机械制造有限公司	多线切割机的砂浆循环利用装置	实用新型	2012.09.05
无锡市协清机械制造有限公司	用于数控多线摇摆切割机上的倒切式工作台	实用新型	2012.10.15
无锡市协清机械制造有限公司	用于数控多线摇摆切割机上的导轮装置	实用新型	2012.09.10
无锡市协清机械制造有限公司	数控多线摇摆切割机上的张力系统	实用新型	2012.09.05
无锡市协清机械制造有限公司	多线切割机的自动排线自动平衡装置	实用新型	2012.09.05
广州市昊志机电股份有限公司	一种滚珠高速电主轴	发明	2012.09.05
广州市昊志机电股份有限公司	一种气浮高速电主轴	发明	2012.09.05
广州市昊志机电股份有限公司	一种气浮高速电主轴	实用新型	2012.01.12
广州市昊志机电股份有限公司	一种滚珠高速机械主轴推力油缸	实用新型	2012.08.01
广州市昊志机电股份有限公司	一种滚珠高速机械主轴机体组件	实用新型	2012.08.01
广州市昊志机电股份有限公司	一种滚珠高速机械主轴的拉杆组件	实用新型	2012.08.01
广州市昊志机电股份有限公司	一种滚珠高速机械主轴的拉刀结构	实用新型	2012.08.01
广州市昊志机电股份有限公司	一种滚珠高速机械主轴的同步带轮结构	实用新型	2012.07.11
广州市昊志机电股份有限公司	一种滚珠高速电主轴的刀柄结构	实用新型	2012.08.01
广州市昊志机电股份有限公司	一种滚珠高速机械主轴的吹尘气阀结构	实用新型	2012.09.26
广州市昊志机电股份有限公司	一种滚珠高速电主轴推力油缸	实用新型	2012.08.01
广州市昊志机电股份有限公司	一种滚珠高速主轴的上轴承座套结构	实用新型	2012.07.11
广州市昊志机电股份有限公司	一种高速磨床电主轴的轴芯组件结构	实用新型	2012.12.05
广州市昊志机电股份有限公司	一种滚珠高速机械主轴的锁紧螺母结构	实用新型	2012.07.11
广州市昊志机电股份有限公司	一种气浮高速电主轴的轴承组件结构	实用新型	2012.08.01
广州市昊志机电股份有限公司	一种滚珠高速机械主轴的环喷冷却结构	实用新型	2012.08.01
广州市昊志机电股份有限公司	一种气浮高速电主轴的轴芯组件结构	实用新型	2012.09.26
广州市昊志机电股份有限公司	一种滚珠高速机床直联主轴	实用新型	2012.08.01
广州市昊志机电股份有限公司	一种小体积大功率电机	实用新型	2012.07.11
广州市昊志机电股份有限公司	一种大功率永磁电机	实用新型	2012.07.11
广州市昊志机电股份有限公司	一种铸造铜鼠笼转子	实用新型	2012.07.11
广州市昊志机电股份有限公司	一种永磁变频调速同步电机	实用新型	2012.07.11
广州市昊志机电股份有限公司	一种银钎焊铜鼠笼转子	实用新型	2012.07.11
广州市昊志机电股份有限公司	一种气浮高速电主轴的气缸顶盖	实用新型	2012.08.01
广州市昊志机电股份有限公司	一种滚珠高速电主轴的拉杆	实用新型	2012.08.01
广州市昊志机电股份有限公司	一种滚珠高速电主轴的气缸压头组件	实用新型	2012.08.01
广州市昊志机电股份有限公司	一种主轴用弹性夹套	实用新型	2012.08.01
广州市昊志机电股份有限公司	一种主轴用抱夹	实用新型	2012.08.01
广州市昊志机电股份有限公司	一种双头玻璃磨削机主轴	实用新型	2012.12.05
广州市昊志机电股份有限公司	一种滚珠高速电主轴的编码器齿轮盘安装结构	实用新型	2012.12.05
广州市昊志机电股份有限公司	一种滚珠高速电主轴的短时起动制动电机	实用新型	2012.12.05
广州市昊志机电股份有限公司	一种滚珠高速电主轴的气缸结构	实用新型	2012.12.05
广州市昊志机电股份有限公司	一种滚珠高速电主轴的机体下盖组件	实用新型	2012.12.05
广州市昊志机电股份有限公司	一种滚珠高速电主轴的铝水套组件	实用新型	2012.12.05
广州市昊志机电股份有限公司	一种滚珠高速电主轴的压头组件	实用新型	2012.12.05
广州市昊志机电股份有限公司	一种滚珠高速电主轴的轴霸组件	实用新型	2012.12.05
广州市昊志机电股份有限公司	一种滚珠高速电主轴的轴芯组件	实用新型	2012.12.05
广州市昊志机电股份有限公司	高速多功能滚珠电主轴	外观设计	2012.09.26

四、企业介绍

洛阳轴研科技股份有限公司 隶属国机集团，由洛阳轴承研究所改制而成。公司技术实力雄厚，批量生产内径0.5mm至外径6 800mm的各种类型的轴承产品和组件。主要业务为精密及特种轴承、高速机床主轴、轴承专用工艺装备和检测仪器以及轴承特种材料的研究、开发、生产和销售。截至2012年年底，公司职工人数1 890人，其中技术人员406人。

公司总资产近19亿元，占地面积超过100万m^2（1 500余亩），拥有1个国家级研发中心、4个产业基地，设有国家滚动轴承产业技术创新战略联盟、盾构及掘进技术（轴承）国家重点实验室、国家轴承认可实验室、高性能轴承重点实验室、国家轴承质量监督检验中心、国家知识产权局专利交流站、机械工业高速精密轴承工程研究中心、军品轴承技术开发中心、数控机床主轴单元工程技术研究中心、高性能轴承重点实验室和博士后科研工作站等科技机构，是我国轴承高科技龙头企业、航空航天领域主要配套单位，是国内外数控机床、船舶、重型机械、汽车及风电设备等行业重要零部件供应商。公司先后荣获国家高新工程建设突出贡献奖及国防科技工业协作配套先进单位、国防科技创新团队、全国企事业单位专利工作试点单位、全国企事业知识产权示范单位、中国机械500强、《福布斯》“2009中国最具潜力中小企业200强”和河南省“百高”成长型高新技术企业等荣誉称号。

当前，公司主轴产品共十大系列，涵盖磨削、铣削、车削及加工中心等数控机床领域及拉碾、离心、PCB钻孔、硅片划线和切削、特种试验等特殊设备行业或领域，产品型号突破400个，2012年开发新产品60余种，为军工单位提供实验用高转速、大功率、大转矩、苛刻工况条件下的电主轴产品。公司产品研发已全部实现计算机辅助设计和信息化管理，在设计阶段即可通过计算机仿真手段对产品进行分析，信息化的设计手段大大提高了设计的精确度和效率。

2012年，公司生产主轴8 200根，其中，电主轴6 500根、机械轴1 700根。公司完成产值4 200万元，实现营业收入6.6亿元，利润总额8 008万元。国家重大科技专项“大型数控机床电主轴及精密轴承产业化项目”投资36 313万元，新增主轴加工车间4 200m^2，购置数控车床、数控磨床等精密加工设备40余台。随着生产设备的使用及后期资金的投入，产值预期提高30%～50%，生产及加工能力将迈上新台阶。

广州市昊志机电股份有限公司 成立于2006年12月14日，注册资本为7 500万元。公司位于国家级高新技术产业开发区广州市萝岗区永和经济区，是一家专业从事研发、制造、销售、维修高速电主轴及零部件的环保型高科技型企业，是国家高新技术企业。公司产品包括气浮电主轴和滚珠电主轴两大类别，涵盖五大系列、近百种型号的电主轴产品，产品应用领域也从PCB钻孔机和成形机领域，不断向数控雕铣机、高速加工中心、高速内圆磨床等中高档数控机床领域拓展。

公司现有员工1 119人，具备年产40 000支电主轴的生产能力。公司拥有国内外先进的生产技术设备和仪器1 000多台（套），2012年购进设备仪器约400台（套），其中检测设备仪器158台（套）。公司在装备先进的精密加工设备和检测设备的基础上，通过设计先进严谨的工艺路线、优化工艺参数、加强过程控制能力等措施，逐渐形成了一整套先进的精密制造体系。2012年共投入6 000多万元进行技术改造工作，并取得了显著的成效。

公司于2007年通过ISO9001质量管理体系认证，2011年通过ISO14001环境管理体系认证。公司多个产品通过广州市科技成果鉴定，并有多个产品荣获广东省高新技术产品及广州市自主创新产品称号。

公司十分重视研发投入和技术团队建设。截至2012年年底，公司共有科技及研发人员339人，占员工总数的30.3%。此外，公司与哈尔滨工业大学、广东省工业技术研究院等建立了良好的合作关系并进行联合开发，建有广州昊志-哈工大电主轴联合实验室、广州昊志-哈工大电机联合实验室、广州昊志-广东省工研院高性能电主轴联合技术创新中心、广州昊志-哈工大航空宇航摩擦学研究室轴承应用联合实验室；引入数字化样机技术，探索新的研发手段和方法，并应用于产品研发、生产及品质管理等环节。公司通过自主研发，成功掌握了高速空气轴承技术、高频电机技术、特种加工技术、精密加工工艺和工艺装备技术等电主轴整机及相关零部件的核心技术，并在电机、轴承、材料、刀具平衡、主轴抱夹、拉刀机构寿命及主轴高转速下定子温升、轴芯热伸长量、动态精度等方面进行了一系列的技术攻关。在PCB钻孔机气浮电主轴方面，转速已达到16万r/min和20万r/min，其在最高转速下动态偏摆≤8μm，最大振动值≤1.00mm/s；在PCB成形机滚珠电主轴方面，主轴转速高达6万r/min，功率1.2kW，轴端静态偏摆≤2μm，最高转速下轴端动态偏摆≤8μm，振动值≤1.00mm/s。

公司以“立足自主技术创新，全面实现进口替代，稳步进军国际市场”为发展战略目标，着眼于高端装备制造业，致力于为中高档数控机床提供自主研发、自主品牌的电主轴系列产品，通过坚持不懈的技术攻关和持之以恒的品质管理，逐步形成了“以中高端电主轴产品为核心、以电主轴精密零配件为支撑、以配套维修服务为特色”的业务体系，构建了电主轴“整机-配件-服务”紧密结合的完整业务链；能够及时响应客户多层次、个性化的需求。公司秉承“产品＋服务”的营销理念，构建了电主轴的设计制造、零配件的加工装配、电主轴整机的保养和维修服务纵向一体化的生产服务体系，并配备专业成熟的技术服务团队，为客户提供全方位的售前、售中和售后服务。近年来，公司产值以平均每年60%的速度增长。2012年，公司实现销售收入3亿多元。

〔撰稿人：中国机床工具工业协会主轴功能部件专业委员会钟洪、何金花〕

滚动功能部件

一、基本情况

2012年,滚动功能部件分会有39家会员单位,新增加会员单位2家。会员总数占全行业企业数的48%,生产能力和市场占有率占全行业的90%以上。参加本次年鉴统计的企业有8家,具有规模生产能力的企业基本收录在内。2012年滚动功能部件行业主要经济指标完成情况见表1。

表1 2012年滚动功能部件行业主要经济指标完成情况

指标名称	单位	年度累计
工业总产值	万元	79 723
工业销售产值	万元	78 702
工业增加值	万元	30 977
实现利税	万元	8 906
从业人员平均人数	人	4 320
资产总计	万元	194 932
流动资产平均余额	万元	93 289
固定资产净值平均余额	万元	59 235

二、生产及出口情况

滚动功能部件行业的主要产品有滚珠丝杠副、滚动直线导轨、滚珠花键、滚动直线导套、二坐标工作台、离合器及电主轴、主轴单元等。滚动功能部件可靠性好、精度高,是机电产品的一个重要组成部件,特别是机床数控化以及各种生产设备、机械装置及工艺装备自动化改造不可缺少的基础性功能部件。2012年滚动功能部件行业分类产品生产情况见表2。

表2 2012年滚动功能部件行业分类产品生产情况

产品名称	产量单位	产量	产值(万元)
滚珠丝杠副	套	153 721	20 487
滚动导轨副	套	50 717	7 320
其他	根、套、件、亿粒	18 727	1 441

2012年,滚动功能部件产品出口较上年大大降低,出口量318套,出口额21.0万美元。其中,滚珠丝杠副出口量240套,出口额16.7万美元;滚动导轨副出口量78套,出口额4.3万美元。2012年滚动功能部件行业企业分类产品出口情况见表3。

表3 2012年滚动功能部件行业企业分类产品出口情况

企业及产品名称	出口量(套)	出口额(万美元)
南京工艺装备制造有限公司		
滚珠丝杠副	232	14.4
滚动导轨副	78	4.3
陕西汉江机床有限公司		
滚珠丝杠副	8	2.3

三、新产品、科研项目及专利情况

2012年,滚动功能部件行业上报新产品12种,上报科研项目共13项,科研项目共投入资金1 757.5万元。科研项目中处于研制阶段的有7项,包括国家科技重大专项4项。2012年滚动功能部件行业新产品开发情况见表4。2012年滚动功能部件行业科研项目见表5。2012年滚动功能部件行业获奖科研项目见表6。2012年滚动功能部件行业部分企业授权专利情况见表7。

表4 2012年滚动功能部件行业新产品开发情况

产品名称	主要技术参数	产品性质	产品属性	产品水平
陕西汉江机床有限公司				
SK7720B数控蜗杆磨床	最大工件直径:200mm,最大工件长度:750mm	全新设计	行业新产品	国内领先
SJK725数控丝锥磨床	最大工件直径:52mm,最大工件长度:500mm	改型设计	企业新产品	国内领先
2MK7130数控可转位刀片周边磨床	最小可磨刀片内切圆直径:3.96mm,最大可磨刀片内切圆直径:30mm,厚度:20mm	全新设计	行业新产品	国内领先
SK7332×12数控螺纹磨床	最大顶尖距:1 200mm,最大安装直径:320mm	改型设计	企业新产品	国内领先
HJ082×30数控胶辊磨床	最大可磨直径:500mm,最大顶尖距:3 000mm	改型设计	企业新产品	国内领先
MJK8260简易数控曲轴磨床	最大可磨直径:100mm,最大顶尖距:1 600mm	改型设计	企业新产品	国内先进
GQ70×20滚珠丝杠副		全新设计	行业新产品	国内领先
南京工艺装备制造有限公司				
13m大型超长滚珠丝杠副	长径比:135,精度等级:P3	全新设计	企业新产品	国内先进
微型带保持架结构滚动导轨副	公称尺寸:20mm,滑块移动对导轨基面平行度:0.013mm,同一平面多滑块总高一致性:0.007mm,同一导轨多滑块侧面到导轨基面尺寸一致性:0.01mm,精度等级:3级	全新设计	企业新产品	国内先进

（续）

产品名称	主要技术参数	产品性质	产品属性	产品水平
不带保持链滚柱导轨副	公称尺寸:65mm,滑块移动对导轨基面平行度:0.018mm,同一平面多滑块总高一致性:0.007mm,同一导轨多滑块侧面到导轨基面尺寸一致性:0.01mm,精度等级:3级	全新设计	企业新产品	国内先进
山东博特精工股份有限公司				
高密封滚珠丝杠副	最高转速:3 000r/min,精度等级:P3	全新设计	企业新产品	国内先进
JSX214A 高精度带打刀缸直联式主轴单元	转速:6 000r/min;检验棒近端跳动:0.003mm,300mm 处跳动:0.007mm	全新设计	企业新产品	国内先进

表5　2012年滚动功能部件行业科研项目

科研项目名称	应用状况	项目来源	完成企业
GGY25 滚动圆弧导轨副设计	自行应用	企业自选	南京工艺装备制造有限公司
GJ100 凸缘式精密滚动花键副	自行应用	企业自选	南京工艺装备制造有限公司
GZD30×123T 滚动导轨块设计	自行应用	企业自选	南京工艺装备制造有限公司
JTZ0602 微型丝杠副	自行应用	企业自选	南京工艺装备制造有限公司
高密封滚动直线导轨	自行应用	企业自选	南京工艺装备制造有限公司
16040 大型重载滚珠丝杠副的研发和产业化	自行应用	企业自选	南京工艺装备制造有限公司

表6　2012年滚动功能部件行业获奖科研项目

项目名称	获奖名称	获奖等级	主要完成单位
SK7450×100 数控丝杠磨床	汉中市科学技术奖	二等奖	陕西汉江机床有限公司
SK7032 数控螺杆转子磨床	汉中市科学技术奖	二等奖	陕西汉江机床有限公司
GQ70×20 滚珠丝杠副	CCMT2012 春燕奖		陕西汉江机床有限公司
XJFZL 系列旋转螺母组合单元	CCMT2012 春燕奖		南京工艺装备制造有限公司
JBSX2006－5L 行星滚柱丝杠副	CCMT2012 春燕奖		山东博特精工股份有限公司

表7　2012年滚动功能部件行业部分企业授权专利情况

序号	企业名称	专利名称	专利类型	授权日期
1	南京工艺装备制造有限公司	一种大导程内无循环结构的滚珠丝杠副	发明	2012.09.12
2	南京工艺装备制造有限公司	滚珠丝杠副的快速装配装置	发明	2012.01.11
3	南京工艺装备制造有限公司	一种防止螺母脱落的丝杠副	实用新型	2012.07.11
4	南京工艺装备制造有限公司	一种双砂轮磨削丝杠滚道的装置	实用新型	2012.02.29
5	南京工艺装备制造有限公司	V 型滚柱交叉直线导轨表面感应淬火感应器	实用新型	2012.09.26
6	南京工艺装备制造有限公司	一种 V 型夹具	实用新型	2012.08.22
7	陕西汉江机床有限公司	超长行程精密传动装置	实用新型	2012.03.14
8	陕西汉江机床有限公司	数控多线硅片切割机床活动可调式导丝辊主轴装置	实用新型	2012.07.04
9	陕西汉江机床有限公司	数控多线硅片切割机床	外观设计	2012.07.25
10	陕西汉江机床有限公司	高精度蜗轮蜗杆副分度定位装置	实用新型	2012.11.07
11	陕西汉江机床有限公司	螺纹加工机床工件定位夹持装置	发明	2012.12.05
12	陕西汉江机床有限公司	新型数控砂轮修整装置	实用新型	2012.12.12
13	陕西汉江机床有限公司	可转位刀片周边磨床工件夹紧和传动装置	实用新型	2012.12.26
14	山东博特精工股份有限公司	滚珠丝杠副椭圆反向器螺母车铣夹具	实用新型	2012.10.03
15	山东博特精工股份有限公司	内孔磨床加工动静压轴承深浅腔用工装	实用新型	2012.09.19
16	山东博特精工股份有限公司	加工中心主轴内孔检具	实用新型	2012.09.19
17	山东博特精工股份有限公司	双臂支撑式旋风铣	实用新型	2012.09.12
18	山东博特精工股份有限公司	车床用微调刀杆	实用新型	2012.10.03
19	山东博特精工股份有限公司	一种重载货架	实用新型	2012.09.19

（续）

序号	企业名称	专利名称	专利类型	授权日期
20	山东博特精工股份有限公司	闭式V型中心架	实用新型	2012.09.12
21	山东博特精工股份有限公司	预制地脚螺栓孔用钻孔机	实用新型	2012.09.19
22	山东博特精工股份有限公司	小型座壳加工工装	实用新型	2012.09.19
23	山东博特精工股份有限公司	外圆开腔式动静压主轴单元	实用新型	2012.09.19
24	山东博特精工股份有限公司	自吸式喷雾冷却器	实用新型	2012.09.12
21	山东博特精工股份有限公司	主轴单元端面键加工工装	实用新型	2012.09.12
22	山东博特精工股份有限公司	车削大螺旋升角外螺纹用刀具	实用新型	2012.09.12

四、企业简介

无锡市纽威型钢有限公司　是专业生产经营冷拉型钢、冷轧窄带钢和精密五金件等产品的企业，产品广泛应用于机械、轻工、纺织、电器、五金、汽车等行业。冷拉异型钢、冷轧窄带钢部分优质产品出口到东南亚国家。公司已通过ISO 9001:2008质量体系认证。

公司是由原国企无锡三工钢铁股份有限公司（无锡第三钢铁厂）改制而成，现属民营股份制企业。公司现有员工104人。自2003年改制以来，公司产品结构从简到优，从改制时的简单断面（圆、方、六角、扁）钢生产，到现在的新特异型钢占产品总量的25%，并逐年上升。2003年，公司销售收入1 936万元，到2010年达到9 956万元，创历史新高。2012年，受国内外经济形势的影响，实现销售收入8 291万元。公司改制当年亏损，2010年实现利润564万元，2011年实现利润191万元。2012年，受经济形势影响，利润为111万元。

公司非常重视知识产权的保护。2009年，“空调叶压片用异型扁钢的生产方法”获国家发明专利。2012年，“汽车用飞锤”和“加工中心精密直线导轨”获国家实用新型专利，“加工中心用精密直线导轨滑座生产方法”获国家发明专利。2011年，公司获“江苏省民营科技企业”称号。

岐山北方机械有限公司　属民营企业，是集科研开发、生产为一体的丝杠专业生产厂家。公司占地面积4.7万m^2（70亩），建筑面积46 700m^2，职工220余人。公司有各种生产设备400多台，丝杠年产量7万支（套），主要产品为精密丝杠副（滚珠丝杠副、三角螺纹丝杠副、梯形螺纹丝杠副）系列，非标准刀夹、模具及配件系列，螺纹塞规、螺纹环规等系列共三大类、近万种规格。

自1988年成立以来，公司一直致力于各种精密元器件的研究开发和制造。产品经过十多年的市场磨练，日渐成熟，国内众多电火花机床生产厂都在使用公司的产品。2012年完成丝杠7.2万支（套）。公司充分利用精密的设备、专业化生产的优势及西北地区雄厚、精湛的技术力量，全心全意为客户服务。

〔撰稿人：中国机床工具工业协会滚动功能部件分会季红丽　审稿人：中国机床工具工业协会滚动功能部件分会朱继生〕

磨料磨具

一、概况

2012年，受欧债危机与世界经济增速放缓影响，我国经济发展面临的困难增多。磨料磨具行业与全国经济形势相同，在激烈的市场竞争中，产业结构、产品结构与市场需求矛盾更加突出，行业发展遭遇了近年最为艰难的时期，行业企业再次在国内外不利环境中经受了一次考验。

2012年，磨料磨具行业参加年鉴统计的企业共230家，比上年减少5家。参加统计的企业包括行业内主要大型企业，也包括部分中小型企业，反映的数据比较有代表性。

增加的企业有：北京东升砂布有限责任公司、北京雅努斯磨具有限公司、沈阳盛世磨料磨具有限公司、辽宁程瑞砂轮有限公司、宽甸满族自治县彤宽金刚砂厂、江苏乐园新材料集团有限公司、济宁通用砂轮制造有限公司、临沂三超磨具有限公司、青岛四砂泰益研磨有限公司、湖南金诚新材料科技有限公司、郑州永泰磨料磨具有限公司、郑州祺洋工贸有限公司、贵州三山研磨有限公司和新疆龙海硅业发展有限公司。2012年磨料磨具行业企业名称变更情况见表1。

表1　2012年磨料磨具行业企业名称变更情况

现　名	原　名
广东新劲刚新材料科技股份有限公司	广东新劲刚超硬材料有限公司
鲁信创业投资集团股份有限公司	山东鲁信高新技术产业股份有限公司

（续）

现　　名	原　　名
山东昌润钻石股份有限公司	山东聊城昌润超硬材料有限公司
泰州市亚光磨具有限公司	姜堰市亚光磨具有限公司
辽宁程瑞砂轮有限公司	丹东市磨具材料联合厂

按所有者权益法，统计企业中第三砂轮厂、第六砂轮厂归贵州达众磨料磨具有限责任公司，故其数据汇总于贵州达众磨料磨具有限责任公司。河南伊川县磨料磨具联合会2012年的汇总数据中包含单独报表的伊川4家骨干企业河南锐石投资集团股份有限公司、河南伊龙高新材料股份有限公司、伊川县东风磨料磨具有限公司、洛阳鑫祥刚玉有限公司的数据。重庆市博赛矿业（集团）有限公司、河南黄河旋风股份有限公司、宁夏金旌矿冶有限公司等各项指标中包含非磨料磨具产品的产值等，其非行业产品的数据无法剥离，也将其汇总在合计值中。2008—2012年磨料磨具行业企业按行业分布情况见表2。

表2　2008—2012年磨料磨具行业企业按行业分布情况

（单位：家）

年份	企业数	普通磨料	普通磨具	涂附磨具	超硬材料	超硬材料制品	原辅材料
2008	221	55	70	41	34	44	10
2009	227	58	70	44	39	43	7
2010	233	58	65	49	37	48	7
2011	235	61	64	48	36	48	7
2012	230	59	65	48	32	44	7

注：该表综合性企业会被重复统计。

二、生产发展情况

2012年磨料磨具行业主要经济指标完成情况见表3。2011年、2012年磨料磨具行业主要经济指标对比情况见表4。

表3　2012年磨料磨具行业主要经济指标完成情况

指标名称	单位	企业数（家）	实际完成
产品销售收入	万元	230	3 484 854
产品销售成本	万元	223	2 475 940
产品销售费用	万元	209	115 927
产品销售税金及附加	万元	214	20 523
管理费用	万元	220	192 588
财务费用	万元	197	65 941
其中：利息支出	万元	137	47 000
利润总额	万元	221	213 249
资产总计	万元	217	3 989 237
流动资产年平均余额	万元	214	2 044 085
应收账款余额	万元	211	460 557
存货	万元	218	718 165
其中：产成品	万元	199	368 718
固定资产净值年平均余额	万元	217	1 321 789
应付账款	万元	214	273 939
负债总计	万元	220	1 759 547
流动负债年平均余额	万元	209	1 078 141
销项税额	万元	210	495 789
应交增值税	万元	211	82 613
工业中间投入	万元	151	1 554 434
工业总产值	万元	205	3 157 786
工业销售产值	万元	201	3 152 406
其中：出口交货值	万元	96	446 934
本年累计定货量	万元	130	1 543 231
从业人员平均人数	人	222	61 913
从业人员工资总额	万元	216	203 352
平均资产总额	万元	207	3 321 049
出口创汇额	万美元	99	89 398
工业增加值	万元	145	1 215 799
所有者权益	万元	212	2 416 808
流动比率	%	197	176
速动比率	%	195	100
债务股权比率	%	196	141
总资产贡献率	%	204	12.6
资本保值增值率	%	207	139
资产负债率	%	214	53
流动资产周转率	次	211	2.25
工业成本费用利润率	%	219	5.39
全员劳动生产率	元/人	140	172 841
产品销售率	%	197	97
工业经济效益综合指数	%	135	175

表4　2011年、2012年磨料磨具行业主要经济指标对比情况

指标名称	同比企业数（家）	2012年（万元）	2011年（万元）	增长率（%）
产品销售收入	228	3 461 566	3 594 023	-3.7
产品销售成本	218	2 453 425	2 884 981	-15.0
产品销售费用	203	115 394	113 013	2.1
产品销售税金及附加	211	20 452	21 591	-5.3
管理费用	216	191 723	192 157	-0.2
财务费用	188	65 626	57 313	14.5
其中：利息支出	130	46 716	42 561	9.8
利润总额	219	212 587	270 460	-21.4
资产总计	215	3 977 561	3 603 291	10.4
存货	217	717 088	673 809	6.4
其中：产成品	194	367 931	332 933	10.5

（续）

指标名称	同比企业数（家）	2012年（万元）	2011年（万元）	增长率（%）
固定资产净值年平均余额	214	1 318 538	1 163 621	13.3
负债总计	218	1 751 085	1 484 871	17.9
从业人员平均人数（人）	220	61 503	64 349	-4.4
从业人员工资总额	214	202 157	192 727	4.9
工业总产值	203	3 133 553	3 181 178	-1.5
工业销售产值	197	2 272 640	2 390 144	-4.9
平均劳动生产率（元/人）	138	173 264	157 808	9.8
人均工资（元/人）	212	31 752	28 948	9.7

表3的数据与机械行业标准值相比，各项指标均好于标准值。与上年相比，流动比率、速动比率、资本保值增值率、全员劳动生产率有所提高，其他各项指标均有所下降。其中资本保值增值率从上年的115提高到139，又恢复到前几年的水平，说明磨料磨具行业注重投资回报率，2012年有较大改善。下降的各项指标中，成本费用利润率、总资产贡献率的下降比较明显，反映了行业成本费用的压力及盈利能力的下降；反映全面情况的工业经济效益综合指数从上年的185%下降到175%，下降幅度不太大，说明行业整体经济运行情况与全国经济形势基本一致，保持了稳定。全员劳动生产率的提高，说明企业在用工成本上升的情况下，提高了劳动效率。

2012年报送利润总额指标的221家企业中，盈利企业有181家，亏损企业有40家。盈利5万元以下的企业有12家，盈利1 000万元以上的企业有52家。盈利1 000万元以上的52家企业利润合计为22.1亿元，占盈利企业利润总额的87.2%，低于上年的92.1%，但数额超过了所有企业利润总额的合计值，说明微利企业所占数额较小，亏损企业数额相对较大。

从表4可以看出，203家企业完成工业总产值313.3亿元，同比下降1.5%；197家企业工业销售产值227.3亿元，同比下降4.9%。两个增长率均为负值，且工业销售产值的降幅大于工业总产值的降幅，可见2012年行业运行情况不够理想，库存有所增加。这从217家企业存货增长6.4%也可以得到验证。利润的下降更为严重，219家企业利润总额21.3亿元，同比下降21.4%，除了2009年受金融危机的影响利润下降，2011年增长6.5%以外，历年来此增幅均为两位数，2012年降幅之高，由此可以看出企业营利情况极为严峻。218家企业产品销售成本下降15.0%，211家企业产品销售税金及附加下降5.3%，216家企业管理费用下降0.2%，从这几项指标可以看出，2012年企业在成本控制方面作出了很大努力，减少了相关的费用。但是203家企业产品销售费用增长2.1%，而财务费用的增幅高达14.5%，可见在市场情况较差的情况下，企业不得不在产品销售方面增加投入，利息支出增长9.8%，反映了2012年国家金融政策对行业的影响。215家企业资产总计增长10.4%，214家企业固定资产净值增长13.3%，两个数值比较接近，比上年稍有下降。而负债总计增幅为17.9%，高于资产总计和固定资产的增幅，比上年提高5.1个百分点，这也导致财务费用的上涨。220家企业的从业人员平均人数下降4.4%，反映了企业用工情况的严峻。但与此相关的平均劳动生产率有近10个百分点的增幅，说明企业减员增效方面效果显著。212家企业人均年工资31 752元，同比增长9.7%。扣除2012年全国居民消费价格上涨的2.6%，职工的实际收入仍然有所提高。与2012年全国城镇非私营单位在岗职工年平均工资46 769元和私营单位在岗职工年平均工资28 752元相比，磨料磨具行业平均工资总体处于较低水平，居于二者之间，仅稍高于私营单位平均工资。从增长率来看，2012年非私营单位和私营单位在岗职工年平均工资增长率为11.9%和17.1%，增幅也比上年有所回落。

从以上数据分析，2012年磨料磨具行业多项增长率均不容乐观，尤其是利润总额大幅下降，与国家宏观经济指标对比，说明磨料磨具企业的盈利能力远低于全国平均水平。但是全员劳动生产率维持了近两位数的增长率，说明企业在提高产品附加值，减员增效方面付出了努力。

三、产品分类产量

2012年磨料磨具行业主要产品分类产量见表5。2008—2012年磨料磨具产品产值构成见表6。

表5 2012年磨料磨具行业主要产品分类产量

产品名称	单位	产量
普通磨料合计	t	1 523 228
棕刚玉	t	747 301
白刚玉（含WA微粉）	t	142 074
黑碳化硅（含C微粉）	t	86 461
绿碳化硅（含GC微粉）	t	133 909
其他①	t	85 355
磨料商品块	t	328 128
普通磨具合计	t	243 449
陶瓷磨具	t	64 424
树脂磨具	t	165 034
橡胶磨具	t	1 342
磨石	t	2 415
其他	t	10 234
硅碳棒	万标支	2 046
涂附磨具合计	万m^2	46 016
干磨砂纸	万m^2	5 337
干磨砂布	万m^2	1 734
耐水砂纸	万m^2	12 784
涂层砂纸	万m^3	2 741
砂卷	万m^2	17 797
砂带	万m^2	2 282
异型及其他②	万m^2	3 340
超硬材料③合计	万克拉	1 438 000

（续）

产品名称	单位	产量
人造金刚石	万克拉	1 400 000
立方氮化硼	万克拉	38 000
超硬制品[④]合计	件	99 483 654
金刚石制品	件	99 310 472
CBN 制品	件	173 182

①含天然磨料，铬、黑、单晶、微晶刚玉，碳化硼及其他。

②含砂盘、异型产品及其他(包括未分项产品)。

③金刚石、立方氮化硼产量均为测算后更接近实际运行情况的修正数据。

④含金刚石锯片、刀头、钻头、砂轮、磨石、磨辊、磨轮、磨块、电镀制品、研磨膏、刀具及 CBN(立方氮化硼)砂轮、刀具等，单位统一用件表示。

表6　2008—2012 年磨料磨具产品产值构成

年份	普通磨料（%）	普通固结磨具（%）	涂附磨具（%）	超硬磨料（%）	超硬制品（%）	硅碳棒（%）
2008	29.8	7.7	18.9	27.0	16.4	0.3
2009	36.9	8.9	23.1	17.0	13.9	0.2
2010	43.4	8.7	19.5	16.8	11.4	0.2
2011	35.7	9.0	21.6	21.4	12.2	0.2
2012	30.8	10.7	22.8	22.3	13.2	0.1

注：普通磨料含商品块，超硬磨料含金刚石、CBN 及其微粉和聚晶。

从表6可以看出，除普通磨料和硅碳棒外，其他各类产品的比例均略有上升。普通磨料的比例从 2010 年的 43.4%一路下降，又恢复到接近 2008 年的水平。这主要是由于普通磨料尤其是绿碳化硅的产销量下滑引起的。以往占很大比重、用于光伏产业的硅晶片切割用绿碳化硅刃料的产量产值下降较多，影响了总体的比例。其他各类产品的相对比例变化不大。

(1)普通磨料。2012 年普通磨料类纳入统计的企业有 59 家，比上年减少 2 家。产品产量合计 152.3 万 t(含商品块)，比上年增长 9.9%。

本年鉴统计产品种类除各种刚玉和碳化硅之外，还包括天然磨料、碳化硼等。2008—2012 年普通磨料按产量计产品构成见表7。

表7　2008—2012 年普通磨料按产量计产品构成

年份	棕刚玉（%）	白刚玉（%）	黑碳化硅（%）	绿碳化硅（%）	其他（%）
2008	61.0	8.3	15.2	9.6	5.9
2009	48.0	8.8	14.3	25.6	3.3
2010	50.2	6.7	11.3	28.6	3.2
2011	48.5	7.2	12.4	26.5	5.4
2012	56.8	10.7	13.3	13.7	5.6

注：表中含微粉及商品块，其他项为天然石榴石、铬刚玉、单晶刚玉、微晶刚玉、黑刚玉、碳化硼及其他。

从表7可以看出，2012 年各项普通磨料产品中，只有绿碳化硅所占比例明显下降。其主要原因还是光伏行业用绿碳化硅微粉的用量急剧下降。从产量来看，棕刚玉(含商品块)产量 86.5 万 t，比上年增长 28.7%；白刚玉(含商品块) 16.2 万 t，比上年增长 63.5%；黑碳化硅(含商品块)20.3 万 t，比上年增长 17.8%；绿碳化硅(含商品块)20.8 万 t，比上年下降 43.4%。其他类产品 8.5 万 t，比上年增长 14.2%。可以看出，除绿碳化硅外，其他各类普通磨料产量均有两位数的增长。

根据磨料磨具分会调查统计，2012 年棕刚玉产量约 153 万 t，比上年略有增长，价格浮动在 10 元/t 以内；白刚玉产量约 25 万 t，与上年基本持平；黑碳化硅产量约 65 万 t，比上年略有增长；绿碳化硅产量约 30 万 t，比上年有较大幅度下降，价格下降幅度也较大。

2012 年，高档磨料的市场投放量进一步增大，煅烧磨料、镀铱磨料由上年约 2 万 t 增加到 5 万 t 左右。

产能过剩问题仍然突出。棕刚玉当前产能 430 万 t 左右，产能利用率不足 30%。据磨料磨具分会掌握的情况，还有在建、扩建产能 25 万 t 左右，必将进一步加剧产能过剩。绿碳化硅产能 200 万 t 左右，产能利用率 15% 左右，落后产能还大量存在，企业在调整产品结构、淘汰落后产能方面动作迟缓。

(2)普通磨具。2012 年普通磨具类纳入统计的企业有 65 家，产品产量合计 24.3 万 t，比上年增长 21.1%。2008—2012 年普通磨具按产量计产品构成见表8。

表8　2008—2012 年普通磨具按产量计产品构成

年份	陶瓷磨具（%）	树脂磨具（%）	橡胶磨具（%）	磨石（%）	其他（%）
2008	46.0	49.2	0.5	3.8	0.5
2009	40.3	58.0	0.6	0.7	0.4
2010	42.0	55.7	1.6	0.5	0.1
2011	34.9	62.7	0.8	1.2	0.4
2012	26.5	67.8	0.6	1.0	4.2

由表8可以看出，陶瓷磨具与树脂磨具依然占据市场主导地位，合计比例高达 94.3%。与上年的趋势相同，陶瓷磨具比例下降很多，树脂磨具产品比例上升。占比例较小的产品中，橡胶磨具与磨石的比例有所降低，其他类产品的比例增加比较大，主要是由于个别综合性企业报表未细分产品，有一部分归类到其他产品中所致。

据磨料磨具分会的测算，2012 年树脂砂轮产量 43 万 t 左右，比上年有所增长；陶瓷砂轮产量 19 万 t 左右，比上年有所下降。

普通磨具企业存在的主要问题是研发力量薄弱，创新成果少。为加快行业产品结构调整，促进企业转型升级，行业设计单位不断更新设计理念，为企业自动化生产潜心研究，并已取得了优异成果。设备制造企业也不断探索、完善自动化生产设备，以助推磨具制造企业发展。由于市场的变化，不少小的企业停产或半停产，市场采购转向规模企业。为加大市场投放量,砂轮自动化成型机成为越来越多树脂磨具生产企业更新装备的首选,自动化设备的使用,大大提高了生产效率,降低了工人劳动强度。为生产适应市场所需的高档普通磨具产品,普通磨具企业开始与普通磨料企业之间建立战略联盟,共同研究解决生产中遇到的问题。

(3)超硬磨料。2012年超硬磨料类纳入统计的企业有32家(含聚晶及微粉生产企业),其中,生产金刚石(不含微粉及破碎料)的企业有19家,生产立方氮化硼的企业有4家。2012年金刚石、CBN产量及增长情况见表9。

表9　2012年金刚石、CBN产量及增长情况

名称	企业数（家）	产量（亿克拉）	产量增长率(%)
金刚石	19	140	12.9
立方氮化硼	4	3.8	10.8

注:金刚石、立方氮化硼产量均为测算后更接近实际运行情况的修正数据。

从表9看出,金刚石与立方氮化硼的产量又创历史新高,金刚石产量达140亿克拉,比上年增长12.9%,增幅比上年回落21.9个百分点。1982年金刚石产量为500万克拉,到2012年增长到140亿克拉,年均复合增长率为30.3%。2012年,立方氮化硼产量达到3.8亿克拉的历史最高水平,增长率稍低于金刚石,为10.8%,也稍低于上年的12.5%。与金刚石产量的增速相比,立方氮化硼的产量增长率比较平稳。

2012年,除个别企业外,主要企业的产量都有较大幅度的增长,尤其是一些大型企业,继续大幅扩大产能。统计企业中产量过亿克拉的企业增加到13家,前三名企业的产量达99亿克拉,占总产量的74.6%,与上年几乎一样;占测算的全国总产量的70.7%,比上年占比稍有提高。CBN产品集中度更高,统计到的企业仅有4家,就企业报表来看,前两名企业2012年的产量占统计总量的76.6%,与上年基本一致。

(4)超硬材料制品。2012年,统计到的各类制品的产值为32.0亿元,比上年增长3.2%,其中,锯片类产品产值上升幅度稍大,为5.7%;其他类制品产值上涨幅度稍小,为1.7%。从统计到的数据来看,与超硬材料相比,超硬材料制品类企业的产值增幅稍小。但其中有一家大型企业产值下降较多,若除去这一家企业,则增幅稍高于超硬材料。2012年主要超硬材料制品产量、产值及增长情况见表10。

表10　2012年主要超硬材料制品产量、产值及增长情况

产品名称	同比企业（家）	产量	产量增长率（%）	产值（万元）	产值增长率（%）
锯片(万片)	19	4 360	0.8	84 351	-6.5
钻头(万支)	10	150	-6.7	11 061	-9.4
金刚石砂轮(万片)	15	60	-4.4	19 290	-19.2
CBN砂轮(万片)	10	17	-1.0	15 353	-37.7

2012年,19家企业生产锯片4 360万片,同比下降0.8%;10家企业生产钻头150万支,同比下降6.7%;15家企业生产金刚石砂轮60万片,同比下降4.4%;10家企业生产CBN砂轮17万片,同比下降1%。如前所述,制品类的统计难度较大,四项产品中,锯片类的数据相对准确,而其他类制品,尤其是金刚石、CBN砂轮的数据,由于两家占比例较大的企业产品分类与往年不同,导致这两项数据可比性较差,仅供参考。

与超硬材料企业相比,超硬材料制品企业普遍规模较小、抗风险能力低,产品和市场开发能力弱,而且低水平重复建设现象依然存在。多数企业专业化程度较低,产品同质化严重,竞争激烈,效益低下。行业企业应注重优势互补,大力开展联合重组与兼并收购,需要进一步提高专业化水平与产品专用化水平,这是行业产品转型升级的必由之路。

(5)涂附磨具。2012年,纳入年鉴统计的涂附磨具生产企业共有48家,产品产量合计4.6亿m^2,比上年增长2.0%;产值55.5亿元,比上年增长3.4%。产值增幅比产量高1.4个百分点,说明平均价格稍有上升,高档产品所占比例有所提高。

统计产品按形状分为:张页式产品(干磨砂布、干磨砂纸、耐水砂纸及涂层砂纸);卷状产品(砂纸卷、半树脂砂布卷、全树脂砂布卷),带状产品(砂纸带、砂布带);砂盘类产品(纸砂盘、布砂盘、背粘砂盘、背绒砂盘、钢纸砂盘);各种异型产品(砂页轮、砂套、无纺布制品、网格纱布、弹性海绵磨盘及其他)。按用途及技术含量分为:普通产品(干磨砂纸、砂布等)、耐水砂纸、高档产品(卷状、带状及异型产品)。2008—2012年涂附磨具产量、产值构成见表11。

表11　2008—2012年涂附磨具产量、产值构成

年份	普通产品		耐水砂纸		高档产品	
	产量（%）	产值（%）	产量（%）	产值（%）	产量（%）	产值（%）
2008	24.4	14.7	44.3	13.2	31.3	72.1
2009	21.8	14.7	33.3	14.8	44.9	70.5
2010	21.4	14.9	30.6	13.8	47.9	71.3
2011	21.2	13.3	29.8	12.7	49.0	74.1
2012	21.3	13.3	27.8	11.3	50.9	75.4

从表11看出,近4年各个比例均无大的变化,耐水砂纸比例2012年又有下降,高档产品比例稍有提高。高档产品的产值增幅稍高于产量增幅,说明高档产品附加值有所提高。

2012年,产量超过1 000万m^2的涂附磨具生产企业有15家,与上年相同,合计产量占总产量的85.8%,与上年接近;产值超过1亿元的企业有16家,比上年增加2家,合计产值占总产值的82.5%,高于上年的78.7%,产业集中度提高。

产品单价超过25元/m² 的企业有15家,比上年增加2家。

从行业总体情况看,产品同质化现象仍较严重。市场上中低档产品产能过剩,不正当竞争加剧,加上一些固结磨具生产企业近年陆续进入涂附磨具行业,但其生产的产品大都缺乏个性,这些均导致了行业产品价格和经营利润的不断下降,亏损企业增多。企业应深化企业管理,不断加强基础管理和信息化应用,重视工业化和信息化的融合,提高劳动生产率,降低生产成本。要加快技术改造和创新提升,包括淘汰落后工艺技术和设备,加大环保投入,加快高端涂附磨具生产线的研发,适当引进国外先进设备,加快新技术的消化吸收和再创新等,使企业尽快实现由创业型向发展型的转变。

四、销售及进出口情况

2012年,报送数据的197家企业中,产品销售率≥90%的企业共161家,占比81.7%,比上年提高2.1个百分点;其中产品销售率≥100%的企业有79家,占比40.1%,比上年提高3.4个百分点;销售率在81%和89%之间的企业占比减少了4.1个百分点。从这些数据可以看出,与其他指标相比,产品销售率的变化不太大,而销售率较高的企业占比有所提高,这说明在经济趋缓的年份,越来越多的企业实行以销定产,减少了库存的压力。但是销售率在80%以下的企业占比提高了2个百分点,说明还是有少数企业经营不够完善。2012年磨料磨具行业(197家企业)产品销售率企业分布情况见表12。

表12 2012年磨料磨具行业(197家企业)产品销售率企业分布情况

产品销售率	企业数(家)	所占比例(%)
≥100%	79	40.1
99%~90%	82	41.6
89%~81%	22	11.2
≤80%	14	7.1

2012年,磨料磨具行业工业总产值前10名企业包括普通磨料企业3家、超硬材料及制品类企业4家、涂附磨具企业3家。磨料磨具行业产品销售收入前10名企业包括普通磨料企业4家、超硬材料及制品类企业3家、涂附磨具企业3家。工业总产值前10名企业的产值合计1 568 025万元、产品销售收入前10名企业的销售收入合计1 693 813万元,这两个指标在全行业的占比分别为49.7%和48.6%,比上年均稍有下降。需要说明的是,个别企业数值中包含非磨料磨具产品的数据。

2012年,报送数据的磨料磨具出口创汇前10名企业包括普通磨料磨具企业3家、超硬材料及制品类企业5家、涂附磨具企业1家、综合性企业1家。出口创汇前10名企业出口额合计39 015万美元,占全行业的43.6%,所占比例比上年稍有降低。

2012年磨料磨具产品进出口情况见表13。2012年磨料磨具产品主要进出口国家或地区(按进出口量顺序)见表14。

表13 2012年磨料磨具产品进出口情况

产品名称	出口				进口				进口单价/出口单价
	数量(t)	比上年增长(%)	金额(万美元)	比上年增长(%)	数量(t)	比上年增长(%)	金额(万美元)	比上年增长(%)	
合计	1 191 070	-9.4	219 439	-5.9	93 143	-5.2	68 397	8.5	4.0
普通磨料小计	955 805	-12.2	83 912	-23.0	64 301	-6.4	5 995	-20.8	1.1
天然磨料	51 597	-4.9	983	4.0	7 712	12.4	367	6.5	2.5
人造刚玉	737 082	-9.7	52 322	-6.4	52 999	-7.2	4 784	-14.2	1.3
碳化硅	164 969	-23.7	27 463	-44.4	3 580	-22.7	816	-43.7	1.4
碳化硼	2 157	3.8	3 143	14.2	11	-90.2	27	-86.5	1.6
普通磨具小计	106 312	7.5	27 044	25.2	8 457	-6.7	14 333	5.1	6.7
普通砂轮	84 563	13.3	22 367	22.6	7 722	-6.2	11 980	6.4	5.9
天然石制砂轮	4 591	86.5	948	284.2	296	-41.8	1 638	-1.6	26.8
磨石	17 158	-21.1	3 730	20.1	439	35.9	714	1.9	7.5
超硬材料及制品小计	69 647	0.7	83 738	4.2	2 295	-7.2	22 772	16.7	8.3
金刚石	427	-9.7	13 990	-13.1	21	2.2	2 599	16.8	3.7
金刚石砂轮	16 191	-0.5	6 858	9.1	1 201	-9.0	11 047	2.5	21.7
金刚石锯片	40 945	5.9	38 560	16.2	945	8.0	1 943	-3.9	2.2
超硬材料工具	12 084	-12.2	24 331	-1.8	128	-50.4	7 183	60.2	28.0
涂附磨具小计	59 306	2.8	24 745	11.1	18 089	0.6	25 297	13.2	3.4
砂布	31 042	4.0	12 139	6.7	5 947	-5.0	5 530	-3.0	2.4
砂纸	26 427	-1.5	9 314	7.1	8 151	-7.3	7 700	-4.9	2.7
其他	1 838	78.1	3 292	49.1	3 991	36.1	12 067	41.3	1.7

注:表中数据由于四舍五入,合计数有微小出入。

表14　2012年磨料磨具产品主要进出口国家或地区(按进出口量顺序)

产品名称	出口国家或地区	进口国家或地区
普通磨料		
天然磨料	新加坡、美国、日本、韩国、加拿大、印度尼西亚、泰国、澳大利亚、文莱、中国台湾、印度、新西兰、巴西、摩洛哥、意大利、阿拉伯联合酋长国	印度、荷兰、美国、老挝、日本
人造刚玉	日本、美国、韩国、印度、意大利、中国台湾、荷兰、泰国、比利时、英国、俄罗斯联邦、土耳其、波兰、德国、斯洛文尼亚、伊朗	德国、日本、印度、美国、荷兰、法国、韩国
碳化硅	日本、美国、韩国、中国台湾、泰国、新加坡、印度、土耳其、墨西哥、德国	朝鲜、德国、中国台湾、日本、挪威、美国、印度
碳化硼	德国、日本、韩国、美国、中国台湾、印度、巴西、英国	美国、德国、法国
普通磨具		
普通砂轮	印度、美国、俄罗斯联邦、泰国、巴基斯坦、印度尼西亚、日本、伊朗、乌克兰、阿拉伯联合酋长国、巴西、韩国	奥地利、日本、中国台湾、瑞典、德国、意大利、韩国、波兰、美国
天然石制砂轮	印度、泰国、新加坡、日本、尼日利亚、伊朗、印度尼西亚、美国、阿拉伯联合酋长国	奥地利、意大利、德国、日本、中国台湾、韩国
磨石	印度尼西亚、泰国、马来西亚、越南、菲律宾、印度、美国、沙特阿拉伯、日本、巴西、俄罗斯联邦	比利时、日本、墨西哥、中国台湾、韩国、美国、英国、德国
超硬材料及制品		
金刚石	美国、印度、中国香港、韩国、意大利、日本、南非、比利时、新加坡、爱尔兰、英国、瑞士、罗马尼亚、德国、俄罗斯联邦、巴西、以色列、乌克兰、土耳其、西班牙、泰国、阿拉伯联合酋长国	韩国、爱尔兰、美国、日本、瑞士、比利时、中国台湾、德国、以色列、加拿大、中国香港、南非
人造和天然金刚石砂轮	印度、波兰、德国、伊朗、智利、印度尼西亚、孟加拉国、巴西、俄罗斯联邦、阿拉伯联合酋长国、越南、芬兰、荷兰、沙特阿拉伯、马来西亚、巴基斯坦、泰国、美国	奥地利、日本、中国台湾、德国、韩国、意大利、美国、印度尼西亚
金刚石锯片	美国、印度、德国、越南、巴西、日本、俄罗斯联邦、泰国、韩国、伊朗、意大利	日本、法国、以色列、德国、韩国、美国、英国、荷兰、中国香港、印度
超硬材料工具	印度、越南、巴西、美国、俄罗斯联邦、伊朗、英国、德国、土耳其、泰国、乌克兰、波兰、荷兰	美国、中国台湾、韩国、德国、日本、奥地利
涂附磨具		
砂布	越南、印度尼西亚、韩国、埃及、美国、俄罗斯联邦、印度、泰国、波兰、孟加拉国、马来西亚、乌克兰、尼日利亚、德国、荷兰、土耳其、中国香港	韩国、德国、日本、美国、中国台湾、瑞士、意大利、泰国、新加坡、奥地利
砂纸	越南、印度、英国、荷兰、泰国、美国、菲律宾、印度尼西亚、阿拉伯联合酋长国、德国、马来西亚、比利时、孟加拉国、俄罗斯联邦、澳大利亚、新加坡、加拿大、法国	加拿大、日本、韩国、德国、泰国、美国、英国、瑞典、捷克、瑞士、意大利、中国台湾、芬兰
其他	瑞典、中国香港、印度、美国、波兰、俄罗斯联邦、巴西、哥伦比亚、英国、阿根廷、德国	中国台湾、韩国、美国、英国、日本、意大利、法国

由表13可知,2012年我国磨料磨具海关出口总额21.9亿美元,比上年下降5.9%。从分类产品来看,普通磨料出口下降较多,其他各大类均有一定的增长。磨料磨具出口总量119.1万t,比上年下降9.4%。出口额的降幅低于出口量降幅,说明出口的高档产品比例有所增加,价格有所提高。

磨料磨具海关进口总额6.8亿美元,比上年增长8.5%。磨料磨具进口总量9.3万t,比上年下降5.2%,这说明进口产品的价格又有很大的提高。

从进口单价与出口单价之比可以看出,总的比值为4.0,比上年的3.6又有提高。从每种产品的情况看,普通磨料的价格比基本维持不变,普通固结磨具的价格比稍有下降,但变化不大。而代表行业发展先进水平的超硬材料及制品、涂附磨具的单价比均有一定的上升,说明国内外的高端用户仍为发达国家所占有,高进低出局面进一步加剧,磨料磨具行业仍然亟需调整产品结构。总的来说,2012年磨料磨具市场进出口贸易不均衡,形势不够好。

(1)普通磨料磨具进出口情况。2012年,普通磨料磨具出口额11.1亿美元,比上年下降15.0%,其中占比较大的普通磨料出口额8.4亿美元,比上年下降23.0%。普通磨具的出口形势较好,2012年出口额2.7亿美元,比上年增长25.2%。普通磨料磨具出口总量为106.2万t,比上年下降10.5%。其中,普通磨料出口量9.6万t,比上年下降12.2%;普通磨具出口量10.6万t,比上年增长7.5%。从具体产品来看，人造刚玉出口量73.7万t，比上年下降9.7%；碳化硅出口量16.5万t，比上年下降23.7%；碳化硼出口量2 157t，比上年增长3.8%。

从出口平均价格来看，人造刚玉为每吨710美元，比上年增长3.6%，虽涨幅不大，但保持了近年来价格上升的走势；碳化硅价格大幅下降，平均价格为每吨1 665美元，比上年下降27.1%，接近2009年以前的水平。普通磨具出口平均价格为每吨2 544美元，比上年增长16.4%。2012年，作为资源性材料的普通磨料，价格有升有降，而具有一定技术含量的普通磨具类产品价格有所提高。在人民币不断升值、对外贸出口形势不太乐观的情况下，价格仍能保持上升，说明高品质产品出口量增加，企业调整产品结构有了一定的成效。

2012年，普通磨料进口量6.4万t，比上年下降6.4%，而进口额的降幅达到20.8%，说明进口产品的价格也有一定下降。从分类产品来看，除天然磨料外，其他类普通磨料的进口量和价格都有一定幅度的下降。普通磨具进口量下降6.7%，但是进口额增长5.1%，说明价格也有了一定的提高，其进出口单价比从6.9减小到6.7，说明国内外磨具的水平差距稍有减小。

(2)超硬材料及制品进出口情况。2012年，海关统计到的金刚石及其制品进出口总额突破10亿美元，达10.7亿美元，其中，出口额8.4亿美元，进口额2.3亿美元；顺差与上年基本持平，为6.1亿美元。这说明我国金刚石及其制品在满足国内需求的情况下，对国际市场的依赖度也较高。

从海关能够明确分类的商品来看，金刚石圆锯片占出口总额的46.0%，与上年接近。因不同商品号的出口退税率不同，各地海关对同类产品使用的商品号有差异，金刚石锯片的实际出口额应该占总额的50%以上，是该类产品出口第一大商品。

人造金刚石的出口出现有史以来第二次下滑（第一次是在2009年），出口量下降9.7%，单价比上年下降3.8%；进口则逆势上扬，单价进一步提高，比上年增长14.3%。

从出口目的地国家来看，美国是我国金刚石的最大消费国，占我国金刚石出口总量的26.3%；印度从第三位上升到第二位，占比为17.8%；中国香港是金刚石的最大转口贸易区，占比达10.4%；其他国家和地区所占比例均不足10%。金刚石出口的国家和地区共有58个，前三位占总出口量的54.5%，前六位占71.8%，其他52个国家和地区仅占28.2%。

从美国、日本金刚石进口市场统计数据可知，按销售单价排序，在美国市场为（不计占比很低的国家）：爱尔兰、韩国和中国，前者单价分别是后者的5.7倍和4.8倍；在日本市场为（不计占比很低的国家）：美国、韩国、爱尔兰和中国，前者单价分别是后者的3.2倍、3.1倍和2.8倍，可见差距之大。

美国进口金刚石总量的75.1%来自中国，比上年减少4.8个百分点，数量比上年下降22.5%。美国进口镀金属衣金刚石的67.8%来自中国，比上年减少24.6个百分点，数量比上年下降36.0%；80目以细金刚石90.5%来自中国，比上年减少4.3个百分点，数量比上年下降21.8%；80目以粗金刚石71.2%来自中国，比上年减少2.5个百分点，数量比上年下降20.9%。2012年，中国各类金刚石在美国市场的占有率均有所下降，而竞争对手的占比均有上升，行业企业应继续努力，以保持在美国这个最大出口市场的优势地位。

从日本进口金刚石市场来看，中国金刚石占其进口总量的43.4%，比上年减少8.4个百分点，数量比上年下降16%，虽仍占据主导地位，但与美国市场一样，高端用户较多采用发达国家产品。

金刚石砂轮的出口量1.6万t，与上年基本持平，出口单价比上年增长9.6%；金刚石锯片出口量4.1万t，比上年增长5.9%，价格增长9.7%；各类工具的总出口量为1.2万t，总量有所下降，而价格提高较明显，达20.1%。各类产品的价格都有一定的提高，说明出口产品结构有了一定调整，但与国外产品差距仍然非常大。

从进出口单价比来看，精度要求较低的金刚石圆锯片的比率从上年的2.7下降到2.2，有一定好转；金刚石砂轮的比率达到了21.7，与上年接近。而各类金刚石工具的比率从上年的9.7提高到28.0。从具体数据可以看出，进口产品的价格有较大的提高，国内无法替代的高档产品不得不以高昂的价格进口。

(3)涂附磨具进出口情况。2012年，我国涂附磨具出口量59 306t，比上年增长2.8%；出口额2.47亿美元，比上年增长11.1%，又创历史新高。单价为4.17美元/kg，较上年增长8.1%。进口额略大于出口额，出口单价虽有一定增长，但远低于进口产品单价的增长，进口单价为出口单价的3.4倍。

从产品结构来看，砂布占涂附磨具出口总量的半数以上，达52.3%，出口量比上年增长4.0%；出口额比上年增长6.7%；单价3.9美元/kg，比上年增长2.6%。砂纸占出口总量的44.6%，出口量比上年下降1.5%；出口额比上年增长7.1%；单价3.5美元/kg，同比增长8.72%。其他基材涂附磨具占出口总量的比例较小，仅为3.1%，出口量比上年增长78.1%；出口额比上年增长49.1%；单价17.9美元/kg，比上年下降16.2%。

从出口单价可以看出，我国出口涂附磨具产品虽然还是以技术含量较低的产品为主，其他基材高档涂附磨具虽然出口总量提高，在国际市场上具有一定的竞争优势和需求，但价格有所下降。

砂布出口额列前10位的目的地是越南、韩国、印度尼西亚、美国、埃及、俄罗斯、印度、泰国、中国香港、日本，合计占总额的61.6%。砂纸出口额列前10位的目的地是印度、美国、越南、泰国、英国、菲律宾、印度尼西亚、荷兰、德国、阿拉伯联合酋长国，合计占总额的48.2%。其他基材涂附磨具出口额列前10位的目的地是中国香港、美国、日本、印度、瑞典、波兰、瑞士、马来西亚、韩国、泰国，合计占总额的91.9%。

2012年，我国涂附磨具产品进口额较上年增长13.2%，进口量增长0.6%，增速趋缓，但进口额增幅比进口量增幅大，说明所进口产品的附加值仍在提高。

以金额计，涂附磨具进口产品各项占比与出口相反，其他基材涂附磨具占比最高，占总金额的47.7%，比上年增长41.3%；进口量占总量的22.1%，比上年增长36.1%；单价30.2美元/kg，比上年增长3.8%。砂纸进口量占进口总量的45.1%，比上年下降7.3%；占总金额的30.4%，比上年下降4.9%；单价9.4美元/kg，比上年增长2.6%。砂布进口量占进口总量的32.9%，比上年下降5.0%；占总金额的21.9%，比上年下降3.0%；单价9.3美元/kg，比上年增长2.1%。

砂布进口额列前10位的来源地是韩国、日本、德国、美国、新加坡、中国台湾、瑞士、芬兰、意大利、泰国，合计占总额的94.6%。砂纸进口额列前10位的来源地是日本、加拿大、韩国、德国、美国、英国、捷克、泰国、瑞典、瑞士，合计占总额的92.0%。其他基材涂附磨具进口额列前10位的来源地是日本、中国香港、美国、中国台湾、韩国、英国、新加坡、德国、意大利、法国，合计占总额的97.9%。

从以上数据可以看出，我国对其他基材涂附磨具和高档砂纸的需求量相对较大。从整个磨料磨具行业2012年进出口额情况看，涂附磨具是我国进口磨料磨具的主要品种，且进口增幅居前，说明高档涂附磨具在国内的市场需求仍在不断扩大。

五、标准化工作

2012年，全国磨料磨具标准化技术委员会（简称标委会）贯彻落实《标准化事业发展“十二五”规划》和《工业转型升级规划（2011—2015年）》，按照国家标准化管理委员会、中国机械工业联合会和中国机床工具工业协会关于标准化工作的要求开展各项工作，按计划组织开展上级主管部门布置和下达的各项任务。

（1）标准制修订工作。2012年，根据国家标准化管理委员会、工业和信息化部下达的标准项目计划，标委会完成了6项标准的制修订工作，其中，国家标准2项，均为修订项目；行业标准4项，1项为修订项目，3项为制定项目。修订的两项国家标准是GB 2494《固结磨具　安全要求》和GB/T 2493《砂轮的回转试验方法》。4项行业标准均属于超硬磨料及制品专业，其中《超硬磨料制品　电镀制品代号和标记》为2011年结转的修订项目；其他3项属于战略性新兴产业培育的制定项目，填补了超硬磨料及制品相关领域产品标准的空白。2012年磨料磨具行业标准制修订情况见表15。

表15　2012年磨料磨具行业标准制修订情况

标准名称	性质	制修订	完成年限	主要起草单位
固结磨具　安全要求	强制	修订	2012	郑州磨料磨具磨削研究所、白鸽磨料磨具有限公司、山东鲁信高新技术产业股份有限公司、深圳市二砂深联有限公司、珠海大象磨料磨具有限公司
砂轮的回转试验方法	推荐	修订	2012	郑州磨料磨具磨削研究所、苏州远东砂轮有限公司、苏北砂轮厂有限公司、第三砂轮厂
超硬磨料制品　电镀制品代号和标记	推荐	修订	2011年结转	郑州金刚石及制品工程技术研究中心、郑州磨料磨具磨削研究所、苏州海特金刚石制品有限公司
超硬磨料制品　金刚石涂层拉丝模	推荐	制定	2012	上海交通大学
超硬磨料　纳米金刚石	推荐	制定	2012	河南省联合磨料磨具有限公司、天津市乾宇超硬科技有限公司
超硬磨料制品　金刚石软磨片	推荐	制定	2012	郑州磨料磨具磨削研究所、厦门致力金刚石工具有限公司

标委会于2012年11月16—19日在云南省景洪市组织会议对该6项标准进行了审查，其中2项国家标准和3项行业标准通过了审查。提交超硬磨料及制品分技术委员会审查的行业标准《超硬磨料制品　金刚石涂层拉丝模》，因其在技术要求、试验方法、标准文本规范性等方面存在较多争议，在本次会议上未被审查通过，拟在标准起草单位进一步修改完善后择机再审。

当前，审查通过的5项标准已根据会议审查中提出的修改意见整理出报批材料，由标委会秘书处统一上报上级标准化主管部门，预计将在2013年下半年或2014年上半年陆续颁布实施。

（2）标准立项工作。2012年，上级主管部门对标准化工作提出了更高的要求，加强了标准立项工作的管理。为了提升行业标准立项的系统性和科学性，工业和信息化部对今后需要立项的行业标准项目增加了答辩程序，按行业、分领域对申报的行业标准项目进行逐一评审。

实行行业标准立项答辩是加强标准制修订工作的新举措。2012年，对已通过公示且无意见的《普通磨料　陶瓷刚玉》《普通磨料　毛细现象的测定》《超硬磨料　镀钛金刚石》3项行业标准项目进行了答辩，答辩顺利通过，当前项目计划已下达。

（3）标准体系建设工作。2012年，根据工业和信息化部行业标准制定工作的有关规定，中国机械工业联合会于5月下达了《关于编制机械工业领域标准体系的通知》和《关于报送机械工业领域国际标准情况的通知》。标委会按照通知要求，完成了磨料磨具工业领域标准体系框图和体系表，以及国际标准转化情况和实质性参与国际标准化活动情况的编制工作，并按时上报了相关材料。

在上述工作的基础上，中国机械工业联合会又于10月下达了《关于做好机械工业"十二五"技术标准体系建设工作的通知》，通知要求在5月已完成工作的基础上，结合技术、产业发展现状与趋势分析，建立完善机械工业技术标准体系，为成套成体系制定标准提供指导。标委会根据通知要求，按时完成了此项工作并上报了相关材料。

(4)国际标准化工作。2012年，标委会秘书处共收到对口国际标准化组织ISO/TC29/SC5秘书处分发的5份投票文件，经组织委员和行业专家研究讨论后，全部按时进行了投票或回函。另收到ISO正式标准文本2份，分别为ISO 666:2012《机床工具　用法兰盘安装平行砂轮》和ISO 5429:2012《涂附磨具　装有卡盘或未装卡盘的页轮》。

根据国家标准化管理委员会、工业和信息化部对实质性参与国际标准化工作的要求，结合超硬磨料及制品行业的发展情况，为尽快制定由我国主导的国际标准，超硬磨料及制品分会在云南省景洪市召开的标准化工作会议上对拟提交国际标准提案有关事宜进行了讨论。会上根据我国超硬磨料及制品行业的现状，结合国际标准的有关情况，分析了可能提交国际标准提案的方向和领域，提出了人造金刚石品种、冲击韧性测定、超硬磨料微粉、纳米金刚石、聚晶金刚石等方面的意向。

(5)标准化咨询服务工作。帮助行业单位起草企业标准2项，受各方委托审查了10多项企业标准，为20多家企业提供了标准技术咨询服务。

六、科研项目

2012年，磨料磨具行业完成科研项目如下：

(1)新型、低成本、高效率ϕ760mm六面顶压机研制。该项目为企业自选项目，由晶日金刚石工业有限公司完成，河北省科技成果转化服务中心于2012年7月鉴定验收。该项目融入先进设计制造理念及新制造技术，从压机铰链梁的缸梁一体腰鼓设计，冷模铸造技术、梁缸表面采用镜面加工技术应用，空心活塞结构设计，创新的五级变量超高压供油系统，及对液压系统、控制精度，软件控制程序、保护程序等方面进行优化及创新，开发设计具有先进性、低成本、高效无缸六面顶压机，金刚石单产达320克拉。该项目成果已在晶日金刚石工业有限公司产业化应用，投资建设100台新型压机生产线，当前已有60台投入生产。

(2)MA法制备金刚石工具金属结合剂关键工艺的研究。该项目由博深工具股份有限公司完成，石家庄市科学技术局于2012年11月25日鉴定验收。项目通过机械合金化(Mechanical Alloying)方法，试图解决金刚石工具制造中金刚石抗氧化温度过低与粉末冶金过程烧结温度高的矛盾，难熔金属及化合物不能良好烧结以及金属结合剂成本高等诸多问题。

(3)金刚石绳锯制作关键技术的研究与创新。该项目由博深工具股份有限公司完成，河北省科技成果转化服务中心于2012年11月25日鉴定验收。该项目研究目的是通过新材料、新技术、新工艺的应用，建立起先进的金刚石绳锯工艺路线，生产出高性价比的金刚石绳锯产品。在项目中，绳锯串珠胎体采用非晶合金粉作为原料，在改善胎体致密化的前提下，大幅度降低烧结温度，研究非晶合金粉对胎体烧结性能的影响规律以及非晶合金粉替代钴粉降低成本的情况。另外，尝试使用金刚石镀膜技术，大幅度提高胎体对金刚石的粘结强度。采用特殊的串珠冷压技术，改进了串珠在切割过程中不均匀磨损的情况。通过改进橡胶的配方，在橡胶配方中加入特殊的粘结剂，使得绳锯在注胶过程中不用对钢丝绳采用特殊处理工艺，从而节省了绳锯制作工序，降低了制作成本。

(4)大功率自走式切割机。该项目由博深工具股份有限公司、BIANCO TRADE WHOLESALERS合作完成，石家庄市科学技术局于2012年3月31日鉴定验收。双方合作开发一款集机械、液压、电动控制于一体的技术含量较高的自动行走切割机。该产品切割工作实现单人操作，切割效率高，劳动强度低，是一种新型、经济适用型产品，可以弥补国内市场"大功率"与"自行走"路面切割设备的空白，弥补现有小型、人力路面切割机的不足，具有广阔的市场前景。

2012年，磨料磨具行业获奖科研项目如下：

(1)TC131Y/TC136Y木工宽砂带专用涂附磨具。由苏州远东砂轮有限公司完成，2012年2月获得苏州市科学技术进步奖三等奖。随着人造板材向超宽高光洁度的方向发展，给工业加工带来了较大的困难，TC131Y/TC136Y木工宽砂带专用涂附磨具解决了磨削过程中静电积聚以及高效精抛光的问题，提高了磨削效率，改善了磨削质量。TC131Y/TC136Y木工宽砂带专用涂附磨具采用重型聚酯布基及涂附磨具制造的专用配方、工艺，解决了棉布、混纺布基的强度低、易打皱、使用寿命短等问题；采用了自有专利(低聚合度全树脂涂附磨具的制造方法)应用于该系列产品，形成了涂附磨具制造工艺中的底胶、复胶、制造工艺的全套技术；通过对磨料粒度组成和植砂工艺改进，解决了磨削过程中的使用寿命问题。木工宽砂带专用涂附磨具在加工刨花板、夹芯板、中纤板、高密度板等方面不仅替代了进口，填补了国内空白，而且实现了出口创汇。

(2)大进给强力磨陶瓷微晶磨具。由江苏苏北砂轮厂有限公司完成，2012年2月获得泰州市科学技术进步奖二等奖。陶瓷微晶磨具是当前国际固结磨具制造技术的发展前沿，由于其优越的性能，在磨削工具钢、韧性不锈钢、耐热合金钢等难加工材料方面得到应用，常用于齿轮、齿条、曲轴、凸轮轴、针阀、蜗杆、丝杠、导轨、工具、刃具等领域的磨削加工以及各型轴承部件的端面、内外圆、内外滚道高质量的成型磨削和精密磨削。项目采用自主研发的新型结合剂和低温烧成技术,提高了磨削效率和产品强度,使得产品性能更加优越。

(3)16/20 高品级人造金刚石。由中南钻石股份有限公司完成,2012 年 3 月获得南阳市科技进步奖一等奖、河南省科技进步奖三等奖。该项目的研发成功,解决了高品级粗颗粒金刚石规模化生产的问题,填补了国内空白。改变了国内人造金刚石行业在 16/20 粒度段几十年来不能生产高品级金刚石的局面,不仅标志着我国金刚石合成技术达到了新的高度,而且为提高相关产业的技术水平起到了推动作用。该项目被河南省科技厅鉴定为国内领先水平。

(4)电解提纯人造金刚石工艺技术。由中南钻石股份有限公司完成,2012 年 3 月获得南阳市科技进步奖二等奖。该项目通过对粉末触媒合成块结构及成分的分析,开发了适合公司产品特点的快速电解工艺技术。使用该工艺提取金刚石,可以回收其中 90% 的触媒金属,酸用量可以减少 60% ~80%,大大减少了环境污染,并且通过了地方环保部门组织的清洁生产验收。

(5)ϕ45mm 高品级金刚石聚晶复合片。由中南钻石股份有限公司完成,2012 年 4 月获得兵器工业集团公司科技进步奖三等奖。该项目产品 ϕ45mm 高品级金刚石聚晶复合片是公司发展金刚石深加工项目的代表产品,是公司预期的新的经济增长点。

(6)汽车发动机曲轴加工用高速陶瓷 CBN 砂轮。由郑州磨料磨具磨削研究所完成,2012 年 7 月获得郑州市科学技术进步奖一等奖,2012 年 11 月获得中国机械工业集团科学技术奖三等奖。"汽车发动机曲轴加工用高速陶瓷 CBN 砂轮"是科技部科研院所技术开发研究专项资金项目,该项目通过对低温高强陶瓷结合剂及制备技术的研究,优化选出基体的锥孔加工与测量技术,开发出使用速度达 125m/s 的陶瓷结合剂 CBN 砂轮;通过复杂型面砂轮工作层结构和成型技术的优级化设计,解决了复杂型面砂轮的均匀成型难题,实现了精密成型磨削用砂轮不同部件的均匀磨损,有效地提高了汽车发动机曲轴加工精度与效率。经国家磨料磨具质量监督检验中心检测,该产品达到了 Q/ZMS 006 - 2010 企业标准要求。经用户使用证明,该产品能够满足不同用户、不同材质曲轴工件(钢件、铸件)的高效磨削要求,磨削工件质量达到了工艺要求,砂轮的加工效率、耐用度和使用寿命等性能指标达到国外同类产品水平。产品已批量生产并替代进口同类产品,经济和社会效益显著,市场前景广阔。经鉴定认为,该项目在低温高强陶瓷结合剂、砂轮结构设计及制备成型技术方面具有创新性,总体技术达到国际先进水平。

(7)高性能专业金刚石锯片预合金粉末胎体制造技术。由博深工具股份有限公司完成,2012 年 12 月获得河北省科学技术进步奖三等奖。该项目旨在开发适用于金刚石工具的新型预合金粉末,并在金刚石工具行业中得到工业应用;开发以该新型预合金粉末为胎体的金刚石专业锯片,解决传统胎体配方金刚石锯片切割效率低、速度衰减快等问题;充分利用 28CrMo、65Mn 等基体下脚料作为预合金粉末中的组分,降低成本。应用本项目研发的预合金粉末制造的金刚石工具综合性能达到国际先进水平。在金刚石工具中使用超细预合金粉末,有利于降低能耗、生产强度和成本;同时将大大提高工具的使用寿命、切割速度和切割精度,这对于切割石材等加工行业降低能源消耗、提高产量将具有十分重要的意义。

〔撰稿人:中国机床工具工业协会超硬材料分会赵博、李志宏　磨料磨具分会王永　涂附磨具分会王明远〕

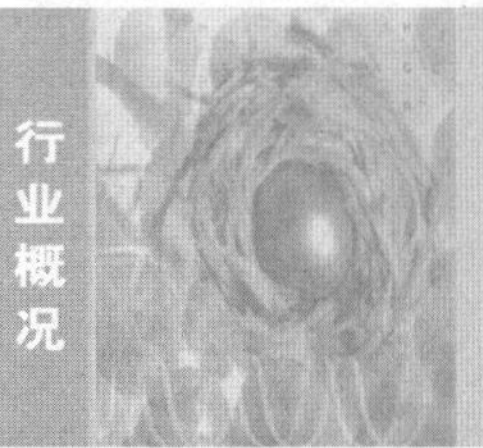

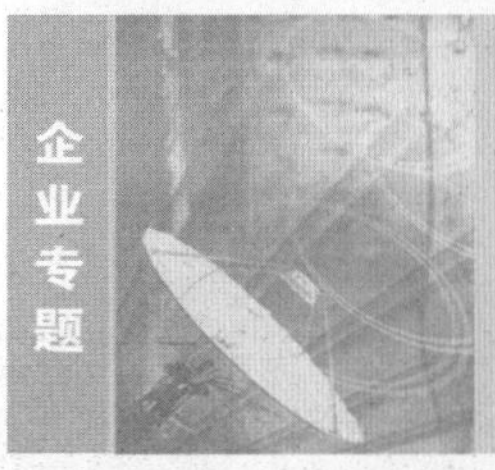

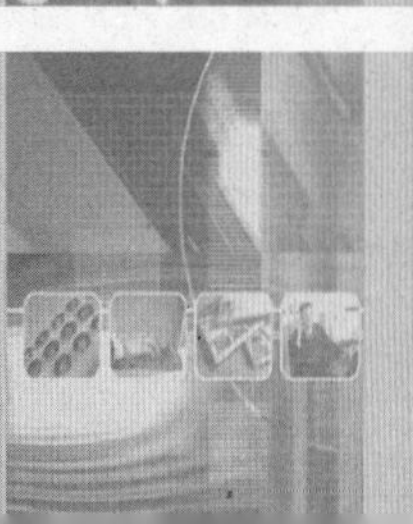

市场概况

发布协会访日报告，了解国外先进企业的发展重点及趋势；从市场需求的角度出发，指出未来机床行业发展方向

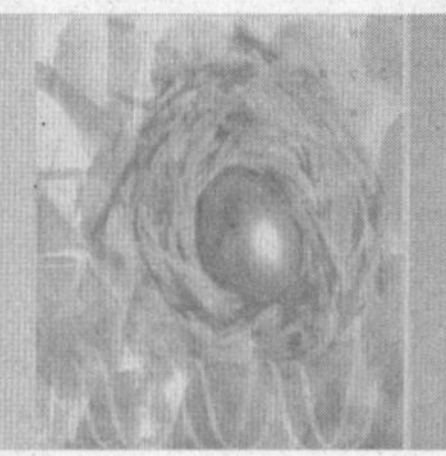

市场概况

中国机床工具工业协会访日报告

应日本国际贸易促进协会的邀请，中国机床工具工业协会组成由吴柏林会长带队的四人访问团，在日本进行了为期一周的访问活动。

此次访问有三个目的：一是进一步落实2013年4月中国国际机床展览会日本参展商的参展情况；二是进一步了解日本国内经济形势对日本机床企业经营的影响；三是研究日本机床企业最新发展趋势，为我国机床企业调结构提供借鉴。

访问团与日本国际贸易促进协会和日本机床工业协会进行了会晤，并参观了FANUC、牧野、马扎克、大隈4家企业。

一、两国经济形势状况

日本工业复苏不明显。欧美市场对日本产品的需求不大；中国、印度和韩国等主要亚洲市场中，中国进口日本产品大幅下降(40%以上，但机床下降不多)；日本国内市场需求量也不大。日本经济以贸易输出为主，欧美、亚洲、国内三大市场都不景气，使得日本机床企业处于最困难的时期，而且看不到好转的迹象。

中国市场可以用四句话概括：一是中国的发展阶段决定将由量的增长向质的提高转变，不可能像前几年那样高速增长；二是国家进行宏观调控，防止经济大起大落，也不可能出现大幅下降；三是这一时期的特点是在下行的压力下有力地促进结构调整，将产生新的高水平需求；四是经济发展要把环境友好和资源节约放在首位，必然要采用新的发展模式，走质量和效益发展道路。双方一致认为中国市场具有很大的发展潜力。日本企业高度重视中日友好，高度重视中国市场。

二、日本企业发展重点及趋势

1. FANUC

FANUC今后的发展方向是集FA、RO、RM三个领域于一体，向智能化、自动化进军。其中，FA是系统，RO是工业机械人，RM是机床制造，三个部分有机结合实现智能化、自动化，目的是为用户提供全面解决方案。

(1)小型加工中心。一是中小型加工中心(21把刀、31i系统)进行重新设计，具有高刚性、高精度、高效率、大空间，月产5 000台的能力；二是正在进行各种材料不同类型零件的切削试验，如汽车发动机铝合金缸盖、铸铁件缸体、汽车零件、飞机钛合金、难加工材料等，为各种解决方案建立数据库；三是四轴联动用31i系统加一个转动坐标轴，编程简单可以达到五轴功能。所有的加工中心+工业机械人可以组成柔性生产线。

(2)工业机械人生产车间。机器人本体加工用两台机器人进行，大的搬运，小的定位实现加工自动化；其他零件大体是无人自动化加工。共用MAKINO 50台卧式加工中心和70台FANUC工业机器人，有装好的机器人进行整机性能试验。具有100台/日、5 000台/月的生产能力。

(3)板材生产线。以机器人电柜制造工艺为例，一是用AMADA激光切割和高速冲复合加工+工业机械人自动下料；二是折弯机成形+工业机器人；三是焊接由机器人完成，并进行上下工序运输；四是涂装生产线也由工业机器人完成。具有5 000台/月的生产能力。

2. 牧野

牧野的特点是专门做别人不愿干也干不了的零件，“零误差无限接近”是其追求，“不单纯模仿他人，勇敢挑战别人不做的事”是其发展的秘诀。牧野可提供全球24小时服务。

(1)两个系列的产品。可提供铣床及复合加工、电加工系列及以上两个方面的混合方案(全面解决方案)。此外，还开发出工具铣、小孔加工、大尺寸电加工切割机、高速复合加工中心、大型工作台翻转铣床等新品。

(2)牧野生产系统改造完成。①加工、装配、测试、试验的主轴生产线。②中小件加工生产线，由牧野生产的加工中心+FANUC机器人组成。③大件加工生产线，由8个交换工作台+大型卧式加工中心组成，大件加工工艺方案为：铣+热(采用铸铁件还要进行时效处理)+精铣+磨削(不是全部磨)+刮研(不是全部刮)；装配加工中心只用一周的时间完成产品基础件装配、电器调试和防护装配。

(3)支撑发展的关键技术：①主轴中心冷却、润滑系统。②刀具长度自动测量装置。③加速度调节实现高精、高效。④直线电机提高切削速度。⑤热平衡技术—导轨冷却—丝杆冷却—防护罩隔热达到精度稳定。⑥冷却液—提高加工精度和效率。⑦最小半径R加工。⑧高速加工可以提高效率和精度，减少电极消耗。

(4)拥有独特的技术，即机加工技术+应用软件、电加工技术+应用软件、二者结合+三维软件。

全面解决方案已在模具加工、零件加工(汽车)、飞机零件加工领域成功运用。

3. 马扎克

(1)数控产品系列比较全。车床、铣床、加工中心、龙门铣床等在全面实现7个方面智能化的基础上又开发专用加工机床。公司在深入研究汽车、电力等工业装备的同时，也关注智能椅、服务机器人等和人的生活有密切关系的项目。

(2)生产制造系统。生产制造主轴线、大件加工柔性线(一台套一周,高柔性)、中小件72h无人自动加工线是马扎克工厂自动化三个重要部分。此次重点考察了主轴生产线。该生产线有23台磨床,外圆磨床是丰田工机的,内圆磨床是光洋精机的;车铣复合机床大、小尺寸有两排(6台大、12台小),都是机器人上下料运送;主轴精加工及检测、装配及检测;部件装配、试验及检测严格分区进行。工作区控制温度23℃ ±0.5℃;检测室温度20℃ ±0.5℃,粉尘要求更高。具有1 000根/月的主轴生产能力。

(3)在宁夏小巨人投资的基础上又在大连建设工厂,生产切割机等产品向日本出口,5月30日举行开业庆典。小巨人当前销售额中已有40%以上来自实施全面解决方案的用户。马扎克在中国要实施全面解决方案争取用户,用智能化、自动化提高市场竞争力,占领中国高端市场。

4. 大隈

大隈社长花木义磨在致词中提到公司发展的四个要点,即有益改进工作的忠言逆耳之音,创办用户之声期刊;以热位移和无撞击技术为基础扩大智能化应用,提高机床性能、精度水平;创新技术实现独一无二的产品,创新管理实现独一无二的服务;"将产品制造的乐趣扩散到世界各地客户心中"。

(1)产品系列很全,产品以热亲和和无撞击技术为基础全面提高产品智能化和自动化水平。

(2)关键技术:①克服热位移,使加工精度大幅度提高,并建立热位移数据库。②不会撞击的机床,独特的控制技术和模拟技术,使机床操作安全可靠,节省时间。③提供能产生附加价值的加工技术,在高速轮廓加工、重负荷切削、生产线加工等都可以实现高效率和高精度(高质量)。

大隈公司高度重视基础研究,有力地支撑了产品开发技术、制造工艺技术、扩大应用技术的不断提高。

①基础研究:理论研究,成功解决热结构分析、百万分之一的精密编码器检测等。

②开发设计:建立公司数据库、计算机系统、生产系统资源等基础数据及解决方案。

③测量评价:在苛刻的工作环境下严格试验,提高可靠性。

④加工技术:给用户一个平台,实现用户自己解决问题,提高应用水平。

(3)技术改造全面升级。按零件类型分共有10条生产线,是24小时×7日无间断、无人看管自动化生产系统。新建9 000m^{2}广场+原有厂房;每条线都是工艺方案技术、关键设备智能化技术、相关配套技术(刀具、卡具、量具)、切削参数优化、物流系统、信息化管理等的有机结合,这就是智能制造的内涵,提高了IT广场(即智能技术集成应用,如热、撞、参数优化、信息、软件等)的水平。

三、对我国开展结构调整的几点启示

1. 用户需求是转型升级的追求目标

4家企业都以各具特色的全面解决方案实现市场定位。我国机床企业要由单一产品向成套发展,由单元技术向集成智能化技术发展,努力占领市场高端。充分发挥市场优势、后发优势,利用国际大视野谋划行业企业发展。

2. 关键技术突破是转型升级的内涵标志

实现产品技术、制造技术和应用技术的有机结合,提升质量、性能、可靠性,降低成本,缩短生产周期,提高企业综合竞争力。要形成市场风格和技术特色,就要有自己的技术、自己的品牌、自己的核心竞争力。

3. 先进生产手段是转型升级的措施保障

形成先进的制造体系:以主轴为代表的回转体加工,以箱体为代表的孔加工,以床身、立柱和工作台为代表的大件平面加工解决方案。提高智能化、自动化、信息化水平,形成企业竞争优势,骨干企业要率先实现突破。

4. 不断创新才能使企业实现跨越式发展

创新(技术创新、管理创新、机制创新)驱动发展。大限柏淳写下了六个字:感谢(用户)、创造(团队)、飞越(企业)。

当前,大连的卧式加工中心生产线、沈阳轴承座生产线、云机的搬迁方案、重庆的搬迁方案、北一新工厂的方案等都有了智能化加工方面的考虑,但技术水平还有较大差距。机床行业需与用户企业一道努力实现"中国装备、装备中国"。

〔撰稿人:中国机床工具工业协会于成延〕

从2012年行业调研看重点用户对国产机床的评价和需求

中国机床工具工业协会在2012年的行业调研中走访了12家航空航天、军工、汽车、船舶、能源等重点领域用户,了解了国产数控机床,特别是近几年安装的中高档数控机床的应用情况,重点用户对国产数控机床的使用评价,对国产机床及制造商的意见和建议,以及今后一段时期重点用户对国产中高档数控机床的需求。

一、当前国产机床在用户领域的应用情况

调研中了解到,当前国产数控机床在重点用户领域应用的总量还不算多。在某些加工工序不算复杂的企业,国产机床能占到总设备的60%左右,但都以中低档数控机床单机应用为主，其中大部分是二轴的经济型数控车床、三轴的加工中心和数控铣床等，出厂年份也都比较早。但在一些高端应用领域，如航空领域，使用的主要是大型、复合、精密、多轴联动高档机床，要求机床高刚性、高效率、可对难加工材料进行切削的特点，占比很小的国产机床往往只能用于一般工序或作为辅助设备，很少进入关键制造工序。

用户反映，在用的部分国产中高档产品或多或少地存在问题，较常见的是精度保持性不高，小毛病较多。与国产机床相比，有些进口设备使用20年后，精度还能保持出厂时的水平，稳定性也很好。调研中还了解到，很多10年前安装的国产中高档机床，在不断排除小毛病之后越来越好用，稳定性和精度保持性都令人满意。而近几年的国产中高档机床，除小毛病依然存在外，在使用2~3年后精度下降很快，影响了用户采购、使用国产数控机床的信心。

二、主要用户企业对国产机床的态度和评价

大多数用户企业肯定了机床行业企业近几年取得的长足进步，认为机床的设计和制造越来越成熟，多功能复合机床越来越多，精度和性能稳定性越来越高，不乏可替代国外进口的关键设备，能够越来越好地满足用户需求。

用户企业对国产机床存在的问题也表示了充分理解和宽容。在调研中，大多数用户都表示愿意与国内机床工具企业互相配合、共同努力，让国产机床在本企业承担主要角色。这些企业非常希望越来越多地采用国产机床工具产品，这样不仅可以节约一大笔资金，在设备维护和备品备件供应方面更加方便、快捷，还可以摆脱国外的某些限制。用户企业愿意与机床企业密切合作，共同开发适合特定工艺要求的生产装备，同时还希望在机床使用过程中持续得到生产企业的帮助与支持，以最大限度地用好国产机床。

总结归纳起来，在用国产机床存在以下一些具体问题：

(1)精度保持性不好。多家用户反映，国产设备加工精度下降较快，设备故障较多。

(2)可靠性需加强。国产数控机床的数控系统、驱动电源、润滑冷却系统、控制单元、功能部件等都或多或少地存在可靠性问题。

(3)某些机床需在设计上进行改进。用户反映，某些机床设计上不尽合理，造成某些部件在使用中容易被损坏。还有些机床的电气设计不适应南方湿热地区的工作环境，导致故障频发。

(4)制造质量急需提高。某些产品因制造质量不过关，在使用一段时间并修复了一些故障后，原定的主轴转速就打了一半的折扣。还有的机床，在规定的转速范围内达到一定转速时，加工就变得不稳定，噪声很大。

在反映产品问题的同时，用户还提出机床企业需要进一步提高和改善服务质量。调研中多家用户反映，有些机床企业在机床出现问题时服务不及时、不能彻底解决问题，反映出机床企业需更加重视服务工作，提高现场服务人员的技术水平和处理问题的能力。

通过比较国内外机床供应商的不同特点，用户还提出一些机床企业在营销理念上需要改变。例如，在售前交流中，国内企业往往重点介绍自己的定型产品，希望能以一种产品去应对用户多种不同的加工需求。而国外知名机床企业一般是针对用户的具体工艺要求，向用户推荐甚至度身定做所需产品。在签订合同时，国内企业虽然对用户提出的要求满口答应，却不能一一兑现，令用户失望。

当然，国内机床供应商中也有做得很好的企业，在机床设计方案出来后，与用户仔细研讨，其后在产品设计和制造过程中双方也都保持经常性的技术协商，这样研制出来的产品，使用起来就很顺手。由此可见，用户对国产机床的直接帮助、提供良好的应用机会对于国产数控机床的成长和进步非常重要。从调研中了解到，很多国产中高档数控机床在重点用户的成功应用，就是供需双方相互包容、互相理解的结果。

三、今后一段时期用户领域对设备的需求

航空、航天领域的用户提出了比较具体的设备需求：一类是针对钛合金、高温合金等难加工材料的加工机床；另一类是针对铝合金及合成材料零件的加工设备。具体如下：①大型铝结构件加工机床，如高速、大功率、大型卧式铣镗床和龙门加工中心等。②中小结构件制造设备，如加工中心、复合机床等。③标准件自动加工生产线。④回转件加工用数控机床，包括数控车床、数控磨床、车铣复合加工中心等。

针对新一代油泵油嘴的高压共轨系统的加工，汽车领域提出未来将对加工中心、电火花加工机床、液体研磨挤压机、高精密磨床、硬车、热处理设备、表面处理设备以及装配线和测试设备等17大类产品产生较大需求。

其他领域用户虽然没有提出具体设备需求，但从其当前生产的繁忙程度和其发展规划看，未来对中高档数控设备的需求将越来越多，对成套设备和交钥匙工程将有较大需求。

〔撰稿人：中国机床工具工业协会张芳丽〕

加速发展满足个性需求的成套装备

一、国外专用机床的发展历程

18世纪人类用机器代替手工作业，开始了工业革命。1712年英国纽柯门研制成功第一台可实用的蒸汽机，1769年英国人斯米顿制成汽缸铣床，1797年英国人莫兹利制成第一台带刀架的车床。20世纪中叶，通用机床门类齐全，专用机床也得到发展，通用万能机床占据机械制造的主力位置，如万能车床、万能铣床、万能磨床等。随着科学技术的发展以及生产方式的转变，个性化需求增多，专用机床迅速发展。1853年美国普尔制成第一台轧辊磨床，1903年美国诺顿研制成功曲轴磨床，1910年美国兰迪斯研制成功凸轮轴磨床，1928年美国福特汽车公司开始应用组合机床加工自动线。

20世纪中期，帕森斯飞机公司与麻省理工学院研制成功应用脉冲乘法器原理带直线插补的三坐标数控铣床。1958年美国KT公司研制成功带自动换刀装置的复合加工中心，60年代出现了用计算机控制多台机床的制造系统。1981—2010年，日本MAZAK先后推出2 000多套网络化无人化自动加工管理系统，设在我国的“小巨人”无人化车间就是其中之一。2006年MAZAK新型Mazatrol Matrix CNC系统在自动化加工中实现防碰撞、温度补偿、语音提示、防振等智能化功能，机械制造由数字化、网络化向智能化迈进。

二、国内专用机床的发展

进入21世纪，我国机床工业在发展通用品种的同时，加快了开发满足个性化需求产品的步伐，发展专用专门化机床。如沈阳机床集团为用户提供轮毂自动化智能化加工单元，具有型号识别、轮毂气门孔加工前视觉识别、自动加工、检测、清洗、打号、搬运等功能，实现了全过程无人化操作。大连机床集团先后为汽车工业提供数百条缸体、缸盖、变速器加工自动线，既有刚性的，也有柔性的。南通科技投资集团股份有限公司为上海通用汽车公司研制出由SGM 50A卧式加工中心组成的汽车动力制造单元，到2012年年底可提供6台(套)。浙江双雕数控技术公司应用数学镜像原理，研制成功一台机床控制左右两只建模的数控系统，创造出独特的数控雕刻机床，效率提高一倍，价格是两台机床的60%，占地面积减少40%，节省人工50%。天津市天锻压力机有限公司(以下简称天锻)为高铁AT型尖轨提供50AT/50、60AT/60成套专用液压机，为大型舰艇提供万吨以上专用液压机，为核电提供CV封头专用液压机等。

21世纪初，国家号召制造业转方式、调结构、稳发展。中国机床工具工业协会在“十二五”规划中提出三项目标：一是产品进入重点用户，为汽车、航空航天、船舶发电设备重点制造装备；二是到2015年数控机床市场占有率达到20%；三是到2015年中高档数控系统国产化率由20%上升到50%，中高档功能部件国产化率由5%上升到50%。近几年我国机床工业围绕上述目标取得可喜的成绩。如大连机床集团为用户提供由8台加工中心、6个桁架机械手组成的活塞加工自动线。安阳鑫盛机床股份有限公司也研制成功XSHS-01活塞自动加工单元，由铣中心孔车床AD15Z、立式数控活塞车床ADG15P、关节机器人、物料系统组成。武汉重型机床集团有限公司研制成功CKX5680螺旋桨铣床，加工直径8.5m，可扩展到12.5m，具有七轴五联动、在线测量等功能，可实现叶面重叠和非重叠部轮廓以及桨毂中孔等精密铣削，车铣复合，一次装夹多平面加工，用户使用三年给予好评。天锻研制成功2 400t复合材料制品数控液压机，为渤海钢铁集团提供10 000t快速锻造液压机，含80t操作机1台、50t装出料机，能完成拔长、镦粗、冲扩孔、扭转、弯曲、错移、剁切等。济南二机床集团有限公司不仅为国内汽车覆盖体提供成套装备，2011年还为美国福特提供5条冲压自动线，由1台2 500t多连杆压力机和4~5台小吨位的机械压力机及双臂送料、拆卸机、清洗机、涂油机等组成。该公司承担了运载火箭CK×5463×50/150龙门式封头车铣床，为西南铝业大飞机铝板带项目提供XKL 2477/L50数控铝钻铣床，为运载火箭环缝总装提供焊接专机，用于大飞机叶片自动铺带大型筒段铺缠一体机，为火箭导弹外壳提供缠绕机。合肥合锻机床股份有限公司为汽车覆盖体提供的冲压自动线，应用了电液控制、液压垫四角调压、模具参数数据库、快速换模、全吨位冲裁缓冲等关键技术。秦川机床集团历时两年研制成功QJK002锥齿轮铣齿机、QMK009锥齿轮磨齿机及与之配套的测量仪。研制成功的核电核岛精密数控深孔钻床ZSZK 2520，孔深2 500m，最大钻孔直径40mm、最小钻孔直径1.6mm，试切两端同轴度0.3mm、直线度0.05mm，达到先进水平。该集团还为铁路机车、客货车、地铁车轴提供高速磨床，可加工轴承座、防尘板座、轮座、齿轮座、刹车盘座等。该集团发挥自身优势，开发汽车转向泵、燃油输送泵、双路辅助动车转向系统恒流泵和控制阀等。

我国机床工业从无到有、从小到大取得了丰硕的成果，但也要清醒地看到不足，到2011年年底，国内机床产值占有率仅60%，数控机床产量数控化率仅30%，还要继续努力。对于机床的未来发展方向，近期日本大隈提出SPACE的目标，即 S——Speed 高速、P——Power 高效、A——Accuracy 高精度、C——Communication 远程通信、E—Ecology 生态与环保；上海同济大学张曙教授提出未来机床发展是生态机床、聪明机床、客户化；北京机床研究所的总工程师盛伯浩认为未来制造系统的发展方向是：增强制造系统的智能化和自治管理功能，发展可按零件加工工艺重构的制造装备（RMT），构建能兼顾柔性、高效、低成本和高品质且便于可重构的新型制造系统（RMS）。现实和未来机床不仅要保证用户对性能的需要，还要保证产品的质量，Cp 值要大于 1.33，对大批量生产的行业还要保证尺寸公散度达到互换的要求，平均无故障时间（MTBF）要达到 800h，并继续向先进水平进发。

三、几个重要行业的发展特点

1. 汽车工业

（1）满足个性化发展需要。新技术发展增速、新产品诞生周期缩短，要求装备也随之调整；同时一条生产线兼容几个品种的情况增多，要求装备高精、高效、柔性。如用一台复合型的智能加工中心可在 10min 内仅两次装夹便可完成一台 3.0L V6 发动机铝质缸体绝大多数的加工任务。

我国汽车工业"十二五"六大目标之一是加快培育和发展节能与新能源汽车，机床制造业要及时做好准备，以适应这种发展要求。

（2）应用新技术增多。国内同步器换挡寿命虽已达 10 万～20 万次，但与国外先进水平 30 万次相距甚远，为此要求齿轮表面硬化，提供抗疲劳机械加工技术装备。自动变速器薄壁壳体的加工、CVT 锥轮盘的加工、CVT 金属带的制造、电磁阀细长孔的加工、AT 离合器毂的加工，以及自动变速柔性自动装配、检测等急需相应的装备。为节约材料、提高效率，应用近净成形工艺，要求提供精锻机。汽车将逐步实现"两化"高度融合，发动、变速、停车、路况变化等均由信息系统自动控制，终极可能实现车联网下的汽车。壳体类零件加工向柔性自动智能化发展，轴盘类零件加工向高精、高速、铣磨锻造精化发展，覆盖体加工从 10 件/min 向 15 件/min、25 件/min 多工位压力机自动线发展。

2. 发电设备及造船行业

2012 年年底，全国发电装机容量超过 11 亿 kW，具备了可提供 1 亿 kW 发电装备的能力。参照工业先进国家的经验，当人均拥有 1kW 以上发电装机容量后，发电量年增速将下降。我国到"十二五"末发电设备和制造能力将减缓，对机床更多的是技术改造方向的需要，以及应用新技术对老旧设备进行再制造。

如今船舶向大型化发展，我国已开发出 23 万 t、32 万 t、38 万 t 和 40 万 t 矿山船，万吨以上系列集装船。大连船舶集团制造出 VLCC 超大型油轮，载重量 30 万 t。大连重工为 40 万 t 矿山船提供当前国内规格最大的曲轴，年产曲轴 150 只，还要建造 3 000～4 000m 深水铺管起重船，需要缸体、缸盖、螺旋桨以及板材冲压设备。

3. 航空航天及其他制造业

航空总体向大型化、复合化发展，材质向碳素纤维方向发展，需要五坐标数控高速加工中心。世界著名飞机制造企业所需加工中心的 50% 以上为五轴控制，叶轮加工需要五轴联动加工中心、壁板加工需要龙门式加工中心，要水平安装翻转 90°后加工。碳素纤维和蜂窝零件加工中要真空吸尘。某些零件用来铺放和自动铺带，导弹外壳需要数控缠绕机。装配自动化要自动铆接生产线等。

四、国内机床制造业的竞争策略

这几年，机床制造业十分重视重型和超重型机床的发展，但对小型精密机床的需求关注不够。IT 业是我国工业的第一大产业，直接和间接需要高精高效小型和大型加工机床。如硅片的加工，传统工艺为切割—侧角—研磨—腐蚀—清洗—抛光，硅片加工尺寸在 25mm × 40mm 内平整度 $<0.07\mu m$，粗糙度达亚微米。2012 年我国手机产量达 11.8 亿部，手机外壳需要模具和小型钻孔设备。随着我国人均期望寿命的延长，医保覆盖率和包括的内容将继续加大，医疗器械的需求将增加。医疗器械中的塑料体、冲压件、铝合金件批量生产需要模具和加工机床。

国际知名企业非常重视用个性化产品满足用户的需要。如日本大限 MP－16V 立式加工中心及 MULTUR－B400 主要针对模具加工。美国 MAG 长春工厂主要针对汽车缸体、缸盖提供立式、卧式加工中心和各种专机。MIKRON HPM800U 五轴联动铣削中心，适合加工高温钛合金材料。法国 HELLER 恒轮机床（常州）有限公司的四轴或五轴联动精密卧式加工中心，主要用于曲轴和凸轮轴加工。

现阶段的主要矛盾是国内市场需求结构的加速升级与行业供给能力不适应，通用性的低档产品供给能力过剩，而中端尤其是面向高端细分市场的供给能力不足。因此，建议我国机床行业在调结构、转方式、稳增长中加快发展中高端具有鲜明特色的产品，提高专用产品在产量结构中的比重，即使发展通用产品也要有明确的应用范围；品种发展还要注意满足非金属切削加工的需要，早日形成由各具特色的企业组成的中国机床工业。江苏晨光机床为炭素加工提供了数控电极双端面削平镗孔机床、双端螺纹梳铣床、数控接头双端铣钻孔机床以及全数控炭素接头柔性加工自动线等，值得学习。

用品牌差异化去竞争，让产品具有稀缺性是获得市场占有率的基础。专注于特色产品的发展，用户得实惠，机床制造业也会得到更好、更快的发展。

机床是装备制造业的工作母机，实现装备制造业的现代化取决于我国机床发展水平。企业应勇敢地承担起这一重任，加大自主创新力度，将更好更多的机床提供给用户。

〔撰稿人：恩宝贵〕

企业专题

介绍机床工具行业先进会员企业的成功经验，优秀企业文化建设和发展规划

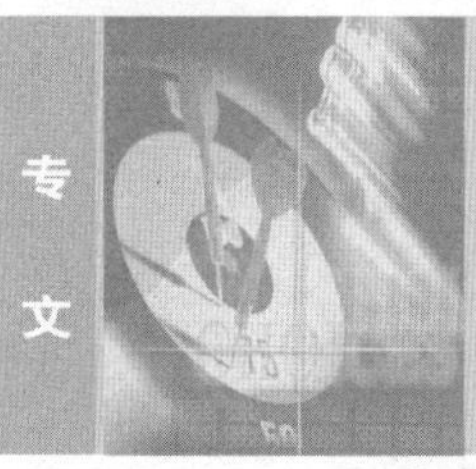

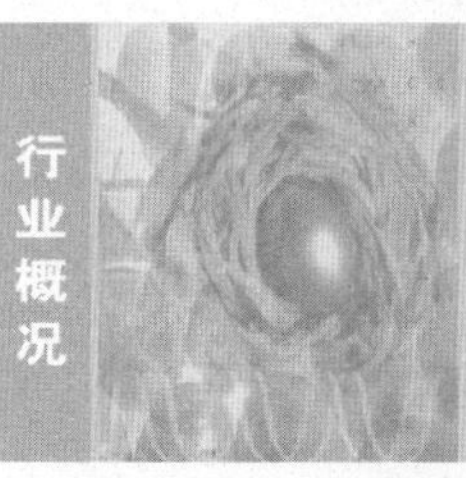

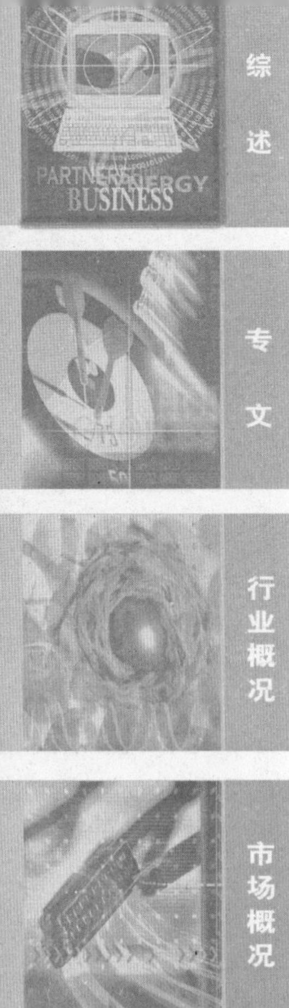

企业专题

先进会员企业专题

高端突破引领逆势增长 攻坚克难拓展发展空间
——济南二机床集团有限公司

工欲善其事，必先利其器。机床工业是为各行业发展提供工作母机的基础性产业，其发展一直受到党和国家的高度重视。经历了高速增长的黄金十年，市场对结构调整和转型升级的倒逼压力不断加大，加上国际环境急剧变化，给我国机床装备制造业的发展带来严峻的挑战。2012年，在市场需求锐减、机床行业整体大幅下滑的形势下，济南二机床集团有限公司（简称济南二机床）依托高端产品市场营销的突破，主要指标基本实现逆势增长。实现销售收入30.9亿元，同比增长10.15%；完成工业增加值10.72亿元，同比增长1.28%；实现利润总额4.34亿元，同比增长27.98%；实现利税总额5.62亿元，同比增长21.62%。经济运行质量居行业领先水平。

一、创新驱动为企业发展提供不竭动力

持续的市场需求源于一个个重大技术的不断突破，激烈的市场竞争对企业的核心竞争力提出了更高的要求。济南二机床在技术上的突破已多不胜数：冲压设备从人工上下料，到国内第一条全自动汽车覆盖件冲压生产线、第一条机器人全自动冲压生产线、第一条大型快速高效全自动冲压生产线；技术指标从每分钟冲压7、8次，到每分钟冲压12次、15次；用户群从国内自主品牌延伸到国内合资品牌、国际顶尖汽车企业，出口福特汽车美国公司5条全自动快速冲压生产线，创造了机床行业单笔出口订单新纪录，入选中国机床行业年度十大新闻。企业的高端产品，不仅使国内企业摆脱了对国外装备的依赖，也为我国机床行业产品出口作出了重要贡献。

瞄准国际最前沿技术，企业的创新永不止步。在“产、学、研”结合的同时，济南二机床更加注重与用户的合作开发，全自动快速冲压生产线、重型多工位机械压力机、大型伺服压力机、五轴联动数控镗铣床等一系列拳头产品的针对性、可靠性在应用中不断提升。承担的10项国家科技重大专项，在实施过程中也得到了具体用户的大力支持，其中已有4项顺利通过国家验收，被部委领导赞为“实施国家科技重大专项最好的企业”。

市场是验证技术创新成果的唯一标准。近三年，在国际竞争中，济南二机床赢得国内合资、自主品牌汽车企业大型快速全自动冲压线40余条。赢得通用汽车印度工厂全自动机器人送料冲压线及福特汽车美国公司批量订货，国际竞争力显著提升。高端产品比例不断增加，2002年，济南二机床高端产品比例在5%左右，如今已达到60%。当前，国内自主品牌汽车企业全部采用济南二机床的设备，以前只使用进口设备的合资品牌汽车企业，现在也转为批量、连续选用济南二机床的成套设备。

二、有效投入增强发展后劲

近几年是企业投资规模最大的几年，既有“硬”能力建设，也有“软”能力提升。这种“软”“硬”结合的方式，让企业的经济运行质量一直保持在较高水平，良性循环的发展模式带给企业强有力的发展后劲。

1. 技术研发投入

企业每年要拿出销售收入的5%以上用于新产品、新技术的研发。在建设“国家级技术中心”“大型精密复合冲压成形机床重点实验室”以及创新平台、各类实验室的过程中，不断提高研发、试验、检验手段与能力，完善技术管理体系，使企业的研发水平与国际先进水平保持同步。近三年，承担省级以上技术创新产品120余项，均代表了当今国内外先进的技术水平；取得授权专利73项，多项具有自主知识产权的核心技术打破国外垄断；制定国家标准6项、行业标准12项。

2. 技术改造投入

长期的国际化经营努力，使济南二机床的目光始终盯紧“国际一流”，并切实按照“国际一流”的标准进行改进、提升。围绕产品技术升级和结构调整，企业先后投入数亿元的资金，实施了一系列重大技改项目，包括信息化技术融合、完善质量保障措施、高新技术应用、产业结构布局等各个方面，从新工艺、新手段的应用，到高端制造水平的提升，实现了从里到外的彻底改变。这也是企业赢得国际客户青睐的重要原因。

三、管理升级提升发展空间

我国工业发展已经从简单的规模扩张阶段，进入到比拼创新机制、人才、服务的全新时期。国内企业与国际一流企业的最大差距并不是技术，而是管理。作为拥有75年历史的老国有企业，济南二机床在管理方面的努力，为转型升级打下了坚实基础。

济南二机床是国有企业中较早实施竞争上岗的企业，建立了扁平化组织机构，实行独立核算，完全按照市场经济规律运作、考核。实施各级领导干部竞聘考核、各种技术职务职称评聘分离制度，设置主任(副主任)工程师、技师、营销师、管理师等专业技术职务，构建企业各类人才的发展通道。

在人才培养方面，在企业内部开设各类专业性、复合性培训班，建立网络学院，加强具有技术、商务交流、外语等不同专业知识复合型人才的培养，以适应不断发展的市场要求。与山东大学联合举办了 MBA 培训班，培养造就了一批科技带头人、技术拔尖人才、专家型技师队伍和优秀管理队伍。

在企业的发展体系中，激励与约束机制发挥了非常重要的作用。企业设立了技术进步奖、管理创新奖、设计质量奖、技术革新奖、合理化建议奖、管理案例奖等覆盖全体员工的创新奖项。健全分配体系，在实施“多劳多得”的同时，推进“做优多得”“创新多得”，激励员工不断创新、提升。同时，实施干部绩效考核制度，建立职工业绩考核档案，明确责任，强化考核。

实施“对标”管理也是一个很重要的制胜法宝，它贯彻于毛坯、加工、装配、安装调试、服务的各个阶段。以“对标”为切入点，企业的产品质量、准时制造能力、服务水平不断提升，济南二机床的品牌也真正朝着“世界知名”迈进。企业被上海通用汽车有限公司授予全球“最佳供应商”“技术创领奖”等殊荣。

坚持不懈的创新突破和转型升级，成为济南二机床打开国内外高端市场的金钥匙，在保持国内优势的同时，企业的高新技术产品成套出口到美国、巴西、泰国、印度等国外市场。在全球竞争的格局下，通用、福特、日产、本田、铃木、奥迪、戴姆勒等国际汽车巨头，先后将济南二机床纳入其全球供应商。

作为总承包商，通用印度全自动机器人送料冲压生产线 2012 年已顺利交付使用；福特汽车北美地区 5 条大型快速智能冲压生产线，打破了德国企业 20 年的垄断局面，在业界内外引起很大反响，成为中国装备企业参与国际高端市场竞争的标志性成果。当前，该项目整体进展顺利，第一条生产线已经在堪萨斯工厂安装调试完成并通过预验收，得到了福特汽车公司的好评；第二、第三条生产线也运到底特律工厂，进入安装阶段；第四条线已经发运。2014 年，在福特汽车最富文化积淀、历史最悠久的底特律整车生产基地，将清一色地装备由济南二机床研制的具有世界最先进水平的全自动快速冲压生产线。

创新发展　合力进取　聚焦持续“领先”

——北京北一机床股份有限公司

历经 64 年发展的北京北一机床股份有限公司(简称北一机床)是一家大型国有控股机床制造企业。公司在境内拥有 5 家主机生产及配套基地，其中包括 3 家全资子公司、13 家参控股子公司；在境外拥有 3 家全资子公司——德国瓦德里希·科堡机床公司、意大利 C. B. 法拉利公司、意大利 SAFOP 机床公司。近年来，经过改制重组、并购整合，公司主体承继了具有 60 多年悠久历史的北京第一机床厂的优质资产及相关机床的制造、管理、销售及服务等业务，先后整合了北京第三机床厂、北京第二机床厂、北京机电院机床公司。2012 年 6 月 8 日，北一机床完成股份制改造，正式注册变更为北京北一机床股份有限公司。

在创新发展、合力进取的指导思想带动下，公司立足“领先”的战略部署要求，站在新的历史起点上，面对当前发展的新形势、新任务、新要求，不断改革求变，创新务实，为实现中国装备制造业的转型升级而贡献力量。

一、创新发展，追求“领先”

党的十七届五中全会提出了“加快转变经济增长方式，坚持走中国特色新兴工业化道路，把工业化作为我国经济发展的一大支柱，进一步确保国内经济快速、平稳、持续发展”的战略方针，进一步推动国家实体经济的发展。而国家颁布的“高档数控机床与基础制造装备”科技重大专项政策将持续到 2020 年，这为机床行业的发展提供了巨大空间。

北一机床在高端资源加速聚集、经济综合实力迅速增长、创新能力驱动发展增速的行业背景下，聚焦国际高端领域、瞄准世界先进技术，在谋求技术创新、延伸产业服务、拓宽营销渠道的同时，致力于打造符合首都发展要求的“产业升级版”。为此，公司聚焦中高端市场，践行实施“目标领先、模式领先、价值领先、产品领先”。

目标领先——具备领先的技术创新能力和较强的品牌影响力，成为具有全球竞争力的机床制造与服务供应商。

模式领先——关注高成长行业，聚焦中、高端产品；以客户为中心，建立有效、面向市场的运营管理体系。

价值领先——为股东创造持久的回报，为员工赢得必要的尊重；做用户的工艺师，做装备工业的脊梁。

产品领先——建立集境内外资源于一体的产品技术研发平台，全系列开发和完善各类产品，建立差异化产品体系。

“为股东创造持久的回报，为员工赢得社会尊重；做用户的工艺师，做装备工业的脊梁”一直以来都是北一机床不懈努力的使命。为用户提供工艺技术服务，提供成套、成线装备和交钥匙工程等一体化服务，为客户创造价值，也是企业持续发展、体现企业价值的核心理念。“领先”的发展思路推动北一机床不断创新思维、突破瓶颈，支撑起我国机床工业和装备工业发展的社会责任，也是实现企业综合效益国内领先、员工收入同步增长的保障。

二、合力同行，借力“领先”

“领先”的实现需要企业具有创新发展与目标践行的领先力。随着经济高速发展，我国对于高端机床的需求也是与日俱增，以先进制造业为代表的欧、美、日企业优势明显；而成本相对较低的中国台湾、韩国的产品则加快了进入大陆市场的速度，大陆机床企业发展的竞争环境不容乐观。

北一机床在实施“领先”战略的发展之路上，必须进一步解放思想、开拓创新。利用已有的优势资源，加强技术实力，实现集约化经营，发展性能优越、技术密集、附加值高的高端数控机床产品。以超过竞争对手的发展速度推进规模化发展，提高效益，确立领先的核心竞争力，以“领先”引领未来。

在公司继承与发展中，北一机床主体继承了具有60多年悠久历史的北京第一机床厂的优质资产及相关机床的制造、管理、销售及服务等业务。北京第一机床厂是我国第一家制造数控铣床的企业，也是我国第一批生产加工中心的企业之一，得到了广大用户的信任与支持，国家三代领导人毛泽东、邓小平、江泽民多次莅临指导，品牌享誉全国。公司旗下的北京第二机床厂有限公司，历经近60年的发展，是建国之初的全国机床骨干企业18罗汉之一，如今“北二”磨床已经成为国内的知名品牌。北京机电院机床有限公司在五轴加工中心这个中、高端产品市场领域也占有一定的份额和品牌影响力。

随着“走出去”战略的持续推进，北一机床继2005年全资收购德国瓦德里希·科堡机床公司之后，2011年继续全资收购了意大利C. B. 法拉利公司，2012年又全资收购了意大利SAFOP机床公司。至此，加上原有的各类产品，北一机床初步具备了重型、中型的系列化产品框架，高端、中端的机床品牌组合，从功能化部件的全静压、大扭矩，到加工尺寸的大规格、高标准都具备了领先的优势。世界上跨度最大的超重型高性能数控龙门车铣复合机床、完全自主制造的国内最大数控桥式双龙门镗铣床的正式交付使用标志着公司在数控机床研究与应用的关键技术上取得了重大突破，填补了我国高、精、尖数控机床的空白，实现了制造自主知识产权中高端数控机床的飞跃。

在做好转型升级，实现加快、加速具备“领先力”的发展中，股份制改造与推进公司上市是北一机床实现战略目标的重要方式。股权多元化、资产证券化、经营国际化、管理规范化，市场竞争与公司发展要求，“倒逼”着公司快速转型升级，不仅要在产品技术、运营模式等方面转型升级，还要在体制机制和内部管理上转型升级，充分调动企业发展各个方面的积极性，为实现与用户、与员工合力同行的目标与梦想而持续努力。

结合企业发展中文化底蕴的积累，北一机床重视企业文化的传承包容和创新，制定了《北一机床企业文化三年规划》，把“文化强企”、提升企业软实力作为增强凝聚力、发挥职工主人翁作用的切入点和落脚点，开展各种营造企业发展氛围、凝聚全员的活动，尤其从企业经营、丰富职工文化生活等角度出发，促进搭建文化的融合，在传承60多年制造精良、追求卓越的历史基础上，形成公司发展的特有文化。

从国内生产销售到国际化管理和营销，从单一产品研发到系列化产品拓展，从一个品牌经营到多个品牌组合，从传统的国有企业到现代的股份制公司，北一机床正在通过自身的改变，在创新发展、合力进取中志存高远，立足“领先”，实现发展的目标，为广大用户与社会各界提供最优势的服务，达至所成、合作共赢。

在创新驱动中推进转型可持续发展

——重庆机床(集团)有限责任公司

作为世界齿轮机床产销量最大的制造商，重庆机床(集团)有限责任公司(简称重庆机床)的发展，离不开自主创新能力的提升，整体综合实力的增强以及市场与用户需求的推动。近十年来，重庆机床紧紧抓住汽车工业井喷式的发展机遇，随着“一次倍增”“二次倍增”计划以及“大机床”战略、高速干切滚齿机产业化工程和机床绿色制造技术的推广应用等战略项目的实施，获得了跨越式的发展。然而，全球竞争进一步加剧、我国经济快速增长后的理性回归所带来的一系列严峻形势正向企业发出挑战。

2012年，重庆机床牢牢抓住年初制定的“以稳定和发展为中心；狠抓环保搬迁工程和品牌建设工程，坚持板块培育不动摇；坚持结构调整、技术创新不动摇；坚持卓越绩效不动摇”的“一个中心，两项工程，三个不动摇”的工作主线，打响了全面转型升级的攻坚突围战。

在创新软实力提升上，致力于打造具有重机特色、富有文化内涵、具有核心竞争力的创新力，以人才体系建设和文化引领工程为推手，大力提高员工素质，聚合人本发展力量，增强转型升级后劲。在品牌与技术上，整合英国PTG百年知名品牌、中国名牌、中国驰名商标、重庆市市长质量管理奖、工业培育品牌示范企业等品牌优势，重庆机床内外兼修，积极拓展齿轮机床核心品牌效应，坚定不移地加大技术创新力度，加快新产品研发。在管理上，打破常规，摆脱束缚，强化细节管理，应用卓越绩效、精益生产等现代管理方法，推进创新。在服务上，强调以销售为龙头，以高端需求和项目为主线，强化对市场信息的预测、跟踪及管理，继续坚持做好售前、售中、售后服务，发挥服务优势。以新区环保搬迁为契机，建设一流的高端机床装备制造与创新基地，全方位提升创新力。

除了强调夯实创新能力这一转型升级最关键的问题之外，重庆机床还清楚地认识到：要实现产业集团的整体发展目标，做强做大，还必须打造新优势，依靠各制造板块形成齐头并进之势，拓展集团整体效益。遵循这一思想，围绕“一体化发展”战略，重庆机床全力加快板块培育，坚持以齿轮机床为核心，提升核心技术竞争力；同时围绕齿轮机床向相关产业链深度延伸，发展附加值高、有品牌价值、代表未来发展趋势的产品及技术成为重庆机床的着力点。

(1)发展推广齿轮加工自动化生产线技术，开发了满足高性能、高效率等要求的轿车变速箱齿轮加工自动生产线。整条生产线均由自主研发生产的高效精密双主轴车削中心、数控高效干切滚齿机、数控倒棱机、精密数控剃齿机及桁架自动物流线组成，可完成轿车变速器齿轮从毛坯到成品的所有加工工序，同时生产线配有网络化现场管理与智能化监控系统，具有生产任务管理支持质量信息采集与分析监控、生产线装备运行状态监控机快速处理的功能，为创建数字化工厂打下了坚实基础。

(2)成功研发 YW7226CNC、YW7232CNC 数控精密万能磨齿机，掌握了多项核心关键技术，达到国内领先、国际先进水平，开创了齿轮机床板块向高、精、尖装备延伸。

(3)成功研发 Y3132CNC5、Y3140CNC5 等新一代适用于重型卡车、汽车、工程机械行业的高端数控滚齿机，整机结构紧凑，自动化程度高，具有加工效率高及精度稳定性好、可靠性高等特点，产品具有高效、可靠、自动化、性价比高等优势，技术水平处于国际先进地位，满足了广大齿轮制造用户的需求。

(4)致力于开发能完成滚齿、倒棱、剃齿等多种工序的复合加工机床，YS3126CNC6 - CD 数控滚齿倒棱复合机床已成功推向市场。

(5)引领绿色环保发展潮流，大力进行新一代 YS3116CNC7、YE3120CNC7、YS3126CNC6、YS3126CNC7 等系列数控高速干切自动滚齿机研发，并持续进行技术改进，形成性价比高、性能稳定可靠的干切滚齿机系列，实现机床轻量化设计，使产品更节能、更环保。当前，YS3126CNC6、YE3120CNC7 等自动干切滚齿机已批量销往陕西法士特等公司，是国内唯一实现批量销售的国产干切滚齿机，填补了国内空白。

同时，利用国家重点项目支撑，加大制齿机床智能化关键技术及智能滚齿机研究；大力推进数控程序标准化设计、数控机床人机会话功能等关键技术攻关；作为重庆市工业装备再造工程产业化示范基地，大力进行再制造技术攻关。另外，重庆机床旗下重庆神工机械制造有限责任公司也逐步向多元化、新型化发展，在现有切割机、切片机合作成果的基础上，不断深入光伏行业，更好地满足市场的不同增长需求。重庆霍洛伊德精密螺杆制造有限责任公司正全力打造世界一流的精密螺杆制造基地。

新产品开发取得了一系列新成果。当前，重庆机床齿轮机床板块已积极向精密高效磨齿机、干切滚齿机、自动化生产线等高效、精密、绿色、环保领域延伸；车床板块也迅速向精密机床零部件、物流自动线、机床再制造领域拓展；复杂刀具板块大力发展高端刀具，并积极做大拉刀、铣刀业务；铸锻件板块以世界需求为目标，提高产品质量和市场竞争力；专机板块快速向 LED、风电、光伏等行业渗透；精密螺杆生产基地进入试产。重庆机床把技术创新改造和产品结构调整、产业升级结合起来，全盘谋划布局，新区环保搬迁建设、技术深度合作以及技改等各项投资正在扎实推进，各大板块技术质量上档升级也在积极推进。

转型升级靠创新，更需要信心。重庆机床大力提出：要积极探索新的发展领域，借大项目带动大发展，更要树立勇挑重担的信心，共同坚守，齐心协力调动智慧，迎接新一轮发展良机。

在经济形势依然错综复杂、充满变数的2013年，重庆机床继续坚持“一条主线，两项工程，三个不动摇”的发展道路，着力环保搬迁，打造先进装备制造基地；着力品牌建设，打造国际品牌；着力技术创新，支撑上档升级。找准并推进转型升级的核心点与支撑点，进一步加快装备上档升级步伐，加大研发投入，高度注重信息技术和高新技术、信息化建设与管理效率的融合，力促产品数控化率和智能化水平的全新提升，并在现有产品的研究开发成果基础上，依托科学的创新系统运行，加大技术质量改进，实现各项管理流程的优化再造。

重庆机床树立决心，更充满自信，将集中力量抓住我国经济结构转型升级和企业现代化新区搬迁这一切入点和良好契机，以质量和效益为核心，在创新驱动中推进企业转型发展。

借力重大专项　推进产品转型升级

——四川普什宁江机床有限公司

四川普什宁江机床有限公司(简称普什宁江)是由宜宾五粮液普什集团有限公司与成都宁江机床(集团)股份有限公司于2006年共同出资设立的，注册资本1亿元。公司经营范围为精密数控机械及成套设备、机床附件的研发设计、制造、销售和服务，机械加工，金属铸锻件制造，国内、国际贸易等。公司产品以“精密、高效、成套、智能化”为特色，主导产品有“宁江”牌卧式加工中心及柔性生产线、坐标镗床及坐标磨床、数控车床、自动车床、小模数滚齿机床、专用机床及生产线等精密数控机床，主要服务于航空、航天、军工、船舶、汽摩、模具、五金、家电、IT、仪器仪表、电动工具等机械加工行业。公司产品多次荣获国家、部委和省市科技进步奖、优秀新产品奖，被认定为高新技术成果转让项目，列入国家重点新产品推广计划等。精密卧式加工中心、高速卧式加工中心和 FMS 柔性制造系统等被列入国家“高档数控机床与基础制造装备”科技重大专项和示范工程。

2013 年 6 月,在历经近一年与国内外竞争对手的激烈竞争后,普什宁江一举拿下近亿元的汽车壳体生产线订单,从而使其研制的精密卧式加工中心替代进口设备,成功进入汽车行业。该订单涵盖了 5 条由国产精密卧式加工中心组成的柔性制造系统(FMS)。这些柔性制造系统将实现汽车变速器壳体的多品种、变批量混流生产,并确保零件加工的精度一致性、高效率和可靠性,充分体现少人化、自动化的新技术特点,达到年产 10 种零件 28 万件的产能目标。项目所用的 27 台国产卧式加工中心全部为“精密卧式加工中心”课题的研究成果,并充分利用重大专项研究中形成的各种试验台对机床主要部件如主轴、转台、刀库、托板交换架等功能部件进行可靠性试验。该订单的成功签订,标志着“高档数控机床与基础制造装备”国家科技重大专项中高档数控机床研究成果开始走向产业化,对实现国产高档数控机床满足国内重点行业用户设备要求,有效抑制严重依赖进口的局面具有重大意义。

一、自主创新,打破国外高端技术垄断

普什宁江是一家有着近半个世纪精密机床设计和制造史的传统企业,其主导产品“宁江”牌卧式加工中心及柔性生产线已成为众多领域精密加工的首选产品,在国产高档数控机床领域占有一席之地,是多年来公司精密技术的积淀和国家重大专项助推的结果。

1988 年,普什宁江在国内同行率先引进英国 HC20 卧式加工中心技术,在消化吸收的基础上,开发出 THM6340 和 TR6340 卧式加工中心,并于 20 世纪 90 年代初,形成了自主技术的系列产品,包括 THM6363、THM6350、TH6363 和 TH6350 四种型号的卧式加工中心,填补了国内空白。进入 21 世纪,普什宁江进一步自主研发出具有国际水平的五轴联动加工中心 NJ－5HMC40、精密卧式加工中心 TH(M)6380 和 THM63100,从而形成了具有自主知识产权的、更具竞争力的系列产品。

这是一条清晰的发展轨迹,贯穿这条轨迹的主线就是消化吸收、自主创新。而普什宁江的自主创新既不是简单的“闭门造车”,也不是完全照搬的“拿来主义”,而是站在欧洲先进技术的“肩膀”上,坚持产品的持续改进,博观而约取,厚积而薄发。

在历时 20 多年开发精密卧式加工中心系列产品的过程中,普什宁江十分重视机床技术的理论研究和基础试验。早在 20 世纪 80 年代,公司就投入大量资金,建立起省级技术研发中心,中心建有专门的基础试验室,进行基础性、理论性机床技术的研究和新技术、新工艺的前瞻性研究。数十年来,研发中心取得了多项令人瞩目的研究成果,仅与精密卧式加工中心相关的专利技术就达 17 项,实现了从普通机床、专用机床到高档数控机床的“三级跳”,为企业的自主发展、做精做强奠定了良好的基础。

根据机床工具行业各专业分会主要产品产销存汇总数据,2009 年,行业企业完成高精度机床 1 848 台,其中,普什宁江就完成了 229 台,占行业高精度机床销售台份的 12.4%,精密卧式加工中心销量在国内市场位居前列。

二、借力专项,推进产品转型升级

在 2008 年国际金融危机和“5·12”大地震的双重影响下,公司遭遇前所未有的重大冲击,市场低迷、订单减少、增速放缓,经营面临严峻的挑战和考验。但对普什宁江的经营领导班子来说,无论外界环境如何变化,自身都要做好准备,毕竟产品是打赢战役的重要武器装备。困境中他们深思熟虑,果断地调整了产品发展方向,加速产品结构调整和升级,重点发展中高档数控机床,专心专注宁江机床特色,着力打造“专、精、特”宁江机床品牌。所谓“专”,即专心专注于专业领域,集中优势力量实现技术突破;“精”则是在沿袭普什宁江数十年“精密”特色的基础上,倡导“精度文化”,做精产品;“特”就是坚持“精密、高效、成套和智能化”的特点,做到人无我有、人有我精,走中、高端产品发展之路。

2009 年随着国家数控机床专项的启动,普什宁江先后承担重大专项课题 4 项,联合承担 11 项,承担智能化专项课题 1 项,获国家重点新产品项目 8 项,省市级以上科研项目 30 余项。其中通过承担“精密卧式加工中心”和“高速精密卧式加工中心”两项课题,形成了新的精密卧式加工中心系列产品和高速卧式加工中心系列产品,大大促进了公司的产品转型升级,也使公司卧式加工中心的销售比重逐年提高,卧式加工中心系列的年销售额占总销售收入的比例从 2011 年的 27%、2012 年的 35% 提高到 2013 年的 60%,企业产品转型升级和转变经济增长方式初见成效。

借助数控专项的大力支持,普什宁江还大力开展产品可靠性的“升级”,在卧式加工中心可靠性倍增技术上取得了突破,产品可靠性指标平均故障间隔时间(MTBF)由原来的 350h 提高到 1 000h 以上。

首先,公司成立了卧式加工中心可靠性工作机构,制定实施了可靠性工作方案,系统地收集了卧式加工中心在用户处的可靠性数据,完成了产品的先期失效模式分析并建立了卧式加工中心系列产品的故障模型。通过对整机及其关键功能部件可靠性设计与可靠性制造技术的研究与应用,对卧式加工中心系列产品进行了以确保产品可靠性为核心的全方位单元化拆分和结构改进。

其次,通过对产品早期故障快速消除技术与可靠性试验技术的研究,对产品各单元、部件和整机设计制作了 43 台(套)可靠性试验台架工装,制定了产品在制造各阶段可靠性装配工艺、过程检核及可靠性试验规范体系。

最后,在研制过程中,普什宁江对卧式加工中心系列各规格的功能部件,以及 6 台设备实行了整机超过 500h 的可靠性试验,积累了企业内部制造过程的可靠性数据。在对机床可靠性技术研究和应用的同时,制定了更为完善的产品可靠性保障措施,以产品的稳定可靠为目标,对现有设计控制流程进行优化。基于此,一种适合普什宁江产品和企业特点的可靠性工作模式也逐步形成。

实践表明，从2011年开始，公司加工中心产品出厂后用户反馈质量信息呈下降趋势，产品可靠性得到提升。经国检中心检测，精密卧式加工中心THM6380可靠性指标MTBF为1 075.6h，高速卧式加工中心THS6350可靠性指标MTBF为1 092.2h。

可靠性技术指标的大幅提升，有效提高了普什宁江的市场竞争力。公司专项扶持产品已经在国家航空航天、军工以及船舶等行业实现用户验证，获得国家发展和改革委员会等部委、中国机床工具工业协会、中国和平利用军工技术协会颁发的“国产数控机床优秀合作项目”称号。

三、科技兴企，向更高集成升级迈进

2012年，在“精密卧式加工中心”课题主机研究成果的基础上，普什宁江再次承担了“机床箱体类零件精密柔性制造系统研发及示范应用”课题。在承担2012重大专项课题后，普什宁江在原有基础上，进一步自主开发出FMS总控系统、智能物流系统、智能计划管理系统、设备状态监控及远程诊断系统、智能在线检测技术和智能刀具寿命管理系统等，大力推进两化融合，全面提升产品的智能化水平。

普什宁江通过四年的艰苦努力和踏实工作，企业科技创新能力进一步提高，形成了具有自主知识产权的精密卧式加工中心和柔性制造系统核心技术。成功打造了“数字化车间”，向更高集成升级迈进成为普什宁江下一步的重要发展方向。

“数字化车间”是以制造资源、生产操作和产品加工为核心，在现有实际操作系统的数字化现实环境中，利用数字化的产品设计数据，对生产过程进行仿真优化和虚拟制造。通过数字化，各生产流程用数据表现出来，有助于优化流程、提高绩效，不仅有效地激发员工的积极性，同时，可以有效提高客户的生产效率，减少管理费用。

在公司承接的近亿元订单项目中，普什宁江已与用户达成初步协议，在该项目实施后，为下一步发展“数字化车间”预留技术接口，并以此为基础，进行“数字化车间”的应用研究。届时，一个具有自主知识产权的现代化“数字化加工车间”将成为现实。

“为用户解决关键技术难题，用更大、更先进的集成技术满足用户更高端的需求”成为普什宁江不断升级产品技术的源动力。从研发出单台精密卧式加工中心升级到柔性制造系统，再到更高集成的“数字化车间”，多年来，普什宁江厉兵秣马、披荆斩棘，在产业技术升级的道路上实现了一次次的新跨越。借力国家重大专项，普什宁江的自主创新能力得到提升，企业综合实力进一步增强，产品在激烈的市场竞争中占有一席之地，得到市场的认可，赢得用户的青睐。

转变方式　勇于担当　迎难而上　争夺高端机床市场份额

——北京第二机床厂有限公司

一、公司经营

刚刚过去的2012年，是北京第二机床厂有限公司全面实施“十二五”战略的关键一年，也是公司解放思想、创新发展的重要一年。2012年以来，我国经济增速回落，机床工具行业重点联系企业产品销售收入、产量、利润总额、工业总产值、产品销售产值均出现较大幅度下跌，市场需求下滑、原材料上涨、人工成本上升，给企业带来巨大的运营压力。公司在机床行业市场下滑的大环境下，深入挖掘用户需求，创新产品和服务模式，在激烈的市场竞争中努力开拓，积极完成各项经济指标，2012年完成业务收入20 678万元。数控、高精等中高档产品占比进一步加大，中高档数控磨床及超精抛光机床在机床产值和销售收入中的占比均已超过67%，产品结构调整成果进一步显现，为北京第二机床厂有限公司“十二五”发展打下了较好的基础。

二、公司发展战略

1. 使命愿景

建立起一个主业突出、规模适中、技术领先的精密加工设备企业，创造价值，回报股东和员工。致力成为高精度外圆磨床、数控外圆磨床及超精加工机床的中国第一品牌制造及服务供应商。

在落实科学发展中构建企业核心竞争力，创造价值，惠及员工，建设成为技术领先、产品高端、管理高效的科技型企业。

2. 产品发展原则及方向

本着“追求效益优先，兼顾适度规模”的经营发展理念，坚持走“立足高精，发展数控，扩张大型，成线配套”的产品发展之路，以“成为高精度外圆磨床、数控外圆磨床及超精加工机床的中国第一品牌制造及服务商，成为高精度磨削设备的专家”为目标。巩固中小型通用、数控及高精度通用磨床产品的优势，扩大大型外圆磨床设备市场份额；关注汽车、航天航空、发电设备和铁路行业客户需求，重点发展曲轴成套磨削设备、高精度复合磨床等专用和大型、重型磨床产品，培育高端专用设备技术能力；为重点行业客户提供成套产品解决方案，提升机床服务能力，实现机床产业由制造向服务的转型。

三、技术研发

1. 致力于建设适应公司发展需要的技术研发体系，以科技项目关键技术带动产品技术进步

以国家科技项目为依托，开展了切点跟踪磨削技术与直趋技术、凸轮轴非圆磨削技术、超高速磨削技术、柔性复合磨削技术、静压导轨技术、磨削软件开发及应用技术等相关技术的攻关和研究，并研发制造了一系列的新产品。

（1）B2－K3000 高精度柔性复合磨床。该产品已销售至北京工贸技师学院和北京中电科电子设备有限公司。经过一年多的实际应用，用户普遍反映公司生产的高精度柔性复合磨床产品能够在一次装卡中，完成工件外圆、内孔、端面、锥面等部位的高精度复合磨削加工。与传统多台机床分别加工相比，避免了重复安装误差，提高了加工精度和加工柔性。机床性能稳定、精度保持性好，是精密轴类、轴套类零件高效精密磨削加工的优选设备。

（2）汽车发动机曲轴成套设备。该产品已成功应用在天润曲轴发动机有限公司、天津一汽夏利发动机有限公司、保定长城内燃机制造有限公司、上汽集团荣威发动机项目、浙江太阳等公司的生产线上。其中，与国内某汽车曲轴制造企业一家企业的年合同金额已达到 3 942 万元，为其提供了 6 条生产线的成套设备。北京第二机床厂有限公司为我国汽车行业提供的曲轴高效精密加工成套装备合同金额已超过 9 000 万元。汽车发动机曲轴成套设备价格仅是进口同类产品的 1/3～1/2。

（3）B2－K1018 汽车发动机曲轴切点跟踪数控磨床。该产品主要用于磨削汽车发动机曲轴连杆颈，当前已完成全部研发设计和设备制造，正处于商品化、批量化生产阶段。公司已就该设备与用户达成销售意向。其系列产品 B2－K1028船舶曲轴数控磨床已完成技术研发，正处于样机制造阶段。

（4）B2－K089 大型精密高效数控车轴磨床。该机床是北京第二机床厂有限公司开发的一款针对高速铁路大型动车组车轴磨削的高效精密磨削加工设备，能满足高铁动车组空心车轴具有直线、曲线组成的复杂外圆形面的加工要求。当前该产品样机已全部制造完成，处于商品化、批量化生产阶段。

（5）汽车发动机凸轮轴成套设备。完成重大专项装配式凸轮轴数控磨床 B2－K1016 及抛光机 B2－K6006 的开发，为汽车凸轮轴的加工提供了关键加工工艺和设备。此两台设备联合北京第二机床厂有限公司生产的其他数控磨床可以为汽车凸轮轴精加工工序提供成线配套设备。

2. 科技项目

自 2006 年以来，北京第二机床厂有限公司共承担 32 个项目的研制，其中国家“高档数控机床与基础制造装备”科技重大专项 14 项(3 项主承担，11 项参与)，国家“863”计划项目 2 项，国家科技支撑计划项目 1 项，北京市科技计划项目 12 项(11 项主承担、1 项参与)，北京京城机电控股有限公司项目 3 项。

2012 年，北京第二机床厂有限公司完成以下项目的结项工作：

（1）完成了国家“863”计划项目“汽车发动机曲轴高效精密加工成套设备”“高精度主轴类外圆磨床”两项课题的国家验收。其中，“汽车发动机曲轴高效精密加工成套设备”项目获得中国机冶建材工会全国委员会和中国机械工业联合会联合颁发的全国机械工业职工岗位技术创新活动岗位技术创新成果二等奖，获得北京市工业（国防）工会颁发的北京市工业国防系统职工技术创新成果奖，获得北京京城机电控股有限责任公司颁发的产品创新奖一等奖。

（2）完成北京市科技计划“凸轮轴关键加工工艺和设备研究及应用”“高速铁路轴类关键零件高效精密加工技术和专用装备的开发应用”两项课题的验收工作。

（3）完成北京京城机电控股有限责任公司战略资助项目——B2－K1018 数控曲轴磨床项目的验收工作。

2012 年，北京第二机床厂有限公司共组织申报 2013 年重大专项课题 6 项，成功中标 3 项（其中牵头 1 项，参与 2 项）；申报北京京城机电控股有限责任公司资金资助项目 1 项；参与申报北京市“精机工程”课题 3 项。

3. 知识产权

当前公司共申请专利 43 项，其中发明专利 14 项、实用新型专利 19 项、外观设计专利 10 项。获得授权的发明专利 10 项、实用新型专利 19 项，共计 29 项专利。

2012 年，公司根据研发的科技成果申请外观设计专利 10 项；获得授权的发明专利 3 项，实用新型专利 1 项；新申请商标 9 项。

当前公司主持、参与制定的标准共计 19 项。其中，主持制定的国家标准 4 项，参与制定的国家标准 5 项；主持制定的行业标准 6 项，参与制定的行业标准 4 项。2012 年，公司参与制定国家标准 4 项，参与制定行业标准 4 项。

四、营销及服务

1. 国内市场销售

（1）新增合同方面。尽管 2012 年机床市场环境较为恶劣，北京第二机床厂有限公司仍然取得了较好成绩。2012 年公司在参与的数控磨床、抛光专用机床项目投标中，中标成功率 62%。在稳固公司产品在传统领域（汽车、能源）中的优势基础上，在高铁、农业机械、工程机械等新领域打开了局面。

（2）成线配套智能化装备能力。积极满足客户对全自动生产线的需求，全年共完成具有自动上下料、自动加工、自动物流、自动检测、MES 管理特征的柔性、敏捷、智能化磨削装备生产线 4 条，为今后北京第二机床厂有限公司拥有具有行业领先优势的“提供成线成套智能化装备”能力打下了坚实基础。

2. 出口业务

全年新增出口合同 416 万元，完成出口销售收入 349 万元。产品先后出口到美国、泰国、俄罗斯、越南、缅甸、印度尼西亚、波兰、朝鲜等 20 多个国家和地区。

五、生产运营及生产管理

2012 年完成机床总产量 961 台，产值 17 483.8 万元。

公司完成了数控机床一次喷涂工作的试行工作，已开始全面实施数控机床的一次喷涂工作。这提高了机床的外观质量与机床的可靠性，加快了生产节奏，推动了现场文明生产工作的进行。

努力提升满足市场的能力，增强企业竞争力，将工作重点放在降低数控专机的制造成本和缩短交货期上。

加强内部管理，全面进一步提高生产管理水平。推进车间6S现场管理工作，车间现场有了较大改观。

六、技术改造

2012年，北京第二机床厂有限公司实施了自搬迁到现在厂址后13年来最大规模的技术改造工程，包括危旧厂房翻新改建和中高档数控磨床扩产技改两个子项目以及部分外围配套小项目。

（1）新建跨度24m、面积2 900m^2的中高档数控磨床装配用厂房1栋。厂房内实现保温控温，安装了起重能力为32t的天车和起重能力为5t的半龙门天车各2部，机床装配地基承重能力满足公司未来生产大型、重型磨床的需要。当前已经竣工，即将投入使用。

（2）将原下料间厂房改建成公司计量中心办公楼，保证了计量中心的标准恒温环境。

（3）为解决制约公司中高档数控磨床大型零件生产的瓶颈，提高零件加工和测量精度，通过国际招标购置了一批大型关键设备及仪器。包括进口捷克TOS VARNSDORF a. s.（道斯）公司ϕ160mm镗杆，行程8m大型落地镗铣加工中心1台；进口德国斯达拉格·海科特公司HEC800P型卧式加工中心1台，该机床带有ϕ125mm镗杆，定位精度2μm，为精密级卧式加工中心。这两台设备为公司大型机床床身及箱体类零件提供了高精度高效加工手段。

（4）进口英国泰勒公司高精度圆度测量仪1台、德国霍梅尔公司高精度粗糙度轮廓测量仪1台，新购海克斯康公司新型生产型三坐标测量机1台，实现了公司计量中心基本测量仪器的更新换代，不仅解决了自制零件高精度检测问题，还可以对用户零件加工精度的权威检测。

七、其他

2012年，公司ERP项目稳步推进，取得了阶段性成果。北京第二机床厂有限公司将在2013年正式启动生产计划模块和产品成本核算模块，实现全厂ERP系统的全面运行，为实现精益化生产和成本核算准确化、实时化提供有力的技术支持。

2012年完成了中机诚业公司的产品认证复评、ISO9001质量管理体系的复评，通过了国家机床检测中心对数控机床的抽查。外圆磨床获得北京质量协会“北京知名品牌”称号，电气装配部生产一组获中国机械工业质量管理协会“质量信得过班组”二等奖。

2013年正值北京第二机床厂有限公司成立60周年，是公司最具挑战的一年，也是打破国外产品市场垄断、争夺高端机床市场份额的一年，更是坚定信心、积极应对、苦练内功、谋划长远的一年。作为国内外圆磨床、超精加工机床及各类型专用精加工机床的专业制造企业，北京第二机床厂有限公司在“务实、求精、创新、发展”的企业理念指导下，致力于成为中国高精度外圆磨床、数控外圆磨床及超精加工机床的中国第一品牌制造及服务供应商。

提升自主创新能力　推动可持续发展

——北京市电加工研究所

2012年，北京市电加工研究所围绕“一特二精”的主攻方向，秉承“一手抓科研开发、一手抓成果产业化”“所与公司共发展”的发展方针，立足“一个研究中心，三个产业基地”建设，加大自主技术创新与研发，做好国家科技重大专项及“863”计划项目的验收，继续在超硬材料特种加工、精密数控、精密工模具等领域保持国内技术领先地位，推进成果产业化取得新进展。

一、踏实积累，注重自主创新能力提升

2012年北京市电加工研究所在创新能力建设方面开展了以下工作：

1. 国家科技重大专项和“863”计划项目顺利结题验收

2012年10月，承担的国家04重大专项“特种材料复杂型面加工的五轴联动精密数控电火花成形机床”项目顺利通过工信部组织的结题验收。该项目攻克了脉冲电源、数控系统、数控转轴、电极快换、CAD/CAM软件包、精度补偿技术等关键技术，形成了一套完整的、具有自主知识产权的五轴联动精密数控电火花成形机床加工工艺及设备技术体系，成果技术指标达到国际先进水平，部分指标经用户验证比国外设备提高30%以上，为航空、航天制造企业解决了困扰已久的技术瓶颈，在航空发动机、火箭发动机等关键零部件的研制中发挥了巨大的作用。在课题研制过程中还形成了五轴联动精密电火花成形机床中试线、试验平台和研发基地，在首都航天211厂建立了示范应用基地。

2012年8月，北京市电加工研究所下属北京迪蒙数控技术有限责任公司承担的国家“863”计划项目——“五轴联动精密电火花加工技术与装备”顺利通过项目技术验收。该重点项目于2008年立项，由北京迪蒙数控技术有限责任公司作为责任单位，与哈尔滨工业大学、上海交通大学、苏州电加工机床研究所有限公司、首都航天机械公司联合承担。项目研究以新一代大推力航天航空发动机带叶冠整体式涡轮盘的高效、高精度加工为主要目标，攻克五轴联动精密数控电火花加工装备及工艺方面的若干关键技术，实现五轴联动精密数控电火花加工装备的国产化和工程实用化。该项目的顺利完成，打破了中、高档五轴联动精密数控电火花加工装备长期受制于西方国家的局面，解决了带叶冠整体式涡轮盘批量生产问题，并逐渐推广至其他航空航天发动机及能源行业大型复杂零件加工领域。

通过承担国家重大专项及“863”计划项目，北京市电加工研究所获得了中国机械工业科学技术奖一等奖、国产数控机床“春燕奖”等近十项奖项。2012年,“AA50五轴联动精密数控电火花成形机床”在第七届全国机床展上再次荣获国产数控机床“春燕奖”,精密数控电火花成形机床获“中国机械工业创新产品”称号。

2. 积极申报科研项目

2012年共申报各类科研项目13项,其中国家级项目1项、北京市级项目2项。已获得立项11项,总金额逾147万元。其中,与航空、能源等制造企业联合开展的技术攻关项目取得了显著成效,实现了技术成果产业化,为我国重点型号的发动机、压缩机的研制作出了贡献。

3. 科技成果产业化取得新进展

2012年北京市电加工研究所着力推进技术成果转化与市场应用的对接,积极开展电火花加工技术合作开发及咨询服务,不断开发、拓宽成果应用新领域。精密数控电火花加工技术在航空、航天、能源、医疗、军工、核技术等领域已成功应用,为企业解决了生产瓶颈,提高了效率,降低了成本,得到了企业的认可和好评。

超硬材料加工继续推进四大创新工程,并取得显著效果。新型EDG机床加工效率提高40%,新型镜面加工机床再创日产新高,大大降低了能耗。同时,环保安全系统的使用,不仅提高了产品质量和一次交检合格率,也降低了环境污染,改善了员工的操作环境。

精密工模具技术取得重大突破,成功研制出全自动超声整形抛光机,模具制造的质量和效率大幅提高,平均效率提高3倍以上。激光打孔机设备不断完善,工艺日趋成熟。根据客户的要求,不断改进BDM-903机床,加工精度已接近国外水平,加工效率领先于国内其他品牌1倍以上。BDM-902机床经过多年调试与改进,2012年试制成功投放市场,使用效果良好。

4. 推动人才队伍建设,提升科研创新实力

加大高端人才的引进力度,为科研事业培养后备人才,解决发展过程中人才储备不足、人才结构不合理问题。积极与各高等院校建立密切联系,关注重点专业的优秀毕业生,加强沟通联络,打通人才招聘渠道,招收科研团队所需的科研人员。

积极为人才成长搭建平台,让年轻科研人员承担一些重要项目,在项目研究过程中发挥出了积极作用,促进人才在实践中成长。

积极支持和帮助各公司科技人员申请国家自然科学基金、北京市自然科学基金、国家科技计划和北京市优秀青年知识分子培养计划、院萌芽计划等各种人才培养项目,促进人才在项目研发中成长。此外,加大“火花创新基金”的支持力度,更好地支持各公司的科技创新。

二、产品开发注重市场需求,产品服务注重用户满意

产品开发必须研发市场需要的产品,并瞄准世界先进水平,生产用户放心的产品。北京市电加工研究所随着体制改革,按不同产品和研究方向,成立7个迪蒙股份制公司和5个实验室,在产品开发和用户服务中追求专注、合作、共赢。

1. 北京迪蒙数控技术有限责任公司

北京迪蒙数控技术有限责任公司是北京市电加工研究所旗下的控股实业公司,成立于2009年5月。依托强大的科研、人才优势,同时引进、消化、吸收国际先进技术,本着不断追求卓越的创新精神,持续产业化具有完全自主知识产权的精密数控电火花成形机床系列产品。该公司已经成为国内精密数控电火花成形机床的主要设备制造商,可为客户提供系统的电加工成形制造业务解决方案。

该公司生产的A系列、B系列精密数控电火花成形机床,整机的加工性能,包括机床精度、最佳表面粗糙度、最小电极损耗、五轴五联动、专家工艺数据库等性能指标,已达到国际同类先进机床的水平。

拥有国内特种加工行业内实力最强的重点实验室,最新研制成功的搭载五轴五联动电加工系统的系列产品,已成功投放市场并一举打破国际市场的技术垄断,创造了巨大的社会效益。

2. 北京迪蒙特佳工模具技术有限公司

该公司近年来在精密特种加工技术方面取得了令人瞩目的成绩,研制开发了具有国际先进水平的超硬材料加工工艺及成套专用设备,使超硬材料拉丝模具、刀具以及聚晶金刚石复合片、石油地质钻头的加工变得轻而易举,使用普通电加工机床无法实现的加工难题迎刃而解。以工业金刚石拉丝模具的制造为主线研制的成套加工设备有:BDMT-CBZ型半自动超声波整形机、BDDC型电火花—超声波复合抛光机、BDC型超声波微孔研磨机、BGXP型单头高速线抛光机、BDMT-XP型多头高速线抛光机、BDCX-100B型超声波清洗机、BDMT-XP型多头高速线抛光机、DMT-SS熔蚀型电缩丝机、BDMS-Ⅱ型拉丝模双目体视显微镜检测仪、BDSJ型电/气动试丝机以及磨针机和测量角度板。以工业金刚石、立方氮化硼、金属陶瓷刀具和砂轮专用设备为主线,相继开发901、902、903、904四种精密专用磨床,并形成系列产品,填补了国内PCD刀具高端专用磨床的空白。精密电火花机械复合工具磨床是制造高精度金刚石、金属陶瓷及硬质合金刀具的专用机床,它不仅具有机械磨削的功能,还增加了电火花放电加工的功能,既能提高加工速度,又可以节省金刚石砂轮,降低刀具生产成本。四种精密专用磨床,分别对应高档PCD金切刀具、木工专用刀具和高精度金刚石砂轮的生产需求。企业成为国内唯一可以为PCD刀具生产提供全方位一次性解决方案的单位。该公司还拥有国际一流的拉丝模具和刀具生产线、拉丝模具检测仪器,生产“迪蒙特佳”品牌高品质的工业金刚石拉丝模具、各种超硬材料刀具和复合片整形抛光。

3. 北京迪蒙卡特机电设备有限公司

该公司专业从事电加工机床研发和制造,具有较强的电加工专业技术研发能力和生产制造能力,在北京顺义工业园区建有占地面积3万m^2的现代化生产制造基地。该

公司现已形成数控高速走丝电火花线切割机床、数控电火花成形机床和高速电火花小孔加工机床等3大系列30多个品种的数控电加工机床的批量生产能力。在高教部和财政部联合举行的全国150个“教学实训基地”的项目招标中脱颖而出，多次中标达数千台。CTW系列线切割机床吸收了国内外机床的特点并根据用户要求而设计制造，具有造型美观、结构新颖、性能优越、操作方便等特点。CTM系列数控电火花成形机床是该公司研发的升级换代产品，采用先进的日本控制电路和高频电源，关键件均为进口配置。CTW系列数控高速走丝电火花线切割机床顺利通过中华人民共和国出入境检验检疫局的监督检查。企业获得“出口企业升二级”的资质。该公司已在欧洲和南美市场建立销售服务网络。

三、加强行业技术交流，促进行业共同发展

2012年8月，北京市电加工研究所承办了两年一度的全国电火花成形加工技术研讨会。此次研讨会的主题为“精密微细、性能可靠、绿色智能、环境友好”。中国机械工程学会的电加工界老前辈、清华大学、上海交通大学等高等院校以及科研院所、生产企业、国防军工用户等45个单位近120位代表参加。全国电火花成形加工技术研讨会是由中国机械工程学会特种加工分会、电火花成形加工技术委员会与北京市电加工研究所共同主办的行业盛会，已经成为特种加工领域的重要活动。

四、2013年工作重点及工作思路

(1)突出抓好人才队伍建设。围绕建设科技型人才队伍、管理型人才队伍和技能型人才队伍的目标，采取引进与培养相结合的方式，逐步落实。同时，为留住人才努力创造良好的工作环境和生活环境，形成凝聚人才、留住人才的良好氛围。

注重科技领军人才的选拔，采取由内部直接推荐和社会招聘的办法，加强优秀中青年科技人才培养工作。重点培养具有良好潜质和较强创新能力、在科技创新工作中取得突出成绩的中青年科技人才。要加大专业技术人才的引进和培养力度，满足北京市电加工研究所创新发展对各方面人才的需要。

(2)抓好科研创新，提升自主创新实力。①围绕国家科技发展需求，积极申请国家科研重大项目，努力开发多轴精密数控电火花加工机床，更好地为航空航天领域服务。②抓好新产品研发及科技成果的转化及应用。③加快新型材料的加工制造。④研发生产多轴精密数控电火花线切割机。⑤保证产品的一次加工合格率。

(3)加强企业的信息化建设，提高设计数字化水平。

(4)加快自主创新技术成果产业化步伐。继续落实“一手抓科研开发、一手抓产业化建设”的发展方针，加快科研成果产业化，继续在超硬材料特种加工、精密数控、精密工模具等领域保持国内的技术领先地位，促进产业规模化取得新的发展。加强重点实验室建设，扩大实验室规模，提升装备水平，同时积极参与院地合作与国际合作，大胆引进国外高端人才，引进新项目，形成新的联合创新模式，提升实验室的研发水平，多出成果，努力实现跨越式发展。

优秀企业专题

推进制造创新　加快转型升级　提高运行质量

——上海机床厂有限公司

2012年是“向管理要效益，通过加强管理，提高核心竞争力”的关键年，也是上海机床厂有限公司(简称上机公司)转型发展的关键时期。2012年以来受国内外经济紧缩的影响，市场需求一路下滑，表现为通用机床需求仅是2011年的1/3。上机公司全年共计生产机床2 825台，销售收入63 952.6万元，其中通用机床2 380台，销售收入29 572.8万元；专用机床445台，销售收入34 379.8万元。专用机床与通用机床销售收入比率为54∶46，真正实现了公司产品结构调整的目标。2012年上机公司围绕“调结构，上水平”的发展战略，在硬件建设的同时，着力提升软实力的建设，以狠抓企业管理和质量管理为突破口，真抓实干提升整体实力，提高了经济效益。

一、推进结构调整整合有效资源，加快专机制造

2012年随着1.8亿元工程改造完成并投入使用，上机公司重点对数控装配车间的定位进行了较大调整，逐渐转移了原电气、原上依公司有关电箱制造、电气元器件制造、产品设计、零件加工等工作职能。为了理顺组织结构，便于管理，将原大型机床装配车间的一个工段并入数控装配车间，逐步形成较为完整的大型数控整机装配车间，加快了专机制造步伐。同时，还根据产品结构的变化，相应地调整了车间管理层人员结构，取得了较好的成效。2013年，数控装配车间将真正成为上机公司较为规模化的大型专用数控机床装配车间，加速了公司产品转型并向高端化发展的步伐。

二、从严控制应收账款和存货管理，提高企业健康度

上机公司在应收款方面开展了大量工作，重点推动两年以上应收账款的催付。公司成立了专门的应收账款管理小组，由总经理牵头，集销售、车间、财务、法律各方面人员于一体，将应收账款的具体指标落实到相关部门，落实专人负责。同时进一步完善应收账款工作的考核体系，定期召开专题会议，做好事前的风险估计，加大事后的追讨力度，提高售前、售后服务质量，从严控制应收账款的管理，全年共收回两年以上的应收账款1 300万元，实现利润1 000万元。

在存货管理方面，主要是夯实车间及仓库的库存。一是会同有关部门进一步确认公司内长期不用物资，降低库存资金；二是对库存零件的状态进行摸底、排查，部分零件可在后续的排产成品中使用，还有部分零件可通过改型设计进行再回用；三是根据库存数据对车间及仓库加大考核；四是在对产成品结构分析的同时，进一步加强对零部件成套率及周转情况的分析，以达到压缩库存、减少呆滞、优化存货结构、盘活库存资金的目的，全年压缩存货1 500万元。

三、抓住机遇调整运作方式，提升企业核心竞争力

整个经济增长速度放缓给企业的运行带来很大的压力，深层次的问题逐渐暴露，鉴于此，上机公司着手对内部机构进行了调整。一是吸收合并上海冲剪机床厂，通过资产重组，全年成形机床实现销售收入近9 000万元，完成预算目标。二是进一步整合公司内部资源，突出"精密制造、精密装配、精密计量"的技术特色。8月正式组建了工艺处，逐步强化工艺指导作用，突出工艺在机床制造过程中的地位，规范生产制造过程的工艺纪律，提高企业整体管控水平。同时，在人员结构调整过程中，压缩和调整了车间部门的设置，撤销了运输处、卫生处、工具处、液压车间4个部门，重组了工具车间，使部门设置和人员调整更加适应精密制造。

四、充分注重"节流开源"，降低企业运营成本

"节流开源"是公司下半年的主要工作方针，也是保证上机公司健康运行的有效途径。下半年通过分析未来产品发展趋势，对现场在制产品的优化改进，以及围绕比价采购、控制外购件种类、优化设计结构等工作控制成本。如进口件比价采购，技术中心主要分析多类进口零件的成本情况，确定了重点分析对象，并提供各类零件多品牌的型号对照清单，便于进行比价招标工作。

继续推进产品标准化、系列化工作。随着数控机床的增多，原上依公司产品生产流程中投产时间紧张的矛盾越来越突出，必须加快原上依公司产品系列化、标准化的改进步伐。当前H234系列产品形成了以750长度为机型的系列化产品，方便了生产部门的预先投料，为产品出产周期的大幅缩短提供了条件。通过与国外专家的合作，完成了新一代200系列MMK1620产品的设计，在小批量试制并改进后，将实现产品标准化、系列化。

五、依托04重大科技专项，推进产品技术进步

近几年上机公司凭借深厚的技术底蕴以及精密制造特色，先后承接了18项国家级科技重大专项课题、5项市级科技专项课题，其中6项国家级牵头项目已通过验收，5项与其他院校、单位合作的项目也已验收结题，3项市级牵头项目已验收结题，其余项目正在实施中。这些重大科技专项的承接与完成，充分彰显了上机公司的科技实力，同时也渗透了全体员工的心血和辛劳。

公司研制的"超重型精密数控轧辊磨床MK84300/H"获得2012年第十四届中国国际工业博览会创新奖，"轴套类精密数控复合磨床系列产品的研发与应用"获2012年上海电气(集团)总公司科技进步奖二等奖，"超重型精密数控轧辊磨床MKA84250/15000－H"获2011年度"上海市专利新产品"证书，"高速、超高速精密数控外圆磨床系列产品的研发和应用"获2011年度上海市重点新产品质量振兴攻关成果奖二等奖，"面向汽车行业的数控高精度外圆磨床系列产品"荣获2011年度上海市重点产品质量振兴攻关奖一等奖。重大专项课题的不断推进，有力地带动了公司其他产品及其技术的研发。此外，年底技术中心科研室成立软件小组，主要针对重大专项"汽车发动机生产线用数控曲轴磨床、凸轮轴磨床"开发配套磨削软件，并对当前世界上最先进的随动曲轴磨床进行了功能分析，已在随动凸轮磨床上进行非圆曲面算法调试试验。总之，通过系列化OEM软件制作来打造上机公司的核心竞争力。

六、加大供应商质量监控力度，确保产品质量

随着企业转型发展、生产方式变革，上机公司重点抓高能耗、高污染的铸件时效和粗加工外移后供应商的质量控制。一是上半年针对新供应商提供的台面时效质量不稳定等缺陷，采购与质保部门会同相关技术专家去供应商现场查找问题的根源，制定了相应措施，并经过反复做试验、多次磨合基本解决问题。二是对电箱、500系列头、尾架和小专机下台面进行质量跟踪，修改相关供销合同，增加了铸件质量处罚条款，并延长电箱等产品的保修期限。三是规范生产加工过程的质量检验，推进生产过程中的自检自查，加强下道工序对上道工序的检验把关。重点在大件车间、中小件车间建立首检、巡检、完工检三检制度，严格控制零件加工工序，杜绝、制止加工的跳工序和并工序现象。四是质保处在装配现场为每台机床建立一张"病历卡"——装配车间现场质量问题信息单，对发现的问题适时跟进，尽快帮助装配车间解决质量问题。五是对通用性机床检验逐步推行"一次交验合格率"，积极营造"不接收、不制造、不传递"不合格产品的质量氛围，有效防止不合格品的产生。

七、推进信息化管理，提高管理效率

2012年上机公司加大了信息化工作的推进力度，PDM工作上了一个新的台阶，已完成部分外购件的录入和修改工作；新设计产品图样均进入PDM图库，老图样也陆续输入PDM图库；数控车间已成功实现在大屏幕上调阅产品图样;四季度开始,PDM 建设已基本完成,投入实际使用。通过完善 PDM 系统,公司在无纸化办公方面迈出了坚实的步伐。

中小件车间在数控加工工段信息化计划管理系统的基础上,开发了车间级物料计划管理系统,使计划管理变得更有针对性。公司将不断推进信息化管理的进程,通过信息化管理平台进一步提升管理效率。当前,根据集团实施新 OA 系统的要求和公司企业组织架构的变化,从 12 月份开始梳理和调整 KOA 系统结构、后台数据,确保 2013 年新系统的顺利实施。

八、调整人员结构与配置,适应转型发展之需

2012 年上机公司在面临国内外宏观经济形势复杂多变的情况下,针对转型发展的瓶颈,着重调整人员结构,优化配置,全年减员 338 人,减员率 15.7%。主要减员对象是外来劳务工、退休回聘人员等,人员结构调整促使车间部门压缩二、三线的富余人员,年底共节约人员费用 143.6 万元。另外,2012 年推进人力资源 ERP 项目,进一步理顺、完善企业内部工资薪酬结构,调整了管理处室人员基本工资。对新进大学生实施"1 + 3 + 5"的跟踪考核培养机制,即第一年深入生产现场培训,三年自我价值体现,五年职业生涯提升发展,真正引导员工朝提高素质与能力、比贡献的方向努力。

九、健全制度落实各项安全措施,确保安全生产平稳受控

上机公司在安全生产工作方面,按照上海电气集团总公司"构建一个体系,实现三化——信息化、标准化、专业化"的要求,落实了主体责任,加强了目标管理,顺利通过安全生产标准化二级考评,安全生产处于平稳受控状态。一是成立安全生产委员会,实行安全生产"一票否决";二是按照"一岗双责"要求,逐级签订安全生产责任制,公司领导坚持每周参加一次安全检查,中层干部和安全员每天参加一次安全检查,同时开展节假日前安全大检查和季节性安全检查,确保安全生产受控;三是参与安全生产标准化达标工作,各车间部门落实责任,积极整改,提升公司安全生产标准化二级达标企业的品质;四是强化各级人员的安全教育和培训管理工作,开展打非治违和"五个重点领域"的专项整治行动。

以创新打造核心技术竞争力　向高端助推转型升级快发展

——机械工业第六设计研究院有限公司

2012 年,机械工业第六设计研究院有限公司(简称中机六院)完善"打造中国装备制造与现代制造服务业工程设计第一强院"目标,提出"开拓高端业务、抢占高端市场、引领高端技术、培养高端人才、打造高端品牌"的行动纲领,全面推进公司转型升级,各方面工作取得了显著成绩。2001—2012 年转企 12 年以来,中机六院合同额增长 150 倍、营业收入增长 40 倍、资产总额增长 27 倍、从业人员增长 6 倍;国内开拓 32 个省、市、自治区市场,国外开拓亚洲、非洲、欧洲、拉丁美洲等 28 个国家和地区市场;设计项目获奖 451 项次。2012 年,中机六院还荣获工程设计综合甲级资质,拥有了设计、监理的最高市场准入资格,为今后全方位开拓市场打下基础。

中机六院取得飞速发展基于多年来坚持"机械工业道路不动摇",得益于积极开拓市场、提升管理水平和服务水平,更离不开核心技术竞争力的有力支持。

多年来,中机六院以创新为核心,在工艺技术、总图物流、绿色工业建筑、智能与信息化、铸造工程、无机新材料工程、恒温除尘、建筑结构等十多个专业和技术领域形成了自己的专有技术,成为国内智慧工程、绿色工程设计企业的领军者,在工业企业全生命周期建筑信息模型应用方面处于国内领先水平。

一、市场需求是创新的牵引力

中机六院的创新以市场和客户需求为导向,来自于工程先进性、经济性、美观性的具体需要,面向工程建设的各个环节,具有极强的现实意义。"十二五"时期,我国经济社会发展呈现新的阶段性特征,已经到了靠智力、靠高水平的技术、靠生产方式的转变赢得市场的时候。"满足市场需求就是我们技术创新的方向和目标",公司近几年重点培育发展的"三化"(数字化、信息化、智能化)融合技术等是当前国内前沿技术,也是国内工程建设向绿色与智能转型的关键技术,市场前景广阔。

中机六院陆续召开了 22 场系列座谈会,深入分析市场前景、科技创新和"三化"融合技术,赵景孔董事长亲自参与,全程指导,并提出了"绿色""智能""智慧""高端"等一系列创新工作的要求,以"三化"融合为核心提升绿色、智慧建造水平,依靠人才提升、机制完善开展科研平台建设。在此思路的指导下,中机六院先后承接了华晨汽车投资(大连)有限公司年产 2 万套专用汽车上装项目、重庆大江工业有限公司大江重型装备项目、上海烟草集团有限责任公司浦东创新科技园区建设项目等,为公司迈向高端市场奠定了基础。

二、员工的创新欲望是创新的源动力

员工是创新的主体,公司为激发员工的创新欲望、营造良好的创新氛围,制定了系列创新管理办法和制度,定期组织召开座谈会和知识培训讲座,组织人员参加学会、协会、专业技术委员会等举办的学术会议,多渠道、全方面地提升员工创新欲望。为了奖励在科技创新活动中做出突出贡献的个人和组织,调动员工勇于创新的积极性,中机六院制定了《科技创新成果奖励办法》《关于对科技创新成果进行奖励的决定》等文件，对每年度重大科研成果、优秀论文、著作、专利等进行表彰和奖励。

在浓厚的创新氛围中，中机六院员工积极创新进取。2012 年，成功建立国内首个专门用于研究污泥堆肥处理厂通风除臭系统的标准试验台——生物滤池综合试验台。完成具有国际一流水平的国内首台铁路货车整车疲劳与振动试验台项目设计。该试验台建成后，在试验室里就能模拟出货车在世界各国不同铁路设施、工况下运行的科学数据；铁路货车在该试验台上试验 20 天，就能取得在线路上运行 25 年的各种数据，极大缩短了从研发、试制到投入运营的周期，系统提升了我国铁路货车研发、试验、制造水平。该试验台的建成，对于建立我国铁路货车疲劳寿命评价体系、开展疲劳与振动试验规范研究，推动我国铁路重载快捷货车技术发展具有重要意义，标志着我国铁路货车从研发、生产到试验达到世界先进水平。

三、有效的激励机制是创新的推动力

要想保持员工旺盛的创新劲头，就要不断强化创新激励机制，激励员工开展技术创新研究工作。中机六院重点从科技创新组织架构体系、考核评价奖励体系、科研课题管理体系、支撑体系等方面完善科技创新体系，同时，进一步完善《技术创新与科研课题管理办法》《工程技术进步与创新讲评选办法》《科技创新奖励办法》《科技创新成果奖励办法》等，为进一步提高员工的创新欲望提供制度保障；另一方面不断加大科技创新投入，在为科技创新提供坚实物质保障的同时，加大奖励力度，激发员工创新积极性。

2012 年，中机六院获省部级以上各类奖项 16 项，授权专利 10 项(其中发明专利 2 项)，获软件著作权 9 项；主编或参编国家、地方和行业标准 9 项。

四、以绿色、智能技术引领高端技术

中机六院勇于探索，不断开拓创新，以“三化融合”，绿色、智慧工程技术为核心，打造核心技术竞争力，引领建设领域高端技术发展潮流。

中机六院研究和实践 BIM 技术(Building Information Modeling——建筑信息模型技术)，让三维设计与设计院传统的咨询、设计、总承包、项目管理业务交叉融合，形成了新的产品设计与交付模式。2009 年，中机六院凭借 BIM 技术脱颖而出，中标了当前国内制造业最大的三维工厂信息模型项目——浙江中烟工业公司杭州制造部。凭借此项目，2010 年，中机六院在中国勘察设计协会主办的“创新杯”建筑信息模型(BIM)设计大赛中荣获三项大奖：最佳 BIM 协同设计奖二等奖、最佳 BIM 工程设计奖二等奖和最佳 BIM 应用企业奖，成为全国唯一获此大奖的工业设计单位。2011 年、2012 年公司蝉联最佳 BIM 应用企业奖，取得三年得九奖的佳绩。

中机六院深化绿色、智慧工程设计技术，融合 BIM 技术，在“智慧工程设计”“智慧建造”和“全生命周期智慧工厂运营”等“三个智慧”方面进行研究和实践，取得了显著成绩。日本山崎马扎克大连工厂项目采用轻钢结构建筑的全封闭、全空调大联合厂房，恒温清洁，并采用智能化生产方式，多条加工线实现 24h 连续工作，16h 无人运转，是智慧工程设计的典范；广东创汇实业有限公司年产 12 万 t 树脂磨具(切割片)项目、郑州煤矿机械集团有限责任公司生产基地项目、徐工集团技改项目、国家中医临床研究基地项目等是实践三维工厂设计、智慧医院设计等智慧建造的成果。主编的国家标准《绿色工业建筑评价》，其导则已经发布；承担的国家科技支撑计划子课题——“绿色工业建筑评价体系及其数值水平研究”课题组启动；主编的国家标准《制造工业工程设计信息模型应用》即将完成；由中机六院咨询、设计的博思格建筑系统(西安)有限公司新建工厂项目顺利通过专家评审，成为中国首个三星级绿色工业建筑。

中机六院董事长赵景孔多次强调：“到 2020 年以后，中国的工业就不是建设问题了，而是面临着工业的再造、提升。未来世界发展的趋势就是新工业革命——绿色、智能。这是我们要走的方向。”2011 年中机六院根据公司“三五”发展规划制定了《“三五”科技创新战略发展规划》，是实现企业生产方式转型升级、提高发展质量的新的战略部署，将指引公司迈向更强、更优的新阶段。

凝心聚力　共克时艰　转型升级　创新发展

——陕西汉江机床有限公司

陕西汉江机床有限公司前身为汉江机床厂，是国家第三个五年计划时期建设的三线重点工程之一，1965 年选址，1966 年开工建设，1969 年建成投产。公司是我国生产系列螺纹磨床、滚动功能部件、机电一体化精密机床、精密检测仪器、螺杆转子和压缩机主机的大型骨干企业。主导产品通过 ISO9001 认证，“汉机”是国内知名品牌。

2012 年以来，受欧债危机与世界经济增速放缓的影响，国内机床工具行业市场需求下滑、产销持续回落。面对严峻的经营形势，公司上下团结一心、迎难而上、稳中求进，在稳定传统产品市场份额的同时，努力培育新产业、推进新项目、拓展新空间，确保公司健康、平稳发展。

一、发挥技术先导作用，保持行业领先优势

面对当前持续低迷的市场大形势，公司紧跟行业转型升级调整步伐，在稳定传统市场的同时，积极开拓压缩机、减速机、太阳能光伏、汽车等新市场，为公司实现“稳增长”目标提供了强力支撑。主机产业积极推动高精高效、成套成线螺纹加工设备的升级改造和推广运用，通过高强度技术投入和自主创新，不断增强核心制造能力和水平，致力于为用户提供完整的工艺技术解决方案和集成服务；丝导产业推行规模化分线加工工艺取得了实质性进展，按照丝杠副的工艺特点，建立了丝杆、螺母、装配分线加工组织模式，将旋风硬铣削高精度、高刚度定位刀盘设计与制造技术、外圆定位自适应夹持系统及控制、超长螺纹旋风硬铣削接刀策略与精度控制技术等多项核心技术运用到丝杠加工制造中，既降低了生产成本，又缩短了交货周期，还延长了产品的使用寿命；导轨产业完成从"珠"到"柱"的飞跃，成功开发的重载滚柱滚动直线导轨副用于大型龙门铣床，广泛应用于国内各行业，提升了我国滚动功能部件产品的技术含金量，在满足国内市场需求、部分替代进口方面迈出了坚实的一步。

依托技术创新的系列产品，2012年公司获得多项荣誉和奖励。研发的04科技重大专项成果产品——2MZK7150数控可转位刀片周边磨床和GQ70×20 5m空心滚珠丝杠，在第七届中国数控机床展览会上获"春燕奖"；SK7032数控螺杆转子磨床荣获中国机械工业科学技术奖；SK7450 10m数控丝杠磨床荣获陕西省科学技术奖；公司被陕南循环发展工作领导小组授予技术创新驱动奖。公司多项自主研发技术获国家知识产权局颁发的"实用新型专利"证书。

二、内部挖潜提升管理水平，夯实稳步发展基础

公司利用市场调整之机，积极创新内部管理工作，着力提升管理水平，有效增强了公司的抗风险能力和核心竞争力，夯实了企业渡难关、谋发展的基础。坚持推行"6S管理"制度，明确流程运作和员工职责，培养良好的工作习惯，加强现场管控，改进现场环境，生产现场秩序焕然一新。实行精益生产管理模式，对生产管理体系进行优化调整，完善了生产计划、物资采购、物流配送及仓储工作，成功开发了主机生产计划系统与K3 ERP系统的数据传递接口，在不影响各自系统结构的前提下实现了无缝衔接，消除了生产计划同产供销系统隔离的数据孤岛，生产资料得到及时、有效配置，基础管理流程更科学、更严谨，生产效率提升显著。

三、积极拓展新领域，螺杆转子产业大有可为

依托精密制造优势，公司积极延伸产业链，拓展新领域。经过近年来高强度研发投入，螺杆转子产业已初具规模，正在逐步成为公司新的经济增长点。当前，多规格的螺杆转子已投入批量生产，并覆盖40m³以下规格系列产品，2m³、3m³、6m³部分达到一级能效标准。在2012亚洲国际动力传动与控制技术展览会暨第六届国际压缩气体技术展览会上，展出了1~40m³螺杆压缩机主机产品，令业界刮目相看。当前，公司积极制定螺杆转子产业发展战略，研发高附加值产品，全力突破大规格、高精度螺杆制造设备方面的瓶颈，积极培育高端制造产能，中高压多级螺杆压缩机主机试制工作已全面展开。

四、深耕企业文化，引领企业健康发展

企业文化是推动公司转型升级的动力和源泉。公司充分认识企业文化建设的重要性，着力培育核心价值体系，诚信为本、精益求精的企业精神不仅是推动公司多年来发展的强大精神动力，更是企业和员工共同的价值标准。各党支部、工会、共青团组织，围绕企业生产经营、转型升级和人力资源考核等重点工作，加强宣传和舆论引导，促使职工转变思想观念，积极参与企业各项改革。以建设"和谐汉机"为目标，开展独具特色的文体活动，为职工搭建展示个人综合素质的舞台，增强了企业凝聚力，进一步塑造了良好的企业形象。公司在注重企业生产经营的同时，将保障与改善民生纳入每年度的工作重点，把"提升后勤保障能力和服务质量"摆在第一位，全方位加强民生建设，以企业文化建设助推公司转型升级。具体做法包括：推动公租房建设，完工单身公寓及配套设施，亮化、美化老住宅小区，关心、慰问困难及生病职工等。

当前，国际经济环境和国内市场都发生了深刻而巨大的变化，企业间的新一轮竞争更趋激烈。陕西汉江机床有限公司将继续加大研发和创新力度，充分发挥螺纹磨床和滚动功能部件两大产业优势互补、相互促进的核心技术优势，大力推进技术改造和自主创新，进一步加强与国内同行企业的密切协作，扬长避短，奋勇争先，和有志于振兴中国机床业的志士仁人共同撑起中国机床制造业的辉煌明天。

自主创新　实现五轴机床销售历史性突破

——大连科德数控有限公司

2013年4月，北京第十三届中国国际机床展览会现场，大连科德数控有限公司(简称大连科德)与德国一家机床销售企业签订了五轴立式加工中心(VGW400-U)购销合同，这是海外市场第一次选购装有大连光洋科技工程有限公司(简称大连光洋)研发的高档数控系统(GNC61)的五轴高档数控机床，实现了中国高档数控系统与五轴数控机床出口西方发达国家的历史性突破。紧接着，大连科德又与日本一家客户签订了3台装备大连光洋数控系统和功能部件的五轴机床销售合同。至此，中国在全球高端数控机床领域占有了一席之地。

大连科德是大连光洋的全资公司。大连光洋在20年的发展历程中，前10年从事工控、电子产品的研发制造，后10年进入机床行业。在机床制造业这个庞大的领域，名不见经传的大连光洋介入其中纯属偶然，也是必然。在世界经济不景气的影响下，我国机床行业产能过剩日益突出，产值逐年下滑，转型升级寻找新的增长点成为必然。

与我国机床市场总体形势形成鲜明对照的是，高档数控机床的需求占比持续高攀。统计表明，2012年我国高端机床的需求增长首次超过低端机床需求增长。据海关统计,2012 年 1—12 月,我国数控机床进口额为 45.60 亿美元;进口量为 1.56 万台,进口平均价格为 29.29 万美元/台,同比增长 26.0%。进口产品占据了我国高端机床市场 90% 的份额;另外 10% 份额虽然名为国产,但机床"大脑"(高档数控系统)却从德国、日本进口。核心技术、高端市场、丰厚利润长期被海外企业垄断。

大连光洋和大连科德以振兴民族工业的使命感,以替代进口、保障国家安全的责任感,抓住机遇,知难而进,确立了"不与国内同行争饭碗,致力于研制五轴高档数控机床"的准确定位,十年磨一剑,研制出具有中国自主知识产权的 GNC60/61 系列光纤总线开放式高档数控系统,成功应用于我国大飞机装配线和五轴高档数控机床,打破了外国企业的对华封锁和垄断,大连光洋由此赢得了"中国自主创新十佳企业"的美誉。大连科德自主研制的以车铣复合为代表的高档数控机床填补了国内空白,多款机床荣获了代表国内机床行业最高水平的奖项——"春燕奖",拉开了中国与世界机床强国竞争的序幕。

一、自主创新是企业生存的根基

大连科德(大连光洋)是国家级创新型企业、国家级高新技术企业。员工约 500 人,其中研发人员约 200 人,占比 40%。拥有博士后工作站、国家地方联合工程中心、中国大连工控技术转移中心、辽宁省数控伺服传动工程技术研究中心、辽宁省企业技术中心、大连数控技术研究院等研发机构。企业共申请专利 201 项,共获得专利授权 118 项,其中发明专利授权 33 项(含国际授权 3 项);取得软件著作权登记 19 项;连续十年研发投入保持 15% 以上。公司的"GONA"商标被国家工商总局授予"中国驰名商标",这是我国数控行业第一枚(也是唯一的一枚)国家级驰名商标。经过十余年的努力,公司在自主创新发展道路上,在我国高档数控和工业自控产品技术领域形成了较强的核心竞争力,联合行业精英制定了数控系统现场总线国家标准(组长单位),推广自主知识产权新技术、新产品,培养民族品牌。多次受到党和国家领导人的高度关注,温家宝、贾庆林、李长春、李克强、张德江、刘延东等国家领导人都曾视察过公司,对公司数控产业的发展给予高度评价并寄予厚望。

大连光洋和大连科德在国内率先掌握经用户认可的具有完全自主知识产权的高档复合类数控机床的完整技术链和完整的产业链。其中,技术链主要为数控系统实时核技术、直驱电机技术、数控系统现场总线 GLINK 技术、开放式数控平台技术、误差补偿技术等,产业链包括光纤总线开放式高档数控系统、直驱式力矩电机、电主轴、直驱式单/双摆铣头、直驱式单/双轴转台、理石床身等。

在 2013 年 1 月 14 日举行的国际研讨会上,大连科德展示的五轴龙门机床在全闭环控制下,实现定位精度 0.5μm/m、分辨力 0.1μm。来自德国、日本、美国等国家的与会专家认为:这是我国中大型高档数控机床在亚微米超精密集成控制方面取得的重大技术突破,在国际上处于领先水平。

二、重大专项推动转型升级

大连光洋和大连科德承担的高档数控机床与基础制造装备科技重大专项课题有"光纤总线开放式全数字高档数控装置(2009)""直驱式高速高精度双摆角数控万能铣头(2009)""14 轴 5 联动高速精密直驱摆角铣头卧式铣车(车铣)复合加工中心(2009)""高可靠性光纤总线开放式高档数控系统、精密测量系统、伺服装置和电机技术及产品成套系统工程(2012)",其中 2009 年的 3 个项目均通过了国家验收。

在完整的技术链和产业链基础上,重大专项大大促进了企业的发展。当前主导产品有 4 个系列:五轴工具磨床、三维激光机、卧式复合加工中心、立式复合加工中心。出口德国的 VGW400 - U 五轴立式加工中心所配置的数控系统、伺服驱动单元和伺服电动机、力矩电机、电主轴、直驱转台及人造理石床身等关键部件均为大连科德自主研制。经过德方代表验收合格,其中一些技术指标超过同类进口机床(例如,相同的质量标准下,加工相同的发动机叶轮,配备大连光洋 GNC61 系统的大连科德 VGW400 - U 机床耗时 2 ~ 2.5h,配备西门子和海德汉系统的德国哈默 C30U 机床耗时 4.5 ~ 7h),成为中国高档数控机床走向世界的重要节点。

三、产业化支持市场的推广

大连科德系列化高端产品打破了进口垄断,填补了国内空白。继出口德国后,与日本一家客户签订购销合同(型号为 VGW800 - MT、VGW400 - U、VGW800 - H),其他意向订单 200 余台;与国内一些著名的航天、军工单位签订了合作协议。

围绕高档数控机床产业建立完整的技术链和产业链,攻克核心技术和关键零部件的工艺难关,以确保产品绝对领先的技术和质量水平,掌控制造成本,快速响应市场,使高档数控机床产品具有极高的性价比,以强大的技术和价格优势进入国内外市场。按照这种发展思路,大连科德 2012 年建设的第二工厂(地下 1.5 万 m^2 恒温、恒湿)已投入试生产,可满足年产 300 台高档数控机床的需求。

大连科德五轴机床引发了市场的关注。德国的哈默、西门子、海德汉,日本的马扎克、发那科、牧野,美国的美格,中国台湾的友嘉等世界知名企业纷纷前往开展技术交流,表达采购、配套大连光洋数控系统和直驱电机以及代理销售大连科德产品的意愿等,相关合作计划已顺利启动。

为了满足市场对高档数控机床的需求,加快产业化速度,大连光洋和大连科德正在建设 9 个专业化工厂,分别是数控系统厂、伺服电机厂、关键功能部件厂、人造理石床身厂、五轴磨床厂、卧式车铣复合加工中心工厂、立式车铣复合加工中心工厂、三维激光复合加工机工厂、精密机械加工工厂,通过不断的自主创新,牢牢把握核心竞争力,做实、做强中国机床产业。

勇于探索　攻坚克难　科技之光　辉耀未来

——济南铸造锻压机械研究所有限公司

济南铸造锻压机械研究所始建于1956年，是原机械部直属从事铸造机械、锻压机械、液压技术等多专业综合性应用技术研究、开发和行业归口管理的科研机构。2009年改制为济南铸造锻压机械研究所有限公司（简称济南铸锻所）。

近年来，济南铸锻所充分利用国家大力引导、支持振兴装备制造业，实施“高档数控机床与基础制造装备科技重大专项”的契机，积极参加各类科研项目的研究开发，取得了丰硕成果。承担（参加）国家科技重大专项课题18项，其中作为课题主承担单位承担课题5项，作为支撑单位参加课题13项。承担省部级科研项目13项、市级科技项目14项。另外，公司自主立项科技发展基金项目16项。

一、科技重大专项情况

济南铸锻所主承担“轿车铝合金缸盖、缸体低压铸造成套装备”“大功率厚板数控激光切割机和三维数控激光切割机”等“高档数控机床与基础制造装备”科技重大专项等国家级科研课题5项。

完成主承担国家重大专项“铸件砂型近净成形成套装备”（项目编号：2009ZX04006－021）的各项研发任务，开发出整个系列的静压自动造型线产品（砂箱尺寸从1 000mm×800mm到1 850 mm×1 200mm），并在潍柴动力股份有限公司、扬州柴油机有限责任公司等5家用户进行示范应用，极大地提高了我国现有静压造型线和水平分型脱箱自动造型线的技术水平、可靠性和稳定性。

完成主承担国家重大专项“大功率厚板数控激光切割机和三维数控激光切割机”（项目编号：2009ZX04003－032）课题的样机制造，成功实现厚度30mm的碳钢板切割。应用该项目成果研制成功的LR0412高性能宽幅面数控激光切割机获2012年济南市科技进步奖一等奖。

主承担国家科技重大专项“轿车铝合金缸盖、缸体低压铸造成套设备”（项目编号：2011ZX04001－031）课题研制的智能化低压铸造单元参加了2013年4月9—11日在苏州召开的第九届国际有色及特种铸造展览会，获得展会设立的“铸造装备创新奖”。

参与实施国家重大专项“30 000～65 000kN全闭环高精度伺服折弯机”课题，与湖北三环锻压设备有限公司合作研发的“全闭环高精度伺服折弯机的研发与应用”获2012年度湖北省科技进步奖一等奖。

作为主要技术支撑单位参与4项国家重大专项课题——“大型数控单双动薄板冲压液压机”“高速精密数控冲床”“大型快速高效数控全自动冲压生产线”“6 000kN数控肋骨冷弯成形机”已顺利通过验收。

二、主要技术成果

1. 科技成果鉴定

2010年以来，公司共有22项新产品通过省科技成果鉴定，产品技术水平均达到国内领先或国际先进水平。

2013年，“SP型高性能数控伺服转塔冲床”“石油管材高效激光切割加工单元”两项新产品进行了省级科技成果鉴定，产品综合技术均达到同类产品的国际先进水平。其中，“SP型高性能数控伺服转塔冲床”项目产品是以伺服电动机驱动的创新型主传动为主要特征，采用多项创新和专利技术与先进制造工艺，自主研制的适应市场需求的新型高性能数控冲压加工设备，在总体方案、主传动系统、冲压速度、模具工艺等方面均进行了创新和优化设计，具有技术领先、结构完善、性能可靠、精度优良、快速高效及节能降耗的特点，适用于多品种、小批量的金属板材加工行业，具有良好的市场推广应用前景，对公司冲床系列产品升级换代，提升公司在板材加工领域的技术水平及竞争力起到积极作用。

2. 荣获科技奖励情况

2010年至今，公司荣获上级部门授予的科技奖励29项。其中，省部级科技进步奖一等奖3项、二等奖5项、三等奖4项，山东省专利一等奖1项，中国标准贡献奖1项及市级科技进步奖15项。

（1）2010年，“车架纵梁柔性制造成套生产线”获山东省科技进步奖一等奖和济南市科技进步奖一等奖，获山东省首台（套）重大技术装备项目称号。该项目针对中重型卡车等商用车的主要承载部件——车架纵梁变形快、加工困难的问题，确定了纵梁“开卷矫平收卷—辊弯—三面冲孔—折弯”新的成形工艺，在国内外率先掌握纵梁制造成套技术，实现了高强度钢汽车纵梁柔性生产。当前已为东风汽车、中国重汽、柳汽、宇通客车等21家汽车厂研制了60条生产线，有力地推动了我国汽车制造业技术进步和发展。

（2）2011年，“一种‘U’形梁三面冲孔工艺及其使用的生产设备”发明专利（专利号ZL 2008 1 0157869.1）获得山东省专利一等奖。该专利技术应用于公司“汽车U形纵梁数控三面冲孔生产线”，解决了传统工艺存在的柔性、精度方面的难题，实现了纵梁加工高效、高精、柔性、自动化生产。近几年国内各大汽车厂（一汽、东风、重汽、柳汽、北汽福田、郑州宇通等企业）陆续装备了济南铸锻所产品。

此外，“SKYE21225C型数控伺服转塔冲床”获山东省科技进步奖二等奖，“高强厚板精密数控开卷校平生产线”获中国机械工业集团科技进步奖二等奖，“变截面汽车纵梁数控平板冲孔生产线”获得中国机械工业科学技术奖二等奖。

（3）2012年，“板材柔性制造生产线”项目获中国机械工业科学技术奖二等奖。该项目是在已有数控转塔冲床及数控直角剪切机等产品及专利的基础上,吸收国外先进技术,通过对板材柔性制造生产线关键技术进行攻关,突破了板材立体仓库、自动上料、数控分选码垛、联线控制及软件等核心技术,研发完成的对金属板材进行冲剪一体化加工的高效数控设备,具有技术领先、结构完善、性能可靠、快速高效等特点。通过产学研合作,以济南铸锻所为主,联合济南大学组成产学研一体化的攻关队伍,实现集成创新。该项目已获专利授权9项,产品在重庆祥泰电气有限公司等多家用户广泛应用。

GB/T 21681—2008《数控压力机、液压机用模拟负荷测试系统》获得中国机械工业科学技术奖三等奖。

(4)2013年以济南铸锻所为主,联合东风汽车有限公司商用车车架厂共同研发的"多通道高效五主机数控三面冲孔生产线"获得2013年度中国机械工业集团科学技术进步奖一等奖。该项目是汽车U形纵梁的重要加工设备,实现了U形纵梁小批量、多品种、自动化生产,有效解决了原有三主机、四主机三面冲孔生产线生产效率低下的难题。研发数控多通道控制技术,可同时加工2根纵梁,缩短生产节拍约1倍;开发多主机适配模具技术。实现动态适配模具优化技术,冲孔次数减少约25%;发明了单次冲压双孔的双冲模具结构;实现单机一次冲压双孔,充分提高了设备冲孔节拍,大大提高了纵梁生产效率,达到国际同类产品水平,提高了国产汽车装备的核心竞争力。该项目于2012年11月29日经中国工程院院士等专家鉴定达到同类产品的国际先进水平。

(5)子公司扬州捷迈锻压机械有限公司"ZS-JL36A-400T型电机和发电机硅钢片数控冲压自动化生产线""变压器板式散热片自动化成形冲压生产线""SX-YJ65E-1600/800/200型数控钢管液压胀形车用桥壳生产线"获得中国机械工业集团科学技术进步奖三等奖。

3. 授权专利

近三年,公司共获授权专利81项。其中,国际发明专利1项、国内发明专利9项、实用新型专利56项、外观设计3项以及软件著作权12项。

4. 标准制定

近三年负责制修订标准46项,其中国家标准25项、行业标准21项。其中,GB 25492—2010《落砂机 安全要求》、GB 28240—2012《剪板机 安全技术要求》荣获济南市创新型城市建设奖励"国家标准制定单位奖"。

5. 其他荣誉称号

2010年公司获评"山东省创新型试点企业""济南市创新型试点企业";2011年度公司被济南市长清区人民政府授予"十一五"期间科技创新工作先进单位称号;2012年度公司"济南市高端金属板材成形装备创新团队"获济南市优秀创新团队称号;获国机集团授予的"创新方法推广应用优秀试点单位"称号。

三、产业化情况

2010年公司二期工程新建高端数控锻压机械成套装备产业化基地,新建数控锻压联合厂房,以满足生产需要。共新增金属切削机床、在线试验检测设备、起重运输设备35台,其中生产设备5台、在线试验检测设备8台、起重运输设备19台,低压电动平车3台。实现高端数控锻压机床成套装备的产业升级,并形成年产汽车纵梁数控加工成套设备8套、大型精密数控激光加工设备15台、大型精密数控辗环机3台、大型数控厚板开卷校平生产线4套的生产能力。

2011年三期工程实施"高档绿色铸造成套装备产业升级项目",新建数控铸造机械联合厂房。项目共新增大型数控金属切削机床、起重运输设备17台,其中生产设备5台、起重运输设备12台。形成年产高效静压造型成套生产线6条、大型砂处理清洁成套装备3套、发动机缸体精化清理成套装备3套、铝合金缸体清洁铸造生产线2条、铸铁熔炼电炉除尘系统6套的生产能力。

2013年实施四期工程"高端数控激光加工装备产业化升级项目",该项目被列为2012年度国家产业振兴和技术改造项目。当前已完成新建数控激光切割机生产车间、研发实验楼等,新增数控落地镗铣床、数控龙门铣床等各类加工设备和研发、检测试验设备17台(套),可实现数控激光加工产业化升级,形成高速高精高质薄板数控激光切割机20台(套)、中厚板高档数控激光切割机10台(套)、三维数控激光切割机10台(套)的规模。

四、科技管理情况

2012年济南铸锻所修订完善了《科技发展基金项目管理办法(试行)》《纵向科研项目管理办法(试行)》《科技成果奖励办法(试行)》,实现了科技管理规范化。

1. 规范科研项目管理,推动技术创新

通过修订《科技发展基金项目管理办法》,进一步推动公司科技创新,提升技术水平和核心竞争力,推动企业科技进步,为规范和加强科技发展基金项目管理提供了强有力的保障。公司努力推进科技工作的规范化和制度化建设。确立组织机构和管理范围,明确科技项目管理程序,把立项、评审、考核、推广等环节全部纳入制度化管理。

2012年,公司科学技术专家委员会对本年度申报的科技发展基金项目进行立项评审,确定了各课题奖金基数。当前各项目正按计划有序地进行,由科技发展部负责对项目进行季度监督考核,协调基金项目运作中出现的问题。

纵向科研实行项目承担部门责任制度,以便及时报告项目执行中出现的重要问题,提出相应的对策建议,并对项目研究任务的完成承担相应的责任,有效提高了项目管理效率。为推动纵向科研项目发展进程,公司依据《纵向科研项目管理办法》规定,加强纵向项目经费管理和财务执行情况的监督,以确保专项资金的合理使用。

2. 完善科技奖励措施,提高员工积极性

公司依据《科技成果奖励办法》,按照成果的水平、作用、效果等情况,对技术人员的优秀科研和创新成果给予必要的激励,以调动技术人员从事科研创新的积极性,保证科技创新成果的不断涌现和整体人员素质的提升。

3. 联合高校、企业共同研究，加强产学研合作，创立创新联盟

长期以来，济南铸锻所与中国机械科学研究总院、山东省科学院计算中心、清华大学、哈尔滨工业大学、华中科技大学、山东大学、西安交通大学、南京理工大学等多所“211”“985”国家重点大学共同合作研发国家科技重大专项课题，积累了丰富的协作经验。另外与济南大学等高校联合培养研究所人才，相互交流科技成果体会。同时，与一汽、二汽、重汽、柳汽、宇通客车厂等一系列国内用户厂建立了良好的长期合作关系，在产业研究方式上也积累了宝贵经验。

由济南铸锻所牵头发起的国家级技术创新合作组织“数控成形冲压装备产业技术创新战略联盟”，于2012年4月28日获科技部以文件发布的形式认可成立。该联盟将在政府相关政策的引导下，在行业主管部门的业务指导和监督管理下，运用市场机制集聚和整合创新资源，形成数控成形冲压装备技术创新链，实现我国锻压装备企业、相关大学和研究院所、工程技术研究中心在战略层面的有效结合，掌握具有自主知识产权的核心技术，提升数控成形冲压装备产业核心竞争力，促进产业结构优化升级，实现由大到强的彻底转变。另外，公司加入了国家绿色制造产业技术创新战略联盟。

4. 掌握核心技术，增强知识产权保护意识

贯彻落实“激励创造”“有效运用”“科学管理”，切实维护权利人的合法权益，实现知识产权创造、运用、保护、管理诸环节的良性循环，技术人员申报专利的积极性明显增强。近两年，公司申报的专利，无论数量还是质量都有了显著提高，从而推动了公司核心技术研究进程，进一步提升公司的竞争优势。

5. 实施“人才强企”战略、提升科技创新实力

通过采取开放、流动和竞争的机制，济南铸锻所不断吐故纳新，保持精干力量，广泛开展产学研合作。通过承担国家、省、市科研任务提升科技人才的技术水平，强化科研项目考核机制，保持科研力量的提升，以“以老带新”的方式培养高层次技术拔尖人才，从而逐步形成一支年龄梯次、专业结构合理的优秀工程技术人员队伍，有效提升了公司的科技创新实力。

以科技创新、技术改造为导向　打造新型高新技术企业

——荣成锻压机床有限公司

荣成锻压机床有限公司始建于1958年，是生产锻压及数控立式、卧式车床等设备的专业工厂，国家二级企业。工厂占地面积27万 m^2，其中厂房等建筑面积12.8万 m^2；共有员工943人，其中工程技术人员与质量专业人员132人；拥有主要设备400余台(套)，其中精、大、稀设备60余台(套)。公司于2013年第3次改版通过了GB/T 19001—2008国际质量体系认证、GB/T 28001—2011职业健康安全认证和GB/T 24001—2004环境体系认证，连续25年被评为山东省省级守合同重信用企业；先后被省市相关部门授予省级先进企业、山东省认定企业技术中心、山东省高新技术企业、山东省塑性成型加工机械工程技术研究中心、AAA标准化良好行为企业、省计量保证确认合格企业、威海市锻压机械工程技术研究中心、五星级职工之家、纳税先进企业等荣誉称号，“威德”商标是山东省著名商标，“威德”牌闭式压力机是山东省名牌产品。

公司现可生产7大系列180多个品种的锻压设备，近年开发研制的大型闭式双点、四点、多连杆及多工位压力机等高新技术压力机产品和数控单柱、数控单柱移动、双柱、数控双柱立式车床和卧式车床等7大系列48个品种的高新技术立、卧式车床产品，使企业产品的档次有了大幅度提高。企业现可生产3 000t以下所有型号的压力机产品、直径25m以下所有型号的数控立式车床产品，产品在国内外市场都享有盛誉，现已成为国内主要锻压设备制造企业之一。

一、引进高端技术人才，促使企业产品升级

2008年公司整体搬到新区后，有了足够的发展空间，具备了相关的发展条件，开始大张旗鼓地高薪招聘国内压力机行业的高端技术人才，引进高新技术产品。经过几年的引进、设计、开发，原来低附加值的小型压力机产品基本被淘汰，小型闭式单点、双点压力机只有在配套成线产品时才生产，并且档次有了很大提高。当前企业的主导产品是大型双点、四点及多连杆压力机，由单台压力机人工操作，升级为大型数控冲压线、机器人冲压线、级进模冲压线、多工位冲压线；已有多连杆2 400t、2 250t、2 000t、1 800t、1 600t、1 300t等数十条大型多杆冲压生产线在用户中使用，使用效果良好。企业还高薪聘请了国内知名的数控立式车床设计专家，并由他们组建了一个团队，专门从事数控立式车床和卧式车床的设计与生产。从设计研发到毛坯准备，再到加工、装配直至产品销售，全部由这个团队来完成，当前，2.5m和5m数控立车已试制成功并交付使用，10m立式车床和12m卧式车床的试制工作已进入尾声。其中数控立式车床开发项目获得国家发改委740万元资金扶持。当前，企业在压力机和数控立式车床、卧式车床两大领域的国内同行业中，无论设计能力还是生产能力，均名列前茅。

二、加大技术改造力度，提高企业生产能力

搬到新区后，公司先后投资逾2亿元，建造现代化的大型生产车间，增上大型精密加工设备、检测设备和起重设备，公司的生产能力与产品质量有了质的飞跃：已达产的三期工程2.35万 m^2 的总装配车间是业内最大的车间，300t行吊是业内单台起重能力最大的起重机，XKA2840X150型数控龙门镗铣床(五面体加工中心)是业内加工精度最高、加工范围最大的设备；公司还增上了5m数控立式车床1台(自制)，捷克产斯格达镗铣床1台，俄罗斯产5A342型滚齿

机1台,英国、日本、俄罗斯产精密刨齿机各1台,T6926型落地镗铣床2台,中捷数控落地镗铣床2台、双立柱数控龙门铣1台。投资2 000多万元建造的树脂砂铸造分公司,其设备与产品质量在业内均属领先水平:双臂连续混砂机2台,震动落砂机,抛丸清理机,8t、12t电炉等先进设备;光谱分析仪、电光分析天平、液压万能实验机、强力实验机和探伤仪等先进的检测设备,有力地保证了产品质量。不断提升的生产能力和强有力的质量保障,使企业在激烈的市场竞争中稳稳占据了一席之地。

三、开展工艺创新,解决实际问题

由于企业发展跨度过大,很多基础与细节问题没有得到很好解决,影响了生产进度。为此,公司组织工艺、工具等部门的相关人员根据实际情况进行工艺创新,提高生产效率。

(1)针对重型压力机横梁体不易吊装的实际情况,设计了专用吊具,采用杆系结构,刚性连接,使吊运安全可靠,适用范围广。该装置获得了国家发明专利。

(2)针对压力机关键件偏心齿轮偏心体不易加工的实际情况,设计了可调式偏心齿轮车削加工胎具。该胎具通用性强,并降低了对操作者水平的依赖程度,简便可靠。该装置获得了国家发明专利。

(3)针对压力机关键零件人字齿轮加工效率低的特点,设计人字齿轮粗开坯胎具。该胎具可以在普通牛头刨床上粗开人字齿,再到刨齿机精加工,降低了对关键机床的占用时间,极大地提高了加工效率。该装置获得了国家实用新型专利。

另外,公司设计的圆弧头研磨机,极大地降低了柱塞圆弧头的粗糙度;设计开发了移动式液氮筒,使冷缩装配工序安全可靠,并且提高了保温效果等。这些创新活动,使公司获得了30多项国家专利。

四、开展产学研合作,为企业提供技术及人才支持

公司先后与哈尔滨工程大学、哈理工荣成分院、山东理工大学、淄博技师学院等院校建立了长期合作、互利互惠的关系,双方共同解决技术问题,并为企业培养提供高素质的技术人才与技术工人。公司与沈阳自动化研究所合作开发的多工位轴承环锻造机,交付使用后,深得好评,取得了良好的效果。

五、生产经营与开拓市场情况

为使公司的高端生产设备能够充分发挥作用,公司高薪聘请了高级生产管理人员和高级专业技术工人,加大生产管理力度,调动员工的生产积极性,提高了生产效率与生产能力。通过调整市场营销策略,调动了业务人员与各销售网点、经销商的积极性;通过印制宣传图册,录制宣传短片和幻灯影像,召开新产品发布会和大型产品订货会,通过电视台、各种名优机床网和各种机床杂志发布信息,参加大型机床展等多种形式的宣传,使产品在国内市场的知名度与占有率迅速攀升,在市场不利的情况下企业的经营业绩稳步增长,公司大型冲压生产线逐步打入了一汽、二汽、上汽、吉利、华泰、海马、江铃、长城、柳汽、金龙等汽车企业及万向集团、东方电机、海尔集团等大型国际知名企业或其主力配套厂,产品一直处于供不应求的良好局面,2012年公司共完成工业总产值44 160万元,销售收入43 128万元,上缴税金3 109万元,分别较上年增长12.4%、12.2%和15.6%。

六、产品质量

多年来,公司一直恪守"质量是企业的生命"的质量方针,从原材料入厂到铸造、下料、焊接、机加工、装配到成机出厂,各工序都设有专职质检员跟班检验,严把质量关。每周一次的生产调度会都把产品质量作为重要内容来督促;每两周一次的产品质量例会,专门解决生产过程中出现的各种疑难质量问题,使产品质量稳步提高,在国内市场一直享有较高的声誉。

七、人才队伍建设

公司在招聘与使用人才上坚持"不重学历重能力,不听空谈讲实践"的原则,制订了各种措施引进人才、用好人才、留住人才。在招聘引进方面,除高薪聘请大型国企的高管和高技术人才外,公司认为:在达到相应技能水平的基础上,人才引进可以不拘泥于高学历与高职称;在使用人才方面,根据个人的特长安排工作岗位,确保人尽其才;在留住人才方面,提高福利待遇,解除后顾之忧,对做出突出贡献的人员给予相应的奖励;公司推行民主管理,在企业管理、工资分配等各方面做到公开透明,把企业变成了一个具有强大凝聚力与向心力的整体。

荣成锻压机床有限公司始终以一流的产品质量、良好的市场信誉、打造国内一流的锻压设备制造企业为己任,始终坚持"新技术设计、高质量生产、全方位服务、满足顾客需求、超越顾客期望"的质量方针,不断引进吸收国内外先进技术,采用最新标准和最先进的工艺与检测手段,创新设计,生产高科技产品,为国民经济的快速发展再立新功,再创新业。

与时俱进求发展　自主创新攀新高

——山东永华机械有限公司

2013年是山东永华机械有限公司重点攻坚高端市场的重要一年。公司继续把结构战略性调整作为主攻方向,积极贯彻创新驱动战略,加快转型升级步伐。通过推进技术创新战略、知识产权战略和精心创品牌战略,公司大力实施科技创新和管理创新,促进了企业创新环境的优化和创新观念的转变,为公司持续、快速、协调发展提供了强大的动力，自主创新能力和水平稳步提高，企业的核心竞争力和市场影响力也进一步提升，有力地推动了企业的持续发展。

一、积极营造创新氛围，促进创新活动展开

公司采取挂条幅、树展板、电子屏滚动播放等多种形式大力宣传和推广创新文化，普及创新知识，尤其是知识产权知识的推广。同时，公司利用培训室对广大员工进行针对性的创新知识培训与考核，增进了广大员工的创新意识和对相关知识的认知与了解。另外，公司鼓励员工在工作岗位上积极创新，组织开展了技能比武、技术培训、岗位练兵等多种形式的群众性技术创新活动，充分发挥员工在提升制造工艺水平和先进生产技术方面的聪明才干与创新精神，调动其开展技术革新、发明创造的积极性，有力地推动了企业产品质量的持续改进。以上措施的实行，为公司营造了全员参与、人人创新的良好创新氛围，为所有创新活动的开展奠定了坚实的基础。

二、实施技术创新战略，着力开展研发与合作

公司坚持自主创新，以技术开发为基础，以产品开发和成果转化为重点，以高效、高精度、高可靠性为研发目标，先后开发了 15 项高档数控机床和关键功能部件项目，包括 11 款高速立式加工中心、大型龙门加工中心和高精密卧式加工中心；1 款机床关键功能部件：齿轮式主轴；1 个山东省自主创新专项项目：高精度重心驱动桥式五轴镗铣加工中心关键技术研发及产业化项目。同时，公司还着力开发了 3 款具有国际先进水平的超重型、高速机床：G10540MB 型数控动梁工作台移动式龙门镗铣床、G13246MC 型数控定梁龙门移动式镗铣床、YHMC－F63 立式高速摇篮式五轴联动加工中心，已通过省市级科技立项 4 项。总的来说，公司已形成了以高速、高精密、高性能加工中心产品为主导产品的高端装备制造体系。

公司逐步构建了产学研、上下游、国内外有效结合的开放式技术创新体系。先是和山东大学、西安理工大学等签订了产学研合作战略协议，在产品研发、技术攻关、高层次人才的输送和培养等众多方面开展了广泛的合作与交流；随后和广州数控设备有限公司开始了数控机床核心功能部件的战略合作。公司还积极寻求与国外先进机床研发机构的技术合作，2013 年 4 月在欧洲设立了技术研发中心，主要针对五轴联动加工中心等高档机床和 A/C 万能铣头、高速精密主轴等机床核心部件进行技术攻关。广泛的产学研合作、上下游企业合作和国内外合作，大大提升了永华的科研水平和创新能力，加速了人才的引进、培养和科技成果的转化，增强了永华的核心竞争力。

三、实施知识产权战略，强化知识产权管理

公司充分认识到知识产权工作的重要性，将知识产权管理纳入了企业技术管理工作的全过程，成立了专门的知识产权管理部门，并建立、健全了知识产权管理制度和奖励机制，倡导、鼓励广大员工积极进行发明创造，进一步强化了广大员工的知识产权意识，提高了发明创造的积极性和主动性。2013 年，各部门提交各种专利申请 21 项，已获得授权的实用新型专利 15 项、外观设计专利 5 项，1 项发明专利也已获得受理。这大大增加了企业的无形资产，提升了企业的美誉度和知名度。

公司不断强化对知识产权的宣传培训和指导服务，积极在公司内部开展相关的咨询服务，充分指导各项专利和其他知识产权的申请。同时，公司不断加强知识产权的保护力度，从培育具有自主知识产权企业和核心技术产品的目标出发，充分利用各种检索方式进行专利信息检索和分析，建立了一套符合企业特色、具有实际运用价值的专利分析预警体系，为企业确定技术研究方向、制定发展策略提供指导与建议，有力地促进了企业知识产权的开发和管理。

四、实施精心创品牌战略，促进销售与服务的有机融合

为了更好地服务于广大机床客户，公司本着服务营销的理念，努力构建高层次的现代服务营销体系。顺应市场形势变化和客户需求，在东部地区新增了上海、苏州、杭州、常州等办事处，在北方地区新增了天津、济南、青岛、济宁、沧州等办事处，在中西部地区新增了西安、太原、郑州、洛阳、武汉、重庆和成都办事处，累计新增 16 个销售和售服办事处，形成了以点带面、点面结合、多层次、多渠道的立体营销网络，取得了良好的经济效益，进一步提升了公司整体的经济实力和市场影响力。同时，公司积极参加中国国际机床展览会、中国国际机床工具展览会等国内重量级展会，大力推广宣传永华品牌，赢得了众多客户的青睐，取得了良好的展出效益。

在取得良好经济效益的同时，公司也先后荣获了“国家级高新技术企业”“山东名牌”“省级工程技术研究中心”等称号。

五、采用全新的设备设施和创新的生产工艺实现最佳的质量效果

公司新建了 18 000m² 高规格的重型、超重型龙门镗铣床生产车间，并添置了包括日本仓敷镗铣床、瑞士高精密坐标镗床、进口高精密导轨磨床、二次回火时效炉等 30 余台一流加工母机和成套设备，为生产大型高精密机床提供了可靠的硬件保障和优良的环境。为确保每台数控机床均能实现高速、高精度和高稳定性的目标，公司从床身结构件铸造、铸件热时效处理、零部件高精密加工、关键部件高频淬火，到关键零件高洁净清洗、精密组件恒温无尘装配等各个生产环节均采用行业领先的生产工艺，确保了最佳的产品质量。

六、为企业自主创新提供强大的人力资源

公司坚持以人为本，不断充实壮大科技队伍，从培养创新性人才入手，大力培养青年科技人才，并重视对科技带头人和拔尖人才的培养和使用，健全了人才公平竞争的保障、激励机制，努力营造人才辈出、人尽其才、人尽其用的良性环境，提高了科技队伍的综合素质和整体水平。同时，公司倡导求真务实、勇于创新的科学精神，鼓励探索和冒尖、激发创新和超越，尊重个性，宽容失败，形成了宽松和谐、健康向上的创新文化氛围，充分调动了科技人员的积极性、主动性和创造性，为企业的科技进步提供了良好的技术支撑。

未来，公司将利用自身现有的优势，不断提升自主创新能力，积极探索促进企业创新的有效模式和措施，努力营造并形成企业独有的创新文化，形成独具特色的企业技术创新体系，不断锤炼系统集成技术，完全掌握更多核心技术和自主知识产权，力争早日把公司建设成为引领行业发展的高技术创新型企业。

产品极致化　行业细分化

——深圳市大族激光科技股份有限公司

在2012年市场持续低迷的情况下，深圳市大族激光科技股份有限公司（简称大族激光）实现税后销售收入43.35亿元，净利润6亿元；公司市值85亿元，同比增长25%。无论市值、销售额还是净利润，均在全球激光上市公司中高居第二位。

1996—2001年，凭借不畏艰苦的创业精神，大族激光积极开拓市场，在纽扣和小五金等行业的激光应用中占据了垄断地位；2001—2006年，公司进入快速发展期，信奉着“信念支撑生命，奉献赢来赞誉，服务取得市场，坚持成就事业”四句格言，大族人投身快速扩张的业务中，公司于2004年成功上市，国际知名度、美誉度进一步攀升；2006—2011年，公司年产值从5亿元发展成为30亿元，业务向上下游延伸，成为深圳市标杆企业，钣金装备事业部等骨干事业部发展迅速，成为专业领域的龙头。

大族激光确立了向百亿集团发展的目标。为了全面实现企业的“十二五”战略发展目标，全面达成企业愿景，大族激光致力于自主创新，确立了“产品极致化、行业细分化”的战略原则，把激光产品做到极致，把行业装备做到专业，即以自身技术为中心，面对非特定客户把产品做到极致，并针对特定的客户群，调整自身的技术和能力，确保能为客户提供其所需产品。在坚守传统激光产品、扩展激光新应用行业的基础上，重新夺回传统激光产品的市场份额，继续向高端装备转型，深耕新兴产业装备市场，提升工业竞争力。

一、“产品化与行业化”初显成效

大族激光是高科技企业和优势生产装备服务商。它一手抓产品化，集中精力将激光打标、焊接、切割、电机四个产品线做成代表世界最高科技水平、批量最大、性价比最优、标准化设计、具有国际水平的设计与制造工艺的、极致的产品；一手抓行业化，与行业客户结成互相依存的密切关系，并能分享所服务行业的发展成果。

大族激光将“切割事业部”更名为“钣金装备事业部”，重装进入钣金装备市场，以满足市场需求，为用户提供全面解决方案。钣金装备事业部专业从事高功率数控激光切割机、焊接机、激光器、数控系统的研发、生产和销售。激光切割机包括G（龙门）系列、B（悬臂）系列和M（模切板）系列50余种产品，广泛应用于航空、航天、军工、钢铁、船舶、石油、化工、汽车、机车、电气、机械、电子、电器、包装、装饰、钣金加工等领域，在国内及五大洲拥有广泛的客户群体。

钣金装备事业部依托技术创新，对产品和技术进行颠覆性和持续性创新，提升产品的核心竞争力。以G3015F为代表的光纤激光切割机就是在这样的指导思想下诞生的。该产品的切割工艺达到国际先进水平，在市场上的优异表现使其以绝对优势领先于国内同行。在此基础上衍生出的G4020F、G6020F大幅面光纤激光切割机迅速占领市场，直接提升了大族激光在高功率激光切割领域的专业品牌形象，成为钣金装备事业部新的利润增长点。钣金装备事业部并没有因此停止技术创新，不断加大光纤激光切割机的研发、工艺投入，以龙门系列成熟的产品技术为依托，充分借鉴最先进的产品技术，调研广大用户的实际需求，着重解决了原产品市场集中反馈的问题，为用户量身打造了龙门式光纤系列精品机型。光纤激光切割机已全面升级至第三代，配套设施性能也逐步提升，交换工作台提速，抽风除尘更加环保，整机性能大幅提升。以G3015F机床为代表的改进型光纤激光切割机系列，迅速占领了国内中高端切割市场，市场占有率达90%以上，使公司成为全球产销量最大、技术最全面的光纤激光切割机生产企业。

大族激光在高功率焊接领域具有雄厚实力，当前已建成国内综合水平领先的高功率焊接实验室，配备了先进的激光焊接设备，并持续加大高功率激光焊接定制产品的研发力度，将其产品化及批量化应用，如焊缝自动跟踪系统、远程焊接系统、激光复合焊等功能。通过上万次反复实验，大族激光成功攻克“一次焊透18mm不锈钢”的世界性难题，15 000W光纤激光厚板深熔焊接装备在客户处成功验收。这一世界性难题的突破，为大族激光高功率焊接事业的发展建立了一个里程碑式的标杆，也赢得了对手的尊重。

大族激光钣金装备事业部具备为客户提供一整套激光加工解决方案及个性化解决方案的能力。自动化切割生产线已在日立、宇通、徐工集团等大客户实现了现场组线，并运营良好。全自动激光切管系统装备当前已可批量生产，产品业已出口到中国台湾。这两项产品的标准化生产，使大族激光成为唯一能与国际巨头在自动化生产线和自动化切管机领域抗衡的企业，具备了与国际巨头竞争的能力。

大族激光致力于自主创新，获得40多项国际发明专利、1 200多项中国发明专利，代表着中国激光加工领域的最高水平。

二、精细管理，高效运营

为实现营业收入的大幅增长，提升民族品牌的影响力，大族激光作出诸多部署，为实现百亿目标奠定坚实基础。

1. 产业化布局

为满足快速发展的需要，大族激光早在2008年就开始着手产业布局，先后在深圳宝安区和南山区、苏州工业园区、北京亦庄经济开发区投资兴建生产基地。2010年5月，大族激光深圳宝安福永全球生产基地建成投产，正式投入使用。该基地总占地面积7.7万m^2，建筑面积23万m^2，总投资逾9亿元，是集重型现代化高科技厂房、员工宿舍、餐厅及休闲设施于一体的综合性工业激光设备产业园区。同期，屹立在深圳市南山大道上的大族科技中心大厦也投入使用。大族激光在华北、华东和华南三大片区的研发、生产及经营的产业化布局基本完成后，将从根本上解除厂房紧张的发展瓶颈，各基地的工作环境及基础设施得到根本改善，技术装备更为优良，软、硬件设施更为先进，办公场所及生产地点整齐、整洁，达到"7S"管理标准，为公司降低管理成本，更好、更快地服务广大新老用户提供了有力保障。

2. 搭建研发平台，提高研发实力，加大研发投入

公司当前有3 000多名研发人员，拥有一批高素质研发团队。与北京航空航天大学建立起"大族—北航激光技术与自动化应用联合实验室"以及博士后科研流动站，并与中山大学、华南师范大学、湖南大学等知名大学开展产学研用战略合作，真正实现资源共享、优势互补、互惠互利，构建了政、产、学、研、商新模式。

3. 实现企业在核心技术和配套件产品上的突破

研发拥有自主知识产权的CO_2激光器，建立可持续发展的战略方向；引进CAE数字建模，优化机床结构，通过技术的完善带动产品性能的提高；开发激光切割专用切割头，切割能力强，稳定可靠。

4. 实现"四化"标准

公司通过整合产品体系，提高激光加工集成与自动化成套水平，使大功率激光切割机产品达到标准化、模块化、通用化和系列化的"四化"标准。以G3015F、G3015HD为代表的高功率激光切割机全部通过CE认证，产品成功销售到欧美市场。G3015HD、G3015F等高速龙门式激光切割机，已形成了具有大族特色的标准化系列产品。

5. 制造工艺的提升

一流的设备与技术是产品质量的根本保证。为了将领先的研发成果、宝贵的专利技术和先进的制造工艺应用于生产工艺，大族激光累计投资2亿元建设起世界一流的机加工中心和工艺装配中心。中心装备120余台DMG、MAZAK、OKUMA、日本三菱五轴加工中心等数控加工机床，配备英国雷尼绍激光干涉仪、德国蔡司大型三坐标测量机、德国Mahr Digimar 817 CLM数字测高仪、瑞士TESA Micro-Hite 600数字测高仪、瑞士SYLVAC数显三点式内径千尺等高端检测设备，为研发、生产各种标准型、定制型激光加工设备提供了有力保证。

6. 优势产品的持续升级

激光切割机、打标机、焊接机等产品不仅始终保持行业销量第一，更引领行业技术的发展。大族激光更是将产品质量提高到战略层面，作为发展的重中之重，通过提案改善、QCC品质圈等多措并举，全员参与质量管理，确保以核心技术领航优异品质制胜。

7. "国际化"战略的深入实施

2012年，大族激光凭借优异表现，荣获深圳市"走出去"十大先锋企业称号，高功率切割机定型产品全部取得了欧盟CE认证证书，此外还通过了用于出口贸易的GMC环球优质制造商认证。2012年，大族激光完成了对享誉百年历史的全球著名印刷机械制造商——株式会社筱原铁工所的海外并购，收购了美国GSI公司，这是大族激光走向国际化的重要一步。

三、未来发展方向

大族激光按照确定的"以先进装备制造为突破口，分享电子信息及新能源、新光源产业成长"的可持续发展战略，坚持产品化和行业化的经营策略，把激光产品做到极致，把行业装备做到专业。一方面已基本完成激光标记、激光焊接、激光切割等工业激光加工领域产品线战略布局，未来将在工业激光设备各个产品领域，将自主创新和资本运营相结合，做大做强相关产业，不断强化和确立公司在相关产品市场的主导地位。另一方面，大族激光将继续发挥在光机电领域积累的人才和核心技术优势，加大在PCB、LED、光伏太阳能、制版印刷等行业专用设备市场领域的资源投入、拓展力度。

以自主开发、不断创新作为公司长期稳定发展的根本，努力打造科学化和高效化的内部管理体系。自主创新主要体现为三方面：一是紧跟国际最先进的技术方向，积极地开展前瞻性项目的研究，掌握开发具有自主知识产权的行业关键技术，提高公司的核心竞争力；二是进一步加强与客户的联系，坚持产品开发以客户的需求和应用为引导，充分发挥公司灵活迅速的优势，始终把对客户的贴身服务作为市场竞争的重要因素，继续大力推广激光在不同工业领域的应用技术，以应用技术带领公司的市场发展；三是在生产规模扩大的同时，不断总结积累各类生产经验、制造工艺，使公司未来在大规模、高质量生产的成本竞争、质量竞争、生产技术竞争中获得优势，实现突围。

凝心聚力破浪行　科学发展谱新篇

——东风汽车有限公司设备制造厂

东风汽车有限公司设备制造厂（简称设备制造厂）创建于1969年9月，经过43年的发展，已成长为中国机床工具行业的重点企业，具有提供设计、工艺、制造、安装调试及新产品开发的整套解决方案，全方位服务能力和综合配套能力。当前能够为汽车、内燃机、摩托车等行业提供各类专用设备、组合机床及其自动线、加工中心、柔性加工设备及自动线、焊装夹具及焊装自动线、平衡悬架、主减速器、混合动力副箱、转向机支架等系列汽车零部件产品，技术水平、产品质量、开发能力、市场竞争力均居行业领先水平，并得到了用户的广泛认可。

2011年4月，设备制造厂召开了第九次党代会，提出了"312"发展战略，即在未来的五年里，机床、焊装、汽车零件三大业务并驾齐驱、协同发展，机床事业做精、焊装事业做强、汽车事业做大。到2015年三大业务综合实力进入行业前三名，实现销售总收入12亿元，收益倍增。为了实现这一目标，从2011年起，设备制造厂先后完成了组织机构的重新架构，再次整合内部资源，建立相对独立的运行体系，进一步明确了机床、焊装和汽车零件三大业务的产品定位和发展方向，正式成立机床、焊装和汽车零件三大作业部，每个作业部集中全价值链进行管控。工厂产品结构由"两条腿走路、两大产品并举"向"三大业务并驾齐驱，协同发展"成功转型；工厂逐步实现专业化、扁平化、团队化管理，组织机构运行效率显著增强，技术实力和抵御风险能力明显增强，同时与日产及日产贸易达成战略性合作伙伴关系，工厂全新的市场形象得到社会各界及用户的高度肯定。

2012年，设备制造厂进一步加快推进新事业计划的步伐，在市场竞争日趋激烈、商用车销售大幅下滑、工厂汽车零件产品受到严重影响的不利形势下，设备制造厂强调管理精细化、项目制度化、经营市场化，继续加大技术开发和市场开拓力度，全面推行以项目负责人为核心的项目CFT团队，以制度化的项目管理为载体，提升管理效率和全厂干部员工的团队意识，强化管理的有效性和规范性，使工厂在逆境中克难奋进。这一年，设备制造厂第七次被中国机床工具工业协会授予"精心创品牌十佳企业"称号；领导班子被评为东风公司"五星级四强领导班子"；员工刘军荣继荣获"全国劳动模范"后，又摘取了"中华技能大奖"。

同年，设备制造厂三大业务各自的"造血"和自我提升的能力有了明显的进步。在整体经济形势下滑的背景下，设备制造厂装备实现销售收入2.63亿元，同比增长40.3%，创造了设备制造厂历史上新的制高点。

2012年12月8日，设备制造厂焊装项目新工厂正式投产，标志着设备制造厂焊装能力提升到一个新的阶段。该项目建设历时一年，建筑面积28 139m^2，项目总投资5 200万元，预计2013年焊装产品产值达到1.9亿元。新的焊装工厂划分了物料准备、焊接、机械加工、部装、总装、3D测量、试焊、机器人示教等区域，可以同时进行一个完整的商用车驾驶室和一个完整的乘用车车身项目所需要的全部分装夹具及焊装主线的装配、调试。设备制造厂成为东风日产焊装项目的唯一核心供应商。

2012年，设备制造厂克服商用车市场大幅下降的不利因素，努力开拓汽车产品外销市场，成功向日野汽车（中国）有限公司批量出口外止推板、向江淮重型车厂提供悬架为其出口车配套，汽车外销取得最好成绩，荣获东风公司商用车"最佳供应商"和"优秀军品供应商"称号。同时，在新品开发中，设备制造厂导入ANPQP模式及项目管理并积极开拓外销市场，汽车零件销售收入同比增长80.88%，完成了十余种汽车新品的开发和试制任务。QC成果突出，"降低油漆线下线问题点数"和"降低平衡悬架总成加工不良产生的PPM"两个课题分别荣获东风汽车有限公司DECIDE课题和V－FAST课题的一等奖；"提升平衡悬架轮毂生产能力"课题，荣获全国机械工业协会QC成果一等奖；"平衡悬架油漆线改造"课题，获得全国质量协会QC成果一等奖；油漆班获得全国"质量信得过班组"称号。

设备制造厂加强新品研发管理，强化核心技术自主创新与开发，持续增强技术储备，开发了DH800II、DH500I－APC等加工中心产品，已经实现批量商品化。前瞻性地研发了DSC50/125加工中心及桁架机器人物流输送技术，圆满完成用DH500II加工中心精密加工裕隆缸体缸孔、顶面及两端面、曲轴孔，裕隆缸盖GA面、凸轮轴孔、阀座导管孔等。裕隆项目的研发，充分验证了DH系列加工中心的先进性、可靠性，极大提高了企业在加工中心行业的知名度与客户的认可度。"C10/08缸体混合柔性生产线研制"获得2012年中国汽车工业科技进步奖二等奖，还有3项科技成果分别获得东风汽车公司科技进步奖一等奖和三等奖；获群众性经济技术创新成果奖9项。申报专利15项，申报2项发明专利。申报专有技术4项，评审3项。

设备制造厂进一步优化人力资源管理，加强人力资源管理制度建设，先后制定、优化、完善了《设备制造厂员工培训管理办法》《设备制造厂劳务用工管理办法及补充协议》《设备制造厂加班费分配办法》《设备制造厂中期人才实施规划（初稿）》《设备制造厂人才流失管理办法》等制度，使工厂管理更加规范。继续实施"人才强企"战略，引进关键、紧缺人才。设备制造厂建立了以OJT培训为基础的基层培训、以工厂为主的厂级培训、以公司及专业机构为主的高级培训组成的三层次培训体系，涵盖了普通员工、中层管理者、高层管理的一系列培训项目，通过互帮互学、培训班、技术交流、讲座、参观调研等形式，有效提高了技术、技能、管理水平。2012年共完成OJT培训190项，参与培训人数

1 965人次;完成厂级培训67项,参加人数1 318人次,进一步提升了全厂各个层次员工的技术、技能及管理水平。

设备制造厂与东风日产发动机郑州分公司首次合作的由44台加工中心组成的缸体、缸盖柔性加工线项目,创下了双方"历史三最",即单一厂家最大金额(总投资1.3亿元)、最多设备台数(44台卧式加工中心)、最短交货期(7.5个月)。而对于设备制造厂来说,首次一次性承接如此大批量加工中心任务,而且要求较高的加工精度,无疑对工厂的设计、采购、制造、物流等各个组织环节都是严峻的考验。设备制造厂严格控制节点,提高装配效率,通过目视板管理,保证了项目的按时交付。2012年年底,设备制造厂再度与东风日产发动机郑州分公司签订了由68台DH系列加工中心组成、价值约2亿元的缸体、缸盖柔性加工线的制造合同。

2012年设备制造厂将母公司企业文化和设备制造厂个性化特色文化有机结合起来,建立了"党政统一领导、党政工团齐抓共管、党工部组织协调、有关部门各负其责、员工共同参与、上下齐心协力"的领导机制和工作机制。开展了以"感恩文化"为主要内容的企业文化建设活动,从"东风设备"品牌建设、企业文化理念宣贯、员工学习力提升、"感恩忠诚 奉献"演讲、企业文化知识竞赛活动以及"岗位上的你我他"摄影展等六项活动入手,全面梳理、持续优化、不断改进和完善各项管理制度和流程,将企业文化固化在制度中,把方针管理、现场管理、QCD改善、KPI考核等先进的管理方式渗透到生产经营各个环节,进一步践行企业生产经营过程中的安全文化、节约文化、质量文化,进一步提高企业的管理水平,综合实力进一步增强,有力支撑了各项KPI目标的达成,被东风有限公司授予"企业文化示范单位"。

当前,设备制造厂的机床设计制造水平已经达到国内行业一流,焊装产品也即将迈入一流行列,平衡悬架在国内产量最大。尽管各项经营指标与国际水平仍有差距,但是设备制造厂始终坚持"行业一流水平,参与国际竞争"的信念和目标,加速自主创新,全面增强自主发展能力,抓住机遇,继续努力,把设备制造厂打造成为"国内一流,参与国际竞争的装备制造商"。

提高技术竞争力　夯实企业技术基础

——青海一机数控机床有限责任公司

青海一机数控机床有限责任公司(简称青海一机)是我国开发与研制数控机床、加工中心的重点企业,青海省高新技术企业。公司是国内研制首台卧式加工中心的企业,具有近30年设计制造卧式加工中心的技术基础和成功经验,已形成了成熟的技术开发、技术应用、新品研制与管理平台。自成立以来,不断完善技术、质量、生产、配套、人力、财务等,形成了一套系统的管理体系,通过了ISO9000质量管理体系认证。

公司拥有机械装备380台(套),其中重点精密加工及精密检测设备28台(套),2006—2008年新增设备30台(套)。企业占地面积12.8万m^2,拥有4 000m^2新产品试验基地和1 000m^2精密、关键部件的精加工基础设施。

一、发展现状

青海一机于2001年以青海第一机床厂优良资产和人员重组后设立,是青海华鼎实业股份有限公司的全资子公司。

公司继承了青海第一机床厂的全部产品。近几年随着市场对数控机床需求的增加和市场竞争的加剧,公司通过引进、吸收、消化、再创新,跟随行业技术发展趋势,有计划、有目标地实施产品结构调整。

公司多年来承担了国家"八五""九五"和"十五"期间的重点科技攻关项目,连续获得国家和地方重点新产品开发基金的支持,2009年和2010年分别承担"高档数控机床与基础制造装备项目"两项国家重大专项和青海省"123"重点工程项目。

"青一机"品牌效应良好。普及型数控机床和加工中心具有良好的竞争优势,尤其在汽车配件、缝纫机、军工、民营等领域具有领先的竞争优势。高档加工中心在航空航天、汽车、机床工具等行业有一定的竞争优势。

近几年,青海一机为沈阳黎明飞机发动机有限公司、成都飞机发动机有限公司、山东潍柴集团公司、吉利汽车、青岛特种汽车制造有限公司、重庆油嘴油泵厂、陕西工业缝纫机有限公司等企业批量提供产品服务,同时满足政府的批量采购需要。

二、技术研发能力

青海一机分别于2009年和2010年承担了"高速立卧式加工中心"和"动梁无滑枕铣车复合加工中心"两项国家科技重大专项课题,研究共形成可高速加工、自动化控制、绿色环保加工的两个系列6种产品,包括HMC63A、HMC80和HMC100s高速、精密卧式加工中心,XH786高速立式加工中心产品。在两项国家科技重大专项课题的研究中,建立了关键部件的试验平台,进一步提升了企业自主创新能力。当前,高档数控机床已居国内同行业领先水平,在某些关键技术的研究方面具有引领行业技术发展的作用。建立了以企业为主体的技术创新体系,形成了产、学、研相结合的产品研发队伍,促进了先进技术与企业的对接,促使企业不断开发出拥有自主知识产权的关键技术和拳头产品。

青海一机建立了一套完善的研发体系,技术中心的产品开发团队由高级、中级技术人员70多人组成,拥有由国家级专家、教授、高级工程技术人员约30多人组成的高素质科研团队,形成了"产、学、研"相结合的技术攻关模式,具有提供成套技术和服务的能力。公司拥有省级技术中心及400 m^2 的工程实验室,信息化设计技术已经应用到产品的研究中,建立了关键功能部件测试试验室,高速、精密、复合、智能和绿色数控机床是研发的主要内容,已研发出升降台铣床、数控铣床、立式加工中心、卧式加工中心、高档加工中心机床五大系列60多个品种的产品。

青海一机拥有雄厚的工艺制造及检测能力。拥有德国产精密导轨磨床、精密齿轮磨床,瑞士DIXI高精度数控坐标镗床、精密卧式坐标镗床,日本MAZAK精密卧式加工中心、精密万能磨床、精密外圆磨床,匈牙利精密卧式加工中心、蜗杆砂轮磨齿机等工艺关键设备,为主轴、箱体、导轨、床身等的加工提供了可靠的工艺保障。计量检测中心拥有美国惠普、英国雷尼绍公司双频激光干涉仪、德国三坐标测量仪,国产齿轮整体误差测量仪、滚刀测量仪等检测仪器。当前企业生产制造能力和检测手段达到国内同行业的先进水平。

三、数控机床发展规划

1. 指导思想

认真贯彻《青海省"十二五"科学技术发展规划》精神,牢固树立和落实科学发展观,提高自主创新能力,加快用高新技术改造提升数控机床工业的步伐,着力提高新产品开发、工艺装备水平和核心竞争能力,振兴装备制造业。加快产业结构调整,淘汰落后的普通铣床产品,加大高档数控机床的研发力度,培育知名品牌。推动数控机床工业持续、健康、快速发展。

2. 基本思路

(1)以市场为导向。充分发挥市场在资源配置中的基础性作用,突出企业在市场竞争中的主体地位,根据市场需求、企业自身特点和相对优势有节奏地进行调整;其次,要瞄准国家重点行业核心制造领域的需求,重点关注汽车、军工、能源、铁路和轨道交通,以及战略性新兴产业相关领域的市场需求。

(2)坚持技术创新。以高档数控机床为发展目标,进一步建立和完善技术创新体系,提高技术创新能力,强化核心技术培育,以创新占领市场,进一步完善产学研相结合的技术研发体系,以企业技术中心为依托,构成公司发展的技术支撑体系。通过引进技术消化创新、产学研结合、自主开发等多种方式,形成新的开发体系和机制,解决开发水平、开发速度、开发一次成功率、降低开发成本四个方面的问题。要以重点项目需求为依托工程,组织技术攻关,加快高档数控机床品种开发,带动公司技术开发能力的全面提升。要注重高科技人才和高技能工人的培养,加强人才队伍建设,建立技术创新的激励机制,夯实持续发展的人才基础。要加大科技投入,加强基础研究和开发研究,提高原始创新和集成创新能力。要重视技术标准和专利工作。加强知识产权保护,进一步提高行业技术创新实力。

(3)实施产品结构调整。逐步实现从中低档产品向中高档产品的转化,推动产品结构优化,逐步形成合理的产品格局,提高国产数控机床国内市场占有率,普及型和高档型产品产量分别达到公司数控机床总量的60%和40%。

(4)加强国际合作,提高合作质量。当前,公司的数控产品和发达国家相比还有一定差距,要努力用较短时间、较快速度和较低成本缩小这种差距,最有效的办法就是和国外一流企业合作、实现跨越式发展。注重国外先进技术的消化、吸收和创新,加强信息技术和先进制造技术的综合集成。通过有效的国际合作,提高开发能力和产业化水平,形成竞争优势,实现机床工具产业的跨越式发展。

3. 数控机床发展目标

"不求做大、只求做强",使企业成为行业内卧式加工中心的领先企业,成为具有较强竞争力的以数控机床、加工中心为核心的现代装备制造服务企业,这既是公司的愿景,也是长远的奋斗目标。

建立稳定的客户群体,拓展市场份额和生产制造规模,实现经济效益平稳较快发展;员工收入同经济效益同步增长;普及型产品发展"不求一流的技术,但求一流的品质";高档产品积极开展对外合作交流并取得一定的成果,达到"掌握核心技术,生产一流产品";提高企业的技术竞争实力,不断夯实企业技术基础。

4. 产品发展战略

针对当前国内高档机床供应能力不足、自主创新能力不强等发展中的共性问题,企业在"十二五"期间采取以下发展战略:

(1)普及型产品XK713、XH7645、XH765系列,XH755C系列,XH755G、XH756G卧式加工中心系列和VMC100立式加工中心系列,实行成本优先战略,产量占80%左右,其目的是完善产品技术、提升工艺水平,求品质、扩规模、拓市场。

(2)高档型产品HMC80系列高速卧式加工中心、XH786立式加工中心系列、铣车复合加工中心系列、独立制造单元实行技术领先战略,产量占20%以上,其目的是拥有核心技术、引领市场方向、增强发展后劲。

(3)针对国家重大专项产品——高速立卧式加工中心,开展精密卧式加工中心的关键技术研究工作,使专项攻关的成果得到进一步延伸,形成大中型精密卧式加工中心系列产品。

(4)开展集成技术研究,针对技术发展趋势和国内外市场的需求,利用重大专项的研究成果,开展机器人和高档加工中心组成的自动化、智能化柔性生产单元技术研究,研发自动化生产线技术,开展在企业内部的示范应用,逐步向自动化工厂的方向迈进。

(5)功能部件研究:掌握核心技术,打破国外垄断,满足发展需求,形成增长势头。6 000r/min以内的BT40、BT50主轴在立式加工中心、数控铣床、XH7645等机型中应用,自造自用形成产业化并兼顾外销。针对国家和青海省科技重大专项的研究任务和目标,结合市场对高档机床的需求,积极开展直驱主轴、直驱转台、复合动力刀架等关键共性技术研究;掌握数控机床前瞻性技术,提高技术创新能力。

(6)重点研究的关键技术。

①可靠性设计与性能试验技术:针对高速/精密数控机床及主要功能部件等产品开展研究,系统提出机床及其主要零部件的可靠性测试技术、试验方法及其保证措施,建立机床及主要零部件的可靠性试验规范,开发若干适用的可靠性测试系统。开展可靠性综合设计方法和试验技术研究,提出基于运行状态的可靠性建模、设计和评估方法;在高速/精密数控机床、重型装备、功能部件等方面实施应用,大幅度提高精度保持性。

②高速切削工艺研究:研究高速、高效切削过程的切削去除机理;研究高速高效加工对典型零件切削加工精度、表面质量和刀具寿命的影响;建立典型零件高速高效切削加工性能评价与测试规范,优选刀具材料、优化切削用量,开展高速高效切削稳定性研究,建立高速高效切削加工数据库,指导切削加工工艺制定及高速、高效机床与刀具的设计、制造、选用,加工效率提高30%以上,切削加工成本降低20%以上,显著改善加工表面质量;初步建立高速高效切削加工数据库。

③动态综合补偿技术:针对高速数控机床、精密数控机床,开展综合误差补偿技术研究。研究数控机床几何误差、多轴伺服误差和加工状态下的综合误差建模、监测、识别及补偿技术;研究主轴、进给机构及整机热变形建模、识别与预测技术;研究工艺系统误差检测及精度保证技术。

四、企业数控机床技术研发情况

1. 国家科技重大专项

(1)高速立卧式加工中心(课题编号2009ZX04001-015)。项目总投资2 985万元,其中中央财政投入965万元。项目已经全部完成,经过国家机床检测中心的试验检测,电主轴最高转速15 000r/min,三轴快速移动速度50m/min,定位精度0.008mm,重复定位精度0.004 7mm,机床平均无故障时间(MTBF)1 000h,各项技术指标达到了考核指标的要求。申报专利4项,发表论文30多篇,获软件著作权2项。已经完成销售23台份,取得了良好的经济效益。

(2)动梁无滑枕铣车复合加工中心(课题编号2010ZX04001-032)。项目总投资2 762万元,其中中央财政投入881万元。申请专利2项,发表论文十多篇。当前样机已投入生产。

以上两个项目同时被列入青海省“123”科技支撑工程项目。

2. 青海省科技攻关项目

(1)青海省科技重大专项“加工中心与机器人集成技术研究”,课题编号2011-G-A5A。项目总投资2 000万元,其中地方财政投入400万元。当前正在进行方案设计。

(2)青海省科技计划项目“立、卧转换五面铣车复合加工中心”,课题编号2011-J-108A。项目总投资576万元,其中地方财政投入80万元。当前已完成方案设计,样机正在生产制造中。

以市场为导向　科技为主线　不断创新

——青海第二机床制造有限责任公司

青海第二机床制造有限责任公司(简称青海二机)在实践中大胆探索,构筑了一条适合自身实情的发展之路,谱写了一曲用信息化改造传统产业的新篇章。

公司是2000年4月由原青海第二机床厂改制、剥离、重新组建而成。根据机床市场的状况,公司领导提出了发展具有自身特色产品的思路,并在实践中不断完善,赋予新的内涵。公司产品的总体发展战略是:以市场为导向,科技为主线,贯彻“高中低、大中小、新奇特”的产品开发方针,突出“高、大、新”的指导思想,加速产品升级换代,促进企业素质、效益、自我发展和市场竞争能力的全面提高。

一、产品创新

创新是进步的灵魂,是发展的动力和永葆生机的源泉。青海二机成立了产品开发部,从制定研究开发项目立项报告、组织研发投入核算到开展研发活动,逐步建立了完善的产品研发体系。公司每年将销售收入的5%作为工程技术中心的研究研发资金,并随着研究的深入逐渐提高研发资金的比例。为了确保新产品的研发实现自我发展、良性循环,公司对科研项目实行课题负责制,由项目负责人全程统一管理项目实施及研发经费,并按贡献大小分别给予项目参与者奖励。有关职务发明享有署名权,研究成果在生产实践中节约的生产费用按20%提取两年给予项目组奖励。设立专门机构监督与管理以上工作内容,并对具体研发项目进行审议评定、组织实施、负责人监督跟踪、专家组验收、普及推广工作。所有这些确保了公司科技创新的良性循环。

为了更好地使产品走向市场,产品开发部的技术人员积极与客户交流,了解客户需求,找到研发重点;积极参加国内、国际大型机床展会了解行业发展趋势,研发团队有目标、有方向。研究中心以机床行业的高数控化、高自动化领域的科学研究、新产品开发和新工艺引进为核心,发挥人才、技术、设备和仪器优势,产学研及信息优势为科研开发提供全方位的支持。

根据行业“十二五”规划中提出的发展方向,青海二机着眼于自主创新能力的提高,致力于机床行业的高、精、细、数控化、自动化研究。公司夯实基础,突破技术瓶颈,强化核心关键技术和行业基础共性技术研究,集中力量开发并实施科技攻关重大专项,提升重大技术装备集成创新能力。通过自主创新攻克重点领域技术难题,掌握核心关键技术,提高了核心竞争力。

公司每年制定科学的生产计划,确定产品建设工作重点,根据客户的特点及市场的需要不断调整产品战略目标。公司按照"规范管理、诚信经营、持续创新、协调发展"的经营理念,不断提升竞争能力和影响力。依靠规范管理,健全制度强化落实,提高生产效率;依靠诚信经营,不断开拓内外市场,扩大市场占有率,提升国际、国内影响力;依靠持续创新,不断增强企业发展后劲,实现持续发展;依靠协调发展,统筹兼顾,不断创造佳绩。同时也充分利用国内外媒体和展会,大力宣传公司,有效地展示公司实力和形象,扩大了国内、国际影响力。

二、经营管理

青海二机全面采用现代化企业管理模式,制定了严格的管理制度,包括生产管理制度、业务流程管理制度、质量管理制度、整合营销管理制度、客户管理制度、财务管理制度、行政管理制度、品牌管理制度、企业文化管理制度等。管理层对企业各部门各个环节做到准确、及时的预测、决策和控制,大大提高了企业的运作效率和劳动生产率,从而取得最好的经济效益。

公司牢固树立正确的经营意识,始终贯彻"发挥特色优势"的思路,不断创新,自主开发具有自主知识产权的新产品。在自主创新方面形成了基础研究、新产品开发、工艺技术研究、装备研究、项目产业化推进等一套完整的技术创新体系,不断提升核心竞争力。近三年获得已授权的发明专利2项、实用新型专利8项;受理中的发明专利2项。

产品的知名度源于其内在的高质量。公司的检验、检测设备先进,检测流程完备,也为公司的生产和科技创新打下了坚实的基础。公司根据部门、岗位、职责的不同制定了严格的工作流程,各部门分工明确,沟通渠道畅通,达到了分工、合作、尽职、尽责、高效的目的,保证了产品按期、保质、保量地完成。

青海二机是ISO 9001:2008质量管理体系认证企业,拥有出口产品许可证。企业还先后获得青海省省级企业技术中心、青海省高新技术企业、青海省科技型企业、AAA+青海省质量信用企业、中国质量诚信企业等称号。拥有"青二机"牌半自动丝锥磨床SB722A/K和"青二机"牌数控高效花键轴铣床YKX6012两个名牌产品。

正确的决策、健全的管理模式和体制,促进了企业的腾飞和发展。公司已经形成产品结构设计、电气设计、液(气)压设计、工业软件设计、工艺设计、质量管理、情报研究、标准化管理等完整的产品开发体系;形成了以数控为主,多品种、多层次、多领域的产品格局,产品广泛应用于汽车、军工、航天、石化等多个行业,大部分产品市场占有率及技术水平在国内行业处于领先水平。

青海二机现生产的机床产品有:花键轴铣床、螺纹铣床、螺杆铣床、螺旋转子加工成套设备,全磨制丝锥加工成套设备,曲轴、凸轮轴加工设备,工具机床以及其他专用机床,共有8大类14个系列近百个品种、规格产品,且多数为国内独有,是"名、优、专、特"产品。花键轴铣床和螺纹铣床在国内市场占据绝对优势。

2000年至今,公司先后自主开发数控螺杆铣床、数控高效花键轴铣床、数控螺纹铣床、数控高速凸轮轴铣床、数控高速曲轴铣床、数控螺旋转子铣床、6轴数控花键轴铣床(数控卧式滚齿机)、数控滚刀铲齿铲磨机床、数控曲轴圆角滚压机床、数控曲轴车-车拉机床等20多个新产品,平均每年开发2个以上,并都拥有知识产权。新开发产品中,全部为数控机床,公司传统的自动、半自动型花键轴铣床和螺纹铣床将逐步提升为数控机床。其中,数控曲轴(凸轮轴)铣床、数控螺旋转子铣床、6轴数控花键轴铣床、数控曲轴圆角滚压机床是跟踪世界最高技术水平研制、开发的,代表国内行业的最高水平。

三、售后服务

青海二机一直将产品质量、售后服务视为企业发展的根本立足点,建立了良好、完整的服务体系。公司始终坚持"没有最好,只有更好"的理念,不断提升服务质量和水平。为快速响应客户对"三包"服务的要求,公司建立了由客户服务中心指导,所辖区域的"三包"人员快速现场处理的服务流程。在全国主要省市设立了10个办事机构,对各自区域客户提供售后服务支持。公司在总部设立客户服务热线和质量投诉电话,承诺在接受客户意见的24小时内作出回应,并按国家"三包"规定,及时快速地处理客户的质量投诉。

细节决定成败,客户的要求就是努力的方向。公司注重通过售后服务增进客户对产品的了解,同时,也特别注重通过售后服务流程听取客户对产品的意见和建议。公司建立了完整的消费者满意度调查机制,定期跟踪消费者进行满意度调查。通过热线电话、网站、电子信箱、函件等渠道以及市场调查、现场听取意见等方式,广泛搜集客户意见,认真归纳总结消费者的意见,分析问题后积极改进。公司还定期组织客户回访活动,通过电话、电邮、传真以及面访等形式,获取意见和建议。

青海二机现已成为青海省机床行业的龙头企业,通过坚持科技自主创新,大力实施企业专利战略,不断增强技术创新能力,促进产业结构优化升级,努力提升企业核心竞争力,企业实现了快速发展,经济效益显著提高。截至2012年年底,公司年产机床近400台,产值1.002亿元,销售收入9 435万元,资产1.7亿元,企业技术性收入与高新技术产品的收入之和占企业年销售收入的57%。

公司将继续加大科研、创新投入,紧跟产业发展趋势,不断地推动企业快速、健康、稳定的发展,把青海第二机床制造有限责任公司建成研发生产高端数控机床的大型企业。

赢在转型升级

——江西杰克机床有限公司

2012年4月,江西杰克机床有限公司(以下简称杰克机床)自主研发的JKM8240A数控高速随动曲轴连杆颈磨床荣获CCMT2012春燕奖,企业荣获“行业十佳自主创新企业”称号。

2013年3月底,杰克机床隆重举行物联网制造项目启动仪式,这是杰克机床谋求转型升级的又一重要举措。该项目将以“物联网凸轮轴(曲轴)精密磨削加工数字化车间”为突破口,集成企业现有的JIT、ERP、PDM等管理系统,集制造过程的柔性化、自动化、智能化于一体,其终极目标是实现供应商至终端用户的智能制造集成系统。

一、科技创新

受后金融危机时期的影响,各行业都不太景气,杰克机床却逆势而上,产销稳步增长,2013年1—3月,杰克机床产销同比增长30%。公司多年持续快速增长,被誉为行业的一匹“黑马”。

事实上,每次转型的背后,杰克机床都迎来了发展机遇。

杰克机床是由中国民营百强——杰克控股集团收购原国营吉安机床厂(原机械工业部定点生产曲轴磨床的中型企业)后组建的。现公司是全国系列化生产各类数控磨床的重点装备制造厂,国家火炬计划重点高新技术企业;销售网络遍布全国,产品出口东南亚、南美洲、非洲等国家和地区。

近年来,杰克机床持续加大科研投入,狠抓人才队伍建设和产品结构转型,促进技术创新升级,有效地提高了企业整体素质。调整升级后的杰克机床,将主营业务定位于数控高速随动磨床、功能部件、专用数控磨床。数控高速随动磨床年产量200台,占主营业务收入的60%;功能部件300台(套),占主营业务收入的23%;专用数控磨床270台,占主营业务收入的17%。现公司拥有总资产逾5亿元,员工700余人,“杰克”牌产品被评为“江西名牌产品”。

数控高速随动磨床是将现代设计技术、高速高效磨削技术、计算机自动控制技术、机电仪一体化技术融于一体的先进磨床,核心技术一直掌握在少数国际磨床巨头手中,我国长期依赖进口。近几年来,杰克机床自主研制了超高速CBN随动数控磨床、大型异形复合面随动数控磨床和随动数控曲轴磨床等系列产品,产品填补了国内空白,整体技术处于国际先进水平,使我国成为继德国、日本之后第三个可以批量生产超高速随动数控磨床的国家。该机床的主要技术性能与国外产品相当,但价格仅为国外同类产品的1/3~1/2,性价比优良,可完成对非圆轮廓、外圆、凹凸复合面的高效磨削,实现了对汽车发动机关键零件(凸轮轴、曲轴)与坦克、装甲车中大功率发动机关键零件的高效率、高柔性加工,满足了汽车工业大批量、高节拍、低成本生产的需要,适应了发动机向低排放、多气门方向的发展,打破了我国该类高档磨床完全依赖进口的状况。产品在北方动力、陕柴重工、维柴动力、东风康明斯、道依茨柴油发动机、江西同欣等企业批量运用,订单供不应求。杰克机床以高速随动数控磨床为主要研究成果的研究项目获中国机械工业联合会科学技术奖一等奖、教育部科技进步奖二等奖、江西省科技进步奖三等奖,科技部2011年与2012年“国家重点新产品计划”以及“春燕奖”等。

二、管理规范

近年来,企业在科技创新和管理升级方面不断取得突破,主营业务优异,社会效益良好,是江西省上市重点培育企业。杰克机床按照现代企业制度规范运作,实现了金字塔式组织与矩阵式结构组合,实现了管理本部、控股子公司的信息流、物流、资金流“三流合一”,构建了高效顺畅的管理架构。战略决策实行金字塔式垂直管理,做到令行禁止;内部资源实现矩阵式整合优化。杰克机床设有董事会,董事会下设提名委员会、战略委员会、薪酬委员会、审计委员会四个机构;日常工作由董事长负责,董事长兼任总裁,下设总裁办、技术中心(研发事业部)、财务事业部、营销事业部、营运事业部、专机事业部、功能部件事业部、数控事业部等8个事业部和浙江杰克机床有限公司、湖南杰克数控磨床有限公司两家子公司。

近年来,杰克机床经营指标保持高速增长,纳税贡献名列三甲,多年被地方政府评为“突出贡献企业”。企业注重产学研合作,科技成果丰硕。与华中科技大学、湖南大学、井冈山大学等建立紧密合作关系,联合承担国家级项目7项,其中国家科技重大专项2项、科技部重点新产品计划2项、创新基金1项、中央产业振兴与技术改造2项;承担江西省高新产业重大项目1项。产生成果25项,其中国际先进水平4项、国内领先水平10项,成果转换产品替代进口,打破了国外的技术封锁。企业荣获全国工商联科技创新企业、江西省优秀创新型企业、中国机床工具工业协会自主创新十佳企业、中国机械联合会装备制造明星企业、江西省机械创新十佳先进企业等称号。

企业注重知识产权保护工作,建立了完善的知识产权管控体系。现拥有专利25项,每年申请专利6~8项。近三年,企业共申报实用新型专利15项,其中12项已获授权,申报发明专利3项已被受理。起草《数控高速随动曲轴磨床应用条件》企业标准1项;发表专著《高效磨削与磨床》(国防科技大学出版社出版)。

公司在创造良好经济效益的同时,积极承担社会责任,积极参加捐资助学、关爱弱势群体等爱心活动,公益活动已成为常态。据不完全统计,近五年,企业累计投入公益资金1 000多万元,其中在井冈山大学设立了300万元奖助学基金,在井冈山、赤水、泸定、会宁等红色根据地捐资助学200余万元。企业利用为全总"优秀职工之家"、团中央"全国青年就业创业基地"、江西省高级技师培训基地的优势,为区域就业和创业尽责任。

三、近期主要目标

杰克机床近期主要目标是优化主营业务、登陆资本市场,将杰克机床打造成为具有一流资源整合能力、良好品牌形象、业内知名的机床解决方案服务商。

1. 力争"十二五"登陆资本市场

经过八年努力,杰克机床的数控高速随动磨床在行业内取得了领先地位,达到国际先进水平。公司坚持以"先做精做强,后做大规模"为发展路径,以高端数控磨床、功能部件及专用机床为主营业务,寻找最具价值的组合。现正进行股份制改造,引进PE,计划2015年登陆资本市场。

2. 运作好杰克科技装备产业园建设

以装备产业发展为基础,整合集团资源和产业链优势,实现高端数控机床、功能部件、新能源电机等产业聚集,实现"洼地效应"。产业园属于吉泰工业走廊腹地,毗邻国家高新技术开发区,有得天独厚的资源和产业优势。以招商引资和多种股份合作建设为主线,采取"总体规划、分步实施、滚动开发"的思路,力争把产业园区建设成为规划科学超前、基础设施配套特色突出、科技含量高、经济效益好并有较大带动辐射作用的机械制造产业园区。

3. 海外收购,整合全球技术资源

利用集团在海外收购的经验和平台,计划收购1~2家国际顶尖机床制造企业,直接嫁接国际领先技术,产品全面替代进口,并出口至全球各地,为振兴中国装备贡献一份力量。

谦和之中见卓越

——安徽省尚美精密机械科技有限公司

安徽省尚美精密机械科技有限公司(简称尚美)成立于2000年,坐落于安徽省天长市西城区高新技术开发区,占地面积15 000m^2,其中办公场所6 000m^2,年产非标设备500余台。职工85人,大专以上学历和各类工程技术人员55人,占企业职工总人数的64.7%;从事产品研发的科技人员有15人,占企业职工总人数的17.6%。尚美具有很强的机械加工设计、非标机械设备及橡胶制品研发制造能力,是专业从事非标设备研发、生产和销售的企业。产品形成金属切削设备系列、高速工具钢校直切断系列、胶辊研磨机系列、新型纺织机械辅助设备、打印机充电辊(滚筒类)及生产线等几大系列。

尚美多年来不断加大自主研发力度,并与国内外多家权威科研机构、知名学府紧密合作。2006年以来,先后与中国航天科工晨光集团、上海理工大学、深圳海德盟数控技术有限公司、无锡中捷数控技术有限公司等建立了合作关系,极大地提高了公司的设计研发能力。2008年1月成立了地区级技术中心,专业涉及机械设计、机械制造与工艺、电气自动化、计算机科学与技术等。该技术中心配备有三坐标检测机、万能材料试验机、布氏硬度计、现场动平衡测量仪、激光跳动测量仪等30余台(套)设备用于研发加工、检测。经过多年的积累和发展,公司成功研制上市的产品有4大系列30多个品种,获得发明专利3项、实用新型专利20多项、计算机软件著作权2项。

公司积极健康的发展理念凝聚了一批富于进取、勇于实践、知识全面、经验丰富、充满朝气的中青年科技人才,事业不断发展壮大。现已成为既有先进技术水平,又有科学管理架构的集机电研发服务、商贸于一体的现代化综合性科技企业。公司获得高新技术企业称号,获得天长市科学技术奖;开发的数控胶辊研磨机系列产品先后获得高新技术产品、安徽省新产品称号,并获得了科学技术部创新基金的支持。

一、企业发展情况

尚美前身为尚美纺机工具有限公司,成立于2000年,注册资金50万元,主要产品为纺织机械零配件类。2003年,尚美迁入天长市西城区高新技术园,对产品结构进行了战略性调整,转型为以精密机床、工业装备制造为主。2005年,投入55.6万元用于数控胶辊研磨机的研发。2006年,研发成功的数控胶辊研磨机投产运行,发展了50多家国内客户,当年实现销售收入885万元。2007年,在天长市西城区工业园征地1.5万m^2,同时兼并了天长市天众实业有限公司,完成新厂区的选址工作。

2008年,完成生产厂房、办公、研发中心及仓库的基本建设。公司与中国航天科工晨光集团签署了战略合作协议,在产品、技术上获得了多元化的支持。投入研发费用97.2万元用于锯片式海绵胶辊研磨机、数控系统U盘直接输出功能技术的研发。

2009年,在上海理工大学的支持下,研发出数控打印机充电辊研磨机自动生产线,我国自主研发的第一台全自动麻花钻磨后角研磨机问世。公司扩大了注册资本,从原来的50万元增资到550万元,将天长市尚美纺机工具有限公司更名为安徽省尚美精密机械科技有限公司。

2010年1月,公司被国家批准认定为高新技术企业,被中国航天科工晨光集团授予军品"优秀供应商"。与此同时自主研制成功全自动工具钢校直切断机,丰富了公司的产品规模,扩大了销售范围。公司所有产品均通过欧盟CE认证。

2011 年研发成功全自动宽砂轮四轴四联动数控高效精密胶辊研磨机，先后获得安徽省新产品、高新技术产品称号，获得滁州市人民政府颁发的科学技术奖。2012 年，该产品获得安徽省重点新产品称号，获得安徽省科学技术奖、天长市科学技术奖，“尚美”获滁州市知名商标。

二、运用新技术，开发新产品

“十二五”期间，公司紧紧围绕“设备现代化，产品高档次，参与国际市场竞争，振兴中国机械工业”的指导思想，在积极引进、消化国内外先进工艺技术的基础上，先后投资数百万元深化技术改造，陆续对原有机械加工设备进行了淘汰改造，引进国外关键技术设备，增加了数控加工中心、大型平面磨床、数控龙门刨铣床等，企业技术装备水平大大提升。

尚美设立了全自动宽砂轮四轴四联动数控高效精密胶辊研磨机研发团队，经过一年多的科技研发和技术攻关，取得了较大的技术突破，技术转化效果显著。

全自动宽砂轮四轴四联动数控高效精密胶辊研磨机应用于打印终端耗材行业，专用于打印机走纸轮、充电胶辊、显影胶辊、橡胶滚轮、滚筒等高端胶辊类工件的曲面磨削工作，是打印机充电辊、显影辊、橡胶滚筒辊类产品的专业生产设备。加工特殊曲面的胶辊时，通过程序代码（G 代码）编写曲线方程驱动两轴实现曲线轨迹，工作台带动金刚笔修整砂轮表面以产生符合程序要求的曲面。修整完毕的砂轮曲面可一次加工出符合曲面要求的工件形状，即实现成型砂轮加工。

该产品采用 CNC 控制，整个研磨机由床身、工作台、头架、尾架、精密双筒夹、砂轮架、上下料机构、特殊砂轮、控制部分、储尘装置十大部件组成。尚美在产品研发过程中采用了一系列先进的技术原理和工艺方法，获取了该产品的制造核心技术。

（1）根据生产纺织机械的经验，磨削橡胶不同于磨削金属，磨削橡胶的砂轮必须是大气孔的。结合磨削曲面状胶辊的设计需求，采用宽幅蜂窝状、气孔率达 65%、粒度 250 目、硬度在中软级（J）的磨头砂轮。采用宽幅结构与加工工件等宽，胶辊磨削加工时工作台不需要大幅度的往复运动，大大提高了生产效率，单台生产效率是普通磨床的 3 倍以上，胶辊的加工尺寸精度有了明显的提高。

（2）设计开发双筒夹装置。当工件（胶辊）装入头架筒夹后，控制系统通过电磁阀控制气缸，将工件（胶辊）夹紧，尾架沿导轨向头架方向运动，同样通过电磁阀控制气缸夹紧胶辊。头架和尾架的筒夹头通过双轴伺服电动机控制同步旋转，砂轮座在伺服电动机驱动下沿导轨向胶辊方向快速进给至磨削位置，对砂轮进行修整，以磨削出橄榄形、锥形、曲线各种不同几何形状的胶辊，这是其他普通研磨机无法比拟的。

（3）采用“锯齿形排列式水平送料板”和“上料爪与永磁体组合式”结构，实现（胶辊）上料、抓取、进给、下料全自动，重复定位精度高，减少了人工操作，保证研磨质量的稳定性和生产的安全性。通过改变固定支架的安装距离及更换不同的送料板，磨砺出不同型号的充电辊。

（4）胶辊研磨机砂轮主轴必须满足回转精度高、支承结构刚性好、承载能力强等要求，因此，采用前端固定、后端游动的支承主轴结构。前支承由锥孔双列圆柱滚子轴承承受径向力，双向推力角接触球轴承承受正、反方向轴向力，后支承由锥孔双列圆柱滚子轴承承受径向力，轴向移动不受限制。前、后支撑的双向推力角接触球轴承、锥孔双列圆柱滚子轴承靠调整相应的调整件厚度来进行预紧。该结构能在主轴安装时对轴承施加指定的预载荷，将其径向游隙调整到最佳状态，提高了轴承的旋转精度，增强了轴承刚性，减少了主轴支承的径向跳动，从而保证了胶辊的磨削精度。主轴结构的两端设计进气孔，起动时高压气源从进气孔进气，再进入轴承两端的迷宫圈内，确保两端轴承座的滚动轴承处于相对洁净的环境，保持精度稳定。

（5）设计研发的胶辊研磨机率先在国内将西门子 SINUMERIK 802C 数控系统、双主轴伺服同步驱动系统、PLC 程序控制系统合理应用到数控研磨机，实现四轴联动、胶辊自动上下料的功能。利用数控装置的 G 代码、控制代码 M（辅助功能）、S（主轴转速）、T（对刀）等顺序动作信息，通过 PLC 逻辑运算对其进行译码，转换成对应的控制信号。控制信号控制各装置完成机床 X、Z、A、C 的四轴联动、各上下料气缸电磁阀顺序动作、润滑液的开关等一些动作。该系统还接受机床操作面板的指令，一方面直接控制机床动作，另一方面将指令送往数控装置用于加工过程的控制。只需通过系统面板键盘输入用户 G 代码程序，就可满足加工不同胶辊的需求；使用圆弧插补和直线插补等指令，还能加工一些特殊的带弧形胶辊。系统采用串口通信的方式，硬件标准使用常见的 RS232 标准，可以很方便地与计算机连接，用户工件程序不仅可以由数控系统上的键盘输入，也可在计算机上直接编程输入。

该产品满足了高端打印机胶辊生产需求，弱化了人工干预因素，合格率高，产出效率高，是自主研发的高科技产品。在规模化生产中，项目产品的制造成本和配件采购成本周期，在同行业中都占有明显优势。产品售价仅为国际同类产品的 1/4，国内尚无厂家开发出类似产品，竞争优势明显。

为用户提供创新产品，为客户塑造价值是尚美的市场宗旨。利用国内外行业展览、行业杂志、互联网宣传尚美，稳定现有客户，挖掘战略客户，扩大潜在客户，做强国内市场，做好国际市场。公司设立了专业销售网点，并设立内贸部和外贸部。对于国内客户，尚美在福建、浙江、珠海、深圳、广州、北京等地区设立了销售办事处，销售人员直接面对顾客，提供完善有效的售前、售中与售后服务。同时，收集和掌握顾客的直接需求和潜在的需求，为不同客户提供个性化产品和服务。尚美是中国航天科工晨光集团的紧密合作伙伴，借助于晨光销售网络将产品销往国外市场，并定期派技术人员为终端顾客提供技术培训和技术支持，提供所有系列产品的多媒体培训资料。通过规范有效的服务，产品赢得了更多用户的信任，建立起规范有序的全球销售网络。

求实创新创品牌

——金华市纳百川机械有限公司

在发达国家，采用高效工刃具磨床来发挥数字化制造技术的潜力已成共识每年的工刃具磨床消费占机床消费比例较高。而我国工刃具磨床消费相对较低，这说明在我国工刃具磨床的消费中，廉价低效的传统工刃具磨床仍占主流。受此影响，机床功能远未充分发挥，制造业提高劳动生产率的潜力很大。

金华市纳百川机械有限公司（简称纳百川机械）致力于研究、设计、生产用于制造工刃具所需的高新技术设备，生产用于制造精密、复杂工刃具的数控机床。公司致力于技术竞争和核心竞争力的提升，坚持以数控技术改造提升传统工刃具磨床水平。经潜心研制，成功推出数控拉刀刃磨床、数控滚刀刃磨床等产品，达到国内领先水平。公司奉行“进取、诚信、严谨、创新”的理念，以人为本，不断开拓创新，以技术为核心，视质量为生命。

一、坚持自主创新，形成具有竞争优势的技术与产品

“工欲善其事，必先利其器”。技术的先进和创新是机床产品的核心价值，坚持自主创新，形成具有竞争优势的技术与产品，是机床行业持续发展的重要手段。

纳百川机械从成立至今，一直以“打造国内一流工、刃具磨床机床制造企业，塑造国内乃至国际知名品牌”为目标，坚持通过自主创新来发展企业。公司自主研发的带有自动测量、砂轮自动修整等功能的软件，大大满足了客户的效率需求。机床配备测量头可实现滚刀装夹后自动对刀功能；配备数控砂轮修整系统，可按照刀具要求对砂轮进行自动修整、自动补偿。公司在已有西门子系统的基础上研发自己的软件，设定自己的用户界面，客户能够在已有的界面输入滚刀参数、砂轮参数、修整参数、模具参数后，自行启动，无需繁琐的编程操作系统。相对于传统机床，机床的工作精度有很大的提高，如滚刀刃磨床的工作精度稳定达到DIN3968标准或国家标准GB/T 6084—2001中规定的AA级以上。纳百川机械设备的智能化提升了机床的工作效率，促进了国内机械工业的发展。

二、创新产品研制

创新是企业发展的动力，是企业持续发展的源泉。公司在产品研发中紧跟市场，抓住客户需求，贯彻技术创新战略，运用现代营销模式，使企业的发展适应市场、适应客户，这是企业立于不败之地的关键因素。

工刃具磨床行业产品实现战略转型：机床向高速、高效、数控化方向发展，可延长刀具使用寿命从而降低成本，充分发挥刀具性能，提高加工效率，并确保加工零件的精度和质量。开发高端、高效数控工刃具磨床替代廉价、低效的传统工刃具磨床是行业最迫切的需求。

纳百川机械成功推出NHS300CNC4、NHS500CNC4四轴等一系列数控滚刀刃磨床。该系列机床改变了传统机床的结构及磨削方式，采用CBN砂轮磨头平放布局、端面磨削方式，实现深切、缓进、强力磨削功能，一次进刀量可达0.5mm，提高了工作效率；又可用斜面磨削螺旋槽滚刀。加工滚刀直径最大可达500mm，工作精度稳定达到DIN3968标准或国家标准GB/T 6084—2001中规定的AA级，达到国际先进水平。2009年研制的NBS100CNC数控拉刀刃磨床，填补了国内空白。该机床结构新颖、功能完备，可自动测量工件和砂轮修整器的位置，具有对需修磨拉刀自动测量、修磨，砂轮自动轮廓修整、自动补偿等功能。该机床在CCMT2010第六届中国数控机床展览会上，凭借可靠的质量、美观的外形、优良的性价比、良好的市场前景、国际先进的技术水平，获得了由中国机床工具协会颁发的“春燕奖”。2012年，在与用户的多次沟通及试磨拉刀后，纳百川机械与许昌远东传动轴股份有限公司成功签订2台数控拉刀刃磨床合同。

三、产品研发注重市场需求

2009年，我国数控工刃具磨床行业进入新的发展阶段，在数控机床已成为制造装备主流的今天，工刃具磨床行业肩负着为制造业提供关键装备数控工刃具磨床的重任。产品研发注重市场需求，根据市场确立企业发展方向才是持续发展之道。经潜心研制，纳百川机械成功推出实用型数控滚刀铲齿车床、数控滚刀铲背磨床和数控拉刀刃磨床等产品，可进行自动测量、自动数据筛选、自动分度、自动磨削、自动砂轮修型等。当前，设备主要应用于技术加工、汽车、齿轮及刀具加工等领域。汽车行业主要服务于汽车齿轮制造，合作企业即齿轮厂、齿轮箱厂、零部件厂等。纳百川机械设计、制造的全新结构的数控滚刀刃磨床、数控拉刀刃磨床两个机床系列产品，解决了工具制造行业高硬材料磨削的难题。

四、做好销售工作和品牌建设

任何一个企业只有抓好市场，了解客户才能有发展。纳百川机械坚持以高精度、高品质的数控机床作为市场定位；以齿轮、工具、汽车零部件、矿山机械等为目标行业，积极寻找客户，开拓市场。当前，已打造了纳百川机械高精度数控滚刀刃磨床、数控拉刀刃磨床、数控万能工具磨床系列产品品牌，企业销售区域遍布全国，每年参加国际性机床展览会，积极通过网络、展会、报刊杂志等多种方式宣传企业，加大力度推广纳百川机械品牌，同时，加深已有客户对纳百川机械产品的印象。建立完善销售服务体系，在销售过程中做好销售服务；建立完善客户服务档案，实现售前、售中、售后全过程服务。技术部门不仅出现在售后服务阶段，对客户前期的咨询以及需求，也及时提供技术支持及解答，提高客户的信任度。

五、企业未来发展

纳百川机械拟投资1亿元左右，分三个步骤在武汉成立产品研发中心、装配基地和关键零部件生产基地，实现“两年内产销超千万元，5年内产销达到5 000万元，8年内产销超亿元”的目标。生产的机床5年内在国内打响品牌，8年内成为国内知名品牌。2012年年底前，5 000m^{2}装配厂房（其中2 000 m^{2}装配厂房为恒温装配区），5 000 m^{2}机加工厂房（其中2 000 m^{2}厂房为恒温精密加工产区），3 000 m^{2}仓库完成。2013年年底前研发中心、营销中心（含产品展示、培训中心）、综合办公大楼等配套大楼6 000 m^{2}建筑完工。

由大变强　打造中国“第一锯条”

——湖南泰嘉新材料科技股份有限公司

湖南泰嘉新材料科技股份有限公司（简称泰嘉新材）2003年10月创建于湖南望城经济开发区，注册资金1亿元，是国内最大的双金属带锯条、双金属复合钢带生产研发企业。公司打造的双金属带锯条品牌“TANCUT泰钜”“JUSTCUT嘉钜”“AA”“FICUT飞钜”及“Bichamp”在业内享有盛誉，其中“AA”为中国驰名商标、湖南省名优产品，“Bichamp”为湖南省国际知名品牌。

公司在全国建立了庞大的伞状式营销网络，拥有近百家经销商，产品畅销全国各地，并外销至美国、加拿大、哥伦比亚、波兰、斯洛文尼亚、意大利等50多个国家和地区，质量获国内外客户一致好评，是当前国内双金属复合钢带和双金属带锯条制造商中唯一参与国际竞争的企业。

十年，曾艰难奋斗，泰嘉新材以报国的赤子之心回馈社会恩情。

十年，又一次起飞，泰嘉新材将给世人带来更大的惊喜和震撼。

一、回首篇：不忘初衷，在艰难中勇于突破

1964年，世界上第一根双金属带锯条研制成功，全球带锯切割行业正式进入“双金属时代”。与传统的机锯、往复锯和圆盘锯相比，双金属带锯条具有切削质量好、效率高、损耗低等特点，被誉为“切削工艺的一场革命”。

在我国，双金属带锯条行业起步晚、起点低，直到20世纪80年代中期，我国才有了第一条带锯条生产线，年产能仅30万m，产品质量不稳定、产品性能落后，严重制约着国产带锯条的普及与市场发展，导致我国的带锯条市场一直被进口产品占据。

为了改变这一产业落后的状况，早期的泰嘉人在20世纪90年代，不断引进德国先进的设备、美国先进的材料和刀具，成功帮助湖南机床厂实现了带锯条产品升级，极大地缩短了国内带锯条生产与国际同行的差距。在引进材料、设备、刀具的同时，也帮助锯条企业将产品销往国际市场，真正架设了一座连通中国与世界的“锯条桥梁”。

当时制约我国带锯条企业发展的瓶颈是双金属复合钢带必须依赖进口，材料进口价格高、周期长、质量得不到保障。要想提高带锯条产品性能和质量，就必须实现复合钢带国产化。为尽快实现双金属复合钢带国产化，2003年10月投资3 600万元的泰嘉新材成立，专注于复合钢带国产化。面对投资大、回报期长的高风险行业，泰嘉新材怀着必胜的信心，艰苦奋斗，从美国、德国引进了一流的电子束焊机、调平校直机等全套进口设备，建造起当时国内最先进的双金属复合材生产线，标志着泰嘉新材成为当时国内第一家专门生产双金属复合钢带并对锯条行业企业销售的厂家，彻底打破了国外同类产品垄断中国市场的局面，从此启动了双金属复合材料产业化、国产化的进程。

泰嘉人一直怀着“做中国最好的锯条、打造中国自己的锯条产业”的心愿，默默地埋头苦干，做国内做好的带锯条产品，让中国产品走出世界！

二、奋进篇：团结协作，在追求完美中不懈前进

经过全体员工十年来的辛勤耕耘，泰嘉新材闯出了属于中国带锯条产业的一片天空。

1. 把脉市场，努力提升市场竞争力

产能上，在成功实现了双金属复合钢带、带锯条国产化、产业化的基础上，公司加快了向规模化和差异化生产转变的步伐，实现了跨越式翻番增长，从2006年的年产40万m带锯条快速增长到2011年的1 250万m。技术创新上，始终坚持走出去、请进来的思路，不断引进国外先进设备和技术，有效整合行业研发、制造等资源，同时每年保持几千万元的研发和技改投入，使得公司拥有了发明专利3项、实用新型专利15项，在产能扩大的同时，产品性能与质量得到保证，从而极大力增强了市场竞争力。

从泰嘉新材第一台电子束焊机的引进，到国内第一台激光焊机的投产，仅仅用了4年；从中国第一个硬质合金带锯条研制项目启动，到第一根硬质合金带锯条国产化，泰嘉新材仅仅用了1年；从焊缝检测技术的引进，到国内第一台焊缝质量自动检测仪投入使用，泰嘉新材仅仅用了7个月；更是让国内第一台连续淬回火热处理生产线在泰嘉新材诞生，运用这项发明专利，回火时间由以前的50小时缩短至不到1小时，与传统的间断井式回火炉相比，生产效率和产品质量有了明显提升，减少了能源消耗，填补了国内产业空白，实现了关键生产设备“自主研发、自主知识产权”的全国产化。

2. 优化结构,提升品牌市场占有率

产品结构上,丰富了产品线和产品类别,并针对不同国外品牌,推出了相应竞争产品。经过市场开拓与客户认可,进口产品占我国带锯条市场的比重由2006年的近70%,降至2011年的45%左右,泰嘉新材让我国的带锯条市场局面发生了根本性转变,也唤醒了带锯条产业对民族品牌的需求。

产品质量上,首先,强化质量理念。各职能部门务必认真履行职责,切实将质量体系及新国家标准的各项规定落实到每一个岗位的实际工作中,确保产品质量的稳定。公司每年都根据ISO质量管理体系的要求,编制年度审核计划,扎实开展内部审核工作,保证了公司质量体系的贯彻实施。第二,产品质量优良,很大程度上归功于产品的研发工作。公司成立之初便设立了技术研发中心,高薪聘请业内资深专业人士进行新产品的研发和产品质量技术的提升。公司研发中心于2008年被认定为省级企业技术中心。第三,不断完善硬件、软件设施。当前公司拥有成套仪器设备85台(件),检测手段、实验水平在国内均首屈一指。与此同时,公司有计划地组织技术骨干人员赴美国、日本、瑞典等发达国家锯切产品生产企业访问交流,不断学习先进技术。第四,严格按合格供方标准对供应商信用等级、资质认证、品牌美誉度进行细致的考察核实,将原材料采购纳入公司ISO9002管理体系范畴。供应商的选择、评审、检验、信息反馈等各个环节都有一套严格的控制程序。第五,注重与国际接轨,长期聘请了国外业内知名专家作为技术顾问,公司也成为湖南省唯一一家国家重点"引智"单位。同时,公司积极开展产学研平台的创建,与湖南大学、中南大学材料学院、长沙矿冶研究院等科研院校及国外研究机构进行科研合作,建立了锯切产品共性技术研发平台,创建了较好的技术研究开发基础和实验条件。

三、服务篇:矢志不渝,在责任心驱使下竭诚服务

一个公司的腾飞,不只是领导者的壮志凌云,也有广大普通员工的辛勤耕耘;不只体现公司对员工的凝聚力,更有员工的无私奉献与真情投入。"做负责任的人"的核心理念已经随着时间的推移和榜样的力量深深扎根在泰嘉人的心中。

用户服务方面,2008年下半年,客户订单骤降,销售严重滑坡。为了应对金融危机的影响,公司下决心大力进行品质建设。专门成立了品质保证部,着力建立、完善供应商原材料的质量控制职能,建立、完善质量体系建设,建立、完善考核培训制度,建立现场解决问题的机制,建立并完善持续改善机制,确保产品质量跃上新的台阶。

社会服务方面,坚决拥护节能减排政策。公司成立能源动力部门,专门负责环保和节能方面的工作。近年来,公司相继引入大批的国内外先进设备,如电炉技改引进了国外先进的温控表和可控硅控制系统,电机加装变频器和软起动装置,部分设备采用国内外节能型产品——变频空压机等。在锯带新厂房建设中,新建了一套600t的循环水处理系统,有效地节约了水资源。同时加强污染物的末端治理,排放的各类污染物均达到国家规定的排放标准。公司专门成立了内部救助基金会,用于助学、扶贫济困、保护环境、公益事业等。2008年汶川大地震后,公司在第一时间为四川灾区募集善款20余万元。

企业文化方面,公司非常注重调动员工的工作积极性和创造性,依靠员工、服务员工、保障员工合法权益,正确处理好员工与公司的利益关系,真正做到公司发展为了员工,公司发展依靠员工,发展成果由利益关系人共享。公司采用合理建议实行奖励、定期座谈等办法充分调动了全体员工参与技术、管理、质量创新活动的积极性,营造了改善公司管理、提高经营效益的良好氛围,确保公司各项工作的持续改进。

四、展望篇:期待十年,又一个奇迹

2013年,对于泰嘉新材有着非同寻常的纪念价值。十年的腾飞,十年的翱翔,泰嘉新材以它强大健壮的身躯,迎接新一轮机遇和挑战。

有怎样的花开,便有怎样的结果。泰嘉人经常告诫自己:只有把自身置于一个更为广阔的背景之下,以世界级同行优秀企业为标杆自我考量,才可清楚地认知所处的位置;以国际化思维为出发点,才能真正懂得自身的差距。

泰嘉人的产业梦想是,五年内把泰嘉新材打造成世界前五位的金属锯切服务企业。只要秉承"做负责任的企业"的精神,坚定信念,执着追求,总有一天世界锯切产业基地会从欧美转移到中国,让世界的锯条都写上"Made in China",这是历史赋予的使命,泰嘉新材有责任为振兴民族锯切产业而奋斗不息!

统计资料

公布2012年机床工具行业主要统计数据及机床工具分类产品进出口数据，准确、系统、全面地反映机床工具行业、地区主要经济指标

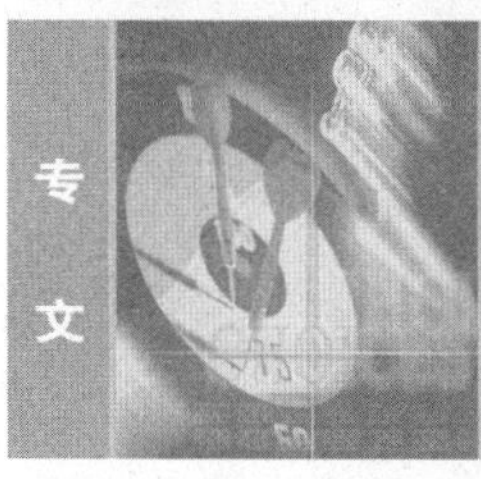

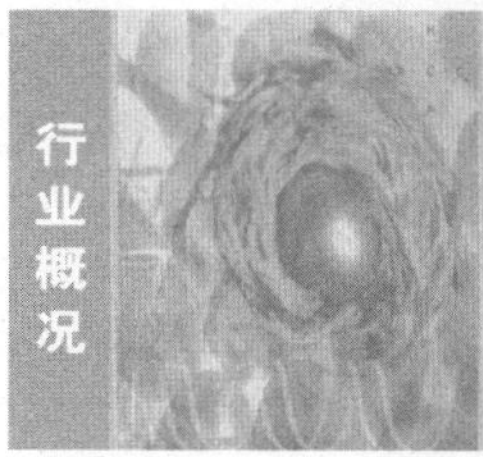

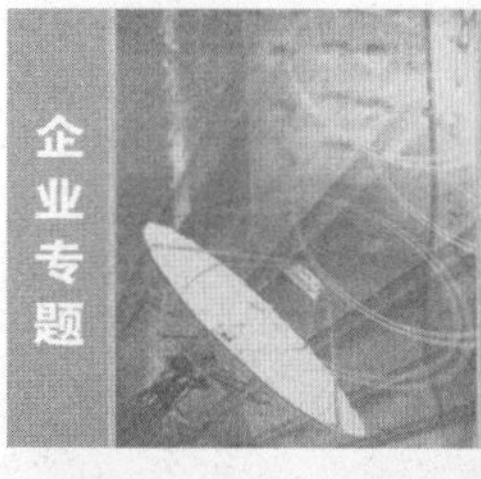

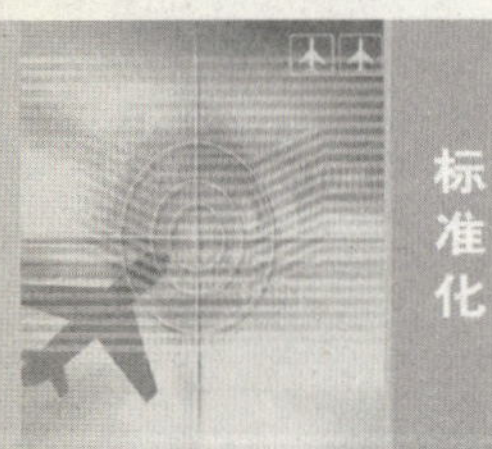

统计资料

2012年机床工具行业主要经济指标完成情况

2012年机床工具行业主要经济指标分行业按地区完成情况

2012年中国机床工具出口统计

2012年中国机床工具进口统计

2012 年机床工具行业主要经济指标完成情况

行业类别	代码	企业数		工业总产值			工业产品销售产值			工业产品销售率	
		数量（家）	占比（%）	实际完成（万元）	占比（%）	比上年增长（%）	实际完成（万元）	占比（%）	比上年增长（%）	实际完成（%）	比上年增长（百分点）
金属切削机床	3521	678	100.0	14 640 375	100.0	-0.8	14 082 100	100.0	-2.0	96.2	-1.1
国有控股		71	10.5	4 292 710	29.3	-8.3	4 080 456	29.0	-10.2	95.1	-2.0
集体控股		22	3.2	234 652	1.6	-10.6	206 805	1.5	-21.9	88.1	-12.7
私人控股		443	65.3	6 460 086	44.2	10.8	6 214 613	44.1	11.2	96.2	0.3
港澳台商控股		52	7.7	514 716	3.5	-18.7	523 733	3.7	-17.3	101.8	1.8
外商控股		58	8.6	1 319 624	9.0	3.5	1 332 041	9.5	6.8	100.9	3.1
其他		32	4.7	1 818 587	12.4	-12.3	1 724 452	12.2	-17.3	94.8	-5.7
金属成形机床	3522	509	100.0	6 199 035	100.0	6.4	6 052 502	100.0	6.9	97.6	0.5
国有控股		17	3.3	658 300	10.6	1.4	619 736	10.2	-0.3	94.1	-1.7
集体控股		10	2.0	81 363	1.3	8.8	72 302	1.2	7.1	88.9	-1.4
私人控股		392	77.0	4 271 330	68.9	9.9	4 172 181	68.9	10.5	97.7	0.5
港澳台商控股		28	5.5	358 552	5.8	4.7	354 398	5.9	7.3	98.8	2.4
外商控股		42	8.3	620 920	10.0	-7.3	634 068	10.5	-4.6	102.1	2.9
其他		20	3.9	208 570	3.4	0.9	199 817	3.3	-0.5	95.8	-1.3
铸造机械	3523	538	100.0	7 628 434	100.0	24.9	7 489 844	100.0	24.8	98.2	-0.1
国有控股		11	2.0	149 070	2.0	-25.5	153 045	2.0	-22.8	102.7	3.7
集体控股		13	2.4	412 769	5.4	121.7	410 758	5.5	118.4	99.5	-1.5
私人控股		447	83.1	6 027 211	79.0	25.6	5 890 891	78.7	25.2	97.7	-0.4
港澳台商控股		18	3.3	393 953	5.2	7.0	388 881	5.2	9.3	98.7	2.1
外商控股		23	4.3	331 819	4.3	-2.2	331 151	4.4	-2.1	99.8	0.1
其他		26	4.8	313 612	4.1	43.7	315 118	4.2	45.7	100.5	1.4
木工机械	3624	148	100.0	1 645 402	100.0	13.7	1 618 263	100.0	14.1	98.4	0.4
国有控股		3	2.0	25 704	1.6	-4.2	27 802	1.7	2.3	108.2	6.9
集体控股		6	4.1	45 161	2.7	49.8	41 022	2.6	58.6	90.8	5.1
私人控股		116	78.4	1 379 340	83.8	16.5	1 355 969	83.8	16.4	98.3	-0.1
港澳台商控股		10	6.8	95 967	5.8	-0.6	95 302	5.9	3.9	99.3	4.4
外商控股		10	6.8	70 099	4.3	-2.2	68 457	4.2	-5.5	97.7	-3.4
其他		3	2.0	29 131	1.8	-25.1	29 711	1.8	-17.8	102.0	9.0
机床附件	3525	309	100.0	3 844 949	100.0	16.5	3 785 337	100.0	16.6	98.4	0.1
国有控股		14	4.5	147 351	3.8	-19.4	146 490	3.9	-18.8	99.4	0.7
集体控股		9	2.9	157 307	4.1	21.8	156 669	4.1	22.9	99.6	0.9

（续）

行业类别	代码	企业数		工业总产值			工业产品销售产值			工业产品销售率	
		数量（家）	占比（%）	实际完成（万元）	占比（%）	比上年增长（%）	实际完成（万元）	占比（%）	比上年增长（%）	实际完成（%）	比上年增长（百分点）
私人控股		244	79.0	3 221 398	83.8	21.1	3 164 384	83.6	21.2	98.2	0.1
港澳台商控股		12	3.9	108 056	2.8	-14.5	109 167	2.9	-14.3	101.0	0.2
外商控股		19	6.1	136 972	3.6	-13.8	135 206	3.6	-14.0	98.7	-0.2
其他		11	3.6	73 865	1.9	71.6	73 421	1.9	72.3	99.4	0.4
工量具及量仪	3421	623	100.0	7 727 848	100.0	12.3	7 497 569	100.0	11.9	97.0	-0.4
国有控股		28	4.5	809 200	10.5	-0.7	766 656	10.2	-0.9	94.7	-0.3
集体控股		16	2.6	173 529	2.2	-2.8	170 677	2.3	-5.3	98.4	-2.6
私人控股		429	68.9	4 912 312	63.6	18.6	4 748 393	63.3	18.0	96.7	-0.4
港澳台商控股		38	6.1	344 591	4.4	2.3	340 488	4.5	5.0	98.8	2.5
外商控股		87	14.0	823 951	10.7	0.7	836 008	11.2	0.5	101.5	-0.1
其他		25	4.0	664 265	8.6	12.4	635 347	8.5	11.4	95.6	-0.8
磨料磨具	3199	1 461	100.0	21 229 749	100.0	18.8	20 539 380	100.0	18.0	96.7	-0.7
国有控股		52	3.6	711 852	3.4	-15.1	697 166	3.4	-13.9	97.9	1.3
集体控股		45	3.1	625 909	2.9	10.1	620 277	3.0	11.0	99.1	0.8
私人控股		1 191	81.5	17 955 174	84.6	22.7	17 309 506	84.3	21.2	96.4	-1.2
港澳台商控股		49	3.4	458 341	2.2	-4.6	443 579	2.2	-3.9	96.8	0.7
外商控股		75	5.1	1 029 769	4.8	4.6	1 049 447	5.1	7.4	101.9	2.7
其他		49	3.4	448 704	2.1	23.9	419 405	2.0	31.7	93.5	5.5
其他金属加工机械	3529	617	100.0	9 189 526	100.0	14.6	8 954 488	100.0	14.6	97.4	0.0
国有控股		21	3.4	1 077 052	11.7	17.1	1 036 624	11.6	17.7	96.2	0.5
集体控股		12	1.9	192 168	2.1	45.3	188 574	2.1	47.0	98.1	1.2
私人控股		495	80.2	6 711 084	73.0	18.1	6 517 689	72.8	17.6	97.1	-0.4
港澳台商控股		18	2.9	192 330	2.1	3.5	203 778	2.3	9.1	106.0	5.5
外商控股		41	6.6	520 093	5.7	-25.1	526 828	5.9	-23.8	101.3	1.7
其他		30	4.9	496 799	5.4	23.1	480 995	5.3	24.5	96.8	1.1
行业合计		4 883	100.0	72 105 318	100.0	12.3	70 019 484	100.0	11.8	97.1	-0.4
国有控股		217	4.4	7 871 238	10.9	-5.3	7 527 975	10.8	-6.3	95.6	-1.0
集体控股		133	2.7	1 922 858	2.7	23.1	1 867 085	2.7	21.1	97.1	-1.6
私人控股		3 757	76.9	50 937 934	70.7	19.0	49 373 626	70.5	18.4	96.9	-0.5
港澳台商控股		225	4.6	2 466 506	3.4	-4.0	2 459 325	3.5	-2.1	99.7	2.0
外商控股		355	7.3	4 853 248	6.7	-3.2	4 913 207	7.0	-1.3	101.2	1.9
其他		196	4.0	4 053 534	5.6	3.0	3 878 266	5.5	0.6	95.7	-2.3

注：表中数据由于四舍五入，合计数有微小出入。

〔供稿人：中国机床工具工业协会黑杉〕

2012年机床工具行业主要经济指标分行业按地区完成情况

行业及地区名称	企业数（家）	工业总产值			工业产品销售产值		工业产品销售率	
		实际完成（万元）	比上年增长（%）	占行业比（%）	实际完成（万元）	比上年增长（%）	实际完成（%）	比上年增长（百分点）
金属切削机床行业	678	14 640 375	-0.8	100.0	14 082 100	-2.0	96.2	-1.1
辽宁	56	4 752 455	-1.2	32.5	4 580 010	-3.8	96.4	-2.6
山东	103	1 752 361	13.6	12.0	1 711 038	12.7	97.6	-0.8
江苏	125	1 522 463	9.0	10.4	1 478 391	6.8	97.1	-2.0
浙江	94	1 138 481	1.7	7.8	1 131 989	4.5	99.4	2.6
陕西	11	988 120	3.7	6.7	843 358	-13.2	85.3	-16.6
云南	17	447 146	-18.8	3.1	424 777	-20.0	95.0	-1.4
湖北	30	426 588	-7.8	2.9	419 031	-3.9	98.2	4.0
北京	14	398 518	-8.1	2.7	386 799	12.7	97.1	17.9
上海	36	381 632	-20.1	2.6	391 098	-17.8	102.5	2.8
广东	45	338 312	-9.3	2.3	344 981	-7.1	102.0	2.4
安徽	28	333 324	5.9	2.3	304 530	6.3	91.4	0.3
黑龙江	5	319 201	-30.1	2.2	287 789	-32.2	90.2	-2.9
河南	12	271 747	12.6	1.9	262 685	13.3	96.7	0.6
河北	13	225 444	33.4	1.5	218 780	34.9	97.0	1.0
甘肃	2	176 596	-14.3	1.2	175 784	-11.3	99.5	3.3
江西	12	170 438	30.8	1.2	163 361	27.5	95.8	-2.5
四川	16	151 176	-1.4	1.0	141 125	-2.8	93.4	-1.3
宁夏	4	132 299	-19.8	0.9	132 737	-16.3	100.3	4.3
湖南	13	123 007	10.1	0.8	119 635	9.3	97.3	-0.8
重庆	6	120 490	-27.8	0.8	111 241	-30.1	92.3	-3.0
青海	2	114 369	-17.7	0.8	109 689	-16.8	95.9	1.0
福建	13	89 300	20.6	0.6	87 448	21.9	97.9	1.0
贵州	3	80 740	-7.1	0.6	79 047	-7.5	97.9	-0.4
吉林	4	62 035	17.8	0.4	62 004	18.7	99.9	0.8
天津	9	56 138	-31.4	0.4	48 533	-32.2	86.5	-0.9
广西	3	54 953	-14.5	0.4	50 837	3.6	92.5	16.1
山西	2	13 044	-45.6	0.1	15 403	-27.1	118.1	29.9
金属成形机床行业	509	6 199 035	6.4	100.0	6 052 502	6.9	97.6	0.5
山东	92	1 723 738	12.5	27.8	1 666 788	12.9	96.7	0.3
江苏	127	1 250 451	-2.3	20.2	1 240 742	-0.7	99.2	1.6
安徽	49	513 758	23.4	8.3	500 470	24.7	97.4	1.0
辽宁	31	453 426	23.4	7.3	449 098	26.4	99.0	2.3
浙江	51	398 770	-11.0	6.4	389 323	-5.2	97.6	5.9

（续）

行业及地区名称	企业数（家）	工业总产值			工业产品销售产值		工业产品销售率	
		实际完成（万元）	比上年增长（%）	占行业比（%）	实际完成（万元）	比上年增长（%）	实际完成（%）	比上年增长（百分点）
广东	34	330 962	0.7	5.3	325 313	0.3	98.3	-0.5
湖南	11	225 325	1.8	3.6	220 308	1.2	97.8	-0.6
湖北	14	205 709	24.3	3.3	204 384	17.3	99.4	-5.9
上海	24	193 798	-15.8	3.1	194 160	-15.5	100.2	0.4
四川	8	151 188	10.2	2.4	146 992	9.3	97.2	-0.8
河北	17	118 154	12.6	1.9	114 875	12.7	97.2	0.0
河南	8	110 378	15.6	1.8	109 070	16.0	98.8	0.3
天津	5	100 883	-22.9	1.6	87 992	-28.9	87.2	-7.3
重庆	6	90 314	3.2	1.5	84 865	1.0	94.0	-2.0
福建	7	90 214	7.2	1.5	89 604	10.5	99.3	2.9
陕西	8	58 225	24.3	0.9	50 640	16.5	87.0	-5.8
北京	3	53 511	-1.7	0.9	53 514	-1.4	100.0	0.2
吉林	5	43 456	25.6	0.7	42 913	26.2	98.8	0.5
甘肃	1	36 477	43.7	0.6	34 906	10.2	95.7	-29.2
广西	3	29 075	39.2	0.5	28 552	37.4	98.2	-1.3
山西	3	13 649	15.8	0.2	10 374	-2.3	76.0	-14.0
黑龙江	2	7 575	41.1	0.1	7 619	31.9	100.6	-7.0
铸造机械行业	538	7 628 434	24.9	100.0	7 489 844	24.8	98.2	-0.1
山东	113	2 259 265	26.3	29.6	2 216 956	26.1	98.1	-0.2
江苏	106	1 312 396	18.1	17.2	1 283 772	18.7	97.8	0.5
辽宁	39	673 328	24.7	8.8	664 253	24.7	98.7	-0.1
广东	33	554 045	18.5	7.3	543 748	19.5	98.1	0.9
湖南	32	480 139	37.9	6.3	481 704	40.2	100.3	1.6
河南	30	431 056	30.4	5.7	424 275	29.6	98.4	-0.6
湖北	23	297 754	34.2	3.9	287 797	34.9	96.7	0.5
四川	26	230 783	26.2	3.0	217 567	18.9	94.3	-5.8
安徽	16	214 763	64.7	2.8	209 216	45.7	97.4	-12.7
浙江	28	181 417	-3.2	2.4	176 358	1.1	97.2	4.1
陕西	7	178 061	24.9	2.3	175 191	24.3	98.4	-0.5
河北	16	177 044	17.4	2.3	169 159	15.1	95.5	-2.0
吉林	12	127 538	31.2	1.7	129 876	38.4	101.8	5.3
上海	14	125 575	-5.6	1.6	127 277	-5.2	101.4	0.4
广西	3	92 235	82.3	1.2	91 905	84.1	99.6	1.0
福建	15	85 824	60.7	1.1	85 181	61.2	99.3	0.3
贵州	1	50 069		0.7	46 100		92.1	
江西	6	41 105	4.5	0.5	40 533	4.7	98.6	0.2
重庆	4	40 937	39.6	0.5	40 190	38.4	98.2	-0.9
内蒙古	5	33 743	-13.3	0.4	37 607	-3.8	111.5	11.1
天津	3	18 967	-37.4	0.2	20 116	-33.9	106.1	5.6

（续）

行业及地区名称	企业数（家）	工业总产值			工业产品销售产值		工业产品销售率	
		实际完成（万元）	比上年增长（%）	占行业比（%）	实际完成（万元）	比上年增长（%）	实际完成（%）	比上年增长（百分点）
山西	4	14 609	0.1	0.2	12 729	-14.4	87.1	-14.7
云南	1	7 353	-59.0	0.1	7 903	-51.7	107.5	16.2
青海	1	430	-81.5		430	-81.5	100.0	0.0
木工机械行业	148	1 645 402	13.7	100.0	1 618 263	14.1	98.4	0.4
山东	48	459 757	10.2	27.9	454 846	11.5	98.9	1.2
辽宁	9	179 592	30.7	10.9	173 833	30.1	96.8	-0.5
吉林	3	151 293	-0.5	9.2	151 151	-0.1	99.9	0.4
广东	18	119 912	0.7	7.3	118 790	-0.1	99.1	-0.8
湖北	10	110 560	27.9	6.7	108 901	28.9	98.5	0.8
江苏	14	104 382	-6.0	6.3	105 980	-2.8	101.5	3.3
上海	6	94 220	-6.2	5.7	92 705	-4.1	98.4	2.2
湖南	3	73 584	28.6	4.5	71 824	27.8	97.6	-0.6
四川	5	71 706	15.2	4.4	67 861	10.2	94.6	-4.3
福建	6	53 553	29.4	3.3	52 939	29.1	98.9	-0.3
河南	5	39 764	48.7	2.4	39 745	49.5	100.0	0.5
安徽	4	37 290	49.0	2.3	36 869	47.8	98.9	-0.8
浙江	5	34 420	4.6	2.1	33 894	1.7	98.5	-2.8
河北	4	31 278	43.3	1.9	29 792	40.5	95.2	-1.9
天津	2	30 708	8.8	1.9	30 708	9.1	100.0	0.3
黑龙江	2	20 275	32.7	1.2	16 135	47.9	79.6	8.2
陕西	1	15 440		0.9	14 977		97.0	
江西	1	10 123	87.8	0.6	10 123	87.8	100.0	0.0
重庆	1	3 859	12.1	0.2	3 530	5.7	91.5	-5.5
广西	1	3 685	-12.1	0.2	3 661	-6.5	99.3	5.9
机床附件行业	309	3 844 949	16.5	100.0	3 785 337	16.6	98.4	0.1
辽宁	61	1 320 034	28.2	34.3	1 307 143	30.1	99.0	1.5
山东	83	1 255 324	14.4	32.6	1 235 171	13.7	98.4	-0.6
江苏	44	312 445	-3.1	8.1	306 710	-3.0	98.2	0.1
浙江	23	134 193	-2.9	3.5	129 889	-6.5	96.8	-3.7
河北	10	112 895	37.8	2.9	112 844	37.7	100.0	-0.1
黑龙江	4	109 830	63.2	2.9	108 739	64.6	99.0	0.9
湖北	8	96 679	9.9	2.5	93 890	9.8	97.1	0.0
四川	8	85 020	25.8	2.2	84 437	26.7	99.3	0.7
广东	9	61 992	-24.8	1.6	60 647	-23.2	97.8	2.1
云南	6	56 608	728.4	1.5	51 279	738.4	90.6	1.1
福建	5	49 795	-19.8	1.3	47 550	-18.4	95.5	1.7
内蒙古	2	44 525	1.7	1.2	43 925	0.1	98.7	-1.6
北京	7	32 849	-10.4	0.9	34 394	-7.4	104.7	3.4
上海	11	31 825	-19.9	0.8	30 729	-20.8	96.6	-1.1

（续）

行业及地区名称	企业数（家）	工业总产值			工业产品销售产值		工业产品销售率	
		实际完成（万元）	比上年增长（%）	占行业比（%）	实际完成（万元）	比上年增长（%）	实际完成（%）	比上年增长（百分点）
湖南	4	30 736	16.6	0.8	30 756	16.8	100.1	0.2
安徽	6	29 756	24.2	0.8	29 359	23.4	98.7	-0.6
陕西	5	25 014	-12.4	0.7	24 832	-14.5	99.3	-2.5
重庆	3	20 891	28.8	0.5	19 298	24.8	92.4	-3.0
河南	2	17 962	18.6	0.5	17 112	17.5	95.3	-0.9
天津	4	8 783	-33.7	0.2	8 526	-35.0	97.1	-2.0
甘肃	2	3 690	-29.7	0.1	3 220	-35.5	87.3	-7.9
山西	1	2 362	11.9	0.1	3 146	1.3	133.2	-14.0
吉林	1	1 741	-64.1		1 741	-64.1	100.0	0.0
量仪行业	156	1 624 851	10.5	100.0	1 591 994	10.8	98.0	0.3
河南	29	256 845	26.9	15.8	254 525	29.5	99.1	2.0
山东	25	249 174	56.4	15.3	246 628	56.1	99.0	-0.2
浙江	23	241 521	0.9	14.9	231 689	0.6	95.9	-0.3
湖南	8	170 204	-28.0	10.5	168 577	-29.1	99.0	-1.6
江苏	17	142 533	6.7	8.8	140 385	4.3	98.5	-2.2
广东	10	112 628	31.1	6.9	111 063	36.6	98.6	4.0
河北	7	74 898	32.7	4.6	73 203	32.6	97.7	-0.1
上海	7	73 562	-11.1	4.5	76 147	-9.6	103.5	1.7
广西	4	63 874	25.7	3.9	53 723	34.1	84.1	5.2
黑龙江	2	53 681	-18.0	3.3	53 300	-16.4	99.3	1.9
江西	6	49 590	48.9	3.1	49 601	49.3	100.0	0.3
辽宁	4	39 118	15.3	2.4	39 121	15.6	100.0	0.2
安徽	3	20 535	36.6	1.3	19 897	34.4	96.9	-1.5
重庆	1	18 121	0.2	1.1	18 121	0.2	100.0	0.0
四川	2	16 500	-11.3	1.0	15 781	-13.4	95.6	-2.3
陕西	2	15 163	6.0	0.9	15 234	6.1	100.5	0.0
青海	1	14 620	11.6	0.9	12 805	7.2	87.6	-3.6
天津	2	3 797	-18.1	0.2	3 720	-16.1	98.0	2.3
福建	1	3 061	38.9	0.2	3 061	38.9	100.0	0.0
北京	1	3 021	21.0	0.2	3 009	62.0	99.6	25.2
湖北	1	2 407	-4.1	0.1	2 407	10.7	100.0	13.3
切削工具行业	467	6 102 998	12.8	100.0	5 905 575	12.1	96.8	-0.5
江苏	101	1 311 662	23.0	21.5	1 277 062	22.7	97.4	-0.3
浙江	70	835 905	10.6	13.7	798 478	8.3	95.5	-2.0
山东	39	597 314	11.9	9.8	587 116	11.7	98.3	-0.2
广东	38	506 632	2.1	8.3	492 268	2.0	97.2	0.0
河北	28	403 332	-2.3	6.6	389 276	-1.5	96.5	0.7
湖北	28	338 308	21.7	5.5	327 444	26.7	96.8	3.8
湖南	14	336 881	2.1	5.5	316 178	0.4	93.9	-1.5

（续）

行业及地区名称	企业数（家）	工业总产值			工业产品销售产值		工业产品销售率	
		实际完成（万元）	比上年增长（%）	占行业比（%）	实际完成（万元）	比上年增长（%）	实际完成（%）	比上年增长（百分点）
辽宁	22	319 342	22.1	5.2	310 477	22.4	97.2	0.3
福建	19	259 916	35.2	4.3	244 070	34.7	93.9	-0.3
河南	8	215 648	29.3	3.5	214 145	28.9	99.3	-0.3
四川	16	214 825	-11.7	3.5	212 175	-14.1	98.8	-2.8
上海	21	208 563	-5.0	3.4	206 412	-2.6	99.0	2.4
安徽	23	169 442	51.2	2.8	164 587	51.8	97.1	0.4
江西	5	65 370	92.3	1.1	61 839	40.3	94.6	-35.1
贵州	3	64 199	8.9	1.1	55 290	3.4	86.1	-4.6
陕西	4	63 206	10.9	1.0	61 784	8.4	97.8	-2.2
黑龙江	7	47 791	-2.0	0.8	44 015	-8.0	92.1	-6.0
广西	4	36 802	-14.1	0.6	35 492	-15.0	96.4	-1.0
北京	3	36 651	-13.6	0.6	37 944	-8.2	103.5	6.1
吉林	4	28 061	30.4	0.5	27 945	36.4	99.6	4.3
重庆	4	24 758	2.5	0.4	22 773	-0.9	92.0	-3.2
天津	4	14 834	64.2	0.2	15 286	74.5	103.0	6.1
山西	1	3 557	-28.9	0.1	3 521	-28.9	99.0	0.0
甘肃	1							
磨料磨具行业	1 461	21 229 749	18.8	100.0	20 539 380	18.0	96.7	0.3
河南	313	6 660 196	14.1	31.4	6 476 116	13.6	97.2	-0.4
山东	141	2 240 132	21.1	10.6	2 134 609	16.5	95.3	-3.7
江苏	172	2 221 729	27.3	10.5	2 171 651	28.7	97.7	1.1
湖南	81	1 090 141	40.9	5.1	1 079 454	41.0	99.0	0.1
辽宁	69	1 072 062	28.3	5.0	1 046 009	29.1	97.6	0.6
湖北	60	909 941	22.3	4.3	885 773	21.5	97.3	-0.6
四川	73	856 493	25.5	4.0	806 059	20.7	94.1	-3.7
安徽	69	756 295	23.5	3.6	738 304	24.1	97.6	0.5
广东	80	694 578	23.8	3.3	693 266	23.0	99.8	-0.7
河北	35	528 444	16.9	2.5	516 994	15.6	97.8	-1.2
江西	33	516 513	24.3	2.4	514 246	25.0	99.6	0.6
福建	35	438 484	21.1	2.1	422 939	24.8	96.5	2.8
黑龙江	22	429 775	21.6	2.0	388 469	15.9	90.4	-4.4
广西	38	379 668	42.2	1.8	343 869	37.4	90.6	-3.1
贵州	23	300 533	15.3	1.4	280 103	14.8	93.2	-0.4
吉林	19	284 091	-10.2	1.3	274 767	-10.9	96.7	-0.8
北京	19	244 178	-12.7	1.2	245 237	-12.9	100.4	-0.2
内蒙古	15	239 781	37.7	1.1	232 443	44.3	96.9	4.4
浙江	40	230 063	-7.6	1.1	223 019	-8.3	96.9	-0.8
山西	23	212 903	12.3	1.0	204 558	7.5	96.1	-4.3
上海	21	159 792	-6.8	0.8	166 224	-9.2	104.0	-2.7

（续）

行业及地区名称	企业数（家）	工业总产值			工业产品销售产值		工业产品销售率	
		实际完成（万元）	比上年增长（%）	占行业比（%）	实际完成（万元）	比上年增长（%）	实际完成（%）	比上年增长（百分点）
新疆	14	144 880	2.7	0.7	124 555	15.1	86.0	9.3
甘肃	15	136 416	26.6	0.6	114 132	11.2	83.7	-11.5
宁夏	12	119 458	-20.3	0.6	109 058	-23.1	91.3	-3.4
陕西	13	116 136	111.3	0.5	115 933	111.7	99.8	0.2
重庆	8	81 007	22.7	0.4	76 114	24.8	94.0	1.6
天津	9	71 037	-20.6	0.3	72 288	-20.3	101.8	0.4
青海	5	60 578	-47.0	0.3	54 365	-45.1	89.7	3.2
云南	4	34 447	209.9	0.2	28 825	197.3	83.7	-3.6
其他金属加工机械行业	617	9 189 526	14.6	100.0	8 954 488	14.6	97.4	0.0
山东	102	2 088 753	22.2	22.7	2 044 934	23.4	97.9	1.0
江苏	99	1 049 791	13.6	11.4	1 037 353	13.7	98.8	0.0
湖北	31	725 875	30.5	7.9	640 531	20.0	88.2	-7.7
湖南	39	689 434	28.1	7.5	676 811	27.8	98.2	-0.2
安徽	15	686 273	32.6	7.5	668 834	32.5	97.5	-0.1
广东	65	624 205	-14.1	6.8	621 079	-11.9	99.5	2.4
四川	45	607 853	30.7	6.6	589 523	30.9	97.0	0.2
辽宁	31	561 507	-1.6	6.1	549 778	-1.4	97.9	0.2
天津	27	389 593	135.2	4.2	390 230	133.8	100.2	-0.6
浙江	34	275 432	-7.6	3.0	278 868	-3.9	101.2	3.9
北京	8	247 767	-40.5	2.7	253 912	-38.3	102.5	3.7
河南	15	238 585	17.9	2.6	234 359	14.5	98.2	-2.8
上海	39	217 527	-17.3	2.4	212 935	-18.6	97.9	-1.6
吉林	7	167 903	28.4	1.8	164 069	29.4	97.7	0.8
陕西	8	116 226	29.1	1.3	113 762	29.6	97.9	0.3
福建	11	98 223	88.2	1.1	98 003	89.7	99.8	0.8
江西	6	87 606	34.9	1.0	86 595	34.7	98.8	-0.1
贵州	2	64 583	4.8	0.7	57 982	15.0	89.8	8.0
河北	7	59 213	-16.8	0.6	55 345	-20.6	93.5	-4.4
广西	3	53 851	30.5	0.6	50 294	26.7	93.4	-2.8
山西	4	46 941	24.0	0.5	37 290	42.9	79.4	10.5
黑龙江	5	40 422	-30.2	0.4	40 422	-29.9	100.0	0.4
重庆	8	30 614	-20.8	0.3	31 510	-18.9	102.9	2.4
内蒙古	2	9 331	0.5	0.1	8 927	-3.3	95.7	-3.8
云南	1	3 569			3 304		92.6	
甘肃	1	2 008	11.9		1 450	13.7	72.2	1.2
宁夏	2	6 441	5.0	0.1	6 392	8.1	99.2	2.9

注:表中数据由于四舍五入,合计数有微小出入。

〔供稿人:中国机床工具工业协会黑杉〕

2012年中国机床工具出口统计

税号	项目名称	出口量			出口额		
		2012年	2011年	比上年增长(%)	2012年（万美元）	2011年（万美元）	比上年增长(%)
	机床工具总计				923 569.7	889 704.5	3.81
	金属加工机床合计	7 460 341	7 614 806	-2.03	274 156.3	241 779.7	13.39
	其中:数控	58 869	40 584	45.05	107 392.8	89 668.2	19.77
8456~8461	金属切削机床小计	7 092 480	7 279 348	-2.57	185 890.0	166 240.0	11.82
	其中:数控	55 323	37 154	48.90	89 303.8	72 335.5	23.46
8456.00	特种加工机床	162 170	134 047	20.98	45 599.6	34 785.7	31.09
	其中:数控	41 667	22 734	83.28	35 973.6	26 028.3	38.21
8456.10	用激光、其他光或光子束处理材料的加工机床	38 081	19 581	94.48	20 301.2	13 446.9	50.97
8456.20	用超声波处理材料的加工机床	109	28	289.29	178.2	22.6	689.31
8456.30	用放电处理各种材料的加工机床	3 771	3 536	6.65	15 869.8	12 934.9	22.69
	其中:数控	3 586	3 153	13.73	15 672.4	12 581.4	24.57
8456.9010~20	等离子切割机、水射流切割机	111 329	103 444	7.62	7 304.7	6 342.8	15.17
8456.9090	其他化学、电子、离子束或等离子弧加工机床	8 880	7 458	19.07	1 945.7	2 038.6	-4.56
8457.10	加工中心	2 335	2 495	-6.41	13 633.4	14 471.9	-5.79
	立式加工中心	1 463	2 170	-32.58	8 113.0	11 834.0	-31.44
	卧式加工中心	125	204	-38.73	1 295.9	1 033.7	25.37
	龙门式加工中心	668	47	1 321.28	3 237.9	497.9	550.26
	其他加工中心	79	74	6.76	986.5	1 106.2	-10.82
8457.20	单工位组合加工机床	4 605	3 422	34.57	1 288.1	1 104.3	16.65
8457.30	多工位组合加工机床	784	235	233.62	717.6	173.5	313.69
8458.00	车床	79 922	82 152	-2.71	50 971.3	45 487.6	12.06
	其中:数控	9 876	10 891	-9.32	31 435.6	26 083.5	20.52
	卧式车床	33 432	38 989	-14.25	42 658.4	37 821.2	12.79
	其中:数控	9 500	10 698	-11.20	28 715.5	23 530.3	22.04
	其他车床	46 490	43 163	7.71	8 312.9	7 666.4	8.43
	其中:数控	376	193	94.82	2 720.1	2 553.1	6.54
8459.10~20	钻床	878 953	937 421	-6.24	13 981.3	14 617.5	-4.35
	其中:数控	114	103	10.68	1 077.2	1 166.2	-7.63
	其他钻床	878 713	937 196	-6.24	12 864.9	13 406.8	-4.04
8459.30~40	镗床	2 310	2 804	-17.62	2 791.6	2 491.2	12.06
	其中:数控	57	54	5.56	1 147.4	729.0	57.39

（续）

税号	项目名称	出口量			出口额		
		2012 年	2011 年	比上年增长(%)	2012 年（万美元）	2011 年（万美元）	比上年增长(%)
	镗铣床	339	364	-6.87	1 890.3	1 597.8	18.31
	其中:数控	34	29	17.24	931.3	501.2	85.82
	其他镗床	1 971	2 440	-19.22	901.3	893.4	0.88
	其中:数控	23	25	-8.00	216.0	227.8	-5.16
8459.50~60	铣床	32 287	34 548	-6.54	9 006.6	9 209.4	-2.20
	其中:数控	527	473	11.42	1 352.0	1 589.1	-14.92
	升降台铣床	16 020	16 851	-4.93	4 292.3	3 952.5	8.60
	其中:数控	46	46	0.00	90.6	68.6	32.00
	龙门铣床	74	76	-2.63	775.9	1 047.0	-25.89
	其中:数控	59	58	1.72	680.0	678.9	0.17
	其他铣床	16 193	17 621	-8.10	3 938.4	4 209.9	-6.45
	其中:数控	422	369	14.36	581.3	841.5	-30.92
8459.70	其他攻丝机床	22 774	30 050	-24.21	974.7	945.8	3.06
8460.00	磨床	3 852 406	3 858 732	-0.16	24 329.1	20 689.7	17.59
	其中:数控	314	176	78.41	3 394.9	1 510.5	124.75
	平面磨床	2 753	2 176	26.52	2 089.7	1 911.1	9.34
	其中:数控	53	30	76.67	359.0	187.4	91.56
	外圆磨床	395	353	11.90	1 412.4	1 197.7	17.93
	其中:数控	60	52	15.38	337.6	371.6	-9.15
	内圆磨床	47	27	74.07	534.0	173.8	207.18
	其中:数控	31	8	287.50	446.1	125.4	255.71
	其他磨床	448	390	14.87	2 248.8	1 007.4	123.22
	其中:数控	147	73	101.37	1 942.0	662.6	193.11
	轧辊磨床	80	59	35.59	129.8	143.8	-9.75
	工具磨床	802 136	560 509	43.11	2 345.2	1 398.6	67.68
	其中:数控	23	13	76.92	310.2	163.6	89.67
	珩磨机	115	149	-22.82	149.8	138.0	8.52
	研磨机	766	384	99.48	741.6	460.2	61.14
	砂轮机	2 718 480	3 027 416	-10.20	6 068.1	6 352.0	-4.47
	抛光机	327 186	267 269	22.42	8 609.7	7 907.0	8.89
8461.2010 8461.90	刨床	424	441	-3.85	392.5	377.0	4.13
8461.2020	插床	82	90	-8.89	134.1	123.7	8.42
8461.30	拉床	31	22	40.91	122.0	92.7	31.63
8461.40	齿轮加工机床	16 869	21 815	-22.67	2 644.7	2 737.8	-3.40
	其中:数控	433	228	89.91	1 289.7	757.0	70.36
8461.50	锯床	2 033 484	2 165 366	-6.09	18 468.1	18 379.6	0.48
8461.90	其他金属切削机床	3 044	5 708	-46.67	835.2	552.6	51.13
8462~8463	金属成形机床小计	367 861	335 458	9.66	88 266.3	75 539.8	16.85
8462.00	主要金属成形机床	340 004	310 173	9.62	67 227.9	58 151.6	15.61

（续）

税号	项目名称	出口量			出口额		
		2012 年	2011 年	比上年增长(%)	2012 年（万美元）	2011 年（万美元）	比上年增长(%)
	其中:数控	3 546	3 430	3.38	18 089.1	17 332.6	4.36
8462.10	锻造或冲压机床	3 238	3 306	-2.06	8 395.4	5 084.6	65.11
	其中:数控	237	276	-14.13	2 355.9	2 108.7	11.72
8462.20	成形折弯机	157 916	144 164	9.54	21 384.5	19 942.6	7.23
	其中:数控	2 304	2 135	7.92	8 374.2	7 802.2	7.33
	矫直机	960	771	24.51	1 547.4	1 131.0	36.82
	其中:数控	69	28	146.43	388.4	176.6	119.98
	其他成形折弯机	156 956	143 393	9.46	19 837.2	18 811.6	5.45
	其中:数控	2 235	2 107	6.07	7 985.8	7 625.6	4.72
8462.30	剪切机床	31 872	33 178	-3.94	10 962.8	11 889.7	-7.80
	其中:数控	613	648	-5.40	3 424.7	3 502.6	-2.22
	板带纵剪机	232	229	1.31	2 185.6	2 088.6	4.65
	其中:数控	82	54	51.85	975.9	697.7	39.88
	板带横剪机	894	1 079	-17.15	3 064.1	3 630.5	-15.60
	其中:数控	186	218	-14.68	1 605.0	1 701.4	-5.66
	其他剪切机	30 746	31 870	-3.53	5 713.1	6 170.6	-7.41
	其中:数控	345	376	-8.24	843.8	1 103.5	-23.53
8462.40	冲床	2 937	3 941	-25.48	5 028.9	4 612.1	9.04
	其中:数控	392	371	5.66	3 934.2	3 919.1	0.39
8462.91	液压压力机	103 896	90 055	15.37	10 940.0	9 694.0	12.85
8462.99	机械压力机	40 145	35 529	12.99	10 516.4	6 928.6	51.78
8463.00	金属或金属陶瓷的其他非切削机床	27 857	25 285	10.17	21 038.4	17 388.1	20.99
8454.30	铸造机	2 216	2 367	-6.38	9 000.0	7 606.7	18.32
8465.00	木工机床	4 929 869	5 250 767	-6.11	74 393.6	78 105.6	-4.75
	组合加工机床	135 707	192 686	-29.57	3 352.6	4 324.1	-22.47
	锯切加工机床	3 709 590	3 899 581	-4.87	42 916.8	44 293.2	-3.11
	刨铣加工机床	475 259	534 928	-11.15	9 491.8	9 750.2	-2.65
	磨削抛光机床	114 377	115 812	-1.24	1 917.0	2 228.3	-13.97
	弯曲装配机床	1 045	601	73.88	1 011.8	506.8	99.62
	钻孔凿榫机床	41 814	36 786	13.67	1 999.5	1 958.1	2.11
	剖劈切削机床	355 658	377 803	-5.86	6 823.0	7 402.7	-7.83
	其他加工机床	96 419	92 570	4.16	6 881.0	7 642.1	-9.96
8466.10~30	机床夹具,附件	36 208 537	40 688 915	-11.01	26 798.6	23 355.5	14.74
	工具夹具刀具	14 152 936	14 799 581	-4.37	12 256.3	11 127.2	10.15
	工件夹具	19 316 101	16 917 131	14.18	12 856.8	10 303.2	24.78
	分度头及其他专用附件	2 739 500	8 972 203	-69.47	1 685.5	1 925.1	-12.45
8466.90	机床零件,部件	291 553 640	294 806 495	-1.10	73 784.6	68 305.1	8.02
8466.92	税号 8465 所列机器用的零件、附件	25 332 580	29 353 233	-13.70	8 837.9	9 302.1	-4.99
8466.93	税号 8456 至 8461 所列机器用的零件、附件	238 738 049	234 123 262	1.97	51 742.3	47 415.8	9.12

（续）

税号	项目名称	出口量			出口额		
		2012 年	2011 年	比上年增长（%）	2012 年（万美元）	2011 年（万美元）	比上年增长（%）
	其中：刀库及自动换刀装置	944 833	901 230	4.84	883.1	669.5	31.91
8466.94	税号 8462 或 8463 所列机器用的零件、附件	27 483 011	31 330 000	-12.28	13 204.4	11 587.2	13.96
8537.10	数控装置	18 874 112	19 815 372	-4.75	57 761.9	57 876.8	-0.20
	量具刃具合计				242 782.1	227 724.6	6.61
8202～8208	切削刀具	199 558 593	201 111 932	-0.77	223 995.9	210 425.4	6.45
8202.00	带锯片、圆锯片	73 340 021	74 821 462	-1.98	58 719.9	51 924.7	13.09
8207.00	攻丝工具	8 116 967	8 427 152	-3.68	9 858.4	8 727.7	12.96
	硬质合金钻头	2 411 985	2 324 114	3.78	3 451.5	4 330.1	-20.29
	普通钻头	72 598 846	73 109 758	-0.70	76 235.6	73 375.3	3.90
	硬质合金镗刀	63 423	102 995	-38.42	323.8	382.1	-15.25
	普通镗刀	876 797	1 185 010	-26.01	1 133.4	1 179.0	-3.87
	铣刀	4 497 115	3 743 229	20.14	13 370.4	12 572.9	6.34
	车刀	1 137 816	1 132 424	0.48	1 433.7	1 213.9	18.10
	可互换工具	30 343 001	29 968 182	1.25	35 923.2	32 574.3	10.28
8208.10	硬质合金制金属加工用刀及刀片	5 387 060	6 000 280	-10.22	22 408.1	23 151.3	-3.21
	其他材料制金属加工用刀及刀片	785 562	297 326	164.21	1 137.9	994.1	14.46
9017.30	量具	34 916 863	38 964 421	-10.39	13 682.9	12 793.6	6.95
9031.00	量仪	12 019	4 706	155.40	5 103.4	4 505.6	13.27
	磨料磨具合计				164 892.6	184 950.3	-10.84
2513.20	天然刚玉	51 617 079	54 256 254	-4.86	983.3	1 056.2	-6.90
2818.10	人造刚玉	737 081 664	815 854 896	-9.66	52 322.1	55 870.4	-6.35
2849.20	碳化硅	164 969 288	216 234 183	-23.71	27 463.4	49 405.6	-44.41
2849.90	碳化硼	2 156 869	2 076 968	3.85	3 143.1	2 751.3	14.24
6804.10	碾磨或磨浆用石磨、石碾	4 029 340	4 906 270	-17.87	91.9	102.0	-9.91
6804.21	合成或天然金刚石制石磨、石碾	16 190 953	16 276 277	-0.52	6 858.1	6 288.4	9.06
6804.22	其他粘聚磨料制砂轮、石磨、石碾	173 703 336	175 060 786	-0.78	30 268.6	26 418.0	14.58
6804.23	天然石料制砂轮、石磨、石碾	6 668 988	9 019 437	-26.06	1 295.4	1 592.1	-18.63
6804.30	手工油石、磨石	17 157 865	21 756 655	-21.14	3 729.8	3 081.3	21.05
6805.10	砂布	31 041 677	29 857 432	3.97	12 138.6	11 378.5	6.68
6805.20	砂纸	26 426 573	26 821 554	-1.47	9 314.0	8 695.1	7.12
6805.30	以其他材料为底的研磨料	1 837 999	1 032 169	78.07	3 292.1	2 207.7	49.12
7104.90	经加工的工业钻石	18 692 193	21 903 372	-14.66	825.1	913.0	-9.63
7105.10	天然、人工合成的钻石粉末	2 040 576 007	2 253 980 940	-9.47	13 167.2	15 190.7	-13.32

注：1. 磨料磨具中税号为 7105 的商品计量单位是克拉，7104 计量单位是克，其他商品计量单位是千克。

2. 税号为 8202、8207、8208 和 8466 的商品计量单位是千克，税号为 8537 和 9017 的商品计量单位是个。

3. 其他税号的商品计量单位是台。

〔供稿人：中国机床工具工业协会李卫青〕

2012 年中国机床工具进口统计

税号	项目名称	进口量			进口额		
		2012 年	2011 年	比上年增长(%)	2012 年(万美元)	2010 年(万美元)	比上年增长(%)
	机床工具总计				2 019 809.6	2 027 578.4	-0.38
	金属加工机床合计	110 202	114 453	-3.71	1 366 124.0	1 323 033.7	3.26
	其中:数控	73 706	70 680	4.28	1 117 347.3	1 110 190.2	0.64
8456~8461	金属切削机床小计	94 434	96 179	-1.81	1 117 115.6	1 053 629.2	6.03
	其中:数控	70 112	66 380	5.62	979 574.7	953 135.2	2.77
8456.00	特种加工机床	12 206	12 523	-2.53	102 068.4	115 315.7	-11.49
	其中:数控	8 389	7 478	12.18	95 504.6	109 276.3	-12.60
8456.10	用激光、其他光或光子束处理材料的加工机床	6 880	5 248	31.10	79 471.3	88 724.6	-10.43
8456.20	用超声波处理材料的加工机床	183	181	1.10	668.0	564.3	18.37
8456.30	用放电处理各种材料的加工机床	1 603	2 376	-32.53	16 378.3	20 815.5	-21.32
	其中:数控	1 509	2 230	-32.33	16 033.3	20 551.7	-21.99
8456.9010~20	等离子切割机、水射流切割机	3 457	4 637	-25.45	4 650.2	4 186.6	11.08
8456.9090	其他化学、电子、离子束或等离子弧加工机床	83	81	2.47	900.6	1 024.6	-12.10
8457.10	加工中心	49 778	41 006	21.39	565 310.8	486 757.9	16.14
	立式加工中心	44 179	36 108	22.35	322 193.9	267 275.8	20.55
	卧式加工中心	4 304	4 113	4.64	191 863.2	172 105.9	11.48
	龙门式加工中心	1 041	611	70.38	38 515.2	36 649.9	5.09
	其他加工中心	254	174	45.98	12 738.5	10 726.4	18.76
8457.20	单工位组合加工机床	62	84	-26.19	4 467.4	1 682.6	165.50
8457.30	多工位组合加工机床	404	502	-19.52	30 674.0	18 583.3	65.06
8458.00	车床	8 129	8 485	-4.20	87 997.3	93 304.5	-5.69
	其中:数控	5 362	6 382	-15.98	85 078.1	89 826.9	-5.29
	卧式车床	6 467	6 277	3.03	54 997.1	61 435.3	-10.48
	其中:数控	4 052	4 911	-17.49	52 900.9	59 541.2	-11.15
	其他车床	1 662	2 208	-24.73	33 000.2	31 869.2	3.55
	其中:数控	1 310	1 471	-10.94	32 177.2	30 285.7	6.25
8459.10~20	钻床	4 187	4 451	-5.93	22 377.0	21 793.3	2.68
	其中:数控	1 410	1 329	6.09	20 645.3	20 046.9	2.98
	其他钻床	2 685	3 021	-11.12	1 194.1	1 007.8	18.49
8459.30~40	镗床	292	443	-34.09	15 820.4	20 014.8	-20.96
	其中:数控	206	283	-27.21	15 300.8	19 265.7	-20.58
	镗铣床	156	241	-35.27	8 485.5	10 801.9	-21.44
	其中:数控	118	155	-23.87	8 246.1	10 394.2	-20.67
	其他镗床	136	202	-32.67	7 334.9	9 212.9	-20.38
	其中:数控	88	128	-31.25	7 054.7	8 871.5	-20.48

（续）

税号	项目名称	进口量			进口额		
		2012 年	2011 年	比上年增长(%)	2012 年（万美元）	2011 年（万美元）	比上年增长(%)
8459.50~60	铣床	1 982	6 253	-68.30	35 128.3	35 498.1	-1.04
	其中:数控	1 170	5 057	-76.86	33 454.0	33 387.0	0.20
	升降台铣床	312	419	-25.54	1 111.2	1 299.4	-14.48
	其中:数控	44	58	-24.14	726.8	806.3	-9.86
	龙门铣床	305	384	-20.57	15 549.2	13 074.7	18.93
	其中:数控	282	349	-19.20	15 479.0	12 946.4	19.56
	其他铣床	1 365	5 450	-74.95	18 467.9	21 123.9	-12.57
	其中:数控	844	4 650	-81.85	17 248.2	19 634.2	-12.15
8459.70	其他攻丝机床	614	794	-22.67	2 428.6	1 556.1	56.07
8460.00	磨床	11 860	15 013	-21.00	188 345.8	176 374.2	6.79
	其中:数控	3 315	3 937	-15.80	129 781.5	137 606.0	-5.69
	平面磨床	1 475	2 256	-34.62	16 729.0	14 461.4	15.68
	其中:数控	524	469	11.73	14 568.2	11 639.7	25.16
	外圆磨床	1 093	1 315	-16.88	50 082.3	47 150.1	6.22
	其中:数控	896	973	-7.91	48 846.3	45 476.9	7.41
	内圆磨床	442	497	-11.07	16 312.0	15 051.2	8.38
	其中:数控	399	444	-10.14	15 830.2	14 852.8	6.58
	其他磨床	714	1 378	-48.19	29 397.3	36 436.6	-19.32
	其中:数控	546	743	-26.51	28 868.2	35 062.3	-17.67
	轧辊磨床	10	12	-16.67	59.9	357.2	-83.24
	工具磨床	1 452	1 758	-17.41	22 403.4	31 355.9	-28.55
	其中:数控	950	1 308	-27.37	21 668.6	30 574.1	-29.13
	珩磨机	252	289	-12.80	13 345.5	9 053.6	47.41
	研磨机	2 427	1 731	40.21	14 777.7	9 805.8	50.70
	砂轮机	1 266	3 702	-65.80	675.2	752.6	-10.29
	抛光机	2 729	2 075	31.52	24 563.4	11 949.9	105.55
8461.2010 8461.90	刨床	24	49	-51.02	316.3	277.7	13.88
8461.2020	插床	22	11	100.00	19.8	129.7	-84.73
8461.30	拉床	188	175	7.43	8 257.7	5 938.9	39.04
8461.40	齿轮加工机床	845	1 650	-48.79	35 948.5	58 995.7	-39.07
	其中:数控	482	908	-46.92	34 499.6	56 968.5	-39.44
8461.50	锯床	3 077	3 818	-19.41	13 884.6	13 472.1	3.06
8461.90	其他金属切削机床	764	922	-17.14	4 070.7	3 934.7	3.46
8462~8463	金属成形机床小计	15 768	18 274	-13.71	249 008.4	269 404.5	-7.57
8462.00	主要金属成形机床	11 447	14 396	-20.48	211 190.4	236 569.2	-10.73
	其中:数控	3 594	4 300	-16.42	137 772.6	157 055.0	-12.28
8462.10	锻造或冲压机床	2 195	2 565	-14.42	81 474.3	83 924.1	-2.92

（续）

税号	项目名称	进口量			进口额		
		2012 年	2011 年	比上年增长(%)	2012 年（万美元）	2011 年（万美元）	比上年增长(%)
	其中:数控	939	943	-0.42	64 873.2	69 292.9	-6.38
8462.20	成形折弯机	2 725	2 702	0.85	37 077.4	37 581.7	-1.34
	其中:数控	1 122	1 105	1.54	31 126.7	31 682.7	-1.76
	矫直机	544	643	-15.40	12 214.1	15 121.4	-19.23
	其中:数控	235	179	31.28	10 086.4	12 915.8	-21.91
	其他成形折弯机	2 181	2 059	5.93	24 863.3	22 460.3	10.70
	其中:数控	887	926	-4.21	21 040.3	18 766.9	12.11
8462.30	剪切机床	767	1 594	-51.88	15 776.6	14 107.2	11.83
	其中:数控	250	267	-6.37	12 727.0	11 764.1	8.19
	板带纵剪机	118	117	0.85	5 864.8	4 906.9	19.52
	其中:数控	72	70	2.86	4 969.5	4 195.5	18.45
	板带横剪机	95	134	-29.10	4 959.9	4 605.4	7.70
	其中:数控	60	79	-24.05	4 622.4	4 207.9	9.85
	其他剪切机	554	1 343	-58.75	4 951.9	4 594.9	7.77
	其中:数控	118	118	0.00	3 135.1	3 360.6	-6.71
8462.40	冲床	2 414	3 346	-27.85	33 995.4	51 667.8	-34.20
	其中:数控	1 283	1 985	-35.37	29 045.7	44 315.2	-34.46
8462.91	液压压力机	1 442	1 623	-11.15	23 977.4	27 751.1	-13.60
8462.99	机械压力机	1 904	2 566	-25.80	18 889.2	21 537.4	-12.30
8463.00	金属或金属陶瓷的其他非切削机床	4 321	3 878	11.42	37 818.0	32 835.3	15.17
8454.30	铸造机	577	595	-3.03	41 328.3	31 342.0	31.86
8465.00	木工机床	37 445	17 963	108.46	46 634.3	63 185.2	-26.19
	组合加工机床	88	164	-46.34	648.6	1 480.7	-56.20
	锯切加工机床	2 524	3 475	-27.37	3 433.0	3 501.3	-1.95
	刨铣加工机床	4 942	2 719	81.76	8 140.6	11 246.5	-27.62
	磨削抛光机床	5 816	2 819	106.31	5 667.7	7 122.6	-20.43
	弯曲装配机床	1 529	1 343	13.85	4 234.1	3 837.7	10.33
	钻孔凿榫机床	18 055	2 216	714.76	7 683.9	15 474.4	-50.34
	剖劈切削机床	2 434	2 845	-14.45	7 516.0	9 023.3	-16.71
	其他加工机床	2 057	2 382	-13.64	9 310.3	11 498.7	-19.03
8466.10~30	机床夹具,附件	13 007 310	13 621 536	-4.51	80 520.6	67 193.2	19.83
	工具夹具刀具	3 185 278	3 723 149	-14.45	28 590.7	21 224.1	34.71
	工件夹具	4 266 856	4 505 694	-5.30	32 200.1	28 911.4	11.38
	分度头及其他专用附件	5 555 176	5 392 693	3.01	19 729.9	17 057.7	15.67
8466.90	机床零件,部件	66 971 385	87 573 756	-23.53	122 379.1	139 283.6	-12.14
8466.92	税号 8465 所列机器用的零件、附件	974 374	1 416 727	-31.22	2 762.9	2 983.6	-7.40
8466.93	税号 8456 至 8461 所列机器用的零件、附件	42 705 742	63 056 631	-32.27	78 908.2	99 879.3	-21.00
	其中:刀库及自动换刀装置	3 705 594	5 892 077	-37.11	6 921.0	9 294.6	-25.54

（续）

税号	项目名称	进口量			进口额		
		2012 年	2011 年	比上年增长(%)	2012 年（万美元）	2011 年（万美元）	比上年增长(%)
8466.94	税号 8462 或 8463 所列机器用的零件、附件	23 291 269	23 100 398	0.83	40 708.0	36 420.6	11.77
8537.10	数控装置	5 970 376	7 911 512	-24.54	151 882.8	185 382.1	-18.07
	量具刃具合计				147 565.5	157 075.0	-6.05
8202~8208	切削刀具	12 731 092	16 167 117	-21.25	125 950.8	137 388.6	-8.33
8202.00	带锯片、圆锯片	4 624 458	5 566 359	-16.92	10 032.0	12 566.6	-20.17
8207.00	攻丝工具	335 023	347 436	-3.57	9 929.4	11 092.0	-10.48
	硬质合金钻头	46 059	145 830	-68.42	992.7	937.9	5.84
	普通钻头	2 612 001	3 192 268	-18.18	14 454.7	15 894.9	-9.06
	硬质合金镗刀	11 197	5 447	105.56	1 017.7	457.2	122.59
	普通镗刀	81 965	84 994	-3.56	3 569.1	3 555.7	0.38
	铣刀	577 056	583 129	-1.04	17 349.0	14 351.0	20.89
	车刀	67 860	317 413	-78.62	1 581.0	2 453.6	-35.56
	可互换工具	2 616 698	3 970 831	-34.10	8 342.6	13 725.1	-39.22
8208.10	硬质合金制金属加工用刀及刀片	1 418 094	1 463 924	-3.13	42 534.5	43 203.4	-1.55
	其他材料制金属加工用刀及刀片	340 681	489 486	-30.40	16 148.1	19 151.1	-15.68
9017.30	量具	780 094	2 066 766	-62.26	4 601.1	4 689.3	-1.88
9031.00	量仪	3 228	2 685	20.22	17 013.6	14 997.1	13.45
	磨料磨具合计				63 374.8	61 083.5	3.75
2513.20	天然刚玉	7 711 697	6 858 389	12.44	367.3	340.3	7.94
2818.10	人造刚玉	52 998 509	57 059 328	-7.12	4 784.2	5 567.5	-14.07
2849.20	碳化硅	3 579 947	4 631 900	-22.71	816.4	1 449.7	-43.69
2849.90	碳化硼	11 343	116 259	-90.24	26.9	198.9	-86.48
6804.10	碾磨或磨浆用石磨、石碾	59 346	15 796	275.70	71.3	108.4	-34.27
6804.21	合成或天然金刚石制石磨、石碾	1 200 597	1 319 404	-9.00	11 047.2	10 779.5	2.48
6804.22	其他粘聚磨料制砂轮、石磨、石碾	8 848 512	9 419 329	-6.06	15 845.0	15 480.5	2.35
6804.23	天然石料制砂轮、石磨、石碾	331 753	733 135	-54.75	1 769.6	1 827.7	-3.18
6804.30	手工油石、磨石	439 368	323 353	35.88	714.0	701.1	1.84
6805.10	砂布	5 947 383	6 260 832	-5.01	5 530.2	5 706.0	-3.08
6805.20	砂纸	8 151 187	8 790 281	-7.27	7 699.8	8 092.6	-4.85
6805.30	以其他材料为底的研磨料	3 990 778	2 932 054	36.11	12 067.3	8 560.3	40.97
7104.90	经加工的工业钻石	895 422	1 085 249	-17.49	541.5	683.9	-20.82
7105.10	天然、人工合成的钻石粉末	102 526 419	99 884 782	2.64	2 094.1	1 587.1	31.95

注:1. 磨料磨具中税号为7105的商品计量单位是克拉,7104计量单位是克,其他商品计量单位是千克。

2. 税号为8202、8207、8208和8466的商品计量单位是千克,税号为8537和9017的商品计量单位是个。

3. 其他税号的商品计量单位是台。

〔供稿人:中国机床工具工业协会李卫青〕

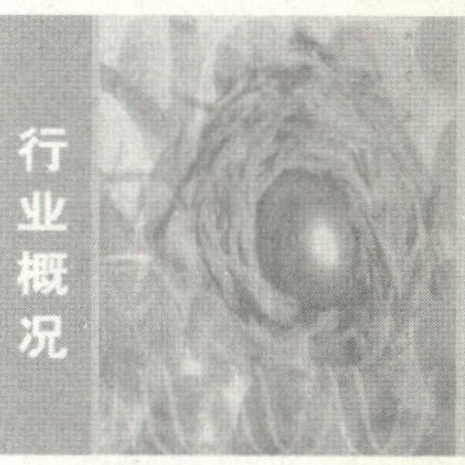

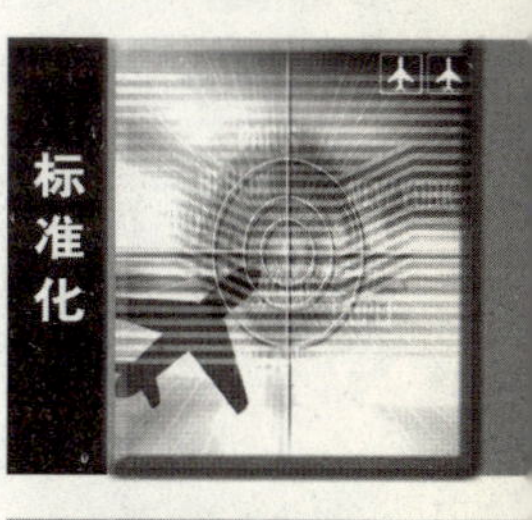

标准化

介绍机床工具行业标准化工作情况，标准化会议要点，以及刀具行业标准化现状及设想

标准化

2012年机床工具行业形势概况及标准化工作总结

2012年,机床工具行业深入贯彻落实"十二五"规划,落实《工业转型升级规划(2011—2015年)》,落实工信部、国家标准化管理委员会提出的2012年标准化工作重点指示精神,以加快转变行业发展方式和转型升级为主线,以促进科技进步和技术创新为着力点,以改造提升传统产业和培育发展战略性新兴产业为重点,按照"重点突破、整体提升"的工作要求,完善标准制修订机制。根据重大专项要求,加快制定产业急需、具有创新成果和国际水平的重要技术标准,推进行业标准的制定工作,加快建立适应产业发展需要的技术标准体系,带动标准技术水平整体提升,支撑机床工具行业技术创新平稳较快发展。

一、2012年机床工具行业形势概况

1. 机床工具行业经济运行形势

在国内经济增速放缓的大背景下,2012年以来我国机床工具市场需求延续了2011年下半年以来的总体走势,即需求总量减少、需求结构加速提升。受此影响,我国机床工具行业主要经济指标全面下降,新增订单显著减少,产销水平持续回落,资金占用大幅上升,制造资源大量闲置,供需矛盾愈加突出,成为行业当前经济运行的主要特征。与此同时,产能结构失衡的矛盾更加明显,市场同质化竞争进一步加剧。

协会重点联系企业统计数据显示,尽管从5、6月份开始行业整体运行状态逐步趋稳,但仍未表现出明显回升的迹象。1—10月机床工具行业累计完成工业总产值5 766.7亿元,同比增长11.1%;累计完成产品销售产值5 592.7亿元,同比增长10.8%。1—9月机床工具产品进口170.4亿美元,同比增长2.1%;机床工具产品累计出口76.8亿美元,同比增长5.7%。总体上看,继连续十年以上的高速增长之后,我国机床工具行业进入比较困难的调整转折期。

2. 转型升级是行业摆脱困境的必然出路

市场环境变化固然是造成行业大多数企业遇到困难的重要和直接的原因,但也凸显出行业自身发展方式转变和结构调整的长期滞后。突出表现在:

(1)中高档产品竞争力薄弱。中国机床工具工业协会在国防军工等重点用户调研中了解到,在用户的关键零件主要加工工序中,国产高端机床工具产品所占份额很小,并且相当部分都存在各种问题。近期协会仔细分析了某重点用户领域"十二五"期间的高档机床需求,发现机床行业仅有不足20%的满足能力,其余80%还必须依赖进口。

(2)产能结构失衡。过去十年间,受国内机床工具市场需求持续旺盛的拉动,各种投资大量进入我国机床工具行业,在现有企业纷纷扩张制造能力的同时,大量新企业不断涌现。中国机床工具行业规模以上企业数量已经达到4 750家,其中金属加工机床制造企业就达1 160家。在协会重点跟踪的骨干企业中,90%以上的企业在"十一五"期间和近两年实施了较大规模的技术改造和产能扩张,大型、重型机床制造领域表现尤为突出,并且绝大部分投资用于厂房、设备等产能硬件建设,而技术基础建设、深层技术研究、创新能力培养等软实力建设方面的投入明显相对不足,由此造成行业大量投资形成的硬件能力只能用于中低档、通用型、同质化的产品制造,客观上形成了低水平的重复建设。

(3)同质化竞争加剧。在高端市场领域,由于产品竞争力差距悬殊,国内企业只能在市场边缘获得少量订单。大部分行业企业还不具备与国外强手正面交锋的能力。国内企业面对的市场竞争,更多的是行业企业间在中低端市场领域的内部竞争,竞争的主要特征是"同质化",即参与竞争的产品在功能、性能和可靠性水平方面没有本质差别,竞争的主要手段是"拼价格"。在当前市场需求下降的环境下,同质化竞争日益加剧。上述问题的存在具有历史的必然性,是我国机床工具行业成长进程中的阶段性现象,是发展中的问题。但进入新的发展阶段后,需求结构发生了根本变化,行业需要正视问题,做出调整。

3. 标准化工作发挥重要作用

国家标准化管理委员会发布《关于贯彻落实十大重点产业调整和振兴规划进一步加强标准化工作的意见》,明确了十大重点产业标准化工作的目标与方案,促进了装备制造业调整和振兴规划的实施。特别是在04数控重大专项实施过程中,各标委会依托专项工作,深入扎实地把标准化工作与专项工作联系起来开展了大量工作。2012年,机床工具行业标准化工作成绩显著,在行业企业应对经济低迷状况、开拓市场中发挥了重要作用。

二、行业标准化工作回顾

2012年不仅是机床工具行业转变发展方式、促进改革创新的一年,也是机床工具行业标准化工作贯彻落实国家标准化管理委员会"系统管理、重点突破、整体提升"的基本要求,全面推进和实施国家和行业标准化发展战略,加快推进落实"十二五"规划的重要一年,基本完成了预期目标。

1. 标准制修订完成情况

机床工具行业现有国家标准702项,行业标准1 332项,共计标准2 034项。其中,强制性国家标准66项,推荐性国家标准636项;强制性行业标准18项,推荐性行业标准1 314项。2012年机床工具行业各标委会标准制修订完成

情况见表1。机床工具行业现有标准情况见表2。

表1　2012年机床工具行业各标委会标准制修订完成情况

序号	标准化技术委员会名称	国家标准制修订		行业标准制修订	
		数目(项)	完成率(%)	数目(项)	完成率(%)
总计		36	91	157	90
1	全国金属切削机床标准化技术委员会	4	100	40	100
2	全国特种加工机床标准化技术委员会			7	100
3	全国木工机床与刀具标准化技术委员会	2	67	6	65
4	全国铸造机械标准化技术委员会	4	100	28	100
5	全国锻压机械标准化技术委员会	7	75	43	80
6	全国刀具标准化技术委员会	7	100	10	100
7	全国量具量仪标准化技术委员会	2	100	10	100
8	全国磨料磨具标准化技术委员会	2	100	4	100
9	全国工业机械电气系统标准化技术委员会	7	100	8	100
10	全国机床数控系统标准化技术委员会	5	84	1	50

表2　机床工具行业现有标准情况

序号	标准化技术委员会名称	国家标准(强制/推荐)(项)	行业标准(强制/推荐)(项)
小计		702(66/636)	1 332(18/1 314)
1	全国金属切削机床标准化技术委员会	119(8/111)	601
2	全国特种加工机床标准化技术委员会	35(5/30)	30(0/30)
3	全国木工机床与刀具标准化技术委员会	52(11/41)	118(14/104)
4	全国铸造机械标准化技术委员会	28(9/19)	112
5	全国锻压机械标准化技术委员会	40(20/20)	179(4/175)
6	全国刀具标准化技术委员会	240	125
7	全国量具量仪标准化技术委员会	77	72
8	全国磨料磨具标准化技术委员会	71(1/70)	92
9	全国工业机械电气系统标准化技术委员会	39(12/27)	3
10	全国机床数控系统标准化技术委员会	1	0

2.国际标准化工作

(1)国际标准投票工作。机床工具行业现有4个标委会具有国际标准投票资格,2012年共完成国际标准投票28项,国际标准投票率均达到100%。其中,全国金属切削机床标准化技术委员会投票8项,全国磨料磨具标准化技术委员会投票4项,全国刀具标准化技术委员会投票5项,全国工业机械电气系统标准化技术委员会投票11项。

(2)实质性参与国际标准制修订工作。2012年,机床工具行业标准化工作有2个重大突破。一是全国工业机械电气系统标准化技术委员会提交IEC/TC44(国际电工委员会/机械电气安全技术委员会)的《机床电气设备及控制系统安全》国际标准提案,正式获得IEC立项。这一标准提案规定了"机床的电气、电子、数控、可编程序电子设备及系统等的安全要求",是机床行业的核心安全标准之一,直接关系到机床产品的安全和进出口贸易。该标准提案在IEC成功立项,扭转了我国在机床国际标准化方面的被动局面,标志着我国机床行业实质性参与国际标准化工作取得了历史性突破。这对提高我国参与国际标准化活动的质量和水平、增强我国在国际标准化组织中的影响力和话语权、推动我国机床行业的国际标准化工作和提升我国机床产业国际竞争力具有重要意义。

另一个是全国金属切削机床标准化技术委员会提出的加工中心工作精度检验"S试件"提案作为附录纳入ISO/10791-7《加工中心检验条件　第7部分:精加工试件》标准。"S试件"国际标准提案获得通过,具有重要而深远意义。在技术上,不仅可以解决五轴联动加工机床验收问题,而且可以发现和寻找影响机床加工精度的故障原因,解决机床精度丧失或降低后修复问题。同时也标志着我国金属切削机床行业在实质性参与国际标准化活动中又迈出了坚实的一步,我国在国际标准化组织中的影响进一步扩大。

3.交流活动

2012年9月,全国机床数控系统标准化技术委员会与数控系统分会共同组团参观了美国芝加哥国际制造技术(机床)展览会(IMTS2012),同时参观了美国哈挺公司等国际知名的数控企业和著名高校哈佛大学、麻省理工大学。10月组织标委会有关成员参加中国机械工业联合会标准工作部组织的机械工业标准化工作考察,与瑞士标准化协会、匈牙利机械和能源工程协会进行了深入交流,了解标准化协会的工作情况、国家标准的组成及欧盟以外国家向欧盟出口机械产品必须满足的标准。

全国木工机床与刀具标准化技术委员会积极与中国台湾各木工机床制造企业交流研讨，与中国台湾同类产品开展标准对比工作，同时对中国台湾制造的产品进行检测，分析产品的贯标情况，并与大陆产品的贯标情况进行比较和分析。

在开展国际标准化工作中，各标委会都深刻认识到，标准的竞争是国际产业竞争的制高点。当前国际技术强国都紧紧把握着国际标准的制定权，因此，参与机床工具领域的国际标准制定工作尤为重要。现在，行业的技术基础还很薄弱，需要踏踏实实地做好每一项工作，提高技术水平，增强市场竞争力。利用国际先进技术和先进标准化工作经验对促进和缩短标准制修订进程、推动机床工具行业国际标准化工作深入开展和做好我国与国际标准化工作的融合发展将起到良好的作用。

4. 标准信息和咨询服务工作

为更好地开展标准化工作，协会网站标准化专题栏目会不定期地发布上级主管部门的指示精神，刊登标准化工作的要求和相关信息。全国金属切削机床标准化技术委员会、全国刀具标准化技术委员会分别编辑出版了《机床标准与信息》季刊、《刀具量具量仪标准和质量信息》网刊四期及《工具展望》。

全国特种加工机床标准化技术委员会与中国机床工具工业协会特种加工机床分会共同实施“达标认定产品”活动，有力地推动了标准的宣贯，促进了企业的自主贯标，取得了显著效果。2012 年对 2 家企业申请的 4 台机床进行了达标认定检测。

全国铸造机械标准化技术委员会、全国锻压机械标准化技术委员会、全国磨料磨具标准化技术委员会还根据企业需求，开展了大量的标准宣贯和咨询工作，有力地促进了企业技术进步，提高了产品质量。

5. 积极开展标准化科研工作

2012 年各标委会在高档数控机床与基础制造装备国家科技重大专项、国家质检公益项目等课题研究中，根据本行业的特色和发展要求，在进行大量调研的基础上完成和即将完成科研课题工作，并将研究成果转化成为国家标准。如全国机床数控系统标准化技术委员会承担的“机床数控系统可靠性系列标准”“高档与普及型机床数控系统系列标准”等研究课题，提出了数控系统可靠性技术指标，对提高我国数控机床产品质量具有深远意义；全国金属切削机床标委会组织行业骨干企业承担了国家质检公益项目——五轴联动加工中心检验方法的研究课题。通过该项目的实施，确立了五轴联动加工中心的检验项目，提出检验方法和检验手段，并规定了先进的技术指标。

全国工业机械电气系统标准化技术委员会承担了科技重大专项子课题——数控系统关键技术标准与综合性能检测体系研究中有关标准研究课题，着重开展数控基础通用标准、数控重要安全技术标准、开放式数控系统标准、数控编程语言等关键技术标准的研究。通过跟踪数控技术国际标准化发展动态，分析国内本专业技术发展需求，完成一批急需的关键技术标准研究工作，预计将制定 33 项标准。

三、行业标准化工作存在的问题

2012 年，机床工具行业标准化工作虽然取得了颇为丰硕的成果，但是也要正视存在的问题：一是标准制修订质量偏低，二是标准制修订步伐滞后于技术创新，三是标准制修订缺乏技术支撑，四是标准化人员素质有待进一步提高。

四、行业标准化工作意见与建议

当前，机床工具行业虽取得了长足的进步，但仍存在不平衡、不协调、不可持续的问题。产业大而不强，创新能力不强，许多核心关键技术及标准受制于人，科学发展、加快转变发展方式势在必行，行业进入攻坚期。十七届五中全会提出，“十二五”必须以科学发展为主题，以加快转变经济发展方式为主线，强调加快转变发展方式“五个坚持”的基本要求。机床工具行业的标准化工作要围绕“五个坚持”的基本要求，创新发展，着力提高标准制修订工作的全面性、协调性和适应性。

一是坚持把经济结构战略性调整作为标准化工作的主攻方向。围绕行业结构调整问题，不断优化提升标准，促进机床工具产业发展的协调融合，提高标准的总体水平。

二是坚持把科技进步和创新作为标准化工作的重要支撑。标准化工作作为一个关键环节，要主动融入重大专项项目中，以产业发展需求为导向，以科技创新来提升标准先进性、有效性，以先进、合理的标准加速机床工具行业创新技术的产业化、市场化，促进产业调整和振兴。要强化标准化在产品技术创新、产业升级中的导向和保障作用，在国家实施的重大科技、重大产业创新工程中，建立标准化跟进机制、配合机制，同步开展关键共性技术标准的研制和应用，解决好标准与技术创新脱节的问题。

三是要通过标准化创新发展提升行业产品质量。制修订好行业产品质量标准，用标准化引领产品、服务质量的提升。要加快完善产品质量标准体系建设，加快标准制修订速度，为企业提供更多的产品标准和检测方法，通过提升产品质量增强市场竞争力。

四是必须建设一支高素质的标准化队伍。一方面要加强对标委会的管理和考核，提高工作质量和工作效率；另一方面要抓好标准化人才队伍建设。高度重视标准化人才队伍的培养，研究、采取有利于队伍稳定和发展的政策措施，为机床工具行业标准化事业的发展提供人才保障。各标委会特别要根据国际标准化发展目标和任务，加快建设一支能够独立参与或主持国际标准制修订工作的专家队伍，为实现新的国际突破、争取更多话语权夯实人才基础。

〔撰稿人：中国机床工具工业协会孙涓〕

服务行业　满足市场需求 齐心协力做好标准化工作

——2012年机床工具行业标准化会议

2012年12月12日,2012年度机床工具行业标准化工作会议在北京召开,来自机床工具行业各标委会、分标委会的30多人参加。国家标准化管理委员会工业一部王军伟处长、中国机械工业联合会标准部谭湘宁主任、中国机床工具工业协会陈惠仁副秘书长等出席会议并讲话。会议由机床工具工业协会行业部郭长城主任主持。

陈惠仁副秘书长强调指出:过去维持中国机床工具行业连续10年高速增长的因素正在弱化或消失,自2011年下半年以来,我国机床工具行业主要经济指标始终处于全面下滑状态。要想扭转这种局面,唯一的出路就是要通过技术进步、管理升级、提高劳动者素质来实现全行业的转型升级。行业标准化工作要服务于行业的转型升级,要充分利用协会资源,进一步提高标准化工作在产品创新中的导向作用。

王军伟处长指出:标准化工作是一项战略性、基础性工作,要做好服务,做好支撑。国家标准化管理委员会今后一定时期的总体工作思路是:1条主题主线、1个核心目标、12字基本要求。即,坚持以服务科学发展为主题,以支撑加快转变经济发展方式为主线,坚持以提升标准化发展整体质量效益为核心目标,以"系统管理、重点突破、整体提升"12字为基本要求。围绕这一思路,标准化工作应注重从以下几方面开展:①完善标准分类管理机制。②加强标准化科研机制等全过程的管理机制,强化标准预研、立项、起草、审查、批准、实施等要素之间的相互作用。③完善标准化与科技创新结合机制,加强标准化与科技创新的紧密联系,相互支持、相互促进。④完善标准化协调推进机制,搭建标准化工作协作平台,引导具有自主创新技术、产业优势和竞争力的企业参与标准制修订工作。综合标准化工作当前特别受到重视,中国机床工具工业协会可以利用综合标准化这一手段,推动和规范行业标准化工作。

谭湘宁主任提出标准化工作要服务于创新,服务于高端市场的开拓与培育、中低端市场的规范和有序化,服务于行业自律规则的形成,服务于消费者信心的建立。2013年机械工业标准化工作的三方面重点工作是:夯基础、攻高端、增能力。夯基础就是做好标准化的体系建设并不断完善;加强标准立项、制定、草案的过程管理,完善标准的协调机制;建立健全标委会工作的考评机制。攻高端是指解决市场高端产品标准需求问题。标准要与科技创新相结合,完善先进装备领域的标准体系,解决转型升级的发展方式问题,要实现国际标准化工作的开创与突破。增能力是指标准化工作的创新机制要适应各小行业的发展,要和市场响应相结合,要与提高各标委会的工作能力相结合。

各标委会秘书长围绕开展好标准化工作、标准的贯标、实施力度的强化以及如何满足高档机床产品对标准的市场要求、参与国际化标准制定、开展对外交流和人才培养等话题展开讨论。提出的工作建议如下:

(1)希望创造条件增强各标委会之间的沟通和了解。

(2)协会应利用自身的优势协助标委会做好重要标准的宣贯工作。

(3)加强行业标准化工作的管理力度,根据行业产业发展需求从立项开始把好关。

(4)建议利用协会与国际机床行业协会、企业沟通了解较多的条件,组织行业标准化人员出国考察,了解国际新技术的发展状况和国际标准化工作情况,促进行业开展国际标准化工作。

(5)当前标准立项难且时间偏长,标准报批难,影响行业使用,建议协会出面协调。

(6)标准立项交叉情况很多,建议协会出面进行协调。

(7)建议更改行业标准工作会议时间与地点,改在年初比较合适,会议地点也由每次承办的标委会确定。

〔撰稿人:中国机床工具工业协会孙涓〕

依托科研　依靠企业　服务行业 提升刀具标准化工作水平

2012 年，全国刀具标准化技术委员会（简称刀具标委会）完成了各项标准化工作任务，在标准制修订、服务企业方面进行了一些新的尝试。

一、2012 年刀具标准化工作

1. 刀具标准计划

（1）国家标准计划。按照 2012 年国家标准立项指南，结合 04 专项，刀具标委会 2012 年申报了 9 项国家标准计划，并于 10 月中旬在国家标准化管理委员会网站上公示。

（2）行业标准计划。2012 年刀具标委会分三批上报了 21 项行业标准计划，2012 年 10 月已经下达 15 项。

2. 刀具标准制修订

按照计划，2012 年有 7 项国家标准和 11 项行业标准需要完成，这些项目都经过了起草阶段、征求意见阶段和审查阶段。2012 年 6 月在承德召开的联合工作组会议，对标准草案进行了讨论；11 月在大理召开的年会上，各项标准草案获得审查通过，正在办理报批手续。

3. 刀具标准的批准发布

2012 年上半年，2010 年完成的 14 项国家标准和 11 项行业标准发布。2011 年完成的标准尚未发布。

4. 标准信息服务

编辑出版了《刀具量具量仪标准和质量信息》网刊三期，分别寄发给各刀具标委会委员和信息网网员，同时寄发了《工具展望》。运用各种手段，做好标准咨询和资料服务工作。刀具标委会秘书处还组织行业刀具专家编写了《常用孔加工刀具》，已经基本完成初稿。

5. 配合国家重大专项的标准化工作

2012 年，参与了以下国家重大专项：复杂数控刀具创新能力平台建设，汽车、航空航天和发电设备用高效精密数控刀具高可靠性设计制造与切削性能评价，汽车与航空发动机用高效、高性能孔加工数控刀具，机床工具高精度锥度量值传递体系的研究。

没有参加的专项，秘书处也主动与重大专项负责单位联系协调，并通过标准项目申报程序进行立项。

2012 年刀具标委会秘书处配合成都工具研究所和国家刀具质量监督检验中心成功申报了“高性能刀具检测技术标准研究与测试平台建设”04 专项。

6. 国际标准化工作

从 2011 年 9 月至 2012 年 11 月底，刀具标委会秘书处共收到由 TC29 和所属 SC 以及 WG 发来的各种文件 10 件次。其中，需要投票表决的文件 10 件，主要是国际标准阶段草案，刀具标委会秘书处已代表我国按时投票。

7. 刀具标委会组织工作和活动

刀具标委会 2012 年对 10 位委员进行了调整。

2012 年 12 月，由刀具标委会秘书处和工具协会秘书处共同组织，在珠海联合召开全国刀具标委会和工具分会技委会 2012 年年会，探讨和交流工具行业未来发展，总结汇报秘书处一年来的工作，研究 2013 年标准化工作。

二、标准化工作方法

刀具标准化工作要依托科研、依靠企业、服务行业。

1. 依托科研项目

刀具标委会和量具量仪标委会、刀具质检中心、量具量仪质检中心同属成都工具研究所下属的成都工具检测所。这几年，国家标准经费急剧减少，科研是收入的重要部分。2012 年，刀具标委会参与 04 专项 5 项。对于没有直接参与的其他国家科研项目，也积极提供标准、检测等方面的服务。

依托科研项目，刀具标准化水平和行业影响力均有所提高，也培养了人才，同时部分解决了标准化经费不足的问题。

2. 依靠企业

标准化工作应该以企业为主体。刀具标委会在这方面已经发生了重大转变，如标准起草现在基本是产品的主导企业主持；产品标准技术指标制定中，生产企业和用户也起到关键作用。现在，很多企业参与刀具标准化的积极性很高，表现在积极参加刀具标准会议、参与标准起草，并特别希望主持标准起草。

“以企业为主体”对秘书处提出了更新、更高的要求，如要提高工作能力、调整工作方法、更新工作思路、提升服务意识、加强协调能力。刀具标委会依靠企业开展标准化工作，得到了企业的参与、支持和认可。

3. 服务行业

标准化工作是行业工作的重要组成部分，只有服务行业才能体现价值。标准化工作只有和行业工作紧密结合，才能得到行业的积极支持和认可。

对于行业企业科研项目中的标准需求，刀具标委会积极配合。对于刀具新产品的标准项目，刀具标委会给予支持。对于产品开发、贸易中的标准咨询，刀具标委会尽可能提供帮助。

4. 不足

刀具标准化工作在人才、标准化研究、研究手段、国际标准化工作方面与行业的期望仍存在一定的差距。

三、近期刀具标准化工作设想

刀具标委会将组织秘书处对大用户、机床工具大企业、国外标准化组织进行考察并继续依托科研项目、服务依靠企业、紧扣产品升级提升刀具标准化工作水平。具体做好以下几方面工作：

1. 进一步加强标委会的管理和协调工作

按照《全国专业标准化技术委员会管理办法》和《全国刀具标准化技术委员会章程》的要求，进一步加强对标委会及委员的管理，充分发挥行业单位的积极性。秘书处应认真做好协调工作，提高并发挥好企业的积极性，以提升刀具标准化工作水平。

2. 结合重大专项，做好重点领域的刀具标准化工作

国家重大专项涉及的标准项目以及“十二五”重点领域的标准项目将是下阶段标准化工作的重点，秘书处将积极组织有关企业及行业开展好这些工作。

3. 做好国家标准项目的研究，提升标准档次，加快标准制修订工作

对技术进步的标准项目，尤其是高效刀具、高速刀具、先进工具柄、超硬刀具等进行先期的标准研究，为标准制定做好准备。

4. 争取参与国际标准化活动

积极研究国际标准提案，争取组织我国主导工具生产厂家参加国际标准化活动。

〔撰稿人：全国刀具标准化技术委员会查国兵〕

记载机床工具行业2012年发生的重大事件

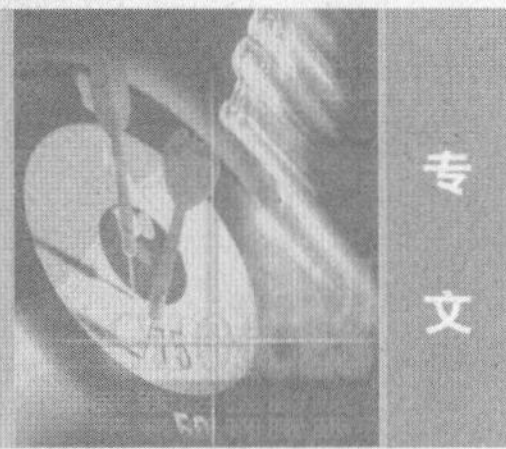

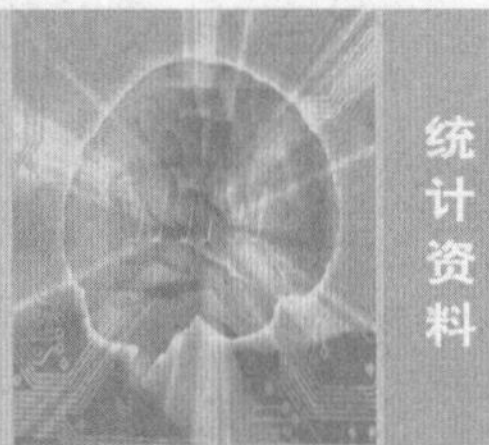

2012 年机床工具行业大事记

2 月

8 日 汉川机床集团有限公司创新研发的“超过主轴刚性设计参数的安全保护技术”和“卧式加工中心双交换工作台旋转交换装置”，在全国机械工业职工技术创新成果第五次演示会上受到隆重表彰，并分别获得全国机械工业职工优秀创新成果一等奖和二等奖。“超过主轴刚性设计参数的安全保护技术”被选定为优秀交流项目。

14 日 中共中央政治局常委、全国政协主席贾庆林，北京市委书记刘淇等到北京第一机床厂视察。贾庆林指出，要牢牢把握发展实体经济这一坚实基础，人才和资金要更多投向实体经济，政策措施要更加有助于发展实体经济，收入分配要更多向劳动倾斜。要大力发展高端制造业，保持竞争优势。北京第一机床厂的发展得益于广大职工的辛勤劳动，也得益于我党、我国对于大力振兴装备制造业的支持。

月内 合肥合锻机床股份有限公司承担的国家科技重大专项课题“大型数控单双动薄板冲压液压机”在合肥通过国家任务验收。来自专项办、中国机床工具工业协会、安徽省经信委等部委、行业以及相关领域科研院所的领导和专家、用户近 30 人参加了验收。验收组专家现场考察了设备使用情况，详细查阅了课题研制的技术资料，听取了汇报后，一致同意通过任务验收。此产品代表了国内最高技术水平的高档数控液压机产品，主要用于金属薄板件的冲压及拉伸工艺，广泛应用于汽车、石化、航空、航天、军工、工程机械、家用电器等国民经济发展中的重要领域。

3 月

1 日 由中国机床工具工业协会主办的用户联络网年会在北京顺义召开。会议由中国机床工具工业协会副秘书长陈惠仁主持，吴柏林常务副理事长作总结发言，王黎明执行副理事长作了综合报告。

该年会自 1999 年首次召开以来，历经十几年，为促进供需双方的合作共赢发挥了重要作用，成为各会员单位和相关用户单位积极参与和高度关注的年度盛会。会议邀请了航空、航天、船舶、汽车、汽轮机、兵器、电子、石油石化机械、纺织机械、核工业、铁路交通、通用机械、重型机械、工程机械、农业机械、轴承、维修改造、塑料机械等近 20 个用户行业约 50 个部门和企业的 70 名代表及部分大专院校、专业媒体和部分机床工具行业企业代表出席。

13 日 中国机床工具工业协会与中国和平利用军工技术协会共同组织用户企业与沈阳机床集团进行了现场交流和互动活动。来自航空、船舶、兵器等行业重点用户企业近 30 位代表参观了沈阳机床集团厂区的六大生产装配基地。本次活动是继 2011 年 11 月组织 7 家机床工具企业走访西安用户的又一次现场对接，通过这种现场对接活动，供需双方进一步坚定了长期合作的信心。

26 日 中国机床工具工业协会 2012 年第一次秘书长工作会议在北京召开，25 个分会和 6 个专业委员会的秘书长出席了会议。总会领导及总会各部门负责人出席了本次会议。会议由协会王黎明执行副理事长和耿良志执行副理事长主持。

4 月

11 日 甘肃省政府新闻办举行 2011 年度甘肃省纳税企业百强排行情况新闻发布会，发布全省纳税百强企业名单。天水星火机床有限责任公司以纳税额 6 350 万元位居全省百强企业之列。

16—20 日 由中国机床工具工业协会主办、中国机床工具工业协会与南京河西会议展览有限公司共同承办、主题为“紧跟需求升级，加速结构调整”的第七届中国数控机床展览会（CCMT 2012）开幕，展会历时 5 天。展会为行业充分展示自主创新成果打造了一个平台，是在“十二五”承上启下的重要时期举办的具有重要意义的行业活动，本届展会在规模、展品档次、观众人气、管理水平等方面均达到历届 CCMT 展会的新高度。共有 15 个国家和地区的 808 家机床工具制造商参展，展出机床主机和大型量仪 1 100余台（套），数控系统、功能部件、刀具、磨料磨具等配套精品数万件。展览面积达 8.6 万 m^2，比上届扩大了 10.3%。观众达到 126 672 人次、103 684人，比 CCMT 2010 分别增长 17%和 25%。成交额达 10.83 亿元，较上届增长 42.4%。境内外展商满意度显著提高，对展会 11 项服务内容满意度的算术平均值为 83.58%，对观众质量满意度提高了 40 个百分点，参观人数满意度提高了 20 个百分点。

19 日 在天水市委、市政府表彰会上，天水锻压机床（集团）有限公司的数控板料折弯压力机、液压摆式剪板机被评为甘肃名牌产品；天水星火机床有限责任公司的 CWE 系列卧式车床、CKW 系列数控车床、MK84 系列数控轧辊磨床、C61 系列重型车床等 4 种系列产品再次被评为甘肃省名牌产品，其标准化工作也再次被评为国家4A级标准化良好行为企业，受到会议表彰。

甘肃名牌产品的评选，是甘肃省名牌战略推进委员会对产品符合国家、行业等法律法规要求的合格、优质、并达到顾客满意的产品的高度肯定。

24—27日 由工业和信息化部装备工业司主办，中国机床工具工业协会承办，北京汽车动力总成有限公司、北京北内发动机零部件有限公司、北京北内制造业高新技术孵化基地有限公司协办的"汽车发动机关键零部件制造工艺技术培训班"在北京北内发动机零部件有限公司生产现场举办。通过培训，使学员们对国内汽车发动机研发、制造现状及发展有了较清楚的了解，对于汽车发动机主要零件加工工艺特点、技术难点有了较全面的认识，进而对该领域需求的机床工具装备的功能、性能特点有了更加深入准确地把握，对于提高机床企业为汽车发动机制造领域提供有效装备和服务非常重要。

25日 中共中央政治局委员、国务院副总理、重庆市委书记张德江在市委副书记、市长黄奇帆等陪同下，到重庆机床集团调研。对重庆机床集团的自主研发实力、产品竞争力以及企业坚持科学发展、为振兴装备制造业和重庆改革发展所作出的贡献给予肯定并寄予期望。

月内 汉川机床集团有限公司被确定为陕西省首批省级低碳试点15家低碳试点企业之一。入选低碳试点企业的任务包括：明确低碳发展方向和重点，加快推进低碳技术研发、低碳产品生产和产业链延伸，培育壮大低碳产业。入选单位将在政策、资金等领域获得相应支持。

5月

14日 陕西省青年科技新星、优秀科技企业家、创新型企业表彰大会在西安隆重举行。陕西省副省长朱静芝出席大会并为获奖企业和个人授牌、颁发证书。秦川机床工具集团被认定为"陕西省首批创新型企业"，秦川机床工具集团党委书记、董事长龙兴元被评选为"陕西省优秀科技企业家"。

15日 商务部评定出108项带动效应好、规模影响大、行业特点鲜明的展览会，作为商务部引导支持展会。由中国机床工具工业协会主办的中国国际机床展览会是其中唯一的机床工具行业展览会。

24—29日 在济南召开的中国共产党山东省代表会议上，经选举，山东鲁南机床有限公司副总工程师赵峰当选为中国共产党第十八次代表大会代表。赵峰曾先后被评为山东省"富民兴鲁"劳动奖章获得者、山东省优秀共产党员、山东省首席技师、山东省及全国机械行业有突出贡献技师、全国职工技术创新能手等荣誉称号，2008年5月被授予全国五一劳动奖章，2010年被授予"全国劳动模范"称号。

30日 在济南市首届市长质量奖颁奖大会上，济南二机床集团有限公司等5家企业和3名个人荣获市长质量奖。济南二机床集团有限公司董事长张志刚出席大会并代表企业上台领奖。

月内 受工业和信息化部的委托，中国机床工具工业协会分预研、走访和总结3个阶段顺利完成企业调研工作，了解到行业企业和用户领域的最新情况。通过对调研情况的汇总和分析，写出调研报告，提出促进机床工具行业可持续发展的意见和建议，为政府部门提供了制定相应政策的参考依据。

6月

19日 汉江机床有限公司"十二五"发展规划重点项目——汉江机床高新技术产业基地在褒河工业园区举行了盛大的开工奠基仪式。

汉江机床有限公司依靠汉机精深的螺纹制造技术优势，致力于打造世界最大的螺杆转子生产基地，为国内外用户提供快捷、优质的技术服务。该项目建设总投资48 330万元，建成后，将形成硅片加工核心工艺装备220台、异型螺杆及其组件10万套的生产能力，预计实现年销售收入16.6亿元。该项目在为企业创造巨大经济价值的同时，必将促进汉中地区经济的快速发展。

21日 基于国际国内严峻的经济形势及国务院对工业经济形势的关注，应国家发改委要求，中国机床工具工业协会在北京组织召开了2012年中国机床工具行业企业经济形势座谈会。具有代表性的15家机床工具行业企业主要负责人参加了会议，国家发改委产业协调司副司长陈建国，中国机床工具工业协会常务副理事长吴柏林、名誉理事长于成廷、副秘书长陈惠仁等出席会议。

会议听取、了解了与会代表对当前工业经济形势的看法、想法和行业中存在的问题，以及所采取的应对措施等，以期提出具有可操作性的解决方案，有助于政府作出相应政策决策，促进行业平稳发展。

27—29日 在合肥召开的安徽省工商联第十次会员代表大会上，合肥合锻机床股份有限公司严建文董事长被授予安徽省"第三届优秀中国特色社会主义事业建设者"称号。这次表彰，对严建文董事长开拓进取、勇于奉献的精神给予充分肯定和赞扬。

月内 中央企业团工委在京召开了中央企业共青团学习贯彻胡锦涛总书记在纪念中国共产主义青年团成立90周年大会上的重要讲话的座谈会。齐齐哈尔二机床(集团)有限责任公司马恒昌小组组长马兵与中央企业团干部、青年英模代表，以及中央企业团工委机关工作人员共30余人出席座谈会。国资委副主任、党委委员姜志刚出席座谈会并作重要讲话。马兵作为青年英模代表在会上发言。

7月

9日 中国机床工具工业协会第六届理事会轮值理事长、陕西秦川机床工具集团有限公司董事长龙兴元，自2011年7月9日起担任中国机床工具工业协会第六届理事会第三年度理事长，至2012年7月8日任期已满。

根据协会章程有关规定，自2012年7月9日起至2013年7月8日止，由协会第六届轮值理事长、武汉重型机床集团有限公司董事长黄照接任第四年度理事长职务。

13日 中共中央政治局常委、国务院副总理李克强在湖北省、武汉市和中国兵器工业集团有关领导的陪同下，莅临武汉重型机床集团有限公司视察。这是继胡锦涛、温家宝、贾庆林和李长春之后，近两年来第5位中共中央政治局常委亲临武重集团视察。

李克强的视察不仅充分体现了党和国家对装备制造业发展的关心与支持，也鼓舞了企业广大员工的士气，振奋了精神，为企业逆流勇进、开拓前行创造了积极条件。

17日 在国务院召开的全国就业创业工作表彰大会上，天水星火机床有限责任公司荣获“全国就业先进企业”称号。会议由国务委员兼国务院秘书长马凯主持。中共中央政治局常委、国务院总理温家宝出席会议并发表重要讲话。中共中央政治局常委、国务院副总理李克强，国务院副总理回良玉、王岐山，国务委员刘延东、梁光烈、孟建柱、戴秉国等出席会议。

20日 济南二机床集团有限公司承担的2010年度济南市科技重大专项项目——CTL－2.8×2000全自动开卷摆剪线顺利通过验收。会议由济南市科技局主持，来自省内高校和研究机构的专家、教授听取了项目研制情况报告，审查了相关技术文件，观看了产品演示录像，经过质询和讨论，认为该项目达到同类产品国际先进水平，同意通过验收。

CTL－2.8×2000全自动开卷摆剪线在通用东岳投入生产以来，运行稳定，各项性能指标均达到了用户技术和使用要求，得到了用户的肯定与好评。它的研制成功，也标志着济南二机床集团有限公司自动化产品翻开了崭新一页，自此踏上了向全自动、高档次、高效率发展的高端之旅。

月内 南京彩云机械电子制造有限公司基于绿色科技的理念，充分发挥企业旋铣技术的优势，在南京理工大学、东南大学的共同参与下研发成功“CYHM－10－500五轴四联动环面蜗杆旋风铣床”，使生产效率提高5～10倍，能效利用率也大幅提升，是环面蜗杆制造技术的重大突破，该产品属于低碳经济时代的绿色智能专用数控机床。经江苏省经济和信息化委员会、南京市科委组织专家鉴定，认为该新产品技术先进，生产效率高，节能环保，总体技术达到国内领先、国际先进水平。

8月

17日 合肥合锻机床股份有限公司自主研发的“超低速精密等温锻造液压机”被科技部认定为2012年度国家重点新产品。这将促进该公司自主创新和核心竞争力的进一步提升，并促进我国在汽车、军工、国防、航空航天领域关键零件的制造水平的提高。

24日 2012年度中国机械工业科学技术奖机床工具专业评审会在北京召开。中国机械工业科学技术奖是全国性的机械工业综合性科技奖项，也是机械工业申报国家科技进步奖的主要渠道。

来自全国各地的20位专家评委参与了评审工作。本着公开、公平、公正的原则，评审过程严格按照“中国机械工业科学技术奖评审细则”的各项规定和要求进行。经过与会评委认真、负责、严谨的工作，圆满完成了评审工作。

9月

7日 由青岛青锻锻压机械有限公司为中航工业江西景航航空锻铸有限公司研制的国内首台最大压力为160 000kN的EPC－8000型电动螺旋压力机研制成功，并顺利通过了国家产品质量检测中心及用户江西景航航空锻铸有限公司的产品检测和验收。

EPC－8000型电动螺旋压力机是公司继2010年世界首台万吨双盘摩擦压力机研制成功后，于2010年11月1日与江西景航航空锻铸有限公司成功签约的数控电动螺旋压力机。该机的成功签约，充分彰显了公司在国内同行业中的领先地位和研发能力。

18—20日 中国机床工具工业协会夹具分会第七届会员大会在贵阳召开。来自夹具分会13家会员单位和省市夹具协会的30名代表出席会议。

按照章程和工作条例的规定，会议选举出7个企业组成的夹具分会第七届理事会以及理事长和副理事长，聘任了秘书长和副秘书长。

24—28日 经国际标准化管理委员会批准，以全国金属切削机床标准化技术委员会秘书长李祥文为团长，中航工业成都飞机工业（集团）有限责任公司牟文平、陕西秦川机械发展股份有限公司胡万良为成员的中国代表团，参加了ISO/TC39/SC2第74次国际会议。本次会议的一项重要议题是研究讨论中国提出的《加工中心用“S”试件》国际标准提案。最终，中国的提案以5票同意、2票反对、1票弃权的结果获得通过。使中国首次实质性进入国际机床标准领域，取得国际标准制定主导权。

月内 经国家科技部公示，山东鲁南机床有限公司的“TMC系列车铣复合加工中心产业化”获得国家火炬计划立项。TMC系列车铣复合加工中心能够实现八轴四联动功能，主要用于汽车、医疗、船舶、航空航天、机车等领域的关键复杂零件加工，改造和提升了传统工艺加工手段，体现了高速、复合、智能、环保的特点，提高了复杂零部件的加工质量。产品所用“动力刀塔”和“内藏式电主轴”等两项关键技术，分别获得国家发明专利和国家实用新型专利授权。

10月

15日 科技重大专项课题组组织召开了由北京市电加工研究所承担的“特种材料复杂型面加工的五轴联动精密数控电火花成形机床”的验收会。来自华中科技大学、北京邮电大学、中国机床工具工业协会、北京机床研究所、沈阳机床股份有限公司的专家听取了汇报，审查了文件资料，考察了生产现场，进行了认真质询和讨论，一致认为，该课题圆满完成了合同书中规定的研究内容，完全达到了考核的技术指标要求，同意该项目通过验收。

五轴联动精密数控电火花成形机床是国家高端先进制造急需的技术装备，专家们认为，高、奇、缺的特种加工技术对中国航天航空事业至关重要，希望课题承担单位能够立足用户需求，进一步提高精度和可靠性，形成规模化生产，替代进口，继续保持技术领先水平。

26日 第三届“兴滇人才奖”表彰大会在昆明隆重召开，10名在云南省经济社会发展中有重大创新或作出重大贡献的人才受到省委、省政府表彰。云南CY集团有限公司普及型数控车间装配钳工袁建民高级技师被授予“兴滇人才奖”荣誉称号，获得奖励30万元。袁建民在多年的生产实践中，创造性地解决了多项技术难题，负责装配的CYNC－D40数控盘车主传动系统，获得云南省科技进步奖二等奖；负责装配的CYNC－C52车削中心主传动系统及*C*轴，被国家经贸委认定为年度国家级新产品；在数控机床主轴箱生产中，制作了专用夹具、高刚车垫圈修配装置等，改进了立式加工中心装配工艺、垫圈研磨方法和独立主轴装配工艺；先后获得全国“五一劳动奖章”“全国机械工业质量模范”“机械工业部技术能手”“云南省劳动模范”和“昆明市首届名匠”等荣誉称号。同时，以袁建民为首的工作团队先后被省市有关部门授予“劳模创新工作室”和“名匠工作室”荣誉称号，为公司培养了一批一线技能人才。

11月

2日 在天津滨海重机工业园区天津赛瑞机器设备有限公司内，武汉重型机床集团有限公司召开了“国家重大装备与极限制造”新产品发布会。这是一场多品种国家重大装备产品交钥匙工程的仪式。由武重集团制造完成的4台极限制造的重大装备安装落成在天津赛瑞机器设备有限公司的同一间厂房里，并开始运行。这是国产极限制造装备的一次集中亮相，也是武重集团制造和研发实力的集中展现，是继英国谢菲尔德工厂一次性购买多品种武重集团超重型机床之后，武重集团又一个集团销售策略的成功案例。国产用户能一次性购买多品种超重型的机床，在国内还是第一次。尤其在当前经济形势较为严峻的情况下，无疑是提升了机床行业的士气，振奋了精神，增强了信心。

工业和信息化部装备工业司、中国机械工业联合会、中国兵器工业集团、湖北省经信委、武汉市经信委的有关领导及中国机床工具工业协会的有关领导应邀出席了发布会。中国一重（天津）、哈尔滨电机厂、沈阳鼓风机集团等20多家大中型企业用户单位，人民日报、新华社、中央电视台、科技日报、经济日报等16家媒体以及中国机床工具报也应邀参加了发布会。

6—8日 中国机床工具工业协会组合机床分会第七届会员大会暨七届一次理事会议在河南洛阳召开。组合机床分会的54家会员单位、110名代表出席本次大会。会议选举产生了第七届理事会，召开七届一次理事会并选举理事长、副理事长，聘任秘书长和副秘书长，圆满完成换届选举工作。

8日 济南二机床集团有限公司为通用汽车印度公司提供的52 500kN全自动机器人送料冲压生产线投入生产。通用汽车印度公司按照当地风俗习惯举行了隆重的启动仪式。通用印度冲压项目是济南二机床集团有限公司作为国际总承包商实施的首个海外“交钥匙”项目，开启了国产重型冲压装备进入国际高端市场的崭新一页。通用各方对整机质量、项目管理和进度控制以及施工安全、运输清关等方面都给予了较高评价。

9—11日 中国机床工具工业协会特种加工机床分会2012年换届会在云南腾冲召开，共71名代表出席了会议。会议选举组成了七届理事会，选举了正副理事长，聘用了正副秘书长。

10日 中国机械工业联合会组织有关专家，在武汉重型机床集团有限公司对“机械工业高档重型机床工程研究中心”建设项目进行实地现场验收。专家组听取建设情况汇报后，对中心进行了考察，并经质询和讨论，一致认为，该工程研究中心具备了较完备的工程化研究条件与技术开发能力，同意通过验收。自此，“机械工业高档重型机床工程研究中心”正式挂牌。

该中心依托武重集团组建的国家级工程研究中心，作为开发实体，联合了华中科技大学、湖南大学、东方汽轮机有限公司、中国第二重型机械集团公司、上海重型机床厂有限公司、青海华鼎重型机床有限责任公司等院校、企业，其职能是重点致力于开展重型机床制造基础理论与方法研究，共性、基础性技术研究，重要技术标准研究，重大工程及技术装备的设计和试验验证研究等，从而为我国机械工业重大技术装备和重点产业的发展提供技术储备，以增强自主创新能力，在重点领域达到世界先进水平。

11—12日 中国机床工具工业协会铣床分会第七届会员大会暨七届一次理事会在深圳召开。会议经投票选举出了铣床分会第七届理事会，由25家会员单位组成。选举了正副理事长，聘用了正副秘书长。

18—20日 中国机床工具工业协会小型机床分会第七届会员大会在西安召开。有13家单位的代表及秘书处工作人员共20人参加会议。大会进行了换届选举，分别选举了9家单位为第七届分会理事单位以及正副理事长。

30日 国家知识产权局和世界知识产权组织在北京隆重举行第十四届中国专利奖颁奖大会，南京工业大学的专利极坐标数控高效铣、滚齿复合机床（ZL200710019441.6）获得中国专利金奖。

★ 为期3天的“飞机结构件制造工艺技术培训班”圆满结束并在沈阳举行了结业式。该培训班是继2012年4月在北京举办“汽车发动机关键零部件制造工艺技术培训班”之后，计划中重点领域用户工艺系列技术培训活动的第二次培训班，受到了机床工具行业企业的积极响应和广泛参与。其目的是满足机床工具行业深入了解重点领域用户典型零件制造工艺技术的特点，不断提升为重点领域提供装备和服务的综合能力。

培训班由工业和信息化部装备工业司、国防科技工业局发展计划司联合主办，中国机床工具工业协会、中国和平利用军工技术协会承办，中航工业沈阳飞机工业（集团）公司协办。

培训结束后，与会领导为来自28家机床工具企业的61位参加培训的学员颁发了结业证书，并给其中10位考核成绩优异的学员颁发了奖状。

月内 中华人民共和国国家标准公告2012第1号令，由合肥合锻机床股份有限公司主持制定的GB 28241—2012《液压机安全技术要求》国家标准由国家质量监督检验检疫总局和国家标准化管理委员会批准发布。该标准规定了液压机的术语和定义、风险评价、安全要求和措施、安全要求或措施的检验及使用信息等内容。

★ 由中国机床工具工业协会主办的机床工具行业先进会员（十佳）表彰活动已经连续开展了11年，在行业内产生了很大影响，受到了用户领域及社会各界的广泛关注。为适应机床工具产业“由大变强”的战略转变，贯彻落实《机床工具行业“十二五”期间工作要点》，协会遵循“紧扣行业发展主题，继承与创新相结合”的原则，对先进会员表彰活动的项目和内容进行了较大幅度的修订，在广泛征求各分会和会员企业意见的基础上，制定了《先进会员（十佳）评定管理办法》（2012版）。

2012年度先进会员（十佳）表彰活动包括4项内容：自主创新十佳、产品质量十佳、综合经济效益十佳、数控产品销售收入十佳。

12月

6日 中国机床工具工业协会第六届七次常务理事（扩大）会议在北京召开。此时整个机床行业正面临着“严冬”。如何能安全过冬，是行业热议的话题，也是此次大会引起更多关注和参与的原因。

与会代表清醒地认识到，一个重要基础产业的整体进步和可持续发展，不可能再仰仗于政策性干预，只能依靠行业的转型升级和各成员单位的强身健体。

大会听取了4个报告，分别是工业和信息化部装备工业司王卫明副司长所作的“着眼长远，切实推动转型升级”的报告，国务院发展研究中心宏观经济研究部余斌部长所作的宏观经济形势专题报告，机床协会陈惠仁副秘书长代表协会常设机构所作的题为“实施战略转变与转型升级，推动行业持续发展”的工作报告，以及机床协会王黎明执行副理事长兼秘书长所作的行业经济运行情况介绍。会议由协会当值理事长、武汉重型机床集团有限公司董事长黄照和常务副理事长吴柏林主持，吴柏林作会议总结。

7日 中国机床工具工业协会第六届七次常务理事（扩大）会议期间，受国家有关部委委托，协会组织召开了行业部分重点骨干企业主要领导座谈会。中国机床工具工业协会常务副理事长吴柏林和副秘书长陈惠仁主持会议。

国家发改委东北司司长周建平、国家能源局科技装备司司长李冶、商务部机电和科技产业司副司长支陆逊、国家发改委动员办副主任毕智勇、工业和信息化部装备工业司处长王建宁、国家发改委动员办处长吴一亮、国家发改委产业协调司赵志丹和机床工具行业部分企业的领导，以及协会的领导和工作人员近50人参加了会议。会议主要是针对行业当前面临的严峻形势，企业和政府部门共同进一步深入地分析探讨，提出有效的措施和政策建议。

12日 2012年机床工具行业标准化工作会议在北京顺利召开。国家标准委工业一部王军伟处长、中国机床工具工业协会陈惠仁副秘书长、中国机械工业联合会标准部谭湘宁主任等出席会议并讲话。来自全国机床工具行业9家标准委员会的负责人及代表，以及中国机床工具工业协会行业部的相关工作人员共计30多人参加会议。会议由中国机床工具工业协会行业部郭长城副主任主持。会议求真务实，信息量丰富，对今后标准化工作的开展有着指导意义。

★ 2012 CCTV中国经济年度人物颁奖典礼在北京举行。沈阳机床集团董事长、总经理关锡友从20位候选人中脱颖而出，成为机床行业第一位拿到此奖项的企业家代表。

20日 长安福特汽车杭州新建工厂两条全自动双臂高速冲压线项目的启动仪式在济南二机床集团有限公司举行。这是继美国KCAP（堪萨斯）和DSP（底特律）两大生产基地之后，福特汽车第三次选购济南二机床集团有限公司的冲压装备（包括9台大型多连杆压力机）。

〔供稿人：中国机床工具工业协会周秀茹〕

中国机床工具工业年鉴2013

附录

发布2013年世界机床生产和消费调查报告，通过分析国内外重要机床展览会情况探究机床发展方向，介绍先进会员（十佳）评定管理办法

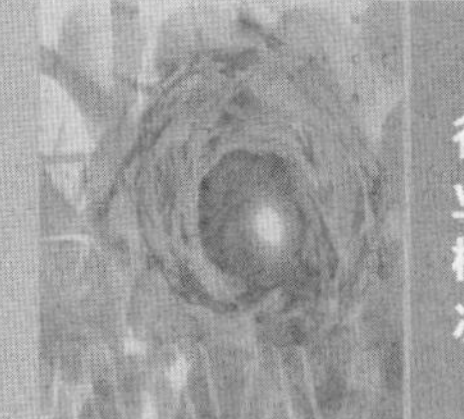

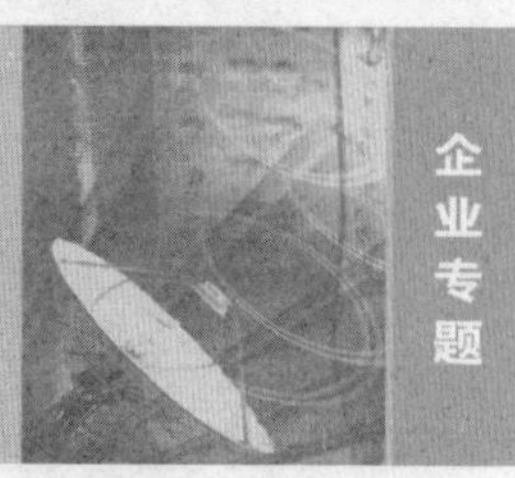

附录

2013年世界机床生产和消费调查

2012年美国国际制造技术展览会（IMTS2012）考察报告

第七届中国数控机床展览会(CCMT2012)概况

先进会员（十佳）评定管理办法（2012版）

2013年世界机床生产和消费调查

一、生产稳定发展

世界机床制造行业已经从2009年的急剧下滑中走了出来，2012年产值相对稳定。根据“世界机床生产和消费调查”数据，2012年28个机床主要生产国家（地区）共生产机床932亿美元，继前两年35%和25%增长后，略有下降，降幅1.17%，已经从经济衰退中复苏并趋于稳定。

2008—2012年世界金属加工机床产值见表1。2004年以来世界28个国家（地区）金属加工机床产值变化见图1。

表1　2008—2012年世界金属加工机床产值

年份	产值（亿美元）
2008	828
2009	560
2010	688
2011	943
2012	932

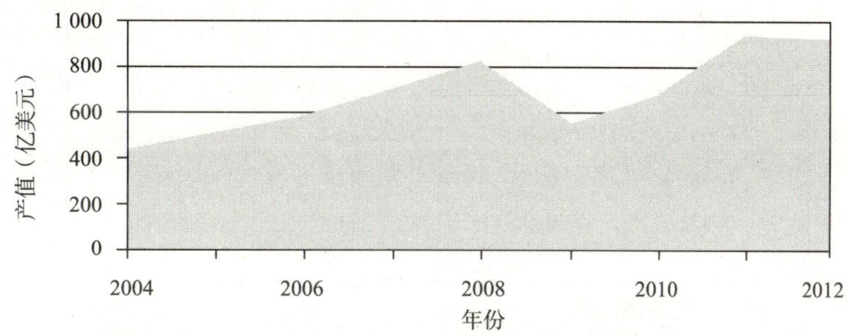

图1　2004年以来世界28个国家（地区）金属加工机床产值变化

2012年，主要机床生产国家（地区）产值都有相对小幅的变化，较突出的是：德国增长10%，美国增长7%，奥地利增长15%，捷克增长25%。而包括巴西、比利时和英国的其他国家（地区）机床产值都在下降。

2012年，中国的机床虽然产值微降，但仍是最大的机床制造国；日本位居第二，产值与2011年持平；紧随其后的是德国。上述3个国家（地区）的机床产值合计594亿美元，占参与调查的28个国家（地区）总产值的64%。

美国机床产值继续位居第七位，接近50亿美元。2012年美国进口机床同比增长30%，仍是进口大国。机床总消费额同比增长19%，达到87亿美元。

2012年，各国生产排名顺序变化不大。与上年相比，产值前十名国家（地区）中只有列第四位的韩国和列第五位的意大利交换了位置。

这并不是说2012年各个国家（地区）的产值没有变化。排名第三的德国产值增长10%（按欧元计算），奥地利增长15%，捷克增长25%（按克朗计算），阿根廷增长12%，美国和西班牙均增长7%。当然，也有国家（地区）产值下降的，如巴西下降28%，英国下降10%（按英镑计算），比利时也下降了10%（按欧元计算）。

2012年，中国继续保持世界最大机床消费国地位，消费额达到382亿美元，其中进口占消费额的比例超过1/3。按人均消费计算，瑞士、韩国、中国台湾列前三位。

世界主要机床生产国家（地区）的机床产值见表2。

表2　世界主要机床生产国家（地区）的机床产值

序号	国家或地区	2012年（亿美元）	占比（%）	金属切削机床产值占比（%）	金属成形机床产值占比（%）	2011年（亿美元）	占比（%）
合计		932.05				943.44	
1	中国	273.60	29.41	66	34	282.70	29.96
2	日本	182.53	19.62	87	13	183.27	19.43
3	德国	136.23	14.64	74	26	133.74	14.18
4	韩国	57.05	6.13	73	27	57.54	6.10
5	意大利	56.68	6.09	50	50	59.13	6.27
6	中国台湾	54.30	5.84	84	16	51.60	5.47
7	美国	49.83	5.36	74	26	46.77	4.96
8	瑞士	31.99	3.44	85	15	36.07	3.82

（续）

序号	国家或地区	2012年（亿美元）	占比（%）	金属切削机床产值占比（%）	金属成形机床产值占比（%）	2011年（亿美元）	占比（%）
9	西班牙	10.60	1.14	65	35	10.73	1.14
10	奥地利	10.32	1.11	53	47	9.71	1.03
11	法国	8.06	0.87	64	36	8.56	0.91
12	捷克	7.28	0.78	80	20	6.46	0.68
13	印度	7.21	0.77	88	12	8.80	0.93
14	加拿大	6.93	0.74	61	39	6.39	0.68
15	英国	6.5	0.70	66	34	7.32	0.78
16	土耳其	6.49	0.70	24	76	6.59	0.70
17	巴西	6.43	0.69	81	19	8.91	0.94
18	荷兰	4.02	0.43	20	80	4.08	0.43
19	比利时	2.97	0.32	20	80	3.58	0.38
20	俄罗斯	2.63	0.28	41	59	2.63	0.28
21	瑞典	2.02	0.22	38	62	2.18	0.23
22	芬兰	1.85	0.20	20	80	1.96	0.21
23	澳大利亚	1.55	0.17	90	10	1.50	0.16
24	墨西哥	1.22	0.13	58	42	1.22	0.13
25	丹麦	0.70	0.08	40	60	0.77	0.08
26	葡萄牙	0.46	0.05	44	56	0.50	0.05
27	罗马尼亚	0.43	0.05	71	29	0.43	0.05
28	阿根廷	0.36	0.04	53	47	0.32	0.03

注：1. 2012年数据为预测值，2011年数据为修订值。

2. 加拿大、墨西哥2012年、2011年数据根据各种统计报告估算而来。

3. 俄罗斯、丹麦2012年数据为按当前汇率转换的上年数据，罗马尼亚2012年和2011年数据为按当前汇率转换的上年数据。

最新调查发现，机床的生产集中地域在转移。在经济衰退的2009年以及前几年，亚洲国家（地区）产值占世界总产值的48%左右，欧洲机床工业合作委员会（CECIMO）的15个西欧国家产值约占46%；而2010年，亚洲与欧洲产值占比分别变为61%和32%，2011—2012年，这一比例维持不变。

世界机床生产大量转移到亚洲与中国有关。自2002年以来中国一直是世界上最大的机床消费国，为了满足中国市场的需求，国内的制造商扩大企业规模，日本等国家（地区）的企业也相继在国内设厂。2012年，中国机床产值约为274亿美元，比韩国、意大利、中国台湾、美国、瑞士、西班牙、奥地利产值之和还高。

二、贸易量在增长

在过去的几年里，世界机床进口和出口已经恢复了增长的势头，与2011年相比，前十名出口国家（地区）中，有8个国家（地区）2012年呈现增长态势。

日本和德国继续位列机床出口额前两位，其中德国出口额同比增长19%。其后排名依次为意大利、中国台湾、瑞士、中国、韩国、美国和西班牙。美国出口继前一年增长20%后，2012年又增长11%。

在各国家（地区）的进口数据表中，进口额占消费比重反映的是进口渗透率。当然，这一数据在某些情况下也是指过境进口在消费中的比重。不管怎样，调查数字还是能够反映每个国家（地区）的海外采购情况的。

美国具有非常开放的市场，进口占消费的比重为67%，进口额位于中国之后，列第二位。2012年美国机床消费增长近20%，进口增长29%，表明美国的需求在增加，且大部分为进口。

2012年，进口渗透率明显升高的国家（地区）有墨西哥、澳大利亚、巴西和印度。另外，日本的进口额仅占其总消费额的10%，表明日本主要采购的是本国机床。

世界主要机床生产国家（地区）的机床进口情况见表3。

表3　世界主要机床生产国家（地区）的机床进口情况

序号	国家或地区	2012年（亿美元）	占比（%）	2011年（亿美元）	占比（%）	进口渗透率（%）
总计		400.89	100.00	390.51	100.00	
1	中国	136.60	34.07	132.40	33.90	35.68
2	美国	58.27	14.53	45.26	11.59	66.80
3	德国	31.87	7.95	29.79	7.63	49.80

（续）

序号	国家或地区	2012年（亿美元）	占比（%）	2011年（亿美元）	占比（%）	进口渗透率（%）
4	印度	15.99	3.99	17.19	4.40	69.95
5	韩国	14.92	3.72	17.91	4.59	32.11
6	巴西	14.36	3.58	16.47	4.22	76.91
7	墨西哥	12.69	3.17	12.69	3.25	93.24
8	土耳其	11.72	2.92	11.00	2.82	87.20
9	俄罗斯	11.18	2.79	11.18	2.86	84.89
10	法国	9.88	2.47	11.38	2.91	88.37
11	英国	9.51	2.37	7.58	1.94	116.54
12	意大利	9.38	2.34	11.21	2.87	43.19
13	加拿大	8.51	2.12	7.71	1.97	67.75
14	比利时	8.12	2.03	8.15	2.09	328.75
15	日本	7.75	1.93	6.54	1.67	10.38
16	中国台湾	6.50	1.62	8.29	2.12	35.25
17	瑞士	6.08	1.52	7.48	1.91	58.80
18	捷克	4.43	1.10	4.81	1.23	126.93
19	奥地利	3.88	0.97	4.48	1.15	66.21
20	西班牙	3.15	0.79	3.21	0.82	80.36
21	瑞典	3.08	0.77	3.34	0.86	89.53
22	罗马尼亚	2.86	0.71	2.86	0.73	117.70
23	荷兰	2.64	0.66	2.66	0.68	76.97
24	阿根廷	2.39	0.60	1.89	0.48	91.57
25	澳大利亚	1.90	0.47	1.98	0.51	90.48
26	葡萄牙	1.50	0.38	1.20	0.31	108.70
27	芬兰	1.14	0.29	1.24	0.32	84.13

注：1. 2012年数据为预测值，2011年数据为修订值。

2. 加拿大、墨西哥2012年的数据根据各种统计报告估算而来。

3. 俄罗斯、罗马尼亚2012年数据为按当前汇率转换的上年数据。

机床出口率反映出国家和地区对外供应机床的能力。出口前五位的国家（地区），出口额占产值比重（即出口率）都较高。然而尽管中国出口排名第六位，但2012年出口仅为27.5亿美元，为产值的1/10。看出口率时应谨慎，个别传统以转口贸易为主的国家，如比利时，其出口远远超过产值。

世界主要机床生产国家（地区）的机床出口情况见表4。

表4　世界主要机床生产国家（地区）的机床出口情况

序号	国家或地区	2012年（亿美元）	占比（%）	2011年（亿美元）	占比（%）	出口率（%）
合计		478.96	100.00	457.95	100.00	
1	日本	115.65	24.15	115.63	25.25	63.36
2	德国	104.10	21.73	94.51	20.64	76.41
3	意大利	44.34	9.26	42.71	9.33	78.23
4	中国台湾	42.36	8.84	40.00	8.73	78.01
5	瑞士	27.73	5.79	30.80	6.73	86.68
6	中国	27.42	5.72	24.20	5.28	10.02
7	韩国	25.51	5.33	23.01	5.02	44.71
8	美国	20.88	4.36	18.81	4.11	41.90
9	西班牙	9.83	2.05	9.67	2.11	92.74
10	比利时	8.62	1.80	8.81	1.92	290.24
11	奥地利	8.34	1.74	7.99	1.74	80.81

（续）

序号	国家或地区	2012年(亿美元)	占比(%)	2011年(亿美元)	占比(%)	出口率(%)
12	捷克	8.23	1.72	7.23	1.58	113.05
13	英国	7.85	1.64	7.44	1.62	120.77
14	法国	6.76	1.41	6.85	1.49	843.87
15	土耳其	4.77	1.00	4.19	0.91	73.50
16	荷兰	3.23	0.67	3.27	0.71	80.35
17	加拿大	2.89	0.60	2.66	0.58	41.70
18	巴西	2.12	0.44	1.53	0.33	32.97
19	瑞典	1.66	0.35	1.80	0.39	82.18
20	芬兰	1.59	0.33	1.70	0.37	85.95
21	澳大利亚	1.35	0.28	1.35	0.29	87.10
22	丹麦	0.89	0.19	0.96	0.21	126.71
23	罗马尼亚	0.85	0.18	0.85	0.19	200.47
24	俄罗斯	0.64	0.13	0.64	0.14	24.33
25	葡萄牙	0.59	0.12	0.52	0.11	127.65
26	印度	0.33	0.07	0.42	0.09	4.62
27	墨西哥	0.31	0.06	0.31	0.07	25.00
28	阿根廷	0.14	0.03	0.12	0.03	38.74

注:1. 2012年数据为预测值,2011年数据为修订值。

2. 加拿大2012年的数据、墨西哥2011年数据根据各种统计报告估算而来。

3. 罗马尼亚、俄罗斯、墨西哥2012年数据为按当前汇率转换的上年数据。

一般来说,最大出口国的贸易逆差小,而最大进口国的贸易逆差最大。2012年美国贸易逆差进一步加大,达到37亿美元,而2011年是26亿美元,是世界仅次于中国的第二大贸易逆差国。

2012年,韩国、捷克和奥地利采取了积极的贸易平衡措施,是贸易顺差增加最明显的国家。

世界主要机床生产国家(地区)的机床贸易平衡状态见表5。

表5 世界主要机床生产国家(地区)的机床贸易平衡状态

序号	国家或地区	2012(万美元)	2011(万美元)	序号	国家或地区	2012(万美元)	2011(万美元)
1	日本	1 079 010	1 090 890	15	葡萄牙	-9 120	-6 820
2	德国	722 270	647 190	16	瑞典	-14 270	-15 440
3	中国台湾	358 600	317 100	17	英国	-16 640	-1 430
4	意大利	349 570	314 970	18	罗马尼亚	-20 050	-20 050
5	瑞士	216 490	233 250	19	阿根廷	-22 490	-17 770
6	韩国	105 900	51 000	20	法国	-31 230	-45 350
7	西班牙	66 830	64 550	21	加拿大	-56 260	-50 430
8	奥地利	44 600	35 060	22	土耳其	-69 530	-68 170
9	捷克	37 990	24 270	23	俄罗斯	-105 400	-105 400
10	荷兰	5 910	6 120	24	巴西	-122 400	-149 440
11	比利时	5 010	6 540	25	墨西哥	-123 850	-123 850
12	芬兰	4 500	4 590	26	印度	-156 540	-167 640
13	丹麦	3 080	3 340	27	美国	-373 930	-264 460
14	澳大利亚	-5 500	-6 300	28	中国	-1 091 800	-1 082 000

注:1. 正数为贸易顺差,负数为贸易逆差。

2. 丹麦、罗马尼亚、俄罗斯数据为按当前汇率转换的数据。

三、消费格局

机床是制造业的基石,其市场发展速度决定了一个国家(地区)的工业化步伐。在过去的十年中,中国一直是金属加工机床最大消费国,2012年仍保持这种格局。以产值计算,中国消费了世界超过2/5的机床。世界主要机床生产国家(地区)的机床消费情况见表6。世界主要机床生产国家(地区)的人均机床消费情况见表7。

表 6　世界主要机床生产国家（地区）的机床消费情况

序号	国家或地区	2012 年（亿美元）	占比（%）	2011 年（亿美元）	占比（%）
合计		852.20	100.00	876.01	100.00
1	中国	382.80	44.92	390.90	44.62
2	美国	87.23	10.24	73.21	8.36
3	日本	74.63	8.76	74.18	8.47
4	德国	64.00	7.51	69.02	7.88
5	韩国	46.46	5.45	52.44	5.99
6	印度	22.86	2.68	25.56	2.92
7	意大利	21.72	2.55	27.63	3.15
8	巴西	18.67	2.19	23.86	2.72
9	中国台湾	18.44	2.16	19.89	2.27
10	墨西哥	13.61	1.60	13.61	1.55
11	土耳其	13.44	1.58	13.41	1.53
12	俄罗斯	13.17	1.55	13.17	1.50
13	加拿大	12.56	1.47	11.44	1.31
14	法国	11.18	1.31	13.09	1.49
15	瑞士	10.34	1.21	12.75	1.45
16	英国	8.16	0.96	7.46	0.85
17	奥地利	5.86	0.69	6.21	0.71
18	西班牙	3.92	0.46	4.27	0.49
19	捷克	3.49	0.41	4.03	0.46
20	瑞典	3.44	0.40	3.73	0.43
21	荷兰	3.43	0.40	3.46	0.40
22	阿根廷	2.61	0.31	2.10	0.24
23	比利时	2.47	0.29	2.92	0.33
24	罗马尼亚	2.43	0.29	2.43	0.28
25	澳大利亚	2.10	0.25	2.13	0.24
26	芬兰	1.40	0.16	1.50	0.17
27	葡萄牙	1.38	0.16	1.18	0.14
28	丹麦	0.40	0.05	0.43	0.05

注：1. 2012 年数据为预测值，2011 年数据为修订值。

2. 加拿大 2012 年数据根据各种统计报告估算而来。

3. 俄罗斯、罗马尼亚 2012 年数据为按当前汇率转换的上年数据。

4. 墨西哥数据来源于两个渠道：根据各种统计报告估算和按当前汇率转换的上年数据。

表 7　世界主要机床生产国家（地区）的人均机床消费情况

序号	国家或地区	消费（亿美元）	人口（万人）	人均消费（美元）
1	瑞士	10.34	760.4	136.04
2	韩国	46.46	4 850.8	95.78
3	中国台湾	18.44	2 297.4	80.26
4	德国	64.00	8 232.9	77.74
5	奥地利	5.86	821.5	71.34
6	日本	74.63	12 707.8	58.73
7	瑞典	3.44	905.9	38.02
8	加拿大	12.56	3 348.7	37.49
9	意大利	21.72	5 812.6	37.37
10	捷克	3.49	1 021.1	34.13
11	中国	382.80	132 359.1	29.10
12	美国	87.23	30 721.2	28.39
13	芬兰	1.40	525.0	26.68
14	比利时	2.47	1 041.4	23.69
15	荷兰	3.43	1 671.5	20.53
16	土耳其	13.44	7 680.5	17.50
17	法国	11.18	6 442.0	17.36
18	英国	8.16	6 111.3	13.36
19	葡萄牙	1.38	1 070.7	12.84
20	墨西哥	13.61	11 121.1	12.24
21	罗马尼亚	2.43	2 221.5	10.94
22	澳大利亚	2.10	2 126.2	9.88
23	西班牙	3.92	4 052.5	9.67
24	俄罗斯	13.17	14 004.1	9.40
25	巴西	18.67	19 873.9	9.40
26	丹麦	0.40	550.0	7.24
27	阿根廷	2.61	4 091.3	6.39
28	印度	22.86	115 689.7	1.98

机床消费集中度进一步增强。同样是前五大消费国，2012 年消费合计占世界消费额的 76.87%；而在 1 995 年，美国、德国、日本、中国和意大利合计消费仅占 55%。

（本文根据中国机床工具工业协会参与的美国 GARDNER 出版公司《2013 年世界机床生产和消费调查报告》编译整理）

〔撰稿人：中国机床工具工业协会刘东坡、李卫青〕

2012 年美国国际制造技术展览会（IMTS2012）考察报告

美国制造技术协会（AMT）主办的 2012 年国际制造技术展览会（IMTS2012）于 2012 年 9 月 10—15 日在美国芝加哥 McCormick 展览中心举行。

2011 年，全球经济缓慢复苏，制造业成为经济复苏的引擎。在此因素影响下，国际机床工业呈现较快发展势头。据 IMTS2012 展会期间各国机床协会秘书长会议提供的统计资料,2011 年世界 28 个主要生产国机床产值达到 927 亿美元,同比增长 34.7%,其中中国机床产值 277 亿美元,占 29.8%;2011 年世界机床消费 852 亿美元,中国机床消费 384 亿美元,占 45%。进入 2012 年,世界政治形势不稳定,中东和波斯湾多国形势动荡,亚洲地区冲突加剧等;美国经济复苏乏力,欧债危机加剧,新兴经济体增长放慢,世界机床产值年增长率也从 34.7% 降为 12%。经济低迷影响到机床市场需求,机床行业普遍感到困难和压力。在此背景下,IMTS2012 展会对于推动机床市场发展、重振制造业雄风、推动世界经济回暖,具有一定的影响。

中国机床工具工业协会与中国国际展览中心联合组成 14 人工作组参加了展会。展会期间,工作组召开了新闻发布会,介绍了中国机床工具行业的经济运行情况,预测了中国机床工具市场发展态势,以及 2013 年中国国际机床展览会的筹备情况。

展会期间,中国机床工具工业协会与各国/地区机床协会开展了广泛的交流活动,协会领导先后正式会见了美国制造技术协会 AMT、欧盟机床合作委员会 CECIMO、日本机床协会 JMTBA、德国机床制造商协会 VDW、瑞士机械电器工业协会 SWISSMEM、意大利机床机器人自动化系统和辅助设备制造商协会 UCIMU、西班牙先进制造技术协会 AFM、韩国机床协会 KOMMA 以及台湾地区机器工业同业公会 TAMI 的领导,出席了有 22 个国家和地区机床协会主要领导参加的总经理会议(GM Meeting)。

按照组织分工,工作组成员对展品进行了深入调研,收集了大量技术信息和资料,参观考察了美国 Bourn & Koch 公司、卡特比勒公司、哈挺公司。

一、IMTS2012 展览会概况

IMTS 是世界最大的机床展览会之一。IMTS2012 共吸引了来自世界 33 个国家和地区的 1 909 家企业参展,展出净面积 12 万 m^2,观众人数 100 200 人,展品包括各类机床、控制系统、软件、功能部件、切削刀具等。

展会展品布置延续了传统的布局,分南、北、东、西四个展馆,其中:

南馆:金属切削类机床,包括加工中心、柔性制造系统、车床等;

北馆:磨床、锯床、齿轮加工机床、金属成形机床、激光器等;

东馆:电加工机床、控制系统、软件、测量仪器、功能部件、清洗及环保设备等,以及展中展——北美工业自动化展;

西馆:刀具及夹具。

1. IMTS2012 未来技术中心(ETC)

未来技术中心(ETC)向观众展示了 4 项技术,即协同制造、叠加制造、MTConnect 和 MTInsight。其中 MTConnect、MTInsight 是 AMT 联合相关机构推出的两个平台。

MTConnect 是 AMT 在 2008 年推出的一项技术,是数控机床之间的一个通信平台,方便车间和工厂管理者对所有机床进行高效控制和管理。

MTInsight 是一个官、产、学、研合作,针对机床工具企业管理和销售人员的大型数据库。该数据库定期更新,提供各类机床在汽车、航空航天、医疗器械、能源等诸多用户领域的市场容量数据,有利于企业根据市场容量及时对市场进行分析,规划企业发展。

协同工程体现的是用户和设计者联合设计和制造个性化产品的理念。在 IMTS 的未来制造中心,美国一家本地汽车制造企业 LOCAL MOTORS 两名工程师在展会的六天时间内组装了一部独一无二的汽车——Rally Fighter。

叠加制造并不是一个新的概念,属于诸多快速原型制造方式中的一种。随着光纤激光技术的进步、3D 扫描仪和计算软件功能的进一步提升,特别是所加工的零件材料已扩展至复合材料、不锈钢、钛、铝合金等多种金属,当前的快速成形(RPM)技术已经进入实际应用阶段。展会上,Renishaw 和 ExOne 等展出快速成型设备公司的展台门庭若市。Renishaw 的 AM250 叠加制造系统采用光纤激光熔融金属粉末的工艺,可直接根据 3D CAD 数据制造出全密度的金属零件,无需进入电炉固化。ExOne 提供的是立体打印和激光烧结系统,用于制造生产砂模、金属零件等。当前这两家公司都可以提供满足材料配方、激光功率、加工时间等在内的全套解决方案,ExOne 公司还提供零件成型之后用于定型的电炉。

尽管叠加制造还受到成本及批量生产的限制,但是不能否认其应用领域的广泛以及前景的光明,具有复杂内部结构的框架零件均可以使用叠加制造来完成。当前叠加制造在医疗和航空航天领域应用较多,主要是因为这两个领域的零件多采用钛合金等难加工材料并具有几何形状复杂以及附加值高的特点。例如,如果依靠传统工艺,定制一个人工关节大致需要几周,而通过叠加制造可以直接将 CT 或 MRI 的数据转化为加工数据,包括配型时间也只需几天而已。

2. 先进制造中心(AMC)和今日技术中心

在位于西馆的先进制造中心(AMC)和今日技术中心,波音公司、罗-罗公司、Modern Machine Shop(现代机加工厂)、Sheffield 大学的先进材料研究中心(AMRC),以及 IMTS 组委会赞助的先进制造中心通过展示、多媒体演示波音公司的燃料电池飞机、加工件等,给观众带来先进制造技术在航空航天、汽车、能源、医疗等领域应用的视觉体验和感受。

此外,此次展会还组织了大学生技能中心(Student Skills Center)、求职中心(Job Center)。

从展商看,世界著名的机床工具制造商基本参展,其中以日本展商阵容最为强大。日本马扎克、大限、牧野、森精机展位占地面积大,位置在南馆第一排,丰田工机、发那科、三井精机、东芝机械、沙迪克、新日本工机、OKK、THK、NSK 等公司悉数参展;美国参展企业数量最多,知名企业有 MAG、格里森、哈斯、哈挺、HURCO、英格索尔等;德国著名企业 DMG、斯莱福临、西门子、海德汉、HERMLE、EMAG、利勃海尔等参展;瑞士参展的知名企业有阿奇夏米尔、斯达拉格海克特等;意大利 Pama、Fidia,西班牙达诺巴特、Fagor 等公司参展。中国大陆有 100 多家企业参展,其中沈阳机床集团、大连机床集团展位最为显眼,展出面积超过 1 000m^2,中国台湾有 60 多家企业参展。

二、IMTS2012 展示的技术动向

1. 复合加工机床有成为金切机床主流机型的趋势

复合加工机床出现于 20 世纪 90 年代中后期,具有减少非加工时间、提高生产效率,一次装夹完成所有工序的加工,提高加工工件精度等特点,受到用户的喜爱。

经过十多年的发展,复合加工技术趋于成熟,车铣、铣车、车磨、铣磨等类型的复合加工机床不断涌现。此次展会上,世界著名机床制造商 DMG/Mori Seiki、WFL、Mazak、Okuma、Makino、EMAG 等企业都展出了为数众多的复合加工机床。

DMG/Mori Seiki 联合展出了 8 台铣车复合加工机床、1 台集超声波加工和铣削加工于一体的复合加工机床。DMG 公司的 CTX TC 系列铣车复合加工机床带有快速换刀机械手的 24 位或 36 位一体式盘式刀库,最高转速可达 10 000 r/min的力矩电动机直接驱动 12 工位 VDI 40 动力刀塔,用于 5 轴加工的大功率 B 轴。B 轴采用力矩电动机直接驱动,其功能可以通过控制系统内部的编程系统非常简单地实现,主要用于加工叶片、齿轮轴、阀座、凸轮轴等形状复杂的零件。

Mori Seiki 公司的 NTX(NT)系列铣车复合加工机床结合了森精机公司 NH 系列卧式加工中心的铣削能力和 NL 系列数控车床的车削能力,融合了森精机公司的 DDM(直接驱动方式电动机)、ORC(八角形滑枕)、BMT(内置电动机的刀塔)、DCG(重心驱动)等技术,实现了医疗器械、测量仪器等小型精密部件的高精度、高效率加工。

Mazak 公司展出了 21 台各种型号的机床,其中 Integrex 系列复合加工机床 6 台。在美国市场最新推出的车铣复合加工机床 Integrex i-100ST,在卧式加工中心的基础上增加了车削功能,带有正副两个车削主轴。正副主轴均采用电主轴驱动,最高转速 6 000r/min,并可实现 C 轴分度功能,正主轴分度精度 0.000 1 度,副主轴分度精度 0.001 度;9 刀位盘形下刀塔能够在正副主轴间移动,同一把刀具可以加工正副主轴上的工件,从而能够与铣削主轴一起同时对一个工件进行加工,实现平衡切削。刀塔转位时间 0.14s,铣削主轴最高转速 12 000r/min,B 轴采用力矩电动机驱动,最小分度增量 0.000 1 度,转角范围 240°。该机床非常适合医疗器械行业小型精密零件的加工。

日本 Okuma 公司展出的 15 台机床中,有 4 台复合加工机床,包括卧式铣车复合加工机床 Multus B200II、Multus B750W 以及立式复合加工机床 Millac-33TU、VTM-1200YB。

日本 Makino 公司展出的 i Grinder G7 是一台复合了磨削加工功能的五轴卧式加工中心,适用于航空工业难加工材料零件的钻削、铣削、磨削加工,如航空叶片、透平盘、喷气发动机零件等。

奥地利 WFL 公司是一家专业致力于生产铣车复合加工中心的机床生产商,其产品规格齐全。此次展会中,WFL 公司展出了 M80 铣车复合加工机床。

德国 EMAG 公司展出的 VSC 400 DDS 立式磨车复合加工机床将硬车和立磨加工功能结合在一起,能有效提高加工效率,降低成本。

此外,韩国大宇等公司也都展出了多台复合加工机床。

从近年来世界四大机床名展来看,各知名机床制造商结合各自产品的特点,纷纷推出各种类型的复合加工机床,抢占高端市场的制高点。复合加工机床有成为金切加工机床主流机型的趋势。

2. 直驱技术日益成熟,应用广泛

随着直线电动机、力矩电动机、电主轴等部件的成熟,直驱技术在数控机床上得到广泛应用。大功率、大推力直线电动机用于重载、高速机床的驱动,大功率、大转矩力矩电动机应用于摆角铣头、动力刀架、回转工作台、C 轴分度、立车的主轴驱动,加工中心、数控车床等机床的主轴部件更是大量采用电主轴。与以往展览会不同的是,此次展览会虽然很多参展的主机产品应用了直驱技术,但参展商不再将直驱技术的应用作为展品亮点而大力宣扬。

DMG 公司是应用直驱技术最早的机床制造商之一。此次展会,DMG 公司展出的采用直线电动机的机床有:SPRINT 系列数控车床、DMU eVo 系列五轴联动加工中心、CTX TC 系列铣车复合加工机床、ULTRASONIC 20 linear 超声波加工机床。Mori Seiki 公司展出的数控车床及铣车复合加工机床的动力刀架广泛采用了力矩电动机驱动,极大改善了动力刀架的性能,提高了动力刀具的转速。力矩电动机直驱动力刀架技术也同样应用在 DMG 的相应产品上。

Mazak 公司展出的 MEGA-8800 重切削卧式加工中心,配置了大功率、大转矩电主轴,适用于镍基合金、钛合金等难加工材料的加工。电主轴输出功率高达 85kW(113hp),最大输出转矩 1 249N·m。

Okuma 公司展出的立式车床 VTR-160A,主轴采用力矩电动机,最高转速 400r/min,最大回转直径 1 600mm,回转工作台最大承载能力可达 800kg。

瑞士 Studer 公司展出的 S41 高精度万能内外圆磨床,其主轴、砂轮和直线轴全部采用直驱技术,以获得高精度、高效率磨削加工。

直驱技术的广泛应用对数控机床结构的改变以及性能的提高产生了巨大影响。

3. 工业机器人与数控机床的集成应用进入实用化

此次展会上,工业机器人最受观众关注。KUKA、ABB、YASKAWA(安川)、FANUC 等机器人制造商展出了数量众多,规格、用途各异的机器人展品。其中,FANUC 公司不仅展出了焊接机器人、搬运重量达 1 350kg 的搬运机器人,还在现场演示了由 4 台钻削中心和两台机器人组成的柔性制造单元;KUKA公司则在展台的中心位置展示了一台切削机器人。

海克斯康(Hexagon)展示了机器人在测量方面的应用,Weldon Solution公司展示了机器人在分拣方面的应用。

DMG/Mori Seiki、Makino、Mazak、Okuma、斯来福临、大连机床等机床制造商也纷纷展示了数控机床与工业机器人的集成柔性单元,将工业机器人与数控机床的集成应用推到了一个前所未有的新阶段。

工业机器人的生产制造以及与数控机床的集成应用在我国尚处于起步阶段。大连机床首次在IMTS2012上展出了由国产机器人和国产数控机床集成应用的柔性制造单元。该制造单元由1台广州数控制造的机器人和大连机床制造的1台立式加工中心VDL-600E、1台数控车床DL-20M组成,表明我国在工业机器人及其与数控机床的集成应用上迈出了可喜的一步。

4.精密机床与精密加工技术有了新的发展

据展会相关资料,前些年,精密加工技术和精密加工机床的发展得益于光盘制造的推动。其中读数镜头的制造要求很高,精密加工机床用于加工镜头模具,该模具要求超精密加工和复合加工。近年来,超精密单点金刚石数控车床需求增长很快,该车床一般要求 *X/Y/Z* 导轨水平直线度低于0.5μm,主轴轴向和径向跳动低于25nm。

展会中,日本Makino公司展出用于微型零件精密加工的机床组合,由iQ-300型精密微加工中心和UPN-01型精密电火花加工机床组成。其中iQ-300型精密微加工中心:运动增量10nm,机床定位精度<500nm,重复定位精度<100nm,表面粗糙度 R_a 0.012μm;UPN-01型精密电火花加工机床可用于超硬材料加工。

日本沙迪克公司推出HS系列高精密、高速铣床,其主轴转速40 000r/min,直线轴精度1μm,加工表面达到6R级。其中,HS150L型 *X/Y/Z* 轴行程为150mm/150mm/200mm;HS430L型 *X/Y/Z* 轴行程为420mm/350mm/200mm;HS650L型 *X/Y/Z* 轴行程为620mm/500mm/300mm,五轴联动。

日本安田公司展出YMC430型微型加工中心,其主轴转速40 000r/min,*X/Y/Z* 轴行程为420mm/300mm/250mm,采用直线电动机驱动,进给增量0.1μm,精度达到亚微米级。同时展出YBM9150V型精密坐标镗床,采用热稳定结构和预载自适应主轴技术,其主轴转速24 000r/min,*X/Y/Z* 轴行程为150mm/900mm/450mm,进给增量0.1μm。

日本三井精机展出HU100-5XLL型五轴联动卧式加工中心,采用大型摇篮式工作台,工作台1 000mm×1 000mm,*B* 轴360°,*A* 轴5°~95°。该机床采用整体高刚性铸铁床身,高精度和高可靠性的工作台,适用于硬工件强力切削加工。据展品现场标示,机床加工精度可达1μm。

以上展品的推出,标志着精密加工技术和精密机床有了新的进展。

5.智能加工等新技术应用有所突破

智能加工技术可以充分利用高级技术人员的经验和技术,使数控机床可自动调整程序加工,提高了效率和质量。近年来数控系统的进步为智能加工技术提供了先进技术平台。当前智能加工技术已经逐渐渗透到数控机床技术领域,成为数控技术发展的重要趋势之一。

日本马扎克公司推出标准配置对话程序方式和E/A/SO程序方式的新的数控系统,分三个版本(全功能、多轴和复合加工控制、简易型)。该公司的INTELLIRENT-i系列数控机床具有7项智能化技术(振动抑制功能、热位移控制功能、主轴监控功能、维修监控功能、语音导航功能、防碰撞功能、车工作台非平衡检测功能)。

日本大隈公司新推出的OSP-P300型数控系统,具有易操作、平滑加工和提高效率等特点。其中,OSP-P300L为数控车床系统,OSP-P300M为加工中心系统,OSP-P300S为复合加工系统。该数控系统具有刀具管理功能(刀具自动补偿、刀具冷却压力处理、刀具预调、刀具破损处理)、在机测量、远程监控、防碰撞技术、主轴功率监控等智能化功能。

德国DMG公司开发了多项智能化技术,并在数控机床上得到实际应用。如3Dquich set(各轴精度监测和补偿技术)、ATC(表面质量、速度、精度三者优选技术)、SDS(主轴诊断系统)、HPC(铣轴精度控制技术)、TPC(工作台精度控制技术)、切削力自适应控制、实时碰撞检测、转台电子动平衡传感器、刀具识别系统、刀具测量、刀具破损监控等。

测量技术和补偿技术的发展丰富了智能加工技术的内涵,特别是无接触测量技术的应用,提高了数控加工的效率和质量。展会上,德国BLUM公司展示了激光测量系统、工具的设置和监控系统、工件和刀具测量系统、激光刀具测头、接触测量测头、测量软件等。其中,非接触式激光刀具测量与监控系统(Laser Control NT)具有以下功能:

(1)轴向破损监控和单一切刃监控功能:对整个刀库进行轴向破损监控,内置电子系统可在主轴全速下检测每个切削刃,可靠地监控金刚石刀具和CBN刀具,即使存在大量的冷却液亦可进行可靠的刀具破损监控。

(2)刀具测量:快速、准确且自动地测量最小刀具;在实际装夹条件及正常加工转速下测量刀具;即时测出并修正主轴误差及刀具装夹误差;刀具测量嵌入加工过程,实现更高生产效率。

(3)刀具磨损监控和形状监控:自动监控刀具磨损;以非接触的方式快速精确地扫描多种刀具;机内在线监控刀具几何尺寸;可检出单一切刃破损,确保加工品质始终如一。

(4)补偿机床轴温度漂移:补偿主轴和运动轴的温度漂移,补偿高速旋转下的主轴拉伸,动态测量方式可实现更高测量精度,降低高速铣削时的刀具磨损,HSC机床的解决方案。

(5)微量磨损监控:在几秒内检测出微量磨损(>5μm),在加工条件下实现可靠的刀具监控,充分利用刀具的使用寿命,减少返工和废品,完美适应大批量生产的要求。

(6)偏摆监控:数秒内检查刀具偏摆,可靠识别换刀误差和刀具装夹误差,降低废品率,提高生产效率保护主轴。

(7)刀尖测量:快速测量车刀和精镗刀;对整个刀刃进行可靠的磨损监控;可靠地监控金刚石刀具和 CBN 刀具;内置于机床数控系统的刀具设定,自动更新刀具数据。

美国自动精密公司(Automated Precision Inc.)展示了三维误差补偿系统(VEC),该系统安装在日本 OKK 公司五轴加工中心。以往误差补偿考虑三个轴各自误差,该系统(VEC)综合 6 轴向的 21 个参数误差,可提高检测精度 10 倍,具有中心点校直线、6 轴向误差绘制、提高系统精度、减少停机时间、降低热漂移、在机操作特点。

三星机床公司(Samsung Machine Tools)展示了多种数控车床和加工中心,应用三星手机安装智能装置(IOS,Android device)可在任何地点、任何时间遥控三星的数控机床。主要功能包括:实现远程监视(机床实时加工状态:运行位置、加工方式、零件计数、加工时间、循环时间、坐标、模式、进给、程序等),实现远程启动和 CNC 调整、加工警报和处理、远程启动摄像等功能,可增强安全性。

三、展品介绍

1. 工作台式镗铣加工中心

PAMA 公司展出 SPEEDMAT-TB3000 型数控镗铣加工中心。

主要参数:工作台尺寸 1 600mm×1 600mm,承重 16t;*X* 轴(工作台)行程 3 000mm,*Y* 轴(主轴箱)行程 2 500mm,*Z* 轴(立柱)行程 2 300mm,*W* 轴(镗轴)行程 800mm;镗杆直径 160mm;主轴转速 2 500r/min,主轴功率 45kW,主轴转矩 2 077N·m;链式刀库 140 把刀。该机床具有高速度、高性能、高可靠性和高加工效率,主轴箱安装在热对称立柱的中央,CNC 实时控制补偿刀具产生的热量造成的主轴延伸,主轴齿轮箱有温控循环回路使其保持在恒定温度下工作,通过优化补偿、平衡和冷却装置提高机床动态精度。

2. 数控龙门镗铣床

(1)SCHIESS(希斯)公司 ASCAMILL 型龙门镗铣床。

主要参数:工作台尺寸 2 500mm×6 000mm;最大载荷 30t;龙门宽度 3 080mm;工作台行程(*X* 轴)6 500mm,滑鞍行程(*Y* 轴)(3 800+1 300)mm,滑枕行程(*Z* 轴)1 100mm,横梁行程(*W* 轴)1 800mm,主轴 *C* 轴转旋角度 ±185°;最高转速 4 000r/min、6 000r/min;输出额定转矩 1 200N·m;主电动机额定功率 38kW;*X* 轴、*Y* 轴快速移动速度 25m/min。

主要技术特点:主轴主电动机及变速箱滑枕内置技术可以减少传动链的长度,使机床运行更平稳可靠;接合面采用灌胶技术,从而实现低缝隙、高刚度摩擦导轨结构;通过测定主轴运行时间和伸长的长度等相关信息,采用一定补偿技术减小主轴伸长对精度的影响。

(2)西班牙 ZAYER 公司展品 FPC-AR 型定梁工作台移动式龙门镗铣床。

主要参数:工作台尺寸 2 000mm×4 000mm;最大载荷 20t;龙门宽度 3 300mm;工作台行程(*X* 轴)4 000mm,滑枕行程(*Z* 轴)1 250mm;主轴最高转速 6 000r/min;输出额定转矩 1 200N·m;主电动机额定功率 40kW;*X* 轴、*Y* 轴快速移动速度 25m/min;30 把刀库。

该产品定位精度 0.010mm/4 000mm;重复定位精度 0.005mm/4 000mm。除配有 30 把刀的铣刀库,还配备 45°自动铣头、直角铣头、L 形铣头等多种铣头附件,且可以自动更换。

3. 大型卧式加工中心

MAG 公司展出 HMC1600 型五轴卧式加工中心。

主要参数:工作台尺寸 1 250mm×1 600mm,承重 7t,最大回转直径 3 000mm,*X* 轴行程 2 700mm,*Y* 轴行程 1 800mm,*Z* 轴行程 2 650mm,*W* 轴行程 800mm,快速移动速度大于 40m/min。该机床带有液氮冷却装置,加工钛合金零件时刀具喷出超低温液氮冷却刀具和工件,提高加工进给速度,延长刀具寿命,适合难加工材料和复合材料的高速加工。展会期间,现场演示了空客公司 A380 飞机零件的加工。

4. 车床

Index 提出用更少的时间做更多零件的设计理念,在此基础上新推出的 MS22-8 型 8 轴自动车床和车削中心都特别针对减少加工时间、提升效率设计。MS22-8 型 8 轴自动车床可以根据需要按 4+4 轴或 6+2(摆动轴)排列。完全独立主轴在 16 个刀具滑台中任何位置的最高转速都能达到 10 000r/min,*X/Z/Y* 轴行程为 62mm/85mm/24mm,可同时对工件进行多刀切削,如车、偏心钻、切螺纹、打斜孔、铣、深孔钻及开槽、滚齿,包括后部加工,机床可以每天三班运行。

5. 铣削和深孔钻削模块加工中心

Mikron 展示了柴油发动机高压共轨喷油嘴加工设备,即铣削和深孔钻削模块加工中心。高压共轨喷油嘴对加工要求极其高,零件为经过热处理的钢件,硬度高,加工 ϕ1.5mm×90mm 的孔,并且在大批量生产时要保证高一致性。Mikron 不仅为用户提供机床,还提供 Mikron 专用卡具和刀具。该生产系统为中国用户提供,$C_{pk}=1.67$。

6. 磨床

斯来福临、Hardinge、ANCA、Rollomatc 等全球著名磨床制造企业参加了此次展会,展品包括各类内外圆磨床、平面磨床、成形磨床、工具磨床、刀片磨床及其磨削技术与软件等。

斯来福临展出了在 CIMT2011 全球首次推出,也是在 IMTS 首次推出的 S41 万能外圆磨床、favoritCNC 1000 经济型外圆磨床、CT550 内圆和端面磨床、Helitronic Vision L 工具磨床、Helitronic Micro 微型工具磨床、Helicheck Basic 2 三轴数控非接触式测量仪、Helicheck Plus Long 四轴数控测量仪。

favoritCNC 1000 经济型外圆磨床属新品,是 Studer 性价比最好的外圆磨床,顶尖间最大距离 1 000mm,具有机内测量、动平衡、接触测量和轴向位置检测、人造花岗岩床身和实用的 Studer 图标式会话磨削软件等特点。

Helitronic Micro 微型工具磨床配有上下料机器人，用于直径 0.1 ~12.7mm 刀具的生产和直径 2.5 ~ 12.7mm 刀具的修磨。此外，Helitronic Vision L 工具磨床是 Walter 的新品，是将上下料机器人、工件磨削长度增加到 700mm 的 Helitronic Vision 工具磨床和自动换刀装置（刀库容量 24 把）三部分组合到一起的机床，自动更换砂轮和冷却液喷嘴的时间仅需 8s，全部采用直线力矩电动机驱动，兼备操作方便和柔性的刀具图像软件，砂轮直径 254mm，主轴功率 54.4kW（74 马力）。

Hardinge 集团的 HAUSER 推出了配有可沿三个坐标轴运动的新型主轴头的 H45 和 H55 型坐标磨床，其宣传口号是"从简单坐标磨床变成自动化的磨削单元"。新的磨削单元可以进行硬铣、坐标磨削和平面磨削，其直驱 Z 轴快移速度在最大频率 8Hz 时达到 22 000mm/min；Z 轴行程在 0.1 ~ 170mm 之间可实现无级运动；采用高刚性和抗阻尼 C 轴，确保磨削同心度小于 1μm。

ANCA 公司展出了 MX5、MX7、GX7、FastGrind、TXcell 五种工具磨床。其中的 MX5 工具磨床是 ANCA MX 系列中最新的一员，是广受用户喜爱的 RX7 的升级产品，精度和稳定性是升级的重点。该机床能够适应和处理混合批次的头部直径为 16mm 的小型刀具。主轴功率 26kW，砂轮最大直径 203mm，配有 2 组砂轮站，每组可装 4 个砂轮，机床备有最新的 ToolRoom 2012 软件，包括一个简单易用的编程向导，可进行智能 3D 图形模拟。通过精简不必要的功能，MX5 较 MX7 具有更高的性价比。TXcell 是 ANCA 工具磨床中规格最大，带有多功能机械手、24 把刀库容量和 4 个托盘的高效柔性的工具磨床，具有适应直径变化混批量生产的能力，一次设置就可以将硬质合金棒料加工成混合批量的成品工具，多功能机械手装载时间仅 15s。

Rollomatic 展出了 GrindSmart Nano6 六轴超小型高精度工具磨削中心，采用直线电动机和静压导轨，磨削油兼做液压油，并在机床的所有部件包括床身中流通，整机具有很高的热稳定性。机床配有机械手上下料系统和 Rollomatic 全新的操作面板，包括一个 15in 的触摸屏。这是世界上首款真正意义上的高精度微型工具磨床，用于极端微型刀具的磨削加工，并能保证极其优越的精度、同心度、圆度、尺寸和形位公差，磨削表面可达到镜面效果，工作范围为 ϕ0.01 ~ 2.0mm。磨削直径 25μm 的球头铣刀，精度可以达到 1μm。

Kellenberger 展出了 KEL - VISTA UR 175/1000 外圆磨床、KEL - VARIA UR 250/1500 万能外圆磨床、UltraGrind 2000 精密外圆磨床中心和 Suprema 650 Easy 外圆磨床。其中的 KEL - VARIA UR 250/1500 万能外圆磨床具有 2 个外圆砂轮和 1 个内圆砂轮和 C 轴、B 轴功能，可以进行多工序外圆、轴肩、内孔、锥面以及非圆形状和锥度非圆外形的磨削。

此次展会磨床展品有三点值得关注：①磨床的自动化向更高层次发展。配有自动上下料机器人和自动换刀功能的展品很多，如 WALTER 的 Helitronic Vision L 工具磨床和 Helitronic Micro 微型工具磨床、Ewag 公司的 Compact Line 五轴数控刀片磨床、Magerle 的 MFP 50 平面和成形磨床以及 ANCA 的部分展品。②软件与机床并行发展。很多优秀的展品都配有优秀的软件，正是这种硬件与软件的同步发展，才造就了风靡全球的品牌产品。例如，Studer 的 S41 万能外圆磨床，StudeWIN 用户界面采用了 StudeGRIDIN 软件模块，创造了一个便捷灵活的编程环境，StudeQuick - Set 快速对刀功能缩短了机床设置和重置时间以及用于自动上下料系统和外围装置的标准化接口等。又如 Walter 的 Helitronic Tool Studio 软件，实现了产品极度灵活性和简单操作。ANCA 数控磨床配有多功能的软件组件，可以精准和灵活地应用于各种生产需求。它包括几个独立但相互融合的应用模块。如 ANCA ToolRoom® 是一组为数控刀具行业设计开发的 ANCA 应用软件包，它包括了许多独立或相互关联的软件包，包括立铣刀、刀具制造和修磨、探测循环、加速磨削、标准钻头、砂轮补偿循环、阶梯刀具、投影开槽、外部砂轮测量等。③高低搭配、相得益彰。高技术产品与经济实用型产品共同发展是谋略市场的取胜之道。典型的例子是，此次展会上 Studer 顶级的 S41 与经济型的 favoritCNC 1000 同台展出，继承了以前 S40 和 S33 的传统。又如，ANCA 公司的展品档次高低兼容。这里所说的高低，是高技术下的功能配置与繁简搭配的区别。在技术创新与经济实用的完美融合方面，国外优秀企业确有值得学习借鉴的地方。

7. 齿轮加工机床

Gleason、Liebherr、Reishauer、Klingelnberg、Hofler、Kapp Niles、Mitsubishi 等全球著名齿轮装备企业参加了此次展会，展品包括各类滚齿机、铣齿机、磨齿机以及其他制齿技术与齿轮量仪等，展现了当代制齿装备与技术的现状和未来发展趋势。

Gleason 公司是此次展会规模较大的齿轮装备展团之一，展示内容有 Genesis® 系列 400H 立式滚齿机、GLEASONG HELLER CT8000 锥齿轮加工中心、350GMS 齿轮分析检测仪、强力刮齿技术以及工件夹紧和齿轮刀具的完整解决方案等。

Gleason 400H 立式滚齿机在美国首次展出，是广受欢迎的格里森 Genesis 滚齿机系列的新成员，紧凑的结构设计和外形、优化的卡具和刀具以及高度的自动化，适用于小批或批量生产。400H 有 2 个直驱的主轴，3 种不同的高性能滚刀架，多种工具接口和整套的倒角功能，使其可以提供直径 400mm 范围内的直齿、斜齿轮和轴齿轮的通用解决方案。同时，一个生产直径 260mm 齿轮的 Gleason 260H 的模型也参加了展示。这两款机型的展出，显示了格里森为 Genesis 系列规格系列化所作的努力。

Gleason 与 Heller 公司共同推出的 CT8000 锥齿轮加工中心，结合了两家各自的技术优势，加工锥齿轮直径可达 1 800mm。该加工中心的切削速度是与其竞争机床的 4 ~ 8 倍，可以帮助用户利用加工中心快速方便地生产一类新的零件，通过一次装卡，以经济的方式进行中小批量齿轮的生产。

Liebherr 展出了 LFG1000 CNC 成形磨齿机和 LCS 500 CNC 展成/成形砂轮磨齿机。这两款机型较新，在汉诺威 EMO2011 首次推出，LFG1000 CNC 成形磨齿机是专为硬齿面大模数大齿轮，如风能设备齿轮的精加工而研制的。LCS 500 自动化程度较高，具有自动上下料装置，可以使用 CBN 和刚玉砂轮在同台机床进行展成或成形两种方式的磨削，并可实现所有已知的齿形修正。

Hofler 展出了 RAPID 1250 W 蜗杆砂轮/成形砂轮磨床和 HELIX 400 SK 成形砂轮磨床。在 RAPID 1250 W 机床上，蜗杆砂轮的展成磨削和成形磨削可在同一台机床上实现，最大法向模数达到 16mm，砂轮直径达到 400mm，当前居世界第一位。HELIX 400 SK 成形砂轮磨床磨削工件直径为 400mm，机床配置了一个用于小砂轮的高速主轴，还增加了一个可更换的砂轮轴，可在一次装卡中使用两种不同直径的砂轮。

Klingelnberg 以 Lingelnberg Oerlikon C29 为试验机，展示了其最新的刮齿技术。

KAPPNILES 展出了 KX 500 Flex 和 ZX 1000 蜗杆砂轮磨床，这是两台同类不同规格的机床，拥有共同的技术基础和软件。

Mitsubishi 展出了 ZE40A 展成/成形砂轮磨齿机和 SE25A CNC 插齿机。ZE40A 的工作台和磨削主轴全部采用直驱技术，并有内装的齿轮检测系统，砂轮直径为 400mm。SE25A CNC 插齿机每分钟 1 800 次冲程，干切加工，具有很高的动静态稳定性。

Reishauer 展出了 RZ 60 蜗杆砂轮磨床，这是经过优化了的用于汽车工业行星齿轮磨削的机床，适用于小尺寸、大批量齿轮的制造，具有极短的循环周期。机床配有双工件主轴和对应的探头装置，它们被固定在工件转塔上，与砂轮和工件同步旋转。该机床的磨削速度可从原受限制的 100m/s 提高到 100m/s，对某些齿轮而言，磨削时间可以缩短 7s，综合考虑其他因素，循环周期可以减少到 10s。

此次展览会齿轮加工机床新品不多，但有两点技术动向仍值得关注：

(1)锥齿轮有了新的加工手段。以往的锥齿轮加工都是由锥齿轮专用加工机床来完成的，五轴加工中心技术日趋成熟后，将之应用于中小批量锥齿轮的加工成为一个课题。此次展会上除 Gleason 和 Heller 公司推出 CT8000 锥齿轮加工中心外，Mazak 和 DMG 也都用五轴加工中心演示了其加工锥齿轮的技术。虽然生产效率不如专机，但对于中小批量锥齿轮的生产，仍不失为一种经济的选择。

(2)刮齿技术(skiving)初显头角。作为与传统齿形加工方法，如滚齿、插齿、铣齿、刨齿等完全不同的加工方式，刮齿技术在此次展会上得到展示。Gleason、Klingelnberg 将最新的研究成果作为此次展会唯一的展示内容。对机床、刀具、刮削机理、运动控制、加工结果等多方面的研究表明，该技术是一项实用且高效的技术，特别适用于没有刀具越程空间的内外齿轮的加工。

8. 精密电火花线切割机床

瑞士阿奇夏米尔公司推出 CUT 1000 型精密电火花线切割机床，适用于手表、医疗工程、微电子、食品工业等高精度微细尺寸和高表面光洁零件加工。该机床采用 IGP 数字电源、自动穿丝装置、热变形控制技术、防碰撞技术、整体液槽升降技术等先进技术。机床 $X/Y/Z$ 轴行程分别为 220mm/160mm/100mm，U/V 行程 ±40mm，光栅测量，进给增量 0.1μm，线性位置精度 1μm，加工表面粗糙度 0.05μm，最小切丝直径 20μm，最小切缝 22μm，最小切割圆角半径 11μm。主要技术指标已处于世界领先水平行列。

9. 激光切割机

日本 Amada 公司展出 FOM2R1 3015 型激光切割机。该机属于二氧化碳激光发生器飞行光路激光切割机，机器上装有旋转牵引器用于卡持各种不同的管型件(圆形、矩形和异型)进行外表面三维切割，牵引器旋转速度 100r/min，切割管子重量可达 200kg，管子长度 600mm。该机也用于平板切割。近期 Amada 公司推出 FOL3015AJ 型新一代激光切割机——高效光纤激光切割机，自主研发了配套的光纤激光发生器功率 2～4kW。该激光切割机 $X/Y/Z$ 轴行程为 3 100mm/1 550mm/100mm，三轴磁悬浮驱动，移动速度 340m/min，加工速度 240m/min。光纤激光切割机具有提高难切割材料的切割性能、节能环保、提高可靠性等特点，属于新技术换代产品。

10. 数控系统

Fanuc、Siemens、Mitsubishi、Heidenhain 等数控系统制造商参加了此次展会。

除 Sinumerik 808D 是 Siemens 公司 2012 年推出的新系统外，其余制造商并没在这个展会上推出新的数控系统。Fanuc 主推 30i/31i/32i/35i - MODEL B 系统，Siemens 主推 828D、840Dsl 和 SINUMERIK 808D 系统，Mitsubishi 主推 M700V 系统，Heidenhain 主推 iTNC530 系统。

Sinumerik 808D 系统是 2012 年 6 月中旬在中国国际机床工具展览会(CIMES)上正式向全球发布和推出的。此款系统由中德两国的工程师联手打造，最多配置 3 个进给轴和 1 个主轴，主要面向普及型数控车床和数控铣床市场，是 Sinumerik 802S 系统的替代者。作为一款基于面板的数控控制器，Sinumerik 808D 提供了包括 PLC 输入和输出在内所有必要的控制或通信接口，机床控制面板也可通过 USB 接口与控制器连接。新设计的 Sinumerik startGUIDE 在线向导，能够帮助用户方便快捷地进行机床调试、生产准备、编程和操作。

11. 工具与功能部件

美国 MAG 集团 Forest Line 公司制造的 A/C 重载荷高速摆角铣头，输出功率 150kW，转矩 450N·m，最高转速可达 20 000r/min；A 轴摆角范围 ±200°，转速 20r/min；摆动转矩 5 060N·m。主轴采用双齿轮、双驱动，应用于钛合金等难加工材料的高效切削。

日本THK公司最新推出LM型导轨,单体长度达到7m,采用8条滚动沟道及小型钢球,大幅增加了有效钢球数量,进一步降低滚动体进出带来的振动,实现了超低波动性,号称波动性可与静压导向相匹敌;钢球的变形量减小,提高了导轨刚性。

日本NSK公司展出丝母和丝杠全部实现内置油冷的滚珠丝杠副,大大降低了丝杠副的热变形。

瑞士的机床零部件、附件和刀具企业多数为其精密机床配套,因此也具有精密特性。如Sphinx刀具公司的整体硬质合金刀具直径最小可达0.05mm;Microcut公司的0.015~4mm的珩磨刀具;Peter Lehmann的精密转台,最快卡紧松开速度可达111次/min;Erowa的卡具和自动搬运系统等。

四、IMTS2012的启示

1. 世界机床产业竞争格局正在发生变化

此次展会上,欧洲参展商展位面积都不大,展品以高档数控产品为主;美国参展商拥有地利优势,但展位并不显眼,展品也显中庸;亚洲参展商最抢眼,展位位置好,展出面积大。这种现象在一定程度上反映出全球机床制造行业几大主体的情况。

欧洲机床产品领域在收缩,放弃了一般性产品,集中在技术含量高、附加值高的高档数控产品上,展品技术水平高。美国在重振制造业政策的影响下,机床市场有所回升,但机床制造业还没有太大起色,展品没有吸引太多观众的注意力。

亚洲机床工业发展势头强劲,尤其以日本机床工业最为抢眼,展台位置好,展品数量多,技术水平高;韩国机床工业在与中国台湾地区的竞争中,具有一定的优势,此次展会上表现出来的气势明显强于中国台湾地区。除了大宇机床外,首次露面的三星机床也以大面积参展,尽管展品缺少亮点,但值得引起关注。中国台湾地区机床工业在此次展会上的表现相对来说缺少了锐气。

中国有100多家企业参展,但展会上的表现很难和这样数量庞大的参展商联系起来。除了沈阳机床和大连机床外,其他的参展商难觅其踪,产品水平、出展气势都存在较大差距,底气明显不足。沈阳机床、大连机床高调亮相,展品水平也较高;大连机床还展出了国产工业机器人和数控机床集成的柔性生产单元,为我国机床工业增添了些许亮色。

2. 突出机器人、控制软件的发展

此次展会中,工业机器人、制造软件等展品占有很大的分量,全球机床工业技术发展的重点已经向控制软件和制造软件转移,向高水平的自动化制造技术转移。全球机床工业都在进行产品结构调整,我国机床工业更应倍加努力。

3. 注重机床的实用性和经济性

纵观IMTS2012,数控机床更加注重实用性和经济性。此次展会主机新产品不多,技术进步更多地蕴含在软件和对用户工艺的了解中。参展商从以下两个方面取得积极成果:

一是优化结构,采用新技术提高数控机床的运行速度,进而提高数控机床生产率。如DMG和森精机公司联合设计的第一台机床——MILL TAP700钻削中心,换刀速度达到1.1s,提高了转速和进给速度,机床节能30%,整体运行提高了可靠性,节省了维护和投资费用。森精机公司推出换代产品——X级数控机床(包括复合机床、加工中心、数控车床等),加强了机床刚性,便于重切削;采用热变形对策,提高加工精度;采用节能措施等。

二是相继推出简化版机型,降低用户投资,便于推广。如DMG推出eco系列数控车床、加工中心和复合机床,马扎克公司推出J系列数控复合机床,斯莱福临公司在中国组装的简易版外圆磨床等。数控系统也相继推出简易型系统,如西门子808数控系统,马扎克和大限等公司都推出简易版数控系统(傻瓜机型)。

4. 机床发展满足细分市场需求

主机展品更有针对性,很多展商将展品进行了分类,明确展品适用的应用领域,专业观众参观更有针对性。如DMG/Mori Seiki公司将展品划分为航空、齿轮加工、汽车、高效生产、能源、医疗器械、自动化等应用领域;Makino将展品按照医疗器械、五轴联动加工(叶轮、叶片等)、航空铝合金件加工、汽车零部件、磨削加工、微型零件加工、电火花成形加工、硬切削加工、高精度钛合金加工、模具(超精加工)等应用领域进行布置,并展示各应用领域关键件加工样件。马扎克公司展示风电、海洋工程、土方机械、轮船、阀门、航空、汽车、电子、医疗、建筑等领域关键加工机床。MAG公司展品突出低温加工技术和航空大型件加工机床。展会上许多中小公司展品都具有个性化特色,满足细分市场需求已经成为机床行业产品发展的明显趋势。

5. 强强联合的创新团队显示实力

面对提高生产率、改善质量、降低成本的挑战,日本大限公司提出强强联合创新团队——THINC解决方案。THINC是一个合作伙伴超过40家公司的国际协作网络,成员包括为主机配套的功能部件、工具、软件、测量、附件、机器人等全方位的国际顶尖企业,服务于金属切削和制造业,为世界的制造商解决问题和探索新的生产力的方案。随着开放的体系结构的发展,以大限公司PC-THINC® OSP控制为核心的THINC的每个成员为用户带来了专业设备、专业技术,并承诺提供最佳的综合解决方案。建议在我国科研、开发和推广国产数控机床的系统工程中,借鉴这种强强联合的创新团队合作的思路和做法。

6. 借鉴国外著名机床企业技工培训和生产模式转换的经验

国外机床制造商注重技术工人的培训和技术传承。如哈挺公司生产车间内的工人多数都是上了年纪的老工人,另外,一个家庭祖孙几代人在同一公司工作的现象也很多。新招收的员工都需要经过交叉培训并在老工人的指导下上岗工作。

哈挺的现代管理和生产模式具有特色。作为一个跨国公司，哈挺总部每个月都要与各个子公司召开视频会议，主要讨论生产、质量、供应、订单、安全以及新产品等。此外，每年总公司与各个子公司的高管都要见面，保证总公司及时掌握每个子公司的运行状况。在生产组织方面，哈挺公司采用了“独立制造岛”模式，每种部件，如主轴、工装、卡盘、弹簧夹头等都在固定区域内生产及组装，部件完成之后再送到机床装配区，从而缩短了物流线，提升效率降低成本。所有的操作工人经常进行交叉培训，以适应“独立制造岛”生产模式的需要，也能够随时根据加工任务调动人员。

7. 中国机床行业首先要在中端产品突围

境外竞争对手对我国机床工业的威胁越来越大。他们不仅统治着高端市场，竭力扩大中端市场的份额，还打算瓜分中、低端市场。DMG公司推出的eco系列，Mazak公司在其Variaxis i系列的基础上推出的Variaxis j系列，明确针对的是中端市场；Siemens公司继推出Siemens 828D系统之后，又推出了Siemens 808D经济型系统，针对的是中低端市场。韩国机床工业水平快速提高，中国台湾地区则利用ECFA协议的优势，各尽所能，抢占中国大陆的机床市场。面临更加严峻的竞争形势，根据现实情况，中国机床行业首先要在中端产品突围，才能保住低端用户，进攻高端市场。

〔撰稿人：中国机床工具工业协会邵钦作、李雷、周敏森、郭长城、符祚钢〕

第七届中国数控机床展览会（CCMT2012）概况

第七届中国数控机床展览会（CCMT2012）于2012年4月16—20日在南京举行，展会观众近13万人次。

一、各项指标又创新高，充分诠释展会主题

CCMT2012展会由中国机床工具工业协会主办，中国机床工具工业协会与南京河西会议展览有限公司共同承办，展览规模、展品档次、观众人气、管理水平等方面均达到历史新高。该届展会的主题是：紧跟需求升级，加速结构调整。

1. 展会规模和参展商数量又创新高

该届展会布展面积8.6万m^2，较上届扩大10.3%。共有来自15个国家和地区的808家机床工具制造商参展，知名机床工具企业悉数到场，其中境内展商651家，境外知名厂商157家。

2. 展品品种和水平均超过往届CCMT展会

展出机床主机和大型量仪逾1 100台（套），数控系统、功能部件、刀具、磨料磨具等配套精品达数万件。展出五轴联动机床91台、复合机床39台、高速机床136台、高精机床139台，五轴数控系统25套、高速数控系统37套、高精数控系统37套，充分展示了我国机床工具行业科技创新的新成果、新动向。

3. 展会成交额又创新纪录

展会成交额总计10.83亿元，较上届增长42.4%。

4. 展会人气空前兴旺

随着CCMT展会在全球业界影响力和地位的不断提升，展会引起了各界人士的高度关注并进行深入参与，近百位来自国家部委、各省市政府的领导出席了开幕式或参观了展会，十多个国家和地区机床行业组织的负责人参与了展期活动。据不完全统计，展会观众达到126 672人次、103 684人，比CCMT2010分别增长17%和25%。参观团组160个，是上届的6倍。专业观众多、观众质量高，充分体现主办方在行业中的凝聚力和影响力。

5. 境内外展商满意度显著提高

调查显示，境内展商对展会11项服务内容满意度的算术平均值为83.58%，总体提高4个百分点。境外展商调查的回复率75%以上，且大部分满意度指标都有大幅上升。其中，对观众质量满意度提高40个百分点，参观人数满意度提高20个百分点。这充分表明，境内外展商对此次展会的满意度比上届明显提高。

毋庸置疑，这是一届成功的盛会，是在行业实施转方式、调结构的重要时期打造的一个充分展示行业自主创新成果的大舞台，是在“十二五”承上启下的重要时期举办的具有重要意义的行业活动，为机床工具行业下一步尽快实现由大变强奠定了良好基础。

二、自主创新成果展现行业发展新动向

行业企业经过积极转方式、调结构，特别是近三年来行业重大专项的实施，收获了一大批自主创新成果。此次展会展出的众多高速、高精数控机床，大重型数控机床，特种加工机床以及高水平的专用机床，说明我国机床工具行业整体发展水平正在迅速提升。

1. 生产线和成套设备成为行业发展新趋势

展会展示的多项加工生产线和专用成套设备，体现了机床行业发展的新趋势，30多台机器人的展示成为展会亮点。这些都反映出我国机床市场需求升级正在加速，也反映出行业企业主动调整结构，紧跟需求升级的进展情况。

2. 数控齿轮加工机床向多品种、大规格方向发展

此次展会展出了干式滚齿机、立式和卧式成形磨齿机、数控蜗杆砂轮磨齿机、剃齿机、拉齿机、齿轮倒角机等诸多品种的齿轮加工机床，加工精度和规格都有所提高，能生产

磨齿机的企业也显著增加。

3. 国产数控系统和功能部件有新发展

展品中数控系统、功能部件和机床配套件的品种显著增加，技术水平有所提高，成套供应服务能力逐步增强。

4. 国产机床外观质量明显提高

造型设计已普遍受到企业重视，大量机床展品的外观和造型都有了很大进步，与国际主流造型已难分伯仲。

三、精彩活动为行业发展注入新活力

展期中的各项行业活动精彩纷呈，内容都与展会主题相呼应，与行业形势紧密契合，充分体现了主办方为促进行业平稳发展和转型升级，精心搭建展示和交流平台的务实风范。

1. 军工能源会和高层论坛促进与用户领域的有效互动

由国家发展改革委、工信部、国家能源局、国家国防科工局四部委共同主办，中国机床工具工业协会、和平利用军工协会共同承办的2012年军工行业与能源装备领域国产数控机床应用座谈会，是机床与军工、能源行业开展长效合作机制的第八次年会，来自88家军工单位、47家能源企业和70家机床工具企业的200多名代表参加了会议。座谈会通过总结、表彰、信息发布和企业交流等活动，进一步深化和推动了长效合作机制。

在展会开幕前一天举办的高层论坛，深入诠释了展会“紧跟需求升级，加速结构调整”的主题。十余位来自航空航天、船舶、能源、汽车等重点领域和机床工具行业的企业家和专家，围绕主题发表了演讲。200多位业内外的中高级以上技术及管理人员出席了论坛。

以上活动均取得了圆满成功，提高了展会的品位和观众的质量，有效促进了机床与用户领域的良好互动。

2. “展中展”和“春燕奖”评选颁奖提升了展会技术内涵和品位

由工业和信息化部主办、中国机床工具工业协会承办的高档数控机床与基础制造装备科技重大专项成果展示，以117块展板介绍了48家项目承担企业的84个专项项目，与38家参展企业的64项专项实物展品交相辉映，体现出国产数控机床的快速发展成果，提升了展会的技术内涵和品位。

伴随每届CCMT展会的“春燕奖”评选活动是展会的关注焦点。经过认真评审，此次展会从众多申报展品中精心评选出61项获得“春燕奖”的展品。评选结果得到参展企业和用户的重视和好评，为展会营造了技术创新引领行业发展的氛围。

3. 海外并购信息交流会促进企业向国际化迈进

在总结前几届会议成功经验的基础上，此次展会举办的机床工具行业海外并购企业信息交流座谈会扩大了交流范围，邀请了德国和意大利专家介绍海外并购的法律法规、投资环境、企业状况以及并购攻略。座谈会增加了互动环节，扩大了参会人员范围，取得了良好效果。

展期其他各项活动，如2011年度中国机床工具行业先进会员企业表彰颁奖活动、开幕式及晚宴、境外协会负责人联谊和交流活动、技术交流讲座等，都在原有传统内容上增添了创新元素，提升了组织工作水平，受到了高度关注和广泛参与，共同为行业发展注入了新的活力。

我国机床工具行业将在政府关心和政策引导下，积极调整产品和产业结构，更好地满足国民经济重点领域不断升级的需求，推动行业顺利完成“十二五”确立的三大标志性目标，并最终实现由大变强。

〔撰稿人：中国机床工具工业协会张芳丽〕

先进会员(十佳)评定管理办法(2012版)

前 言

为引导机床工具行业健康发展，推动行业企业转变发展方式、加快结构调整和转型升级步伐，中国机床工具工业协会(以下简称协会)组织先进会员企业(十佳)表彰活动。为规范表彰活动，在对“先进会员(十佳)企业评定管理办法(2011)”进行修订的基础上，制定本办法。

先进会员企业(十佳)评定活动共设四个奖项：

(1)“自主创新十佳”：每年评定一次，三年有效。

(2)“产品质量十佳”：每年评定一次，三年有效。

(3)“综合经济效益十佳”：每年评定一次，当年有效。

(4)“数控产品销售收入十佳”：每年评定一次，当年有效。

第一条　活动原则

(1)坚持公平、公正、公开的原则。

(2)坚持会员企业自愿参加的原则。

(3)坚持不向申报、获奖企业收取任何费用，活动所需经费全部由协会承担的原则。

第二条　申报条件

(1)申报企业必须是中国机床工具工业协会会员，以机床工具类产品的研发、制造为主营业务。

(2)申报企业必须按要求向协会报送统计资料，所提供的统计数据应准确、及时，一经发现上报的统计数据不实则取消评比资格。

(3)申报企业必须遵守国家有关法律法规，质量保证体系运行正常，在近两年内未发生较大的质量事故和用户投诉。

第三条　申报细则

1. 申报“自主创新十佳”

企业申报该奖项需要提供以下资料：

(1)创新产品重点领域应用情况调查表。填报要求：填报产品必须是近三年内研制；在国民经济和国防安全的重点行业的核心制造领域正常应用一年以上。产品应用能够实现如下效果：解决制造关键、突破工艺技术瓶颈或替代进口。

(2)用户验收报告。

(3)用户使用意见表。

2. 申报“产品质量十佳”

企业申报该奖项需要提供以下资料：

(1)产品质量情况表。填报要求：

填报的主机、数控系统、功能部件和先进刀具、量具类产品在《“十二五”机床工具行业重点发展产品目录》(附件1)范围内。

每家企业限一种具体规格型号产品。

需提供10家[或3家(单台价格≥500万元)以上]用户，合计10台[或3台(单台价格≥500万元)以上]产品质量情况表。

3年累计销售同规格型号产品50台以上，或3年累计销售同规格型号产品5 000万元以上(提供该型号产品的销售记录)。

(2)提供3家以上用户，合计10台[或3台(单台价格≥500万元)]该型号规格产品的用户验收报告。

3. 申报“综合经济效益十佳”

以正常参加行业重点联系企业统计，按时上报协会市场部的统计数据为评定依据，不另行申报。

4. 申报“数控产品销售收入十佳”

以正常参加行业重点联系企业统计，按时上报协会市场部的统计数据为评定依据，不另行申报。

第四条　评定办法

1.“自主创新十佳”评定

(1)协会汇总上报材料，根据企业申报材料情况进行初审及排序，确定候选企业。

(2) 协会对候选企业提供的用户企业进行调查核实、确认。

(3)根据企业申报材料和协会核实结果，组织行业专家(与申报企业有市场竞争关系的企业专家应回避)评议、排序，确定获奖企业。

2. “产品质量十佳”评定

(1)协会汇总同类型产品上报材料，根据企业申报材料情况进行初审及排序，确定候选企业。

(2)协会对候选企业提供的用户厂家进行现场调查核实、确认。

(3)根据企业申报材料和协会核实结果，组织行业专家(与申报企业有市场竞争关系企业专家回避)评议、排序，初步确定获奖产品及企业名单。

(4)经媒体公示20个工作日，没有异议举报，最终确定并公布获奖。

3.“综合经济效益十佳”评定

根据会员企业按相关规定上报协会市场部的经济统计数据，按照国家统计局计算公式，计算出经济效益综合指数，排序确定。

4.“数控产品销售收入十佳”评定

根据会员企业按相关规定上报协会市场部的经济统计数据，按机床工具类数控产品销售收入统计数据排序，根据《“十二五”机床工具行业重点发展产品目录》(附件1)择优确定。

第五条　表彰与管理

(1)先进会员(十佳)每年评定一次，各项荣誉称号的评定结果由协会通报表彰，颁发奖牌和荣誉证书。在中国国际机床展览会(CIMT)或中国数控机床展览会(CCMT)期间公布评定结果，并利用中国机床工具报、WMEM杂志、协会网站、有关新闻媒体及其他多种场合向重点行业用户和社会各界广泛宣传。

(2)“自主创新十佳”和“产品质量十佳”一次评定三年有效，如出现重大质量事故或用户投诉，将取消称号。

(3)“综合经济效益十佳”、“数控产品销售收入十佳”一次评定当年有效。

(4)获奖企业如无故缺席表彰活动等有关安排，视同自动放弃获奖资格。

第六条　附则

本评定管理办法的解释权归中国机床工具工业协会。

附件1　“十二五”机床工具行业重点发展产品目录

(摘自工业和信息化部装备工业司《机床工具行业“十二五”发展规划》)

1. 数控车床类

普及型、全功能数控车床；高速数控车床、精密数控车床、车削中心及铣车复合机床等。

2. 数控铣、钻床及加工中心类

数控铣床、立式加工中心、卧式加工中心；多轴联动加工中心、车铣复合机床等；数控钻床等。

3. 数控重型机床类

数控铣镗床(含铣镗加工中心)、数控龙门镗铣床(含龙门加工中心)、数控重型立式车床、数控重型卧式车床等。

4. 齿轮加工机床类

数控滚齿机、数控插齿机、数控剃齿机、数控磨齿机等。

5. 数控磨床类

数控外圆磨床、数控内圆磨床、数控万能磨床、数控平面磨床、数控螺纹磨床、数控工具磨床、数控曲轴磨床、数控珩磨机、数控超精密磨床等；数控导轨磨床、数控轧辊磨床。

6. 高速、数控插床,高速、数控拉床,高速、数控刨床及锯床

7. 特种加工机床类

高性能数控电火花线切割机床、数控电火花成形机床、数控激光切割机等。

8. 数控金属成形机床类

数控、高效、精密冲压机床;数控液压机;数控剪板机和折弯机等;自动化冲压生产线、大型多工位冲压生产线;大型数控机械压力机、数控强力旋压机等。

9. 数控专用机床及柔性线

柔性加工自动生产线;数控叶片、叶轮加工机床、大型曲轴车铣复合加工机床、数控卧式深孔钻镗床等各种专用数控机床;轨道设备加工机床。

10. 铸造机械

高效、节能、环保、自动化铸造机械(如自动制芯机、铸件自动清理设备、磨削清理自动生产线、自动砂处理设备、自动压铸机、环保型熔炼设备、精密铸造设备等)。

11. 木工机床

数控、高效、高精、环保型木工机床及集成化柔性生产线等。

12. 数控系统及关键功能部件类

全数字、开放式、高性能数控装置及伺服驱动装置,以及配套的电主轴、伺服电动机、主轴电动机、直线电动机、力矩电动机;高分辨率绝对式光栅尺和高性能编码器等。双摆角数控万能铣头、刀库及机械手、滚珠丝杠副、滚动直线导轨副、数控刀架、数控回转工作台、高速防护装置、高精度机床附件、高可靠性液压配套件、高性能机床电器等。

13. 量具、量仪类

数字化精密量具和量仪(长度、角度、齿轮、大型箱体等的精密数字化量具、量仪和测量中心;在线检测自动化量仪;激光测量系统等);各类大型数字化精密量仪和测量中心。

14. 现代高效刀具类

为数控机床配套的高精度、高效率、高可靠性、专用化刀具及复合刀具,涂层刀具,可转位刀具等。

15. 磨料磨具、超硬材料及制品类

磨料深加工产品、为数控机床配套的高档磨具(高效、高速、重负荷、精密和超精密磨具,新型低温结合剂等)及涂附磨具(人造金刚石、立方氮化硼涂附磨具及全聚酯布高强度重负荷砂带、特殊涂层砂带等)。

粗颗粒(2mm 以上及宝石级)和细颗粒(纳米级)超硬材料及 CVD 金刚石、超硬复合材料;各类超硬材料制品(数控机床用高速高效高精度超硬材料砂轮、成型修整滚轮等磨具;精密高性能镗、铣、铰削等特殊刀具;IC、IT 行业晶圆加工用系列工具;高档金刚石专用锯片;纳米级金刚石制品及金刚石地质钻探类工具等)。

〔供稿单位:中国机床工具工业协会〕

为中华崛起传播智慧

中国战略性新兴产业发展蓝皮书

国家出版基金项目

机械工业出版社“十二五”重点图书

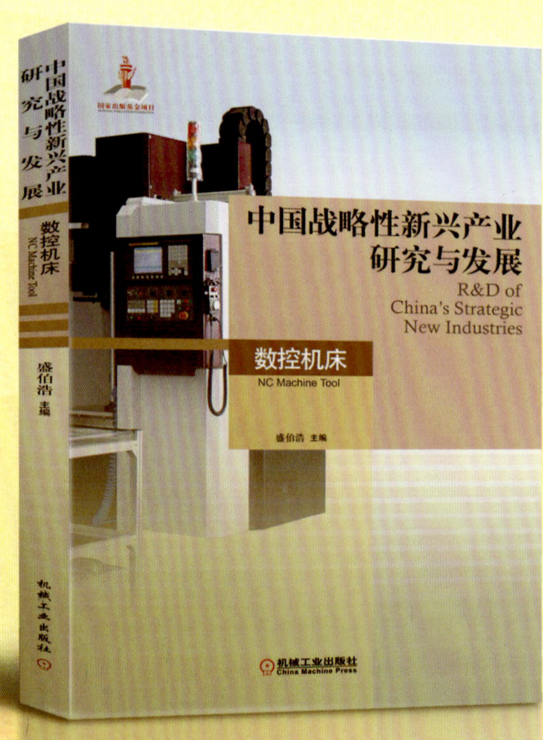

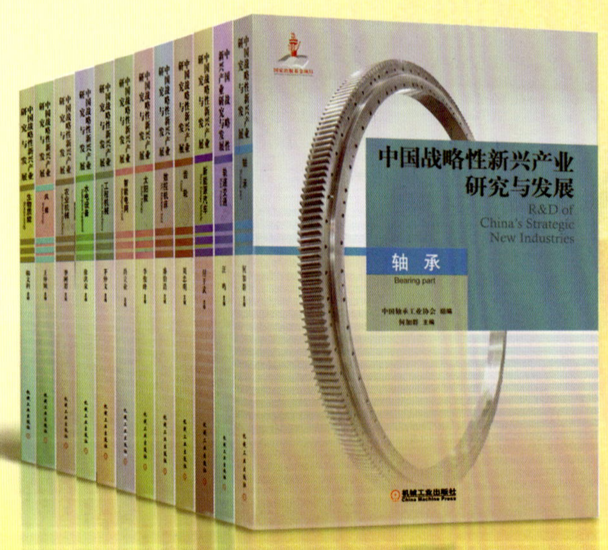

机械工业出版社“十二五”重磅推出：

国家出版基金重点支持项目——

《中国战略性新兴产业研究与发展》

一期 12 分册：新能源汽车、生物质能、太阳能、风能、轨道交通、智能电网、工程机械、农业机械、数控机床、水电设备、轴承、齿轮。

权威专家——中国科学院原院长路甬祥担任图书编委会主任。各相关行业权威研究院所、协会的权威专家担任主编及撰稿人。

权威机构——中国科学院电工研究所、中国农业机械化科学研究院、中国农业机械工业协会、中国汽车工程学会、北京汽车经济研究会、中国水利水电科学研究院、中国工程机械工业协会、国家发展和改革委员会能源研究所、国家发展和改革委员会综合运输研究所、中国轴承工业协会、郑州机械研究所、中国机械通用零部件工业协会齿轮分会担任各分册组编单位。

读者定位：

⑴各级政府和行业决策规划管理人员。
⑵企业决策者，技术、管理及市场人员。
⑶投资、证券及咨询机构人员。
⑷科研院所研究人员。

锻压机械研究所有限公司

ETALFORMING MACHINERY RESEARCH INSTITUTE CO.,LTD.

公司主要从事铸造机械及铸造工程机械化、自动化成套技术及装备，锻压机械及锻压工程机械化、自动化成套技术及装备，数控锻压和激光加工技术及设备、数控板材加工成套装备，各种大型闭式通用和专用机械压力机、液压机及自动化生产线，液压元件及系统的新技术、新产品开发、设计、制造；铸造锻压机械产品质量检测；相关技术的咨询服务。

公司还承担着全国铸锻机械行业技术组织和技术服务工作。公司设有国家铸造锻压机械产品质量监督检验中心、国家铸锻机械标准化技术委员会、中国机床工具工业协会铸造机械分会和锻压机械分会、中国机械工程学会塑性分会锻压设备学术委员会以及国家数控成形冲压装备产业技术创新战略联盟等行业机构，并面向国内外公开出版发行《中国铸造装备与技术》《锻压装备与制造技术》等行业知名而权威的科技核心期刊。

目前公司已累计完成国家和省市等科技项目 3 100 余项，其中科研与新产品开发项目 1 500 多项，获国家批准专利 150 余项，有 160 多项成果获得国家和省部级科技进步奖或发明奖。

公司秉承“ 为顾客创造价值，为卓越不懈追求 ”的经营理念，以发展高端铸锻机械成套装备为目标，以振兴中国装备制造业为己任，竭诚为国内外新老用户提供铸造机械、数控锻压机械和板材加工领域完整的解决方案及成套加工装备，致力于绿色环保、节能降耗和铸锻机械行业可持续发展。

高端汽车纵梁成套装备

高档中大型冲（锻）压设备

数控激光加工设备

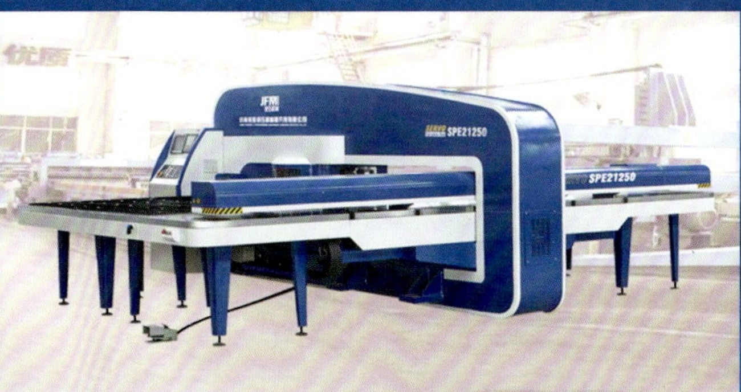

数控冲剪折设备

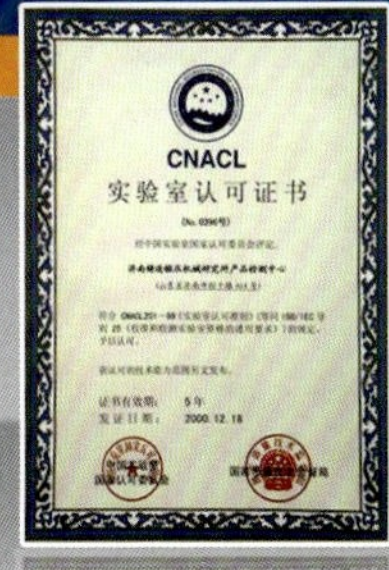

地址：山东省济南市二环南路8060号
邮编：250022
电话：0531-87979108
传真：0531-87964055
网址：www.zds.com.cn

荣成锻压机床有限公司

RONGCHENG METAL FORMING MACHINE GROUP CO.,LTD.

荣成锻压机床有限公司始建于1958年，是生产锻压设备和数控立、卧式车床的专业工厂，国家二级企业。工厂占地面积27万m^2，其中厂房等建筑面积12.8万m^2；共有员工943人，其中工程技术人员与质量专业人员132人；拥有主要设备400余台（套），其中精、大、稀设备60余台（套）。公司于2013年第3次换版通过了质量、职业健康安全和环境三大管理体系认证的复审。公司先后被省市相关部门授予山东省“守合同、重信用”企业、省级先进企业、山东省认定企业技术中心、山东省高新技术企业、山东省塑性成型加工机械工程技术研究中心、AAA标准化良好行为企业、省计量保证确认合格企业等荣誉称号，“威德”商标是山东省著名商标，“威德”牌压力机是山东省名牌产品。

公司现可生产开式全系列，闭式包括多连杆、多工位等6大系列180多个品种的锻压设备，可生产7大系列48个品种的数控立、卧式车床等高新技术产品，多种产品技术水平都达到了当今国内先进或领先水平，产品在国内外市场都享有盛誉。公司现已成为国内主要锻压设备和立、卧式车床制造企业之一。

中捷GMC2580r2数控龙门镗铣床

T6926落地铣镗床

NCS-4000×18000数控火焰切割机

辊道钢板清理机

日本产2.5m刨齿机

数控50车床

安装在上海多利昆山工厂的EL4B-1800多杆冲压线

安装在上海多利昆山工厂的EL4B-800多杆冲压线

安装在上海多利滁州工厂的EL4B-1300多杆冲压线

安装在山东宇泰汽车零部件有限公司的JF36-1000闭式双点压力机

安装在柳州超凌顺公司的JB39-1000A闭式压力机冲压线